主编／
〔日〕田中仁 江沛 陈鸿图

現代「中国」の社会変容と東アジアの新環境

现代中国变动与东亚新格局

（第二辑）

社会科学文献出版社
SOCIAL SCIENCES ACADEMIC PRESS (CHINA)

本書の出版にあたって、(日) ワンアジア財団「アジア共同体講座」開設助成金の援助を得た。
　本书的出版得到日本"同一个亚洲"财团（One Asian Foundation）"亚洲共同体讲座"的经费资助，特此致谢。

目 录

21 世纪的历史叙述

21 世纪的东亚与历史问题 ················· 田中仁 / 3
质询本国史中的帝国性
　　——韩中日三国东亚地域史的比较 ················· 柳镛泰 / 17
东亚共同研究与台湾的历史认识 ················· 许育铭 / 34
东亚共同研究与中国的历史认识 ················· 江　沛 / 44

近代中国"满蒙"区域变动

合作中反制：1932 年中国在国联对"满洲国"问题的申述
　　················· 王慧婷 / 61
南京国民政府的边疆政策
　　——以晋绥系内蒙古"分区自治"方案的形成为中心 ········· 岛田美和 / 93
蒙古学研究的一个重要层面
　　——有关"满蒙"文献资料述评 ················· 周太平 / 107
论东北地区满语的文化走向 ················· 范立君 / 124
中国东北地域城镇体系的形成及其特点 ················· 赵英兰 / 137

近代中西及东亚的相互认知

1876 年费城世界博览会中的美国形象及美国眼中的
　　日本与中国 ················· 福田州平 / 157

19 世纪末俄国的对华认识与义和团事件 …………………… 竹中浩 / 171
近代在华西人视野中的德占青岛（1897~1914）
　　——以《北华捷报》为中心 …………………………… 杨　帆 / 184
血与墨的辩证：黄得时散文论 ………………………………… 彭玉萍 / 208

近代交通与东亚贸易变动

第一次世界大战前后的日本海运业 …………………………… 杨　蕾 / 221
比较视野下的鲁粤商人与近代东亚贸易圈 …………………… 庄维民 / 234
1882~1894 年中朝商路历史性变迁原因及其影响分析 ……… 费　驰 / 252
近代中朝交涉案件审理研究（1840~1895）………………… 柳岳武 / 265

战时日伪政权与另类抗战

抗战时期华北日伪组织中的青年 ……………………………… 菊地俊介 / 299
抗战初期日本媒体的战争宣传
　　——以《东京日日新闻》为个案 …………………… 邹　灿 / 312
汪精卫对日观的演变及影响 …………………………………… 谢晓鹏 / 326
抗战时期鲁西冀南乡村平民百姓眼中的伪军和土匪 ………… 徐　畅 / 340
另类抗战：晋察冀抗日根据地八路军外围军的兴起 ………… 张志永 / 368

20 世纪中国乡村变动

重新思考侨乡
　　——以广东省珠江三角洲为例 ………………………… 川口幸大 / 391
贫困与反贫困
　　——集体化时代中共对乡村问题的表达与实践 ……… 赵兴胜 / 406

中西文化融合与价值建构

中国摇滚乐和日本人 …………………………………………… 青野繁治 / 429

民国时期通书中的时间与象征
　　——依托传统走向近代化 ………………………… 丸田孝志 / 436
蒋介石《中国之命运》与国族自由
　　——以文本分析为主 …………………………… 若松大祐 / 450
"天乳运动"与近代中国社会变迁 ……………………… 何悦驰 / 465

东亚经济及环境问题

浅议"钓鱼岛"主权争议背景下日企对华投资的调整
　　及市场链发展的新动向 ………………………… 许卫东 / 509
中国舟山群岛新区捕捞活动的变化及其影响
　　——从渔民的叙述看社会问题 ………… 三好惠真子　胡毓瑜 / 523
如何理解中国的"水问题" …………………………… 思沁夫 / 538
基于现场质谱分析的环境问题文理结合研究
　　………………………… 丰田岐聪　青木顺　古谷浩志 / 553
东台湾港口部落的水圳修复与水梯田复育 …………… 陈鸿图 / 562

东亚国际关系与中国行政现代化

乔治·凯南的"台湾防卫论"再析 ……………………… 高桥庆吉 / 583
呈现第四战场趋势的宇宙空间及其抑制、防止
　　——以美、中为中心 …………………………… 竹内俊隆 / 596
当代中国行政改革的新局面
　　——关于大部制改革的分析 …………………… 渡边直土 / 610
"进城"与"还乡"：1955年农民"盲目"进津
　　与政府应对 ……………………………………… 王凛然 / 623

21 世纪的历史叙述

21 世纪的东亚与历史问题

田中仁[*]

前　言

随着 21 世纪全球化进程加速及中国的"大国化",东亚各国间因利益摩擦而产生的政治对立及排外情绪逐渐显著,历史问题逐渐成为表达各国立场、民族情感的宣泄口。因此,在思考今后如何达成东亚地区政治稳定及利益共同体这一课题时,历史问题[①]也是一个不可回避的话题。

20 世纪后半期以来,东亚地域秩序开始重组并产生重要的变动。在经济层面,世界经济中心从横跨北美大陆与欧洲的北大西洋经济圈,转移到跨越北美大陆与东亚的环太平洋经济圈。支撑这一转变的要素有三个:第一,日本经济的高速增长;第二,亚洲新型工业化经济体的出现及东南亚国家联盟(东盟)的发展;第三,80 年代以后中国因改革开放政策经济快速增长。在政治层面,80 年代前,东亚多国处于开发主义或威权主义体制下,从 90 年代开始,随着中国台湾、韩国政治民主化的展开,东亚地域政治格局初现变动。此外,从安全保障及国际关系上来看,在美国与东亚各国间维持的带有冷战体制色彩的"辐射型条约关系网"之外,90 年代后逐渐出现了以东盟为中心的多边秩序体系。

2000 年以后,中国通过加入 WTO 正式参与经济全球化。到 20 世纪 10

---

[*] 田中仁,日本大阪大学法学研究科教授。
[①] 本文中使用的"历史问题"一词,主要指历史认识问题,包括与历史认识问题的形成、变化相关联的要素,比如历史表述(详见本文第二部分)。

年代，中国在政治、经济上的作为已经能对国际政治及全球经济产生巨大冲击。[①] 然而，中国在国际上所能参与的国际事务领域仍较为有限。于是，邓小平时代以"韬光养晦"为方针的和平、协商发展的外交路线开始有所调整，中国开始主动参与国际事务并有意主导某些领域的治理，这使得国际社会乃至中国国内颇感压力。

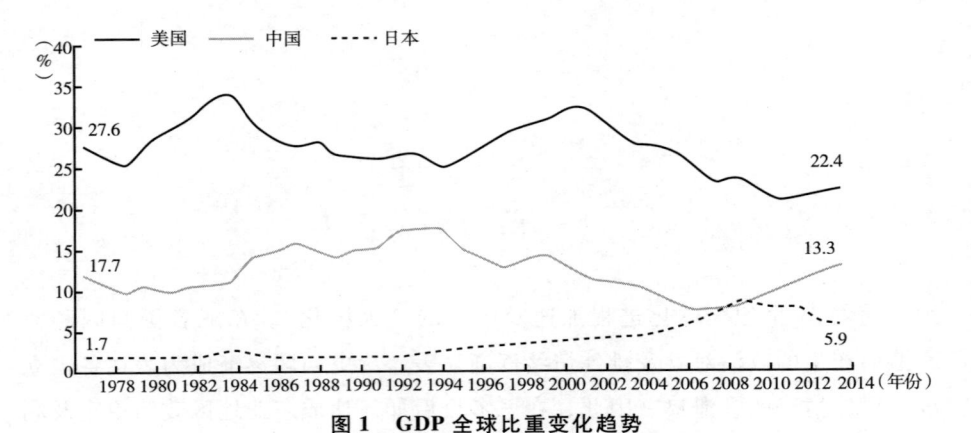

图1 GDP全球比重变化趋势

资料来源：唐成「中国の経済成長」家近亮子ほか編著『新版5分野から読み解く現代中国——歴史・政治・経済・社会・外交』晃洋書房、2016、108頁。

一 东亚地区历史问题的产生与发展

东亚地区现今所存在的历史问题，可追溯到20世纪80年代。

1982年，日本各大报纸同时报道了文部省要求将日本历史教科书中的"侵略"改写为"进入"的审定意见，引起中、韩两国的强烈批判，日本的教科书问题迅速演变为国际性话题。对此，日本政府出台了关于审定教科书的"近邻诸国条款"，以收拾局面。此外，靖国神社在1978年实行甲级战犯合祭，80年代后，日本首相正式参拜靖国神社一事屡遭中、韩两国的严厉批评。

[①] 2010年，中国的GDP总量超过日本跃居世界第二，这意味着日本此前保持了42年的世界第二经济大国的地位被中国取代。如果将日本的经济规模设定为1，中国经济规模相对于日本，2000年为1/4，2005年为1/2，2010年为1，2015年为2（概算）。

另外，从 90 年代始，中国展开大规模的爱国主义教育，这是在冷战秩序崩溃后为寻求取代社会主义意识形态的正统性资源而产生的教育运动。该运动通过讴歌"振兴中华"来激发中国人民的民族主义精神。某种程度上说，这一运动的展开也有日本方面作为的刺激因素在内。与此同时，"慰安妇"问题在韩国受到普遍关注。1993 年，日本政府发表"河野谈话"，承认了战时日军与设置"慰安所"、强征"慰安妇"之间的关联性。1995 年，即二战结束 50 周年之际，在自民党、社会党和先驱新党联合组成的村山内阁推动下，"村山谈话"发表，日本众议院通过"战后 50 年决议"。由此，日本国内对历史认识问题的关注度日渐上升，出现了对抗中、韩等周边国家批评的新动向，比如成立于 1997 年的"新历史教科书编撰会"及其活动。

历史问题在 21 世纪重新发酵。自 2000 年以来，中国各地屡现反日游行，日中、日韩关系也因日本首相或阁僚参拜靖国神社的行为走向恶化。在此背景下，中国将抗战胜利日确定为国家纪念日，将南京大屠杀纪念日确定为国家公祭日，韩国将历史教科书"国定化"，东亚地区的历史问题在各国呈现制度化的趋势；另外，围绕着日、中因申请南京大屠杀列入《世界记忆遗产名录》的对立，日、韩因申请"慰安妇"列入世界记忆遗产的争执，"慰安妇"少女雕像在韩国各地乃至海外不断落成也呈国际化趋势。

2014 年 2 月 27 日，中国全国人大常委会决定，将 9 月 3 日确定为中国人民抗日战争胜利纪念日，并在每年 9 月 3 日举行国家性纪念仪式，将 12 月 13 日确定为南京大屠杀死难者国家公祭日，并于每年 12 月 13 日举行国家公祭仪式。

2015 年 7 月，联合国教科文组织决定将"明治日本的产业革命遗产"列入《世界文化遗产名录》。在日本申遗之初，韩国政府就以"违反了保护人类具有普遍价值的遗产这一基本精神"为由提出反对，因为申请对象中有 7 处在战时曾强征朝鲜劳工 57900 人进行劳动。最终，日本部分接受了韩国的意见，双方才达成共识。

联合国教科文组织于 1992 年设立的世界记忆遗产，并没有国际公约作为依据，主要是基于《保护世界文化和自然遗产公约》进行抉择，个人或团体也能申请。2015 年 10 月，日本的"舞鹤生还：1945～1956 年流放西伯利亚日本战俘归国记录"和中国的"南京大屠杀档案"被列为世界记忆遗产。俄罗斯、日本分别对日本与中国的上述举动进行了批评,认为这是在对联合国教科文组织进行政治利用。

1990年11月成立的民间团体"韩国挺身队问题对策协会",为迫使日本政府公开道歉、赔偿,每周三在日本驻韩国大使馆前举行解决日军"慰安妇"问题的定期集会(星期三集会),并在各地竖立慰安妇雕像。2011年12月,该会在首尔的日本大使馆前竖立了一座象征"慰安妇"的"和平少女雕像"。此后,又在韩国各地(10座)、美国(2座)、澳大利亚(1座)分别竖立了同样的雕像。

二 历史认识与"历史表述"

服部龙二认为:关于21世纪的历史问题,"冷战结束后就以多种形态表现出来,并非只在日本发生",根据其主体及媒介不同,可分为政策、印象、知识、教育、记忆、感情六个维度进行理解(见表1)。①

表1 历史问题的六个维度与其主体及媒介

	主体	媒介
政策	政治家、官僚	国会、外交、宣传
印象	记者、编辑、通讯员	报纸及杂志、电视、广播
知识	知识分子	著作
教育	教师、学生	教科书
记忆	当事人、相关人士、遗属	体验、传闻、展览
感情	民众	集会、网络

涉及历史问题的上述六个维度,在不同主体的各种意见通过对应媒介表达过程中逐步形成,本文将这一表达过程统称为"历史表述"。关于"历史表述"与历史认识的关系,笔者认为可以通过"常识""知识""良知""认识"四个层面的相互关系来理解(见图2,来自与许育铭教授谈话的启发)。

---

① 服部龍二『外交ドキュメント歴史認識』岩波書店、2015、2~3頁。

```
        常识
   ↗  ↖
认识        知识
   ↘  ↙
        良知
```

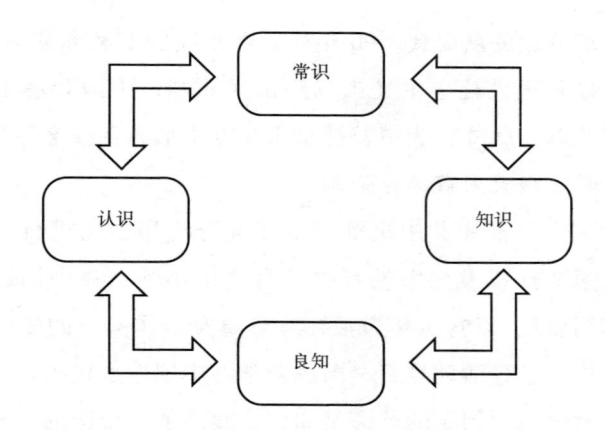

图 2　"历史表述"与历史认识的关系

在社会中，一般国民有关历史问题的"常识"主要通过历史教育养成。历史教育通常是以教科书为蓝本，但教科书一般须依据学习指导纲要等行政文件进行编撰并通过审定才能投入教学使用。除此之外，学生也会通过阅读课外参考书或启蒙读物等获得更多的"知识"。另外，政治领域（内政和外交）的"历史表述"和社会领域的"历史表述"，是以"良知"即针对多种多样的"知识"进行某种判断为前提的。而"良知"的形成，又受到体系化的"知识"即"认识"（历史认识）的影响和制约。但"历史表述"还包含当事人的记忆（体验）、网络社交平台上的情感发泄等未被体系化的内容。

三　"国家话语"与东亚

1990 年前后，从东欧剧变再到苏联解体，东西冷战终结，世界秩序格局发生剧烈重组，东亚地域秩序随之变动，中国大陆、中国台湾地区、韩国、日本等东亚四地分别产生了具有新特质的"国家/地区话语"。

1. 中国大陆

20 世纪 70 年代，中国重返联合国并成为安理会常任理事国，此后又在《不扩散核武器条约》中成为有核国家，其在东亚地域政治中的突出地位不容忽视。80 年代，邓小平成为中国国家领导人，并推动国家战略转型，中国由此迈入改革开放的新时代。90年代，在东欧剧变和苏联解体的背景下，以坚持中共领导和建设社会主义市场经济为原则，中国开展了进一步的政治、经济体制改革。此外，为填补社会主义意识形态在社会凝聚力方面的不足，爱国主义开始被大力宣扬与强调。

1991年8月，依照中共中央等《关于充分运用文物进行爱国主义和革命传统教育的通知》以及国家教育委员会《中小学加强中国近现代史及国情教育的总体纲要》，以青少年为主要对象遍及全体国民的爱国主义教育活动正式展开。这一教育活动号召全国民众学习中国近现代史，了解中国近代的屈辱历史以及中共所领导的革命是如何拯救并复兴中国的。随后，中共各级宣传机构整体动员，以促进该活动的贯彻实行。由此，爱国主义内容被结构性地融入国家教育体系，深深植根于政治体制内，成为中共新的意识形态工具。1994年，中共中央颁布《爱国主义教育实施纲要》，要求各级地方政府建设"爱国主义教育基地"，这是爱国主义教育活动中最为重要的环节之一。1995年3月，民政部确定并公布了100处国家级爱国主义教育基地，其中战争遗址40处、国共内战遗址24处、神话传说21处、英雄人物纪念遗址15处。在40处战争遗址的教育基地中，涉及1931～1945年抗日战争的占到半数。① 中国的"国耻"话语，在家族故事（原生主义）、历史教科书（建构主义）以及精英主导的意识形态教育（工具主义）的并行推进中，被不断加以重构。②

2. 中国台湾

1988年蒋经国逝世后，李登辉继任"总统"，在台湾持续推进民主化进程。不久，戒严令解除，《动员戡乱时期临时条款》被废，"万年国会国大代表"全数退职，各地遴选新任"国会"代表，1996年实现"总统"直选，李登辉当选首任民选"总统"。在2000年的选举中，民进党陈水扁当

---

① 在众多爱国主义教育基地中，被指定为模范基地的可以获得政府的财政支持进行建设、改造或扩建，而且会有很多学校、军队或政府机关组织集体参观和学习。比如，卢沟桥附近的"中国人民抗日战争纪念馆"（1987年开馆、1995年扩建）和南京的"南京大屠杀纪念馆"（1985年开馆、1995年扩建）的总参观人数在900万～1000万人次。ワン・ジョン（伊藤真訳）『中国の歴史認識はどう作られたのか』東洋経済、2014、144、149、155～158頁。

② ワン・ジョン（伊藤真訳）『中国の歴史認識はどう作られたのか』、204頁。

选，实现了和平、平稳的权力交替。此后，随着2008年国民党的马英九和2016年民进党的蔡英文轮番当选，台湾的竞争性政党政治逐步定型。

在此期间，伴随20世纪90年代开始的政治民主化及"本土化"进程，族群问题成为一个错综复杂的社会、政治问题。从20世纪90年代中期至2010年前后，台湾社会的国族认同发生明显质变（见图3）。[①] 同时，对于长达半个世纪的日本殖民统治强加给台湾社会的近代化与日本化，"台湾自身带有主体性地吸收了前者而拒绝了后者"这一认识已基本固定下来。

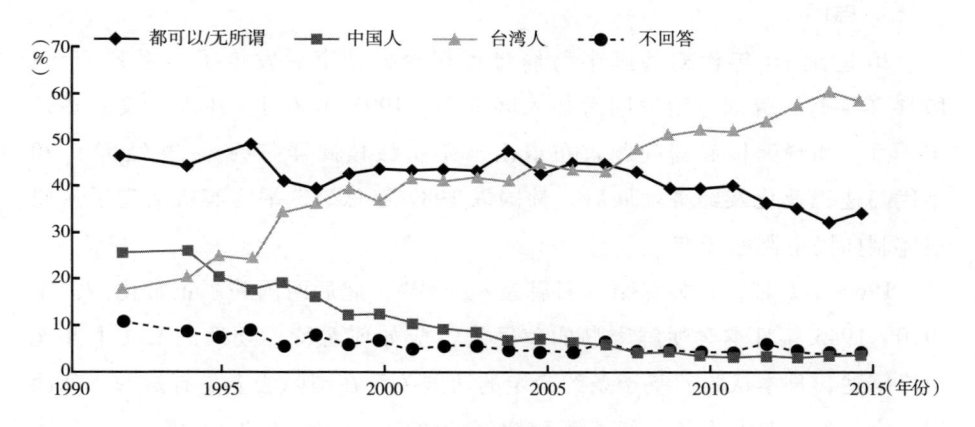

图3 台湾民众身份认同的变化

台湾政治的"本土化"，不可避免地引起教育制度的调整。1997年，以台湾史为主体的中学教科书《认识台湾》（历史篇）被采用，给过去以中国大陆及中华民国历史为中心的历史教育带来了重大变化。[②] 以此为契机，台湾社会关于历史观基准的争论持续扩散到各层面，如关于历史用语"日治"与"日据"、"终战"与"光复"的讨论和争辩。同时，2006年施行的《高中课程暂行纲要》（"九五暂纲"）将台湾史列入单独教授科目，也被认为对

[①] 台湾政治大学选举研究中心从1992年开始在台湾社会展开民意调查，以了解台湾民众国族认同的变化。在刚刚实现"总统"直选的90年代中期，认为自己"既是中国人也是台湾人"的民众约占一半，认为自己是"台湾人"或是"中国人"的民众比例在20%~30%。而在20多年后的2015年，认为自己是"台湾人"的比例上升到60%，"既是中国人也是台湾人"的比例为30%，认为自己是"中国人"的比例不到10%。

[②] 《认识台湾》包括台湾历史与台湾地理两部分，在陈水扁当局所实行的九年一贯制教育课程中，该科目被编入七年级（初中一年级）的社会领域课程。

台湾政治民主化起到了推动作用。①

在台湾政治、社会20余年变迁的基础上，新的台湾认识逐渐形成。如台湾"国史馆"前馆长吕芳上提出的"Y字形历史"认为，台湾的"中华民国"，是在中华民国与日本统治下的台湾于1945年并轨后发展起来的（《朝日新闻》2011年9月30日）；周婉窈著《图说台湾历史》，通过纵观旧石器时代至日据时期的台湾历史，展示了一个将汉文化进行相对化理解后的台湾新图景。②

3. 韩国

20世纪90年代初朝鲜半岛局势也在冷战结束后发生了一系列变化：1991年9月，韩国与朝鲜同时加入联合国；1992年8月，中韩建交；1993年3月，朝鲜因核武器问题宣布退出《不扩散核武器条约》。在经历了70年代高速工业化及经济发展后，韩国以1987年总统选举为契机实现了从威权体制向民主制的转变。

1965年5月，日韩缔结《日韩基本条约》，此后两国关系正常化。关于1910~1945年日本对朝鲜半岛的殖民统治应如何看待、处理，条文中并无明确阐述，日本认为，基于条约确定的两国关系在国际法上是有效的，韩国则认为无效，双方为各自留下了再解释的空间。直到90年代初，这一问题才以新的方式被重新提起。

1991年8月，曾为日军"慰安妇"的金学顺，以亲身经历为证词，站出来揭露日军强征"慰安妇"的罪行，并于9月向东京地方法院提起诉讼。韩国要求日本政府予以回应，"慰安妇"问题由此正式成为日韩间的外交问题之一。关于此事的具体过程，木村干的概括如下。

第一，"慰安妇"问题骤然受到高度关注的背景为：针对韩国女性为以日本男人为首的外国男人"观光卖淫"的行为，韩国女性主义活动家发起了批判运动，认为"韩国女性的人权被外国人践踏的先例"源自战争时期的"慰安妇"。第二，当时日、韩围绕历史认识问题争论的焦点是战时强征劳工，"慰安妇"问题被当作其中一环而引起讨论。第三，对于被"重新发现"的

---

① 許育銘（和田英男・周姸訳）「東アジア共同研究と台湾の歴史認識」『大阪大学中国文化フォーラム　ディスカッションペーパー』7号、2015。

② 周婉窈（濱島敦俊監訳）『増補版・図説台湾の歴史』平凡社、2013。

"慰安妇"问题，日本政府的应对混乱多变，直至发展成日、韩间极为敏感的历史认识问题。日本宫泽政权先是拒绝由政府进行"干预"，其后又在没有调查清楚历史事实的情况下表示"反省"，后来又有村山内阁对历史认识问题进行官方表态的尝试。这些都导致政府内部的言论不一，韩国认为其中某些言论简直是"妄言"，日韩关系因此不断恶化。第四，日本政府举措失当的原因在于，日、韩政府及其精英统治层因世代交替失去了对社会、舆论的控制。木村认为，这也是韩国民主化的必然结果。在实现民主化以后，韩国政府经常与舆论处于对峙中，对"慰安妇"问题的处理也同样受制于舆论。[1]

在韩国的"国家话语"中，围绕高句丽史的中韩争议也是一个重要焦点。2002~2007年，中国社会科学院与东北三省相关学术机构联合展开了"东北边疆历史与现状系列研究工程"项目，目的在于综合考察东北地区的历史与边疆问题。2004年，中国与朝鲜分别申请的高句丽古遗迹群，同时被列入《世界文化遗产名录》。其间，中国提出的"高句丽属于中国古代边疆的少数民族政权"这一看法，引起韩国方面的强烈不满，认为不能把高句丽史编入中国史。此后，两国通过外交协议达成"不使问题走向政治化"的共识。[2]

4. 日本

1993年，日本的"55年体制"解体，由此进入多党联合执政时代。继细川护熙政权后，以日本社会党委员长村山富市为首的社会党、自民党、先驱新党三党联合内阁成立。1995年"终战50周年"之际，各界出现重新总结二战的明显动向。在此情势下，社会党首先拟定了一份总结过去战争的国会决议案，但遭到当时联合内阁中自民党的反对，只得对决议案做了大量修改。6月9日，由组成村山内阁的三大执政党联合向众议院提出此案，在半数议员缺席情况下以起立表决的形式通过。此项国会决议案的通过及8月15日发表的首相谈话，可以说是在冷战结束后新的国际环境下日本对如何总结战后50年以及展望未来的国家意志的集中体现。

其实，在冷战结束后的20世纪90年代初，日本自战后以来形成的在一

---

[1] 木村幹『日韓歴史認識問題とは何か—歴史教科書・「慰安婦」・ポピュリズム』ミネルヴァ書房、2014、209~213頁。
[2] 金光林「中韓両国の歴史・文化摩擦に対する文明史的考察」『新潟産業大学人文学部紀要』20号、2008。

定程度上不言自明的"左""右"对立轴就被打破。冷战时期作为两大政党之一的社民党（1996年由社会党改组而成）沦为小党派，"进步"知识分子的号召力明显衰退。保守派同样大受影响。1997年成立的"新历史教科书编撰会"的早期干部中，较之自民党的"亲美保守"路线，不少人更倾向于"反美保守"。他们对二战后日本的"战后体制"持否定态度，认为正是此前影响力巨大的保守、进步两派的主流势力，共同打造了"战后体制"。他们主张打倒那些"旧式腐败精英"，并将自身定位为新兴批判者。①

四　如何达成东亚的共同"历史叙述"

2015年8月14日，日本首相安倍晋三正式发表了"战后70周年谈话"，表示：（1）日本是亚洲首先推行立宪政治并保住独立主权地位的国家，但在世界经济危机爆发后逐渐成为"国际新秩序"的"挑战者"，并沿着错误方针一步步走上了战争道路；（2）事变、侵略、战争这些武力手段绝不能再使用第二次，这不是解决国际纷争的办法；（3）对于与那场战争毫无关联的子孙，我们不能再让他们继续背负谢罪的宿命；（4）日本坚持自由、民主、人权等基本价值观，并与抱有同样价值观的国家携手高举"积极的和平主义"之旗，为世界和平与繁荣做贡献。次日，《日本经济新闻》《每日新闻》《读卖新闻》皆发表社论，认为"安倍谈话"的内容继承了"河野·村山谈话"的基本精神，并将前者置于后者的延长线上对东亚未来进行了展望。

9月3日，中国政府在北京天安门广场举行"纪念中国人民抗日战争暨世界反法西斯战争胜利70周年大会"，随后进行了盛大阅兵仪式。纪念大会邀请了俄罗斯总统普京、韩国总统朴槿惠、联合国秘书长潘基文等作为出席嘉宾。中国国家主席习近平在阅兵式前发表讲话，将抗日战争定义为从1931年九一八事变开始的中国人民战争，同时也是世界反法西斯战争的重要组成部分，强调中国将以基于《联合国宪章》构建的国际秩序为前提，在21世纪中国"大国化"背景下，谋求与美国建立新型的国家关系。其中，关于"长达14年的中国人民抗日战争"这一表述，与9月2日马英九

---

① 『日韓歴史認識問題とは何か』、221~223頁。

在台湾所作讲话中的"战争表述",明显有异。在台北召开的"纪念抗战胜利70周年暨中华民国104年军人节"①庆祝活动中,马英九强调:开始于1937年卢沟桥事变的八年对日抗战,是由蒋介石及国民政府主导的,中国抗战是二战能够获胜的重要一环,也是战后国际秩序重新展开的历史前提,这是值得重视且不容曲解、不能遗忘的史实。

8月15日,韩国总统朴槿惠在首尔出席光复70周年庆祝仪式时也发表讲话,认为日本首相安倍发表的战后70周年谈话有不少令人遗憾的地方,"但值得注意的是,日本历届内阁曾就侵略和殖民统治给亚洲各国人民造成的巨大损失和痛苦以及给慰安妇受害人造成的痛苦进行谢罪和反省,'安倍谈话'还明确向国际社会表明了历届内阁的上述历史认识不会动摇"。朴槿惠还提出:"日本政府应该以一贯而具有诚意的行动履行继承历届内阁历史观的承诺,重拾周边国家和国际社会的信任。"由此看来,朴槿惠的讲话是将"安倍谈话"理解为对日本历代内阁历史认识的继承,这也为今后日、韩政府在历史问题上协商留下余地。另一方面,朴槿惠与习近平共同提议举行中日韩首脑会谈,日本政府对此予以积极回应。这似乎表明,在政治领域,为了不让战后70周年谈话及阅兵式成为东亚地区国际秩序不稳定的因素,中日两国也在试图寻求双向妥协。

此后,在政治领域围绕解决或缓和历史问题的具体尝试被逐渐提上日程。2015年12月,韩国外长与日本外相就"慰安妇"问题达成"最终且不可逆的解决方案",韩国政府将设立财团作为对"慰安妇"的支援,日本政府则出资10亿日元,两国将合作开展恢复受害人名誉、抚平受害人内心创伤的各种项目。2016年5月,美国总统奥巴马访问广岛和平纪念公园,这是二战结束以来首位在任美国总统访问核爆遗址。奥巴马表示,"同美国一样的有核国家,应该摆脱恐惧的逻辑,拿出追求无核世界的勇气"。8月6日,广岛市市长松井一实在广岛核爆70周年纪念日宣读和平宣言时,再次提到奥巴马的上述演说,并呼吁废除核武器。

进入21世纪以来,日本社会的"反中厌韩"倾向逐渐明显(见图4),

---

① 为将各种纪念日进行统合,"中华民国国防部"于1955年规定9月3日为海陆空三军"军人节",并在这一天举行各种庆祝活动。因此,9月3日在战后台湾作为"军人节"被固定下来。

这从日本内阁府的《外交民意调查》中也可以明显看出（见图4）。该倾向与中国各地反日游行频发以及日本首相和阁僚参拜靖国神社导致的日中/日韩关系恶化分不开。

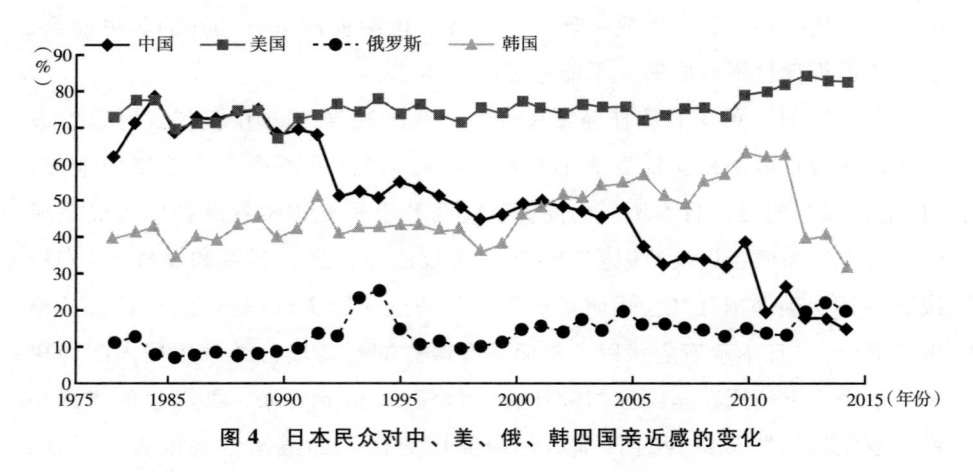

图 4　日本民众对中、美、俄、韩四国亲近感的变化

与之相对的是，日本社会对美国的好感从20世纪80年代至21世纪一直居高不下。尽管日美在关于广岛、长崎核爆的评价上存在深刻分歧，但两国仍能维持良好的国家关系。这表明，保持历史认识的差异（即互不相容的"战争表述"）与维持良好的国家关系可以并存。同时也表明，为构建良好的国家关系（国际秩序），政治领域的相互妥协以及尽力避免相互关系的紧张或恶化是极为必要的，也是极具现实性的政治课题。在此前提下，与政治领域保持一定距离的、针对历史认识问题的思索与对话也是可能实现的。换言之，历史认识的差异性并不一定会导致两国关系的紧张或恶化。

如前所述，东亚地区的历史问题，发端于20世纪80年代日本的历史教科书问题以及首相、阁僚参拜靖国神社，90年代又在中国推进爱国主义教育、韩国曝出"慰安妇"问题、日本的"村山谈话"以及历史修正主义的出现等情况下不断发酵。进入21世纪以后，随着历史问题中的相关部分在各国国内政治中的制度化（抗战胜利日及南京大屠杀纪念日的国定化）及问题的国际化（围绕申请世界遗产/世界记忆遗产的对立、"慰安妇"少女雕像在韩国乃至世界各地的修建），呈现出新的发展趋势。可以说，中国"大国化"背景下的现状变更及制度调整、日中韩政府间的关系对立与调节、网络社交平台上排外主义情感的喷发等，都是导致今天东亚地区的历史认识问题走向政治化的重要因素。

需要注意的是，并非所有的历史问题都会被政治化，历史政治化只是某些因个别机缘而突出的特殊事例（在东亚地区的历史及地缘环境中，这样突出的历史认识问题是有限的）。显然，我们不仅需要谋求在已被政治化的历史问题上达成妥协与理解，更需要遏制其他历史问题将来被政治化的可能。为此，冷静思考那些已被政治化的历史问题的根源是非常必要的，针对这一课题的学术界的跨国界思考与对话尤为重要。

结　语

在21世纪的东亚，"历史叙述"因"边界"（包括台湾海峡、"三八线"）以及"国家"内部诸领域（包括政界、言论界、媒体界等）的影响而分歧丛生。在此情形下，学术界（历史研究领域）应成为沟通各方的桥梁，并为构思东亚地区的共同"历史叙述"提供思考与对话的空间。①

进入21世纪的日本、中国大陆、中国台湾和韩国，虽然政治发展程度有所差异，但政府与社会、媒体与网络空间等不同领域的意见表达的相互影响，已成为共同特征。② 这也是为何提倡重视民间交流、对话与思考的原因。

东亚地区的共同"历史叙述"，并不需要所有人达成高度一致的历史认识（见图5），而应该具有"即便不能同意但能理解"的宽容性与包容性的意识。

---

① 梶谷怀认为，东亚地区"公共性"的欠缺造成了围绕东亚言论的整体闭塞感，并提出"民主"、"人权"或"公共性"意识的共有以及彻底批判将社会的病根归因于"外部"的思维方式，是极为重要的。梶谷懐『日本と中国、"脱近代"の誘惑―アジア的なものを再考する』太田出版、2015。
② 中国台湾与韩国在20世纪90年代完成了从威权体制向民主制的过渡。中国大陆也在1992年全面推行市场经济以后出现了巨大的社会变化。钱理群认为，21世纪的中国形成了三股民间力量：维权运动、网络监督、非政府组织。銭理群『毛沢東と中国―ある知識人による中華人民共和国史』青土社、2012、407～417頁。

东京·首相官邸　　　　广岛原子弹爆炸遗址

北京·中南海新华门　　南京大屠杀纪念馆

台北·"总统府"　　　　？

首尔·青瓦台　　　　　"慰安妇"少女雕像

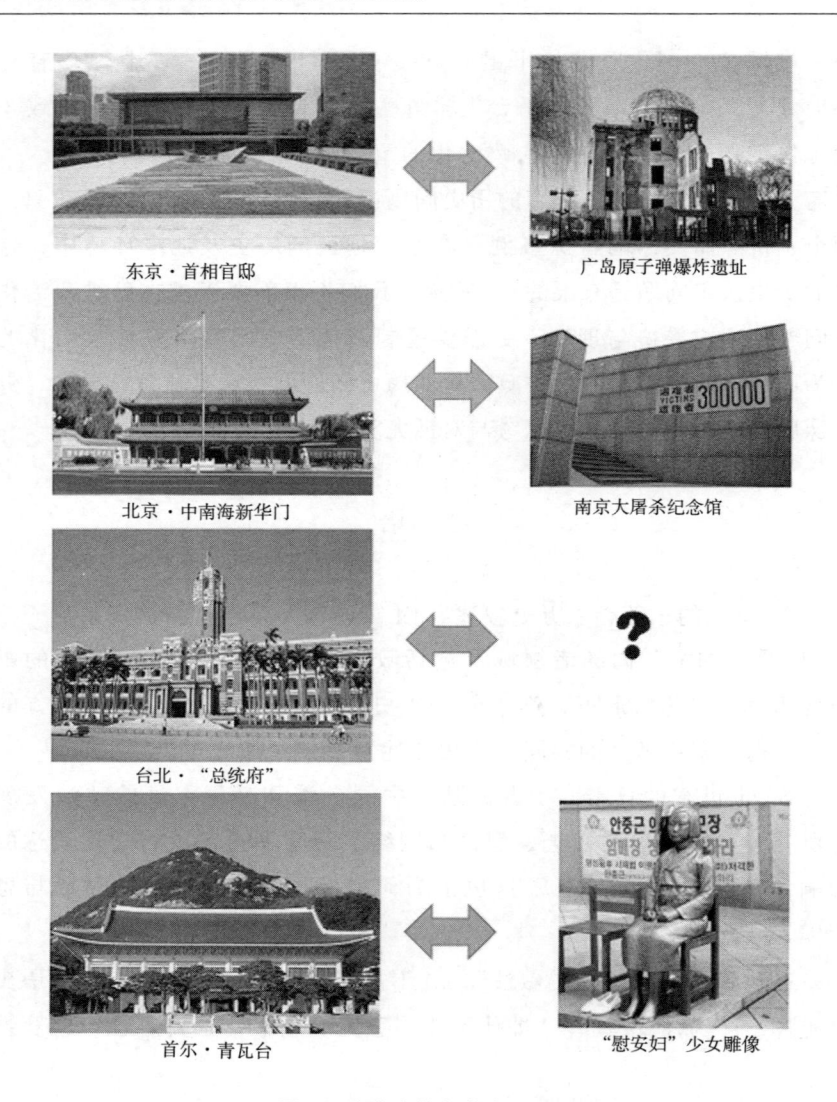

图 5　政治主体与战争记忆

说明：（1）对于已被政治化的历史认识问题，需要各方寻求政治上的相互妥协与解决方式（日本——首相官邸，中国——中南海新华门，中国台湾——"总统府"，韩国——青瓦台）。

（2）作为各自"战争记忆"的象征，日本有广岛原子弹爆炸遗址，中国有南京大屠杀纪念馆，韩国有"慰安妇"少女雕像，要将这些观念整合在一个共同的"历史叙述"中是十分困难的。

（3）中国台湾地区关于"战争表述"的象征应该是什么呢？

（邹灿　译）

质询本国史中的帝国性

——韩中日三国东亚地域史的比较

柳镛泰*

前　言

在东亚各国叙述并理解本国历史时,往往呈现出自省史观与自满史观的相互对立。所谓自省史观,可以与东亚各国众所周知的"一日三省"和"以史为鉴"的成语相对应,它反映了一部分精英分子超越民族-国家立场进行自我反省的努力,这种努力须通过刮骨割肉般的痛苦才能有所获得,且常常为民族主义情绪所压制。所谓"自满史观",是指从本民族视角将本国历史作为成功故事加以构建,常常会有根据需要对史实进行有针对性的压缩、隐藏或夸大的倾向。一个国家的自满史观,多半难以为邻国所接受。

如何认识东亚近代史上的"殖民统治与侵略"问题,已成为韩中日三国70余年来的悬案。关于此点,日本人的历史认识在"战后历史学"发展成果的基础上已得到切实改善。但近年来,自满史观呈强化趋势,试图对好不容易取得的自省史观的成果加以否定,反映出日本自20世纪90年代后期以来气势渐长的右倾化趋势,① 在此背景下,有日本学者呼吁在以自身立场进行叙述的同时,现代日本的历史学应"自觉地、有意识地关注殖民者与被殖民者之间的紧张关系",即有必要考虑"受害者"的存在以及"受害者

---

* 柳镛泰,韩国首尔大学校师范大学历史教育科教授。
① 郑在贞:《韩日的历史纠葛与历史对话》(한일의历史葛藤과历史对话),首尔:大韩民国历史博物馆,2014,第8、261~263页。

的视角"。这一提议可谓意味深长。①

本文的写作，缘起于以获得"通用于东亚地域"的历史认识和"历史表述"为愿景而开设的讲座，因此本文将考察焦点对准如何正视本国史中的帝国性，这是"通用于东亚地域"的历史认识形成时所面临的最大障碍。具体的考察方法是，以近年来韩中日三国出版的东亚地域史著作为例，进行对比分析。笔者认为，比起对他国帝国性的批判，反省本国的帝国性才是成功构建东亚地域史的关键所在。本文所谓的帝国性（empireness），是指试图形成并维持、扩张帝国（empire）的意向，以及因此而产生的客观形态。另外，这里所指的帝国包含传统帝国与近代帝国。

本文所要讨论的东亚地域史表述，主要来自21世纪初韩中日三国出版的东亚史相关著作，其中包括由各国学者编著的"一国版"以及由三国学者共同编著的"共同版"。"一国版"东亚史中常常充斥着各国的帝国性，为了考察各国史认识体系中的自我中心主义在东亚地域史中被相对化的程度，有必要对"一国版"东亚史中的各国史认识进行探讨。本文将重点探讨的是日本版东亚史是如何认识本国帝国性的。由此，使以帝国性（一般以侵略与加害邻国为表现形式并带有扩张意识）为荣来彰显国威的自满史观得以正视，并希望以此为契机引导出有利于相互沟通与理解的自省视角。

一 东亚地域史的出版经过与现状

近年来，由韩中日各国学者独自编写的东亚史著作相继出版，如中国杨军、张乃和主编的《东亚史：从史前至20世纪末》（长春出版社，2006），日本三谷博、并木赖寿、月脚达彦编的《面向成人的近现代史：19世纪篇》（东京大学出版社，2009），韩国柳镛泰、朴晋雨、朴泰均编著的《一起阅读东亚近现代史》（两册，创批出版社，2010~2011）等。② 为方便起见，在以下论述中，三个版本分别简称为"长春版""东大版""创批版"，并

---

① 君岛和彦编『近代の日本と朝鲜：「された侧」からの视座』东京堂出版、2014、1~2页。
② 中国台湾地区也有东亚史出版。吕正理：《另眼看历史》，台北：远流出版公司，2010。

统称为"一国版"。"长春版"和"创批版"分别为中国和韩国出版的第一部东亚史著作;在日本有比"东大版"面世更早的东亚史著作。

以上"一国版"著作的出版,大致是受到了韩中日三国共同编写的《东亚三国的近现代史》(2005)的影响。与"一国版"不同,该书以三国语言同时出版发行,引发了巨大反响。之后,以此次共同编写的经验为基础,第二本三国"共同版"著作《超越国境的东亚近现代史》(两册,2012)得以问世,也在三国同时出版。

在"共同版"和"一国版"的相互竞争下,关于"东亚史"的叙述取得一定进展。2007年,韩国将"东亚史"新设为高等中学选修科目,并于2012年出版了教科书《东亚史》。日本则早在1995年即提出编修东亚史的必要性,也曾提议将"东亚史"设为高中教学科目,但至今未能实现。

21世纪以来,东亚各国相继出版各类东亚史著作,其背景之一是冷战终结以及东亚地域民主化的推进。于是,以往在东西方意识形态对立和集权政权之下被压制的去殖民化课题再次被提起,成为反省其帝国性的良好契机。

然而东亚地域史著作的出现,并非仅因上述客观条件,历史学界与历史教育界的主观努力同样不可忽视。东亚三国现有的本国史与世界史,都是基于以国民国家作为历史发展目标这一立场展开的。因此,国民国家与其扩张后的国民帝国所具有的侵略性和压迫性,即帝国性被视作理所当然,这样的历史认识通过史书得以内化。因此,东亚地域史的编撰与研究,恰好可以成为对抗上述认识体系并进行自我反省的实验室。[1]

最近出版的东亚史著作,在其前言或后记中或多或少都表达了这样的编写动机。比如,"创批版"是在探讨本国史与世界史之间的隔阂以及本国史中的本国中心主义和世界史中的欧洲中心主义等历史教育的内在问题时,以21世纪初韩中日三国的历史认识问题(日本的扶桑社教科书、中国的"东北工程")的严重化为契机,于2004年筹划而成的。"东大版"则是以2005年韩中两国展开的针对日本历史认识的抗议活动为契机,出于对"日本人

---

[1] 白永瑞「自国史と地域史の疎通:東アジア人の歴史敍述についての省察」『現代思想』35巻10号、2007;柳镛泰著、岩方久彦译『歓声のなかの警鐘:東アジア歴史認識と歴史教育の省察』明石書店、2009、380~384頁。

未对20世纪前半期自己祖先的所作所为做出反省的担忧"而策划的,同时该书也是基于邻国国民"通过学校教育详细学习了日本侵略与统治历史",日本国民则不谙史实、更不理解邻国历史与现状这一判断来编写的,旨在填补日本人对"东亚整体的历史"所存在的"记忆空白"。与之相对,"长春版"则是在"2003年以来政治、经济领域有关东亚的讨论急速增加"、为了"加深与国内外学术界的交流而认识到了十分有必要编写东亚通史"这一背景下,于2004年策划而成。"长春版"的表述中,没有像韩日上述两版教科书那样具有强烈的自我反省意识。

基于上述不同情况与动机,东亚地域史在韩中日三国的叙述方式与编写结构也各不相同。"东大版"和"长春版"将叙述重点放在国家活动上,其内容构成是以国际关系史为主体,辅之以各国历史,并未充分留意相互之间的比较这一方法。而"创批版"的构成则不同,是围绕多个主题分别从地域－国家－民众三个层次展开叙述,注重地域内的相互关联和国家、民众间的相互比较。如果说关系史或交流史是以直接、短期的关系（relation）的把握为目的的话,那么关联史的目标,则是将对包括前者在内、更具结构性和长期持续性的联系（connection）的把握纳入视野。此种设想的意图在于,一方面通过关联的方法来呈现历史主体之间直接或间接的相互关系,另一方面以比较的方法来阐明各主体的结构特点与个性,从而深化这一思考实验。① 这样的目标只有依靠长期努力才能达成,它有助于将来形成跨越国界、通用于各国的历史认识。

从三国出版的东亚史著作的目录构成来看,"东大版"和"长春版"按国别来设置各章各节,"创批版"的章节安排,则是在设定一个主题的基础上,以关联和比较的方法来叙述各国历史。前者是以东西方对比为基本结构,后者在编写结构上更注重地域内的关系。另外,因"东大版"涉及内容从近世到甲午战争这一时期,所以本文对三者的比较和探讨也以此时期为限。

二 认识体系中的两个主轴：东西对比和对应性防御

"东大版"和"长春版"的内容以国际关系史为主,从其章节设置、叙

---

① 柳镛泰等：《一起阅读东亚近现代史》（함께읽는동아시아근현대사）第1卷,首尔：创批出版社,2010,第30~32页。

述内容、表述方式及思维倾向等方面可知，其认识体系的核心是东西对比和对应性防御。欧美列强的东亚"进出"（东大版）或"侵略"（长春版），以及东亚各国的应对，形成了朝贡体系与条约体系这一东西对比的构图。这一构图致使东亚地域内国家之间的相互关系被忽视。另外，在东亚各国应对西方的防御中，日、中自身发生转型并走向了近代帝国化。但在这两版东亚史中，都将本国的帝国化单纯地视为一种防御性应对的结果，这一认识是否欠妥？

从"东大版"的结构可知，它非常重视日本与俄、英、美等大国的关系，特别强调来自俄罗斯的威胁。全书共计27章，竟有4章用来介绍上述内容。那些证实过分夸大欧美列强威胁的研究成果，显然没有被充分考虑进去。① 相对而言，有关东亚地域内各国间关系与相互认识的表述，则显得过于粗略。此外，法国对印度支那的侵略和两次《西贡条约》，对日本对清政策的激进化具有重大影响，但书中并没有提及。从该书以探究国际关系为主旨的目的来看，此点令人费解。

"东大版"既强调俄、英、美的动向，又强调日本对此做出的"明智"对策。因此，该书除了在"东亚史"（而非"日本史"）第1章使用了"日本开国的决断"这一特殊标题外，还用了整整4章的篇幅来叙述相关内容，主要围绕的就是当时兼任外务的幕府老中堀田正睦如何于1857年做出自主开国的决断。这是基于将日本在近代东亚的成功主要归结于领导者明智判断的观点而形成的历史叙述。② 1864年幕府屈服于列强要求，将关税税率从20%下调至5%，以及天皇诏令认可幕府签订不平等条约等史实，在该书中被略去的原因也在于此。

该书第15～26章记述的是韩中日三国面对欧美势力，如何逐步接受条

---

① 明治政府对欧美列强竞相瓜分世界与俄罗斯南下威胁的强调，是为了唤起危机感以保持日本独立，因此这当中"夸张和润饰"的成分很明显。而明治政府却为了向琉球和朝鲜扩张，不断激化与清朝的矛盾。坂野润治『明治思想の実像』創元社、1977、10～11頁；芝原拓自「対外観とナショナリズム」芝原拓自等編『対外観』岩波書店、1988、479～480頁；高橋秀直『日清戦争への道』創元社、1996、523～524頁。

② 这也反映了批判以往对幕府外交的一味消极评价并重新积极评价幕府外交的倾向。岩波新书编辑部编《如何认识日本近现代史》（일본근현대사를어떻게볼것인가、シリーズ日本現代史10），徐民教译，首尔：语文学社，2013，第27页。

约关系并实行迈向近代国家的制度改革等具体应对过程。其中认为，是日中两国的军备扩张导致了甲午战争的爆发，而日本的军事行动只不过是针对清朝与俄罗斯的行动所采取的对应性防御。

"长春版"的内容构成则以朝贡体系向条约体系的转变为中心。该书第13~14章通过描述16世纪以来欧美各国对东南亚的殖民扩张导致朝贡册封体系的萎缩以及该体系因西欧列强与日本的崛起而最终瓦解这一过程，勾勒出以东西对比为主轴的认识体系。此外，该书对邻邦俄罗斯"侵略中国领土"的强调，与"东大版"关于俄罗斯威胁的表述类似，但在关于1874年的定位上与"东大版"有所不同。该书将1874年视为东亚地域秩序的重大转折点，原因在于1874年法国通过西贡条约"取代了中国在越南的宗主国地位"，同时日本通过"侵犯台湾"与清廷签订《中日北京专约》从而"吞并了中国的藩属国琉球"，这导致了朝贡册封体系因受到来自内外的双重冲击而开始全面瓦解。

与此相反，为维持日渐瓦解的朝贡册封体系而采取了对应性防御这一逻辑也凸显出来。比如，该书第14章一面运用历史地图强调俄、英、法、日等国的侵略导致了中国边疆危机和朝贡国的丧失，一面叙述清廷的对应性行动。也就是说，清廷以俄罗斯侵占伊犁和日本侵犯台湾为契机，于1884~1885年将新疆、台湾改设为省，为应对日本企图合并朝鲜的威胁，于1884~1894年又将朝鲜作为其保护国等，在此都视为理所当然。

第15章"走向条约体系"，则由"中国救亡图存的探索""日本构建殖民帝国""东南亚殖民地化与条约体系"等三节构成，时间跨度为1895~1919年。其叙述结构为中国的救亡图存（受害者）与日本的殖民帝国化（侵略者）的交叉对立。此前东西对比的构图，在甲午战争之后逐步向中日对比的构图转变，实际上是将1882~1894年中国对朝鲜实行的保护国政策，视作抵御日本侵略的认识延续。

与之相对，"创批版"在认识体系上则与东西对比和对应性防御这两个主轴保持距离，更加重视东亚地域内部的相互关联和比较。该书主要内容如下：序章，提出了东亚地域史的意义和必要性；第1章，概括海禁时期（17世纪至19世纪前半期）的东亚地域秩序和地域内各国的状况；第2章，叙述欧美势力扩张世界市场给东亚地域秩序带来的变化，试图将不平等条约导致的国家危机和国家、民众的应对联系在一起；第3章，主要讲述东亚各国为构建国民国家所做的设想与实践（比如改革与革命）如何在相互影响中逐步展开；第4章"帝国主义的侵略与反帝民族运动"，以"清日俄三帝国的霸权竞争"一节开篇，其内容安排同时超越了东西对比与对应性防御的叙事逻辑，这样的叙事结构能够促使对帝国性的正视。另外，该书还将东亚五国（中、日、朝鲜、琉球、越南）分为两类，即"文人的国家与武士的国家"，并设置了"农民社会与民乱"等章节，这种处理方式都是运用比较法的例证。

简而言之，"东大版"和"长春版"都以东亚各国针对西方列强的扩张与侵略做出的"对应性防御"这一构图作为叙事逻辑，两者的本质相同，即基于历史进化论的文明史观，以强权政治的观点来认识东亚世界。开港之初，中、日、朝鲜、琉球、越南五国无一不受到欧美列强的军事侵略或威胁，在炮舰外交的威压之下被迫签订不平等条约，丧失了大部分国家主权，这也正是"对应性防御"认识体系形成的源头。

但是，这一认识体系并不足以用来判断此后日、中与其邻国的关系。日中两国面对列强侵略所做出的"对应性防御"，对于其周边邻国、小国而言，实际上也是一种"竞争性侵略"。日本在自身主权遭到侵犯情况下，自1874年起成为侵犯琉球、朝鲜及中国主权的"亚列强"，这也是日本"帝国化"的开端。中国同样在1882~1894年企图将朝鲜作为其保护国。"东大版"对欧美列强在东亚的行为只用了"进出"一词来描述，只字未提侵略（只有在描述俄罗斯时例外，使用的是"侵略"）。同理，对于日本在东亚的行为也仅表述为"国权扩张"和"海外膨胀"，并没有视之为侵略行径。显然，"扩张""膨胀"皆是以否定对方主权、以将其视为无主地的意识为前提。① 同样，"长春版"虽描述了欧美、日本对东亚的侵略，但没有记述中国对邻国的侵略。

---

① 德富苏峰指出，对于当时的日本人而言，"所谓对外扩张不是指对他国的侵略，而是日本国民雄飞海外向世界宣扬大义之道"，"目的在于保障自身能作为健全的国民存立于世"。张寅成：《近代东亚的秩序和正义：近代日本知识分子的东亚国际社会观》（근대동아시아국제사회에서의 '秩序'와 '正義'：근대일본지식인의동아시아국제사회관），《东北亚历史论丛》（東北亞歷史論叢）第28号，2010，第308~309页。

这里所指的"侵略"一词，根据1982年日本政府的定义，可解释为"以侵犯他国领土完整和主权为目的行使武力的行为"。① 此外，1974年联合国也以"侵犯他国的主权、领土完整或政治独立"来定义"侵略"。据此，欧美列强与东亚五国签订的不平等条约，皆可认定为"侵略"。

尽管日本因签订不平等条约而使自身主权受到侵犯，但"东大版"中却没有明确表示近代日本遭受欧美侵略的历史认识或具体描述，这是与"长春版"和"创批版"很不一样的特征。该书在东西对比的描述中特别强调日本的国家危机，但又回避对列强侵略的描述，令人费解。笔者认为，或许是出于如明确指出列强对日侵略行为，则等同于承认日本此后对邻国的侵略行为的考虑，当然也可能与日本既没有侵略他国也没有受过他国侵略的"神国"意识有关。

三 帝国、帝国梦、帝国化

笔者此前已指出，近代日本的帝国化始于1874年。"东大版"的东亚史则认为，这一起点应是甲午战争后日本对"台湾的领有"，多数日本史著作皆如此认为。果真如此吗？此外，对于清廷为应对日本的帝国化而采取的近代性帝国政策，"长春版"又是如何认识的呢？

汉语的"帝国"一词，是从幕府末期的荷兰语"keizerrijk"和英语"empire"的翻译发展而来。历史上的帝国，无论东西皆形态各异，在前近代则意味着具有绝对权威的统治者对广阔领域的统治。到立宪制出现之后的近代，无论是否存在具有绝对权威的统治者，"帝国"一词多表示近代国家在广泛领域内对异域和异族进行等级统合的体制。霍布斯鲍姆（Hobsbawm）指出，皇帝与帝国虽是古老的产物，但帝国主义是新现象，体现在追求以近代国家为统治主体的帝国这一点上。② "帝国性"的概念并不仅限于近代帝国，只要帝国存在就具有帝国性。

---

① 郑在贞：《日本逻辑：转折期的历史教育与韩国认识》（日本의論理：轉換期의歷史敎育과韓國認識），首尔：玄音社，1998，第207页。
② 关于帝国的概念，参见李三星《帝国》，首尔：小花，2014，第1、3部；山本有造编『帝国の研究：原理・類型・関係』名古屋大学出版会、2003、3～30頁。

众所周知，历代的中国王朝虽然没有以帝国自居，但秦汉以来的王朝其实质皆为前近代帝国。朝鲜、日本、越南也将唐朝的帝国体系作为本国的模板欣然接受，某种程度上也共享着"帝国梦"。正如"创批版"、"东大版"和"长春版"均提及的，在中国开始受曾被视为夷狄的满族统治后，三国皆自命为"中华"，企图构建"小中心秩序（小中华秩序）"。只因三国各自的主客观条件不同，其实现程度才各异。

如果说传统东亚的"帝国梦"源于中国，近代"帝国梦"则源自日本。东亚各国在共享传统"帝国梦"的历史环境下，于19世纪中叶受到欧洲近代帝国的威胁，最早产生强烈反应并开始实践"帝国化"的是日本。

日本首次在公文上以"帝国"自称，是在1854年签订的《日美亲善条约》中。当时条文上的日本国名，英文为"Empire of Japan"，日文记载为"帝国日本"。江户幕府创造"日本帝国"一词，一方面是为了在处理与西方国家的关系时，强调对外自主权和显示自尊，同时也是为了将实现富国强兵的意识内化于帝国这一概念中，以支撑帝国的存在。德川齐昭1856年说："神国之领土即便狭小，亦仍被外夷视为帝国而敬仰畏惧，皆因古代有神功皇后三韩征伐、中世有击退蒙古、近世有丰臣秀吉征伐朝鲜等明断武威之举名扬海外。"[①]

这一说法在明治维新后得到继承，在明治政府的首次对外军事行动即1874年入侵台湾后，被逐步固定下来。1874年2月，明治政府参议大久保利通与大隈重信表示："为我藩属琉球人民遭受杀害进行报复乃日本帝国政府之义务，讨蕃之公理亦在于此。"[②] 江华岛事件后的1875年12月，日本某民间建言书中写道，"朝鲜原为西北一小国，自古臣服于我帝国，却自中世以来未曾朝贡。此等大罪应如何饶恕"，[③] 以此主张征韩。值得注意的是，这些言论中不仅使用了"讨蕃""朝贡"等颇具华夷观念的词语，还将日本称为"帝国"。由此可知，近代日本"帝国梦"在形成过程中，一方面延续了前近代的华夷秩序观，另一方面也接受了近代帝国的意识。

---

① 朴晋雨：《近代日本形成期的国家与民众》（近代日本形成期의國家와民衆），首尔：J&C，2004，第109页。
② 李三星：《帝国》，第217页。
③ 朴晋雨：《近代日本形成期的国家与民众》，第113页。

江华岛事件后，明治政府正式使用"大日本帝国"这一国名，反映了以进犯台湾为契机掌握了琉球王国内政和外交的日本，自认为已迈向帝国化第一步的自负心理。1874~1875年，日本国内强烈鼓吹将日本、中国、朝鲜等级化，将三国依次定位为"自由独立国""约定独立国""纳贡独立国"，将日本的国际地位提升至东亚首位，并幻想"西有英国、东有日本"的世界格局。① 1876年签订的《朝日修好条规》（即《江华条约》），通过强迫朝鲜开国提升了日本的国际地位，由此跻身世界体系的半周边位置，同时成为日本强行掠夺朝鲜大米和金银进而获得资本积累的决定性契机。②

在"东大版"东亚史中，有一处叙述值得注意，即明治政府将北海道、琉球等地区纳入日本领土范围的行为，该书视之为"殖民扩张的过程"（第192页）。这一结论表现出了针对本国历史的自省意识。这里所指的殖民扩张，是近代日本通过"合并"属于异域或异族的邻国从而走向帝国化的最早事例。在和田春树等编写的《岩波讲座　东亚近现代史》第1卷（2010）中，井上胜生将日本向北海道和朝鲜的扩张行为合称为"两次合并"。如将合并琉球考虑在内的话，可称为明治日本的"三次合并"。其中的两次合并发生在甲午战争前，日本的一系列帝国扩张政策最终导致了甲午战争的爆发。"东大版"正视了北海道和琉球王国的"殖民地化"，但遗憾的是并未将此视为近代日本"帝国化"的起点。

将近代日本"帝国化"的起点设为甲午战争的看法，是立足于欧洲中心主义的见解。理由有如下两点：第一，当局限于以西方列强垄断资本主义的对外扩张这一视角来理解近代帝国时，关注点往往集中于东亚各国针对欧美列强所实行的对应性防御，容易忽视日本对东亚邻国实施的先发制人的侵略行为以及其展现出的特殊性的帝国主义。第二，日本认为只有先修改或废除本国的不平等条约、实现主权平等，才能成为"帝国"，因此日本只重视

---

① 金容德编《看日本史的变革期：社会认识与思想》（일본사의變革期를본다：社會認識과思想），首尔：知识产业社，2011，第210~211页；朴英宰：《近代日本的韩国认识》（근대일본의韓國認識），历史学会编《日本侵略政策史研究》（일본의侵略政策史研究），首尔：一潮阁，1984，第100~101页。
② 白永瑞等：《东亚近代转向的三个分歧点》（동아시아근대이행의세갈래），首尔：创批出版社，2009，第23页。

与西方列强的关系，忽略与东亚邻国的关系。

上述明治日本的"帝国化"与俄罗斯对伊犁的侵占，共同促使了传统的清朝向近代帝国的转型。1884~1885年，清朝在新疆、台湾建省，以及1882~1894年干涉朝鲜并将其作为保护国的企图，便是明例。其间，清朝丧失了除朝鲜之外的所有朝贡国，因此将朝鲜作为扩张对象并迈向近代帝国化的欲求十分急切。这一政策的具体表现即为清朝派遣袁世凯对朝鲜进行"监国"，袁氏遂以军权为后盾，在顾问协助下主导了朝鲜的财政和外交大权。朝鲜逐渐沦为清朝保护国。然而，由于清朝在甲午战争中失败，上述企图最终落空。

清朝推进近代帝国化的政策，得到知识分子的支持，他们提出了"民族帝国主义"的主张。1902年梁启超就提出，为顺应帝国间相互竞争的世界局势，中国应整合境内诸民族进而"形成一个大民族"，并在此基础上"形成一个民族帝国"。他认为，当时的"华族"也应像拉丁民族和条顿民族（日耳曼人）一样拥有殖民地。① 如果说大民族等于中华民族的形成是清朝近代帝国化的对内政策的话，获取殖民地便是其对外政策。近代中国的帝国性最终止步于其对内政策，这一点与日本的帝国性有所差异。

在中、日、俄走向近代帝国过程中，朝鲜成为三国竞争性侵略的对象并深陷困境。作为自救对策的一环，朝鲜于1897年宣布成立大韩帝国。虽然只是国名的变更，与近代帝国实质性的扩张差距很大，但也是各国"帝国梦"争相涌现、相互角逐的时代反映。最终，大韩帝国在中、日、俄三帝国的竞争旋涡中逐渐丧失主权，直至被日本帝国强制合并而衰亡。自称"大南帝国"的阮氏越南，之前也沦为法国殖民地。

总而言之，东亚四国虽共同拥有基于华夷思想的传统"帝国梦"，追求基于进化论的富国强兵的近代"帝国梦"，但实现情况及帝国化程度各有差异。四国的帝国性差异化，不同程度上成为影响各国对自我历史进行深刻反省认识的障碍。日本与中国的帝国性，比韩国有着更为深厚的历史根基。如果"东亚史"的构建要基于对各国史中"帝国性"的反省的话，日中两国

---

① 柳镛泰：《民族大一统论和内在化了的帝国性在近代中国》，《学海》2008年第5期，第35~36页。

则需要更多的内在思考及艰苦的自我反省。这一点将成为理解和重构"东大版"与"长春版"东亚史认识体系的基础条件。

四 自省史观形成的可能性及其局限性

如上所述,"东大版"与"长春版"的认识体系中,带有拥护本国帝国性的自满史观,且如实体现在一些史实的表述中,同时也有某些部分表现出自省史观形成的可能性,非常值得关注。与"长春版"不同,"东大版"展现出了对日本帝国性自我反省的可能性,具体如下。

第一,客观描述了开港前后的日朝关系,指出两国皆认为"本国地位在对方之上",最终通过"两属之地的对马"形成并维持着所谓的"抗礼(对等)关系"(第12页)。这可以视为反省幕末至明治时期日本将朝鲜视为属国的契机。此外,此书还阐明了在1875年爆发的江华岛事件中,日本为掩盖真相捏造了朝鲜故意开火的虚假报告,蓄意在江华岛挑起战端。当时,正是这一虚假报告被日本媒体争相报道,从而煽动了日本人对朝鲜的厌恶心理和"征韩"热潮。

第二,设立独立章节讨论"近世"的琉球王国,将其与朝鲜、中国、日本同等对待,同时将明治政府1879年断然施行的"琉球处分",表述为具有国家兼并之意的"琉球合并",明确表述明治政府对虾夷与琉球的行动是殖民扩张。该书还指出,在1871年琉球事件的交涉过程中,清朝从未承认琉球为日本属地,日本政府肆意曲解清朝声明,使其出兵台湾的理由正当化(第169页)。

第三,客观看待日本通过甲午战争走向帝国化这一事实,给出了重新认识这场战争的可能性。该书认为,日本通过这场战争获得了殖民台湾的权利,成为与欧美列强一样的殖民帝国。一方面这是文明开化的成功,它增强了日本人的自尊心,另一方面也揭露了战争的不道德和残暴。如书中引用夏目漱石的日记证明"日本的成功,乃是勉强取得的空虚之物","有心之人,比起被称为日本人,更应该为被称为中国人而感到光荣。"(第260~261页)书中还毫不避讳地介绍了日军在战争中对旅顺、台湾等地平民实施的残暴行为。

第四，努力正视在国民国家的形成过程中，各国皆以本国为中心的脱亚主义内化的事实。如在第 27 章 "国际公共知识产品的形成" 中，"为使西方近代化的路径为己所用，中国与日本都受其逻辑影响，不断接收认识周边国家的负面信息"（第 277 页），"在国民国家形成过程中，一面否定地认识周边国家、一面试图进行自我正当化的现象比比皆是"（第 271 页）等诸如此类的表述，便是其中例子。

以上皆是 "东大版" 展现出的自觉审视本国帝国性的可能性，在 "长春版" 中似乎看不到审视近代中国帝国性的事例。就韩国而言，越南战争时期的赴越作战，是近现代韩国史中唯一一次具有帝国性的行为。对此，"创批版" 第 2 卷从自省史观的角度，叙述了关于韩军参战的性质和其加害平民的问题，指出自 90 年代后期以来，韩国展开了从越南民众角度审视这场战争并调查事实真相的运动，给一边倒的自满史观认识带来了冲击，最终促使韩国总统向越南国家主席当面谢罪。①

当然，"东大版" 中也存在积极拥护、粉饰近代日本帝国性的事例。比起受自满史观影响的叙述结构和认识体系制约的相关描述，这更令人担忧。

第一，试图掩饰不平等条约的基本性质。只强调条约在形式上的对等，忽视其侵害司法与关税主权的事实，甚至还设问 "真的不平等吗"。对英国等列强的相关条约进行积极辩护，称其 "存在并未作为特权加以利用的一面"（第 124～125 页）。同时指出，根据协定关税条款，"即便出口关税被强制压低，那也只是不利于谋求关税收入的政府，而对于以出口产业为重的企业来说则变成了有利条件"（第 125 页）。如果真是这样，当时朝、日、中均先后要求修改条约的理由何在？该书无视此点，一味强调日本在贤明领导者带领下为修约所做的努力。对此，"创批版" 揭示了在英国本土被禁止的鸦片贸易经条约体系认可，至 19 世纪 90 年代初居于对中国出口首位的史实，并指出当时欧美各国对本国进出口商品征收 30%～40% 高额关税的事实，以便形成对比。

---

① 详见柳镛泰《韩国的越南战争认识与历史和解之路》（한국의베트남전쟁인식과역사화해의길），《东北亚和东南亚的历史和解》，首尔：UNESCO 韩国委员会，2010，第 113～146 页。

第二，将条约体系与朝贡体系相对照，以偏向性论述掩饰其帝国性。如书中对日本在接受"公法外交"后试图依据"相同规则"重构与周边邻国关系的强调，便是例证（第143页）。然而，越南、缅甸、朝鲜等正是因条约而亡国，琉球更是被直接吞灭。四国中两国皆亡于日本。回避史实只强调条约体系的近代性和公共性，显然有所偏颇。① "创批版"明示，"朝贡体系对接受其礼仪程序的朝贡国的自主性是予以承认的，而条约体系则将履行其条约的条约国合并或对之进行殖民统治"（第142页）。另外，"长春版"也认为"列强强加于东亚的条约体系，在事实上就是殖民体系"（第376页）。

以上提及的"东大版"中的表述，实与幕末以来近代日本的执政者和有识之士所持的公法观并不一致，他们并不把万国公法视为实定法，而是将其作为一种理想中的自然法来理解，他们基本不相信国家之间存在对等关系的相互制约。对于木户孝允、大久保利通等而言，所谓"公法"就是列强维护自身地位、"剥夺弱小国家的道具"，对于小国毫无用处。②

第三，在为征韩论者意图进行辩护以掩饰帝国性的基础上，试图掩盖甲午战争前日本对朝鲜的侵略行为。书中认为，至甲午开战前，"虽也存在主张外征的势力，但这些主张与政府实际采取的政策之间存在很大差异"（第232页）。如果说公议和舆论是近代日本政治的根本（第111页），那么日本的对朝政策则是以此为基础持续实行的。然而在"东大版"中，完全找不到将日本对琉球、朝鲜的"外征"或"国权扩张"视作侵略行为的相关表述。

这种无视朝鲜立场的历史认识，同样反映在对甲午战争后日本对朝政策的表述中。书中认为，日本在战争中对朝鲜的"内政干涉"（或"介入"），最终成功排除了中国与俄罗斯对朝鲜的影响力，1905年通过"接收"朝鲜外交权实现了对朝鲜的"统治"。该表述与1875年"收回"琉球外交权这

---

① 与"东大版"东亚史不同，"大阪大学版"世界史中，将英美以"炮舰外交"促使日中开国并签订不平等条约的自由贸易体系定义为"自由贸易帝国主义"，同时指出日本要求欧美各国修改不平等条约，却"将同样的条约强加于邻国朝鲜并强迫其开国，这一行径暗示了日本今后亚洲政策的方向"。大阪大学歴史教育研究会編『市民のための世界史』大阪大学出版会、2014、187~189頁。
② 芝原拓自『対外観とナショナリズム』、466~470頁。

一表述所体现的历史认识是一脉相承的，即将扩张行为理解为"干涉、介入、接收"，而非"入侵、侵略、夺取"。试问，这样的逻辑与"朝鲜必须如昔日一般成为服从于天皇的属国"的征韩论逻辑有多大差别？书中甚至还附上了"征韩是实现维新理念的正确主张，因而难以对此进行反驳"的评论（第 183 页）。"征韩"中的"征伐"一词，意指上国负有对下国的无道进行匡正的正当责任，而绝非"侵略"。"征韩"与上述的"讨蕃"一词同为华夷论话语，内含拥护帝国性的逻辑，是不适合作为历史用语的。

早于"东大版"出版的上原一庆等编写的《东亚近现代史》（1994），反而在正视明治日本的侵略性上先行了一步。该书以"台湾侵略"代替"台湾出兵"的表述，指出："以壬午兵变为契机，日本政府开始着手军备扩张，为侵略朝鲜和对清战争做准备。日本的真正意义上的军国主义由此开始。"显然，比起 15 年前的历史认识，"东大版"有所退步。

值得注意的地方还有，"东大版"对靖国神社只字未提。靖国神社供奉着自明治维新至二战结束以"皇军"之名在内外军事行动中战死者的牌位。其对外军事行动的最早事例，便是出兵台湾，这是日本帝国膨胀的起点。另外，"靖国神社社宪"明确记载着其具有"慰灵"和"彰显"双重功能，[①]因此，靖国神社并非单纯的慰灵设施，它含有积极彰显日本帝国对外扩张、侵略之意。

结　语

由于在前近代与近代具有帝国的经验，中国与日本应予以正视的帝国性远远高于韩国。尽管如此，与"长春版"不同，"东大版"表现出一定程度的自我审视意识，可以说在自省史观上稍稍前进了一步。但也仅限于在个别事例上的表述，其近代史的认识体系依然难以摆脱自满史观的束缚。

对"东大版"自省史观形成产生制约的认识体系，有以下两个根基。

---

① 坂元一哉「首相の靖國参拝と日中関係：何が議論を混乱させるのか」『阪大法学』64 号、2014、779~780 頁。

第一，该认识体系以东西对比和对应性防御为主轴，是只重视与大国、帝国间关系思维的产物。第二，日本政治家在对待开国与改革、扩张与侵略时形成了截然相反的态度。对于前者给予积极与主导性决断的评价，认为后者是消极与对应性防御，这使得这一认识体系只要存在，就难以承认日本对东亚邻国的侵略行径。如此一来，实现共同编写东亚史的宗旨就变得非常困难。

但是，今后将出版的"东大版"的20世纪篇，并不会否定将1931年以后的日本对外扩张定位为侵略的东京裁判史观。对于将1931年前的扩张视为文明开化而非侵略的这一分段式历史认识，吉田裕指出，这是一种"历史认识上的双重标准"，即"对外接受东京审判的判决、最低限度地承认战争责任"，"对内则事实上否定战争责任问题，付之不问"。①

自20世纪90年代以来，尽管部分日本首相发表了谢罪谈话，但仍有众多内阁大臣和首相反复推翻或否认这些谈话，这正是"历史认识的双重标准"的反复表现。2015年8月，安倍发表的"战后70周年谈话"尽管备受各界关注，但也未能摆脱这一认识框架。12月28日，日本安倍政府与韩国朴槿惠政府共同发表了所谓"最终且不可逆"地解决"日军慰安妇"问题的一致意见，反映了两国政治领导层的"自满"偏向。"通用于东亚地域的历史认识"，只有在政治高层和历史研究、历史教育的共同推进中方可获得，这也是历史研究和教育必须将民主政治的推进视为重要课题的原因。

最近，韩国著名文学评论家黄铉产针对近代日本的殖民统治和侵略发表言论："相对于过去而言，今日的日本既是过去日本的主体，亦是克服了过去而重新崛起的他者。……如若能作为他者去客观分析过去的日本，多数问题便可迎刃而解。……与国家和民族拉开距离，纯粹以人的立场来客观对待其罪责是尤为重要的。这种将罪责客观化的做法，不只是关系到韩国，更关系到日本未来的幸与不幸。"②

今日的日本既是对过去日本而言的主体同时也是他者的这一道理，对韩

---

① 吉田裕：《日本人的战争观》（日本人의戰爭觀），河棕文、李爱淑译，首尔：历史批评社，2004，第91页。
② 黄铉产：《必须学习另一种活下去的方法》（다르게사는법을배워야한다），《京乡周刊》（週刊京鄉）第1128号，2015年6月2日，第102页。

国、中国、越南也同样适用。在不同时期或一些具体事例上，每个国家及其国民可能都会扮演既是受害者同时也是加害者的角色。那么，对本国国家暴力的自我反省程度，也同样关系到本国未来的幸与不幸。而且，欠缺自省意识导致的一国的不幸，并不会只限于一国境内，这一问题意识应被视为东亚地域史的出发点。为了将未来的不幸降到最低，须从"承认侵略与加害的事实"做起，带着勇气将其作为历史传授给本国学生。只有这样，才能做到真正的"以史为鉴"。因此，笔者认为，比起否定以往日本首相的谢罪谈话，日本在历史教育中教授基于自满史观的近代史这一现状更为令人担忧。

（林礼钊 译）

东亚共同研究与台湾的历史认识

许育铭[*]

前　言

东亚各地域有共通的文化要素,形成类似的传统,其一便是"从内心尊重历史,体认历史的重要性"。因此各国无不重视历史教育,建立了从个人到民族的历史叙事的同一性。在这种历史叙事建构过程中,历史教科书扮演的角色相当重要。随着冷战结束及全球化发展,东亚先后都出现情况不一的所谓"历史认识"问题,而问题的导源恰恰正是历史教科书。各国的教科书争议及"历史认识"问题都有自己的发展过程,但当被置于"一个东亚"的意识之下时,未尝没有共通的关联性,特别是在促进东亚相互合作的同时,增进彼此理解不仅有其必要性,探索共通性、深化合作基础更是极有意义之事,因此学界逐步产生了进行跨国教科书共构的思维和行动。任何国家的历史教科书,一方面为过去与现在提供了一种记忆的连续感,传递了公认的历史叙事;另一方面也改变乃至重写了过去,以符合当代社会的需求。只有各方面真诚努力去消弭来自教科书的偏见、歧视和刻板印象,才能有共通的历史叙事。

一　历史认识论争中的教科书问题

"历史认识"问题,一直是东亚的焦点之一,它是围绕着日本国内政治

---

[*] 许育铭,台湾东华大学历史学系副教授。

发展并成为国际问题的。尽管东亚都存在历史认识问题，但这些问题并非一定以"历史认识"的名义出现。只能说在台湾，"历史认识"问题的概念已成为专指在日本发生事态里的专有名词。因此，这显示在谈论东亚的历史认识时，是以日本为中心形成讨论场域，发展演变脉络更与日本局势息息相关。另一方面，所谓的"历史认识"问题也有范围广义与狭义之分，广义者牵涉透过历史说明国家民族的过去种种，建构自我认同与指导未来的何去何从；狭义者的范围则可限定专指历史书写，如何筛选记述发生过的事物，特别是历史教育中的教科书书写。台湾自身当然也存在"历史认识"问题，而且近年来争论日益加剧。虽然台湾地区与日本的情况有明显的差别，但是当被置于一个东亚的意识之下时，未尝没有共通的关联性，而且在促进东亚相互合作的同时，增进彼此的相互理解不仅有其必要，探索共通性、深化合作基础更是极为有意义之事。

对于日本的历史认识问题论争的形成，一般认为起于20世纪90年代初期关于"慰安妇"问题，从要求日本政府道歉、赔偿的声浪不断高涨，到日本国内兴起批判"东京裁判史观""自虐史观"的声浪，造成许多争议事件。例如，2001年发生的日本国内外各方批判扶桑社版《新历史教科书》通过审定出版。但若从三次日本教科书事件的脉络与国际层次来观察，50年代就发生了关于历史认识问题的教科书修改与诉讼，并从国内问题发展为1982年的国际问题。中、韩等国抗议当时日本文部省对送审的教科书进行干预，违背史实进行修改。例如，要求删掉"慰安妇"，并以"进出"取代"侵略"字眼。原本是日本国内的教科书问题演变为国际大事件，最后以日本政府特别在教科书审订基准上加上"近邻诸国条款"收场。教科书的记述关系到日本的历史认识问题论争的发展，需要考虑国际理解、国际协调。因此，后来的东亚历史认识问题基本以日本为核心，同时存在于国际与国内两个层次。

日本的相关讯息通过媒体传到台湾地区，造成复杂的影响：一方面，在台湾社会形成了日本缺乏战争反省、淡化责任的固化国家印象；另一方面也让处于民主化进程中的台湾社会意识到教科书记述的影响，要求当局对历史解释权控制的松绑，而最能代表官方干预的便是历史教科书课纲订定，官方订定课纲，作为民间出版教科书的撰写依据。最后使台湾的历史认识问题以围绕历史教科书课纲定期的修正为核心发展起来，而这与日本国内教科书问题发展有很多类似的地方。

历史教科书具有重要性，也有指标性。从历史学的角度来看，历史是一个客观的过程，但对历史的认识却是人为的建构。一个民族的历史是透过历史教育建构、记忆和传承的，而历史教科书则是最重要的传承历史记忆的媒介。加上历史教科书具有官方权威、正式且普遍的特征，将这个民族的历史记忆深深地烙印在学习者的精神世界，一个民族的体制化的记忆依靠这个重要的记忆的场所，所以教科书参与决定社会上什么样的知识被认为是合法和真实的。也因为此，在台湾社会民主化过程中，本土派人士一直认为国民党长期威权统治所造成的历史认识是扭曲的，要掌握历史解释权加以导正。

20世纪90年代后期，当日本历史教科书问题及"自由主义史观"引起日本国内外激烈争议时，台湾内部也正在进行关于历史观的典范转移，随着台湾主体性的强调与要求对台湾本土意识的认同，台湾本土史观取代原有的大中国史观，而且逐渐成为官方的主流论述。1997年官方出版中学教科书《认识台湾》，正是这种转移的典范。以该书出版为契机，台湾社会展开了对历史观典范的正反两面激烈对抗。批评者不满以《认识台湾》为代表的台湾本土史观，肯定日本殖民统治的贡献，与日本右派美化日本战前历史的描述并无差别。而之后教科书课纲订定问题的重复出现，使词语的使用争辩扩散到社会各层面。例如，从"日治"与"日据"、"终战"与"光复"等之争中，可以看到台湾历史认识问题与日本右派的联结，使台湾在东亚历史认识问题上，处于尴尬又暧昧的处境。①

二　台湾对日本历史教科书问题的研究概况

在谈东亚共同研究之前，我们不妨先回顾一下台湾对日本历史教科书的研究情况，我们必须注意，这是一个由日本国内到国际再到台湾的跨地区影响过程。虽然台湾明确受到日本历史教科书问题的影响，但台湾方面有关日

---

① 汪宏伦「台灣的『歷史認識問題』初探：史觀・戰爭・框架（特集 移動と記憶の日中比較研究）」『21世紀東アジア社会学』6号、2014年3月。

本历史教科书问题的研究并不多，而有关台湾本土教科书和历史教育问题却一直是研究重点。在教科书研究方面，多以教育或课程讨论为题，如蓝顺德的《教科书意识形态》①，"该书系将历年来有关教科书相关的研究进行总整理，他以意识形态的角度去分析教科书，可以用政治、性别、族群、宗教、阶级、地区等来划分，他将1979～2008年有关教科书意识形态的硕博士论文、期刊论文及'国科会'专题报告等进行回溯性的文献分析与讨论，发现2000年以前研究教科书着重政治上的意识形态批判，而且以社会科课本为主题进行分析者最多，而在2000年以后初中教科书出现《认识台湾》课程，台湾爆发第一次'中国化'与'本土化'之争论，研究重心开始关注于两岸教科书比较以及戒严前后教科书比较，亦显示台湾对于教科书研究专注开始重视本土化的发展"。② 关于此点，可再参考王甫昌的《民族想像、族群意识与历史——〈认识台湾〉教科书争议风波的内容与脉络分析》，该文主要以报纸、媒体报道分析来厘清《认识台湾》教科书争议风波所凸显的民族想象、族群意识与历史记忆之关联。③

  台湾关于教科书与历史认识问题的讨论，较多出现在有关历史教育方面的相关期刊上，期刊不只是论述的场合，也常常成为意识形态主张的发声地。例如，以强调民族文化精神为主题，将中华文化发扬光大的《海峡评论》便是"中国化"史观的代表。此外，以学校课程教学为中心改善历史教学的《历史教育》《清华历史教学》《历史月刊》等也常探讨台湾历史教学情况并进行政策讨论，其中最大的主题亦在于对"中国化"与"本土化"的讨论。台湾本土史观的代表团体"台湾历史学会"编著了《历史意识与历史教科书论文集》（2003）一书，主要也是探究历史教育与国家认同问题。基本上探讨台湾教科书制度的相关研究也多会略为提及或参考日本的情况，当然也不乏专门探讨日本教科书制度的论文，但数量极有限，多属教育层面之研究，以历史观点切入探讨日本历史教育问题者虽然相对较少，但不

---

① 蓝顺德：《教科书意识形态——历史回顾与实证分析》，台北：鼎文书局，2010。
② 黄贞瑜：《历史认识与书写——台、日、中高中历史教科书比较研究》，台湾东华大学硕士学位论文，2013，第5页。
③ 王甫昌：《民族想像、族群意识与历史——〈认识台湾〉教科书争议风波的内容与脉络分析》，《台湾史研究》第8卷第2期，2001，第145～208页。

乏佳作。收于该学会的会讯者，如何义麟的《日本历史教科书问题之演变——摆荡在"国际考量"与"本国中心"之间》一文便是代表。①

不少学者的研究是针对日本历史认识问题的，主要目的是促进台湾历史认识的良性发展。许育铭的《战争魅影——日本历史教科书的中日战争》一文，探究日本历史认识问题与日本教科书争议的发展，其中比较了日本国内历史教科书的内容，分析了日本政治斗争影响下的历史教科书发展。② 他撰写的《站列法庭的历史学：家永三郎与日本教科书审定诉讼之研究》，是以历史与法律观点分析家永三郎的诉讼问题，探讨日本教科书审定制度与宪法保障学术自由是否冲突，并反思台湾历史教育现况——重视历史教育却轻视历史教科书质量，呼吁、鼓励大学教授参与教科书编写工作且将其视为正式研究业绩。③ 罗志平曾发表《历史修正主义与新民族主义——日本修改教科书争议的政治效应》一文，探讨日本修改历史教科书的心态主要是在创造新民族主义，有鉴于日本战前与战后民族意识的差异，希望唤醒战前效忠日本天皇的"皇国史观"，故反对战后反省的日本，认为是"自虐史观"，于是日本国内出现了历史修正主义。④

关于日本修正历史教科书的心态，汪宏伦在《从〈战争论〉到〈新历史教科书〉：试论日本当代民族主义的怨恨心态及其制度成因》一文中从社会学及心理学的角度探讨了日本右派分子的心态。⑤ "作者运用社会学理论去分析日本的民族主义心态。全篇主要以马克斯·舍勒（Max Scheler）所称的怨恨心态来建构和理解日本当代民族主义。在讨论这个议题之前，必须先了解日本在战前与战后对自身的认同产生了巨大的断裂，战前是个英明神武的皇国之民，到了战后却变成不断道歉谢罪的历

---

① 何义麟：《日本历史教科书问题之演变——摆荡在"国际考量"与"本国中心"之间》，《台湾历史学会会讯》第13/14期，2002，第69～78页。
② 许育铭：《战争魅影——日本历史教科书的中日战争》，《近代中国》第163期，2005年12月31日，第84～115页。
③ 许育铭：《站列法庭的历史学：家永三郎与日本教科书审定诉讼之研究》，《东华人文学报》第9期，2006，第251～282页。
④ 罗志平：《历史修正主义与新民族主义——日本修改教科书争议的政治效应》，《问题与研究》第45期，2006，第81～106页。
⑤ 汪宏伦：《从〈战争论〉到〈新历史教科书〉：试论日本当代民族主义的怨恨心态及其制度成因》，《台湾社会学》第19期，2010，第147～202页。

史罪人。在盟军（美国）占领日本时，用粗鲁的、强迫的方式建立起日本的民主国家，却又没有将战前天皇制度、皇国史观消除。这些充满争议的事项，埋下了怨恨的种子。该文的重点在于了解新民族主义者发表新历史教科书的背景因素，并进行分析，透过社会学者的理论建立这波民族主义者的心态。"①

针对日本右派《新编历史教科书》的讨论，可以黄自进的《日本历史教科书问题——"新历史教科书编纂会"的个案探讨》为代表。② 黄自进认为，教科书问题涉及日本国内价值体系的重整，也涉及日本与周边邻国外交关系的发展，因而是一个观测日本社会动态的最佳指针。日本教科书问题与日本国内政治、经济发展情势有密切的关系，因此只要日本国内的矛盾继续存在，教科书问题就不会消失。甘怀真《台湾与日本的中学历史教科书之比较》一文叙述了台湾与日本历史教科书课纲的异同，探讨了日本历史教科书课纲形成的历史背景与日本国内左派史学与右派政府的冲突，最后检讨了台湾的教科书制度，提出建议并进行反省。③

从比较的观点出发也是对东亚共同研究历史认识问题的初步，黄绣媛在《中日初中历史教育的比较——民族主义与世界主义的纠葛》④一文中，针对台湾地区、日本、中国大陆历史教科书中的历史教育目标、民族主义及世界主义进行分析，"认为日本政府近年来强调国际和平教育的课程改革，但是在教科书上对于战争的反省却越来越淡化，但战争的反省仍然在教科书中得以展现。可知日本政府与历史学界、教科书编者之间存在着不一致性。这种不一致性使日本政府难以统合国家民族意识，但仍有走向极端国家主义的可能。中国的历史教育很明显是由政府主导。历史教育也成为配

---

① 黄贞瑜：《历史认识与书写——台、日、中高中历史教科书比较研究》，第7页。
② 黄自进：《日本历史教科书问题——"新历史教科书编纂会"的个案探讨》，台北：中研院亚太区域研究专题中心，2004，第1~77页。
③ 甘怀真：《台湾与日本的中学历史教科书之比较》，《历史教育》第14期，2009，第151~170页。
④ 黄绣媛：《中日初中历史教育的比较——民族主义与世界主义的纠葛（1978~1992）》，台湾师范大学博士学位论文，1994。此外，还可参考黄自进《东亚历史教科书问题的组成——评菊池一隆著『東アジア歴史教科書問題の構図—日本・中国・台湾・韓国、及び在日朝鮮人学校』（法律文化社2013年）》，《教科书研究》第7卷第1期，2014，第105~113页。

合国情教育与政治思想教育的一门课程,甚至许多国家重要政策往往透过历史教育去宣传。教科书在国际和平议题上推动国际友好合作,促使各国进步繁荣,但对国内民主及人权议题上却呈现与政府政策背道而驰的现象。而台湾既往以中国化为中心的教科书是建立在保家卫国的基本精神上,对内培养学生对中华文化的认同意识,作为国家统一的基础,对外则强调国际合作彰显国际地位。反映了在90年代前半期,台湾的内外情况"。①

三 台湾对东亚共构历史教科书的关注

原本代表台湾官方掌控历史教科书的机构是"国立编译馆",它是在1932年便设立的国家图书编译机构,隶属于教育部,负责学术文化书籍、教科书以及学术名词的编辑翻译事务。此机构后来亦随着国民党政府播迁来到台湾,但其编译成果的效力随时代而有不同。在1997年"台湾教育部"允许民间出版商编印教科书之前,"国立编译馆"仍是台湾地区各级中、小学教科书的唯一供应者。但该机构在2011年被并入"国家教育研究院"。"国家教育研究院"虽然从事教育制度、政策及问题之研究,制定建置教育政策,建立民意调查数据库,提供教育决策所需信息及专业咨询,但也因为合并"国立编译馆"之缘故,遂有教科书研究工作与教科书审定的职掌。"国家教育研究院"作为台湾中、小学教科书的审定机关,亦常常举办研习活动,并邀请身在教育最前线的中、小学教师参加。

2012年6月,"国家教育研究院"与台湾师范大学共同举办了"东亚历史教科书共构工作坊"的活动。值得注意的是,这是台湾第一次针对跨地区共构教科书提出议题,包含如何跨地区合作、共同撰写、争议议题之因应和处理等,并进行了深入浅出的座谈与讨论。虽然台湾地处东亚,与中国大陆、日本、韩国关系密切,但是官方对历史教科书的跨地区共构撰述,始终未有明确的表示。对于国际上的共构历史教科书课题或对历史认识的国际合作研究,台湾当局不曾有基本态度。

---

① 黄贞瑜:《历史认识与书写——台、日、中高中历史教科书比较研究》,第8页。

一般都认为跨地区合作共构教科书透过跨越单一国族认同的写作方式，实现多地区、多民族之间的对话，可以为跨地区合作提供相互理解的基础。目前跨地区合作共构历史教科书在西方取得成果较为丰富，近年来，东亚的主要国家也在积极发展中，中国、日本与韩国三者皆在进行共构历史教科书，先是有《东亚三国的近现代史》（2005），后来又出版《超越国境的东亚近代史》（2013）。台湾地区对此一国际发展趋势则较不热衷，尤其是在中国、日本、韩国的共构合作过程中，台湾地区由于"外交"等的内外因素，处于失语无法反应的状态。但同时，台湾内部围绕"国家认同"衍生的教科书课纲争议、历史认识问题，特别是日据时期的定位，却始终一直在进行壁垒分明的激烈论战。因此台湾的历史认识问题，明显地重内轻外，在空间与时间上有一定的局促性。

上述 2012 年的类似官方主办的研习活动，或许可以视为台湾对跨地区共构历史教材的可能性踏出的第一步。这个研习活动邀集了实际参与共构东亚历史教材的学者进行主题讲座，包括中国社会科学院近代史研究所步平研究员、日本都留文科大学笠原十九司名誉教授，并邀请台湾大学历史学系周婉窈教授、中研院社会学研究所汪宏伦教授，从台湾的观点及历史社会学的视角做主题讲演。由于步平及笠原十九司都曾参与东亚共构历史教科书的事业，且分别是中国大陆与日本在此课题上的代表性学者，足以为参与研习活动者提供最前沿的讯息。此外，两位台湾学者的主题讲座也反映了台湾学界对中日韩三国共构历史教材的一些看法。

例如，周婉窈以《试论东亚历史共通教材书写的可能性及其局限》为题，指摘跨地区共构历史教材面临不可回避的国家主体性、历史记忆和国际政治等深层问题。首先，周婉窈认为由中日韩共同撰写的《东亚三国的近现代史》，基本上仍是以日本帝国圈为主，被当作边陲地区的台湾、琉球等，其主体性书写定不完整。因此，在追问这是何者的东亚历史时，便出现边陲者主体性的欠缺。况且，日本帝国圈内的台湾地区、琉球、韩国等是否有着共同经验？而这些欠缺都是共构东亚教材时应该考虑的面向。其次，周婉窈更提出质疑，多地区共通历史的书写面临的考验是："理论上应超越一国历史进行越界和跨国的书写，但，各国历史各有发展脉络，往往同其时而不相交涉，对共同历史事件的书写各有其立论的视角，更何况各国还要处理各自核心的历史问题,及面对各自国家意义与民族精神的传统。"①

上述的看法意见,也显示出台湾地区的某种焦虑。中日韩等在进行东亚相关共同研究时,并不会刻意排除台湾地区,但是在讨论东亚历史认识时,台湾地区要么被边缘化,要么被忽略,而且台湾本土史观与日本右派论述的联结也使得台湾地区处境尴尬。因此台湾地区应该如何参与现阶段寻求作为和平对话基础的东亚历史认识的讨论?又该以何种观点建立台湾人的东亚史?这是个颇费思量的问题。

参考这个系列工作坊综合讨论所取得的共识,相当值得借镜,可以作为参与东亚共同研究历史认识的起步。归纳为以下几点。

(1) 在意义和价值上,与会学者一致持肯定态度,认为东亚各地区共构教材是超越自己的视角,过程重于结果,并勇敢地挑战了民族国家的框架。

(2) 在必备条件上,应有表述的自由、多方开启对话,但不要陷入民族主义的高涨情绪。

(3) 在值得共构的主题上,包括战前、战后民主化、民主化之后的转型正义等。

(4) 在面对可能的困难与挑战上,首先是中国大陆和台湾地区关系的不可回避性,"理解的过程"如何达成非常重要,从台湾主体出发应是前提;其次是加害者与受害者之间二元对立冲突的问题;最后是摆脱民族主义的影响,一方面警醒民族主义遗绪的毒害,另一方面思索在克服和超越民族主义之后对谁最有利。

(5) 在开始共构的契机上,可以从台湾地区加入中日韩国际知识社群开始,从"不理解"到"对话理解",相濡以沫才能达致和平,用关键案例将达成共构观点的形成脉络呈现在教材中,以教导孩童学习和平及思考达成和平的理解过程。②

---

① 詹美华、陈姵璇:《2012 东亚历史教科书共构工作坊》,《教科书研究》第 5 卷第 2 期,2012,第 171 页。
② 詹美华、陈姵璇:《2012 东亚历史教科书共构工作坊》,《教科书研究》第 5 卷第 2 期,2012,第 172~173 页。

结　语

　　持台湾本土史观的学者一直深信，透过历史教育的改革可以使民主进一步深化。虽然历史教育的改革，不是以历史认识的名义，但意义相同。2014年3月台湾爆发的"太阳花"学运，印证了上述观点。因为这群出生于"解严"后的学生，是在民主化时代气氛中成长起来的，许多人就读高中时接受的就是"九五暂纲"的历史教育。此份课纲是在2004年民进党执政时以"普通高级中学暂行课程纲要"名称公布（时任"教育部长"杜正胜），2006年开始使用。在"九五暂纲"中，台湾史首次独立成册，脱离中国史讲授。[①] 后来不少人认为，正是"九五暂纲"形塑了学运参与者的"国家认同"以及民主、人权认识。

　　同理，台湾的历史认识、历史教育要与国际接轨，与东亚合作，还有很大的成长空间。正如前言所述，任何国家和地区的历史教科书，一方面为过去与现代提供一种记忆的连续感，传递公认的历史叙事；另一方面也改变乃至重写了过去，以符合当代需求。所以我们只有从各方面努力消弭来自教科书的偏见、歧视和刻板印象，才能帮助克服历史遗绪冲突，而跨地区教科书共构或对东亚历史的共同研究即是为了消除这类历史遗绪冲突，也是对建立一个亚洲共同体的一种具体实践。

---

① 王仲孚：《论"高中历史新课纲"的根本问题》，《海峡评论》第247期，2001，第54页。

东亚共同研究与中国的历史认识

江 沛[*]

近代以来,以中国、日本、韩国为代表的东亚各国,由于现实利益及意识形态差异而形成的纷争,逐步蔓延到涉及三国或更多地域的历史问题认识的差异。本文试图从中国历史观的视角切入,讨论中国历史观存在的认识问题及与日韩两国的不同,这种自我剖析式的思考,有助于日韩两国理解中国人对历史及现实问题的思考角度。本文强调,东亚历史认识的差异性由来已久,是非文化性的,在民族主义思潮占主导地位的今天,仅仅通过知识传递与公众沟通难以解决问题,但又期望通过知识与文化的交流,逐步建立共同的东亚核心价值观,进而寻求客观、理性的解决之路。

一 为何要提出东亚共同研究与历史认识这一课题?

由哈佛大学教授入江昭(Akira Iriye)等人倡导的国际史以及威廉·麦克尼尔(William McNeill)于1963年提出的全球史(Global History)或称"新世界史"的历史研究方法,在史学界已经产生了广泛影响,作为一种方法论,"新世界史"要求打破民族国家的界限,以跨越国家、地区、民族、文化的历史为研究对象,某种意义上讲,它是历史学对经济全球化、文化一体化浪潮的一种反应,体现的是历史学综合、包容、一体的宏观态势。但在东亚地区,我们的史学家却提出"如何理解东亚共同研究与历史认识"这

---

[*] 江沛,南开大学历史学院教授。

样的话题，在为能否实现东亚共同研究、东亚各国有无可能形成共同的历史认识而焦虑，何以至此？是非常耐人寻味的！（东亚各国特有的政治文化、民族意识、舆论压力，导致台湾地区与日本即使号称"言论自由"，其学者也不会轻易冒犯众怒。）

对东亚历史与现实的认识，并非简单的学术问题，它涉及多国利益及相互关系，也深受其复杂多变的国家利益及相互关系的影响。一个特有的现象是，东亚各国均是现代化进程中的后来者，即使日本进行"明治维新"与决绝地提出的"脱亚入欧"口号，但仍然难脱儒家文明的思维。连续身处美日争雄亚洲、太平洋战争、冷战及美日同盟、中日争端背景下的日本，尚没有足够时间用现代价值观淘洗传统的日本文化，在当代寻求恢复正常国家的渴望中，更无法真正摆脱民族主义的束缚。台湾与大陆在 1949 年后因政治原因长期分离，文化差异日益扩大，台湾地区近期政治民主化进程中的乱象以及族群分裂的争斗，也加深了对大陆"妖魔化"的认识，处于民族分离状态的朝、韩两国，对日本与中国均有一种深深的"受害者"情结，在文化认同及历史认识中常常较为敏感，民族自尊心过强。曾是"天朝上国"的中国于 1840 年后长期饱受西方与日本侵略，压抑的民族主义思潮一直主宰着中国人的思维。2010 年，中国 GDP 超越日本，助长了一些中国人自认为重返大国地位的意识，民族主义情绪迅速借互联网升级。在今天主要因政治分离、国家利益诉求影响而利益与文化差异化的东亚地区，由知识分子来讨论"东亚共同研究与历史认识"的可能性，既是一个关乎东亚未来发展及地区安定的重大问题，其本身也存在一个意识先行的超前和引领问题，不被认同非常正常，在可以预见的未来，我们将会一直是孤独的先行者。

2005 年至今，在由中日民间机构共同进行的中日民意调查活动中，中方民间一直把领土问题放在第一位者占 64.8%，2014 年这一比例达到 77.55%，同时把"日本的历史认识和历史教育问题"视为影响中日关系进展的重要选项之一，而日方认为"领土问题"不是最大障碍。[①] 中国大陆与台湾的民意调查我没有看到，但影响两岸关系的最大障碍，恐怕已经不再是

---

① http://world.chinadaily.com.cn/2014zrlt/2014-09/09/content_18580477.htm.

谁承继了中国的政治合法性,而是台湾能否具有自决权。为此,台湾当局不惜将中国史置入世界史体系,突出台湾史以代替民国史,蓝绿双方情绪化的纷争,已严重影响到对历史认识基本的理性与客观态度。敌对状态下的朝韩两国,对自己民族的历史特别是导致民族分裂的朝鲜战争史的阐述,更是南辕北辙。

由此我们不难得出一个结论:东亚共同研究与历史认识的形成,一个基本前提是政治问题、领土问题的解决,各国间利益纷争的缓和,除此之外,别无他途!

那么接下来的一个问题便是,如果国家、地区或民族层面上的纷争不能在短时间内解决,那么东亚的共同研究及相互间的历史认识趋同是否就是一个难以实现的梦想呢?或者说,东亚的共同研究及历史认识对于推动各国间的相互认知与理解是否就没有意义呢?答案当然是否定的。中韩、中日及日韩间都有领土纷争,朝韩双方和中国大陆与台湾间还有民族分裂与政治合法性纷争的问题,这种纷争常常会因政治及外交需要而被传媒渲染,导致民间情绪日益对立并逐渐酿成一种情绪化、极端化的言行,甚至会发展成极端的民族主义,政治家、政治集团则会以满足民意为由推动国防预算扩大、贸易保护主义等行为,又会掀起极端民族主义思潮并激化民间情绪的对立。这种情绪化的对立会从国家体制、军事实力蔓延到文化传统、历史错误的相互指责。

因此,从某种意义上讲,透过各国的历史认识进一步推动东亚的共同研究,对于营造各国的民间理解与文化交流的和谐气氛,缓解政治紧张、外交纷争带来的仇视,是相当重要的。

此外,要讨论东亚共同研究与历史认识的话,必须兼容并包各方的思路、视野及利益诉求,这是题中应有之义。个人认为,这是各国知识群体面对东亚纷争现实具有远见卓识的行为,是知识群体试图突破政治现实影响,力求以民间力量消解现实政治纷争利益与建构思维基础的尝试。尽管在可以预计的将来,此项研究取得突破性进展的可能性不大,但有良知的知识分子都应参与其中。或许我们的努力,会成为东亚地区走向稳定与建立和平共同体的重要因素!

由于资料及视野所限,本文以20世纪与21世纪之交前后至今中日两国关系趋冷背景下以中日关系史为中心的中国认识为个案,以讨论 2004 年由中国全国中小学教材审定委员会初审通过的"普通高中课程标准实验教科书"之《历史》(1、2)、中国日本史学界的代表作、中国近年来有关中日战争史研究状况为依据,尽可能客观、理性地思考中国知识群体对于东亚共同研究与历史认识的看法。

二 中国历史认识的特征及困境

在 1949 年后的中国,历史认识特别是有关中国近代历史、中日关系史的认识,常常与意识形态的建构、民族自豪感的宣传、日本侵略造成的仇恨心态混杂在一起,也与思维模式、文化传统以及国际视野有关,大致有五种表现形态问题较大。

(一) 习惯性的道德判断

道德判断,是中国人传统历史观的一个特征,这是基于长期血缘宗法社会的以亲情、道德、情感而非法治、理性作为判断是非标准的意识的延续,自然它不是一个现代的价值标准。至今,在中国的高中教科书乃至大学教科书中,在谈及 1840 年以英国对华侵略战争为起始点的中国近代历史时,都会将其定性为一部屈辱的民族历史、国耻史,"它凝结着多少历史的血泪",因此,中国军民自此之后就谱写了反抗侵略的英雄篇章。[①] 以领土分割、经济损失、战争侵略为视点,不少教材都把俄国、日本视为对近代中国侵略最多、伤害最重的两个国家。站在民族国家立场上,中国人捍卫民族生存权与独立自主权并无不妥,但这种历史认识常常仅仅停留于此,而不去思考近代中国所遭遇的伤害,究竟是什么原因造成的?面对李鸿章所言的"三千年未有之变局"的世界大势,仅仅是触动泪腺、激发仇恨而不去启蒙心智,显然无法理解历史演进带给我们的教训!

---

① 人民教育出版社课程教材研究所、历史课程教材研究开发中心编著《普通高中课程标准实验教科书 历史 (1)》,人民教育出版社,2004,第 26 页。

(二) 矛盾的世界观

一方面,把西方列强和日本视为将中国推入半殖民地半封建深渊的罪恶之手,指称中国由此失去了独立自主;另一方面,又把由西方引入的近代文明的传播,视为中国反对封建社会形态的关键所在。一方面,称先进中国人号召向西方学习,发展资本主义以振兴中国,西方物质文明及制度文明在中外合力下快速传播;另一方面,又称帝国主义列强不允许中国发展资本主义。[1] 面对着用武力打开中国大门的侵略者同时又是传播现代技术、经济及文明的开拓者,中国人的心态及历史教育也常常是被动与矛盾的。[2] 如《历史(1)》在讲述历史进程时,对西方及日本展开的是无情的批判与谴责,而《历史(2)》则在讲述西方的进入,导致了自然经济的解体、洋务运动的展开以及中国社会结构的深刻变革,把民族资本主义的发展视为时代的进步。作为大学统一政治理论课教材之一的《中国近现代史纲要》,在对中国与西方的表述上,具有同样的内在分裂性。两者貌似相互补充,事实上恰恰是这种矛盾世界观的体现。

(三) 以统一、中央集权为核心的天下观

中国的历史经历了由先秦诸国独立存在、渐渐发展至西周松散型联邦制帝国,及至春秋战国时代变为分裂形态,终至秦朝建立统一的中央集权政权的阶段。此后,在帝国政治形态影响下,中国人的史观逐渐以中央集权为标准,分裂则是需要谴责的。统一与分裂的认知,是以领土或疆域为标准的;在"天朝大国"的意识下,中国之于周边民族及国家的关系以"朝贡体系"维系,自我中心意识极强。近代以后这种标准则从疆域发展到对中央政权的认识上,如民初的共和制甚至知识界对民主与自由理念的追求也以此标准加以认识,从而产生了诸多价值误区。在对东亚区域性的认识中,一些研究常常会视东亚地区为儒家文明圈,强调中国文明的影响力而忽视了东亚各国及

---

[1] 人民教育出版社课程教材研究所、历史课程教材研究开发中心编著《普通高中课程标准实验教科书 历史(1)》,第33页。
[2] 江沛「自由主義と民族主義の葛藤——1930~40年代中国の『戦国策派』の思潮を例として」『近きに在りて』54号、2008年11月30日。

地区自身长期历史演变中的特性，在批评"西方中心论"的同时不自觉地在强调"中华中心论"。

（四）革命史观的延续

19世纪90年代特别是苏俄革命成功后，以革命推动社会变革及民族独立，成为知识精英的主流认知，革命具有了不容分说的正当性。1949年后，中国近代历史、中共党史的主流表述，核心在于突出中国革命的正当性，由此推衍出中国共产党执政的合法性。革命成为衡量历史的唯一标准。要求引入西方经济与体制的魏源、薛福成、郑观应、王韬、康有为、梁启超等被视为反封建的进步者，但同时又是不完全的革命者，把太平天国、义和团、孙中山领导的同盟会等视为反侵略的革命运动或组织，同样也不是完全的革命运动或组织。在此意识下，西方是一个包藏祸心的西方，日本是一个阴谋的日本，俄罗斯是一个野蛮的俄罗斯，而中国的统治者无论何人，都是封建主义的代表，都是中国革命的对立面，都是革命的对象。于是，民主共和体制是无法在中国实现真正进步的，现代经济难以在西方压迫下推动进步，只有依靠革命确立民族国家的独立自主，才能真正获得政治自由进而推动社会进步。中共则是这一彻底进步潮流的真正代表和唯一领导者。[①] 这一史学思维的建构，不仅在史学界具有相当的影响力，而且潜移默化地对社会各界也产生了诸多影响。

（五）经济增长后复活或激发出来的民族主义理念

几千年来，以农耕文明为核心的中国文化，在东亚区域形成了独特的优势，天下观及朝贡体系维系着中国文化与周边游牧文明间的关系，"有德者居天下"的天下观与"谁当朝就为谁纳粮"的王朝观，曾经主宰着中国人的政治观，但也因中国文明高于周边，即使被征服仍可以同化周边民族并延续自身，遂形成了一种极其优越的天朝心态。近代以来屡被外来者侵略、文

---

① 中国近现代史纲要编写组编《中国近现代史纲要（修订版）》，高等教育出版社，2013，第71~72页。

明优势丧失而形成了自卑与崇洋心态交织在一起，致使天朝心态饱受压抑。四十余年的改革开放，使中国经济总量增长至世界第二的高度，中国人面对西方不再像以前那样自卑，在世界经济体系里有了更多的话语权，也有了更多的民族自豪感，但同时也有一种狭隘的民族自大情绪。

以上举出目前中国历史认识观念的五个主要方面，与中国人的传统思维方式、意识形态需求及国际关系影响都有关系，一些历史认识观是存在问题的，缺少更多的理性判断，也缺乏对历史发展脉络深层次的理解，更缺少对周边国家、地区文化及民族特性的认识与理解，受意识形态及国际关系的变化影响较大，因此，中国的历史认识观在价值层面是需要认真反思的。

三 东亚、中日关系史的认识形态

限于篇幅，本文主要讨论中国史学界、舆论以及民众对东亚、近代中日关系史的认识形态。

何谓东亚？这是一个在近代世界历史构建后，相对于欧洲或西方的一个共同体概念、一个区域性概念、一个相对于工业化生产方式的落后农业文明的概念。从这个意义上讲，日本当年提出"大东亚主义"的理论，不仅是为自己侵略亚洲、排除西方殖民主义者、争做东亚霸主地位提供正当性依据，也是以自己存在区域利益为根本出发点的权利主张，只是它是否真正代表了东亚各国的诉求就另当别论了。百余年前，福泽谕吉曾将中日甲午战争解释为一场"开化对保守的战争""文明对野蛮的战争"，声称"即使在日本人眼里，不是以中国人也不是以中国只是以世界文明之进步为目的，而打倒反对其目的的绊脚石，这样的话，就不是人与人、国与国间的事情，也可以视为一种宗教之争"。①

然而，与中国最为邻近的东亚区域，是中国国家利益最为密切和相关的区域，其中有诸多友国、具有竞争关系的国家与关系远非亲善的国家，但在

---

① 「日清の戰爭は文野の戰爭なり」（1895 年 7 月 29 日）『福沢諭吉全集第 15 巻』岩波書店、1961、492 頁。

中国的历史认识观中，缺乏对其足够的理解与重视。近代以来百余年特别是最近三十余年来，居于世界领先地位的欧美各国，以其技术与经济为支撑的生活方式对中国的影响与日俱增，中国人的国际认识视野，常常是超越亚洲而只盯着欧美，不少青年人对欧美的城市、生活、文化特征了如指掌，而对近邻日本、韩国不甚了了，甚至对台湾的理解也只停留在阿里山、日月潭及台北"故宫博物院"、101大楼等几个观光景点上。在中国目前使用的高中教科书及大学教科书中，几乎没有对东亚这一概念的理解或对这一区域重要性的解读，令人不解。有关这一区域的国家历史及关系史的叙述中，在古代，只讲中国在古代亚洲的文化优势及朝贡体系，优越感十足；在近代，常涉及对中国发动侵略的日本与俄罗斯，韩国、朝鲜及台湾几乎不被述及。中国人对东亚概念的理解几乎是空白，或是以日本来替代。如与印度的边界纷争，中学课本及大学政治课本均未有提及，对于朝鲜战争，中学课本根本未提，大学政治课本里也只有寥寥数语。

在舆论与民众看来，东亚的范畴大致包括中国、日本、韩国、朝鲜。东亚似乎永远是一个分裂的存在，中日从友好到纷争，日韩貌合神离，朝韩分立，因此东亚的共同认识似乎根本就不是一个可以谈及的话题。

在对近代中日关系史的认识上，舆论及民众似乎总是停留在遣唐使的印象上，强调日本过去在文化上是中国的学生，后来忘恩负义欺负中国这位仁善的老师。对日军在侵华战争中暴行的揭露，只限于一般意义上的展示与谴责，却少有从战争文化根源上认真反思的力作。近年来，日本政治家出于提振经济与国力的需要，持续参拜靖国神社或偶发反华言论以表达强硬的对华立场，使得中国民众因历史问题难以解决而引发的不满不断增加，留下了日本官方不愿认罪、不愿表述客观战争史观的恶劣印象。基于媒体对日本反华言论的抗议及一系列有关抗战的影视节目的制作，特别是在无力形成深层次思考反思战争的无奈及市场化需求的推动下，一批所谓的"抗战神剧"以低俗、穿越甚至无厘头恶搞的面目出现，无论如何变化，其对日伪军的妖魔化则是一贯的。随着中国经济持续向好、工业化程度逐步提升，中日在经济上的差距逐步缩小甚至呈现出中国超越日本的势头，潜伏于中国民众心底的那种天朝上国心态重新浮现，以国土面积及人口数量为衡量标准，"小日本"的称号再起，背后则是一种轻浮的大国心态及虚假的过度自尊在作祟。然而非常有意思的是，自 80 年代以来中国民众对日本制造业的良好印象依然在延续着，崇尚现实生活观念的他们，并没有将对日本战争认识的政治反感带入生活，日本电器甚至其他生活用品仍然是质量的象征，日本销售商店如 UNIQLO、无印良品、伊势丹等，同样是青年人或中产阶级时常光顾之处，日本居酒屋、日本料理店的数量也以前所未有的速度持续增长。在对先进文化和良好产品的追求上，中国人是很少附带政治色彩的。

从 18 世纪末至 19 世纪中叶，中日间发生了甲午之战、日本参加庚子之变、日俄在中国东北地区爆发日俄战争、日本占领山东及 1937 年日本对中国发动全面侵略战争，中国根本无力阻止日本势力在华的扩张。两国较量的背后是两种文明的较量，中国之败在所难免，日本此后长期在中国近代化进程中充当"二传手"的角色，对中国接受西方技术文明做出了不少贡献。此时，日本的角色是否与马克思所称鸦片战争中的英国在亚洲的角色相似，"充当了不自觉的历史进步的工具"呢？这是一个值得思考的极为有趣的问题。

对于近代中日关系发展史的整体解读，中国史学界、国际关系史学界有基于地缘政治学、现代经济发展特征或者是日本福泽谕吉等人论述影响的多种解释，但一个原则是强调日本对中国的侵略始终奉行"大陆政策"，是有一个深层次的"阴谋论"存在的，这一解读常常会有意无意地把日本政府、军部视为一个整体，从而忽略了日本内部的分歧、国际环境的约束和中日关系发展史上的诸多复杂性。由于长期以来中国皇权政治的隐秘性和无序性，中国人多相信政治运作是"阴谋"的结果，三国时代的诸葛孔明是高明政治家的典范，特征是智慧出众，以柔克刚，政治家群体是智者的集聚，政治则是智慧的较量，暴力最令人恐惧却又是等而下之的。在近代中日关系史中，居于优势的日本处于主导地位，中国吃尽了苦头，因此，中国人对中日关系史上或战时的日本政治家及军人的描述，一是缺乏正义感，极尽阴谋手段，二是缺乏人权意识，残酷逞凶，在道德上居于极低的位置。

在高中历史教科书中，有关抗日战争史的叙述只有短短 5 页，除了简短的战争爆发及结束的必要表述外，就是日军暴行与中共抗战的介绍，对蒋介石领导的国民党军队抗战论述较少，对于国统区、中共根据地以及沦陷区民生生活及苦难更是难以讲及。① 这样的历史叙述所提供的历史知识及认识显然是不够的，甚至可以说是片面的。在大学政治课程体系中的"中国近现代史纲要"课程中，最近发生了较大变化，在第6章专门列出一节讲述"国民党与抗日的正面战场"，虽只有两页半，仍是抗战史认识上的一个重大进步与突破。

在对中日战争史的描述中，中国人的历史认识观念得以充分体现，较少反思中国在世界现代化进程中的全面落后、国力衰弱的问题，似乎如此会自我贬低一样，把日本对华侵略政策看作谋求以日本为中心建立新的东亚国际秩序的需要、强调对华认识偏差导致对华路线失误的总结，在中国都是极少的，② 更多的是将日本侵略置于一个遭受道德裁判的地位，对日伪统治下的沦陷区的经济及生活实态分析较少，集中描述日本在各地占领期间的烟毒、妓院、强抓劳工、"慰安妇"等暴行；有的研究不分析史料的真实性与可靠性；不少地方对发生的日军暴行的记述多有夸大，把不少其他原因导致的死亡也统统记在了日军的头上（如有研究称，全面抗战八年中国死伤3500万人，其中战俘和劳工即达1000余万人③）。

20世纪80~90年代，中日政府间关系因经济需求大增而紧密，民间关系则因日方负罪感、中方对日本现代技术及产品的渴求而变得友好，问题则被掩盖起来。2000年以后特别是最近十年，是中日建交后双方从官方关系到民间认知都迅速趋冷的十年，因为几乎所有能够抵消双方负面认知的因素都弱化了（因中方经济强大，日方战争负罪感大减，中方则不再过度羡慕日本技术）。

在此背景下，2010年中日GDP排名的变化，具有重要的历史性的象征意义。2013年，中国博鳌亚洲论坛发表的《亚洲经济体竞争力2014年度报告》称：在亚洲37个国家中，日本排名降至第23位。经历过经济高速增长的日本民众，由此产生的失落感显而易见，国民心态蒙上了一

---

① 人民教育出版社课程教材研究所、历史课程教材研究开发中心编著《普通高中课程标准实验教科书 历史（1）》，第35~39页。
② 宋志勇、田庆立：《日本近现代对华关系史》，世界知识出版社，2010，第2~3页。
③ 何天义编著《日军侵华战俘营总论》，社会科学文献出版社，2013，第15页。

层沉重的阴影，舆论趋于保守化，渴求英雄式的政治家出现。中国民众的大国崛起意识及自豪感也由此而生。此后，这一背景下的中日民族心态发生了极其复杂的变化，长期以来的中低日高、中弱日强、中卑日傲渐变为中日平等，甚至在不少素质较低、思维传统的中国人中又再现了"天朝大国"的夜郎心态。相互间的分歧、焦躁、敌视及蔑视，使双方对过去已经不再重要的历史问题的分歧及认识，变成了"新问题"。在日本民意推动下，日本官方以参拜靖国神社为民族习俗及此为国内事务为由，坚持不对中、韩让步；中国则在民意推动下，终于正式进行了迟到的国家公祭。这种趋势又在民间持续发酵，导致双方民众各自的负面认知持续放大。

四 建立核心价值观以求同存异

在回顾了中国人对东亚、近代中日关系史及当代中日关系的认识后，我们深深意识到如何缩小各国对东亚概念的差异、如何客观真实地形成共同的东亚历史认识，是一个压制民族主义情绪、促进东亚地区稳定及改善各国关系的重要问题。

2014年9月9日，《中国日报》（China Daily）与日本"言论NPO"联合公布了第10次"中日关系舆论调查"及其结果（以千名日本人和1539名中国人为对象），日本人对中国"印象不好"者比例达到93%，比2013年上升2.9个百分点，是2005年以来的峰值；对日本"印象不好"的中国人的比例则降低了6个百分点，为86.8%，有所改善。[①]

如图1至图5所示，近十年来，特别是以2010年为分水岭，中日两国民间的相互认知呈日益恶化的趋势，这一民意态势对东亚共同研究及中日两国的历史认识都形成了极大压力，在双方不可能走到公开对抗地步的前提下，无视客观历史、有意歪曲甚至极力抹黑对方历史的做法成为重要的不满表达形式。

---

① http://world.chinadaily.com.cn/2014zrlt/2014-09/09/content_18580477.htm. 本文图1~图5均来源于此。

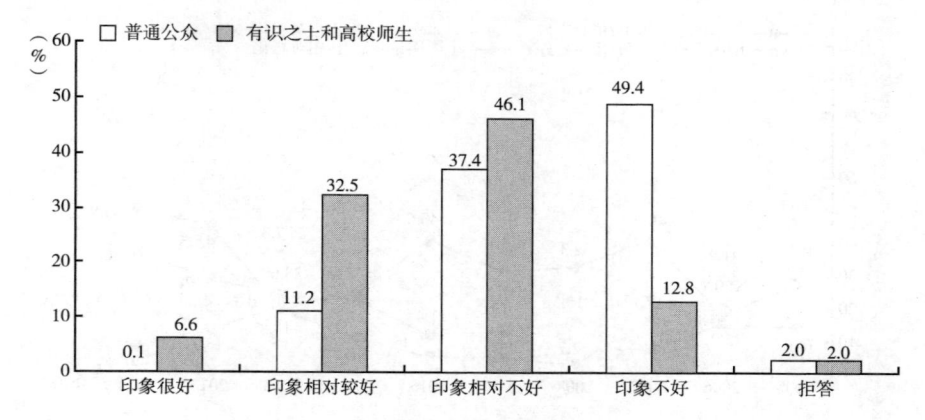

图 1　2014 年中国人对日本总体印象

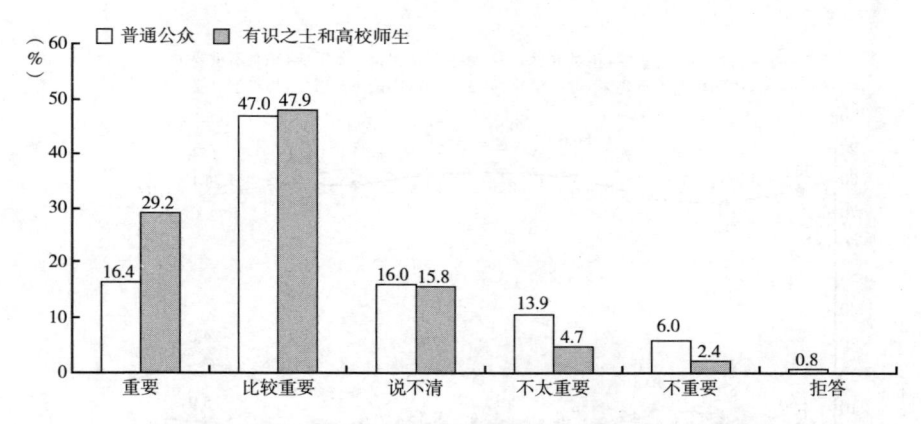

图 2　2014 年中国人对民间交流改善中日关系重要性的判断

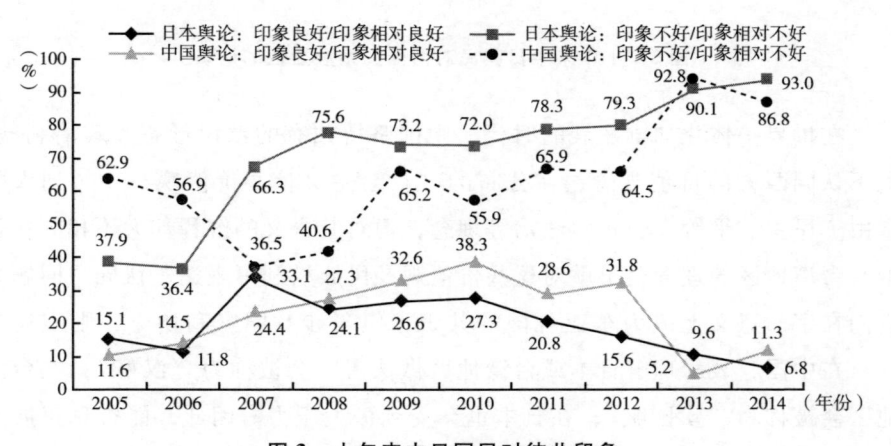

图 3　十年来中日国民对彼此印象

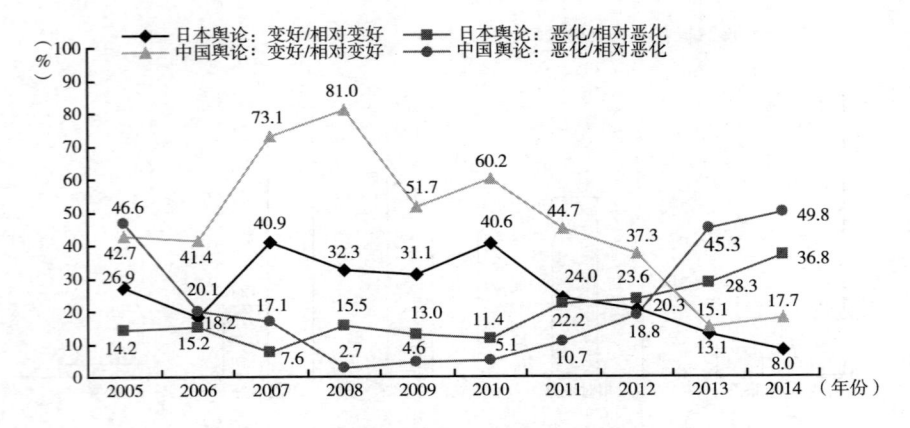

图4 十年来中日国民对两国关系趋势的判断

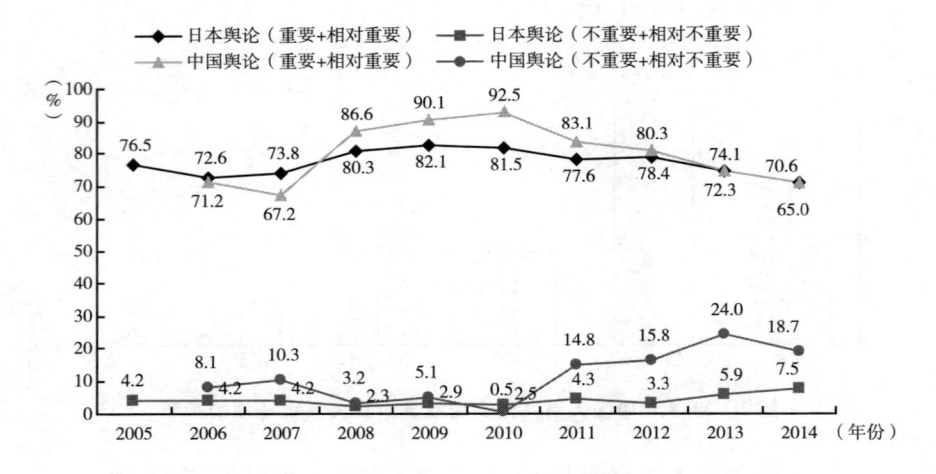

图5 十年来中日国民对两国关系重要性的认识

在世界一体化加剧发展的时代，中国坚持独有的意识形态和政治利益，绝不认同西方的价值观念，在公布的"社会主义核心价值观"中，列入了自由、民主、平等、公正、法治等理念，但对其含义的解释却大不相同。日本与台湾地区的理念也早就对这些价值观及民族权利等表达了认同，问题是它们在字面意义上成为东亚各国的共识，但当涉及国家利益时，则表述不一。在中国，表示理解日本或台湾地区做法者，会被称为"汉奸"；在台湾地区会被称为"卖国贼"；在日本也会受到极大压力。因此，能否真正展开学术层面上的"东亚共同研究"的关键，不在学术界，不在历史学界，而在于今天每个国家与民族都无法放弃的国家—民族立场,这才是影响东亚建立核心价值观、妨碍共同研究并形成趋同历史认识的关键。从这个意义上讲,在新时代,历史学家如何独立思考,如何推动民众及舆论站在广大的全球史、国际史的视角去看待东亚关系,去思考历史问题,就不再只是一个历史学方法论的问题,更是一个涉及区域关系能否和谐、局势能否稳定的大问题。

对于今天的东亚各国而言,对历史事实的认识,客观真相的记载是必须予以确认的,不管各国的政治需求、民族情感如何,会有多大影响,知识分子群体都应是时代的前导者,而不是乌合之众的胁迫者,更不是褊狭心态的论证者。图 1 也证明知识分子比一般民众更看重中日关系。如果自称是时代精英的知识群体都无法在寻求客观真实的道路上带头走出来,那还谈什么共识?

其次,由于历史认识的层次、对事实诸因及面相的认定、史料丰富与否等,历史认识本身即存在诸多争议,历史事实的形成本身即存在历史知识的一般本质与神话性质的关系问题。1923 年 5 月,中国学者顾颉刚在胡适主持的《读书杂志》月刊上刊文论史,提出"层累地造成的中国古史"的观点,其性质不仅在于史料学的层面上,它的现代性也体现在历史本体如何形成、历史知识如何积累、历史形态如何铸造等重大问题上。今天,基于各国立场而不断展开的政治宣传,渐渐固化了民众的头脑,也在不断干扰人的心智。

最后,无论如何,我们相信真正的、接近真相的历史是存在的,人们对历史的认识也会逐渐因视野开阔、心智开放、超越利益而渐趋客观,历史真相的寻求仍是可期的,无数的证据链可以催动人们依凭良知理性地去思考。我们应该充满信心!

近代中国"满蒙"区域变动

合作中反制：1932年中国在国联对"满洲国"问题的申述

王慧婷[*]

清季以来，中国有意进入西方主导的全球体系，却未立即被国际秩序接受；参加欧战使得国家命运得到翻转的契机：参加巴黎和会，使中国成为国际联盟（League of Nations，又称"国际联合会"，简称"国联"）成立会员国之一；继而1920年12月，中国获选进入国联行政院，在在为中国的国际参与掀开新页。[①] 关于此时期国际联盟在中国的影响，学者已有析论，如入江昭（Akira Iriye）以为该组织依从了华盛顿条约体系，在此架构中，国家间透过合作以缓和既有的竞争关系，并以为这种体系使得中国主权、领土与内政获得尊重，是远东国际新政治局势的开展；[②] 而国际联盟在中国运作所遭遇的最大难题，莫过于"满洲国"问题之仲裁。

1932~1945年长达14年的"满洲国"政权是许多研究者共同关注的历史议题。日本学者在界定"满洲国"国权性质时，倾向将之视为中国内部因自觉意识而独立建置的国体；而中文学界，绝大多数人将满洲问题内的日本因素，化约为"大陆政策"及其效应，将"满洲国"建设与其出现前的中日纷争，视为一系列计划性阴谋的落实。

---

[*] 王慧婷，台湾政治大学历史学系研究部博士生。
[①] 唐启华：《北京政府与国际联盟（1919~1928）》，台北：东大图书股份有限公司，1998，第7~9页。
[②] Akira Iriye, *After Imperialism: The Search for a New Order in the Far East, 1921 – 1931* (Cambridge, Mass.: Harvard University Press, 1965), p. 25.

对于中日两肇面向国际所持立场,①以及"满洲国"各层面的研究,成果已相当丰硕。过往研究者主要聚焦于"抗日""殖民"两项切入视角理解"满洲国",②以此展开的历史研究虽亦触及法权争议与国际因素,并已明确将之与20世纪30年代国际联盟组织之发展与法权问题联结,或关注国际交涉的过程,然而关于中日双方在国际联盟针对国际法实质交涉之内涵、以及"满洲国"成立前后中方对日交涉态度的转变以及国际法在中国实际运用之情况等议题,仍缺乏细致讨论。③

本文对国际法的属性与条文不会加以深探,而会侧重于中日两国论述交锋之处。《国际联盟盟约》《非战公约》《九国公约》等法规具有国际法之

---

① 在《国际合作在中国——国际联盟角色的考察,1919~1946》一书中,张力回顾当时学术研究后指出:一般提及中国与国际联盟的研究者,均注重于20世纪30年代国联调解中日冲突的角色,但泰半将之置于中日冲突或近代国家关系中考察。该研究距今约15年,然而至今,关于中日双方针对"满洲国"问题所进行的国际法攻防仍罕有实证研究触及。张力:《国际合作在中国——国际联盟角色的考察,1919~1946》,台北:中研院近代史研究所,1999,第6页。

② 纵观近年的研究成果,战争造成的"侵略"意涵仍是中文学界研究此议题的关怀所在,日本方面的研究或其他域外研究者则强调"帝国"与殖民地或政权的联动(linkage)关系。近十年研究中,不少学者定题时仍将"满洲国"冠以"伪"字,此"伪满洲国"一题就预设着对其国家定位与政权的根本否认;其他以"非正式帝国"(informal empire)、"次殖民地"(semi-colonialism)、"殖民现代性"(colonial modernity)为开展者,研究中则关注日本帝国技术与制度传输、移植、转化的过程。以上两种学术系谱,或不自觉地将"满洲国"议题依托中、日两种政治立场开展,或以殖民、伪政权剖析;另有以国家概念或文化意义上的朝廷为讨论者,关注"满洲国"内、外部的国族认同问题等。上述取径,皆非以中日开展之法理讨论为核心,实际上都尚未针对"满洲国"涉及之法权定位探讨其存有,因此,为理解当时"满洲国"的国际定位与国际法诠释,此历史议题实有探讨必要。对近年相关史学研究的梳理与分析,参见林志宏《"满洲国史专号"导论》,《暨南史学》第17期,2014年7月,第1~10页;林志宏《王道乐土——清移民的情感抵制和参与"满洲国"》,《新史学》第18卷第3期,2007年9月,第45~101页。

③ 关于1932年9月国际联盟内中日各自援引国际法辩护的历史研究,除忆述或抗战前后的评论外,笔者目前只见以下研究:钟放《伪满洲国法律的畸型特征》,尚侠主编《伪满历史文化与现代中日关系》上册,商务印书馆,2014,第67~155页;王文隆《围绕满洲国成立的几个国际法问题及其影响》,周惠民主编《国际法在中国的诠释与运用》,台北:政治大学出版社,2012,第35~80页;李广民《国际法透镜下的伪满洲国》,《准战争状态》,社会科学文献出版社,2003,第193~232页。实际以法权问题为核心探讨"满洲国"建置前后的发展脉络,另有陈秀武《伪满洲国"建国精神"的殖民本质》(《伪满历史文化与现代中日关系》上册,第1~66页)一篇,虽强调文化侵略意义上的"建国"意涵,但也对当时的国际秩序略有概述,足证"满洲国"成立前后主事者乃深刻考虑内外政情而决定其举措,国际法在此政权正当性的辩护上颇有分量。

特性,① 且"满洲国"问题的相关法规亦属国际法范畴,② 双方论点交锋于国际联盟,而国际联盟正是以国际公法为效力,规范其会员国遵行和平条约的组织。因此,欲厘清南京国民政府在1932年9月前后的立场与主要观点,必须回归当时对国际法的运用,才能理解当时时空环境下的外交格局。因此,运用"国史馆"藏"外交部档案",本文试图透过梳理1932年9月"满洲国"国权定位之议,理解南京国民政府在日方承认此政权前后的官方论述变化,透过南京国民政府此时在国联的申述与立场,以呈现20世纪30年代中国对国际法之实际运用与思维。

一 "协和"乐章:"满洲国"格局的造成

1932年3月1日,"满洲国建国宣言"在沈阳发布;9日,溥仪就任执政;12日,谢介石以"满洲国外交总长"名义通告日本、英国、美国、法国、德国、意大利、苏联、澳大利亚、比利时、丹麦、荷兰、爱沙尼亚、拉脱维亚、立陶宛、波兰、葡萄牙、捷克等17国,希望建立"正式外交关系"。③ 在谢介石之文告中,清楚可见其对国际格局的考虑与对既存条约体系之斟酌,谢氏提出"满洲国外交七项原则",主要内容可别为三类:(1)新建立政府将依据国际法及准则,履行中华民国与外国缔结条约所规定应尽之义务及应忠实履行之义务;④(2)新国家绝不侵犯"满洲国"范围内外国人民获

---

① 国际法,旧称"万国法""万国公法",广义而论乃是对一切具有国际性质法律的总称,在其定义与规范中多有歧义。然无论是传统的国际法定义还是现代定义,均以国家为最重要的法权主体,而其大部分规范,仍旧是针对国家之间的关系界定之。丘宏达:《现代国际法》,台北:三民书局,2006,第6~7页。
② 就其狭义而论,可分为"国际公法"(Public International Law)、"国际私法"(Private International Law),前者主要针对国与国条约缔结关系而论,后者则主要规范不同国家在不同法律规定下适用之冲突,诸如管辖权等范畴属之。《威斯特伐利亚和约》(Treaty of Westphalia)以下,传统的国际法主要为维护国际秩序,晚近的国际法精神则在追求正义之伸张。丘宏达:《现代国际法》,第9页。
③ 钟放:《伪满洲国法律的畸型特征》,《伪满历史文化与现代中日关系》上册,第70~71页;王文隆:《围绕满洲国成立的几个国际法问题及其影响》,《国际法在中国的诠释与运用》,第59页。
④ 原则第一、二项。

得的权利，并将充分保护外国人之人身财产安全；①（3）"满洲国"对外国人从事经济活动将奉行"门户开放"原则。② 此宣示明确表示对于列强在华与中华民国及此前一切既有法定特权，将予以继承；这可视为对外展现邦交善意、争取认同之讯息。③ 所谓"门户开放"，最直接受惠国无疑是与之接壤的日本，④ 整体观之，此通告展现出的特征不仅是依附于单一强权底下的被殖民国家，而且期待借由外交奠定以独立国家存在的政权姿态。事实上，在"满洲国"成立不久以后，便已经有外籍人士将其作为新生国。⑤ 然而，在被国际承认以前，没有任何邦交国的政体，仍旧不被视为国家对待。

回归20世纪30年代时空背景观之，满洲"自主独立"之说，乃作为日方对国际解释承认问题的其中一解，然而事实上，"满洲国建国"后，却需要由"宣传建国并施政之精神"而设立的资政局弘法处来强化国民对国家的认同并予以思想管控，似乎正显示日方说词之可疑处；⑥ 此间正显示日方极力抹灭却无法消除的政权殖民性。

为强化日满不可分，日本在9月15日首先承认满洲后，⑦《日满议定书》于新京签订，⑧ 使两国一体的情势愈加具体，成为最早两国特殊不可分

---

① 原则第四、五项。
② 原则第六、七项。
③ 谢介石：《伪满洲国外交部总长谢介石建国宣言》（1932年3月12日），罗家伦主编《革命文献》第37辑，正中书局，1965，第1789页；天津《大公报》1932年3月23日；"满洲国国务院总务厅"编《满洲国政府公报》第1号，1932年4月1日，转引自钟放《伪满洲国法律的畸型特征》，《伪满历史文化与现代中日关系》上册，第71页。
④ 钟放认为：谢氏所述三原则的核心，是为保障列强东北利益；至于所谓"门户开放"，不过是便利日方指染东北的说辞。钟放：《伪满洲国法律的畸型特征》，《伪满历史文化与现代中日关系》上册，第71页。
⑤ 此为英国海关人员梅乐和观点，于同份电文中，梅氏指出此政体与目前和南京国民政府相抗的广州政权（此指"宁粤分裂"下的广州国民政府）本质上不同，与之交涉海关问题，须将其作为政府认知，而非用与中国地方实力派交涉的方式对待。Frederick Maze, Confidential Letters and Reports, Volume 7, Aprill 22, 1932, PPMS2 Confidential Letters and Reports, Volume 7, School of Oriental and African Studies, pp. 8 - 15.
⑥ 姜念东等：《伪满洲国史》，第426页。
⑦ 「日満握手のこの史的光景」『大阪毎日新聞』號外第2號、1932年9月15日；《伪满洲国（五）》，"外交部档案"，台北"国史馆"藏，典藏号：020 - 990600 - 0455，入藏登录号：020 - 990600 - 0455，第10~11页。
⑧ 同份文件当时"满洲国"称作《满日议定书》，因目前中、日文资料惯称《日满议定书》，故依惯例称之。

关系之法源根据。①《日满议定书》成为其他日满协议案的法源基础，而议定书实际上又是以此前的秘密换文和其他正式条约为本所订立。②

如欲了解该政权企图制造之形象及舆论背景，我们可以查验"满洲国协和会"的运作。1932年7月25日，"满洲国协和会"成立。协和会最初只是设计为一个团结各民族交流的民间团体，但以拥护溥仪为"满洲国协和会"总裁、"满洲国国务总理"郑孝胥为"总理"、"实业部长"张燕卿为理事长、"外交部长"谢介石为中央事务局局长并派各省"省长"为理事。其会章第1章第1条说明成立之基本精神："最后目标为将民族协和运动，推行于混沌状态之全中国本土，扩充至北亚。"③ 此组织实则配合了日本国内内政构思而来，这种"扩充"，与外务省施策相衔接。

1932年7月6日原任满铁总裁的内田康哉转任日本外务大臣后，坚决支持关东军占领东北，并对促成"满洲国"承认一事有着相当热忱，如此加速了承认"满洲国"的步伐；12日，内阁便对承认"满洲国"问题做出决议，并同在决议中确立对国联调查团将来报告之响应方针：如果在国际联盟遭到中方委员追问"满洲国"承认问题，可坦承虽有意承认，但确切表态时间留待确认；而若被进一步质问，即可回应此乃日本内政，自可不受拘束。④

1932年7月前后，日方政治行动确实与内田康哉上述构想大致相符，七八月间日本实已确定承认满洲之"国策"；然就1932年中情势观之，急于对满洲定位表态确实不利，因为国际仍旧同情中国：6月23日英国驻英大使才向日本提出关于"满洲国"承认问题的照会；⑤ 法方亦在同月27日表态，⑥ 反对日本承认"满洲国"，并提醒说，若日方承认，将违反《九国

---

① 蔡雅祺：《制造战争阴影：论满洲国的妇女动员（1932~1945）》，台北："国史馆"，2010，第36页。
② 王文隆：《围绕满洲国成立的几个国际法问题及影响》，《国际法在中国的诠释与运用》，第65~66页；蔡雅祺：《制造战争阴影：论满洲国的妇女动员（1932~1945）》，第40页。
③ 中华民国史事纪要编辑委员会：《中华民国史事纪要（民国十六年一至六月份）》，台北："国史馆"，1987，第140页。
④ 解学诗：《伪满洲国史新编》，人民出版社，2008，第141页。
⑤ 解学诗：《伪满洲国史新编》，第141页。
⑥ 解学诗：《伪满洲国史新编》，第141页。

公约》。而日本外交官员对承认满洲意见并不一致,① 加之 6 月下旬至 7 月上旬日方甫动用军警在华夺取以大连为首的东北各海关、驱逐外国海关监督,已引起国际强烈不满,为避免陷入国际孤立之局,实不宜此时表态。

纵有上述阻碍,承认"满洲国"已是既定国策。② 此间内田本人的强烈立场不无作用:在 7 月 6 日就职之日内田就声明承认"满洲国",并称若国际偏袒中国,日本将脱离国际联盟;③ 翌日(7 日),李顿调查团访日,会见日本内阁总理大臣斋藤实和外务大臣内田康哉时,就职第一天的内田便拒绝调查团提出的解决方案;④ 此后无论是 12 日与国际联盟调查团晤谈还是 14 日复与之晤谈,对于国际联盟规劝日方勿承认"满洲国"一事,日本外相内田康哉所代表的日方皆表示不置可否。⑤ 15 日,内田更进一步向国联调查团表示,日本永远不能承认东三省归还中国,但日本目前暂不承认满洲,因日本欲先等满洲地位稳定后,再与满洲商定平等条约,承认满洲;同时表示,如国联调查团徒以理论方式,研究东三省问题,则与日方意见根本难以有共识,因为东三省问题涉及日本经济生命及国防,唯一解决东三省问题之途径,即从事实上设法维持远东永久和平。⑥ 继于 26 日,日本当地报纸揭橥政府将对满派出特命全权大使时,驻日公使奉命前往询问,内田答曰:东省问题方针既定,不容修改;待日本原教育总监武藤信义接任关东军司令官并兼任日本驻满全权大使和关东长官,8 月 20 日赴华就职。⑦ 至此,日本承认"满洲国"之表态已如弦上之箭,

---

① 直至承认前几日,赞成派人士尚须奔走各处游说承认之事。详见蒋作宾《蒋作宾致南京外交部电》(1932 年 9 月 7 日发文,8 日收达),《伪满洲国(五)》,"外交部档案",典藏号:020-990600-0455,入藏登录号:020-990600-0455,第 9 页。
② 1932 年 7 月 16 日内田康哉演讲表态:"帝国有必要承认满洲国,这已是既定方针。"《日本外交文书》第 2 卷第 1 册,第 584 页,转引自《伪满洲国史新编》,第 141~142 页。
③ 郭廷以编著《中华民国史事日志》第 3 册,中研院近代史研究所,1984,第 170 页。
④ 调查团提出方案梗概如下:"(一)承认东北自治,中国保有宗主权;(二)承认日本在满利益;(三)日军从东北撤退,废除军政,实行文官制度。"解学诗:《伪满洲国史新编》,第 142 页。
⑤ 中华民国史事纪要编辑委员会:《中华民国史事纪要(民国十六年一至六月份)》,第 92 页。
⑥ 《中央日报》1932 年 7 月 15 日,转引自中华民国史事纪要编辑委员会《中华民国史事纪要(民国十六年一至六月份)》,第 92 页。
⑦ 解学诗:《伪满洲国史新编》,第 142 页。

蓄势待发。

虽然在9月以前，日方大致就已正式承认"满洲国"，而开始前置作业，然而在国内正、反意见并陈的态势下，政策研议甚久。① 日方之所以在国际局势不利的状态下执意承认满洲，主要仍因顾虑李顿调查团报告书之效力。8月22日，与日本驻巴黎国联事务局局长泽田通信时，内田表明，使武藤到任，乃是先就条约缔结问题与"满洲国"有所接洽（准备与"满洲国"签订《日满议定书》），作为承认之准备，而内田氏果然于8月25日在日本国会发表承认"满洲国"之演说，其演说称：不惜使日本变成焦土，也要承认满洲，因此，内田此时外交政策又有"焦土外交"之称。② 国联李顿调查团报告书于9月1日在北平修改完毕，日方决心在报告书提出前承认满洲，因此加快了内政程序：9日，日本阁议决议通过承认"满洲国"；③ 13日，由枢密院通过承认伪"满洲国"法案，10点开始的议程，在得到枢密院全体通过后，下午一点半于首相官邸召开阁议得到长春"满洲国国务总理"郑孝胥正式签字之后，在当日下午正式声明承认"满洲国"，翌日便有报刊揭露此事；④ 15日，由武藤信义以驻满全权大使之衔，与"满洲国国务总理"郑孝胥签订《日满议定书》。议定书内容主要表示："一、满洲国为依照住民意志而成立的独立国家；二、中华民国过去签订之国际协议，凡可适用于满洲国国境者，概予继承。"但文书中另行规范了日满双方互动协议：首先，要求"满洲国"保障过去中日签订一切条约中的权利；其次，日满作为缔结契约国，为保障两国共同"国防"，日军可驻于"满洲国"境内。⑤

---

① 《要闻：日对满洲问题分主战主和两派　两派主张皆甚坚决　究竟谁胜现尚未定　我国对此亟应注意》，《申报》1932年8月24日，第10版；北冈伸一：《日本政治史：外交与权力》，王保田等译，南京大学出版社，2014，第111页。
② 解学诗：《伪满洲国史新编》，第143页。
③ 当日日本阁议正式商讨"满洲国"承认之事，并即日上奏，阁议席上由内田详细说明内容，在各阁僚谅解后，遂经正式决定。中华民国史事纪要编辑委员会：《中华民国史事纪要（民国十六年一至六月份）》，第441页。
④ 天津《大公报》1932年9月14日；中华民国史事纪要编辑委员会：《中华民国史事纪要（民国十六年一至六月份）》，第450~451页。
⑤ 中华民国史事纪要编辑委员会：《中华民国史事纪要（民国十六年一至六月份）》，第454页。

日本外务省在 16 日发表声明书，文中联结满蒙与日本的联系，表示 27 年之内，日本曾参与中国东北的发展，不料经济硕果为中国排外的"革命外交"所"侵夺"，因此，日方九一八行动或发动在华自卫权，都是亟思反制而不得不为，只为捍卫自身权益；"然此满洲事变发生后，旧东北政权没落，奉天、吉林、黑龙江、热河，四省东省特别区，及蒙古各旗盟等官绅士民协议之结果，决定乘此机会，建立新国"。自 3 月 10 日"满洲国"要求设定外交关系以来，日方都抱持观望态度，如今乃因"满洲国"政府对条约之遵循并顾念日满合作之历史背景，因此承认之，此间并没有任何对华野心可言。①

《大公报》直指：《日满议定书》的重点即在于第 2 条驻军问题："约定两国共同以任国家之防卫，如此所需之日本国军乃驻扎于满洲国内。"此内容根本形同"完全取得广泛之驻兵权"。② 另外，约内"缔约之一方，其领土及治安，蒙一切之威胁"③ 等驻军前提，不仅涉及国防问题，而且实质意义包括对内关系。与《日韩议定书》第 4 条"因受第三国之侵害，或为内乱，致于大韩帝国皇室之安宁，或领土之保全，有危险之场合，大日本帝国政府，可速为临机必要之措置"④ 内容颇为相似。

二 捍卫主权：中国官方对满问题的意见与处理

1932 年 3 月"满洲国"成立以后，存在于中国的这个"国中之国"，立刻涉及两个法律层面的难题：就涉外而言，该政权之正当与否，涉及国际法；而对中国自身论之，要如何处理这块在国土内部，实际有领土、政府、人民的"国家"，则又涉及国内法律之内政问题。

---

① 《东方杂志》第 29 卷第 4 号"附录"。中华民国史事纪要编辑委员会：《中华民国史事纪要（民国十六年一至六月份）》，第 454~455 页。
② 中华民国史事纪要编辑委员会：《中华民国史事纪要（民国十六年一至六月份）》，第 456 页。
③ 中华民国史事纪要编辑委员会：《中华民国史事纪要（民国十六年一至六月份）》，第 456 页。
④ 中华民国史事纪要编辑委员会：《中华民国史事纪要（民国十六年一至六月份）》，第 456 页。

面对内田康哉甫上任就展现出的对满野心,①并应对日方未来承认"满洲国"可能,中方亦展开外交防御。为了稳定国内舆情,官方定意对承认"满洲国"一事予以绝对否定,此立场在七八月与日方发生"满洲国"邮务争议时尤其鲜明:宁废撤东北邮务,尤不愿见日方介入中国邮政系统。②为表达维护国权、抗议日方非法接收东北邮政之非法行动,1932年7月24日,国民政府悍然撤邮;如此,不只是关内、关外通信断绝,国际上经由陆路衔接中国东北与西伯利亚的邮路亦断。③

7月25日,邮政总局致电国际邮政公署,通知封锁东三省邮政,文中清楚指出此项举动的考虑乃是顾及日方以"妾身未明"的"满洲国"政权为跳板,以邮政机关作为夺据中国东三省的武力前哨站,透过"满洲国"派遣之邮务人员以日人为大宗,就已一目了然;而迫使邮政机关使用"满洲国"邮票,意在"破坏中国邮政之统一,致各该邮政机关陷于不能执行职务之地位",已实际牵涉国权问题,因此,中方不得让步。④

而在国际合作方面,在历经"革命外交"的阶段性尝试后,国民政府已开始重视外交参与和对外结盟,在抗战前致力于参加国际联盟、《九国公约》等会议,目的即在将中日冲突诉诸国际仲裁,争取国际同情与友邦支持;⑤ 20世纪

---

① 据报载,内田夫妇于7月赴东京就任新职途中表示:自己将于6日午后访问斋藤首相,再次陈述对"满洲国"希望尽速承认之愿,除表态支持承认外,也表示认为政府方面当有准备。天津《大公报》1932年7月7日,转引自中华民国史事纪要编辑委员会《中华民国史事纪要(民国十六年一至六月份)》,第31页。
② 颜惠庆:《中国代表团来函》(1932年7月24日),《伪满洲国(四)》,"外交部档案",典藏号:020-990600-0454,入藏登录号:020000034950A,第133页。
③ 吉林省集邮协会编《毋忘国耻——从伪满洲国邮票看日本侵华罪行》,人民邮政出版社,2005,第40页;中华民国史事纪要编辑委员会:《中华民国史事纪要(民国十六年一至六月份)》,第131~132页;中华民国重要史料初编编辑委员会编《中华民国重要史料初编——对日抗战时期》第6编《傀儡组织(一)》,台北:中国国民党中央委员会党史委员会,1981,第775页。
④ 中华民国重要史料初编编辑委员会编《中华民国重要史料初编——对日抗战时期》第6编《傀儡组织(一)》,第776页。
⑤ 不抵抗政策实非真正的坐以待毙,乃系外交手段而非军事上的抵抗;而此脉络实际上是依循清末以来中国的外交路线——尊重条约、寻求国际支持,以此争取与西方国家地位平等。其所体现者,是追随"国际主义"之国家政策的发展脉络,实非少数强人政权所任意为之的执政导向。参见任天豪《"不抵抗"中的抵抗——从体系角度看九一八事变后的中国外交(1931~1935)》,《纪念抗战胜利六十周年学术研讨会论文集》,第99~102、115~117页。

30 年代初期的所谓"不抵抗政策",事实上并非无所为,乃标志着政策转移——将外交作为与日方抗衡的前线,直接由外交部门接洽,因此须避免军事力量或地方"直接交涉"。①

从 7 月起,面对日方屡次对满洲议题的表态,中华民国外交部始终拒绝任何方式妥协,并援引《国际联盟盟约》《九国公约》之规定与其他中日条约具文驳斥,态度强硬。② 南京方面也持续关注日内瓦方面的动态,在李顿调查团来华后,外交部希望能将中日冲突需要国际协助的迫切性,借由顾维钧向李顿反映,进而能使国际联盟重视并加速调查报告的完成。③

在 8 月 5 日拍发给南京外交部的文件中,显示顾维钧为中国所擘画者,除在于加速李顿调查团报告书公之于世的速度外,也已经开始考虑日后在国联如何谈判、进退,顾维钧这份报告揭露:面对顾维钧所询问的种种,李顿在北平与之谈话表示,期待于 8 月抄写完成报告书、9 月递交国联行政院编造报告;编造过程中为避免中日激烈辩论,因此暂时拟定不邀请两国列席讨论,将来会直接递交国际联合会;李顿本人还表示中方在国联 9 月的常会中,恐怕只能作口头声明而已。④ 报告书正式发布之日,李顿表示:"须由国联决定日期,在欧同时发表。"⑤ 照理中、日双方在报告书公开前皆无法

---

① 李君山:《全面抗战前的中日关系(1931~1936)》,文津出版社,2010,第 36 页。
② 除前述邮务争议的处理方式外,这种模式也反映在此时各种中日纷争中,如 1932 年 7 月 6 日由外交部长罗文干发表谈话,拒绝日方所提东北关税方法,除强调日方行动违反《国际联盟盟约》《九国公约》外,亦违反 1907 年中日《会订大连海关试办章程》。《外交部长罗文干为拒绝日方提议解决东三省关税交涉事谈话》(1932 年 7 月 6 日),《外交部公报》第 5 卷第 3 号《三月来外交大事记·二十一年七月至九月》,1932 年 10 月,收录于罗家伦主编《革命文献》第 37 辑,第 1847 页。
③ "昨晤李顿,谓东省变化甚速,调查团拟定八月抄完成报告书,九月初携回,面递行政院清查编造报告;为避免双方剧烈辩论起见,该团拟不邀中日代表列席讨论,俟完成后,寄递国际联合会。"《顾维钧致南京外交部罗文干》(1932 年 8 月 5 日发文,6 日收达),《国联调查报告》,"外交部档案",典藏:020-010102-0243,入藏登记号:020000001377A,第 48 页。[注销机密等级]
④ "弟询将来如何讨论?贵处九月常会恐只能声明。"《顾维钧致南京外交部长罗文干》(1932 年 8 月 5 日发文,6 日收达),《国联调查报告》,"外交部档案",典藏:020-010102-0243,入藏登记号:020000001377A,第 48 页。[注销机密等级]
⑤ 《顾维钧致南京外交部长罗文干》(1932 年 8 月 5 日发文,6 日收达),《国联调查报告》,"外交部档案",典藏号:020-010102-0243,入藏登记号:020000001377A,第 48 页。[注销机密等级]

知悉其内文,但在李顿离开前顾维钧留下副本,在此时已有一份报告书中译版本留在手边;顾维钧表示当中内文以及与李顿所谈,事关机密,等外交部常务次长刘崇杰(子楷)来北平后再当面详谈。① 而对将至的9月国联常会,顾维钧也提出个人意见,认为:若如报纸所述,将由部长罗文干往国联代表,则建议罗积极参与讨论;此外,要注意"美国未加入国联,诸事未便",因此在会中争取美方同情,使之得以参与、明确表态声明,将是中国参与国联的要项。②

1932年8月下旬,日本正式任用武藤信义为日军司令兼任关东长官与满洲特使挑动了本已敏感的国际关系;③ 16日,日本正式照会国联,说明武藤身为日军司令兼任关东长官与满洲特使一事,称:"武藤将军,已于一九三二年八月八日,被任为关东军司令,同时兼任驻满特派员全权大使及关东总督。"④ 表明武藤信义赴任满洲,将根据实际新状况以指挥在满各总领事,不携带国书,可见其并非常规编制下的外交使节。中方17日立刻有所回应,外交部长罗文干公开指责:

> 谓武藤赴满,并非普通大使,且不递呈国书,而系派往监督日本领事者。夫满洲国为日本第一手制成之傀儡,对自己造成之傀儡而派遣大使,信乎其为非寻常意义之大使,其不需递呈国书,自属当然之事。⑤

---

① "弟以译汉付印手续,需时请其注意,渠允临行时酌留一份,密存使馆,俾国联电示,即着手译云;其于所谈关系重要,拟俟子楷次长北来面洽转陈,以资机密并闻。"《顾维钧致南京外交部长罗文干》(1932年8月5日发文,6日收达),《国联调查报告》,"外交部档案",典藏号:020-010102-0243,入藏登录号:020000001377A,第48页。[注销机密等级]

② 《顾维钧致南京外交部长罗文干》(1932年8月5日发文,6日收达),《国联调查报告》,"外交部档案",典藏号:020-010102-0243,入藏登录号:020000001377A,第48页。[注销机密等级]

③ 《中央日报》1932年8月17日,转引自中华民国史事纪要编辑委员会《中华民国史事纪要(民国十六年一至六月份)》,第310~311页。

④ 中华民国史事纪要编辑委员会:《中华民国史事纪要(民国十六年一至六月份)》,第315页。

⑤ 中华民国史事纪要编辑委员会:《中华民国史事纪要(民国十六年一至六月份)》,第315页。

武藤派驻"满洲国",虽称为监督东三省日本领事,但既已有日本新派驻华公使有吉明、该地又非法定国,罗文干直言,这正是一面借由外交手段虚与委蛇、一面由日本军事当局继续行动的展现,"一再声明为日本派遣满洲大使,即为事实承认之完成,将来正式承认,一待时机成熟,即可实行云云。此实可见其真意所在"。①

除在第一时间于国内表态谴责外,针对上述驻满特命全权大使兼任关东军司令官及关东长官等日方动向,中华民国外交部由驻日公使蒋作宾表达抗议,并已电令驻日内瓦代表颜惠庆、在北平之国联代表顾维钧及各驻外使馆,以期分别向国际联合会、国际调查团及各驻在国政府,唤起严重之注意。对于中方透过驻日公使蒋作宾表态,日本外相内田康哉对来访的蒋作宾答称:所谓全权代表,并未指明派往何国政府为代表,只是表示授予其权限尔,等同直接规避了派驻外使与"满洲国"承认的关键问题。②

七八月间,日本内阁议决任命武藤信义为驻"满洲国"全权大使兼关东司令官及关东厅长官一事,显示日方对涉及"满洲国国权"的人事安排相当缜密。连远在太平洋彼端的美国,国务卿史汀生在纽约外交调查会发表演说时,亦特别提称满洲冲突,直指:满洲问题已成为太平洋区域的全体性问题,凡采用违反《国际联盟盟约》《非战公约》所得之条约权利,国联会员必须起身反对,对于当前日本在中国东北以武力所造成的政权,不应予以承认。③

除了邮务与驻使冲突之外,中日对满交锋之刃亦在关税问题上游走。29日,顾维钧就针对东三省海关被劫掠之事向国际联合会调查委员会呈递说帖,表示日本使用"满洲国"1932年2月17日成立之"东北政务委员会"为政务机关,据此声称东北各海关均属"满洲国"所有,应归"东北政务委员会"管辖。批判日方的做法乃是渐进式夺取中国关税,先以接管政务

---

① 中华民国史事纪要编辑委员会:《中华民国史事纪要(民国十六年一至六月份)》,第315页。
② 中华民国史事纪要编辑委员会:《中华民国史事纪要(民国十六年一至六月份)》,第154页。
③ 中华民国史事纪要编辑委员会:《中华民国史事纪要(民国十六年一至六月份)》,第231页。

为始,以封锁税收入手,然后将积存各银行之关税没收,最后再以优越武力驱逐各关税司,而强制接收海关。① 又于 8 月 3 日针对东三省盐税被劫经过准备说帖致国际联合会调查委员会,谴责九一八事件②隔日,日本就干涉东三省盐务,随后关闭吉林、黑龙江两中方盐务稽核分所;1932 年 3 月 28 日,起用永田部村等日本顾问代表"满洲国",表示要中方移交盐税事务,要求欲继续任职盐税工作者,需与中华民国脱离关系,再行报名盐务署。③

时序进入 9 月,在该月中旬日满议定签立之前,中国已经开始注意日方相关动态。3 日,南京方面就已截获日本着手承认"满洲国"的消息,知道日本政府 2 日请英、美、法、意四国大使到部,不日正式决行;预计时期在 15 日前后,确实与日后若干日程相符。④

驻日代表蒋作宾 6 日回报南京的消息,更进一步证实了日方承认满洲的动作。表示日前英、美、法、意四国质问外务省之下,日方似乎已经决定要在一周内公开承认,称"今日阁议已决定非公式〔正式〕承认之手续,俟奏明日皇后,交由武藤办理"。⑤ 而对此,各国暂不表态,静待国际联盟解决,蒋认为日本此时应仍不敢遽然正式承认满洲,但也询问南京方面,若日方真有承认满洲之意,应如何处理?

同日,外交部已开始运动外交人员,为日本承认满洲之事准备应对;除与美方接洽外,又饬令要求蒋作宾向目前驻日各国大使刺探消息;若日方果

---

① 中华民国史事纪要编辑委员会:《中华民国史事纪要(民国十六年一至六月份)》,第 154 页。
② 发生于 1931 年 9 月 18 日的中日军事冲突,即为"九一八事件",或称"九一八事变""沈阳事变""奉天事变""盛京事变""满洲事变""柳条湖事变"等。此冲突虽为关东军主导,其发生却出乎日本内阁所料。面对关东军如此行动,日本内阁最初希望能淡化处理、现地解决,于 9 月 21 日将之定调为"事件"而非"事变"。「今事件を「事変」とみなすとの閣議決定について」(1931 年 9 月 21 日) 外務省外交史料館編『日本外交文書・満洲事変』第 1 巻第 1 冊東京:外務省,1977、56 頁;王文隆:《围绕满洲国成立的几个国际法问题及其影响》,《国际法在中国的诠释与运用》,第 41 页。
③ 中华民国史事纪要编辑委员会:《中华民国史事纪要(民国十六年一至六月份)》,第 197~199 页。
④ 《杨宣诚致南京参谋本部 日本承认伪组织》(1932 年 9 月 3 日),《伪满洲国(五)》,"外交部档案",典藏号:020-990600-0455,入藏登录号:020-990600-0455,第 6 页。
⑤ 《蒋作宾致南京外交部》(1932 年 9 月 6 日),《伪满洲国(五)》,"外交部档案",典藏号:020-990600-0455,入藏登录号:020-990600-0455,第 7 页。〔注销机密等级〕

然承认满洲，"除抗议外，拟要求九国条约当事国举行会议"。①

10日，蒋作宾复自东京拍发电文报告，表示针对内田康哉于国会会议演说承认满洲内容提出当面抗议；与其晤谈时，并指出："此事关系中日前途甚巨，深望日政府慎重考虑，不使其实行，否则因此发生一切纠纷，责任全在日本。"② 然而，内田则称："中国对于东省交涉多年，不予解决，现日政府决定不日实行承认，此乃既定方针，不能改变。纵因此引起纠纷，亦不负责云。"③ 可见，双方并无共识。

9月初起蒋作宾对日本朝野各界的游说奔走，看来无甚成效。10日，与日本陆军大臣荒木约谈时，后者亦表态强硬，称承认事宜属既定国策，必得贯彻，"纵令惹起世界战争，日本变成焦土，亦所不惜"。④ 12日，蒋作宾与来访的驻日英、法、意代表会面，询问中方与内田、荒木两人接洽，对中方的立场以及日本态度，英领当下无何表示；法馆秘书则谓法于东省无利害关系，希望中日妥协；意代办并谓国际联盟恐难为力，最好中、日、满三方开始会议，或加入苏联亦可。⑤ 而同时期苏联方面似乎正与日本洽谈，该国舆情对"满洲国"承认事甚为关心。⑥ 蒋作宾认定，承认"满洲国"政权事已难转圜，只能盼望以国内外交部门积极筹备、以应万难，并只能期待中国驻日内瓦代表处能有所应变。

---

① 《外交部致蒋作宾去电第30996号》（1932年9月7日），《伪满洲国（五）》，"外交部档案"，典藏号：020-990600-0455，入藏登录号：020-990600-0455，第8页。
② 《蒋作宾致南京外交部电·电412》（1932年9月10日发文，11日收达），《伪满洲国（五）》，"外交部档案"，典藏号：020-990600-0455，入藏登录号：020-990600-0455，第12页。
③ 《蒋作宾致南京外交部电·电412》（1932年9月10日发文，11日收达），《伪满洲国（五）》，"外交部档案"，典藏号：020-990600-0455，入藏登录号：020-990600-0455，第12页。
④ 《蒋作宾致南京外交部电》（1932年9月11日发文，14日收达），《伪满洲国（五）》，"外交部档案"，典藏号：020-990600-0455，入藏登录号：020-990600-0455，第14~15页。[注销机密等级]
⑤ 《蒋作宾致南京外交部电·电434》（1932年9月12日），《伪满洲国（五）》，"外交部档案"，典藏号：020-990600-0455，入藏登录号：020-990600-0455，第16。[注销机密等级]
⑥ 根据驻东京苏联通讯社10日消息，参见《管尚平致南京外交部电》（1932年9月12日），《伪满洲国（五）》，"外交部档案"，典藏号：020-990600-0455，入藏登录号：020-990600-0455，第17页。[注销机密等级]

关于"满洲国"事态，不只是前线外交人员有所预备，① 蒋中正本人也已事先审慎擘画，9月初，人在汉口的蒋便以急电指示罗文干：

> 日本既一手创造伪国，则承认问题早晚必即实现，如何应付，想已在苶〔尽〕筹熟虑中。惟一月七日美国宣言与三月十一日国联决议案，虽各具资为根据之理由，然明白否认像〔预〕防此种事实之发生，则用意如一，倘十五删日前后日人不顾一切，悍然承认，则我国发言应否参考美国宣言，与国联决议双方兼顾，尽量发挥，即请商承汪院长妥筹对策，并电示蒋公使应取之态度为幸。②

借由汉口的来电，可见人在东京的蒋作宾在此代表了中华民国外交防御"满洲国"承认问题的最前线。在9月15日日本发表签订日满协议内文要点后，蒋作宾立即将日方驻屯军、政府正式承认声明邮寄回国；③ 并即刻于16日首次向日方发出警示，谴责曰："At every government calling its attention to the serious responsibility it took upon itself. But such protests were not only unheeded but were invariably answered by more daring and aggressive actions."等；④ 又依据15日、16日的外交部电令，于17日以照会向外务省严正抗议。⑤

---

① 《刘次长致南京外交部》（1932年9月12日发文，13日收达），《伪满洲国（五）》，"外交部档案"，典藏号：020-990600-0455，入藏登录号：020-990600-0455，第19页。[注销机密等级]

② 《蒋中正致南京外交部急电》（1932年9月8日发文，9日收达），《伪满洲国（五）》，"外交部档案"，典藏号：020-990600-0455，入藏登录号：020-990600-0455，第18页。[注销机密等级]

③ 《蒋作宾致南京外交部电》（1932年9月15日发文，16日收达），《伪满洲国（五）》，"外交部档案"，典藏号：020-990600-0455，入藏登录号：020-990600-0455，第25页。

④ 此份抗议中内容与翌日正式照会文稿内容相差无几。《对日本政府的说明》（Note to Japanese Government，1932年9月16日），《伪满洲国（五）》，"外交部档案"，典藏号：020-990600-0455，入藏登录号：020-990600-0455，第43~46页。17日照会主要论点，详见《照抄致日外务省照会底稿》（1932年9月17日），《伪满洲国（五）》，"外交部档案"，典藏号：020-990600-0455，入藏登录号：020-990600-0455，第40~41页。

⑤ 《外交部亚洲司为抗议日本承认伪组织事致日本公使有吉明照会·申字第261号》（1932年9月17日。15日发文，16日收达，26日收到），《伪满洲国（五）》，"外交部档案"，典藏号：020-990600-0455，入藏登录号：020-990600-0455，第35~37页。

17日照会中,① 除指控自去年9月18日日本军方侵略领土、蹂躏中国主权亦且动摇国际条约之神圣原则,既有12月国联行政院的告诫,日方却举措更甚——扩大军事活动范围、攻击重要都城外,又造成"满洲国"此傀儡组织。

一切实权,则操之于向东京政府负责之官吏之手,自是攫夺我铁路、截留我关盐及其他税款,破坏我邮务、屠戮压迫我人民,恣意毁灭我财产以及其他一切非法行动,尽以满洲国之名义行之,实则主其事者,乃效忠日本政府或受日本政府所支配之人也。②

中方申述主要如下:

(一) 日本已违犯国际公法之基本原则。盖日本已破坏中华民国领土之完整;篡夺中国之政治与行政权也。

(二) 日本已违犯法律之根本原则与人道观念。盖日本已杀伤无数中国人命,毁损现时尚难统计之中国公私财产也。

(三) 日本已违犯《国际联合会盟约》。盖在该盟约中,各会员国曾担任尊重并保持所有联合会各会员国之领土完整,及现有之政治上独立以防御外来之侵犯也。

(四) 日本已违犯《非战公约》,盖在该公约中,缔约国曾郑重声明放弃以战争为彼此间施行国家政策之工具,并互允各国间设有争端,不论为何性质、因何发端,只可用和平方法解决之也。

(五) 日本已违犯民国十一年签订之《九国条约》。盖在该条约中,各缔结国际中国外曾户允尊重中国之主权与独立,以及领土与行政之完

---

① 根据其他汇编资料,指出该照会日期为1932年9月16日,然而根据蒋作宾与外交部之电文往返,可知正式照会日期确实在17日。《外交部为日本政府承认"满洲国"事致日本政府抗议照会》,《日人笔下的九一八事变》,陈鹏仁译,台北:水牛图书出版事业有限公司,1991,第235~238页;《三月来外交大事记·二十一年七月至九月》(1932年10月),《外交部公报》第5卷第3号。

② 《照抄致日外务省照会底稿》(1932年9月17日),《伪满洲国(五)》,"外交部档案",典藏号:020-990600-0455,入藏登录号:020-990600-0455,第39页。

整也。

（六）日本已违犯其自为之誓约。盖日本曾声明在东省领土企图，且允于最近期间内，将日军撤至铁路区域内也。

（七）日本已违犯国际联合会历次训诫。盖国际联合会曾一再诰诫日本不得就其因侵略中国而造成之形势，再使扩大与恶化也。①

在这份照会中，除强调"满洲国"为伪组织，不予承认，更表态自去年9月18日轰击沈阳至今的责任应由日方承担，并引述国际联合会自1932年1月以来对会员国土地与中日争端意见等讨论内容，强化中方立场，除"一、不承认满洲国；二、九一八事件后一切责任在日"以上两端外，照会并强调"中国政府并保留其在现状下国际公法条约上所赋予之权利"。②

在两国折冲樽俎间，蒋作宾承受莫大压力，9月16日见日方承认满洲已成定局，即向南京方表示："日人敢与世界挑战，悍然不顾一切，承认伪国，舍强权外，已无公理可言。"③似乎认为唯有国际上的拳头大小，方能解决事态，对其他仲裁管道与国际秩序不太有信心；又称，自来到东京后，"费尽心血百计，阻止终归无效；自今以后，外交上似难着手。宾以久病之躯，感受刺激太大，益难支持，拟肯准予请假，回国报告"。④

针对中方照会，外务省方面约在10日后响应。9月26日照会中，首先，针对九一八冲突，表示乃因中国军队挑衅，行使"自卫权"而发动，并无违反国联行政院决议；其次，重述"满洲国"出于"该地居民自发的

---

① 《照抄致日外务省照会底稿》（1932年9月17日），《伪满洲国（五）》，"外交部档案"，典藏号：020-990600-0455，入藏登录号：020-990600-0455，第40~41页。
② 《照抄致日外务省照会底稿》（1932年9月17日），《伪满洲国（五）》，"外交部档案"，典藏号：020-990600-0455，入藏登录号：020-990600-0455，第42页。
③ 《蒋作宾致南京外交部电》（1932年9月16日），《伪满洲国（五）》，"外交部档案"，典藏号：020-990600-0455，入藏登录号：020-990600-0455，第47页。
④ 《蒋作宾致南京外交部电》（1932年9月16日），《伪满洲国（五）》，"外交部档案"，典藏号：020-990600-0455，入藏登录号：020-990600-0455，第47页；《蒋作宾致南京外交部》（1932年9月16日），《伪满洲国（四）》，"外交部档案"，典藏号：020-990600-0454，入藏登录号：020000034950A，第48页。

意向",是居民自由意志造成的国家,非日本政府所能干涉。① 以此表明日方行动既无违反《国际联盟盟约》《非战公约》《九国公约》,又与国际法等均无所抵触,并表示日方立场已由外务大臣内田康哉于8月25日日本议会演说时清楚表明;中方照会内容,是故意曲解事实、嫁祸责任。② 日后有吉明与罗文干继续商讨交涉,日方之立场一概以本日照会内容为据论,援以攻防。③

不仅是日方站在对立面,南京外交部也须面对内部意见,17日中国国民党中央执行委员程潜、柏文蔚、李烈钧、刘芦隐等16人电请中央,表示:日本承认"满洲国"事,"除照例抗议,申请国联,牒九国公约签字国外,并无自救自助之良策。所谓长期抵抗,既未见有切实办法,驻日公使复谬谈直接交涉,召侮速亡",显然对政府的应对大有不满。同时,在香港的胡汉民也赋诗,题曰《九一八》,批判时事"如何终不图,日蹙国百里"。④ 比起上述政治表态,让南京国民政府更须即刻解决者,是国内尚有"宁粤分裂"的政治格局,南京方面不仅外交上无法立刻了断自九一八以来之东北问题,此时广州中央的存在,更造成中国内政上一大变量。⑤

三 诠释交锋:国联内部与各国对"满洲国"政权的应对方针

国联为解决中日纷争,而企图以中立调查为据,从中协调两国关系。根据1931年12月10日国际联盟行政院决议,为解决中日各项问题,将派遣

---

① 《抄日本外务省照会》(1932年9月26日),《伪满洲国(五)》,"外交部档案",典藏号:020-990600-0455,入藏登录号:020-990600-0455,第63~64页。
② 《抄日本外务省照会》(1932年9月26日),《伪满洲国(五)》,"外交部档案",典藏号:020-990600-0455,入藏登录号:020-990600-0455,第64页。
③ 《有吉明致罗文干:日本公使照会·外第六四号(中方编号:洲4670收文平字第3575号)》(1932年10月26日收达),《伪满洲国(五)》,"外交部档案",典藏号:020-990600-0455,入藏登录号:020-990600-0455,第65~67页。
④ 中华民国史事纪要编辑委员会:《中华民国史事纪要(民国十六年一至六月份)》,第471页。
⑤ 张天任:《宁粤分裂之研究》,台北:宏泰出版社,1992。

一委员会研究国际态势，此即为"李顿调查团"成立之法源基础。该调查团系由英国籍团长李顿爵士（Lord Lytton）、意大利马柯迪伯爵（Count Aldrovandi-Marescotti）、法国克劳德中将（Gen. Henry Claudel）、德国希尼博士（Dr. Heinrich Schnee）、美国麦考伊少将（Gen. Frank Mccoy），于1931年12月20日确定5人名单，中、日方各派人襄助调查，中方派出顾维钧，日方则派出吉田伊三郎。① 1月14日，在日内瓦宣告成立，21日选出李顿为团长；2月3日，自美东启程，29日首抵东京；3月14日，转往上海，26日赴南京；4月1日，赴上海等地。最终于7月20日于北平开始起草报告书，9月4日签字，约定1932年10月2日在日内瓦、东京、南京三处同时发表。②

原为仲裁九一八事件等中日冲突而设的调查团，在短短数月间见证了两国外交情势急遽变化，1931年底至1932年春，"满洲国"的出现使格局更形复杂。1932年2月18日，"东北行政委员会"发表宣言，声称东北脱离中国"独立"，随之于29日透过"全满建国促进运动大会"通过决议，敦请溥仪担任"满洲国执政"；1932年3月1日，"满洲国"宣告成立。

1932年6月，调查报告大致底定；7月20日，调查团返回北平，并于8月4日着手起草报告书。③ 9月15日，日、满双方签署《日满议定书》；于是乎，在日、满缔结外交关系上成为"满洲"作为"国家"、奠定国际地位的第一步。

中日双方在国际联盟针对"满洲国"定位的申述，各以国际法为据展开；而"满洲国"国际地位的讨论也依系于此。对外政策方面，"满洲国"依照国际法理，继承中华民国与外国签订的条约，有论者以为日本利用国际法惯例制造"满洲国"外交运作，正揭示其欲透过将满洲纳入"公法体系"，使此国家成为既有事实；④ 另一方面，国际联盟对满问题之仲裁，反

---

① 李宗儒：《九一八事变时期日本在国际联盟的外交》，硕士学位论文，台湾政治大学中山人文社会科学研究所，2007，第1页。
② 梁敬錞：《九一八事变史述》，台北：世界书局，1995，第377~378页。
③ 中华民国史事纪要编辑委员会：《中华民国史事纪要（民国十六年一至六月份）》，第201页。
④ 陈秀武：《伪满洲国"建国精神"的殖民本质》，《伪满历史文化与现代中日关系》上册，商务印书馆，2014，第20页。

映出诸国运用国际法时,仍以具体营利为出发点,考虑自己国家能在涉外情境中的获益,使国际法在运用之际同时受到破坏。①

如陈秀武便指出,在对满方面,日本之所以提出关于国际法的秩序解释,是为了追求"自身利益最大化",此间隐含一种用国际法形塑新型国际秩序观取代东亚"朝贡体系"历史结构的企图。因此,在其理解中,主张近现代中国所遭遇的国际法因之沦为一种法理工具,供给强夺者侵略说词之正当性。② 李广民则认为中国此时将国际纠纷诉诸外交手段解决的方式,就军事意义上观,并未发生实质战争,却已进入"准战争状态";李氏认为,国际联盟作为消极、李顿调查团受日方牵制,而无法实时且有力介入冲突;综观其情,九一八以后中方面对日本各种对华政策所采取的"不承认主义",③ 其实在国际参与上仍发生积极效果,至少在国联无法提供实质帮助之际,中国借由坚定立场取得一种道德胜利,仍不失为对日的有力钳制。④

在此过程中,欲知国际制约究竟发挥多少效力,则我们必须重新探讨国联在对满问题中究竟扮演何等要角。事实上,国联对中日冲突并非毫无感受,至少1932年中,国际联盟已得到日本不久后将承认"满洲国"的消息,李顿于7月重访日本,与日本外相内田数次晤谈。其中7月14日谈话内容梗概要旨如下。

一、倘中方确实承诺能保障日侨在满性命财产,日方能否撤军。

二、调查团系日本所建议,如果调查团之意见遭日本之拒绝,亦将有损于日本的国际声誉。

三、日方固然有自己的国策考虑,然若无视于国联,将使作为国际

---

① "在帝国冲突并向外扩张的历史时段,所谓的'国际公法'已然成为强者争霸的法理工具。……以大久保利通为首的近代日本人的高明之处就在于:对《万国公法》的本质体会得非常清楚。"陈秀武:《伪满洲国"建国精神"的殖民本质》,《伪满历史文化与现代中日关系》上册,第20~21页。

② 陈秀武:《伪满洲国"建国精神"的殖民本质》,《伪满历史文化与现代中日关系》上册,第21页。

③ 李广民:《准战争状态》,第193页。

④ 李广民:《准战争状态》,第232页。

和平维系初衷中的国联失去世界各国民众的信赖，有损于国际和平。

四、日本屡次谴责中国不遵守中、日条约，但日方这次的立场显见日本自己也不守条约。

大致而言，国际联盟调查团予以日方最可能转圜之空间，提醒日方在"满洲国"承认问题上，应先与其他《九国公约》会员国商讨后再来决定；若各国都只为自己国内重大利益而为所欲为，唯恐将毁弃欧战后好不容易维持的和平状态。① 但李顿调查团才正准备动身离华，② 日方在东北又有新动作：开始邮务前置作业，派定所谓"满洲国邮政司长"藤原氏至沈阳，与中方辽宁邮务长积极交涉关于8月1日预订发售"满洲国"邮票等事宜；并有"满洲国"交通部发表日本官文书形式的中文文告，公布限定于日本境内与"满洲国"界内使用之新邮票的种类与发行日。③ 邮务界定问题在此已涉及国界争议与政权然否，为了维护国权，东北邮务意外成了捍卫国权的一条防线。

面对中日两肇扬升的火药味，国联态度基本上持中，李顿8月初开始研议调查团报告书时就表示："为避免双方剧烈辩论起见，该团拟不邀中日代表列席讨论，俟完成后，寄递国际联合会。"④ 10月2日，李顿报告书发表。但日本在此前半个月已公开承认"满洲国"政权；⑤ 而日方在报告书公布后，要求展延6个礼拜讨论，国联允之，不料紧接着欧洲局势骤变：德国要求军备平等，以此为由退出裁兵会议；德、法对立；英、法各欲拉拢美方为盟友，于是开始疏远日本，连带减低对中、日纷争协调的用心。⑥

---

① 中华民国史事纪要编辑委员会：《中华民国史事纪要（民国十六年一至六月份）》，第92～93页；李云汉：《九一八事变史料》，台北：正中书局，1977，第538页；梁敬錞：《九一八事变史述》，第374～375页。
② 7月15日，调查团成员准备动身离开中国。《中央日报》1932年7月16日，转引自中华民国史事纪要编辑委员会《中华民国史事纪要（民国十六年一至六月份）》，第97页。
③ 中华民国史事纪要编辑委员会：《中华民国史事纪要（民国十六年一至六月份）》，第99～100页。
④ 《顾维钧致南京外交部长罗》（1932年8月5日发文，6日收达），《国联调查报告》，"外交部档案"，典藏号：020－010102－0243，入藏登录号：020000001377A，第48页。[注销机密等级]
⑤ 臼井勝美『満洲国と国際連盟』東京：吉川弘文館、1995、2頁。
⑥ 梁敬錞：《九一八事变史述》，第382～383页。

早在 8 月底就已有在华外媒报道日方即将承认满洲的发展动向。① 国际联盟也确实在 9 月日本政府承认"满洲国"之事发当下，就深刻体悟满洲问题将走向完全不同的讨论层次。② 如杜赞奇所指出的，在国联讨论的"满洲国"议题，事实上引发了一个全球性问题：进入东亚这种所谓的"国际秩序"，基本上是在一种反强权垄断的实践中进行着，但日方针对"满洲国"议题的策略与攻防，使这种借由跨国组织所运作的防御机制，犹如踢到铁板一样失效。③

日方 9 月 15 日的承认动作，不只是为了防御国联调查报告书公布，并且有援引国际舆论制造政权正当性之意义。但在实际的国际法层面，日方之所以强调"满洲国"的"自主独立、人民自决"，乃是接受 1905 年第 1 版《奥本海国际法》（Oppenheim's International Law）所提出的国家得有"人民""土地""政府"三项要件而为存在认定；④ 而 20 世纪 30 年代前后流行于中日的国际法论述亦有与之相去不远的定义。⑤ 然而，当今国家承认自可构成而不需有其他国承认的"宣示说"（declaratory theory）在 30 年代初期才刚产生，斯时仍偏重国家应经承认才具有国际人格（international personality）的解释，⑥ 因此，日方着重于宣传"满洲国"拥有独立性，在一定程度上是考虑以国际认同、寻求当时国际法法理为据，来奠定"满洲

---

① September 18 will be recognition, The Yenching Gazette, Peiping August 25, 1932,《伪满洲国（五）》,"外交部档案",典藏号：020 - 990600 - 0455，入藏登录号：020 - 990600 - 0455，第 22 页；卢春芳：《驻京城总领事馆呈外交部·报字第 275 号：呈路透电载日本定于九一八承认伪国缔结条约，祈鉴核由》（1932 年 9 月 1 日发文，8 日收达），《伪满洲国（五）》,"外交部档案",典藏号：020 - 990600 - 0455，入藏登录号：020 - 990600 - 0455，第 20 页。

② "... there was a further fundamental change in the situation when the Japanese Government recognized the 'Manchukuo' government." A portion of the full text of the League report broadcast from Geneva. Report 2（9 月 17 日），《东省事变（二）》,"外交部档案",典藏号：020 - 010112 - 0020，入藏登录号：020000001398A，第 95 页。

③ Prasenjit Duara, Sovereignty and Authenticity: Manchukuo and the East Asian Modern (Rowman & Littlefield Publishers, 2003), p. 51.

④ Lassa Francis Lawrence Oppenheim, International Law: A Treatise, Vol. 1 (New York and Bombay: Longmans, Green, and Co., 1905).

⑤ 周梗生：《国际法大纲》，商务印书馆，1932；立作太郎讲述『平時國際公法』日本評論社，1929。

⑥ 王文隆：《围绕满洲国成立的几个国际法问题及其影响》，《国际法在中国的诠释与运用》，第 73 ~ 77 页。

国"之国权认可。

世界各国对于日方动作，早已有所批判，1932年1月初，美国政府正式宣布：凡用违反1928年8月27日《巴黎公约》规定与义务之方法，而造成之局面条约或协议，美国均不承认；2月16日，国际联合会行政院十二国代表宣言："凡违反《国际联合会盟约》第十条，而侵犯会员国土地之完整，及变更其政治之独立者，其他会员国均不应认为有效。"① 3月11日，国际联合会大会一致决议："凡用违反《国际联合会盟约》，或《巴黎公约》之方法而造成之局面条约或协议，国际联合会会员国有不予承认之义务。"② 上述国际表态成为日后中国向日方抗议时援以攻防的持论。

8月25日，内田康哉在日本第63届国会之外交演说中表明承认"满洲国"。在其演讲中，将中日近期冲突与远东国际关系恶化归咎于中国所进行的"革命外交"。③ 对中国东北状况，除强调军事行动乃以"自卫"为动机，又称张学良政权之泰半官员已离岗位，其政权实际上已消解，才有当地人士运动独立之举，④ 并抨击中国内部的共产党活动，使国际情势复杂化，种种动态都显示出中国无法妥善管理内政。

内田康哉演讲揭示日方欲正式承认"满洲国"翌日，演讲内容立刻遭到英、美、法舆论攻击，中方外长罗文干也于29日外交部纪念周演讲上轰击。

首先，日方借口自卫，"并谓自卫之权可行使于本国疆域之外"，又称《非战公约》不禁止自卫权力自由行使；罗于演讲中反诘："设此种解释而为其他六十一签字国家所承受，则非战公约直同废纸，非所以否认战争，乃所以保障侵略。"并补充道，若日方确实在华感受利益受损，应

---

① 《照抄致日外务省照会底稿》（1932年9月17日），《伪满洲国（五）》，"外交部档案"，典藏号：020-990600-0455，入藏登录号：020-990600-0455，第39页。
② 《照抄致日外务省照会底稿》（1932年9月17日），《伪满洲国（五）》，"外交部档案"，典藏号：020-990600-0455，入藏登录号：020-990600-0455，第39～40页。
③ "近年远东国际关系恶化之主因，由于中国之混乱状态，益以受过激思想显著影响之排外的革命外交之推行，无论何人殆难争辩。"中华民国史事纪要编辑委员会：《中华民国史事纪要（民国十六年一至六月份）》，第373页；罗家伦主编《革命文献》第37辑，第1923页。
④ "当我方出于自卫行动也，属于张学良政权之官吏，大半逃亡或辞职，该政权在事实上已见解消，此为诸君所洞悉者也。"中华民国史事纪要编辑委员会：《中华民国史事纪要（民国十六年一至六月份）》，第373页；罗家伦主编《革命文献》第37辑，第1924页。

该依循合理的国际公法方式寻求办理解决,然日方却以军事行动作为,并不合理。

其次,涉及"满洲国"之事,日本据《九国公约》引述,声称承认新国家并未被该法禁止,然而"满洲国"自中国分立根本并非纯内政问题,而有日军在后运筹,"其违反九国条约尊重中国领土行政完整之规定,毫不待言";自九一八轰击沈阳、挟持溥仪并发表宣言承认"新政府"组织,可见其破坏《九国公约》之劣迹昭然。①

复次,至于日方所抗辩的为镇压共产党而有军事行动等项,罗亦响应,即便中国内政并非完善无瑕,确实也深受一般国家所有的政治问题所扰,并加以世界性的经济危机,和去年发生的大水灾灾后重建,都不能称上完美,但日本以此乘虚而入,根本是乘人之危的做法,日方以任何一理涉及内政,绝非善意。

通篇主要表达鲜明立场:断不承认"满洲国"组织之合法性,处理两国争端须要以不违背国联规约、《非战公约》,并以保有中国主权而谋求远东和平为前提,方能展开。②

英方政治动态未直接反映,但政治立场上普遍同情中方。③ 保守党报纸对内田康哉之言,在第一时间尚无评论,自由党与工党则分别在《新闻纪录日报》《先锋日报》上表示满洲问题充斥可能引发世界大战的疑虑;另有《曼彻斯特卫报》表示,日本承认"满洲国",即表示对李顿调查团及其后国联建议之根本否定,不合于国际责任。

美方则认为内田刻意在东京国会作此演说,默认对话对象为国联,美方不便在此直接表态声明;而日方之举违反《九国公约》一事,于法律观点上是否确实不合,想必国联调查团报告书将有所言明。因此,美方决议在接

---

① 中华民国史事纪要编辑委员会:《中华民国史事纪要(民国十六年一至六月份)》,第404~405页。
② 中华民国史事纪要编辑委员会:《中华民国史事纪要(民国十六年一至六月份)》,第405页。
③ 空穴不来风,虽然报刊引述数据不能为孤证,但我们可合理从中运用报刊资料,一窥英方当时主要的政治立场。这正如当代经济学者张五常所说:"重要政治消息的泄漏,手法往往如出一辙。这些一看而知是有计划的泄漏,可靠性极高。"张五常:《卖桔者言》台北:远流出版事业股份有限公司,1993,第63页。

到国联调查团报告以前,不对远东事务主动表态。① 美国的舆论界对此事亦有所讨论,纽约《泰晤士报》评论则以为,日方此举,除直接蔑视国联威权外,内田的宣示,可能是出于防范:唯恐各国往后相继援引《九国公约》与《非战公约》为论,或惧怕李顿调查团报告书对日不利,上述两种理由使日方选择先发制人。② 《先锋讲坛报》亦认为内田演讲针对国联,并意在毁其威权。对于承认"满洲国"事,美方政治立场乃以日本破坏《九国公约》为非,当时总统胡佛与国务卿史汀生虽仍不便直接表态,但美方拟运用势力,使各国仍保持与满洲绝交之现状。③

而日本内部亦有歧音,如日本政友会党员森国,此人虽赞成"满洲国",但仍质问政府:此举势将引起严重事态,若日本政府一意孤行,则不仅与中方发生冲突,是否也可能与列强相抗,于此应当审慎。内田则答称:对于国际情势已有所考虑,并预备稳妥,只是不便事前公开。④

在获知日本承认"满洲国"后,中国外交部立刻致电《九国公约》当事国,⑤ 于《致九国条约当事国照会稿》中,控诉自1931年9月起,"一年以来,日本所为种种国际罪恶连续不已,不仅劫夺中国之主权,抑且屡背最重要之国际条约,包括一九二二年在华盛顿签订之九国条约,该约贵国亦为签字国之一",企图以此唤醒同仇敌忾之情,"今者,日本之承认伪国,无异在其犯罪行为之索〔锁〕链上又加一最毒之环"。⑥ 以日方损害条约为据,表示:

> 查九国条约第一条,缔约各国,除中国外,应尊重中国之主权、独

---

① 中华民国史事纪要编辑委员会:《中华民国史事纪要(民国十六年一至六月份)》,第381~382页。
② 中华民国史事纪要编辑委员会:《中华民国史事纪要(民国十六年一至六月份)》,第381页。
③ 中华民国史事纪要编辑委员会:《中华民国史事纪要(民国十六年一至六月份)》,第382页。
④ 中华民国史事纪要编辑委员会:《中华民国史事纪要(民国十六年一至六月份)》,第382页。
⑤ 《日本承认伪组织事·洲1814、电192》(1932年9月16日),《伪满洲国(五)》,"外交部档案",典藏号:020-990600-0455,入藏登录号:020-990600-0455,第68~71。〔注销机密等级〕;Identies notes to governments of powers, parties to nine-power treaty (other item gather)(1932年9月16日),《伪满洲国(五)》,"外交部档案",典藏号:020-990600-0455,入藏登录号:020-990600-0455,第72~75页。
⑥ 《日本承认伪组织事 洲1814、电192》(1932年9月16日),《伪满洲国(五)》,"外交部档案",典藏号:020-990600-0455,入藏登录号:020-990600-0455,第70页。

立及领土、行政之完整；日本制造傀儡，从而承认之，以及其侵略东北之种种行为，其为直接侵犯中国之主权，严重损害中国土地行政之完整，殆无丝毫之疑义，当时九国条约之缔结，即为欲阻止此类事件之发生者也。

今日本不仅对于中国肆行侵害，且肆意蔑视世界公论，罔顾其对于其他国家应尽之神圣义务，为日本之行为不受相当制裁，九国条约当事国坐视该公约之成为废纸，其结果诚有不忍言者，良以国际条约是否继续维持其神圣不可侵犯性，胥视此而定；而日本以武力夺取中国四十万方哩之土地，复不顾友邦之劝告，正式承认其在该地一手造成之非法组织，其残酷结果，不仅限于中国，即世界和平，亦不受不祥之威吓也。①

此 16 日照会发向各国后，陆续收得回音。瑞典、② 海牙、③ 巴黎、④ 里斯本、⑤ 华盛顿、⑥ 日内瓦、⑦ 釜山⑧等地驻外使节，陆续展开运作并即刻会

---

① 《日本承认伪组织事 洲1814、电 192》（1932 年 9 月 16 日），《伪满洲国（五）》，"外交部档案"，典藏号：020-990600-0455，入藏登录号：020-990600-0455，第 70~71 页。

② 诸昌年：《诸昌年致南京外交部》（1932 年 9 月 19 日发文，20 日收达），《伪满洲国（五）》，"外交部档案"，典藏号：020-990600-0455，入藏登录号：020-990600-0455，第 84 页。

③ 戴明辅：《戴明辅致南京外交部》（1932 年 9 月 19 日发文，20 日收达），《伪满洲国（五）》，"外交部档案"，典藏号：020-990600-0455，入藏登录号：020-990600-0455，第 85 页。

④ 谢维麟：《谢维麟致南京外交部》（1932 年 9 月 19 日发文，20 日收达），《伪满洲国（五）》，"外交部档案"，典藏号：020-990600-0455，入藏登录号：020-990600-0455，第 86 页。

⑤ 王廷璋：《王廷璋致南京外交部》（1932 年 9 月 21 日），《伪满洲国（五）》，"外交部档案"，典藏号：020-990600-0455，入藏登录号：020-990600-0455，第 83 页；《葡公使复已收到我国致九国公约国照会：并将本国政府》（1932 年 9 月），《伪满洲国（五）》，"外交部档案"，典藏号：020-990600-0455，入藏登录号：020-990600-0455，第 103 页。

⑥ 《照译美郭公使九月二十日来电》（1932 年 9 月 20 日），《伪满洲国（五）》，"外交部档案"，典藏号：020-990600-0455，入藏登录号：020-990600-0455，第 116 页。

⑦ 《照译颜代表自日内瓦来电致南京外交部 409 号》（1932 年 9 月 22 日），《伪满洲国（四）》，"外交部档案"，国史馆藏，典藏号：020-990600-0454，入藏登录号：020000034950A，第 18 页。

⑧ 《驻釜山领馆送亚洲司存查报告〈所谓承认之国际法观〉》（1932 年 9 月 20 日），《伪满洲国（五）》，"外交部档案"，典藏号：020-990600-0455，入藏登录号：020-990600-0455，第 119~121 页。

报各当地国对满问题观点。其中,法国19日即电复表示,针对日方政府宣言所引起的情势,"敝国政府业予完全之注意";① 而比利时政府对于中方照会与驻比使馆馆函,正式复文,并表示重视;② 墨西哥外交部长则于23日,当面向公使熊崇志表示:"墨政府对于此事在国际联合会,自必尽力援助。"③ 玻利维亚驻墨公使亦于同日面晤熊氏,表示同情中国;④ 英方则有外相西蒙(Simon)表示重视中国之忧虑,并认为中国既将此案提交国联,希望最后报告书有迅速有利之动作,对驻英公使郭泰祺提出"英国为本身利益及条约计,宜与美国合作,并现须采取明确之行动"的说法,表示善意,称英国渴望与中国建立友好关系。⑤

因日方要求国联接到李顿报告书公布后,延期六星期讨论,日方希望得在讨论前对报告有所答复,并希望派特别代表至日内瓦参与辩论;对此,驻国际联盟中国总代表颜惠庆函致国联大会主席兼比利时外交部长西姆斯,催促国联对远东中日纠纷应该以最快速度处理,⑥ 最终国联决议延期讨论。⑦ 事实上,延期考虑内,亦有中方欲掣肘日方之设计:9月22日,颜惠庆便将在国联所见闻会报外交部,首先指出"(主席)西姆斯虽则反对日本承认满洲国之举,然以为与其零星应付,毋宁现在将注意力集中,以解

---

① 谢维麟:《驻比使馆致南京外交部呈 亚洲司法字第一〇九三号 (洲4699 收文平字第3680号)》(1932年9月26日发文,11月2日收达),《伪满洲国(五)》,"外交部档案",典藏号:020-990600-0455,入藏登录号:020-990600-0455,第93~94页。
② 罗怀:《驻比使馆致南京外交部呈 亚洲司比字第六七八号 (洲4672 收文平字第3548号)》(1932年9月20日发文,10月26日收达),《伪满洲国(五)》,"外交部档案",典藏号:020-990600-0455,入藏登录号:020-990600-0455,第91页。
③ 熊崇志:《驻瑞典使馆致南京外交部呈 亚洲司呈字第九三号 (洲4700 收文平字第3689号)》(1932年9月23日发文,11月2日收达),《伪满洲国(五)》,"外交部档案",典藏号:020-990600-0455,入藏登录号:020-990600-0455,第99页。
④ 熊崇志:《驻瑞典使馆致南京外交部呈 亚洲司呈字第九三号 (洲4700 收文平字第3689号)》(1932年9月23日发文,11月2日收达),《伪满洲国(五)》,"外交部档案",典藏号:020-990600-0455,入藏登录号:020-990600-0455,第100页。
⑤ 《照译美郭公使九月二十日来电》(1932年9月20日),《伪满洲国(五)》,"外交部档案",典藏号:020-990600-0455,入藏登录号:020-990600-0455,第116页。
⑥ 中华民国史事纪要编辑委员会:《中华民国史事纪要(民国十六年一至六月份)》,第485页。
⑦ 中华民国史事纪要编辑委员会:《中华民国史事纪要(民国十六年一至六月份)》,第489页。

决整个问题";① 表示此人赞成中方所提出的应由十九国委员会决定而不由行政院决定让日本延期响应的要求;最终,直陈当中的设计,"我方之目的,当然在迫使日本承认十九委员之权力"。② 无非为加强国际仲裁之力。

代表中国出席国联的颜惠庆,对"满洲国"问题保持警觉,在 9 月频繁拍发电文致外交部。在 17 日发出的 401 号电称:"中国现仍准备讨论公正之解决办法,并欢迎该报告舒适为必要之协助。现在时期已至,应考虑国联采取何种行动,已维持条约之尊严,以及尊重保持中国领土完整、政治独立之重要义务。"并称承认"满洲国"之事态正在扩大,因此已请求国联迅速行动。③ 同日又第 402 号电称,日本显见之目的,在于造成一种既成事实,作为不退步之借口,以应付世界之反响,"我方通牒注重伸说美国与国联会员决不承认满洲国一点,早已载在纪录,藉以表明此点已成过去问题;而况李顿报告或将增固我方地位,亦未可知"。④ 仍对国联制衡力颇表乐观。

17 日当日颜惠庆致西姆斯之牒文大意如下:日本久有兼并中国满洲之志,今日承认满洲,意味即将化中国满洲为第二个高丽——先抽去原有政权、换为日方之傀儡政府,将之置为保护国,最终吞灭;如今显示日满双方一步一步订立条约,正是这些条约,使远东与世界之和平如今已陷入立即性危险。⑤ 日方这些举措,蔑视《九国公约》、国际联盟、《巴黎公约》,事实

---

① 颜惠庆:《照译颜代表自日内瓦来电致南京外交部 409 号》(1932 年 9 月 22 日),《伪满洲国(四)》,"外交部档案",典藏号:020 - 990600 - 0454,入藏登录号:020000034950A,第 18 页;《颜惠庆致南京外交部第四○九号电》,中华民国史事纪要编辑委员会:《中华民国史事纪要 (民国十六年一至六月份)》,第 491 页。

② 颜惠庆:《照译颜代表自日内瓦来电致南京外交部 409 号》(1932 年 9 月 22 日),《伪满洲国(四)》,"外交部档案",典藏号:020 - 990600 - 0454,入藏登录号:020000034950A,第 18 页;《颜惠庆致南京外交部第四○九号电》,中华民国史事纪要编辑委员会:《中华民国史事纪要 (民国十六年一至六月份)》,第 491 页。

③ 中华民国史事纪要编辑委员会:《中华民国史事纪要 (民国十六年一至六月份)》,第 490 ~ 491 页;中华民国重要史料初编编辑委员会编《中华民国重要史料初编——对日抗战时期》第 6 编《傀儡组织 (一)》,第 309 页。

④ 颜惠庆:《照译颜代表日内瓦来电致南京外交部 402 号》(1932 年 9 月 17 日),《伪满洲国 (四)》,"外交部档案",典藏号:020 - 990600 - 0454,入藏登录号:020000034950A,第 11 ~ 12 页。

⑤ 颜惠庆:《照译颜代表日内瓦来电致南京外交部 402 号》(1932 年 9 月 17 日),《伪满洲国 (四)》,"外交部档案",典藏号:020 - 990600 - 0454,入藏登录号:020000034950A,第 8 页。

上不啻事先拒绝李顿之报告书。并针对日方要求讨论展期一事,要求:

> ……应考虑国联采取何种行动,以维持条约之尊严,以及尊重保持中国领土完整、政治独立之重要义务,中国必当同意其延长第十二条之期限时间,系以大会主席宣言,双方必须自制,不得有妨碍调查团以及国联努力成功之举动。为谅解中国代表,当日并宣言其谅解,认为大会将不容忍在延长期间有扩大事变之举动,而承认满洲国亦在扩大事变举动之中,请求国联迅取行动,筹备维持大会决议案之方法。①

在颜惠庆此时的观察中,认为日本之承认"满洲国",与去年九一八以来之暴行,性质并无分别,"所不同者,程度而已";② 对于法律形势,并无影响,日本显见之目的,是寻求造成"满洲国"既定情势之托词。并特别指出,欧洲内部不稳定也已经影响国联会员国立场,要请国联主席留意;③ 并称美国至今态度仍呈现模棱两可状,有一部分人则宣传能谓满洲与中国之分离,但关于此案,李顿调查团报告将翔实呈现真相。④ 但在实务方面,日方要求缓议李顿报告书之事,仍让颜惠庆保持警戒,在询问南京外交部指令时,他认为:"现在讨论承认满洲国问题,或宁愿整个事件与李顿报告书同时讨论,以免零星应付。"并提示应该注意俄方由利瓦伊诺夫开始展开的外交动作。⑤ 在国联常会召开前,当事国照理无法查阅相关文件,但在秘书厅

---

① 颜惠庆:《照译颜代表日内瓦来电致南京外交部 402 号》(1932 年 9 月 17 日),《伪满洲国 (四)》,"外交部档案",典藏号:020-990600-0454,入藏登录号:020000034950A,第 8~9 页。
② 颜惠庆:《照译颜代表日内瓦来电致南京外交部 402 号》(1932 年 9 月 17 日),《伪满洲国 (四)》,"外交部档案",典藏号:020-990600-0454,入藏登录号:020000034950A,第 11 页。
③ 《法国政府对日意见渐趋恶化,盖因欧洲不安定之局面》,颜惠庆:《照译颜代表日内瓦来电致南京外交部 402 号》(1932 年 9 月 17 日),《伪满洲国 (四)》,"外交部档案",典藏号:020-990600-0454,入藏登录号:020000034950A,第 11 页。
④ 颜惠庆:《照译颜代表日内瓦来电致南京外交部 402 号》(1932 年 9 月 17 日),《伪满洲国 (四)》,"外交部档案",典藏号:020-990600-0454,入藏登录号:020000034950A,第 12 页。
⑤ 颜惠庆:《照译颜代表自日内瓦来电致南京外交部 403 号》(1932 年 9 月 18 日),《伪满洲国 (四)》,"外交部档案",典藏号:020-990600-0454,入藏登录号:020000034950A,第 14 页。

文件发布前，中方亦已先行透过内部人脉关系拿到秘书厅的文件，以应未来可能发生之状况。①

日方亦提前展开模拟攻防，在国联理事会预定根据报告书内容讨论满洲问题开会前夕，日本外交首相内田训令松冈，不允取消"满洲国"；同日，内田与陆军当局并试图以发表减轻国联对事件的影响力，"满洲问题由日满两国即可解决，而在国联，由中国及其他诸国家以承认，则为残余问题也。纸上空谈一再为之，实导事态更为纠纷，实有误国联自身之使命"。②并根本驳回国联仲裁之要求，指出李顿报告书要求日本至少须让满洲恢复至九一八前之状态，但其实就连恢复日本承认"满洲国"以前之状态，"亦属不可能之事"，所以解决问题的最好方式是承认"满洲国"存有的既定事实。③

日本政府非特未履行其在去年 9 月 30 日及 11 月 10 日之理事会决议案中所接受之义务，将日军退入南满铁道区，反变本加厉，继续活动，至今日而东三省各处，乃几无一地不在日军铁蹄之下，而国际联盟在此长期内，亦尚未觅得一种有效方法，可以阻止日军在政治上或军事上对当地情形严重性之增进，或迫使日军履行诺言，退入铁道区。④

至 10 月 2 日，国际联盟于日内瓦、南京、日本同步发表九一八事件报告书，确定东北为中国领土、日本实行侵略、"满洲国"为其侵华工具等，对于日方申述中国内政情形，调查报告指出乃为过渡时代正常现象。⑤

12 月 9 日国联大会闭幕，结果中日问题并未能有切实决定，根据捷克与瑞士所提决议案修改后所起草的主席团决议案全文指出："大会自称为决议案者，仅止将李顿报告书及全案交十九国委员会作调解办法。"⑥ 同日，

---

① 《伪满洲国（四）》，"外交部档案"，典藏号：020-990600-0454，入藏登录号：020000034950A，第 62 页。
② 中华民国史事纪要编辑委员会：《中华民国史事纪要（民国十六年一至六月份）》，第 762 页。
③ 《申报》1932 年 11 月 21 日。
④ 中华民国史事纪要编辑委员会：《中华民国史事纪要（民国十六年一至六月份）》，第 762 页。
⑤ 中华民国史事纪要编辑委员会：《中华民国史事纪要（民国十六年一至六月份）》，第 542 页。
⑥ 《国闻周报》第 9 卷第 50 期，1932 年；中华民国史事纪要编辑委员会：《中华民国史事纪要（民国十六年一至六月份）》，第 875 页。

蒋确定"先安内后攘外"方针。① 如此结局，其实在9月底中国政府早已有所意料，② 只是国联报告书，在日方外交政策的铁腕下，似乎犹如无力的劝说："一、报告书虽然确定了日本应有的责任，却未提出明确制裁方法，并对于日本以武力在满洲制造的情势处处维持。二、美国狄克逊总统屡次宣言不承认日本行为，且企图联合国联巩固'道德制裁'，但李顿报告书的精神与之有别。三、在日方行动皆未受到制裁的状况下，国联报告书尚且肯定日本的态度友善。四、李顿报告书提出的方法显然希望八面玲珑，措辞婉转。顾此，中日纠纷难以解套。"③ 除国联制约力有限外，在展延讨论6周期限内，欧洲局势变化迅速，先是德国要求军备平等，于8月28日退出裁兵会议，继而德法对立、英法渐渐疏远日本，转移了国联的外交关注。④ 国际情势日迁月异，中日纠纷处理中有太多变因，国际对双方的调解未能圆满，对满问题成为日本最终于1933年2月退出国联的直接因素，亦埋下国联日后解体之远因。

结　论

揆诸20世纪30年代国际法在中、日交锋间的运用以及国际联盟在此时运作之尝试，并不难发现，所谓条约体系或国际惯例，虽然当中寓有理想性，但即便具备教条式规范，却未必会被恪守；在国与国关系间，国际利益永远是优位于前的现实考虑。就"满洲国"承认问题观之，中方试图运用国际法保障国土完整并引来国际仲裁以制约日本军事行动；日方意图援引国际法为己用，为"满洲国"设置与对华干涉、军事行动找到合法立场；国际联盟组织则企图运作国际法，透过条约体系规范以及国际舆论平缓中日之冲突，以维持和平。

---

① 中华民国史事纪要编辑委员会：《中华民国史事纪要（民国十六年一至六月份）》，第876页。
② 《日方复我抗议　一味强词夺理　政府拟不再与辩驳》，《申报》1932年9月29日，第4版。
③ 马季廉：《李顿报告失败》，《国闻周报》第9卷第41期，1932年10月17日；中华民国史事纪要编辑委员会：《中华民国史事纪要（民国十六年一至六月份）》，第574页。
④ 梁敬錞：《九一八事变史述》，第382~383页。

国际政治史学者入江昭曾说：与时间同样重要的是相遇。"在某个时间谁和谁、什么想法和什么想法相遇，结果产生了什么问题"① 可能才是历史的中心课题。1932 年 9 月中日双方针对"满洲国"政权争议而在国际联盟这片场域相见，不只是代表两国交锋；两个东亚国家在国联的申述，显示出亚洲加入西方世界秩序的企图，而"满洲国"更引致远东国际秩序定位的深层结构问题，并挑战了西方国家安排的国际秩序体系。另外，中国在此展现的国际参与，也重塑了国内对自身地位之理解，并开始重视外交谈判。

由 1932 年 9 月前后外事人员在最前线针对"满洲国"问题的应对，得以理解 20 世纪 30 年代中国在外交上的积极性，而非如过去部分研究者所言，处于消极被动之"被侵略"地位；在日方正式承认"满洲国"前，就已开始擘画与防御，亦显示中国外交并非一味信仰国际联盟或仰赖任一强国出头制约日本；只是，无奈于外交尝试上，无法在国际联盟遏阻日本既定的承认方针，而国际联盟因受制于自卫权解释的瑕疵，无法成功维持和平秩序等，致使贻世以外交无能的刻板印象。这似乎就印证了民国初年的外交态势：当时中外互动模式与条约争议，除了国际惯例与法理层次的辩论外，毕竟还是要参酌"拳头大小"来决定。② 于是，同样一套国际法，在各自不同考虑之下成为各自实践政治野心之工具，国际联盟成为竞合之场域；各方胶着于各自国权保障，而非国际互动应持诸的和平信念，似乎也不足为奇。

---

① 入江昭：《我与历史有个约会：入江昭治史心得》，杨博雅译，北京大学出版社，2013，第 81 页。
② 应俊豪：《1920 年代前期长江航行安全问题与中外争执》，《国际法在中国的诠释与运用》，第 1~34 页。

南京国民政府的边疆政策

——以晋绥系内蒙古"分区自治"方案的形成为中心

岛田美和[*]

前 言

本文将着眼于 1936 年前后国民政府的对蒙政策和对日政策，即内政和外交两者之间的相互关系，进而探讨南京国民政府时期围绕内蒙古西部地区的政府边疆政策的特性及其转变过程。具体而言，为对抗 1935 年秋季以后日军的"华北分离工作"和"内蒙工作"，位于南京的蒋介石国民政府（以下简称"中央政府"）和"地方实力派"[①]之一的晋绥系（以山西省为地盘的阎锡山和绥远省主席傅作义）围绕内蒙古行政机构的改组问题展开了讨论，本文将通过该讨论对南京国民政府边疆政策的形成过程进行具体分析，进而阐明南京国民政府边疆政策中对蒙政策的转变过程及其意义。

1935 年 6 月，《何梅协定》和《秦土协定》签订以后，日军的"华北分离工作"和"内蒙工作"日趋进展。对此，国民政府于 1936 年 1 月 25 日颁布

---

[*] 岛田美和，日本庆应义塾大学法学部专任讲师。

[①] 关于民国时期的所谓"军阀"势力，在近年来的研究中出现了多种理解与定义。如安井称其为"地方实力派"，岩谷将之理解为"军事领导者"，光田的定义则是"地方军事势力"。关于其性质和特征，今后仍需结合不同时期和不同地域的情况做进一步的整理和更深入的探讨。安井三吉『柳条湖事件から盧溝橋事件へ——1930 年代華北をめぐる日中の対抗』研文出版、2003；岩谷將「訓政制度設計をめぐる蒋介石・胡漢民対立—党と政府・集権と分権」『アジア研究』53 巻 2 号、2007；光田剛『中国国民政府期の華北政治 1928～37』御茶の水書房、2007。

《绥远省境内蒙古地方自治政务委员会①暂行组织大纲》，作为政府的对蒙政策。其结果是绥远省内的各蒙古盟旗从内蒙古地方自治政务委员会（1934年设立的蒙古人统一民族自治组织，以下简称"百灵庙蒙政会"）的自治范围中脱离出来，实行以绥远省为单位的盟旗自治。这意味着，内蒙古的蒙古人自治制度转变为以省为单位的省内自治，各蒙古盟旗实质上被置于绥远省的管理之下。国民政府对蒙政策的这一转变究竟意欲何为？要把握国民政府边疆政策的实质，必须探讨华北现实政治中中央政府与晋绥系围绕对蒙政策的博弈关系，以及国民政府内部关于内蒙统治的多元形态与其对日外交之间的关系。

关于国民政府统治的一元化过程，通常从中央—地方关系的视角将其定义为地方权力的"中央化"或是地方权力的"地方政权化"。② 其中，针对南京国民政府时期中央政府与晋绥系之间的中央—地方关系的考察，大多以《阎锡山档案》为主要资料。③ 另外，在考察华北事变的研究中，也有关于国民党、国民政府内部在对日政策方案上的差异的分析。④ 但既有研究多以蒋介石与阎锡山的关系为中心探讨国民政府内部的中央—地方关系，并未言及非汉人地区的统治及对蒙政策的相关问题。另一方面，关于国民政府对蒙政策的分析也始终是将重心放在汉人与非汉人之间关系的探讨上，而往往忽视了阎锡山与傅作义等晋绥系内部在对蒙政策上存在的分歧。⑤

此外，近年来还出现了从领土继承性（以清朝为起点）问题的角度，探讨国民政府时期各政治角色的主权概念和领土认识的形成过程的研究。⑥ 学者林孝庭正是带着这种问题意识，基于"战争"对国家建设的影响以及中央政府、地方政府、非汉人三要素之间的相互关系，对国民政府的边疆政策进行了分析，进而指出1935年8月以后，就如何解决日趋激化的百灵庙

---

① 绥远省境内蒙古地方自治政务委员会，以下简称"绥境蒙政会"。
② 西村成雄「国民政府形成期における政治統合のダイナミズム—1932年西南政務委員会と南京中央」毛里和子編『中国の構造変動と21世紀に向かう日米中関係』、1999。
③ 陈进金：《地方实力派与中原大战》，台北："国史馆"，2002。
④ 内田尚孝『華北事変の研究』汲古書院、2006。
⑤ 乌兰少布：《中国国民党对蒙政策（1928~1949年）》，《内蒙古近代史论丛》第3辑，1987；森久男『徳王の研究』創土社、2000、126頁。
⑥ Hsiao-ting Lin, *Modern China's Ethnic Frontiers: A Journey to the West*, abingdon, oxon (New York: Routledge, 2011); James Leibold, *Reconfiguring Chinese Nationalism: How the Qing Frontier and its Indigenes Became Chinese* (Palgrave Macmillan, 2007).

蒙政会与绥远省的对立问题,蒋介石采取放弃的态度,将对蒙古的统治权委托于章嘉呼图克图和班禅额尔德尼等宗教领袖,并将边疆政策的重心转移至西南地区。① 本文将运用《蒋中正总统档案》和《阎锡山档案》等资料,通过分析"分区自治"方案(以下省略引号)的实施与绥境蒙政会的成立经过,阐明国民政府边疆政策的转变过程。具体而言,以1935年秋至1936年初蒋介石中央政府以及阎锡山、傅作义的对蒙政策和对日工作为中心,从国民政府的内政与外交政策的异同中,窥探国民政府边疆政策的转变及其与后来的抗战体制的构建和边疆政策之间的连续性。

一 围绕对蒙政策的内政与外交及其相互关系

国民政府于1928年9月17日在内蒙古地区实行省县制,将热河、察哈尔、绥远等特别行政区改设为省。在此基础上,国民政府于1929年12月1日设立非汉人事务管理机关——蒙藏委员会,以进一步推进边疆政策。对于中央政府而言,当时的内蒙古主要存在两股地方势力:一是保留延用盟旗制的蒙古王公势力,其延续清朝以来的传统政治制度管理着蒙古人社会;二是山西、绥远地区的阎锡山和傅作义的晋绥系势力。这两股势力分别代表汉人与非汉人的利益,围绕内蒙古西部地区的管辖权呈相互对立的态势。同时,随着国民党及国民政府对该地区的介入,该对立关系又被纳入中央政府与地方势力的对立关系之中。因此,南京国民政府时期内蒙古西部地区与中央政府之间的关系,实际上是由中央政府、阎锡山及傅作义等晋绥系以及蒙古上层这三者的对立关系相互交错而成。

另外,内蒙古地区的国际形势在此时期也日趋紧张。1931年九一八事变爆发后,日军在内蒙古地区的势力逐渐扩大,也对国民政府的对蒙政策产生影响。1934年2月28日,国民政府接受以蒙古王公德王和革新派蒙古知识青年为中心发起的百灵庙自治运动的要求,颁布《蒙古自治办法原则》八项(以下简称《八项原则》),承认具有统一性的蒙古自治委员会的设立。

---

① Hsiao-ting Lin, *Modern China's Ethnic Frontiers: A Journey to the West*, Abingdon, Oxon: Routledge, 2010, pp. 48 – 49.

随后，蒙古人统一的自治组织——百灵庙蒙政会于同年 4 月在绥远和察哈尔两省即内蒙古西部地区正式成立。中央政府接受这一自治要求，是为了避免日本侵略内蒙古和德王倒向日本。国民政府以将边疆防御权交予蒙古人作为交换条件，欲通过认可民族自治、改组行政组织，以图在内政和外交上同时解决内蒙古问题。然而在此后的内蒙古西部地区，省政府与百灵庙蒙政会在行政地位上呈平行关系，围绕各种既得利益，双方走向对立并且矛盾逐步激化。南京国民政府时期中央政府的对蒙政策，既有围绕"内蒙外交"问题的作为对日政策的一面，也有如百灵庙蒙政会的设立所示的行政机构改组等边疆统治的一面，即带有外交和内政相互关联、相互交错的特征。

然而，日军的"华北分离工作"和"内蒙工作"的进展迫使中央政府转变对蒙政策。1935 年 6 月 10 日和 27 日，日军先后与中国签订《何梅协定》和《秦土协定》，作为"华北分离工作"的准备阶段，对国民政府中央军和党部在华北的活动加以限制。7 月，日军又以切断中国共产党和外蒙古、苏联合作的所谓对苏政策为目的，在扩大内蒙亲日满政权和推进"华北分离工作"的同时，意在建立独立于中央的地方政权。另外，日军还针对绥远省开展所谓的"傅作义工作"，意在绥远省设立特务机关和拉拢傅作义。因此，在"华北分离工作"开展的初步阶段，日军"内蒙工作"的目标是拉拢内蒙并瓦解其原有政权。①

国民政府为应对日军的"华北分离工作"和"内蒙工作"，于 8 月 29 日决定撤销北平政务整理委员会。由此，中央政府在华北的办事机构只剩下军事委员会北平分会（以下简称"北平军分会"）一处，国民政府在华北的势力有所减退。② 华北地区的中央—地方关系的此种变化，也意味着在当时被视为华北一部分的内蒙古西部地区的中央政府势力的减退。华北局势的上述变化，以及日军在内蒙古地区逐步扩大势力这一外交问题，迫使晋绥系迅速做出应对。

为此，绥远省主席傅作义向蒋介石和阎锡山提出了内蒙古分区自治方案。该分区自治方案，意在以省为单位对分属绥远省和察哈尔省的盟旗单独

---

① 《对内蒙施策要领》极密 35 部中第 5 号（昭和 10 年 7 月 25 号关东军参谋部），岛田俊彦ほか编『现代史资料—日中戦争』第 8 卷（1）みすず書房，1964、492～493 頁。
② 内田尚孝『華北事変の研究』、223 頁。

实行自治，这实际上预示着百灵庙蒙政会的解体。这一分区自治方案，曾在1934年百灵庙自治运动时期，由绥远省向中央政府提出，但当时中央政府以百灵庙蒙政会的设立为由并未采纳该提案。1935年8月6日，傅作义致电蒋介石，要求实行分区自治以应对日军，另外还报告了日军对绥远省工作的情况。① 随后，傅作义于9月初就绥远局势问题向阎锡山做了以下五点说明：第一，百灵庙蒙政会的指导长官仍尚未就任；第二，《八项原则》的规定不够明确，百灵庙蒙政会将地方自治误解为独立藩属，干涉省行政，独断进行军事外交；第三，各旗王公表示支持中央，察哈尔、绥远、甘肃、宁夏、青海5省断不可割裂；第四，日本私下援助百灵庙蒙政会，欲在5省设立新组织；第五，共产党的国际路线势必要予以阻止。② 由此可见，傅作义认为不论在内政还是外交方面，对绥远省皆有实行分区自治的必要。阎锡山在审阅了傅作义提交的分区自治案草案后，于9月8日将之转回傅作义处，以便形成具体方案提交蒋介石。③ 这里可以看到，在国民政府对蒙政策的决策过程中，就晋绥系内部而言，阎锡山的地位和影响力要在傅作义之上。

另一方面，蒙旗内部也存在支持晋绥系分区自治方案的要素。当时，位于绥远省的西公旗出现了旗长继承人纠纷（以下简称"西公旗纠纷"）。所谓"西公旗纠纷"，指的是随着西公旗前任旗长死去，绥远省和保守派蒙古王公与德王等百灵庙蒙政会派之间，就西公旗旗长继承人的王公任命权及其既得利益问题发生的对立事件。绥远省拥立保守派蒙古王公石王为下任旗长，而百灵庙蒙政会对此表示反对。9月16日，傅作义和王靖国致电阎锡山，阐述了确保绥远省兵力以及确立绥远省所拥立的西公旗旗长候选人石王的地位的必要性。④ 另外，25日，绥远省内的其他王公，如伊克昭盟（以下简称"伊盟"）的阿王（杭景旗）、康王（达拉特旗），乌兰察布盟（以下简称"乌盟"）的额王（达尔罕旗）、石王（乌拉特前旗），联合向蒙藏委

---

① 《傅作义致蒋介石电》（1935年8月6日），蒋中正总统文物《特交档案分类资料》分类资料，政治，蒙古边情（一），台北"国史馆"藏，典藏号：002-08-02-00-456-197-001x。
② 《傅作义发阎锡山宛电报（鱼申鱼酉鱼亥三电）》（1935年9月6日），《阎伯川先生要电录存——关于内蒙古之件》（以下简称《关于内蒙古文件》），台北"国史馆"藏。
③ 《阎锡山发傅作义宛电报（庚电）》（1935年9月8日），《关于内蒙古之件》。
④ 《傅作义王靖国发阎锡山宛电报（咸电）》（1935年9月15日），《关于内蒙古之件》。

员会发电,表示反对百灵庙蒙政会对石王职位的撤免,要求对王公制度予以保障。① 上述蒙古王公之所以致电反对,主要是因为如若国民政府承认百灵庙蒙政会的旗长任命权,则意味着迄今为止各盟旗对自旗所持有的旗长任命权的丧失,这是关系到王公能否保住自身既得利益的重大问题。

进而言之,西公旗纠纷发生的背后,是日军与百灵庙蒙政会的日益接近。因此,该纠纷不仅仅是内政问题,更与外交问题有着紧密关联。9月24日发表的多田声明,正式表明了支那驻屯军(即中国驻屯军——译者注)的"对北支(即北中国——译者注)态度",日军由此开始着手"华北分离工作"。② 西公旗纠纷对于国民政府而言,已不是单纯的内蒙地域纠纷,而是事关中国边疆防御、应严肃对待的外交问题。当时,处理西公旗纠纷的政府机构,便是作为国民政府民族管理事务机关的蒙藏委员会。蒙藏委员会委员长黄慕松与晋系的副委员长赵丕廉,就西公旗纠纷的解决办法,提出了如下方案:第一,各盟旗的盟长、旗长任命权由中央保留;第二,责令百灵庙蒙政会从西公旗撤兵;第三,如不撤兵,则改组百灵庙蒙政会。这一方案对绥远省是有利的,但从实质上否定了百灵庙蒙政会对蒙旗王公和旗长的任命权。另外,黄慕松还提醒赵丕廉,关于第三条中百灵庙蒙政会的改组,在分区自治制度的导入和自治区的区分(第一、第二自治区的命名)问题上,在实行分区自治之际,最好是由各旗王公向中央主动提案,指出了蒙旗自主参与分区自治的重要性。③ 可见,黄慕松虽不反对分区自治的导入,但要求绥远省得到蒙旗对分区自治的自主参与,哪怕只是形式上的。

其次,蒙藏委员会提出的西公旗纠纷解决办法,还必须得到百灵庙蒙政会指导长官兼负责华北军事问题的北平军分会的何应钦的许可。但何应钦至10月2日仍未对蒙藏委员会的方案表示同意。4日,赵丕廉就日本与百灵庙蒙政会以及亲民国派蒙古王公势力的关系,向何应钦做出说明。④ 何应钦对赵丕廉的意见表示赞同,北平军分会也同意了蒙藏委员会提出的西公旗纠纷

---

① 《阿勒坦奇正山等(归绥)→军事委员会(敬电)》(9月24日发),蒋中正总统文物,典藏号:002-08-01-01-050-003-001~003。
② 内田尚孝『華北事変の研究』,232~233頁。
③ 《阎锡山发傅作义宛电报(勘西电)》(1935年9月28日),《关于内蒙古之件》。
④ 《阎锡山发傅作义宛电报(支酉电)》(1935年10月4日),《关于内蒙古之件》。

解决办法。22 日，该案被提交至以汪精卫为院长的行政院。① 由此，百灵庙蒙政会的旗长任命权被中央政府否定，各蒙古盟旗王公在各自管辖范围内的世袭制度得以维持。其结果意味着，百灵庙蒙政会，已无法行使对内蒙古地区盟旗旗长的任命权，更意味着其作为统一的地方自治组织已丧失了对内蒙古的统治权。

绥远省政府通过西公旗纠纷的解决，得到了反百灵庙派的蒙古人的支持。傅作义的分区自治方案实施计划，亦得到了蒙藏委员会和北平军分会的同意，获得了中央政府的认可。另外，从西公旗纠纷的解决过程中还可以看出晋绥系、何应钦及中央政府在对蒙政策的最终决策上所拥有的影响力。然而必须指出的是，何应钦之所以采纳晋绥系的意见，主要还是出于对这一时期华北地区紧张的中日关系的考虑，以及对蒙古王公的国民政府"向心力"的重视。由此可看出，内蒙地域纷争已变成中国重要的外交问题，国民政府的外交政策也给内蒙古政治带来了深刻影响。在内蒙政治中，以围绕王公的既得权益问题为背景，一部分内蒙古西部地区的蒙古王公向绥远省靠拢，导致蒙古人（蒙古王公和百灵庙蒙政会派蒙古青年）与汉人（晋绥系）的对立关系发生变化。

二　分区自治方案的批准过程

随着日本的"华北分离工作"和"内蒙工作"的进展，对中央政府和晋绥系双方而言，围绕内蒙古西部地区的分区自治方案的实施问题已然变成紧迫的外交问题。傅作义强烈向蒋介石要求实施分区自治方案，称该案的实行将给绥远省蒙古人的省内自治和对日工作带来最为有利的结果。10 月 1 日，傅作义致电蒋介石向其提出分区自治方案，同时又另提了两点要求。其一，要求撤销百灵庙蒙政会，在南京设立蒙事咨询机关，调离曾推进百灵庙自治运动的蒙古人德王和吴鹤龄，将推动内蒙古"自治"的蒙古人排除出内蒙古；其二，要求在国民党第五届全国代表大会上宣布实施分区自治方案。②

---

① 《傅作义发阎锡山宛电报（真蒙电）》（1935 年 11 月 11 日），《关于内蒙古之件》。
② 《傅作义发蒋介石宛电报（肴电）》（1935 年 10 月 3 日），《关于内蒙古之件》。

为应对日本的"华北分离工作",加强与晋绥系的合作,蒋介石遂于10月15日赶赴太原与阎锡山会谈。① 其间,阎锡山收到蒋介石的指示,称若蒙古王公就赞同撤销百灵庙蒙政会之事致电国民政府,届时即可撤销。阎锡山也将此指示转告傅作义,并令其若收到王公赞同撤销百灵庙蒙政会的电函则即刻汇报。11月9日,傅作义按指示向阎锡山提交了赞同分区自治要求的王公名单,并要求撤销百灵庙蒙政会。② 可见,阎锡山和傅作义等晋绥系,在争取王公支持的同时准备步步推进分区自治方案,最后只待中央政府尤其是蒋介石的同意批准。

19日,蒋介石在五全大会外交方针演说中阐明了面对华北危机,需靠外交交涉方式而非靠武力渡过难关的方针。但蒋介石并未在会上宣布分区自治方案的实施。在华北局势不稳的情况下,蒋介石为避免德王等百灵庙蒙政会派蒙古人向日军靠拢,有意回避了宣布实施分区自治一事。由此可见,中央政府还是一如既往地将内蒙政治和对日工作推脱给晋绥系和蒙古人负责。但随后的11月25日,以殷汝耕为首的带有亲日性质的"冀东防共自治委员会"于河北省通县宣布成立,华北局势日趋危急。对此,中央政府于26日撤销在华北的办事机构北平军分会,被迫采取新的对策来应对包括内蒙问题在内的华北问题。同日,何应钦向蒋介石提出阎锡山提交的分区自治方案,以作为华北问题题中之义的内蒙问题的应对之策。该分区自治方案的内容,虽基本沿袭1934年的《八项原则》,但傅作义新追加的附案却是欲将内蒙政治焕然一新。其要义为,在南京设立以德王为委员长的蒙古地方自治评议委员会(以下简称"蒙治评委会"),且规定该机构主要就蒙古诸事宜向中央建言献策。③ 该附案的提出,意味着傅作义的分区自治方案的实施不仅具有国民政府对日工作政策的性质,而且也企图将领导百灵庙自治运动的德王、内蒙古人民革命党右派以及在蒙藏委员会和内蒙政治中保有影响力的白云梯等蒙古知识青年排除出内蒙古地区。总而言之,随着华北问题愈发紧

---

① 秦孝仪总编纂《总统蒋公大事长编初稿》第3卷,台北:中正文教基金会,1978,第238页,10月15日之条。
② 《阎锡山发傅作义宛电报(筱巳电)》(1935年10月17日),《关于内蒙古之件》。
③ 《何应钦→蒋介石呈》(11月26日),蒋中正总统文物,典藏号:002-08-01-01-050-006-001~003。

张,中央政府开始强化与晋绥系的关系,将作为对蒙政策的分区自治方案的实施视为对日工作的一环。至此,中央政府就分区自治方案的实施终于与晋绥系达成一致意见。

三 分区自治方案的颁布

中央政府虽同意分区自治方案的实施,但就其颁布日期与详细内容则与晋绥系设想的大不相同。11月28日,阎锡山致电何应钦,催促中央政府早日颁布分区自治方案,并请求将此意转达给蒋介石。① 但中央政府迫于应对华北局势,于12月上旬着手准备冀察政务委员会的设立。6日,考虑到分区自治方案对华北问题可能带来的影响,蒋介石就该案的颁布日期和德王赴任南京"蒙治评委会"委员长之事,指示阎锡山再行探讨。② 对此,阎锡山于7日回电蒋介石,强调绥远省已凝聚起蒙古王公对中华民国的向心力,要求蒋介石早日颁布分区自治方案。另外,就"蒙治评委会"设立一事,阎锡山表达了与傅作义不同的见解,即建议蒋介石不一定要安排德王赴任南京,安排白云梯和吴鹤龄亦可。③ 由此可见,在分区自治方案的实施问题上,中央政府、阎锡山、傅作义三者各有见解且存在分歧。另外,这里也可看出,阎锡山在其中对中央政府和傅作义的对蒙政策皆进行了调整。同日,阎锡山还通过蒙藏委员会的赵丕廉对南京的反德王派蒙古人加以保护,对内蒙古地区以外的蒙古人进行拉拢,从整体上给国民政府的对蒙政策带来了影响。④

阎锡山之所以加紧推进分区自治方案的实施,是因为12月以后关东军的"内蒙工作"取得了显著的进展。7日,在关东军的支持下李守信统属的"察东警备军"挑起战事,并于9日攻打宝昌、沽源,关东军势力开始正式侵入察哈尔地区。⑤ 11日,中央政府优先应对华北问题,决定设立以宋哲元

---

① 《阎锡山发何应钦宛电报(勘电)》(1935年11月28日),《关于内蒙古之件》。
② 《蒋介石发阎锡山宛电报(鱼未秘京电)》(1935年12月6日),《关于内蒙古之件》。
③ 《阎锡山发蒋介石宛电报(阳戌电)》(1935年12月7日),《关于内蒙古之件》。
④ 《阎锡山发赵丕廉宛电报(阳戌电)》(1935年12月7日),《关于内蒙古之件》。
⑤ 森久男『徳王の研究』、126頁。

为委员长、管辖河北、察哈尔、北平、天津4省市的冀察政务委员会，欲通过华北地区行政机构的改组来对抗日本的"华北分离工作"。12日，国民政府在中国国民党中央执行委员会政治委员会上，决定将何应钦作为行政院驻北平办事长官派至华北，命宋哲元为冀察绥靖主任，以收拾华北事态。另外，在军事委员会人事方面，决定在委员长蒋介石之下，新任命阎锡山、冯玉祥为副委员长。① 这意味着在华北军事问题上，西北和山西的地方政府也被赋予了巨大责任。

在此期间，蒋介石指示阎锡山，就分区自治方案的实施要求令王公致电请求分区自治。② 受此指示，阎锡山致电傅作义，令王公联合发电要求分区自治。③ 可见，蒋介石为应对华北局势更加看重晋绥系，在分区自治方案的实施上也开始与晋绥系步调一致。

但是，此时的傅作义依然对中央政府所做的关于分区自治方案实施的决定抱持怀疑态度。16日，傅作义致电阎锡山，称中央政府对分区自治方案的认可，只是表明了其将华北军事问题推给晋绥系来解决，而其对内蒙古防御问题的态度并非积极协助。④ 的确，中央政府决定实施分区自治方案，其意图与在河北成立冀察政务委员会相同，意在将内蒙问题推给晋绥系由其设法解决。随后，傅作义于17日将乌、伊二盟王公的分区自治要求草案提交给了阎锡山。⑤

12月25日，中央政治会议讨论分区自治方案草案，通过了在乌、伊二盟所提出的分区自治要求的基础上另定自治办法的决议。⑥ 于是，分区自治方案的通过日期，因蒋介石将内蒙问题作为华北问题的一环处理，远远晚于晋绥系所期望的五全大会时期。另外，与冀察政务委员会委员长宋哲元的情况相同，内蒙古地区及其边疆防御的负担被加在了晋绥系身上。讽刺的是，傅作义热切期望实施的分区自治方案，却产生了如下效果：虽将内蒙古西部地区从制度上切实地纳入了中央版图，但针对日本的"内蒙工作"，中央军

---

① 中国国民党中央执行委员会政治委员会第1次会议记录，中国国民党党史馆藏。
② 《蒋介石发阎锡山宛电报（文申秘京电）》（1935年12月12日），《关于内蒙古之件》。
③ 《傅作义发阎锡山宛电报（覃电）》（1935年12月13日），《关于内蒙古之件》。
④ 《傅作义发阎锡山宛电报（叶申电）》（1935年12月16日），《关于内蒙古之件》。
⑤ 《傅作义发阎锡山宛电报（洽蒙电）》（1935年12月17日），《关于内蒙古之件》。
⑥ 《赵丕廉发阎锡山宛电报（有电）》（1935年12月25日），《关于内蒙古之件》。

援助的可能性大为降低，以绥远省为首的地方政府日显孤立。

中央政府与晋绥系在对蒙政策上的差异，终于在阎锡山和傅作义最为重视的撤销百灵庙蒙政会的问题上凸显出来。结果，中央政府还是保留了百灵庙蒙政会的撤销决定。① 究其原因，在于中央政府关于分区自治方案的决策和实施步骤，在很大程度上为12月以后察哈尔地区的日本"内蒙工作"所左右。24日，阎锡山和傅作义确信关东军很有可能入侵绥远。② 25日，蒙藏委员会的赵丕廉就中央政府未撤销百灵庙蒙政会的理由向阎锡山做了说明。他指出，其中的原因是防止分区自治方案实施致使察哈尔省内的蒙旗自治成为察哈尔省境内蒙政会试图从百灵庙蒙政会中独立出去的借口。此外，赵丕廉还就今后的实施步骤向阎锡山传达了中央政府的意图。28日，山西省主席徐永昌也向阎锡山说明了蒋介石的意图，其内容与赵丕廉所述一致。③ 随后，阎锡山对赵所传达的中央政府的解释也表示赞同。④ 由此可知，当时国民政府的对蒙政策深受其对日外交的影响。

四　分区自治方案的实施

12月31日，得知中央政府意图的傅作义大为愤慨。⑤ 1936年1月5日，傅作义就中央政府关于分区自治方案的决定，向阎锡山提出以下三点疑问：第一，乌、伊二盟的自治与百灵庙蒙政会的关系；第二，中央政府对晋绥系及德王的各自立场；第三，南京蒙事咨询机关的决议和蒙古知识青年的安排问题。⑥ 7日，阎锡山回电傅作义就其疑问做了如下回答：第一，中央政府承认乌、伊二盟的自治，百灵庙蒙政会职权仅限于察哈尔省内，以百灵庙为中心；第二，对于晋绥系和德王，中央政府采取居间调停的立场；第三，关于蒙古知识青年的安排问题，目前在同徐永昌协商之中，之后将向中央政府

---

① 中国国民党中央执行委员会政治委员会第481次会议速记录，中国国民党党史馆藏。
② 《傅作义发阎锡山宛电报（迥电）》（1935年12月24日），《关于内蒙古之件》。
③ 《阎锡山发傅作义宛电报（卅电）》（1935年12月30日），《关于内蒙古之件》。
④ 《阎锡山发赵丕廉宛电报（江电）》（1935年1月3日），《关于内蒙古之件》。
⑤ 《傅作义发阎锡山宛电报（世申电）》（1935年12月31日），《关于内蒙古之件》。
⑥ 《傅作义发阎锡山宛电报（微三电）》（1936年1月5日），《关于内蒙古之件》。

寻求意见。① 10日，傅作义又给阎锡山发电，指出中央政府若不撤销百灵庙蒙政会，将会影响内蒙古局势。② 但是阎锡山在其12日的回电中对这一观点表示否定，并向他做了说明：随着分区自治方案的实施，察哈尔旗将不复存在，绥远的蒙旗将按分区自治方案组织自治。③

如上所述，晋绥系的阎锡山和傅作义，在百灵庙蒙政会的撤销和分区自治问题上持有各自不同的见解，在对蒙政策问题上也并非团结一致。而此差异也可以说是被关东军势力逼近的绥远省的傅作义、与防卫山西被中央军侵入的阎锡山两人，在对日工作见解上的差异。尽管傅作义被赋予军事重任以对抗关东军的"内蒙工作"，但是在分区自治实行中关于百灵庙蒙政会的处理问题上却受制于中央政府和阎锡山。从中可看出，相对于中央政府和阎锡山，傅作义在内蒙政治中的独立性颇为有限。

由中央政府批准的分区自治方案，在晋绥系的主导下得以顺利推进。1月17日，傅作义向阎锡山提交委员名单，但在20日的回电中阎锡山则表示人事安排全权交由傅作义负责。④ 关于察哈尔右翼4旗的归属问题，按照草案中的"分区自治实施后归属察哈尔省"的规定，采用了同乌、伊二盟一起作为绥远省内的蒙旗予以合并的方案。这导致按照清朝以来的盟旗和总管制度划分而成的内蒙古行政区，在制度上被纳入绥远省的管辖范围，意味着其管理体制的一元化。终于，21日行政院会议通过了绥远省18旗（乌、伊二盟13旗，归化土默特旗，察哈尔右翼4旗）的分区自治方案。⑤ 另外，关东军势力控制下的"察哈尔盟公署"于22日在张北成立，察哈尔省被纳入关东军的统治之下。23日，中央政治会议议决云王为国民政府委员，设立绥境蒙政会并通过了其组织大纲。⑥ 25日，国民政府颁布以绥远省内的乌、伊二盟，土默特旗以及察哈尔右翼4旗为自治对象的《绥境蒙政会暂行组织大纲》，宣布绥境蒙政会成立。百灵庙蒙政会的实际自治范围从内蒙古西部缩小至除绥远省外的察哈尔省境内。其结果是百灵庙蒙政会的势力被

---

① 《阎锡山发傅作义宛电报（阳西电）》（1936年1月7日），《关于内蒙古之件》。
② 《傅作义发阎锡山宛电报（蒸酉电）》（1936年1月10日），《关于内蒙古之件》。
③ 《阎锡山发傅作义宛电报（侵电）》（1936年1月12日），《关于内蒙古之件》。
④ 《傅作义发阎锡山宛电报（洽二电）》（1936年1月17日），《关于内蒙古之件》。
⑤ 《赵丕廉发阎锡山宛电报（马电）》（1936年1月21日），《关于内蒙古之件》。
⑥ 中国国民党中央执行委员会政治委员会第481次会议速记录，中国国民党党史馆藏。

排除出绥远省，而乌、伊二盟，土默特旗以及察哈尔右翼四旗则实质上被纳入绥远省的管辖范围内。另外，绥境蒙政会的指导长官由阎锡山担任，而非百灵庙蒙政会的指导长官何应钦。由此，国民政府的对蒙政策，不仅只是对日本"内蒙工作"的一种对抗，更与华北整体军事问题的对策产生联动。最终，晋绥系因绥境蒙政会的成立，在内蒙的政治根基得以巩固加强，但与此同时，其在对日工作中所承担的军事责任也增加不少。

结　语

随着1936年1月绥境蒙政会的设立，绥远省政府和省内各盟旗在制度上虽同处行政院之下且为平行关系，但实际上省内各盟旗被置于绥远省政府的管辖之下。若只看绥远省的管辖范围，似乎可以认为清末以后内蒙的多元化行政系统被国民政府转变成一元化的管理体制，然而国民政府内部的对蒙政策仍呈现出多元态势。以1935年秋之后的华北局势为背景，从中央政府与晋绥系的中央—地方关系来考察内蒙政治时，可以看到，无论是在政治还是在军事方面，晋绥系在内蒙古的统治都得到了实质上的强化，而中央政府对内蒙古的影响力则有所下降。

另外，过去关于国民政府对蒙政策的考察，往往容易偏向从汉人与非汉人的对立结构来进行分析，但从本文的考察结果则可明确看出蒋介石、阎锡山、傅作义三人之间存在的分歧。三人对1935年秋季以后中国外交问题和内政问题所存在的不同认识是导致其分歧的原因。中央政府一方面将德王等蒙古上层留在内蒙古地区，另一方面又将作为外交问题的边疆防御交由晋绥系尤其是傅作义应对。中央政府之所以未将德王势力及蒙古知识青年从内蒙地区中排除，目的是防止晋绥系在内蒙古确立其势力根基。而阎锡山和傅作义关于对内蒙政策的分歧，则起因于两者与日军或中央军的不同关系，以及在内蒙政治中各自影响力的增减。傅作义为对抗日军的"内蒙工作"而直接参与边疆防御，因此才强烈要求派遣中央军以及将在日军影响下的蒙古上层排除出内蒙古。而阎锡山并未对其要求予以回应的原因，可大致推测为一是为了避免山西地盘轻易被中央军侵入，另一方面是为了防止傅作义在内蒙古影响力的扩大。总而言之，1935年秋季以后国民政府的对蒙政策，深刻反映了受外交问题左右的中国政治中的中央—地方关系的复杂性。但不可否认的是，从分区自治方案的拟定到绥境蒙政会的设立，阎锡山、傅作义和赵丕廉等晋绥系对中央政府以及内蒙古地区内外的蒙古人所做的工作，对蒙古亲民国派势力的形成做出了一定的贡献。由此可以窥见，在南京国民政府的对蒙政策中，阎锡山和傅作义相对于中央政府而言也拥有一定的独立性。

蒙古学研究的一个重要层面

——有关"满蒙"文献资料述评

周太平[*]

第二次世界大战结束前有关"满蒙"的日文文献，向来因其丰富的内容和庞大的数量而成为相关学术研究关注的重点。本文就此问题略做回顾，首先对国内整体情况进行梳理，然后谈谈近年来内蒙古所藏有关满蒙文献资料的保存与利用状况及面临的问题等相关动态，并从蒙古学的角度来看此等文化遗产的重要价值。

一 鸿沟：关注的差异

在二战结束前的有关满蒙地域日文文献资料收集研究方面，中国和日本的情况不一样。这中间是一道鸿沟，两边是不一样的气象。所谓"鸿沟"，可能有些读者不好理解。在日本，以"满蒙"或"满洲国"为题的研究成果非常多，原始档案文献的整理复刻出版工作也在持续进行，阅览平台也在增多，特别是档案文献的数字化工程效果显著。而中国的情况远不如日本，文献资料的整理利用及相关研究只在一部分专业人员中进行，文献阅览环境也没有很大的变化。原因是20世纪的满蒙历史，在中国近代史研究中一直被作为绝对的负遗产。中国近代史研究存在以强烈的价值取向来左右史事认定的问题。就东北而言，过多研究会产生一些敏感问题。历史研究中，何

---

[*] 周太平，内蒙古大学内蒙古近现代史研究所教授。

谓满蒙或"Manchuria"，何谓中国东北，如何把握其地域历史主体性，这是个难题。

在日本，有很多人出于对望乡记忆的美化或为了忘却的纪念而研究"满蒙"问题，也有人把"满蒙"问题作为日本的外延来把握，当然也有不少人以现代中国的一般地区来研究。仅就笔者所知，与日本的中国近现代史其他领域的研究相比，满洲史的研究无论在考察实证方面，还是在细致入微的资料搜集方面，下的功夫恐怕还是最多的。在日本，今天仍旧研究"满洲国"的研究人员不在少数。这就是两国学术界之间产生的一种"间隔"或"关注的差异"。

尽管这样，在早期，中国学者和文献工作者做了一些重要的工作。20世纪50年代末，随着科学界的"大跃进"，辽宁地区中心图书馆委员会编制了《辽宁地区外文期刊联合目录》（1958）、《中国科学院图书馆现存旅大图书资料目录》（满铁调查部藏书目录，8册，蜡版誊写本，1958）。后来，由于一些历史的原因，这些文献遭到严重损失。现在上述目录中的有些贵重资料已经找不到了。"文革"结束后，东北地区相关机构又开始对历史文献进行抢救整理。1980年，由辽宁省图书馆牵头，东北三省协作编制了《东北地方文献联合目录》。其中由大连市图书馆主编的第二辑（1984）为日文文献部分。另外，吉林大学和吉林省社会科学院编辑完成的多卷本《满铁史资料》（中华书局，1979）是90年代之前的标志性成果。

90年代中期，相关专业人员重新提出日文资料整理和研究工作的紧迫性及其重要意义。1996年7月8日，中国近现代史史料学学会满铁资料研究会成立。1998年3月，"满铁资料整理研究"项目启动。该项目的主要工作是编制《满铁原编目录数据库》《中国馆藏满铁资料数据库》《中国馆藏满铁资料联合目录》。庞大的资料群，浩如烟海，仅目录的篇幅就有4000万汉字字符，分类编辑成30卷，这是经过十余年的时间，由400多位专家共同研究的成果。全30卷，各卷100多万字，集34万种文献资料的目录和索引之大成，涉及的语种达20余种，体裁多样。

90年代以来的主要成果还有：辽宁省档案馆编《辽宁省档案馆日文资料目录》（辽宁古籍出版社，1995），《满铁资料馆馆藏资料目录》（吉林文史出版社、吉林人民出版社，1995～2003），上海图书馆编《上海图书馆馆藏旧版日文文献总目》（上海科学技术文献出版社，2001），张家口市图书馆编《张家口市图书馆馆藏日文图书文献目录》（2001），辽宁省档案馆编《满铁调查报告》（广西师范大学出版社，2014），吉林省图书馆整理《伪满洲国研究资料——〈满洲国现势〉》（广西师范大学出版社，2013）。

上述有些成果中渗透着中日双方专家的辛苦劳动。另外，早期整理出版的相关目录、总目均由日本万国博览会纪念协会出资出版。这是两国专业人员共同协力，跨越"间隔"所取得的科学成果。

如上所述，在国内目录编制工作有了一定进展。但是，原资料的出版还是十分有限，根本不能满足学术界及社会的需要。如果原资料能被充分利用的话，东北近代史及相关研究的面貌将呈现许多新气象，一些扑朔迷离的历史疑案将真相大白，其他领域，如民族学、社会学、经济学和相关自然科学研究方面也会获得极其珍贵的资料和研究线索。如《伪满洲国研究资料——〈满洲国现势〉》中不仅有社会各领域的专项记载，还保存有大量的历史照片，真实地记录了当时的风土人情、自然环境、建筑、交通、重大事件等，这些都有较强的研究参考价值。

二 面临的问题：文献资料的保存与利用

这里再看内蒙古的相关情况。上面列举的目录和资料集所收内容有限，有不少遗漏，内中有关内蒙古地区者极少。在利用互联网阅读资料方面，内蒙古比国内其他地方都落后。内蒙古地区馆藏旧日文资料主要集中在内蒙古自治区图书馆、内蒙古自治区档案馆、内蒙古大学图书馆、内蒙古自治区社会科学院图书馆、内蒙古自治区党校图书馆、内蒙古师范大学图书馆等。"文革"前，中国科学院内蒙古分院历史研究所和内蒙古大学历史系合编《蒙古史研究图书目录（日文部分）》，网罗了区内外16家图书馆所藏有关旧日文图书目录。其间，由于一些图书馆对旧文献的管理问题等原因，当时的目录已经不能反映目前的馆藏状况。即使到20世纪80年代中期，内蒙古大学图书馆旧日文资料仍保存得相当良好。当时懂日语的工作人员也很多，满蒙关系资料也作为重要资料珍藏，在存放摆架上也都下了很大功夫。而现在，由于世代交替，对这些资料的关心就变得淡薄，缺藏现象严重。有些图书馆将这些资料作为不用资料废弃的事情也不少。如《上都：蒙古多伦诺尔元代都址的调查》[Toa Koko GakuKwai or the East Asia Archaeological Society, *SHANG-TU: The Summer Capital of The Yüan Dynasty* (Tokyo: Zauho-Kankoukai, 1941)]、《蒙古高原-前篇-锡林郭勒乌兰察布地质、古生物、人类调查》[Toa Koko GakuKwai or the East Asia Archaeological Society, *The Mongolian Plareau* (Part 1) *Researches of The Natural History in Silin-Gol and Ulan-Chap Inner Mongolian* (Tokyo: Zauho-Kankoukai, 1943)]等珍贵资料都已丢失，而这些是研究元上都及蒙古高原自然历史的重要文献。

内蒙古地区相关图书馆，到目前为止没有编制出馆藏日文文献信息的目录，所以全面把握收藏状况比较困难。

内蒙古地区旧日文文献比较集中，尤其是有关蒙古的日文文献极其丰富，浩如烟海。这些文献形成背景复杂，这与近代内蒙古的历史有关。下面对此略做分析。近代内蒙古的历史不能撇开日本。20世纪前半期是蒙古地区空前动荡和急遽变化的时期，这一晚清以来的历史进程受外国影响是巨大的，边疆地区的许多问题均涉及中国与日本、俄国等国的双边或者多边关系。尤其在近代内蒙古地区，每一个重大历史事件的发生、发展过程都与日本人的干涉有关系。因此，日本的一些公私档案及其他文献材料中保存有大量有关蒙古历史事件的内容，此等内容是中国所没有的。20世纪前半期日本外交最大的对象是中国，现存的大多数档案文献都与中国有关。其中有关"满蒙"的档册占比最大。

"满洲国"2/3的领土建立在原来的蒙旗地面上。因此，起初关东军执意建立"满蒙国"。但是，事态演变非常迅速，从九一八事变急剧爆发至哈尔滨沦陷，不到半年伪满洲国就出笼了。后来，因未将蒙古中的"蒙"作为国名的一部分，伪满高层间矛盾激烈。即便这样，伪满方面仍承认蒙古人的"特别行政区"，专门设置"高度自治"机关。内蒙古西部地区的情况更加明确，"德王政权"或"蒙疆政权"都是在日本的扶持下建立的。经过"蒙古军政府"（1936）、"蒙古联盟自治政府"（1937）、"蒙古联合自治政府"（1939）、"蒙古自治邦"（1941）等名称的变化，最终基本上成为"独立"政权。

由于上述复杂的历史背景，要全面研究近现代蒙古史，必须注重利用当时的日文文献资料，否则会出现不合史实的判断。不言而喻，我们须下力气进行内蒙古日文历史文献调查发掘及其史料价值研究工作。而据我所知，国内至今没有关于这方面的研究成果面世。这对蒙古学领域来说是一大缺陷，而且与中国蒙古学国际学术地位也是不相称的。这些现状表明，文献研究必须进一步深入，应该把史料放在研究历史的最重要地位。正如著名史学家杨天石教授指出的，没有史料，就不会有历史学。深入研究日文文献史料，是近现代蒙古史研究进一步发展的重要基础。这一点每一位历史学家都是清楚的。

历史工作者的一个重要使命是抢救保存更多的珍贵资料。人类的历史和文化，除了民间存留的一些传统观念和风习外，主要靠在历史沧桑中存留下来的各种文献（记录知识的一切载体，包括纸本、音像、口碑等）和遗迹遗物（遗址和各种实物等）保存并传承。可以毫不夸张地说，如果没有这些文献和遗迹遗物，我们就丧失了记忆，就没有历史，就没有文化，就无法积累知识，更无法把握现在和面对未来。因此，重视并妥善保存文献和遗迹遗物，在任何时候都应是当地政府和整个社会关注并支持的重要社会事业，其意义之深远，无论怎样评价都不过分。对于内蒙古地区历史工作者来说，在编纂旗志（部族志）、认定蒙古文化遗产、民俗调查、保存文献和遗迹遗物方面应该发挥作用。近年来，我们深感所肩负的责任，每年7~9月，我们都会到农村牧区进行实地考察，每次都会发现各种历史和文化的传统在消失。例如，蒙古乳制品加工技艺、蒙医、藏医等内陆重要文化遗产都在逐渐丧失。

我们最近几年做了如下工作。

（1）整理并出版了一套大型文献汇编"内蒙古外文历史文献丛书"，由内蒙古大学出版社从2012年开始出版，目前已出16辑203册（详细书目请参阅本文附件）。预计明年内再出100册（卷）。关于"内蒙古外文历史文献丛书"的情况，将在下一节详述。

（2）编制《内蒙古地区馆藏满蒙文献资料联合目录》，本项工作已经启动，预计两年内完成。本辑网罗了呼和浩特四家图书馆的旧日文图书目录，分别为内蒙古自治区图书馆、内蒙古大学图书馆、内蒙古自治区社会科学院图书馆、内蒙古师范大学图书馆。

（3）"满洲国"时期蒙古文报纸《青旗》的整理出版。该计划已完成基本工作，将在明年全部转入出版程序。

（4）编制文献数据库。该计划由于资料数量庞大、涉及的语种多、体裁多样，在数据库格式的设计等技术方面遇到困难，目前尚没有进展。需要研制适合该课题的录入编制软件。

三 内蒙古外文文献：蒙古学研究中的一个重要层面

蒙古学是一门国际性研究学科，蒙古历史文献学是蒙古学的基础性学科，在蒙古学学科群中占有核心地位，离开历史文献就无从谈起蒙古学。蒙古学研究的进一步发展须靠相关史料的挖掘和整理。过去的中国蒙古学研究，由于条件所限，多利用国内现有汉文和蒙文史料，而对外文史料的利用甚少，所以以往的蒙古史研究，往往详于古代而略于近代。多年来，内蒙古学人没有认真地去收集整理此等外文文献。我们不但要认真收集研究各种有关蒙古学的文献史料，而且还要尽早将其公之于世，这样才能使蒙古学研究向世界化的方向迈进。目前，内蒙古自治区、相关省份以及蒙古国、俄罗斯、日本等国有关蒙古学的旧外文文献大量留存，亟待我们去收集研究，这应是研究突破的一个重要条件。

近代蒙古和古代蒙古的不同点之一就是外来势力影响较大。20世纪前半期是蒙古社会动荡和急遽变化的时期。清末以来的蒙古地区，历经清朝、中华民国，加之日、俄等势力介入蒙古问题，内外形势日趋复杂，使这段历史研究具有特殊的复杂性和难度。要查明有些重要历史事件的经过，只依据单一方面的文献资料是远远不够的，须重视利用域外各国所藏档案文献。这是近现代蒙古史研究进一步发展的重要基础。近代蒙古史研究的内容和性质决定了那些外文档案文献的独特价值。

相关外文文献的价值绝不仅仅在于蒙古近代史研究，而是涉及蒙古学研究的各个领域。研究蒙古学的人如果不注意那些外文资料，将是很大的遗憾。

内蒙古地区由于地理和民族的关系，历史上多牧野长歌，少诗书弦诵，自身的文献保存得相对较少，再加上近代战乱频仍，文献损失和流散严重。这种情况，更凸显了外国人的相关记述及研究成果的独到价值和作用。

从 13 世纪意大利传教士普兰·迦尔宾、法国传教士威廉·鲁不鲁克出使蒙古后撰写的著名游记以及之后的《马可波罗游记》起，西方对蒙古地区的记载逐渐增多，较著名的有俄国使者 N. 俾丘林的《文件资料》(1828)，18 世纪法国传教士张诚的日记和回忆录，古伯察的《鞑靼西藏支那旅行记》(1851)，英国传教士詹姆斯·吉尔摩的《在蒙古人中》(1883) 和《蒙古探险记》(1886)，约翰·赫德里的《黑暗蒙古游记》(1910)，俄国探险家 M. 普尔热瓦尔斯基的《蒙古和唐古特人地区》，俄国学者格·波塔宁的《唐古特、西藏与中央蒙古》，A. M. 波兹德涅耶夫的《蒙古及蒙古人》(1898)、《蒙古与中亚》(1905~1906) 和《蒙古与哈喇浩特》(1923)，B. K. 科兹洛夫的《蒙古与喀木》(1905~1906) 和《蒙古、安多和死城哈拉浩特》(1923)，英国 D. 莱斯顿伯爵的《从北京到锡金——穿越鄂尔多斯、戈壁滩和西藏之旅》(1908)，丹麦探险家亨宁·哈士伦的《蒙古的人和神》(1935) 等。也涌现出不少举世闻名的专家学者，如 A. C. 多桑、R. 格鲁塞、P. 伯希和、L. 韩百诗、I. 施密特、O. 科瓦列夫斯基、K. 戈拉通斯基、W. 巴托尔德、B. 弗拉吉米尔佐夫、N. 鲍培、E. 海涅什、W. 海西希、H. 福兰克、O. 拉铁摩尔、W. 柯立甫、H. 赛瑞斯、L. 李盖提、W. L. 科特维奇、G. J. 兰司铁、田清波、斯文·赫定等。这里，19 世纪中叶以来，俄国专家做的工作尤为突出。

沙俄的疆土从远东西伯利亚东进至太平洋，南下则觊觎内外蒙古、新疆和东北地区等清朝藩部地区。与沙俄势力南下扩张同步，在文化上形成"东方学"（包括蒙古学）研究，先后有大批旅行家、考察队、军官、情报人员等深入蒙古腹地进行调查，其中表现最为"抢眼"的是沙皇政府支持下的皇家地理学会。据不完全统计，在仅仅 40 年的时间里，竟有 50 多支俄国考察队来到蒙古地区、西北地区及青藏地区进行实地调查研究，撰写了各种著作，包括专论、考察报告、旅行记等，其篇幅厚重者竟多达数千页。

19 世纪末日本崛起，甲午战后占领朝鲜，日俄战后又夺得旅大，通过南满铁路渗入满蒙。出于不断扩张的需要，日方先后派出大量人员赴满蒙地区进行调查，编纂并出版了数量众多的调查报告、行记、踏查记录和研究专著，还创办相关刊物；侵占满洲和内蒙古大部后，更在"满洲国"和"蒙疆政府"的名义下进行了大量调查研究，编纂了众多官私著述，使日本成为海外对蒙古地区记载最为丰富的国家。在这方面，除个人行为外，表现突出的有满铁调查部、"满洲文化协会"、满铁资料课、"善邻协会"、"大同学院"、满洲事情案内所和伪满、蒙疆、满铁辖下的各有关机构。

日本方面的调查既有对某一地方的综合记述，也有关于资源、物产、气候、生态、商业、土地、交通、卫生、民俗、宗教、教育等各方面的专项记载，其覆盖面之广、观察之细密、数量之巨大，令人惊叹。以此为基础，相关的研究著述，也是成果丰硕。诸如关东都督府陆军部的《东部蒙古志草稿》、松本隽的《东蒙古真相》、柏原孝久和浜田纯一的《蒙古地志》、"善邻协会"的《蒙古大观》、河原操子的《蒙古土产》、鸟居龙藏的《东部蒙古的原始居民》、鸟居君子的《从土俗学上看蒙古》、后藤十三雄的《蒙古游牧社会》、藤冈启的《满蒙经济大观》以及满铁调查课的《满洲旧惯调查报告书》（蒙地卷）、伪满土地局的《关于旧蒙地》、伪满产业部的科尔沁各旗区调查报告书，另有伪满兴安局所属各省旗实态调查报告书、开放蒙地调查报告书、非开放蒙地调查报告书、各省概览、各旗情事、年鉴类等众多日文资料，颇为可观。

据《蒙古史研究图书目录（日文部分）》《东北地方文献联合目录》《辽宁省档案馆藏日文资料目录》《吉林省社会科学院满铁资料馆藏资料目录》《上海图书馆馆藏旧版日文文献总目》和国家图书馆、内蒙古大学图书馆、内蒙古自治区图书馆等各馆藏日文图书目录，以及在日本出版的《旧殖民地关系机关刊行物综合目录》等著录，有关内蒙古的旧版日文文献约有5000种，其中大部分是图书，还有不少是期刊、小册子和内部出版物。

这些文献著述作者的撰著动机或目的各异，有的是猎奇，有的出于研究爱好，有的干脆就是为其侵略和掠夺资源服务。但参加调查研究者都是各行专家，而且由于他们具有与当地人不同的文化知识背景和观察视角，以及对异国风土人情的强烈好奇心，并且大多掌握了测量、照相等技术手段和科学的田野调查方法，故其记载往往准确细密，保存了大量当地人司空见惯、熟视无睹、不屑记载的情景，其学术研究亦往往有真知灼见，客观上为蒙古地方保存了大量丰富的第一手资料和众多线索，成为日后历史学、民族学、社会学、经济学和相关自然科学研究方面不可或缺的宝贵财富。此等文献其实也是"国际蒙古学"研究中一个十分重要的层面。国内外学术界公认这些历史文献有独到的价值和其他资料无可比拟的突出优点。其中许多资料本身就是当时相关专业人员"学术性努力"的重要成果，对现今旗县修订方志、制定文化产业规划、建设文化大区等工作仍具有重要的借鉴意义。人们迫切期待出版利用这批珍贵的资料。

　　与国内发达地区相比，内蒙古自治区在搜集、整理和出版民族文献与地方文献方面始终处于落后地位，不仅已有的文献收藏颇为薄弱，更有大量缺藏文献分散于国内各地甚至国外。这些文献需要我们去追寻并复制，为相关部门和广大读者提供资料和参考，而且很有必要加以系统地研究整理、翻译和出版。为此，我们内蒙古大学内蒙古近现代史研究所、内蒙古自治区图书馆学会和内蒙古大学出版社携手合作，着手编辑并出版"内蒙古外文历史文献丛书"。所谓"历史文献"，并非专门记述历史的文献，而是指历史上形成的各类文献（不论其内容属于何种学科），其时间下限在1949年以前。本套丛书第一批出200册，以日文文献为主、其他外文文献为辅。为保存文献的基本面貌，以影印方式出版，因条件限制而变更开本或其他情形者，则另做编辑说明。丛书编排是按内容区分系列，并适当考虑了地域及时间因素。本套丛书编辑出版之难点，首先是文献的收集，其次是筛选、分类和编排。有些文献原书或已漫漶不清，或笔画残缺，有的甚至已模糊到难以辨认，但考虑到这批外文文献的珍稀性，也考虑到文献收集的完整性，我们仍收录并出版。我们希望丛书能得到有识之士及社会的支持与帮助，共同开创地方文献工作的新局面。

附件："内蒙古外文历史文献丛书"（日文部分）已出版书目

第一辑：民俗习惯系列（一），共10册

1. 北支蒙疆之住居
2. 蒙古实态之探

3. 满蒙之风俗习惯

4. 蒙古人之友

5. 蒙古风俗志

6. 蒙古及蒙古人

7. 蒙古文化地带

8. 满蒙诸习惯概要

9. 满蒙之民情、风俗、习惯

10. 从土俗学上看蒙古

第二辑：资源经济系列（一），共 11 册

1. 蒙古资源调查报告（外一种：内蒙古の农牧业）

2. 东部内外蒙古调查被告书

3. 呼伦贝尔地方之牧野植生调查报告

4. 甘珠尔庙会定期市（外二种：呼伦贝尔畜产事情、新巴尔虎左翼旗畜产调查报告）

5. 满苏国境额尔古纳河调查志（外二种：大兴安岭矿产资源调查报告、北部大兴安岭横断踏查报告书）

6. 额尔古纳左翼旗三河地方畜产事情调查报告（外二种：兴安北省三河地方に於ける畜产竝牧野事情、三河竝南部接续地区及牙克石地区ニ於ケル）

7. 兴安北省三河地方农村实态调查统计编（上下册）（外三种：三河地方ノ一部及根河以南铁道沿线间地方农业调查报告、兴安北分省三河地方及牙克石附近一般经济调查报告、三河露人农家の农业经营调查报告）

8. 海拉尔第十三班水产资源调查报告（外六种：满洲里札来诺尔及海拉尔ニ于ケル畜产调查书、畜产关系ヨリ见ケル市场经济ノ现状、海拉尔第十二班畜产调查报告、海拉尔第十三班畜产调查报告、海拉尔第十四班畜产调查报告、呼伦贝尔シニヘイ河上流地带森林调查报告书）

9. 兴安西省扎鲁特旗阿鲁科尔沁旗畜产调查报告（外四种：兴安岭东部方面一般经济调查，泰来县、札特旗兴安岭麓、龙江县农业调查报告，兴安西省经济事情，內蒙古の经济现状）

10. 包头附近之农村事情（外四种：包头に于ける皮毛店・皮庄、包头

にキける黑皮房、包头にキける绒毯业、包头の蔬菜园艺农业にキける灌溉)

11. 巴尔虎之经济概观

第三辑：资源经济系列（二），共9册

1. 蒙疆牧野调查报告（外一种：蒙疆牧野调查报告）

2. 蒙疆林业调查

3. 蒙疆土地改良调查

4. 蒙疆拓殖事情调查被告书

5. 蒙疆农产资源调查（外五种：蒙疆に于ける肥料资源に关すゐ调查、阴山山脉北部ニ于ケル农业事情、蒙疆北部蒙地ニ于ケル牧畜业、多伦及郭家屯地方农业调查事情、察哈尔省西乌珠穆沁旗畜产ニ关スル报告）

6. 农畜产品贸易调查报告（外二种：绥远省金融事情、归绥县一般经济事情）

7. 蒙疆农业经济论

8. 蒙疆之经济（外一种：蒙疆经济地理）

9. 蒙疆资源和经济（外一种：蒙古资源经济论）

第四辑：行纪系列（一），共9册

1. 满蒙探险记

2. 内外蒙古之横颜

3. 满蒙之再探

4. 热河探险记

5. 蒙古

6. 蒙古西伯利亚踏查记

7. 蒙古风土记

8. 趣味之满蒙风土记

9. 新蒙古风土记

第五辑：行纪系列（二），共9册

1. 从北京向莫斯古

2. 北支蒙疆战线

3. 蒙疆之沙漠路

4. 支那蒙古游记

5. 外蒙古横断记

6. 蒙疆漫笔

7. 蒙古高原横断记

8. 蒙疆之旅

9. 蒙古狩猎行

第六辑：行纪系列（三），共 12 册

1. 戈壁沙漠探险记

2. 蒙古之旅（上卷）

3. 蒙古之旅（下卷）

4. 内陆亚细亚踏查记

5. 内蒙古的一年

6. 蒙古横断

7. 戈壁沙漠探险行

8. 喇嘛之国

9. 满洲牧场记

10. 蒙古喇嘛庙记

11. 外蒙古赤色地带

12. 蒙疆

第七辑：综合系列（一），共 11 册

1. 蒙古地志（上卷一）

2. 蒙古地志（上卷二）

3. 蒙古地志（上卷三）

4. 蒙古地志（上卷四）

5. 蒙古地志（中卷一）

6. 蒙古地志（中卷二）

7. 蒙古地志（中卷三）

8. 蒙古地志（中卷四）

9. 蒙古地志（下卷一）

10. 蒙古地志（下卷二）

11. 蒙古地志（下卷三）

第八辑：综合系列（二），共 10 册

1. 蒙古地志

2. 东蒙古之真相

3. 东蒙古

4. 现代蒙古之真相

5. 满洲的蒙古族

6. 蒙古事情概要（外一种）

7. 蒙古要览

8. 蒙古大观（一）

9. 蒙古大观（二）

10. 蒙疆

第九辑：综合系列（三），共 9 册

1. 蒙古事情

2. 蒙古案内记

3. 蒙古读本

4. 西伯利亚的风土和异民族志

5. 满洲地志（上卷）

6. 满洲地志（中卷一）

7. 满洲地志（中卷二）

8. 满洲地志（下卷一）

9. 满洲地志（下卷二）

第十辑：综合系列（四），共 11 册

1. 满洲地志研究

2. 满蒙都邑全志（上卷一）

3. 满蒙都邑全志（上卷二）

4. 满蒙都邑全志（下卷一）

5. 满蒙都邑全志（下卷二）

6. 满洲国各县事情

7. 热河省县旗事情（一）

8. 热河省县旗事情（二）

9. 热河省县旗事情（三）

10. 热河（一）

11. 热河（二）

第十一辑：综合系列（五），共 25 册

1. 满蒙全书（第一卷一）

2. 满蒙全书（第一卷二）

3. 满蒙全书（第一卷三）

4. 满蒙全书（第一卷四）

5. 满蒙全书（第二卷一）

6. 满蒙全书（第二卷二）

7. 满蒙全书（第二卷三）

8. 满蒙全书（第二卷四）

9. 满蒙全书（第三卷一）

10. 满蒙全书（第三卷二）

11. 满蒙全书（第三卷三）

12. 满蒙全书（第三卷四）

13. 满蒙全书（第四卷一）

14. 满蒙全书（第四卷二）

15. 满蒙全书（第四卷三）

16. 满蒙全书（第五卷一）

17. 满蒙全书（第五卷二）

18. 满蒙全书（第五卷三）

19. 满蒙全书（第五卷四）

20. 满蒙全书（第六卷一）

21. 满蒙全书（第六卷二）

22. 满蒙全书（第六卷三）

23. 满蒙全书（第六卷四）

24. 满蒙全书（第七卷一）

25. 满蒙全书（第七卷二）

第十二辑：综合系列（六），共 11 册

1. 满蒙通览（上编一）
2. 满蒙通览（上编二）
3. 满蒙通览（上编三）
4. 满蒙通览（中编一）
5. 满蒙通览（中编二）
6. 满蒙通览（中编三）
7. 满蒙通览（中编四）
8. 满蒙通览（下编一）
9. 满蒙通览（下编二）
10. 满蒙通览（下编三）
11. 满蒙要览（下编四）

第十三辑：综合系列（七），共 11 册

1. 新兴的兴安省概观（外一种：兴安蒙古）
2. 政治的方面より見たる呼伦贝尔事情（外一种：南部呼伦贝尔调查报告书）（上下卷）
3. 额尔古纳左翼旗（三河地方）事情（外四种：兴安北分省三河地方调查报告、三河地方事情、三河事情、兴安北分省新巴尔虎右翼旗概观）
4. 兴安东省开发计划地带调查报告
5. 阿荣旗事情（外一种：莫力达瓦旗事情）
6. 兴安屯垦区事情（外一种：兴安南省概览）
7. 图什业图王旗事情（外一种：科尔沁左翼中旗第七区调查报告）
8. 兴安西省奈曼旗事情（外四种：扎鲁特旗事情、翁牛特左翼旗事情、奈曼旗事情、兴安西省奈曼旗事情）
9. 赤峰事情（外一种：赤峰事情）
10. 热河宁城县调查书
11. 满蒙调查复命书（第八）（外一种：满洲帝国地方事情）

第十四辑：综合系列（八），共 26 册

1. 满蒙民族志
2. 满蒙实情

3. 满蒙事情总览（一）

4. 满蒙事情总览（二）

5. 满蒙事情总览（三）

6. 满蒙帝国概览

7. 新撰满洲事情

8. 满洲现代史

9. 蒙古土产

10. 新版蒙古土产

11. 喀喇沁王妃和我

12. 东部蒙古志草稿（上卷一）

13. 东部蒙古志草稿（上卷二）

14. 东部蒙古志草稿（上卷三）

15. 东部蒙古志草稿（中卷一）

16. 东部蒙古志草稿（中卷二）

17. 东部蒙古志草稿（中卷三）

18. 东部蒙古志草稿（下卷一）

19. 东部蒙古志草稿（下卷二）

20. 东部蒙古志草稿（下卷三）

21. 东部蒙古志补修草稿（上编）

22. 东部蒙古志补修草稿（下编）

23. 西乌珠穆沁调查报告（外一种：多伦·贝子庙和大板庙会事情）

24. 巴彦塔拉盟要览

25. 吉黑两省蒙旗行政调查书

26. 滨江省郭尔罗斯后旗事情（上、下）

第十五辑：综合系列（九），共 11 册

1. 蒙古及满洲

2. 蒙古的人和神

3. 支那满洲风土记

4. 满蒙动向

5. 满洲事情案内所资料集成（一）

6. 满洲事情案内所资料集成（二）

7. 东亚的民族（一）

8. 东亚的民族（二）

9. 满洲国地方志（一）

10. 满洲国地方志（二）

11. 热河

第十六辑：历史系列（一），共18册

1. 蒙古及蒙古人（一）

2. 蒙古及蒙古人（二）

3. 蒙古及蒙古人（三）

4. 东亚先觉志士记传（上卷一）

5. 东亚先觉志士记传（上卷二）

6. 东亚先觉志士记传（上卷三）

7. 东亚先觉志士记传（中卷一）

8. 东亚先觉志士记传（中卷二）

9. 东亚先觉志士记传（中卷三）

10. 东亚先觉志士记传（下卷一）

11. 东亚先觉志士记传（下卷二）

12. 东亚先觉志士记传（下卷三）

13. 东亚先觉志士记传（下卷四）

14. 东部内蒙古开放通史

15. 满洲都城市沿革考

16. 物语满洲历史

17. 蒙古的民族和历史（一）

18. 蒙古的民族和历史（二）

编入本次书目的资料共203册，原件绝大多数系内蒙古自治区图书馆所藏文献。

论东北地区满语的文化走向

范立君[*]

东北地区是满族的发祥地，也是满语的故乡。满族入关前，满语的使用区域仅限于东北。入关后，随着清朝统治者奉满语为"国语"，满语成为清朝的官方语言，一度受到了推广与保护。但是，作为一种少数人使用的语言，在与汉语不断接触的过程中，满语逐渐衰微。到了清末，即使在东北这块清政府最为看重的"龙兴之地"，满语也被汉语取代。时至今日，满语已被联合国列为世界极度濒危语言，中国会说满语者已屈指可数，满语衰亡已成事实。在满族逐步放弃自己的语言而改说汉语的同时，满语的文化走向并没有消失，在今天东北文化中尚有许多满语文化遗存，满语文化已成为东北地域文化的重要组成部分。

一 东北地区满语兴盛与衰微

满文创制前，满族的先世女真人讲的是女真语，而书写的却是蒙古文，这种语言与文字的不统一，不仅不利于努尔哈赤统一大业的完成，还严重阻碍了女真社会经济的发展。基于此，努尔哈赤于万历二十七年（1599）命额尔德尼和噶盖仿照蒙古文字母，结合女真语音创制了无圈点满文，即"老满文"。老满文由于字母混乱、语音不清、语法不规范等缺陷，仅使用和推行了30余年。天聪六年（1632），皇太极为适应政治、经济、文化、

---

[*] 范立君，吉林师范大学历史文化学院教授。

军事等各方面的需要,命达海对老满文进行改良。达海在老满文的基础上酌情增加圈点,增加了字母数量,统一了满文字形,使满文进一步得到完善。改进后的满文被称为"新满文"或"有圈点满文"。满文的创制和推行,不仅加快了满族共同体的形成,促进了满族社会的发展,还扩大了满语的使用范围。天命六年(1621),努尔哈赤率满族进入辽沈地区,满语的使用范围进一步扩大,并成为辽东各族人民使用的主要语言。人口较少的汉族,也接受了统治者的语言,特别是汉人官吏如高鸿中即感叹,因其"不通金语(即满语——引者注),在别部尤可,而刑部时与贝勒大人计议是非曲直……一语不晓,真如木人一般,虚应其名,虽有若无"。[1] 可见,不通满语,根本无法参与政事。皇太极还十分注重提高满族的文化水平,命达海、刚林、苏开等翻译《资治通鉴》《素书》《六韬》《孟子》《三国志》等史籍为满文,使满文得到推广。皇太极称帝,改后金为大清后,满语成为清朝的官方语言。可以说,在满族入关前,东北地区的满语十分兴盛,满语文化不断向前发展,上至统治阶层,下至平民百姓,几乎人人都能讲满语。礼亲王昭梿《啸亭杂录》载:"国初,满大臣不解汉语,故每部置启心郎一员,以通晓国语之汉员为之。职正三品,每遇议事,座其中参预之。"[2]

入关后,满语由兴盛逐渐转向衰落。入关之初,东北满人大多"从龙入关",只留下少量八旗官兵驻守"龙兴之地",但由于满语在东北使用时间较长,根基牢固,加之这一时期东北汉人较少,满语的优势地位还是比较牢固的。清初,很多因文字狱获罪的汉族文人、官吏被流放到东北地区,在满人为主导的聚居区里,他们不得不接受满语以维持生计。《柳边纪略》载:"文人富则学为贾;贫而通满语则代人贾,所谓掌柜者也;贫而不通满语则为人师。师终岁之获,多者二三十金,少者十数金而已,掌柜可得三四十金。"[3] 但满语的这种优势地位并没有维持多久。随着关内移民的大量迁入,汉族人口大大超过了满族,满语逐渐失去了其使用环境,在与汉语碰撞、融合过程中,满语的主体地位逐渐被汉语取代。汉族移民

---

[1] 《天聪朝臣工奏议》,辽宁大学历史系,1980,第2页。
[2] 昭梿:《啸亭杂录》,中华书局,1980,第43页。
[3] 杨宾:《柳边纪略》,黑龙江人民出版社,1985,第58页。

的到来，不仅带来了关内先进的生产技术，还带来了自己的语言和文化，在长期的满汉杂居过程中，满族文化受到了强烈冲击，作为满族文化典型标志和重要载体的满语也不能幸免。面对先进的汉族文化，越来越多的满族人选择了接受。尽管清朝统治者为保持满族文化和固有习俗，在全国范围内推行"国语骑射"，并对东北实行长期封禁，但这些都无法阻止民族间经济文化的交流与融合。正如清代文人刘体智所言："清自满洲崛起，君临天下，悉主悉臣。鉴于前代之事，满人不求文学，惟重骑射。八旗兵分防各省，扼诸险要，画地而居，不与居民杂处，不与汉人联姻，备之未尝不周。然二百年间，满人悉归化于汉俗，数百万之众，尽为变相之汉人。并其文字语言，为立国之精神……满洲人乃自弃之。"① 由此可见，东北地区满语的衰落与大量汉人的移入息息相关。乾隆年间，东北封禁最严，满语也是从这时显现出衰微之势的。但严厉的封禁并没有阻止汉族移民进入东北的脚步，"到 18 世纪末，吉林城镇人口的百分之八十到九十是汉族，黑龙江也大概如此"。② 此后，随着封禁政策日渐松弛，满语的衰落也愈加明显。到清末完全解禁之时，东北地区的主导语言已由满语转变为汉语。

东三省中，辽宁开发较早，经济文化发达，是东北满族汉化最快、满语衰微最早的地区。乾隆年间，清朝统治者就已意识到，不仅关内满族汉化严重，就连满族发祥之地的满人也开始为汉族文化所染，满语开始生疏。乾隆十七年（1752），乾隆帝谕曰："今日吏部带领引见之盛京笔帖式永泰、五达二员，清语生疏，不能奏对。盛京为我朝根本之地，国语乃其素习，且永泰等，俱系考中翻译之员，尚然如此，其余想更无足观。"③ 其后，虽然乾隆帝多次谕令满人加强对"国语"的学习，但收效甚微。乾隆四十年（1775），吏部引见盛京兵部送到户部的笔帖式果尔敏，"除履历外，询以清语全然不能"。④ 到嘉庆时，满语使用情况已不容乐观，"东三省……清语即

---

① 刘体智：《异辞录》，中华书局，1988，第 232 页。
② 费正清、刘广京编《剑桥中国晚清史》，中国社会科学院历史研究所编译室译，中国社会科学出版社，1985，第 45 页。
③ 《清高宗实录》卷 428，乾隆十七年十二月丙申，中华书局，1986 年影印本，第 598 页。
④ 王树楠、吴廷燮、金毓黻：《奉天通志》卷 34，沈阳古旧书店，1983 年影印本，第 684 页。

如乡谈，原应不学而能，乃竟有不晓清语之人，想东三省似此者尚复不少"。① 光绪以后，辽宁的满语基本上被汉语取代，满人日常用语已转为汉语。据宣统《承德县志》载："此处虽为满洲故地，土人皆用汉语，微特民人无习满语者，即土著之满人亦如之，盖以客籍之寄居者日众，是以久而自化。"②

吉林省汉族移民迁入的时间较辽宁晚，满语在吉林衰微的时间也迟于辽宁。乾隆时期，关内移民开始进入吉林地区。嘉庆年间，汉人逐渐增多，部分满人已习得汉语。至道光年间，"近数十年流民渐多，屯居者已渐习为汉语"。③ 但一些满族聚居区仍在使用满语，特别是移民较少的地方，满语保存得较为完好。如吉林"以国语、骑射为先"，珲春"旧无丁民，亦无外来民户，皆熟国语"。④ 清末民初，在吉林省，满语最终也转为汉语。《吉林新志》描述了满语在吉林省的使用情况："乾嘉而后，汉人移居渐多，虽乡曲之满人，亦习汉语，今则操满语者已阒无其人矣。惟东北沿松花江下流及乌苏里江各地，未尽汉化之满族支裔，则间尚保存其固有之语言耳。"⑤

东三省中，黑龙江满语使用情况最好，满语衰微时间最晚。黑龙江与关内距离较远，生存环境恶劣，被认为是"苦寒之地"，汉族移民迁入时间较晚，人数较少，土著居民能较好地使用本民族语言。但到了光绪年间，满文也渐退出使用。"黑龙江省文书，向以满文通行……近年京都，于满文概不收阅，例行满文亦多发回，改行汉文。"⑥ 宣统年间，黑龙江满人大多已改用汉语，"今日之势已趋重汉文，能通习满、蒙文字者，盖亦寥寥不多见也"。⑦ 呼兰地区"满洲人能通清文者，不过百分之一，能操清语者，则千

---

① 王树楠、吴廷燮、金毓黻：《奉天通志》卷36，第724页。
② 都林布修、李巨源、徐守常纂，金元正增修，张子瀛、闻鹏龄增纂《宣统承德县志书》，《中国地方志集成·辽宁府县志辑》第1册，凤凰出版社，2006年影印本，第34页。
③ 萨英额：《吉林外纪》卷3，吉林文史出版社，1986，第35页。
④ 萨英额：《吉林外纪》卷8，第117页。
⑤ 刘爽：《吉林新志》，吉林文史出版社，1991，第180页。
⑥ 徐宗亮：《黑龙江述略》卷3，黑龙江人民出版社，1985，第42页。
⑦ 张国淦：《黑龙江志略》，黑龙江人民出版社，1989，第169页。

人中一二人而已"。①

综上,随着满族入主中原,东北地区的满语由兴盛逐渐走向衰微,满语的衰微经历了一个由南向北的过程:辽宁最早,吉林次之,黑龙江最晚。这个过程与移民的进程是一致的,也是汉语文化的影响由近及远,逐步北上的过程。②

二 东北文化中的满语文化遗存

满语的衰微经历了300多年的时间,时至今日,几乎听不到有人说满语了,满语已完全被汉语取代,但满语文化并未消亡。满语在东北地区的使用时间最长,满语文化对东北文化的影响也最深,至今在东北文化中仍然保留着十分丰富的满语文化遗存,只是我们习以为常,没有察觉而已。"常谈之语有以清汉兼用者,谈着不觉,听着不知,亦时习也。"③

(一)东北方言中的满语词

满族在长期生产生活中创造了大量富有地域特色的满语词,因其贴近生活、生动形象,至今仍有一部分活跃在东北方言中。东北方言中的满语词数量众多,种类繁多,以下仅列举名词、动词、形容词三大类,从中可见一斑。

1. 名词类

"萨其玛",汉意为糖缠,是满族的一种糕点。"满洲饽饽,以冰糖、奶油合白面为之,形如糯米,用不灰木烘炉烤熟,遂成方块,甜腻可食。"④

"黏饽饽",东北满族的传统美食。"饽饽"一词出自满语,春天吃"豆面饽饽",又称"豆面卷子";夏天吃"玻璃叶饽饽";秋冬时改吃"粘火勺""粘豆包";"苏子叶饽饽"又称"苏耗子",一年四季都可吃,⑤ 虽叫法不同,但其做法相似,体现出满族人爱吃黏食的特点。

---

① 黄维翰修宣统《呼兰府志》,台北:成文出版社,1974年影印本,第766页。
② 范立君:《近代关内移民与中国东北社会变迁(1860~1931)》,人民出版社,2007,第287页。
③ 奕赓:《佳梦轩丛著》,雷大受校点,北京古籍出版社,1994,第178页。
④ 商鸿逵、刘景宪、季永海、徐凯编著《清史满语辞典》,上海古籍出版社,1990,第168页。
⑤ 曲彦斌:《东北方言土语》,沈阳出版社,2004,第65页。

"靰鞡",满族人用野兽皮或家畜皮制作的一种具有传统民族特色的鞋。前平、后圆、口方,前脸有褶皱,并安有小耳以便于穿绳绑在腿上,冬天塞进"乌拉草",既舒适又暖和。清代东北地方文献多有记载,如《宁古塔纪略》载:"有草名'乌腊草'(即乌拉草——引者注),出近水处,细长温软。用以絮皮鞋内,虽行冰雪中,足不知冷。皮鞋名'乌腊'(即靰鞡——引者注)。土谚云:'宁古三样宝',指人参、貂皮、乌腊草也。"①

"哈什马",规范的满语应为"哈锡蚂","生于江边浅水处石子下者,上半身似蟹,下截似虾,长二、三寸,亦鲜美可食,名'哈什马'"。② 这里的"哈什马",应是小龙虾,而现在"哈什马"一词则指东北地区所产的林蛙。

"嘎拉哈",满语对猪、羊等动物腿上距骨的称呼,又发音为"噶什哈",是过去东北民间十分流行的一种传统游戏,现在仍有人会玩这种游戏。《柳边纪略》载:"童子相戏,多剔獐、狍、麇、鹿前腿前骨,以锡灌其窍,名噶什哈。或三或五,堆地上,击之中者,尽取所堆,不中者与堆者一枚。多者千,少者十百,各盛于囊,岁时闲暇,虽壮者亦为之。"③

2. 动词类

"秃鲁",满语意为"不履行诺言、说话不算数"。《奉天通志》载:"满语事不履行,约不践言曰秃鲁。"④ "恨得",满语意为"说""谈",东北方言中为"斥责、数落"之意;"勒勒",满语也是"说"的意思,指人说话过多或胡说八道,东北方言中常用作"瞎勒勒"一词;"稀罕",满语是合意的意思,俗语中为"喜欢或者指事物罕见"之意;"扎孤",满语本意为治病,《奉天通志》载:"俗谓治病为扎孤病,满语治也。"⑤

3. 形容词类

"邋遢",满语为迟、慢的意思,现在形容不利索、不整洁;"特勒",

---

① 吴桭臣:《宁古塔纪略》,黑龙江人民出版社,1985,第245页。
② 吴桭臣:《宁古塔纪略》,第237页。
③ 杨宾:《柳边纪略》,第114~115页。
④ 王树楠、吴廷燮、金毓黻:《奉天通志》卷100,沈阳古旧书店,1983年影印本,第2307页。
⑤ 王树楠、吴廷燮、金毓黻:《奉天通志》卷100,第2307页。

"衣履不整曰特勒",满语意为"凡绷皮张布之绷曰特勒";① "哈拉",指油、肉等油性较大的一类食品,经长期放置变质产生的一股难闻的气味;"喇忽",满语意为"遇事疏忽",② 与今义相近,指人做事马虎、粗心,东北方言中常用作"喇喇忽忽"。

以上所列,仅是东北方言中现存的部分满语词,从中不难看出,这些满语词生动形象、简洁明快、通俗易懂、富于节奏感,具有极强的语言魅力和感染力,对东北方言的形成、丰富和发展做出了积极贡献。

(二) 地名中的满语遗存

东三省现存的满语地名究竟有多少,向无统计,据学者估计,仅吉林省境内现在仍然沿用的与满语有关的地名——包括图籍载录和民间习用的,有三四百个。③ 这里试举几例,以求管中窥豹,略见一斑。

"吉林",吉林省松花江上游城市,满语"吉林乌拉"的简称。"吉林,沿江之谓;乌拉,大川之谓",吉林市即为沿江之市;④

"舒兰",今吉林省舒兰市。满语"舒兰",汉意为"果实"。《吉林地志》载:"满洲古地名。为省北台站之一。满语舒兰,果实也。境内四合川、霍伦河本属前清贡山,为采贡小山梨红、山栌之地";⑤

"宁古塔",今黑龙江省宁安市。满语"宁古塔(宁公特)",汉意为"六"。"宁古塔,国语数之六也,《开国方略》:'六祖各筑城分居,称宁古塔贝勒。'因以为名。又称以塔为名者,附会也";⑥

"依兰",今黑龙江省依兰县。满语为"依兰哈拉",汉语旧称"三姓"。《吉林外纪》载:"国语依兰,三;哈拉,姓也。乃努叶勒葛、依克勒、湖西哩三姓赫哲也。赫哲,俗称黑津,指黑水为名也";⑦

---

① 王树楠、吴廷燮、金毓黻:《奉天通志》卷100,第2307页。
② 王树楠、吴廷燮、金毓黻:《奉天通志》卷100,第2307页。
③ 丛佩远:《略论吉林省境内现存的满语地名》,《延边大学学报》1983年第3期,第38页。
④ 魏声和:《吉林地志》,吉林文史出版社,1986,第8页。
⑤ 魏声和:《吉林地志》,第12页。
⑥ 萨英额:《吉林外纪》卷2,第23页。
⑦ 萨英额:《吉林外纪》卷2,第23页。

"穆棱",今黑龙江省穆棱市。满语"穆棱",汉意为"马",即产马的地方或牧马场。"穆棱,满洲语本音作摩琳,马也(达罕马驹也)古为产马之区";①

"虎林",今黑龙江省虎林市,满语为"稀尔虎勒(希忽林)",汉语为"沙鸥",即沙鸥繁衍生息的地方,后又音变为"七虎林"。"七虎林河,满洲语本音作希忽林河。县治在河之左岸。"②

(三) 山脉、河流名字中的满语印记

东北地区三面环山,东、北、西方向依次为大兴安岭、小兴安岭、长白山脉、完达山脉等。区域内河流纵横,黑龙江、松花江、辽河、鸭绿江等奔流其间。白山黑水是满族的故乡,山脉、河流名字也必然会留下满语的印记。例如:

"长白山",满语"果勒敏珊延阿林"。"果勒敏"汉译为长,"珊延"汉译为白。《长白汇征录》记载了长白山名称的由来:"山上经年积雪,草木不生,望之皆白,故名长白山";③

"兴安岭",满语为"兴安阿林"或"兴艾阿林",汉意为盛产黄金的山脉,即"金山"。此外,还有另一种解释:"中国呼为兴安岭,'兴安'国语丘陵也,亦呼为石";④

"完达山",满语"完达阿林"。"完达","梯子"之意,"阿林","山"之谓。《吉林通志》载:"完达(与万达同,梯子也)山,三姓界,距吉林城东北二千三百五十里";⑤

"锡霍特山",满语"锡霍特阿林"。"锡霍特"汉译体形短小的野

---

① 魏声和:《吉林地志》,第24页。
② 魏声和:《吉林地志》,第22~23页。
③ 张凤台:《长白汇征录》,吉林文史出版社,1987,第53页。
④ 于鹏翔主编《清代东北边疆满语地名资料编目集成》第4卷,吉林文史出版社,2009,第1537页。
⑤ 长顺修、李桂林纂《吉林通志》上册,吉林文史出版社,1986,第352页。

生小动物之意，阿林汉译山之意，即水貂或水獭生息的山脉。①

"黑龙江"，满语为"萨哈连乌拉"。"萨哈连"汉意为"黑"，古称"黑水"。《黑龙江志稿》载："古黑水也，亦曰乌江……《元史》作撒合儿兀鲁，满洲语称萨哈连乌拉，俄罗斯人称阿穆尔"；②

"松花江"，满语称"松阿里乌拉"，汉意为"天河"。"松花江，一名混同江，满语为松嘎里乌喇，有数源，皆发长白山之北支。鸭绿江之北，有大小图拉库河，合而北流，又与和通集河会而西北流为其东源。其南源名额赫诺因河，与东源仅隔一岗，合三音诺因河而北流，与东源合始为松花江"；③

"图们江"，满语名为"土门色禽"。"图们江，即土门色禽，色禽者，即江源之义。为中韩及沿海州之界江。上游正源为大浪河。东与红丹河会流处，始名图们"；④

"呼兰河"，"满语'呼兰'，汉译'烟囱'之意。金代称'活剌浑河'，明代称'忽剌温河'，清代始称'呼兰河'。松花江左岸较大支流"。⑤

遗留在城镇、山脉、河流中的满语地名数量众多，是一笔宝贵的满族历史文化遗产，"其价值不仅在于满语濒临消逝的形势下，保存了丰富的满族历史语言资料，还因为它积淀、蕴藏的独特文化内涵而成为今天深入研究满族社会历史文化的'活化石'"。⑥

值得注意的是，东北方言、地名中遗存的满语词，有相当一部分并不是直接进入东北方言或地名中，而是在经历了长期的汉语音译或意译的演变后才成了现在的样子，在词音、词义、词形等方面均发生了较大变化。归纳起来，主要有三种情况：

一是直接音译的满语词。这类词虽然在读音上很容易分辨出是满语词，

---

① 杨锡春：《东北地名语源考》，黑龙江人民出版社，1998，第275页。
② 万福麟监修，张伯英总纂《黑龙江志稿》，黑龙江人民出版社，1992，第91页。
③ 刘建封：《长白山江岗志略》，吉林文史出版社，1987，第359页。
④ 刘建封：《长白山江岗志略》，第367页。
⑤ 杨锡春、林永刚、林泽伟编著《黑龙江省满语地名》，黑龙江朝鲜民族出版社，2008，第274页。
⑥ 黄锡惠：《满语地名与满族文化》，《满语研究》2000年第2期，第56页。

但很多词的词义已与最初语义大相径庭。如"邋遢"一词，虽然音没有发生变化，但早已不是"迟、慢"的意思，而是"不整洁"之意；地名"宁古塔"，往往被人误以为此处必是因有塔而得名，但这只是满语的音译，和塔毫无关系，原意为"六"。

二是直接意译的满语词。不管是从词音还是从字形上，都根本分辨不出这类词是满语还是汉语，还经常被误以为是汉语，但其源流却是满语。如"双城堡"，满语为"朱鲁活吞"，"朱鲁"汉译为"双"，"活吞"汉译为"城寨"，合在一起即为"双城寨"，亦即"双城堡"；"三家子屯"，满语为"依兰孛噶珊"，"依兰"，汉译为"三"，"孛"汉译为"包"，亦即"家"，"噶珊"，汉译为"屯"或"村"，"依兰孛噶珊"，即为"三家子屯"。①

三是音译加意译的满语词。东北地区山脉、河流的名字很多就是这种组合。如"完达山""锡霍特山""兴安岭"等，分别由音译的"完达""锡霍特""兴安"加意译的"山"构成；"松花江""牡丹江""鸭绿江""图们江""章京河"等，分别由音译的"松花""牡丹""鸭绿""图们""章京"加意译的"江""河"构成。

除以上三种情况外，遗留下来的满语词，还有其他多种变化。如出于方便使用的目的，许多满语词都被简化了，像"吉林乌拉"被简化成"吉林"，"乌拉"的词音与词义都没有了。"梅河"，满语全称为"阿把梅赫毕拉"，"阿把梅赫"汉译为"大蛇"，"毕拉"汉译为"河"，即形似大蛇的河流，现在则简称为"梅河"。②

由上观之，东北文化中的满语文化遗存，特别是东北方言、地名中的满语词，数量多，使用范围广，变化复杂。这些仍具活力的满语词，在长时期的演变过程中，不仅丰富了东北各族人民的日常交际用语，更孕育出了丰富多彩的东北地域文化。

三　满汉语言文化交流的思考

东北地区满语文化与汉语文化的相互交流，经历了漫长的历史过程。在

---

① 刘国石、刘金德：《东北地区汉语中的满语因素》，《东北史地》2009 年第 3 期，第 52 页。
② 杨锡春：《东北地名语源考》，第 124 页。

这个进程中，满语从兴盛走向衰微，最终被汉语同化。但文化的交流与融合从来都是双向的，因而影响也是相互的。同化虽是文化的融合，但"本质上不能等同于文化交流，相对对等、双向互动才是文化交流的本质，同化顶多算是文化交流的一种特殊形式"。① 我们承认汉语文化对满语文化的影响，但同时也应看到，满语文化对汉语文化的影响也是不可估量的。在满汉语言文化交流上，以下几点值得注意。

第一，满语的衰落是满语文化和汉语文化对等交流、相互融合的结果。在各民族长期交往中，既有民族文化间的同化，又有民族文化间的融合。同化与融合都是民族间相互交流、相互影响的结果，但两者是有差别的。民族文化间的同化主要是指各民族在相互交往过程中，落后民族全盘接受先进民族的文化，完全放弃了本民族的原有文化；民族文化间的融合则主要是指各民族文化在相互吸收、相互影响的基础上，融合在一起，形成一种新的文化。满语文化与汉语文化的交流属后一种情况。现如今，满语极度濒危，作为一种交际工具已不再被广泛使用，但并不能据此说满语文化已经消失。在过去三百多年里，满语经历了从兴盛到衰落的过程，虽然在这一过程中满语逐渐衰微，被汉语取代，但是满语文化并没有消失，而是与汉语文化相融合，并转化为东北地域文化的一部分。正如罗常培所说："语言的本身固然可以映射出历史的文化色彩，但遇到和外来文化接触时，它也可以吸收新的成分和旧的糅合在一块儿。"② 东北文化就是满汉文化融合的最好例证。如前所述，东北方言、地名中还留存有大量满语词，满语文化与汉语文化在相互吸收、相互融合过程中，共同构成了东北地域文化。

第二，在满汉文化相互碰撞、融合过程中，满语的衰落是历史的必然。语言是一个民族最重要的交际工具，作为民族文化的重要载体，语言也在不断发展完善，以适应不断发展变化的社会、经济、文化环境。作为一种民族语言，满语也经历了这一历史变迁。满族的入关、满汉经济文化交流的频繁，加速了满语的变迁。在关内，少数满族人进入了广大的汉族社会，而在关外，大量汉族移民进入了只有少数满族人的东北地区。满、汉两个民族在

---

① 池子华：《中国流民史·近代卷》，安徽人民出版社，2001，第139页。
② 罗常培：《语言与文化》，北京出版社，2004，第21页。

交往中，语言的不同成了交流的障碍，满、汉人民在寻求统一语言的过程中，满语的衰微就成了历史的必然。"在语言融合中，哪种语言能够成为胜利者，并不取决于使用这一语言的民族在政治上是否处于统治地位，而主要取决于该民族的经济、文化发展状况，人口的多少，以及语言本身丰富和完善的程度。"① 首先，虽然满族是以统治阶级身份入主中原，但是满族人口却远远少于汉族，使用人数较多的汉语当然比使用人数较少的满语占优势；其次，满语本身存在很多缺陷，不适应社会经济文化发展的需要，而汉语经过长时间的演变已较为完善；最后，当两种语言文化相互接触时，先进的语言文化对落后的语言文化的影响更大、更强烈。因此，满族逐渐放弃使用满语而转用汉语，就连其发祥之地东北，也顺应历史潮流转而使用汉语。清朝统治者曾想尽办法挽救"国语"的衰微，但历史的发展是不以人的主观意志为转移的。

  第三，抢救与保护濒危满语，传承满语文化迫在眉睫。满族语言文字不仅促成了满族共同体的形成，更为我们留下了丰富而宝贵的历史文献资料，见证了满族辉煌的历史与文化。这些满文资料涉及清代政治、经济、军事、文化等各个方面，是研究满族及清代历史文化的重要依据。除了留在文献中的满语，大量的满语文化精华已融入汉语文化之中，极大地丰富了汉语文化的内容，对我们的社会生活产生了重要影响。像"阿哥""格格""阿玛""额娘"等影视剧中常见的满语词语，早已为全国人民所熟知。一些遍及全国各地的满语地名，早已与当地人们的生活分不开了。

  目前，满族人口超千万，会说满语的却屈指可数，能应用满语的寥寥无几，满语几近失传，仅有黑龙江省部分满族村屯的老人还会说满语，但由于满族村屯内的日常用语已转为汉语，仅存的满语使用者对满语也已生疏，黑龙江省富裕县三家子满族村就是典型代表。20世纪60年代，三家子满族村满语使用情况较好，村内老人能较熟练地使用满语，中年人满汉语都会使用，年轻人的汉语水平要好于满语。但到2003年，在三家子村452名满族人中，已有304人完全不会说满语，占人口总数的67.25%；说得比较好

---

① 赵宏：《语言与文化——从语言的分化融合看文化及其发展》，《华中师范大学学报》1999年第1期，第114页。

的，即能用满语交流的，只有8人，仅占人口总数的1.76%，而且都是60岁以上的老人。少数中、青年因受父母讲满语的影响，能说出一些常用词和简单的句子。① 可见，满语已处于极度濒危状态，亟须抢救和保护。否则，终有一天满语会真的消失，成为只有在史籍中才能读到的历史了。虽然已有人开始投入满语的保护与传承工作中，并取得了一些成绩，但满语文化的保护与传承是一项系统工程，国家应出台政策，建立更有力、更完善的保护体系，加大经费投入，使保护与传承普及化、常态化和稳定化。满语的衰亡，在某种程度上意味着满族文化的断裂、民族特征的消失。因此，传承满族语言、弘扬满族文化，对尊重满族民族感情、增强民族认同感、维护民族团结、促进民族和谐具有十分重要的意义。

综上所述，满族入关后，东北地区满语由兴盛开始转向衰微。作为满语的发祥地，满语文化在东北社会中打下了很深的烙印，在与汉语文化相互融合过程中，以其顽强的生命力，成为东北地域文化的重要组成部分和满汉人民所共有的特色文化，并在东北方言、地名中大放异彩。这使满语原来以民族为主的文化特征转化为以地域为主的文化特征。这一文化迁移现象既是汉语文化异化的表征，也是满汉民族互相融合的历史见证。

---

① 戴庆厦主编《中国濒危语言个案研究》，民族出版社，2004，第541页。

中国东北地域城镇体系的形成及其特点

赵英兰[*]

自古以来，中国东北地广人稀，生态类型多样，物产资源丰富，具有很强的环境承载力，各民族人口在这里繁衍、生息、聚居、开发。自汉代以来，随着东北人口的增长，社会经济与文化的发展，行政建置与民族政权的建立与更迭，东北城镇历史悠久并呈多元化，汉代夫余时期的土城、山城，高句丽时期王城与军事城邑，渤海国时期的城镇群，辽金时期城镇规模日益繁荣，到元代则走向衰落。但是，由于长期军事征战的摧残、朝代更替毁城的浩劫，东北城镇文明比关内滞后，呈断裂状态，缺乏延续性；数量少、规模小，大多数城镇功能不完全。直至明清时期城镇兴起、发展，东北城镇体系才逐渐形成。

一 古老军事城镇兴起——从辽东城堡到边外七镇

清朝前期，是中国东北城镇初步兴起阶段，由于防务需要，其城多为军事目的而建，从城寨、城郭到城都，经历了明末清初辽东城堡的旋兴旋毁，再到清初因御俄而兴的"边外七镇"。

（一）城镇具有很强的军事性

明清之际，东北的城镇都具有明显的军事"营垒"性质。女真内部

---

[*] 赵英兰，吉林大学中国区域社会史研究中心教授。

"各踞城寨，小族亦自主屯堡，互相雄长，各臣其民，均有城郭"，① 可见明末为了"互相雄长"，就有了"城寨""屯堡""城郭"，各类城镇基本在女真内部部族之战和明清之战中建起。从城镇建筑和城镇住民方面就可以看出这些城镇皆为典型的军事营垒。佛阿拉城，"内城中，亲近族类居之；外城中，诸将及族党居之；外城外居住者，皆军人云"，而且"内城中，胡家百余；外城中，胡家才三百余；外城外四面，胡家四百余"。② 到赫图阿拉时，程开祜的《筹辽硕画·东夷考》记载："内城居其亲戚，外城居其精悍卒伍，内外见居人家约二万余户。"③ 盛京城定都时，根据《沈故》记述，清初盛京城"设马兵一万三千余名，步兵一千五百七十名，水师五百四十名"。④ 从城镇的建筑和形制看，多为方整、封闭、单核形制、规模不大的城堡，高墙嵌套围筑。如东京城位于辽阳城东五里太子河北岸，建于一面临河、两面依山的丘陵之上。该城"地形逼仄，城内山势隆起，自外可以仰攻，无险可守"，⑤城墙内填夯土，底部石砌。夯土中央有碎石、废旧石碾、石磨、碑碣等，表皮砌青砖。此城共辟八门，且已有瓮城券洞，城上有固定的敌楼，且引太子河水作为护城河（见图1）。关于盛京城，据康熙二十三年《盛京通志》记载："天聪五年，因旧城增拓其治，内外砖石高三丈五尺，阔三丈八尺，女墙七尺五寸，周围九里三十二步。四面垛口六百五十一，敌楼八座，角楼四座（见图2）。"

这些因军事而兴起的城堡，在战争中，大多数被摧毁或被破坏。据时人所见："辽左各城倾圮殊甚，居人多发其甓以筑私室。"⑥ 如《鞑靼旅行记》描述道当时在辽东一带到处："残垣断壁，一片废墟""战前，很多城镇和村庄的遗迹，现在已经荡然无存。"又如，明清之战后松山

---

① 福格：《听雨丛谈》卷1，中华书局，1997，第2页。
② 申忠一：《建州纪程图纪》，辽宁大学历史系内部本，1978，第14页。
③ 《东夷努尔哈赤考》，程开祜辑《筹辽硕画》（一），上海商务印书馆，明万历刻本1937年影印本，第2页，收入《国立北平国书馆善本书》第一集，1946。
④ 杨同桂：《沈故》卷1《辽海丛书》（一），辽海书社，1931～1934，第10页。
⑤ 裴焕星等修《辽阳县志》卷1《建置沿革》，1928年铅印本，第7页。
⑥ 王一元：《辽左见闻录注释》，靳恩全点校注释，《铁岭文史资料》第20辑，2007，第12页。

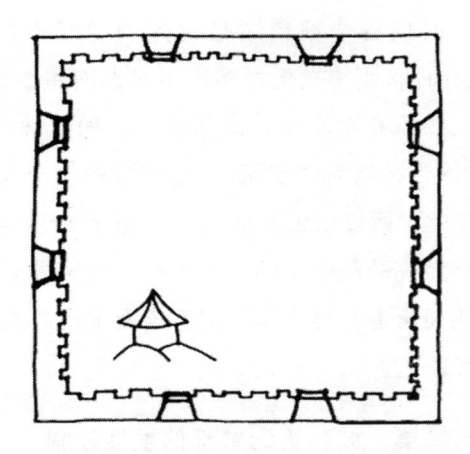

图 1　东京城（康熙二十年绘图）

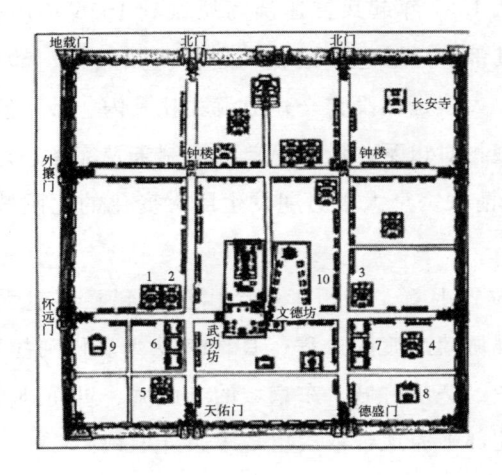

图 2　皇太极时期的盛京城和故宫

资料来源：根据《盛京城阙》绘制而成。

城"城堞尽毁"；间阳驿"今则驿舍荒凉，居民鲜少"；广宁府"城南庐舍略存，城北皆瓦砾"；① 抚顺"旧堡败垒，蓁莽中居人十余家，与鬼伥为邻，惟一古刹塑像狰狞，未经焚毁，炉香厨火，亦甚荒凉，过之黯惨"。②

---

① 高士奇：《扈从东巡日录》卷上，《辽海丛书》（一），辽海书社，1931~1934，第8~10页。
② 高士奇：《扈从东巡日录》卷下，《辽海丛书》（一），第1页。

显而易见，这一时期各个城镇还是发挥着"军事营垒"的作用，有"城"无"市"，城镇的商业、文化之功用不足，而军事之功效有余。到后来边外七镇更是建立在原有军事驿站的基础上。如吉林乌拉城（今吉林省吉林市），史籍里常称吉林城为"船厂"，是因清顺治十八年（1661）"昂邦章京萨儿呆代造船于此，所以征俄罗斯也"。① 齐齐哈尔屯原为土著居民点，康熙二十三（1684）雅克萨战争期间，曾于此"设火器营参领暂守"。宁古塔新城内"东南西北通衢道，自主帅、副都统而下，八旗佐（领），以至军伍、工匠，各分地有差"。②

（二）经历了从城寨、城郭再到城都的发展过程

努尔哈赤在从1587年起兵首建佛阿拉城到1626年病逝的39年间，曾六建其城，五迁其都。建城速度之快，迁都次数之频，都是历史上少有的。由于战争的影响，大多是还没完全建成就驻扎其内，或干脆半途而废又另觅新城。因此，建城相对粗陋，设置简单，城制未及完备，严格意义上只能算是"城堡"。直到清太宗皇太极时期发生巨大变化的沈阳城，才初具真正意义上城镇的雏形。

（1）从城镇位置上看，经历了一个由山城到平原建立城镇的过程，即由原始城郭向正规城镇过渡的过程，具体表现为从佛阿拉城、赫图阿拉城、界凡城的山城，中经萨尔浒城、东京城的半山城，进而到盛京的平地城。至康熙年间，东北北部平原地带依次出现了边外七镇。

佛阿拉城，即建州老营的呼兰哈达（hulanhada）城，位于今辽宁省新宾县永陵镇东南二道河子大队南山上。"赫图阿拉"本身汉译为"横岗"，即平顶的山冈。而事实上，它就建在横岗之上，位于今新宾满族自治县永陵镇苏子河南岸，依山而建。在今抚顺与新宾交界之铁背山上修筑界凡城，萨尔浒山位于今辽宁抚顺东浑河南岸，为努尔哈赤破明军处。努尔哈赤战胜后在山下筑城，名萨尔浒城。在千山山脉附近又修建东京城、辽阳新城，再到辽河平原的盛京城。

---

① 杨宾：《柳边纪略》卷1，《辽海丛书》（一），第7页。
② 张缙彦：《宁古塔山水记·域外集》，黑龙江人民出版社，1984，第10页。

(2) 从城墙的结构看,是由土城、夯土布椽城、土石城进而到砖石城。佛阿拉城,其规模据当时朝鲜使者申忠一亲眼所见:"外城先以石筑,上数三尺许,次布椽木;又以石筑,上数三尺,又布椽木,如是而终,高可十余尺。内外皆以粘泥涂之,无雉堞、射台、隔台、壕子。""外城门以木板为之,又无锁钥,门闭后,以木横张,如我国将军木之制。上设敌楼,盖之以草。内城门与外城同,而无门楼。""内城之筑,亦同外城,而有雉堞与隔台。自东门过南门至西门,城上设候望板屋,而无上盖,设梯上下。""外城下底,广可四、五尺,上可一、二尺;内城下底,广可七、八尺,上广同。"① 后来的赫图阿拉城是土石混合结构,"城高七丈,杂筑土石,或用木植横筑之城上,环置射箭穴窦,状若女墙,门皆用木板"。② 界凡城是"凿石于山,采木于林,长路转运"。③ 可见该城是木石混合结构。而辽阳和盛京城已经是砖城。

佛阿拉直至界凡、萨尔浒时期,都城简陋,到赫图阿拉城时期已经具备宗教和文化设施,譬如城内有昭公祠、城隍庙、关帝庙、魁星楼等建筑。"乙卯(1613年)夏四月丁丑朔,始建佛寺及玉皇诸庙于城东之阜,凡七大庙三年乃成",其中包括地藏寺、咸佑宫等,明显看出是受内地汉族的影响。到定都盛京时,城池规模更大,设施更完备,如后金的六部三院、祭天祈年的天坛和地坛、风雨坛、堂子等。宗教建筑除前代原有的寺庙外,尚建有实胜寺以及府库、衙门、店肆、馆铺等,应有尽有,十分繁华,与内地诸城无异,特别是天聪以后取消奴隶制的编庄,代之以计丁授田,分别划定汉、满两族居住区。这反映了满族由偏僻的辽东山隅向肥沃的辽河平原迁移并逐步发展壮大的过程,也反映出吸收关内汉族建筑文化是一个循序渐进的过程。

综上所述,满族崛起后,在东北兴建了不少城镇,在女真部族纷争以及明清之战的攻防中,旋兴旋毁一些"营垒"城镇,这又无疑给明末清初东北城镇的发展带来一定的曲折。清入关后,忙于稳固政权,无暇顾及东北的开发,东北城镇的恢复和发展呈缓慢态势。清朝前期,具有都市形态的有沈

---

① 徐恒晋校《建州纪程图记校注》,辽宁大学历史系内部本,1979,第14~17页。
② 《东夷努尔哈赤考》,(明)程开祜辑《筹辽硕画》(一),第2页。
③ 《清太祖实录》卷7,天命六年闰二月癸酉朔,中华书局,1986年影印本,第100页。

阳、辽阳、海城三座城镇,盖州、凤凰城、锦州等则没落成仅有数百人的聚落。之后在康乾时期边外七镇兴起,以此为起点,从南到北逐步发展,构建了东北完整的传统城镇体系。

二 传统城镇的发展——城镇功能与中心城镇的位移

清代中前期,关内移民流入东北的同时,一部分移民流入城镇,人口的增加,促进了东北城镇的恢复与发展。宁古塔将军所辖的稽林乌喇、宁古塔、新城、伊兰哈喇,黑龙江将军所辖的卜魁、墨尔根、艾浑,①形成了著名的边外七镇,从而促进了松嫩流域经济、政治、文化等方面的发展。

一方面,城镇由单一军事功能向政治、经济功能的转变,完成了由"城"到"市"的发展。边外七镇的兴起除具有极强的军事功能外,还有着重要的政治意义,"各该城垣,虽不逮内地之坚固完备,仅昇土堆筑,四周绕以木墙而已。然自数城告成,而吉黑两省之边围始固"。②《尼布楚条约》签订之后,东北北部处于相当长的稳定时期。土地得到开发,移民大量涌入,边疆贸易也得到发展,客观上促进了城镇经济的发展,如吉林城建于康熙十二年(1673),后经乾隆七年(1742)、同治六年(1867)、光绪九年(1883)等多次改建、扩建,不再仅仅是具有单一军事功能的"船厂",随着康熙十五年(1676)宁古塔将军移署吉林城,后为吉林将军衙门、吉林省公署驻地,也就相应地成为政治中心。城内"中土流人千余家。西关百货凑集,旗亭戏馆,无一不有,亦边外一都会也"。③宁古塔城是清初东北边疆著名的军事重镇。清顺治十年(1653)于宁古塔设立副都统,康熙初改设宁古塔将军,成为政治中心。顺治初年,宁古塔"木城颇小,城内外仅三百家"。④而到顺治末年康熙初年,宁古塔

---

① 方式济:《龙沙纪略》,《小方壶斋舆地丛钞》第一帙第六册,光绪十七年(1891)上海著易堂排印本,第370页。
② 东省铁路经济调查局编《北满与东省铁路》,1927,第5页。
③ 杨宾:《柳边纪略》卷1,第6页。
④ 吴晗辑《朝鲜李朝实录中的中国史料(九)》下编,卷一,李朝孝宗实录,孝宗六年四月丁丑,中华书局,1980,第3843页。《柳边纪略》亦云:"合计不过三四百家。"

"城高地深，人民繁庶，畜产遍野，耕农之地，在城外十里"。① 后汉人徙入城中，"从此人烟稠密，货物客商络绎不绝，居然有华夏风景"。② 至康熙末年，宁古塔城中经商者36家，"在西关者四，土著，皆市布帛杂货"，③ "宁古塔地，方五万里，人户二十余万"。④ 康熙十五年（1676），移宁古塔将军于吉林乌拉，副都统移驻宁古塔。宁古塔遂丧失了作为将军辖区的政治、军事中心的地位，仅仅成为牡丹江流域的中心城镇。"凡崔峰、乌苏里、三姓、红旗街、黑龙江新城，各处所之人参、东珠、貂皮、元狐、一切箭杆、弓料之物，每岁秋冬皆货于此。江南各省之人亦万里而来，乃一小都会也。"⑤ 宁古塔的城镇经济仍然有所发展。康熙十六年（1677）以后，宁古塔"商贩大集，南方珍货，十备六七，街肆充溢，车骑照耀，绝非昔年陋劣光景。流人之善贾者，皆贩鬻参貂，累金千百，或有至数千者"。⑥ 康熙三十八年（1699），由于"墨尔根地瘠，不可容众"，⑦ 黑龙江将军衙门移置于齐齐哈尔，从此齐齐哈尔成为黑龙江地区的政治、经济、军事中心。"纳貂之期，各部大会于齐齐哈尔城，卓帐荒部，皮张山积，商贾趋之如鹜。"⑧ 显然齐齐哈尔政治地位的上升，也促使其城镇功能空间范围的扩展，成为北方各族贸易交换的经济中心。

这时期，辽河流域的一些传统城镇也得到了恢复和发展，城镇功能也发生了较大的转换，城镇商业繁荣起来。仅以这一时期朝鲜使者途经中国东北时的所见所闻为例，朝鲜使者李德懋在《入燕记》中记载：乾隆四十三年（1778），旧辽东城"左右市肆栉比鳞次，恍惚玲珑，无物不有，老少森立，拱手而观，人皆秀俊，直亘五里"，"盛京、山海关、通州、皇城诸处繁华壮丽，愈往愈胜"。当时沈阳的街市"毂击肩摩，热闹如海。市廛夹道，彩

---

① 安鼎福：《星湖僿说类选》卷9，朝鲜古书刊行会，1915年。
② 吴桭臣：《宁古塔纪略》，第344页。
③ 杨宾：《柳边纪略》卷3，第10页。
④ 王崇实等选编《朝鲜文献中的中国东北史料》，《长白丛书》四集，吉林文史出版社，1991，第401页。
⑤ 冯一鹏：《塞外杂识》，《丛书集成初编》，上海商务印书馆，1935～1937，第12页。
⑥ 吴兆骞：《秋笳集》卷8《杂著》，商务印书馆，1941，第142页。
⑦ 方式济：《龙沙纪略》，第370页。
⑧ 徐宗亮：《黑龙江述略》卷4《贡赋》，光绪十五年浙江刻本，第2页。

阁雕窗，金扁碧榜，货宝财贿充牣其中"。①

　　这时，东北城镇中的"商贾、工匠、佣工及仆从等渐渐会集。中国式之街道，亦渐次兴筑"。② 由于商业、手工业主要服务于军事和政治，城镇发展缓慢。

　　咸丰十一年（1861）前的东北城镇变迁，主要反映为东北三个区域中心城镇位置的变换与位移过程，即盛京、吉林与齐齐哈尔分别取代辽阳、宁古塔与瑷珲、墨尔根成为各自区域的中心城镇。盛京将军、吉林将军、黑龙江将军所在的中心城镇的职能仍以军事驻防为主，是一种军政合一的统治体制，缺乏相应的经济活动，但这毕竟是带动东北整个区域、全面建立城镇体系的开始。上述城镇地位的三次转移均发生在18世纪。此后的近200年时间里，由于清廷实行封禁政策，东北地区土地荒芜，人烟稀少，城镇发展相对滞缓。咸丰十一年以后，由于铁路的修建和沿海城镇的开埠，国际国内形势发生了巨大变化，对东北城镇的发展起到刺激作用，随着城镇功能的转变和中心城镇地位的转移，东北的城镇体系也相应地发生了变化，进入一个新的发展高峰期。

　　总之，这段时期，中国东北地区虽然全面封禁，但城镇还是在缓慢中得以发展。

三　东北城镇体系的形成——辽河流域和中东铁路城镇带的格局

　　随着"闯关东"移民潮的到来，东北人口激增，城镇也开始得到发展。这一时期东北城镇体系的变迁主要表现为出现了因海、河而兴的辽河流域城镇带和因路而兴的中东铁路城镇带，这改变了原有驿站交通城镇格局，使城镇分布趋于平衡、合理。

---

①　朴趾源：《热河日记》卷1《盛京杂识》，上海书店出版社，1997，第37页。
②　朱偰：《满洲移民的历史和现状》，《东方杂志》第25卷第12号，1928年，第14页。

（一）19世纪60年代后因海、河而兴的辽河流域城镇带

1861年营口开港，东北封闭状态被打破，辽河航运业兴盛起来，在辽河沿线依托河运码头和营口的开放兴起了30多个城镇，形成了沿辽河发展的带状城镇群体（见图3）。

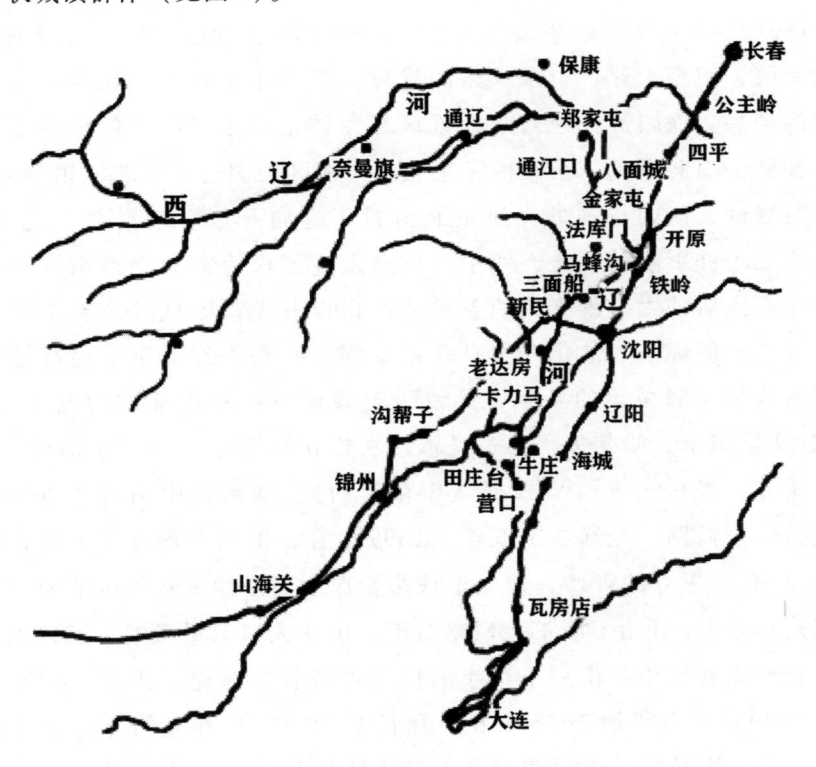

图3　19世纪下半叶辽河流域城镇分布

资料来源：邹艳丽：《东北地区城市空间形态研究》，中国建筑工业出版社，2006，第79页。

1861年营口开港，随着辽河航运业的兴盛，营口沿辽河南岸向东西延伸，形成"东西长10公里、南北2.5公里"宽窄不一的街道格局。1867年修筑了"长5公里，设9门"的土围墙，标志着营口城镇产生。至19世纪末，营口逐渐发展为东北最大的口岸城镇，是全国六大港口之一，一时成为东北的经济中心。

依托传统老城沈阳和新兴城市营口，东北地区沿河沿海的新城镇成为新

的经济增长中心,典型的还有因开通马蓬沟、辽河与营口河运而兴的铁岭,作为辽河上游的水陆转运点的通江子(今昌图县西南)、下辽河西岸豆麦转运中心新民和辽河中游粮食集散地三面船(今法库县南)。

(二) 19 世纪 90 年代后因路而兴的中东铁路城镇带

1898 年 6 月 9 日中东铁路开工,以哈尔滨为中心,西至满洲里,东至绥芬河,南至大连。中东铁路的修建又带动了哈尔滨、长春、大连等城市的勃兴。铁路的修建对东北地区城镇体系产生了巨大的影响。"T"字形铁路,南北纵贯、东西横穿东北广大地区,沟通了东北城镇与乡村、沿海与腹地、国内与国外,使东北由封闭走向开放。运量大、成本低、不受天气条件影响的优势,使中东铁路发挥了作为东北交通第一大动脉的作用。人口的大量聚集,使各种物产得以开发,区域经济有了长足发展,与外界的经济、文化、贸易联系加强。铁路干线促进了沿线地区新城镇的成长、旧城镇的新生,导致传统城镇形态和内部结构发生变化。直到 19 世纪末,哈尔滨仍不过是依偎在松花江南岸的一个小渔村,"本一片荒凉,渔村三五"。① 根据《中俄密约》,沙俄在中国东北境内修筑并经营中东铁路。光绪二十五年(1899)春,俄国工程技术人员在松花江南岸 10 公里外的香坊,建立了铁路管理总局。沙俄利用所谓的"中东铁路附属地",开始不断扩大侵略范围,由此人口数量激增,城镇发展迅速。长春是在清中叶由一个很小的居民点长春堡演化而来的。在嘉庆四年(1799)时有耕地 265648 亩、居民 2330 户。② 到光绪年间聂士成东游时,"至长春厅,俗呼宽城子,粮食货物所聚也。沿途地平,极易开垦。惜人稀力薄,荒芜仍多……民居村镇相距三四十里……"③ 当俄国修筑中东铁路通过长春时,长春城的地位和交通区位均大大改善,城镇形态结构也发生了巨大变化。"长春设治之初,丁口不满七千。百余年来,生息休养,几增至六十万。以嘉庆十六年编定六万一千七百五十五丁口

---

① 《哈尔滨四十年回顾史》,《滨江日报》1939 年 1 月 5 日。
② 长顺等修、李桂林等纂《吉林通志》卷 29《食货志二·田赋上》,清光绪十七年刻本,第 11 页。
③ 聂士成:《东游纪程》,《近代稗海》第 1 辑,四川人民出版社,1985,第 130 页。

之数比例，以求民户激增之速，乃至六十倍矣。劳本蕃衍，于斯为盛。"① 此时，一些老城镇也获得了新的发展，如四平街（今四平市），其原本是昌图县境内的一个县镇，商贾颇繁，"自南满铁路告成，商贾多徙奉化县之五站"。②

中东铁路开通后，铁的路沿线站点因成为商品市场、原料产地和投资场所而迅速地发展成一个个具有一定辐射力的中心，也给传统城镇注入了近代的活力。如哈尔滨、齐齐哈尔、昂昂溪、墨尔根、漠河、满洲里等区域城镇（见图4）就带动了整个地区经济的繁荣。

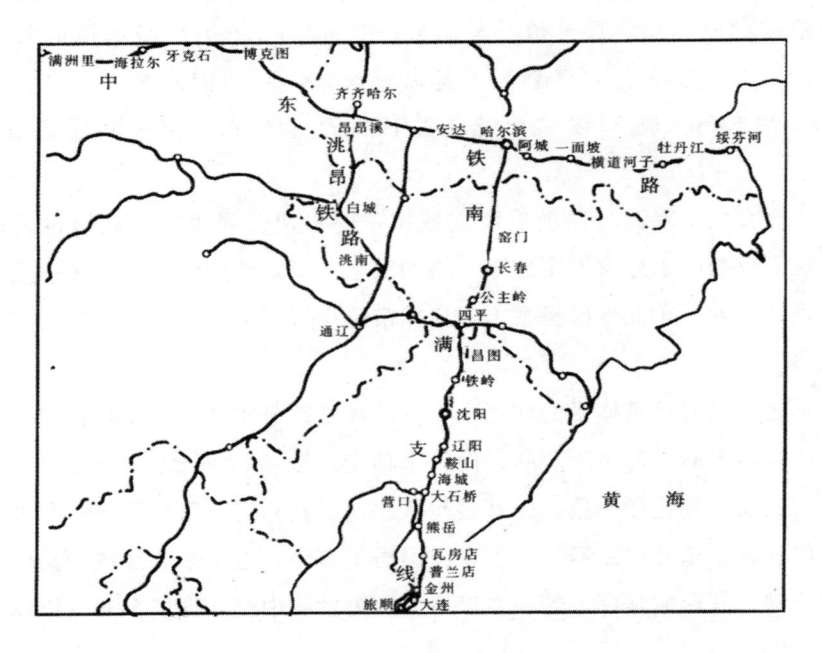

图4 中东铁路城镇分布

资料来源：曲晓范：《近代东北城市的历史变迁》，东北师范大学出版社，2001，第61页。

这两大城镇带的兴起和发展，大大改变了清代中前期东北原有的驿路交通城镇带，如港口城镇营口、旅顺、大连，铁路沿线城镇哈尔滨、

---

① 张书翰等修、金毓绂等纂《长春县志》卷3《食货志·户口》，1941年铅印本，第1页。
② 程道元修、续文金纂《昌图县志》第二编，台北：成文出版社，1974年影印本，第69页。

长春的迅速崛起，成为新的宏观区域中心城镇，并以此为先机，带动原有城镇地带的发展，从而改变了东北区域开发的时序、水平、组织和结构。这使第一级城镇（省会城镇）盛京、吉林、齐齐哈尔三城让位于沈阳、长春和哈尔滨。由于中东铁路的开通，长春、哈尔滨等原二级城镇跨入一级城镇的行列；而辽阳、宁古塔等原府、州二级城镇下降为第三级县级城镇。东北人口的集聚，促进了州县制的发展，如19世纪七八十年代，奉天新设厅、州、县9个，厅、州、县总数达到30个；吉林新设厅、州、县9个，总数达到15个；黑龙江新设绥化厅、呼兰厅。东北地区的府、州、厅、道、县总数已达47个，[1] 第三级城镇的数量大大增加。东北改变行政区划后，县城增至58座。1913年，辽宁省下辖62县，吉林省下辖38县，黑龙江省下辖21县，东北地区共计县城121座。[2]

简而言之，晚清时期随着两大城镇带的形成，周边较小城镇也迅速崛起，这不仅减少了原有城镇分布不均的现象，而且使城镇体系逐步形成并趋向合理。至此，东北地区呈现出近代城市快速兴起、传统城镇蓬勃发展的良好态势。

总之，东北城镇体系的变迁，无论是在城镇分布方面，还是在城镇等级和城镇功能方面，都是剧烈的，而且这种变迁同晚清东北地区政治、经济、军事、交通的变化相一致，尤其是与东北地区铁路交通网络的建立有着密不可分的联系。东北铁路网络密度在全国居于首位，这是东北区域城镇体系建立的基础，其影响是深远的，在以后的历史发展中也验证了东北城镇体系的活力与生命力。

四　东北城镇发展的历史特征

东北地处边疆、交通不便、战争连年，同时东北少数民族居民大多以渔猎、游牧为生，居无定所，独特的社会环境使东北城镇起步晚、发展慢、规

---

[1] 吴晓松：《近代东北城市建设史》，中山大学出版社，1999，第42页。
[2] 李鸿文、张本政主编《东北大事记1840~1949》上卷，吉林文史出版社，1987，第432页。

模小，随着汉族移民涌入，东北城镇发展速度逐渐加快。从总体上看，东北城镇呈现出以下特点。

第一，东北城镇化总体水平较低。清统一全国后，东北的城镇逐步形成规模。至道光三十年（1850），其主要城镇有奉天（今沈阳）、金州、辽阳、海城、锦州、兴京（今辽宁新宾）、三姓（今依兰）、瑷珲、卜奎（今齐齐哈尔）、吉林乌拉（今吉林）、海拉尔、呼玛、复州、牛庄、盖平、铁岭、开原、昌图、凤凰城、新民、千金寨（今抚顺）、本溪、伯都讷（今松原）、珲春、阿勒楚喀（今阿城）、双城堡、呼兰、拉林、舒兰等，在200年时间内大约已有50个城镇，① 东北属于城镇发展低度增长地区。据美国施坚雅教授估算，道光二十三年（1843）华北地区的城镇总数约为416个，城镇人口占人口总数的4.2%。城镇人口比例最高的地区为长江下游地区，约为7.4%。城镇人口比例较低的为云贵地区，约为4%，其城镇总数为52个。② 从中可以看出，与全国城镇发展相比较，东北城镇发展滞后，与云贵地区接近。

第二，城镇发展时间与空间具有间歇性。清代东北城镇，因受历史条件限制，发展比较曲折，经历了大起大落的几个阶段：后金时期，为对抗明军、招抚和掳掠大量人口，出现了具有军事据点性质的城镇，但很快由于明清战争的破坏和清初入关人口的外流，清初东北城镇人口极为萧条；又由于沙俄的侵略，清初东北招垦和驻兵，形成了边外七镇。自乾隆以后，东北地区力行"封禁"政策，延缓了东北地区的经济开发，城镇有所发展，但速度缓慢；第二次鸦片战争后，外国侵略者强迫中国开放牛庄（后改营口）为商埠，紧闭着的东北大门被强行打开。随着农业人口大量流向、迁移东北，农村地域转化为城镇地域。在开发东北城镇的过程中，东北人口城镇化的进程明显加快。

为了部族征战和对抗明朝，后金政权先后建立了一些"据点"城镇，形成了七个较大的城镇，多集中于辽河流域一带，到康熙年间，为了抵御沙俄，边外七镇兴起，改变了松嫩流域与黑龙江流域荒无人烟的局面。东

---

① 曲晓范：《近代东北城市的历史变迁》，东北师范大学出版社，2001，第5页。
② 施坚雅：《中国封建社会晚期城市研究》，王旭等译，吉林教育出版社，1991，第74页。

北全面封禁之后，辽宁一些传统老城继续缓慢发展，为了管理冒禁而来的移民，在吉林、黑龙江地区又先后增设了一些州县。直到营口开埠、中东铁路修筑，在辽河流域、中东铁路沿线形成了两个城镇带，而且成为东北城镇发展的前沿。随着移民的集聚，在东北平原农业发达的地区又出现了一些新的县镇。但东北的西部草原地区，以及兴安岭、长白山地区的城镇发展极为缓慢。

第三，城镇性质与功能发生了很大变化。清代东北城镇的兴起具有军事和政治色彩。在入关以前，为同明朝中央政府对抗，努尔哈赤、皇太极通过各种手段，集聚了大量人口，增强了军事实力。大量人口积聚形成了一些城镇，如兴京、赫图阿拉等，后金也以此为根据地或据点，不断向明朝军队发动进攻。清朝建立后，尤其是在康熙主政时期，沙俄屡犯东北边疆，在吉林、黑龙江等地建立和兴起了一些城镇，最著名的是"边外七镇"。

晚清时期，东北部分城镇具有强烈的殖民地、半殖民地色彩，出现了沙俄铁路附属地及殖民城镇、满铁附属地，以及"东北新政"商埠地。这主要体现在咸丰十一年营口开港之后兴起的城市，如营口、哈尔滨、长春等商埠城市。光绪三十三年（1907）末，在长春"满铁附属地"居住的日本人只有527人，而到民国6年（1917）末则增加到将近5000人。[①]在东北第一个对外通商口岸营口，"市街分为二段，东曰东营子，为外国租界，有英、德、日、瑞、俄、美、法、荷八国领事驻之；西曰西营子，中国商民荟萃地也"，[②] 各国相继设领事馆，驻军队，控海关，攫取税收大权；设教堂，开银行，建码头，开工厂，掠夺东北财富。但从另一种角度来看，商埠的开放，也促进了城镇的发展。光绪二十九年（1903）安东开埠通商，安东已经发展成为鸭绿江流域和安奉铁路沿线地区的商品集散地，"开埠以来，国内则津沪各地，国外则英日诸邦，富商大贾纷至沓来……商业极称繁盛"。[③]

---

① 于泾：《长春的起源、发展和变化》，长春市地方史志编纂委员会《长春城市问题研究文集》，1987，第318~319页。
② 徐曦：《东三省纪略》卷4《海疆纪略》，商务印书馆，1915，第156页。
③ 关定保等修，于云峰等纂《安东县志》卷6《商业》，1931年铅印本，第22页。

表1 东三省商埠

省份	埠名	地点	开放年月及依据
奉天省	牛庄	营口厅治	咸丰十年
	奉天	奉天省城	光绪二十九年《中美商约》
	安东	安东县治	光绪二十九年《中美商约》及《中日商约》
	大东沟	安东县辖境	光绪二十九年《中日商约》
	辽阳	辽阳县治	光绪三十一年中日《北京条约》
	新民	新民县治	
	铁岭	铁岭县治	
	通江子	昌图辖境	
	法库门	法库县治	
	凤凰城	凤城县治	
吉林省	长春	长春县治	光绪三十一年中日《北京条约》
	哈尔滨	滨江县治	
	吉林	吉林省城	
	三姓	依兰县治	
	宁古塔	宁安县治	
	珲春	珲春县治	
	头道沟	延吉辖境	宣统元年中日《间岛协约》
	龙井村	同上	
	局子街	同上	
	百草沟	汪清县治	
黑龙江省	齐齐哈尔	黑龙江省城	光绪三十一年中日《北京条约》
	瑷珲	瑷珲县治	
	满洲里	胪滨县治	
	海拉尔	呼伦县治	

资料来源：徐曦《东三省纪略》，商务印书馆，1915，第487~488页。

随着东北商埠逐渐增多，西方资本主义国家势力侵入东北，同时将西方的市政管理理念移植过来，改变了东北以往传统城镇发展的轨迹，使之进入工业化时代城市阶段，东北城镇不仅是政治、军事中心，而且成为社会经济、文化中心，其功能日趋多元化，既有政治、军事城镇，又有交通枢纽城镇，如长春、哈尔滨、港口大连、安东，还有工矿城镇抚顺、漠河等。各级城镇的经济职能同样有所增加，甚至具有很大的发展潜力和活力，城镇之间的联系更加紧密，带动了整个东北城镇体系的蓬勃发展。

第四，近代东北新兴城镇的人口主体是外来移民。人口的增长并不依靠本地人口的自然增殖，东北城镇的兴起很大程度上是同关内人民移居东北的步伐相一致的。由"移民实辽"时期辽东城镇的繁兴到"清初招垦"、发放流人、遣兵抗俄时期"边外七镇"的兴起，再到"东北开禁、移民实边"时期关内汉民流入东北的城镇，由南至北，城镇相继兴起，而且一些城镇中存在大量的流动人口，人口结构多元、复杂。光绪三十三年到民国4年（1907~1915），人口在3万~20万人的大中城镇增加缓慢，但人口在1万~3万人的小城镇则从原来的24个增加到34个。由此可知，东北城镇人口占总人口的比重在此一时期处于缓步攀升状态，光绪三十三年（1907）东北城镇化水平为6%，民国4年上升到7.7%（见表2）。如以光绪三十三年城镇人口增长指数为100，民国4年则升至145，上升45个点，同期城镇人口绝对数增加了48.2万人；农村人口也渐趋增加，如以光绪三十三年农村人口增长指数为100，民国4年则升至111，上升11个点，同期农村人口绝对数增加184.9万人。城镇人口与农村人口均有迅速增长，故城镇人口占总人口的比重基本不变。清末东北万人以上的城镇共计50个，其中1840年前已有的老城22个，占44%；其余28个城都是在1840~1911年兴起的，占56%。① 近代东北新兴城镇的人口主体是外来移民。

表2　1907~1915年东北地区城镇发展情况

城镇人口规模	20万人以上	10万~20万人	5万~10万人	3万~5万人	1万~3万人	城镇数量小计	城镇人口（千人）	增长指数	农村人口数（人）	增长指数	城镇人口水平（%）
1907年	3	2	4	7	24	37	1062	100	16717	100	6.0
1915年	3	3	3	10	34	50	1544	145	18566	111	7.7

资料来源：日本满史会《满洲开发四十年史》上卷，东北沦陷十四年史辽宁编写组译，1987，第5页。

第五，传统城镇向近代城市转型。传统的东北城镇大多规模小且封闭，没有公用设施，外有城墙和护城河环绕，内则有标志性的官署与寺庙，当然

---

① 杨余练等编著《清代东北史》，辽宁教育出版社，1991，第458页。

也有低矮的建筑、狭窄的街道。19世纪80年代到20世纪20年代初，东北许多城镇不仅外观发生了巨大变化，而且城市建设的扩建速度也明显加快。城市建设正在向近代化转型。开始增设城市公共基础设施，马路的修建与交通工具的改善在东北中心城镇中表现得尤为明显。同时，东北一些大中城市出现了近代通信、自来水、公园、排污系统等近代城市公共基础设施。另外，具有近代化气息的有奉天、大连、长春、哈尔滨、齐齐哈尔、安东、旅顺等大中城市，市政管理也有很大的改进。随着城镇经济、文化功能的加强，移民的大量涌入以及近代城市先进理念的引入，人口的就业观念更为开阔，职业结构变得日趋复杂。在工业中，出现了从事制糖、造纸、电力等工作的新职业；在通信业中，出现了邮差、接线员等新职业。职业突破了传统的士、农、工、商的界限，出现了教师、律师、政府文职人员、说书艺人、纺织工、清运工、车夫以及木匠、泥瓦匠、石匠等，职业结构趋向多元化。总之，这一时期东北地区已开始进入城市化的初级起步阶段。

总之，清朝中前期东北城镇体系基本形成，处于城镇化阶段。自晚清以来，在经济发展、文化转型和社会进步等多种因素共同作用下，东北城镇人口迅速增长，人口结构发生较大变化，城市空间互动作用日益密切，城镇由传统向近代转型，从而由城镇化向城市化过渡，至20世纪30年代初，东北近代化城市体系基本形成。

近代中西及东亚的相互认知

1876年费城世界博览会中的美国
形象及美国眼中的日本与中国

福田州平[*]

前　言

在目前的全球 GDP 总量中，美国、中国、日本三国的经济总份额约占 40%。可以说，这三国的动向正左右着世界局势的整体走向。然而，针对美、中、日三国关系的研究，多被经济问题或是国家安全保障等现实课题所牵引，从世界范围来看，历史性研究并不多见。可是，即便是探讨三国关系中的政治经济或国家安全保障等问题，要摆脱文化因素以及对他者的认识去进行思考恐怕也是不可能的。而且，我们在考察现今所面临的诸种问题时，有必要将其作为过去的一种延续并置于近代以来的历史变动中来把握。因此，从历史的视角来关照三国关系中的文化因素与他者认识，能够为理解现在三国关系中所存在的问题提供有益的启示。

本文正是基于这一问题意识，选取了 1876 年在美国费城举办的世界博览会（以下简称"世博会"）作为考察对象，来探讨美国眼中的日本与中国印象。首先，本文将简要回顾费城世博会召开的大致经过，同时说明各参展国在其中占有的重要位置；其次，将对当时有关世博会展品的评论、主展馆的分布图、机械馆的分布图以及世博会评委会教育组关于展览的评审报告进

---

[*] 福田州平，香港大学专业进修学院助理讲师。

行批判性分析，从而阐明美国希望通过此次世博会向世界展示的自我形象及其看待日本与中国的目光。

一 1876年费城世博会举办历程

1. 费城世博会以前的历史回顾

第一届世博会于1851年在英国伦敦举办。其后，爱尔兰和美国在1853年相继举办了都柏林大型工业展览会①、纽约世博会，但受关注程度都不如此前的伦敦世博会。因本文的考察对象是费城世博会，作为参考，此处就同样在美国举办的纽约世博会进行简要说明。② 纽约世博会于1853年7月14日至1854年11月1日在纽约市水塘广场（Reservoir Square，现为布赖恩公园）举办。作为标志性建筑的展馆——纽约水晶宫，是模仿伦敦世博会水晶宫用钢筋与玻璃建造而成，但比伦敦世博会水晶宫要小，且建筑风格也有所不同。此外，纽约世博会的参观人数也不多，最后还出现了30万美元的赤字，从商业上来说是一次失败的博览会。纽约世博会之后，美国有很长一段时间再未举办任何博览会，一方面是因为纽约世博会的失败教训，另一个重要原因是南北战争的爆发使其国内自顾不暇。

南北战争结束后不久，印第安纳州瓦贝希学院（Wabash College）教授约翰·坎贝尔（John L. Campbell）在1866年12月写信给当时的费城市市长，建议费城在1876年举办一次世博会，作为美国建国一百周年的庆典活动。以此为契机，费城开始多方出动，以争取各界对举办世博会的支持。最后，在宾夕法尼亚州推选出的众议员的努力下，费城举办世博会的议案终于在国会通过。由此，费城世博会变成一次官方活动，但美国政府并没有给予财政上的支持，其筹办资金在民间力量的主导下筹集。③

---

① 都柏林大型工业展览会的举办时间为1853年5月12日至10月29日。
② 关于纽约世博会的研究，参见 Ivan D. Steen, "New York Crystal Palace: Symbol of a World City," *NAHO* 13 (1981): 68 - 71; Ivan D. Steen, "New York 1853," in John E. Finding and Kimberly D. Pelle, eds., *Encyclopedia of World's Fairs and Expositions* (Jefferson: McFarland & Company, Inc., 2008), pp. 17 - 21。
③ 关于费城世博会的具体筹办历程，详见 Faith K. Pizor, "Preparation for the Centennial Exhibition of 1876," *The Philadelphia Magazine* 94 (1970): 213 - 232。

2. 费城世博会的举办

1876年5月10日至11月10日,费城世博会在费城市内的费尔芒特公园(Fairmount Park)成功举办。尽管展览会场的面积只有285英亩,而且还出现了大约450万美元的赤字,但参观人数却高达978万人次,其规模绝不低于此前任何一届大型世博会。本文将依据费城世博会财务委员会所公认的 Visitors' Guide to the Centennial Exhibition and Philadelphia①(以下简称 Visitor's Guide)中记载的内容,对此次世博会的概况进行简要说明。

首先,费城世博会有5个主题展馆,依次为主展馆、纪念馆、机械馆、农业馆、园艺馆。其展出品大致分为7个门类,即矿物冶金、制造业、教育与科学、艺术、机械、农业、园艺。5个主题展馆的展示品也按照上述分类依次陈设,主展馆展出的是与矿物冶金、制造业、教育与科学相关的展品,纪念馆主要陈列艺术品,机械馆、农业馆、园艺馆则分别对机械、农业、园艺进行了展示。

在 Visitors' Guide 中,除了主题展馆以外,还以附件的形式对几处似乎非常值得一看的展馆进行了集中介绍,比如美国联邦政府馆、州政府馆、外国政府所建的建筑、餐馆等。另外,又单独列出了"其他建筑"一项,对若干小展馆做了介绍。

然而, Visitors' Guide 也并非很全面,有些事情在其中就完全没有被提及。比如,关于美国以外的参展国。从费城世博会的举办意图来看,外国的参展对其而言是非常重要的。

3. 追求国际性与日本、中国的参展

19世纪70年代的美国,在经济上虽已具备相当的实力,但在西欧世界的眼中仍只是一个"半开化"国家。关于当时西欧对美国的印象,曾有人写道:"他们尚未完全脱离丛林生活,被树上掉下来的带刺的栗子砸到脑袋也是稀松平常的事情,狼群、野牛、印第安人就是他们日常生活中的朋友。"② 而且,在当时的美国,南北战争遗留的创伤依旧清晰可见,其政治中的

---

① Anonymous, *Visitor's Guide to the Centennial Exhibition and Philadelphia* (Philadelphia: J. B. Lippincott, 1876).
② Edward C. Burce, *The Century: Its Fruits and Its Festival* (Philadelphia: J. B. Lippincott, 1877), p. 65.

裂痕也尚未弥合。在此背景下所举办的费城世博会，明显带有如下意图：向国际社会展示美国不再是"半开化"国家，已经实现了较高程度的发展，成为能与西欧为伍的先进国家。因此，费城世博会可定位为美国为确立其国家的自我认同并获得国际认可的一次大型宣传活动，因为世博会是一个可以向国内外展示本国形象的绝佳窗口与"媒体"。

本文的关注焦点正是美国如何在费城世博会上向世界展示其已具备与西欧匹敌的实力。因此，为了消除外界对美国还处在"半开化"状态的印象，在此次世博会上必须将美国物产与海外物产以对比的方式进行陈列，从而使观众认识到美国的强大竞争力。如此一来，呼吁和动员各国带着自己的物产积极参展，成为费城世博会的重要筹备工作。美国总统亲自向各国政府发出费城世博会参展邀请函，最终，除美国之外有36国参展。新兴崛起的美国能够召集到如此众多的国家参展，本身就是一件值得关注的事情。

曾有人说过，各国积极参展费城世博会，"给美国带来了一幅全景式立体的世界图景"。① 这里特别值得注意的是，日本与中国作为亚洲的参展国出现在费城世博会上。如前所述，美国政府在财政上并不支持世博会的举办，其资金是从民间筹集，但美国总统向各国政府发出参展邀请函的行为表明，这同时也是一次国家性活动。因此，日本与中国的参展也是一种官方性的政府行为。这或许是日、中两国第一次一起参加美国的国家性活动。然而，对于浮现在这一"世界全景"中的日本与中国，美国是以带有某种意识形态的目光来看待的，以下将具体探讨这一问题。

二 美国的自我形象及其眼中的日本与中国

1. 有关日中的对比性言论及其中潜藏的意识形态

日本有关世博会的研究中比较主流的看法是，费城世博会上日本的展出

---

① Anne C. Golovin, "Foreign Nations," in Robert C. Post, ed., *1876: A Centennial Exhibition* (Washington: Smithsonian Institution, 1976), p. 185.

在美国获得了高度评价。① 事实上，从当时美国出版的相关书籍或参观指南中的评论来看，相较中国而言日本确实获得了更多的肯定。关于这其中的原因，很多研究认为是日中两国政府在此次世博会的参与度上有所差异，日本政府更为积极，因此获得了更高的评价。② 日本政府积极参展费城世博会一事确实是不可否认的事实，但仅以此点说明日中在世博会上获得的不同评价是不够的。这里有必要注意到当时美国的相关言论中潜藏的意识形态，对形成上述不同评价所产生的影响。因此，接下来将对费城世博会中有关日中的对比性言论进行批判性分析。

首先，在费城世博会开幕之前，《纽约时报》对展览会场的情形做了介绍性的报道。③ 报道中，对日本人的美式着装、举止以及运用英语进行交流的能力颇为称赞，同时也有关于中国人着传统服饰、留发辫以及不太能运用英语的描写，与日本形成鲜明对比。以此为基调，在此次世博会上最终形成了日本为"先进（进步）"国、中国为"落后（保守）"国的印象。

在上述的日中对比过程中流露出的"先进"或"进步"这一意识，在费城世博会的参观指南 *The Herald Guide Book and Directory to the Centennial Exposition*④ 中有更为明确的体现。该书所描述的中国印象是："未开化的中国人"（Heathen Chinese）还未掌握洗涤技术，却在展示他们的艺术品创作。对日本的介绍是：日本的展出明显比它那"杏眼邻居"（almond-eyed neighbors）要出色。"杏眼邻居"在这里指代中国，而提到日本的时候，从未用过类似于这种带有人种歧视意味的表述。由此可见，在对中国和日本进行比较时所产生的"未开化"与"进步"这一对立意识，在这里被涂上了人种区分的色彩。

这一带有人种区分色彩的对立意识，在 *The Illustrated History of the*

---

① 比如，関根仁「1876年フィラデルフィア万国博覧会と日本」『中央史学』24号、2001、84~106頁。
② 楠元町子「1876年フィラデルフィア万国博覧会における日本と中国の展示」『愛知淑徳大学論集—文学部・文学研究科篇』41号、2016、83~100頁。
③ "A Centennial Catalogue," *New York Times*, May 8, 1876, p. 4.
④ Charles M. Gilmore, *The Herald Guide Book and Directory to the Centennial Exposition* (Philadelphia: Charles M. Gilmore, 1876).

*Centennial Exhibition*① 中也可以看到。该书详细记载了费城世博会从最初规划到会场布置、展出情况等具体过程。书中对日本的描述如下：日本的展出不仅改变了美国人此前对日本人所抱有的"未开化"（uncivilized）或"半开化"（half-civilized）的印象，其展品甚至毫不逊色于欧洲的艺术品。关于中国的展出，除了漆器以外，该书同样给予了较高评价，却在描写中国展区的特色时使用了"异国情调浓郁"这一表达。而在描述日本展区时，并没有使用类似的表达。从这里也可以看出，在此次世博会上，相较于中国，日本是被当作"文明"（civilized）国家对待的。

如上所述，在费城世博会上对日本和中国的展出及展品进行评价时，已经存在以对比的方式将日本定位为"文明"而中国"保守"或"未开化"的言论。然而，从日中两国展品的获奖率来看，日本并不见得胜过中国。② 也有研究者认为，中国通过此次世博会提高了自己的名声。③ 话虽如此，从"文明"或"进步"的观点来比较日中两国的言论也确实是存在的，这与费城世博会举办之时美国开始掀起排华运动这一背景有关。④ 其实，日本也并非完全没有受到像中国一样的对待。美国看待中国的特殊目光，同样也用到了日本身上，这从主展馆的布置及安排可以明显看出来。

2. 从主展馆的陈列分布看美国的世界观与意识形态

在费城世博会上，日中两国的多数展品都是在主展馆展出。而主展馆的展区划分，有基于人种意识进行安排的意图。这从负责费城世博会筹办事务的"美利坚独立百年展委会"的报告书中也可以看出，其原文如下：

……主展馆的中央采用了"基于人种的布置"。法国及其殖民地代

---

① James D. McCabe, *The Illustrated History of the Centennial Exhibition* (Philadelphia: The National Publishing Co., 1876).
② 在费城世博会上，日本的展品总数为314件，获奖展品数为142件，获奖率为45.22%；中国的展品总数为71件，获奖展品数为43件，获奖率为60.56%。*Centennial Exhibition Scrapbooks* (Wr. 2985f), The Historical Society of Pennsylvania.
③ Jennifer Pitman, "China's Presence at the Centennial Exhibition, Philadelphia, 1876," *Studies in the Decorative Arts* 10 (2002 – 2003): 35 – 73.
④ 在费城世博会举办期间，美国众参两院共同通过了设立中国移民调查会的决议。此后不久，美国便开始制定排华法案。详情参考贵堂嘉之『アメリカ合衆国と中国人移民—歴史のなかの「移民国家」アメリカ』名古屋大学出版会、2012、134~137頁。

表拉丁人种,被分配在中央塔东北部附近的展区。英国及其殖民地代表盎格鲁-撒克逊人种,被分配在中央塔西北部附近展区。德意志帝国、澳大利亚、匈牙利代表的是条顿人种(日耳曼人),其展区安排在中央塔的西南部。美利坚合众国的展区则设置在中央塔的东南部。……最理想的安排是,拉丁系所有国家的展区都设在展馆东北部,挨着法国展区;而条顿系所有国家的展区都和德国一样设在展馆西南部,这样便可完美体现出基于人种的展区布置。当然,这样的安排并不是世博会取得成功的必要条件,但为了完美体现出世博会的国际性,最好能采取这样的安排。不过,在试图以此方式对各国的展区进行安排时,其中有几个国家的政府迟迟未给出确切答复,此外我国的参展者又不断要求追加展区,以致产生各种不确定性,上述方案也不了了之。①

由此可知,百年展委会在划分主展馆的展区时,试图按人种来进行安排,但实际上由于各种现实原因,其想法并未能完全得到贯彻,不过这一意图在某种程度上还是体现了出来。有研究者指出,这样的展区设置背后,隐藏着盎格鲁-撒克逊人是优秀人种、具有主导世界的能力这一想法,而实际上这些国家的展品在此次世博会上也确实获得了很多奖项,并且占据了主展馆的中心位置。② 图1是主展馆分布图,从中可以非常明显地看出,展馆的最中心位置分布的是英国、法国及其殖民地、德国和美国。美国的展区占据了主展馆东南部的所有空间以及东北部的一部分区域。面积仅次于美国展区的是英国展区,美、英两国的展区合起来占了主展馆的相当一部分空间,可以说这是在展示盎格鲁-撒克逊人的强大存在。

另外,The Illustrated History of the Centennial Exhibition 也同样讲述了主

---

① United States Centennial Commission, ed., *International Exhibition* 1876 *Report of the Director-general, Including Reports of Bureaus of Administration*, Vol. 1 (Washington, D. C.: Government Printing Office, 1880), pp. 54 – 55.
② Robert W. Rydell, John E. Findling & Kimberly E. Pelle, *Fair America* (Washington, D. C.: Smithsonian, 2000), p. 23.

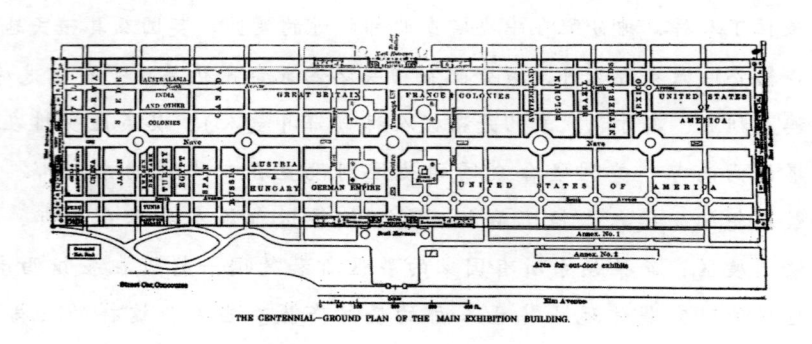

图 1　主展馆分布

资料来源：Series 4. Ephemera, *Centennial Exhibition* (Collection 1544), The Historical Society of Pennsylvania。

展馆在布置上所体现出的上述意图："在主展馆的整个 21.5 英亩的楼层面积中，美国展区至少占到 1/3 的空间。在这七英亩的美国展区内，满眼皆是丰富且精美的展品。来自本国的参观者，在面对这堆砌出的华丽壮观的表象时，爱国心应该得到了极大的满足吧。某些门类的展品还专门特设了玻璃橱窗来进行展览，以示美国从此将引领世界。"①

从上述资料来看，主展馆分布图所显示出的是整个世界被英、美、法、德四国瓜分，而且在这四国中美国才是主导世界的存在这一国际秩序的图景。这里关于国际秩序的认识，也被涂上了人种主义的色彩。

上一部分所讨论的有关日中的对比性言论，从"进步（先进）"的观点对日本进行了肯定。但从主展馆的分布图来看，日本仍然同中国一样被定位为从属于盎格鲁-撒克逊人的存在。也就是说，在费城世博会上，日本一方面被看成是"先进"国，另一方面在人种上被定位为劣等人种，是具有双重性的存在。同时，美国还试图通过此次世博会向各国表示，只有美国具有引领世界的力量，这在另一主题展馆——机械馆中也有非常明确的体现。

3. 美国实力之源——机械

关于费城世博会，有学者指出："其对机械的强调超出了此前任何一届

---

① James D. McCabe, *The Illustrated History of the Centennial Exhibition*, p. 345.

博览会。"① 在机械馆的总展出面积中,美国大概占了 3/4 的空间。正如图 2 所示,其他各参展国的展品被紧凑地安置在展馆东侧的一部分区域内,而展馆东侧大约一半的空间以及西侧的全部空间都布满了美国的展品。当时就有人这样评价道:机械馆中"如果没有美国的展品,估计就没有什么看头了"。② 美国的展品无论在质还是在量上都明显压倒了其他各国,这一布置无是不在炫耀其在工业上的强大实力。

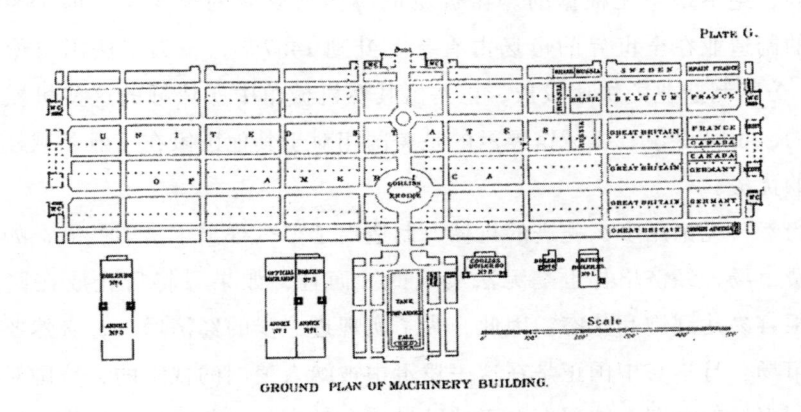

图 2　机械馆分布

资料来源:United States Centennial Commission, *International Exhibition 1876 Grounds and Buildings of the Centennial Exhibition*, Vol. 9 (Washington: Government Printing Office, 1880), p. 74。

美国在机械馆中所展出的物品种类丰富、范围也极广,有制桶机、缝纫机、针织机、水表、制造钟表的精密仪器、打字机,以及弹簧锤、轧钢机、蒸汽机车等。而且,与其他先进国家有所不同的是,美国的主要企业大肆展示的是工作母机(即机床)。在所有展品中,最受瞩目的是柯立斯蒸汽机。在当时发行的杂志中,对柯立斯蒸汽机有如下描述:"走了相当长一段路,我们终于到达主展馆附近的机械馆。……感受到的第一印象是柯立斯蒸汽机的伟大。它是这展馆中各式各样的无数机器的总

---

① John Henry Hicks, The United States Centennial Exhibition of 1876 (Ph. D. diss., University of Georgia, 1972), p. 135.
② William Dean Howells, "A Sennight of the Centennial," *The Atlantic Monthly* 38 (1876): 96.

动力源，极为引人注目。……它高高耸立于一个巨大构造的正中间，就像一个无人能匹敌的'钢铁选手'，一切都恰到好处，连 1 盎司多余的金属都没有。"①

　　机械馆中明显压倒他国的展出安排，象征着美国内心所描绘的其将来在工业领域的份额及在机械制造业中的"领先"地位，同时也是为了展示其自身已具备与西欧各国同等甚至超出的实力。美国在心里所想象的工业领域的格局，绝不是毫无根据的。在费城世博会结束后的第 4 年，即 1880 年，美国的制造业在全世界的市场占有率上升到 14.7%，凌驾于法国与德国之上。② 美国制造业的快速成长，正是由其在机械馆中所炫耀的这些机械支撑起来的。也可以说，机械馆展示的是美国相对于其他国家在工业领域核心技术上的优势。

　　当然，无论用多么先进的机械，制造出了多么种类丰富的产品，如果没有消费市场，经济增长也是无法实现的。而且，如果只将目光放在国内市场，很容易达到饱和状态。因此，为了实现进一步的经济增长，必然要拓展海外市场。日本与中国正是在这一逻辑中被纳入美国的视野的，美国对日本与中国市场的企图，体现在关于费城世博会教育类展览的评审报告中，尽管该报告书乍看上去与经济、市场等问题没有关联。

4. 教育与英语

　　根据展出类别，费城世博会评委会组织了 30 多个评审组。担任教育类展品评审的是第 28 组，其评议员由 4 名美国人、4 名外国人组成。但是，在实际评审过程中，由于相关资料没有及时送达，包括作为组长的英国人在内的 2 名外国评议员已离开，最后由美国人约翰·W. 霍伊特（John W. Hoyt）作为代理组长将评审意见总结成报告书。也就是说，第 28 组的评审报告最容易体现出美国的意见或看法。笔者将对第 28 组的评审报告中有关日中两国的评价进行分析，从而探讨这些评价背后暗藏的美国企图。

　　从美国以外的参展国来看，日本算是非常积极的国家，这在教育类展览

---

① William Dean Howells, "A Semiglot of the Centemiad," *The Aflawtic Mouthly* 38 (1876): 135.
② 当时世界各国在制造业中占有的市场份额，详见 Paul Bairoch, "International Industrialization Levels from 1750 to 1980," *The Journal of European Economic History* 11 (1982): 269–333。

中也有所体现。当时的日本文部省特意将日本教育的发展历史及现状总结成报告书 An Outline History of Japanese Education; Prepared for the Philadelphia International Exhibition, 1876①，提交给了费城世博会，并在教育类展览中进行展示。首先，来看看第 28 组的评审报告是如何评价日本教育的。

在第 28 组的评审报告中，日本在教育方面的展出可谓博得了最大的赞赏。其中不仅介绍了日本的初等教育、中等教育以及职业教育、高等教育、专科教育、图书馆等相关展示品，还指出了日本为世博会特意准备的以 An Outline History of Japanese Education 为代表的相关资料，提升了大家对日本教育的评价，这种方式是值得称赞的。

本文最关注的是有关日本外语学校的评价。在 An Outline History of Japanese Education 中，只有不到 1 页的篇幅简单提到了日本外语学校的设置情况。可见在日本的这份报告书中，有关外语教育的内容比重很小。然而，第 28 组的评审报告中却出现了 An Outline History of Japanese Education 中并没有的内容，着力介绍了日本外语学校的情况，令读者觉得日本非常重视外语教育。② 日本教育在这里所获得的高度评价，应该如何理解？其关键在于同一份评审报告中对中国教育的评价。

在费城世博会的教育类展出中，中国并没有精心准备相关资料，其展览也不甚精彩。但是，第 28 组的评审报告却为中国专设一栏，介绍中国派遣到美国的留学生。评审报告写道：115 名中国留学生在康涅狄格州教育委员会总监诺斯拉普（Birdsey G. Northrop）的带领下，来到了费城世博会。对于中国留学生在展览会场所展示的学习成果，评审报告也给出了极高的评价，认为这是"最有意义且最为重要的"教育。③ 尽管评审报告没有特别进行说明，但这里提到的 115 名中国留学生，应该就是来自 1872 年以来随中国教育使团［哈特福特教育使团（Hartford Education Mission）］

---

① Japanese Department of Education, *An Outline History of Japanese Education; Prepared for the Philadelphia International Exhibition 1876* (New York: D. Appleton and Company, 1876).
② John W. Hoyt, "General Report of the Judges of Group XXVIII," United States Centennial Commission, ed., *Reports and Awards Group 28 to 36 and Collective Exhibits*, Vol. VIII (Washington: Government Printing Office, 1880), pp. 143–148.
③ John W. Hoyt, "Generd Report of the Judges of Group XXVIII," United States Centemind Commission, ed., *Reports and Awards Group 28 to 36 and Collective Exhibits*, Vol. III, p. 118.

赴美的 115 名留学生。诺斯拉普曾以各种方式支持哈特福特教育使团的活动，为使团驻美总部的选址以及中国留学生的住处安排等提供了诸多建议和帮助。

评审报告认为，哈特福特教育使团的留学生才是中国未来最大的希望。不过其评语的叙述方式是值得考究的，在其叙述中，中国代表"过去"，欧美各国是"现在"，而对美国的定位是"最新且最先进的国家"，因此中国留学生在美国接受的教育衔接了"过去"与"现在"。① 在评审报告的行文当中，美国正努力通过教育帮助这些渐渐抛开"过去"的人走向"现在"，这样的语气很明显。

对留美中国学生的介绍，除了评审报告中的"中国专栏"以外，在专门介绍康涅狄格州的教育情况的栏目中，也占据了大量篇幅。前面已经提到该州教育委员会总监诺斯拉普对推动中国留学生赴美起到了很大作用，在这里，中国留学生的展示同样获得了非常高的评价："通过在康涅狄格州的学校进行学习，中国留学生取得了非常卓越的学习成果。"② 这是非常值得关注的，也是费城世博会上最令人感兴趣的展览。而且，评审报告中还记录诺斯拉普带领的中国留学生团队给评议员留下了很好的印象。③ 这里需要留意的是，诺斯拉普此举的意图何在？

在费城世博会举办后的第二年，诺斯拉普在其出版的著作中表达了如下看法：为了促进美国的经济增长，中国与日本将成为巨大市场，如果想要挖掘中日的市场并展开有效的商业活动，英语必将发挥极其重要的作用。④ 如此一来，为了增加日中两国能够使用英语的人数，英语教育将会越来越重要。因此，诺斯拉普率领哈特福特教育使团的中国留学生参加费城世博会，或许正是为了展示留学生所掌握的英语及西欧文化，对于美国将来发展海外

---

① John W. Hoyt, "Generd Report of the judges of Group XXVIII," Umted Staves Centemind Commission, ed., *Reports and Awards Group 28 to 36 and Collective Exhibits*, Vol. III, P. 118.
② John W. Hoyt, "Generd Report of the judges of Group XXVIII," Umted Staves Centemind Commission, ed., *Reports and Awards Group 28 to 36 and Collective Exhibits*, Vol. III, p. 21.
③ John W. Hoyt, "Generd Report of the judges of Group XXVIII," Umted Staves Centemind Commission, ed., *Reports and Awards Group 28 to 36 and Collective Exhibits*, Vol. III, p. 22.
④ Birdsey G. Northrop, *Lessons from European Schools and the American Centennial* (New York & Chicago: A. S. Barns & Co., 1887), p. 63.

贸易是必不可少的。从第 28 组的评审报告对中国留学生的赞誉来看,诺斯拉普的上述想法在评议员中也是存在一定共识的。

费城世博会上针对日本教育的评价,显然也没有脱离这一认识框架。在诺斯拉普所瞄准的海外市场中,除了中国以外日本也是非常重要的。世博会上日本教育体制获得高度赞赏,可以理解为日本按照西欧的教育体制进行了快速而完备的改革,这对于在不远的将来促进日美之间的贸易是极为有利也是值得期待的。这也是为何比起日本特意为世博会准备的 *An Outline History of Japanese Education*,评审报告更注重对日本外语学校的介绍和评价。

结 语

通过以上分析,关于费城世博会上美国眼中的日本与中国,可以明确以下几点。首先,对日本与中国的展出所做的对比性评价,是基于"进步"这一意识形态,在这个过程中逐渐形成了日本是"文明"国家而中国是"未开化"国家的固定印象。其次,从主展馆分布图来看,美国意欲主导世界形成新的国际格局以及将日本与中国定位为从属于盎格鲁-撒克逊人的劣等存在的意图非常明显。美国的实力之源在于支撑其工业基础的先进技术,这明确体现在另一个主题展馆——机械馆的布局中。美国在机械馆中的展出,无论从在质上还是在量上都压倒了其他参展国。最后,美国运用其先进机械生产的产品需要新的海外市场,而日本与中国成为美国将来拓展海外贸易的重要目标。然而,对日中两国展开商业活动的障碍之一是语言。因此,对美国而言,如果日中两国存在能够使用英语的人才将对其非常有利。于是,在关于费城世博会教育类展出的评审中,从培养英语人才的角度,对日本完善西欧式教育体制尤其是设立外语学校,以及中国派遣到美国的留学生所取得的学习成果,都给予了极高的评价。

由此,本文可得出以下结论。在费城世博会举办之际,就硬实力而言,美国已位居世界的中心,因此它殷切希望自己在国际上的形象也能跃至世界的中心位置,并且在将来主导整个世界。同时,为了突出美国的中心地位,日本与中国在美国所设定的意识形态中被边缘化。在当时,美国与日中两国之间是否已经存在实质性的中心－边缘这一关系结构，并非本文的讨论范围。但至少从费城世博会上美国看待日中两国的眼光中可以看出，美国确实潜藏着使日中两国从属于其下的政治意图。

（邹灿 译）

19世纪末俄国的对华认识与义和团事件

竹中浩[*]

前　言

在论及有关近代东亚的历史认识问题时，如何评价19世纪末活跃于东北亚政治舞台的三位大政治家——中国的李鸿章（1823～1901）、日本的伊藤博文（1841～1909）、俄国的谢尔盖·维特（1849～1915）及三者之间的关系，是中日之间值得进行建设性讨论的重要课题之一。尤其是在19世纪90年代至20世纪初期，在日本与俄国分别制定各自的东亚政策之际，伊藤与维特在其中发挥了显著作用，他们与李鸿章之间的关系对理解整个东亚的历史进程具有极为重要的意义。

日本与俄国觊觎其邻国中国的领土由来已久。19世纪末期，国家的威信是通过其所控制的版图来衡量，这对于当时的国防而言亦是至关重要的。然而，包括最早割占中国领土的英国在内，欧洲各国及美国当时都在谋求各自在中国的权益。因此，日俄如果对清政府提出领土割让要求，必然招致其他列强的不满与反对，引起国际纷争。另外，维特认为对已吞并领土的统治也是件颇为棘手的事情，尤其在对清朝有着强烈归属意识的某些边境地区，统治成本很高。此外，若对清政府提出过分要求，又恐会造成将来围绕新的权益纷争展开国际交涉时清朝当局者软弱无力的局面。于是，如何预估领土吞并所带来的经济利益及其对安全保障、发扬国威的益处

---

[*] 竹中浩，日本奈良大学社会学部教授。

与将要为之付出的代价,并在利弊之间取得平衡,是当时各国政治家面临的巨大挑战。

在当时的日本与俄国,言论界已经开始具有一定的政治影响力。也就是说,决策者的政治判断与政策决定,受到言论界人士所营造的公共空间影响。比如当时俄国记者的言论倾向,从政治立场上来说大致可划分为三派:一派主张与西欧合作;另一派基于国权主义的立场提倡发扬国威;居于两者之间的被称为"稳健保守派",在当时俄国的言论空间中有着独特的位置。本文将以稳健保守派的两位代表人物乌赫托姆斯基与苏沃林为主要考察对象,解析当时的俄国政治与其言论界之间的关系。

乌赫托姆斯基曾于1890～1891年陪同当时的沙俄皇储尼古拉遍访东亚各国,并写下了大部头游记。① 他对传统的亚洲有着深深的眷念,并全盘肯定、美化"亚洲",因而极为强调俄国与亚洲的关联,且将两者置于西欧的对立面。② 无论是对来自鞑靼的桎梏,还是对作为亚洲优秀遗产的专制制度,他都持肯定态度。③ 基于此信念,乌赫托姆斯基认为亚洲各民族饱受以英国为首的西欧列强剥削,而俄国肩负着保护、辅佐亚洲各民族的"特殊使命"。

此外,乌赫托姆斯基还主张拥护代表少数人利益的沙皇专制,对俄罗斯帝国实行的少数专制制度的包容性抱有期望。在尼古拉二世统治时期,他试图利用与沙皇之间的私人关系及其对沙皇的影响力,减缓对外族人聚居的边境地带的俄罗斯化。④ 其政治立场与维特较为接近。

苏沃林作为当时俄国极具影响力的刊物《新时代》的编辑,在言论界亦是声名赫赫。但与乌赫托姆斯基相比,其与维特的关系则有些微妙。对于专制制度,他的看法与乌赫托姆斯基及维特有些许不同,尤其是他认为,关于地方自治局(即贵族主导的地方自治机构),应给予更高的

---

① Путешествие на Восток его Императорского Высочества государя наследника цесаревича, 1890 – 1891, тт. 1 – 3. М. , 1992.
② David Schimmelpenninck van der Oye, *Toward the Rising Sun: Russian Ideologies of Empire and the Path to War with Japan* (Dekalb: Northern Illinois University Press, 2006), pp. 50 – 51.
③ David Schimmelpenninck van der Oye, op. cit. , pp. 57 – 60.
④ Карцов А. С. Русский консерватизм второй половины XIX – начала XX в. (Князь В. П. Мещерский). СПб. , 2004, стр. 409.

评价。① 然而，本文的主要目的并不在于细究二者在政治立场上的具体差异，而是基于二者的这种微妙差异，在追溯19世纪末东亚地区国际形势变迁的同时，阐明谢尔盖·维特及俄国言论界保守派对当时东北亚形势的认识及其立场。

一 日清战争（甲午战争）与维特路线

对于19世纪后期的俄国而言，其主要假想敌为英国，但中国并未成为英俄对立的竞争舞台。② 当时的英国外交大臣索尔兹伯里（Salisbury）认为，中国能给所有列强带来商机，即便将来俄国的经济渗透造成某些问题，也能通过外交途径解决。换言之，英俄两国在中国权益上即使产生对立，也是相对遥远的事情，并非当务之急。③ 而对于俄国而言，在中国新疆因伊犁问题与清政府之间潜在的紧张关系才是更为头疼的事情。而且，通过《瑷珲条约》《北京条约》从清朝获得的领土，因基础交通设施薄弱，在军事防卫上面临很大困难。

俄国一直通过居住在其帝国境内的布里亚特蒙古人，保持着与遍布邻近各国及地区的蒙古人世界的关系。巴德玛耶夫便是其中之一。作为一名布里亚特人，其加入东正教并在俄国接受教育后，进入沙俄外交部亚洲司任职，同时还兼习藏医学，在圣彼得堡进行过相关医疗活动。1893年2月，巴德玛耶夫通过乌赫托姆斯基向维特提交了建议"支援蒙古人及西藏人占领兰州"的意见书。他认为，借此可以动摇清朝的版图，使西藏人及蒙古人逐步自主地接受俄国支配，还可使1891年开工的西伯利亚大铁路由贝加尔湖以东经戈壁滩延伸至兰州变得更为容易。④

---

① Effie Ambler, *Russian Journalism and Politics, 1861-1881: The Career of Aleksei S. Suvorin* (Detroit: Wayne State University Press, 1972), pp. 169-170; СуворинА. С. Вожиданиивека XX: маленькиеписьма 1899-1903 гг. М., 2005, стр. 544-545; ДневникАлексеяСергеевича Суворина. М., 1999, стр. 364-365.

② David Gillard, *The Struggle for Asia, 1828-1914: A Study in British and Russian Imperialism* (London: Methuen, 1977), p. 167.

③ Gillard, *The Struggle for Asia*, op. cit., pp. 157-158, 166.

④ Anya Bernstein, *Religious Bodies Politic: Rituals of Sovereignty in Buryat Buddhism* (Chicago: The Universty of Chicago Press, 2013), p. 44.

此时，中东铁路尚未开始修建，因此维特是支持该提议的，并将意见书转达给了亚历山大三世。维特还在意见书上附上个人评价，表达了其斯拉夫主义式的政治主张，即俄国在亚洲应拥有举足轻重的地位。在关于西欧（尤其是英国）与俄国的对立关系图中，维特将中国置于西欧阵营，这一点颇为耐人寻味。然而，亚历山大三世认为这一提案简直就是空想，因此并未采纳。① 亚历山大三世在外交问题上是极为慎重的，并不希望轻易引起与英国之间的麻烦。可以说，他想极力避免中国解体及其将造成的国际关系的不稳定与带来的紧张感。

此后不久，日本作为新兴势力开始登上国际舞台。日本在日清战争中的胜利，向欧美展示了亚洲人通过模仿西欧文明从而实现近代化的可能性。当时的美国在中国尚未获得较大权益，因此对走西欧化道路的日本印象极佳。日清战争之际，美国舆论界对日本就颇具好感，并称日本的胜利是文明的胜利，给予了极高的评价。② 而此时的俄国不得不开始考虑如何修正其一直以来以俄清关系为主轴的传统东亚认识，以及如何看待日清关系的走向这一课题。③

日清战争对于清政府而言也是意义重大的。李鸿章在过去只将日本视为可能的合作对象，而甲午一战使清政府认识到日本就是一个巨大的军事威胁。尽管伊藤博文很赞赏李鸿章，但因受到当时日本国内的巨大压力，他在《马关条约》的签订过程中同时任外相陆奥宗光一起向李鸿章提出了极为苛刻的条件。日本在该条约中所要求的割让辽东半岛，显然撼动了当时国际利益格局的根基，必然招致欧洲列强的强烈反对。对于在中国拥有既得权益的欧洲列强而言，对新崛起的日本及其向清政府提出的领土割让要求必须予以警惕。1892年就任沙俄财政大臣的维特正是抓住了这一空隙，并最大限度地利用之。他不但主导了三国干涉还辽，还趁此机会于1896年3月成功促使中俄签订《中俄密约》，使俄国获得在中国东北境内修筑中东铁路的权利。

在当时的整个俄国言论界，包括对日本的近代化持好感的亲西欧派在

---

① Steven G. Marks, *Road to power: The Trans–Siberian Railroad and the Colonization of Asian Russia, 1850–1917* (Ithaca: Cornell University Press, 1991), p. 138.
② 入江昭『（増補）米中関係のイメージ』平凡社ライブラリー、2002、43、53頁。
③ Суворин А. С. В ожидании века XX, стр. 485.

内，对三国干涉还辽一事皆予以极高评价。① 其中，强调俄国在亚洲肩负着特殊使命的稳健保守派，基本上都对中国抱有好感，对日本持批判态度。② 而且，他们对日本的批判，因其背后能看到英国的影子变得更为激烈。比如，乌赫托姆斯基就将日清战争放在英俄对立的框架中来理解。他认为，日清战争是英国针对俄国的一场阴谋，俄国必须先于对手英国掌握东亚国际关系中的主导权。在这场战争中，日本虽不能视作一股完全独立的势力，但其在物质方面的飞速进步及异常敏捷的反应力，也是值得俄国警惕的。就提防来自日本的威胁这一点而言，俄国与中国之间存在共同利益。③

1896 年，乌赫托姆斯基担任《彼得堡新闻》主编，该报在俄国拥有悠久的历史。此后，该报成为最为鲜明地支持维特路线的新闻媒体。并且，在同年，乌赫托姆斯基还出任华俄道胜银行董事长一职，开始从实务层面协助维特。不仅如此，他还在维特与言论界人士之间起着桥梁的作用。④

另外，苏沃林在《新时代》中也对《马关条约》的签订表示出极大的愤慨，并强烈要求通过列强之间的协调对之进行干涉。⑤ 尽管如此，苏沃林并没有像乌赫托姆斯基那样，从文明论的立场将英国视为敌人。他对日本的实力有着冷静的认识，其所关心的问题也更具政治现实性。⑥ 对当时正在修筑中的西伯利亚大铁路的政治作用，他寄予了前所未有的期望，并指出必须确保能作为铁路终端的不冻港。⑦

总而言之，随着日本在远东的崛起，俄国言论界保守派从支援蒙古人以动摇清朝统治并从中渔利这一主张，开始转向维持清朝统治的稳定以对抗日本及其背后的英国。这同样是维特的政治立场。

---

① Сунь Чжинцин. Китайская политика России в русской публицистике конца XIX – начала XX вв.: "желтая опасность" и "особая миссия" России на Востоке. М., 2005, стр. 119, 121.
② Schimmelpenninck van der Oye, *Toward the Rising Sun*, p. 127.
③ Сунь. Китайская политика России, стр. 108 – 109.
④ Louise McReynolds, *The News under Russia's Old Regime: The Development of a Mass-Circulation Press* (Princeton: Princeton University Press, 1991), p. 195.
⑤ Сунь. Китайская политика России, стр. 112, 114 – 115.
⑥ Суворин А. С. В ожидании века XX, стр. 478, 485 – 486.
⑦ Там же, стр. 501; Сунь. Китайская политика России, стр. 113.

二 瓜分中国与戊戌变法

1898年，发生了一件使东亚秩序发生重大变动的事件，即德国强租胶州湾（3月6日）。趁此机会，俄国外交大臣穆拉维耶夫提出，在三国干涉还辽时要求租借旅顺、大连25年。维特原本对此表示反对。他认为，如果俄国继德国之后租借中国领土的话，其他列强间将接踵效仿，这会威胁到其以维护清政府主权及统治稳定为前提的和平渗透战略。然而，在尼古拉二世表明赞成租借一事后，唯恐招致沙皇不快的维特立即转向积极支持的立场。对于此事即将对今后的日俄关系及其自身的权力根基产生深刻影响这一点，当时的维特并无太多担忧。这或许是因为他正处于权力巅峰，过分高估了自身的政治能力。为了对抗俄国，同年7月英国强行获取了威海卫的租借权。

针对列强竞相在中国攫取租借地一事，俄国言论界保守派甚为忧虑，他们认为这威胁到中国的统一。① 而亲西欧派人士对此却颇为乐观，几乎无人认真考虑在三国干涉还辽后强租旅顺将对日俄关系造成的影响。一部分亲西欧派人士中甚至出现了将此事视作对"黄祸"的防范这一论调。他们认为，对于处在欧亚大陆交界线最前沿的俄国，"黄祸"的威胁尤为严峻，欧洲对中国的瓜分有利于防止"黄祸"泛滥。当时《莫斯科新闻》（*Moskovskie vedomosti*）的报道，将英国租借威海卫视作日清战争结束后列强重构在华利益格局的一环予以接受，其理由是英国此举可抑制日本再度引起政争、攫取在华利益。②

租借原本是一种以非武力方式实现利益分配的合理方式。通过这种形式可以消除紧张关系、实现和平共赢。这与以武力威胁为后盾、强硬要求割让领土有着本质区别。在亲西欧派人士的言论当中，还出现了力证列强这种以租借为名、行瓜分中国之实的行径是出于为中国考虑的相关讨论。他们认为，列强的在华举动与英俄在奥斯曼帝国解体中的竞争行为一样，在相互竞争的同时也共同维持着分裂中的帝国，而且通过欧洲各国的协调

---

① Там же, стр. 150.
② Там же, стр. 151.

以稳定东亚秩序是"白人的职责"①。对于亲西欧派人士而言，俄国理所当然属于欧洲。

对此，乌赫托姆斯基与苏沃林则从英俄对立的立场，将俄国租借旅顺视为有利于中国的举动，而将英国租借威海卫批判为顺水推舟瓜分中国的行为。尤其是苏沃林在《新时代》中，一反过去的缓冲政策主张，极力反对英国租借威海卫。他认为，瓜分中国会破坏目前的政治平衡局面，这对俄国没有任何益处。② 从俄国的国家利益考虑，最为重要的是如何回避清朝解体的风险，总之应该最低限度地确保清朝的稳定。

在将亚洲主义与俄国国家利益相结合这一点上，乌赫托姆斯基与苏沃林的观点并无太大区别。其背后的主导思维是将俄国与欧洲区别看待。泛斯拉夫主义思想家达尼列夫斯基曾在1867年所著《俄国与欧洲》一书中，将欧洲视为斯拉夫世界的对立面，并否定欧洲文明的普遍性。言论界保守派人士对中国抱有的善意，可以说与该思想系谱的影响有很大关系。③

同一时期的中国，正发生着以康有为、梁启超为主、通过光绪帝进行政治改良的戊戌变法运动，而日本成为其改良模板。从19世纪80年代至90年代前半期，日本在伊藤博文的主导下，引入了以宪法为首的西方法律及政治制度。对于清朝的开明人士而言，这是值得参考的先例。1885年，在伊藤博文作为日方谈判代表签订《天津会议专条》之时，李鸿章将其评价为近代化的最大功臣。然而，熟谙清朝内外状况的李鸿章对改良清朝的政治制度却持审慎态度。与之相对的是，康有为等人则主张以日本的君主立宪制为方向积极推进政治改革。

清朝的改革动向无论是对于众多欧洲人还是对于伊藤博文，都是一件令人可喜的事情。伊藤博文认为东亚地区的近代化绝不可缺少西欧式的政治体制，不仅是日本，整个东亚地区都应该完成向西欧政治体制的转型，而日本式近代化模式的输出有益于这一转型的实现。因此，戊戌变法正中伊藤之意。在戊戌政变前，伊藤还曾到访北京并受到光绪帝接见。

---

① S. C. M. Paine, *Imperial Rivals: China, Russia, and Their Disputed Frontier* (Armonk: M. E. sharpe, 1996), p. 236.
② *Сунь. Китайская политика России*, стр. 153.
③ McReynolds, *The News under Russia's Old Regime*, p. 183.

俄国言论界的亲西欧派人士同样对中国的政治改革抱有好感。他们同日本一样，认为中国的西欧化可以扩充欧美阵营，这对于包括俄国在内的欧洲都是一件好事。因此，当慈禧太后发动戊戌政变致使改革流产后，西欧、日本以及俄国的亲西欧派人士都非常失望。

另外，俄国政府及言论界保守派人士，并不希望清政府的政体发生改变，也不认为清政府的政治改革能获得好的结果。他们认为戊戌变法的成功可能会造成清政府中亲英、亲日势力取代亲俄的李鸿章，这样会妨碍俄国对远东地区的势力渗透。① 在沙皇的权威下指导俄国经济获得发展的谢尔盖·维特，同样是专制政体的拥护者，因此他也从未有过支持清政府政治改革的想法。

三 义和团事件

1899～1900年，义和团由山东半岛源起并不断扩散，造成整个东亚局势的急剧变动。俄国欲趁此机会稳妥确保其在中国东北地区的权益，积极策动与清政府的单边交涉。列强对俄国的此种行为多投以警惕的目光。② 在当时的俄国言论界，针对义和团事件的看法是多种多样的，但并没有产生像西欧那样的激愤之情。尤其是保守派人士，原本对中国就抱有同情心，比起外国人在中国的遭遇，他们更多的是对义和团的行为表示理解，③ 甚至有人将义和团比作在南非与英国作战的布尔人。

这其中苏沃林最具代表性。在俄国军队趁义和团之乱入侵东北地区之际，他依然表示出对义和团的同情态度，并呼吁俄国当局不要在此时趁火打劫。他认为，在同中国的关系上，俄国与欧洲是完全不一样的。俄国与中国之间有着很长的陆地边境线，长期以来与中国保持着友好的邻居关系，不像

---

① Schimmelpenninck van der Oye, *Toward the Rising Sun*, pp. 159 – 160, 171.
② 吉沢南「義和団戦争をめぐる国際関係—諸列強の『共同行動』と日本」『茨城大学政経学会雑誌』61号、1993、45頁。
③ Schimmelpenninck van der Oye, *Toward the Rising Sun*, pp. 165, 203. 在日本同样存在这样的看法。当时的驻清公使西德二郎就表示同情义和团，主张慎重对待列强一味谴责的论调。吉沢南「義和団戦争をめぐる国際関係——諸列強の『共同行動』と日本」『茨城大学政経学会雑誌』61号、1993、46頁。

那些只顾渔利的剥削者和鸦片提供者。俄国人拥有与中国人以及其他亚洲人和平共处的能力，是其他欧洲人所不具备的。俄国如果以镇压义和团之名趁火打劫，那么将与迄今为止所保有的良好传统永远割离。被"看不见的手"推向远东的俄国，在中国问题上不应与欧洲同流合污。①

苏沃林还认为，欧洲抱有的暗中瓜分中国的意图是非常不可取的，即便能以武力使中国屈服，在不能驯服民意的情况下进行统治也是极为不易的。中国就像个蚁穴，在其温顺时乱棒翻搅是极为危险的。这并不像西欧所认为的那样简单，即只要将自身文明强加给中国就能获得胜利。中国文化与欧洲文化从根本上是截然不同的。②

关于中西文化相异的看法，言论界中的亲西欧派人士持相同态度，他们将两种文化的角逐，视作两种相互对立的文明的斗争。在这场角逐中，有人认为中国文明的消亡是不可避免的，也正如哲学家索洛维耶夫的"三次对话"那样，对欧洲基督教文明的未来持悲观态度。由乌赫托姆斯基担任编辑的《彼得堡通讯》基于文明冲突及人种敌对的观点，认为强行迫使中国屈从的话将来会引起更大的灾难，义和团事件的主要责任在欧洲，欧洲应该学习俄国同中国和平相处、维持睦邻友好关系的经验。比起其他欧洲人，俄国人能更充分理解中国人，这是俄国人拥有的特殊优势。③

乌赫托姆斯基还将义和团事件置于整个亚洲的紧张局势中来理解。比如，由法国派遣到中国的安南兵与日本人接触后将会受到怎样的影响？当他们听闻英国动员印度兵的举动导致印度的不满情绪高涨等传言后，是否还会无动于衷、听之任之？中国所发生的事情难以保证不会波及印度等其他亚洲地区。④

尽管苏沃林与乌赫托姆斯基站在同情中国的立场上，但实际上俄清关系是相当紧张的。1900 年 7 月，俄国以保护中东铁路为名派出正规军入侵东北地区，制造了"江东六十四屯惨案"。苏沃林认为，如果完全不顾及对岸

---

① *Сунь*. Китайская политика России, стр. 169.
② Там же, стр. 170.
③ Там же, стр. 168.
④ *Ухтомский Э. Э.* К событиям в Китае: об отношении Запада и России к Востоку: рубеж XIX – XX веков. СПб, 1900. Изд. 2 – e. M., 2011, стр. v.

的中国，黑龙江左岸俄属领地的安全保障将困难重重。当然，清政府若有能力维持东北地区的秩序，俄国还是有必要掌握其行政权的。但是，仅为黑龙江左岸的安全保障而武力吞并东北地区的一部分是不应该的。为了铁路而吞并新的领土也是没有必要的。只需要确保铁路沿线的几个据点，在各个据点安排负责保养铁路线路的人员即可。①

他还认为，俄国已经获得了足够多的土地，现在最需要的不是土地而是盟友。无论对方如何想，对于我们而言中国不是敌人。他提议俄国应该加入亚洲阵线，以盟主的身份与清帝国、奥斯曼帝国一起建立三帝国同盟。如此一来，地球上1/3的人口都将被纳入俄国阵营，这是当时整个欧洲人口的2倍。当然，三国之间并非平等关系，应使中国与土耳其从属于俄国。② 这一提议在当时备受争议，即使是在言论界保守派人士当中也被视为极端做法。③

1900年8月14日，八国联军侵入北京，原本一直支持义和团的清政府转而抛弃义和团。八国联军随即展开对义和团的剿杀，并在北京城内烧杀抢掠，状况惨烈。面对这种新的局势变动，俄国言论界的看法也是不一致的。苏沃林主编的《新时代》表示，目前最重要的不是军事力量及扩大殖民地，而是政治影响力的角逐。④ 随着时代的发展，俄国已经逐渐从罗曼诺夫王朝成立前的动乱中脱身，相信中国人也同样有能力去重建其内部秩序。在此时，俄国只需要作为调停者促使动乱早日平息、事态得以尽快解决即可。⑤ 因此，要与西欧等国保持距离，并多接近清政府。为了保持与中国的良好关系，有必要培养精通中文的人才，尤其是外交官。⑥

《圣彼得堡通讯》的立场同苏沃林一致，拒绝与西欧为伍。但在俄历8月31日（公历9月13日）刊登了明显有别于其立场的特鲁别茨科伊的《给编辑部的信》。继承了索洛维耶夫衣钵的特鲁别茨科伊在文中明确主张"黄祸论"，并支持欧洲瓜分中国。对此，苏沃林表示强烈批判。他指出，

---

① *Сунь.* Китайская политика России, стр. 171.
② Там же, стр. 172, 201.
③ *Суворин А. С.* В ожидании века XX, стр. 829.
④ Там же, стр. 830.
⑤ Там же, стр. 832 – 833.
⑥ Там же, стр. 817 – 818.

如果俄国为西欧卖命，就会轮到自己倒霉。① 现在联军在中国的军事行动是以镇压暴动为目的，而非同中国作战。

义和团运动失败后，清廷与列强之间围绕惩处责任人和赔偿金等问题的交涉一直难以获得进展。俄国企图通过友好的俄清关系实现和平渗透，主张在赔偿问题上对清政府采取克制态度。② 然而，1901年9月7日清政府与列强十一国签订的《辛丑条约》，其内容对清政府而言是极为苛刻的，这也给此后的东亚地区投下了巨大的历史阴影。当时清政府派出的谈判代表李鸿章，在条约缔结后两个月便离世（1901年11月7日）。

维特鉴于各国针对俄国行动的反对态度，开始重视如何避免美国加入日本和英国的阵营。③ 就连不屑与欧洲列强为伍的苏沃林也在1900年9月19日的《新时代》上表示，应该与美国结盟以牵制日、英。④ 不过，他对美、德、英关于在中国实行"门户开放"的提案持否定态度。他认为这样的竞争将有损俄国的商业利益。他强调，中国南部和中部或可任由其他国家逐利，但在北部绝不能实行"门户开放"。⑤

的确，从东亚地区利害关系的相关性和切实性来看，日俄是最为突出的。日本的关注重点在朝鲜，俄国的主要利益关注点在东北，两者皆希望获得更有利的条件以确保各自在朝鲜或东北的权益，对立由此而生。并且，这种对立状态逐渐有向战争发展的趋势。从伊藤博文和维特的主张来看，他们皆认为战争的代价过于巨大。如果在日俄两国，此二人的影响力一直很强大的话，在他们的主导下或可达成某种妥协。但遗憾的是，当时的伊藤博文在日本的政治前途已蒙上阴影。1901年6月2日，山县派官员桂太郎取代伊藤博文组建新内阁，其中担任外相的小村寿太郎正是参与《辛丑条约》谈判的日本代表，他主导下的外务省决定了其后日本东亚外交的方向。⑥ 小村

---

① Там же，стр. 841.
② Schimmelpenninck van der Oye, *Toward the Rising Sun*, p. 166.
③ 石和静「ロシアの韓国中立化政策―ヴィッテの対満州政策との関係で」『スラヴ研究』46 号、1999、45～46 頁。
④ 石和静「ロシアの韓国中立化政策―ヴィッテの対満州政策との関係で」『スラヴ研究』46 号、1999、47 頁。
⑤ Сунь. КитайскаяполитикаРоссии，стр. 170.
⑥ Ian H. Nish, *The Anglo-Japanese Alliance*: *The Diplomacy of Two Island Empires*, 1894 – 1907 (London: University of London, 1966), pp. 170 – 174.

与此前主张摸索对俄绥靖政策的伊藤明显不同，他认为对俄国在东亚的任何行为都不能放松警惕，并于1902年1月推动日本与英国建立日英同盟。

俄国受到日英同盟的压力，决定与清政府协商从东北撤兵，并于1902年3月26日约定分三次撤兵，至1903年9月完成。然而，此时的俄国政府内部针对撤兵一事出现意见对立，维特与外交大臣拉姆斯多尔夫主张依照约定尽早实现撤兵，而别佐布拉佐夫则认为撤兵是很屈辱的，应确立更积极的军事政策。一旦俄国在远东的权益、威信成为争论点，仅靠经济合理性的逻辑很难确保足够的政治影响力。只能说维特对此预想得太乐观了。就在此时，沙皇尼古拉二世对维特的支持逐渐减弱，他在政府内的地位也因此被动摇。① 最终，撤兵未得实现，俄国继续驻兵东北。

俄军留驻东北，必然导致日俄矛盾加剧。在当时的政治界已经"过时"的伊藤博文与谢尔盖·维特，再无力气阻止东亚地区日渐走向战争的政治局势。极力争取避免与俄国发生军事冲突的伊藤博文被嘲笑有"惧俄症"，而维特则于1903年被免除财政大臣之职。

结　语

在日俄战争结束之际，谢尔盖·维特已迫不得已从俄国政治舞台的中心退出。然而，正如义和团运动失败后清政府不得不将同列强谈判的重任托交给李鸿章一样，俄国政府同样必须依靠维特的谈判能力来为日俄战争善后。在《朴茨茅斯条约》的谈判过程中，日本首相桂太郎也曾试探伊藤博文是否愿意担任日方的全权代表，最终伊藤没有答应，而是由外相小村寿太郎出任谈判代表。② 1905年9月，《朴茨茅斯条约》正式签订，其中规定将中东铁路南满支线长春以南路段移交日本管理。随后在1907年7月签订的第一次《日俄密约》中，双方又达成协定，将东北划分为南满和北满，分属日本与俄国势力范围。至此，中东铁路成功地保留在了俄国手里。但俄国重新认识到必须有一条仅限国内通行的、连接伊尔库茨克与符拉迪沃斯托克

---

① 据石和静考察，1902年8月的《新时代》论调中可以看到这种波动。参见石和静「ロシアの韓国中立化政策」『スラヴ研究』46号、1999、48頁。

② 伊藤之雄『伊藤博文—近代日本を創った男』講談社学術文庫、2015、540~541頁。

（海参崴）的线路，于是新的调查开始展开。

一直对东亚地区近代化极为关心的伊藤博文，在担任朝鲜统监后，开始关注清末"新政"下的预备立宪，并且一有机会便热心地向清政府要员介绍立宪政治的真谛、要义。他原本预定在1910年亲赴中国，① 却于前一年在哈尔滨被暗杀。清朝在此后也命数将尽，于1911年随辛亥革命的爆发被推翻。与此同时，在俄国的策动下外蒙古"独立"。

1912年8月，苏沃林在圣彼得堡去世，其生前与维特的关系并不算好。过于自信的维特并不太尊重报刊等媒体及言论界人士的独立性，甚至企图通过金钱来操纵舆论。对此，苏沃林极其难以接受。② 在苏沃林看来，维特过分地将关注点放在远东，这对于俄国的整体利益而言是极其危险的，而且这并不能从根本上解决俄国的问题。

尽管如此，维特与苏沃林也并非敌对关系。两者都承认对方强大的存在感，也认识到有必要相互支持与合作。在支持维特路线这一点上，苏沃林、与维特立场接近的乌赫托姆斯基、被批判为反动派的梅谢尔斯基三人是基本一致的。虽然苏沃林拒绝依附于维特，但从19世纪90年代后期开始还是相应地接受了维特个人的好意。总之，二者的关系颇耐人寻味，为研究政治家与言论界人士之间的关系提供了很好的案例。或许只有先准确理解他们各自的角色和相互作用，才能真正明白他们的思想在俄国东亚政策形成过程中的意义以及俄国东亚认识的多面性。

1914年第一次世界大战爆发，这对于正处入战后恐慌中的日本来说是非常侥幸的。如果没有一战，日本恐怕更难从日俄战争的后遗症中恢复过来。正当一战期间的1915年3月13日，维特去世，留下一部惹人争议的回忆录。1916年10月，在由维特发起修筑的西伯利亚铁路自乌苏里段开工以来的四分之一个世纪后，贯通阿穆尔河（黑龙江）左岸的国内线建成通车。4个月后，俄国发生"二月革命"，俄罗斯帝国时代终结。

（邹灿 译）

---

① 伊藤之雄『伊藤博文―近代日本を創った男』、619 頁。
② 维特曾因《新时代》不称赞他而予以谴责。参见 Карцов. Русский консерватизм，стр. 404，409。

近代在华西人视野中的德占青岛（1897~1914）

——以《北华捷报》为中心

杨 帆[*]

  1897 年 11 月，德国出兵胶州湾。① 1898 年 3 月，德国政府强迫清政府签订中德《胶澳租界条约》，租借胶澳及其周边地区 99 年。1899 年 10 月，德皇威廉二世下令在租界内新建的市区设立首府，命名为"青岛"（Tsingtau②），青岛作为一个城市正式诞生。直至 1914 年 11 月，德人苦心经营的"模范殖民地"落入日本之手，这 17 年为青岛近代史上的德占时期。作为一个后起的帝国主义国家，德国从一开始就采取了与老牌帝国主义国家不同的统治和经

---

[*] 杨帆，南开大学历史学院、日本爱知大学中国研究科博士研究生。
① 目前学界尚未见直接与本论题相关的专题研究；以新闻史的视角对《北华捷报》的历史沿革和报道立场等内容进行的研究并不鲜见，如赵禾《〈北华捷报〉始末》，《烟台师范学院学报》1988 年第 3 期；韩春磊《〈北华捷报/字林西报〉的历史沿革及其特点价值》，《兰台世界》2013 年第 2 期。而以《北华捷报》的视角研究近代中国重要事件或人物的文章目前有赵立彬的《〈北华捷报〉眼中的临时大总统》，该文主要利用 1912 年 1 月到 4 月孙中山担任中华民国临时大总统期间《北华捷报》上刊载的与孙中山个人动向和南京临时政府政策、施政措施、民军动向等相关的报道，分析《北华捷报》视野中的孙中山及南京临时政府的形象，参见赵立彬《〈北华捷报〉眼中的临时大总统》，《近代中国》第 24 辑，上海社会科学院出版社，2015，第 185~198 页；李珊的《晚清时期〈北华捷报〉上的中国声音》则将视野集中到晚清时期中国人发表在该报上的文章，认为该报不仅为西方人而且也为中国人提供了发声空间，参见李珊《晚清时期〈北华捷报〉上的中国声音》，《近代史研究》2015 年第 5 期。关于德占时期青岛形象研究的专题文章，则仅见曲晓雷的论文《屈辱与认同之间：清末民初国人眼中的德国形象——以胶澳租借地为中心》，该文主要利用报纸杂志、游记、文学作品等中文文本来研究清末民初国人眼中的德国形象，而国人眼中德国在青岛的殖民活动构成清末民初国人眼中德国形象的主体部分，该文可与本文结合起来阅读，形成德占时期在华西人和国人视野中青岛的全景图像。参见曲晓雷《屈辱与认同之间：清末民初国人眼中的德国形象——以胶澳租借地为中心》，《社会科学辑刊》2010 年第 5 期。
② 此为"青岛"一词的德语译法，当时则以通行的邮政式拼音"Tsingtao"指称青岛。

营手段。为证明自己的殖民地经营能力，与英、美等西方列强在全球范围内展开竞争，当局不惜代价运用国家干预机制，投入巨大的资源，力图把青岛打造成一个"模范殖民地"。它在行政管理、司法制度、土地政策、市政规划、港口和铁路建设、财税、植树造林等诸多方面采取了与其他国家不同的"新"殖民政策，对青岛城市的现代化产生了深远影响。

对于德占时期的青岛，当时中外报刊时有关注，《北华捷报》是其中颇为引人注目的一家。《北华捷报》英文名为 The North-China Herald，1850 年由英国拍卖行商人奚安门（Henry Shearman）在上海的英租界创办，是中国近代史上出版时间最长、发行量最大、最具影响力的英文报纸，被称为中国近代的"《泰晤士报》"。①

该报早期的订户以各大洋行和航运公司为主，而各大洋行和航运公司，多属英美两国。② 从 1859 年开始，上海英国租界工部局和英国驻沪领事馆的文件、公告，以及工部局董事会的会议记录都交该报登载。因此该报一度被认为是租界工部局官方的喉舌，在上海的外侨群体中一度有"英国官报"之称。值得注意的是，除了在华西人之外，掌握英语的中国人也是该报的读者群体之一。"字林报为纯粹英国式之报纸，在上海为工部局之喉舌，故在社会上颇占势力，其立论常与华人意志相反，故注意外事之华人多阅之。"③

该报在全中国范围内有着大批通讯记者，他们提供了丰富的、持续的新闻来源。这些政府官员、商人、传教士等身份不一的通讯记者，发表各种意见，该报则为他们提供了观点交锋的空间。《北华捷报》新闻报道类型包括国际新闻、中国新闻、内地通信、上海地区新闻、外侨生活、租界要事等，其中最有特色的是内地通信，凡内地设有教会之处，即有《北华捷报》的访事员。从沿江和黄河南北到甘肃、新疆、四川、云南，都有定期

---

① 1864 年，原《北华捷报》的副刊更名为《字林西报》，《北华捷报》改为星期副刊继续发行，1870 年由于刊登上海英国领事馆的各项公告，特增发 The Supreme Court and Consular Gazette（《最高法庭与领事公报》），嗣后更名为 North-China Herald and Supreme Court and Consular Gazette（《北华捷报和最高法庭与领事公报》）。为方便起见，文中统一简称《北华捷报》。
② 汪幼海：《〈字林西报〉与近代上海新闻事业》，《史林》2006 年第 1 期。
③ 戈公振：《中国报学史》，《民国丛书》第 2 编第 49 册，上海书店出版社，1990，第 87~88 页。

的通信。① 该报不仅在中国，而且在英国、美国、澳洲和日本等世界其他地方发行。

当时该报在山东各主要城市青岛、济南、潍县、芝罘有固定的通讯记者，他们定期向上海的编辑部发送通讯稿件。与此同时，该报临时派往青岛或山东其他地区进行采写的特约记者也会发回记者手记。② 这些报道具有重要的直观价值，代表了在华西人对德占青岛及建设的深度思考，为读者呈现了殖民者、被占方中国二者之外的第三方视角。有鉴于此，本文试图对《北华捷报》上关于德占时期青岛的报道和评论做一番梳理，选取其中具有代表性的若干篇报道，通过引证其他相关的历史资料，来对照观察近代在华西人眼中德占时期青岛城市建设和社会发展的样貌，为理解近代西方在华的殖民活动提供一些新的线索。

一 报道的议题分析

（一）青岛的崛起：路港联运的基础性意义

德国在占领青岛之初，就认识到了发展经济的重要性："首先把它发展为一个商业殖民地，即发展成为德国商团在东亚开发广阔销售市场的重要基地。"③ 而作为一个沿海的口岸城市，青岛经济的繁荣离不开两个重要的前提：一是通过现代化的大型港口设施促进航运的发展，二是对广阔的内地，尤其是通过铁路对内地重要经济地区的开拓。④ 德国人认为要把青岛建成东亚首屈一指的军事和商业基地，离不开现代化的港口建设。这一时期的

---

① 方汉奇：《中国近代报刊史》，山西人民出版社，1983，第 63~76 页；何文贤《晚清中外关系的一块晴雨表——〈北华捷报〉的特点及其影响》，《温州大学学报》（社会科学版）2007 年第 6 期。
② 《北华捷报》上登载的和德占时期的青岛有关的报道绝大多数发自青岛，同时亦有若干篇报道发自济南和烟台。如 1901 年 10 月 16 日一则关于青岛的德国人活动的报道即发自济南，参见 "Chinanfu: German Activity at Tsingtao a Desirable Innovation Yellow," *The North-China Herald and Supreme Court & Consular Gazette*, October 16, 1901.
③ 青岛市档案馆编《青岛开埠十七年——〈胶澳发展备忘录〉全译》，中国档案出版社，2007，第 3 页。
④ 青岛市档案馆编《青岛开埠十七年——〈胶澳发展备忘录〉全译》，第 271 页。

《北华捷报》上有多篇报道涉及德方在青岛的港口建设。

1904年3月11日该报登载了青岛大港第一码头竣工的报道：

> 昨天是对我们的殖民地来说非常重要的一天：在胶州湾内的新港口正式开放了！昨天的天气相当不错，几乎所有的殖民地居民都来到了港口，出席了这个十分重要的场合。上午11时，有一大群人，包括居民、文官以及商人，还有驻防青岛和四方的部分军人。在登陆码头为妇女和小孩专门建了一个看台。几分钟以后，两艘轮船冒着蒸汽开进码头，总督和他的随员从船上下来。随后欢迎仪式开始，港口成为人们竞相前往的地方。总督做了演讲，并接受了外国商人和他们邀请来的客人们的祝贺。中午时分欢迎仪式以音乐会的形式结束。①

报道中提到的"胶州湾内的新港口"即是指于1904年3月6日（光绪三十年一月二十日）建成的大港内第一码头。② 在占领青岛后，德国人便投入巨资修筑港口，1898~1914年，其在青岛的总投资为21016.9万马克，其中用于青岛港的投资达5383.3万马克，占总投资的25.6%，在所有投资领域中居首位。③ 青岛港的建设包括小港、船渠港和大港三大工程。在报道中的大港一号码头开通之前，已经完成了小港和栈桥的扩建工程，大港一号码头从1901年开工建设，到1904年3月6日竣工。港口的修建，大大提升了青岛港在国内乃至东亚沿海港口中的地位。胶澳总督亲自乘船到港主持新建码头的开通仪式，足见德国人对这项工程的重视。"几乎所有的殖民地居民都来到港口出席如此重要的场合。""欢迎仪式开始，港口成为人们竞相前往的地方。"港口的开通，是青岛的德国当局可资炫耀的政绩，而竞相前往港口也表明当地居民对当局港口建设的认可。

---

① "Tsingtao: the Inner Harbour, a Free Portthe First Train," *The North-China Herald and Supreme Court & Consular Gazette*, March 11, 1904.
② 江沛、徐倩倩：《港口、铁路与近代青岛城市变动：1898—1937》，《安徽史学》2010年第1期。
③ 日本青岛守备军民政部：《青岛研究资料》1919年附表。参见李万荣《胶澳开埠与青岛城市的早期现代化（1898—1914）》，东北师范大学历史文化学院硕士学位论文，2002，第16页。

除了港口开通的报道,另有多篇报道关注与港口兴修相关的配套设施——防波堤、仓储设施、灯塔的建设及管理港口的机构——海关大楼的建设情况。

> 新的海关大楼已经开始封顶,轮廓初现。其位置极佳,大楼坐落于一块专门用于修海关及配套办公楼的地块上。在此处与大海之间,已修好了一条新马路,通往港口的路线更为便捷,交通也得以分流。……在港口附近,一些新的货栈建立起来,显然,这些是很急需的。当前,有大量的货物在流转,所有仓库里的货物都打包起来,为腾出货栈外的空间。①

宏伟的政府码头和胶州湾内更为宏大的防波堤提供了良好的设施来装卸庞大的货物;同时,新建的雄伟的配有电灯的灯塔引导着夜色包围中的船只来到安全的锚地。②

该报还着重突出德国当局在建设青岛港的过程中遇到的诸如自然条件、泥沙淤积等困难及为克服种种不利条件所采取的措施:

> 作为一个港湾,青岛的不利之处是港湾面向东风开口,当大量的东风盛行时,由于大风刮起的海水向湾内席卷而来,轮船可能在港湾里停留数日而不能卸货:但是这一不利之处正在被积极地弥补,大型人造内湾正在建设中,这个港口位于港湾周围往上不远处,在一块突起的岩石后面,轮船可以沿着码头或堆栈停泊,就像是停留在母国的船坞里一样,由此,火车将会将船上的货物直接运输到山东省内地。在这块突起的岩石的保护下,一个类似的小规模的港口已经开始建设,这个港口是用来停泊垃圾处理船和货船的。挖泥清淤工作正在紧锣密鼓地进行。③

---

① "Impovements in Tsingtao," *The North-China Herald and Supreme Court & Consular Gazette*, December 27, 1913.
② "Tsingtao: a Disinterested Correspondent," *The North-China Herald and Supreme Court & Consular Gazette*, July 24, 1901.
③ "Tsingtao," *The North-China Herald and Supreme Court & Consular Gazette*, April 23, 1903.

德国当局在1905年宣称:"从装卸设备的方便和安全来看,青岛超过了东亚所有港口。甚至在诸多老牌的海上贸易中心(如香港、上海、芝罘、天津、长崎和神户等),大船的装卸也必须借助舢板才行,但在青岛,即使最大的货轮也可以在码头上将货物直接转装上火车。"① 在不借助舢板的情况下,使船只能安全靠岸卸货,是实现青岛路港联运的关键一步,当年的《北华捷报》对此也进行了关注:

> 大型的码头和港口建设仍在进行中,完全建成可能还需要几年时间。用于商业运输的一个内部港口已经建成,货物和乘客可以在此下船,而以前,船只只能在不靠岸的情况下将货物和旅客放到小船上,这种方式非常难受,有时甚至非常危险。②

青岛港和胶济铁路的建设是德国确立其在山东势力范围的关键举措。德国谋划侵占胶州湾的重要智囊、地理学家李希霍芬在德国占领胶澳之前就曾说道:"胶州湾不仅有着优越的装船条件,并且建一条横穿山东平原到省府济南的铁路也很容易。这条铁路将横穿省内重要的煤矿产区,也会为省内其它产品提供方便的口岸。"③ 胶济铁路于1899年9月23日动工兴修,由青岛开始自东向西铺设,德国当局借此打通了山东沿海通向内地的通道。该报对德国当局此项重要事业进行了重点关注:

> 一周以前,从这里出发的首列火车到达济南府,揭开了殖民地历史新的重要的一页。这项事业正在给殖民地带来越来越多的利益,并且货运运费现在已经进行了轻微的下调,有大量的中国货物从这里流入内地腹地。④

---

① 青岛市档案馆编《青岛开埠十七年——〈胶dss澳发展备忘录〉全译》,第400页。
② "Choutsun, SHT, Tsingtao," *The North-China Herald and Supreme Court & Consular Gazette*, September 22, 1905.
③ 赵振玫:《中德关系史文丛》,中国建设出版社,1987,第192页。
④ "Tsingtao: the Inner Harbour, a Free Port, the First Train," *The North-China Herald and Supreme Court & Consular Gazette*, March 11, 1904.

1904年3月11日，该报在《青岛》专栏中以"首列火车"为标题报道了胶济铁路开通的消息，认为胶济铁路"揭开了殖民地历史上新的重要的一页"，并指出铁路开通后将会产生重要的经济影响。值得注意的是，报道是于3月7日从青岛发出的，那么"一周以前"首列火车开通的时间应当是在3月之前，现有研究对胶济铁路于何时全线通车尚有分歧：张学见认为周村至济南段通车的时间为1904年6月1日；① 江沛教授则认为光绪三十年六月初一（1904年7月13日）胶济铁路干线通至济南。② 二者提出的通车时间虽然有西历和农历的差别，但时间都是在《北华捷报》报道三个月之后，和报道的3月通车的消息不符；而当年日本驻芝罘领事水野幸吉发给日本外务大臣小村寿太郎的报告则给予我们新的启发："随着德国经营的山东铁路未成线路周村—济南府及其支线张店—博山的敷设工事竣工，山东铁路全线全部开通，3月1日起列车运转开始。本月1日，即该铁路开工时预定的竣工日期1904年6月1日，在济南停车场举行了全线开通仪式。"可知报道发出时的3月初是胶济铁路修通后试运营的时间，在试运营了三个月之后，胶济铁路才正式宣告通车。③

在胶州渡过周日时光正日渐成为一种潮流。人们通过铁路前来，游客的人数也在稳定增长。火车在早上8点离开青岛站，中午时分抵达胶州。在回程列车启动前，人们可以在那里待四个小时。回程的票价是二等座5元、三等座2.5元。在降临节时期，票价将会下调。④

在当年5月22日的报道中，透露了胶州段修通后青岛居民往返胶州的

---

① 赵德三：《接管胶济铁路纪》，京华印刷局，1924，第139页，转引自张学见《青岛港、胶济铁路与沿线经济变迁（1898—1937）》，南开大学历史学院博士学位论文，2012，第56页。
② 江沛、徐倩倩：《港口、铁路与近代青岛城市变动：1898—1937》，《安徽史学》2010年第1期。
③ 『山東鉄道全線開通ノ件』明治三十七年六月十五日（1904年6月15日），日本外務省外交史料館，『山東鉄道関係一件』第一卷（F-1-9-2-10_001）；JACAR，アジア歴史資料センター Ref. B10074646600。
④ "Tsingtao: a Chinese Influx," *The North-China Herald and Supreme Court & Consular Gazette*, May 22, 1901.

列车时刻、所需的时间和票价等信息。

> 到目前为止,本埠贸易还是以零售为主,但是随着铁路的延展,青岛必将成为山东省的一个商品供应口岸,以及成为山东,进而可能远及河南的商品的主要销售市场——这样下去对芝罘是很不利的,只要那个现在还非常繁荣的条约口岸没有自己的铁路线联结内地的话。①

可见早在1903年胶济铁路全程通车时,该报就已经预见到铁路对拉动青岛进出口贸易、扩展腹地的重要意义,并指出线路一旦修通可能对烟台产生的不利影响。历史的发展印证了该报的预测,随着1904年胶济铁路的建成,青岛港的贸易额开始逐渐追上并赶超烟台港(见表1),青岛港也由此成为山东第一大港。

表1 青岛、烟台贸易额总值比较(1907~1912)

单位:海关两

年份	1907	1908	1909	1910	1911	1912
青岛	28637889	31653895	39705084	42580624	46141657	54712091
烟台	28646513	27985362	38421625	30195783	30570544	28736450

资料来源:交通部烟台港务管理局编《近代山东沿海通商口岸贸易统计资料1859~1949》,对外贸易出版社,1986,第7、11页。

> 前往内地的铁路十分便捷,列车是从美丽如画的青岛火车站发出的,这个火车站是本地很有特色的地标。开往山东省会济南府的火车,每天在青岛和济南两地发车,全程大约12个小时。笔者清楚地记得当时从海边到省会通常需要12天的陆地艰难的旅程。这个地方正在成为一个十分时兴的避暑胜地。②

---

① "Tsingtao," *The North-China Herald and Supreme Court & Consular Gazette*, April 23, 1903.
② "Choutsun, SHT, Tsingtao," *The North-China Herald and Supreme Court & Consular Gazette*, September 22, 1905.

从 12 天到 12 小时,胶济铁路的开通大大缩短了济青之间的通勤时间,给青岛的旅游业带来了新的机遇。这则报道以直观的数字呈现了今昔巨大的对比。

> 青岛新近取得的成就是可以通过火车收到发自欧洲的邮件了。津浦线天津到济南一段的完工使上文提到的成就得以实现。当然,黄河大桥不会在短时间内竣工,但是一个有规律的计划正在执行之中,这个计划是济南府到天津每周两次,通过轮渡的方式越过黄河。人们希望以后可以这样安排行程:从青岛到天津的旅程,不必在济南府停留过夜。①

1908 年 8 月开始动工修建的津浦铁路以天津为起点,并在天津与京奉铁路接轨,分为南北两段修筑,该路与胶济铁路互为经纬,在济南相交,1911 年 9 月,该路除黄河大桥外,南北两段实现分段通车,由此来自欧洲的货物可以沿东清、京奉、津浦、胶济铁路抵达青岛。报道中提及的"通过火车收到发自欧洲的邮件"即是指津浦铁路南北接轨后,青岛与欧洲之间的交通有了海运之外的另一个选择。冬季,当天津港因冰冻封航时,作为与之有铁路相连的不冻港,青岛将成为输入华北货物的重要进口港口。黄河大桥工程作为津浦线北段最为艰巨的工程,是津浦铁路实现全线贯通的关键,报道介绍了黄河大桥工程的进度,并展望了工程竣工对沟通青岛与天津两个北方重要港口城市的重要意义。

然而,对于胶济铁路的建设,报道中并不是一味地夸赞:

> 本报通讯记者刚刚从目的地是青岛的旅行中回来,回来的路上经由芝罘和大运河。德国治下的这个港口的建设活动非常密集,表明德国人——当然也包括中国人,投入了巨大的精力来建设这个城市,对青岛的未来满怀信心,这种信心从所取得成果的角度来衡量是完全合理的,如果德国人在他们对港口的管理和确定新建铁路的价目

---

① "Tsingtao," *The North-China Herald and Supreme Court & Consular Gazette*, January 13, 1911.

表方面表现得足够慷慨的话。现在对铁路的收费有大量的埋怨,无论是对铁路客运——迄今为止只有三等客舱在营运——还是对铁路货运的收费。①

这则刊发于 1901 年 10 月的报道对当时仅部分区间通车的胶济铁路的定价政策进行了批评,认为无论是客运还是货运收费,铁路管理方都表现得不够慷慨,据现有资料,还无法核实《北华捷报》的报道有没有对铁路管理方以后的定价政策产生影响。但该报显然站在乘客和贸易商的角度,指出了德国当局港口管理和铁路定价方面的不足,而不是像这一时期的大多数报道那样一味宣扬德国当局的成就。

(二) 贸易和生产:牵动山东经济发展的龙头

港口和铁路一体化确立了青岛近代化城市的巨大优势,也为青岛的商业发展带来了广阔前景。如果说路港联运给青岛的城市现代化提供了优越的硬件条件,那么德国当局在青岛采取的经济政策尤其是自由港区制度则为青岛发展提供了配套的软件环境。《北华捷报》在报道青岛的港口、铁路建设之外,对德国当局所采取的经济政策亦有涉及。

一个自由港

因为青岛是一个自由港,只要货物不发往内地,那里的海关税就无需支付,"柯尼斯堡"(Konigsberg)号和"艾玛"(Emma)号卸下了它们所有的货物,这些货物原本是计划运往旅顺港、大连或者是符拉迪沃斯托克的——总共 8000~9000 吨的货物。另外三艘货轮将做同样的事情,它们的货物按计划将要储存在货栈里,直到战争结束。②

这则报道登出时日俄战争已经爆发,受此影响,来自俄国的两艘商船选

---

① "Chinanfu: German Activity at Tsingtao a Desirable Innovation Yellow," *The North-China Herald and Supreme Court & Consular Gazette*, October 16, 1901.
② "Tsingtao: the Inner Harbour, a Free Port, the First Train" *The North-China Herald and Supreme Court & Consular Gazette*, March 11, 1904.

择青岛作为临时的卸货港口,而德国当局在青岛实行的自由港制度影响他们做出此选择的一个重要原因。德方在占领之初,就有意效仿英国在香港实行的自由港制度,德国外交大臣布洛夫曾言:"只有将胶澳作为一个自由港,然后才能达到那种商业贸易发展,而那样的行业发展是我们留属该处的主要目的。"① 并在1898年9月2日宣布青岛港向各国开放,范围包括整个德国租借地区。② 1899年4月17日《青岛设关征税办法》第二款规定:除鸦片外,一切海路到青货物都免税,并在德领地范围内自由流通。③ 正是由于此项条款,俄国商船选择在青岛卸货,以享受免税的优惠待遇。

海关的变动

尽管从今年年初开始,青岛已不再是一个自由港了,但政策并没有立刻实行,本年度头三个月是过渡时期,在这段时间内,凡是在上年度12月之前订购的货物仍然可以免税进口。过渡时期现在已经结束了,各种类型的货物现在需要纳税,在这点上,青岛港和中国境内其他的通商口岸没什么不同。这个问题谈妥经历了相当长的时间,因为有如此多的不同利益相关方需要认真加以权衡。条约的大意是帝国海关收取所有的税款,将海关进口收入的20%支付给德意志帝国政府,在我们看来,这项安排还不错。④

尽管德国当局在1899年信誓旦旦地宣称"青岛港及整个德国保护区像过去一样具有严格的自由港性质,并且将来也保持不变",⑤ 但从1906年1月1日开始,出于增加关税收益的考量,德国当局与中方达成了将德属胶澳并入中国海关辖区的协议。根据双方达成的《青岛设关征税修改办法》,过去包括整个租借地在内的免税自由港区,现在只限于以大港为中心的有限地区;中国海关每年提拨两成交给德国当局。据统计,当年保护区收入比上一

---

① 青岛市档案馆编《帝国主义侵略青岛纪实》,青岛市出版局,1995,第25页。
② 青岛市档案馆编《青岛开埠十七年——〈胶澳发展备忘录〉全译》,第6页。
③ 王守中:《德国侵略山东史》,人民出版社,1988,第182页。
④ "Tsingtao: Customs Change," *The North-China Herald and Supreme Court & Consular Gazette*, April 12, 1906.
⑤ 青岛市档案馆编《青岛开埠十七年——〈胶澳发展备忘录〉全译》,第34页。

年增加 369415 马克，其中有 236867 马克来自实施新关税协定后的 1906 年 1 月至 6 月，占增加收入的 64%，自由港制度的变化对当局收入产生的影响可见一斑。这则新闻对自由港制度的重大变化进行了报道，并站在第三方的立场对德国当局经济政策的重大转变进行了评价。

现金问题

  青岛的德国殖民当局试图通过引入两种面值的硬币——五分和十分钱来解决辅币这一难题，按现在的汇率，两种面值的硬币分别按相当于等值的墨西哥银元流通，在德国的领土和铁路沿线。硬币由镍币铸造而成，一面是德国军服的式样，另一面是德国政府的文字和刻成中文的硬币的面额。这项举措将会带来便利，除非中国人想方设法避免使用新的硬币。①

  当局采取了多种措施来稳定青岛地区的金融市场，为商贸流通打造良好的环境。在报道发出的 1909 年，为了降低山东省内流通甚广的铜元贬值对青岛金融稳定造成的影响，当局批准德华银行青岛分行自铸辅币——五分和十分的镍币，在青岛发行，同时禁止中国和香港发行的 2 角、1 角、5 分的小银元流通。② 这种辅币不仅在青岛发行，而且在胶济铁路沿线也得到大力推广。报道认为当局的这项举措有着积极意义，这表明了该报对德国当局所采取的稳定金融市场措施的认可。

  德国当局打造的软硬件环境推动了青岛商业贸易的迅速发展。来自中国和世界各地的商人前来青岛开设公司，"外国资本正越来越多地争取在这个欣欣向荣的贸易港口占有一席之地",③ 对青岛的发展寄予希望。而德国当局对外资进入及各国企业在青岛的经济活动持欢迎态度。这点在该报的报道中也得到体现：

---

① "Tsingtao: a German School, The Currency Question," *The North-China Herald and Supreme Court & Consular Gazette*, November 13, 1909.
② 青岛市档案馆编《帝国主义与胶海关》，档案出版社，1986，第 116 页。
③ 青岛市档案馆编《青岛开埠十七年——〈胶澳发展备忘录〉全译》，第 475 页。

美最时洋行

今天,美最时洋行在他们新设立的青岛分公司所在地举行了招待会,很多宾客聚集在一起,恭贺青岛分公司的设立,谨祝新事业蓬勃发展。胶澳总督特鲁伯对分公司的设立发表了讲话,经理赖莫斯做了简短回应。现在北德意志劳埃德公司的船只每个月停靠青岛两次,其中一班从德国本土开来,另一班从日本驶出经过青岛驶往德国。美最时洋行主营一般贸易,兼营航运业务。青岛港的出口量正在迅速增长,出口量赶上并超过进口量指日可待。由于铁路基础设施的日益完备和良好的船舶停泊条件,青岛的发运设施对出口商人有着极大的诱惑力。①

美最时洋行是一家主营航运和出口业务的德国公司,《北华捷报》借报道该洋行青岛分公司开业,展现了一部分久负盛名的德国在华老字号公司对青岛经济活力的信心和认可,并表明了德国当局欢迎商贸企业落户青岛的态度。

花生种植业的好消息

花生种植业发展迅速。本季度出口数量毫无疑问将远超之前任一年份同期的水平。本产业利用了大量原本毫无用处的土地,这一点对山东省十分有益。有大量种植其他作物但产出极少的沙地存在,只要稍微注意适当地施肥,这些沙地上就会产出大量的花生。这种作物的收获无疑将会补偿禁止种植鸦片所损失的经济利益,而且会因人民相关的购买行为刺激进口。②

青岛开埠,现代化港口和铁路的兴修,推动了以青岛为龙头的进出口市场的形成。这个市场不仅有着发达的国际、埠际贸易,而且与内地市场有着紧密的联系。其中,山东内地的农业市场与世界市场联结的广度和深度在青岛开埠后大为拓展,农业经济作物的种植和推广也随之变

---

① "Tsingtao," *The North-China Herald and Supreme Court & Consular Gazette*, January 13, 1911.

② "Tsingtao, Our Own Correspondent," *The North-China Herald and Supreme Court & Consular Gazette*, January 13, 1911.

化。市场对农业作物的影响在花生和鸦片的种植上表现得最为明显。在山东,鸦片的种植有当地现成的广大市场,花生则是应欧美市场的需要而种植。如报道中所言,花生种植对土地质量要求不高,沙砾之地和贫瘠的山区坡地之类的边际土地即可满足种植要求,在山东半岛丘陵地区大量种植。罂粟的种植同样仅需边际土地,在山东西部大运河沿岸地区和黄河旧河床等盐碱地地区曾大量种植,但是随着清政府1906年禁种罂粟,满足出口需要的花生开始由山东半岛地区向西发展。花生和花生油的出口也大幅度增长,据《胶澳年鉴》记载,报道发出的1911年,在青岛港的出口商品中,花生出口排第二位,出口额达570万元,合1140万马克;此外,出口的花生油,价值200万元,合400万马克。① 通过该则报道可以看到,青岛的开埠对花生这一重要经济作物在山东的种植推广产生了重要影响。

正如《北华捷报》报道所呈现的那样,历史的发展证明青岛在德国当局的治下"成为推动地区繁荣的因素",青岛经济在德占时期逐步赶上并超过烟台,1913年其总贸易值已经达到6000万两白银,据1913年的统计,山东省整个进出口的一半以上都经过青岛,青岛在中国开放港口中已名列第六位。依托青岛港优越的港口条件和胶济铁路带来的广阔腹地,青岛成为带动山东经济发展名副其实的龙头。

(三) 人口的涌入和管理:安全就业的选择

路港联运带来的交通运输条件的改善,因地制宜的经济政策打造出的青岛良好的投资环境,"吸引和加速了人口的集聚和移民浪潮"。这一时期的《北华捷报》对大量人口涌入青岛及其对青岛城市化带来的影响进行了关注。

中国人大量涌入

最近,大批中国商人正前往我们的殖民地定居。几乎每个星期都有土地拍卖,大多数情况下土地被中国人买走。为这些中国人保留的土地

---

① 青岛市档案馆编《青岛开埠十七年——〈胶澳发展备忘录〉全译》,第711页。

位于大鲍岛,在胶州湾一侧。土地价格依据位置而有所不同,每平方米从 1 分到 75 分不等。①

中国人被限制在殖民地的一块区域内,华人区看起来和其他任何沿海城镇一样干净和繁华;华人在本地的商业发展中显然起了很大的作用。②

义和团运动期间,青岛的经济运行受到影响,几乎处于停滞状态,而在运动结束后,"有大批中国人,尤其是商界人士不断迁入德属地区",华人大量迁入掀起了购地热潮,③ 反映了华人对德国人治下青岛的未来发展所抱期待。德国当局在占领青岛后,颁布《胶州土地法》,并在 1903 年 3 月 30 日和 12 月 31 日两次进行修订。法规优先保障当局对土地的优先购买权,而且为了配合城市规划计划及限制土地投机行为,当局在留足政府和军用、公共土地外,将其余的土地分为小块向私人拍卖。"总督根据实际需要将随时公布公开拍卖土地之通告,并定出起拍价。土地将拍卖给出价最高的人。土地的用途须事先告知总督府,总督府对地产的分配保有一定的自由度。"④ 在城市规划方面,当局遵照"华洋分治"的原则,将青岛划分为欧人区和华人区。欧人区位于青岛湾和太平湾沿岸一带,政府、外国人的商店、住宅设于此地。欧人区北面的大鲍岛区是华人商业区,而台东、台西、小鲍岛则为普通华人区。⑤ 据《胶澳发展备忘录》载,1900 年 10 月 1 日至 1901 年 9 月 30 日,德国当局总共卖出了价值 181706.75 银元(包括延期付款在内)的 179196 平方米的土地。在青岛的华人市区大鲍岛,求购者最为踊跃,那里所有用于建筑的地皮均已售罄。⑥ 这则报道反映了义和团运动后,中国人

---

① "Tsingtao: a Chinese Influx," *The North-China Herald and Supreme Court & Consular Gazette*, May 22, 1901.
② "Choutsun, SHT, Tsingtao," *The North-China Herald andSupreme Court & Consular Gazette*, September 22, 1905.
③ 青岛市档案馆编《青岛开埠十七年——〈胶澳发展备忘录〉全译》,第 125 页。
④ 青岛市档案馆编《青岛开埠十七年——〈胶澳发展备忘录〉全译》,第 4~5 页。
⑤ 陈雳、张松:《单威廉的土地政策述评》,《德国研究》2009 年第 3 期。
⑥ 青岛市档案馆编《青岛开埠十七年——〈胶澳发展备忘录〉全译》,第 128 页。

迁居青岛、购置土地的热潮,表明德国人在青岛的建设赢得了中国人的信任。

  尽管如此,从人烟稀少的街道来看,居民们看起来大多数都待在家里没有出来。如此明显的人口稀少的现象的一个主要原因是中国居民的缺乏,正是这些居民蜂拥而入,进入我们的通商口岸,将生命奉献给了我们的殖民地,而在青岛的中国劳动人民被安置在一个特殊的区域,在内地几英里处,他们只会在工作或生意需要时才进入新建的德国人的新城。因为德国官员的周全考虑表现在他们新占据中的每一步,并且他们已经为欧洲人规划了一个城镇,他们在使这个殖民地单纯地欧洲化方面做得十分仔细,通过最彻底地剥夺原本属于中国居民的土地的方式。
  所以原本位于新城这个地方的村庄都被连根拔起,它们的废墟在很多地方依然可以看到,原来的主人被给予了相当慷慨的现金补偿,此外还在稍远一些的地方分配给他们新的土地,在那里马路和地下水系统已经由政府负责修好,并且卫生标准被严格执行,大部分使中国人感到厌恶,如果不是使他们感到有所受益的话;当然,对欧洲居民来说好处是毋庸置疑的,人们会后悔要是同样的措施早在上海或香港采取就好了,而且依然明显的是,在相邻的港口,本该是养老休养胜地的芝罘,在那里地主和土地投机者已经被默许将大众的利益搁置于不顾,公众的健康和舒适已经被令人悲伤地损害了,他们被强制性地要求居住在密集的中国人中,被他们自身的活动搞得晕头转向。①

  从以上这则报道可以看出,《北华捷报》对德国当局采取的华洋分治政策持一种纠结的态度。一方面,从感情上,对当局通过"剥夺中国人土地"的方式,人为地制造区隔,不甚赞同;另一方面,通过与烟台土地投机行为进行对比,又对当局为应对人口大量流入所制定的针对性的土地政策表达了赞赏之情。
  辛亥革命之后青岛迎来开埠以来人口增长的第二个高峰,这一阶段出现

---

 ① "Tsingtao," *The North-China Herald and Supreme Court & Consular Gazette*, April 23, 1903.

了一个特殊的群体——寓居青岛的前清遗老。

辛亥革命后,大量中国人为躲避战乱涌入青岛,1913 年 7 月时,市区的中国居民比 1910 年人口统计时增长了 55.97%,达 53312 人,而 1910 年是 34180 人。当局在年度报告中认为,"尽管这一增长部分归因于青岛的正常发展,但绝大部分却是由中国人因内地动荡而迁入造成的",① 这其中有不少"各阵营富有影响的、受过教育的中国人",而来青居住的前清遗老正是其中最具代表性的群体。

1914 年 6 月 20 日,一篇题为《在德意志帝国的旗帜下》的专题报道介绍了多位当时避居青岛的前清王室贵族、旧臣高官的状况:"青岛,跟上海和天津一样,已经成为很多前清官员的避居地。"② 辛亥鼎革之际,不少清朝旧臣选择去租界里做遗老。那时中国有 23 个租界,对前清旧臣有吸引力的主要有三个,即上海、天津、青岛。③ 报道不仅列出这三个吸引前清旧臣的城市,还指出青岛吸引他们前来定居的独特之处:"但是青岛不像上海,这里并不欢迎既反对清政府又反对袁世凯的革命派。"④ 辛亥革命后,德国对清朝的覆灭持同情的态度,对前清贵族、官员,不仅予以接纳和保护,甚至不惜为此修改法令,准许中国人到青岛的欧人区购地建房,为这些遗老在青岛居住生活大开方便之门。对他们而言,选择青岛作为栖身之地,也是综合考量后做出的理性选择,一是青岛的租界性质,使自身得以免受中国各派军政力量的搅扰;二是他们中的部分人依然怀有政治上的追求,希望在时机到来之际再度出山,相比距北京较近的天津,更有安全保障,与北京有一定距离、通过胶济线和津浦线仍可保持顺畅联系的青岛成为很多遗老们的理想选择。

"目前在青岛避居的官员并不像几个月前那么多,因为像徐世昌、李经羲、赵尔巽已经离开青岛前往北京,在总统手下担任职务。"除上述三位在民初政坛声名显赫的人物之外,这则报道接下来分小节先后介绍了溥伟、张

---

① 青岛市档案馆编《青岛开埠十七年——〈胶澳发展备忘录〉全译》,第 722 页。
② "Under The German Flag: Officials in Sanctuary, The Elder Statesmen of China," *The North-China Herald and Supreme Court & Consular Gazette*, June 20, 1914.
③ 熊月之:《辛亥鼎革与租界遗老》,《学术月刊》2001 年第 9 期。
④ "Under The German Flag: Officials in Sanctuary, The Elder Statesmen of China," *The North-China Herald and Supreme Court & Consular Gazette*, June 20, 1914.

人骏、周馥、吕海寰、邹嘉来、张士珩、李家驹、吴郁生、于式枚、谭延闿10 位当时避居青岛的前清贵族、官员。

在各小节中，报道重点介绍了他们在辛亥鼎革之际的境遇抉择，进而介绍他们来到青岛后的日常生活、经济及交游活动，他们是否会再度从政也是几乎谈及每个人时都要涉及的部分。报道中反映出的这些前清遗臣的境遇各异，有在青岛生活优渥的，如溥伟，"他和家人住在山坡上的一幢小别墅里，别墅位于海滨旅馆上方，可以俯瞰跑马场和大海"，作为清皇族的恭亲王溥伟受到青岛德国当局格外优待，携带的几十万两白银使他能够从容地于会前湾畔新建起一座恭王府邸，即报道中的"海边的小别墅"，在那里筹划他的复辟大计；也有生活大不如前的，如革命前先后担任江南制造局总办、山东学台的张士珩，"因宅邸被偷或被毁，他在青岛生活条件很一般"。报道称溥伟为"满人中唯一一个如雷贯耳的名字"，周馥为"相比其他任何人，他更担得起老辈政治家的称号"，吴郁生、于式枚两人"名声都很好，尽管可以被归为保守派，但是绝不是反动分子"，"像居住在青岛的很多前清官员一样，他们是一群爱国的值得尊敬的人"。正是"由于大量富有中国人的移入，保护区的商业及工业生活获得了新动力"。① 德国当局对这些遗老显然是持尊敬和赞赏的态度的，而《北华捷报》对这一群体的立场和德国当局基本一致。此则专题报道表明德国治下的青岛不仅有着吸引中国人迁入的优秀的城市建设模式和便利的港口和铁路等交通条件，而且当局能够保护本地老百姓免受动乱形势的侵害，包括前清遗老在内的大批中国人前往青岛正表明中国人对青岛作为一个保护区的充分信任。

（四）避暑与旅游：青岛另一个吸引力

德国当局在青岛城市建设、市政管理等方面的举措，为青岛旅游业的发展打下了良好的基础。这一时期《北华捷报》上有多篇报道关注青岛的旅游业，为读者呈现了一个新兴的北方沿海消夏避暑胜地的形象。

相关报道主要从以下几点入手来呈现青岛作为消夏避暑旅游目的地的优势。一是青岛能够给游客提供良好的旅游配套设施。"青岛已经拥有两个精

---

① 青岛市档案馆编《青岛开埠十七年——〈胶澳发展备忘录〉全译》，第 715 页。

美的旅馆,其中一个是亨利王子饭店,里面有真正上等的设施:已经建起小别墅供夏季避暑的游客居住,从一个很小的海湾——克拉拉湾的沙滩到殖民地的东部的海水浴场,都配备了充足的海水浴场中常见的设备,这些设备质量上乘,而且相当安全。"① 这段文字选取自1903年4月23日一位特约记者前往青岛旅游时所写的游记,从旅馆业、海水浴场洗浴配套设施的角度介绍了青岛旅游业相关设施之完备。

  北德意志劳埃德船运公司新开通了一条到青岛的航线,青岛的外国人对此十分欣慰,去港口迎接。在过去的夏天,青岛吸引了大量的消夏游客。进出青岛的轮船人满为患,大小旅馆也是如此。游客们享受到了无与伦比的舒适。凉爽的微风、惬意的海水浴、宽阔阴凉的马路给予了游客们绝佳的锻炼机会。想要换个景致的话,有近处的小山可供短途旅行,最重要的是还有动听的音乐——所有这些都是吸引游客的地方,不是其他地方能够轻易超越的。很有可能以上所述是越来越多的人认为青岛是最舒适安闲地度过炎炎夏日的理想目的地的原因。②

这则报道充满了对青岛作为一个夏季旅游度假胜地的溢美之词。正如报道所言,随着现代化港口的修筑,大型跨国航运公司纷纷开通国际航线,这成为青岛旅游业发展的一大优势。此外,海滩度假和浴场休闲等西式现代休闲方式在青岛逐渐盛行。与此同时,青岛多低山丘陵的地貌特征使慕名而来的中外游客在享受现代西式海滩旅游所带来的乐趣的同时,还能在当地尽享中国传统的登山乐水之雅致。

在《北华捷报》的报道中,青岛不仅是普通民众休闲度假的理想去处,而且为一些特殊的职业群体如军人、海员提供了繁忙工作之余放松身心、度过一段悠闲时光的好去处。1909年8月7日,该报以《美国海军舰队在青岛》为题报道了当年夏天美国海军远东舰队来青岛做短暂休整的情况:

---

① "Tsingtao," *The North-China Herald and Supreme Court & Consular Gazette*, April 23, 1903.
② "Tsingtao: a New Departure," *The North-China Herald and Supreme Court & Consular Gazette*, October 7, 1910.

美国海军四艘军舰来青岛度过四天的假期，美国驻青岛领事馆予以接待，安排了舞会、保龄球等各项活动，海军舰队在青岛待的四天时间里是持续的好天气，舒适怡人的气候，宽敞开阔的道路，绿树覆盖的小山，所有这些使海军军官和随员们在此玩得非常愉快，他们中的很多人宣称这是中国最舒适怡人的港口。①

可见，气候舒适、风景怡人的青岛给来此做短暂休整的美国海军军官们带来了极佳的度假体验。

另外这里和上海一样，也有一个海员之家，经常有人光顾：除了通常都有的阅览室和台球室之外，这里的海员之家还有配备了戏剧舞台、精美的演讲大厅、很多间卧房，这些卧房对海军军官收费，每晚40分钱，两人一间；对海员收费，每人20分，是单独的小卧室。驻防部队的营房和为高级别的行政人员提供的住房，不用说，是尽最大可能使他们住得既宽敞又舒适。②

除吸引西方国家的海军来此休整外，设施完备的海员之家也吸引了各国海员。

作为一个避暑胜地，青岛对自身的广告宣传并没有达到足以匹配她的安闲舒适、地理环境和气候条件的程度。青岛之所以不愿意去大张旗鼓地进行宣传，一定是由于条顿人生性谦逊，因为中国沿海的其他地方是难以和有着如此优美的自然的景致，地理位置如此优越，又可以躲避酷暑的青岛相媲美的。青岛的东南面有着开阔的海面，海峡、伊芙琳角和南面的码头隔海相望，面积400平方英里的辽阔的胶州湾向西和向北伸展，在青岛可以享受除东北风之外其他各个方向的海风。在青岛的东北部耸立着道教名山崂山，锯齿状的斜坡向上绵延直至3600英尺的高

---

① "U. S. Fleet in Tsingtao," *The North-China Herald and Supreme Court & Consular Gazette*, August 7, 1909.
② "Tsingtao," *The North-China Herald and Supreme Court & Consular Gazette*, April 23, 1903.

度。越过胶州湾的西南方向上还耸立着另一座巍峨的山峰，这座山峰有着完美的比例，而且在青岛的欧人区就可以将山上的美景尽收眼底。在青岛的东北部还有一个突出的山峰在低矮的山群中隐隐浮现，最近被重新命名为海因里希王子峰。①

1901 年 7 月 24 日的这篇题为《作为夏季旅游胜地的青岛》的报道用了将近一半的篇幅陈述了青岛得天独厚的自然条件和地理优势赋予青岛发展夏季旅游业无与伦比的条件。

总之，青岛之所以成为消夏避暑的度假胜地，从《北华捷报》的报道来看，既和青岛得天独厚的自然环境和优越的地理位置有关，也和德国人在青岛的城市建设和有效管理是分不开的。

二 报道动机简析

从《北华捷报》与德占青岛有关的报道来看，德人塑造"模范殖民地"并由此对中国人施加影响的目的显然达到了，并得到在华西人的认同。然而这种认同背后纠缠着相当复杂的感情。竞争、比较的心态贯穿《北华捷报》有关德占青岛报道的始终。主要代表在华英美侨民利益的《北华捷报》关注德国在青岛的殖民活动，从某种意义上而言，其目的主要是以之为镜鉴，反观自我，即对英美当局在上海租界以及英国殖民当局在香港的殖民活动进行反省。英国从 1842 年起通过《南京条约》割占香港岛，开始了对香港的殖民统治；英美在太平天国运动期间开始经营上海租界，到 20 世纪初，已在香港殖民统治了 60 多年，对上海租界的经营管理也将近半个多世纪，虽然取得了不小的成绩，但也出现了诸多社会问题，如放任的土地政策造成租界内人口密度过高；华人大量涌入造成严重的城市卫生防疫问题；等等。它们迫切地希望找到切实可行的解决之道。而德国当局在青岛仅经营了 10 多年的时间，即实现了英国在香港和上海租界半个多世纪才完成的发展，尤其

---

① "Tsingtao, a Disinterested Correspondent," *The North-China Herald and Supreme Court & Consular Gazette*, July 24, 1901.

是通过制定严谨的城市规划,实施由政府主导土地买卖等政策比较成功地解决了香港、上海租界始终未能完满解决的人口过度集中、城市卫生防疫问题,使在华英美侨民对德国在青岛采取的截然不同的城市治理路径产生了相当的兴趣。《北华捷报》的报道迎合了主要读者群的需求,对青岛城市化进程中的主要方面进行了关注。

作为在华殖民事业上的竞争对手,对后起的殖民帝国德国在青岛的殖民统治活动,该报在自我反省的同时,以居高临下的姿态进行审视,一篇题为《山东的德国化》的社论鲜明地展现了这一立场。这篇社论一开始对德国在青岛取得的成绩进行了肯定,接下来则文风一转,以"在殖民这条道路上已经走了很长时间"的先行者的口吻就如何治理青岛向德国当局给出建议。① 关于德国在青岛的殖民统治模式,《北华捷报》以"父权制政府"概括:

> 一个那样父权制的政府,不像我们这样的自治市政府,没有土地所有权方面的利益纠葛需要考量,因此不无优势,无论这种父权制政府按时兴的观点是多么需要被谴责,如果不是被鄙视的话。德国的官僚作风——在青岛展示了最好的一面,至少今天我们是从外在的结果来判断。②

可以看出,尽管《北华捷报》对德人治理青岛的成绩给予了充分的肯定,但是对他们取得成绩的治理模式——"父权制政府",并不是完全赞赏。

与在非洲和南太平洋的殖民地由德国外交部殖民司管理不同,胶澳地区直接受帝国海军部管理,并且后者的职权要远远大于前者。社论中提及的"父权制政府"其实所指的正是帝国海军部实行的"国家-军事殖民主义"的治理模式,而这正是青岛城市现代化水平在德占时期突飞猛进的一个重要原因。然而,就社论观之,在英美式城市自治和德式"国家-军事殖民主

---

① "The Germanisation of Shantung," *The North-China Herald and Supreme Court & Consular Gazette*, July 31, 1903.

② "Tsingtao," *The North-China Herald and Supreme Court & Consular Gazette*, April 23, 1903.

义"的治理模式之间,① 该报显然认为前者是更为先进的,其对英国文明的优越感不加掩饰地流露出来。

结　语

值得注意的是,当时中文媒体对德占青岛亦投以相当的关注,以《东方杂志》为代表的中文报刊受当时日渐高涨的民族主义思潮影响,其报道中的德占青岛形象经历了前后的转变,即由早期集中于德军侵入山东、对其在胶澳统治残暴面相的关注到后期逐渐将注意力转向德国在胶澳租借地的经营举措、青岛城市现代化的进程以及对德国人国民性的探讨,评价由负面渐趋正面。② 而这与《北华捷报》上德占青岛自始至终的以正面为主的形象形成鲜明的对比。

报刊媒体对一个城市形象的塑造和宣传具有相当重要的影响,同时也受到报刊自身所持的编辑立场和受众群体特点的制约。《北华捷报》的记者和读者群主要是在华英美侨民,其政治身份的两重性,对我们理解这一时期《北华捷报》有关德占青岛的报道尤为关键。一方面,置身中国,对于自己外国人的身份,他们有着强烈的自觉,深感宣扬同属西方的德国在青岛打造的先进、现代的西方文明是其应有的自觉;另一方面,他们又对英美式的城市治理模式及其背后所代表的民主制度更为认同,对德国的军事管理式的城市治理模式不甚赞同。

尽管该报的相关报道有种种不足,如在论及德国在青岛的工业建设、商贸发展时,欠缺数字统计方面的资料;中国社会各阶层的贡献很少被提及;种族主义的意识形态、殖民主义的统治意志、对中国和中国人的蔑视在报道中不加掩饰地流露出来;等等。但是报刊媒体作为一种载体,毕竟只能呈现了德国当局在青岛活动的部分面相,没有也不能完整呈现全部内容。

总之,依托于华西人群体的《北华捷报》,凝聚和表达了这一群体对作

---

① 青岛市档案馆编《青岛开埠十七年——〈胶澳发展备忘录〉全译》,第5页。
② 国人眼中的德占青岛形象研究,详见曲晓雷《屈辱与认同之间:清末民初国人眼中的德国形象——以胶澳租借地为中心》,《社会科学辑刊》2010年第5期。

为在华殖民同伙和竞争对手的德国在青岛殖民事业的政治主张和文化观念,形成了独特的舆论空间。这些报道,作为一个窗口,展示了德国在青岛的殖民统治和城市建设的成果,确证了德占青岛在整个近代中国城市现代化进程中的地位;同时,作为一面镜子,为在华西人反思在中国的租界治理提供了有益的镜鉴。该报从路港联运、贸易和生产、人口涌入、旅游和避暑这四个与青岛城市现代化紧密相关的方面出发,透视了青岛由一个沿海渔村向近代城市的转变过程,呈现了在华西方人作为德国占领者、被占方中国二者之外的第三方对这一过程的独特认知,有助于我们加深理解青岛在中国城市发展中所发挥的独特的示范作用。

血与墨的辩证：黄得时散文论

彭玉萍[*]

笔者拟以黄得时日据时期散文为起点，与其文学史建构相互参照。黄得时在《台湾新民报》上有"乾坤袋"专栏19篇（时间大约为1933年底至1934年初）及零散散文。本文所框限的范围主要想厘清日据时期的台湾位居殖民地位置，与民国时期的中国，实具有相近似又相悖的面相；另外，此问题散文此一脉络的研究方法、系谱的梳理，也同样在反省战后以降，余光中、杨牧以降的散文史论述中，夹缠着作家自身的散文创作，反复建构出更庞大、稳固的知识论述。

摆置在日据时代的空间中，黄得时的专栏与其余散文也同样在酝酿、生成一套散文史、民间文学史论述，再敷衍成文学史的框架及其论述。属于"代现"的文字，是黄得时书写中不同的符号系统与知识彼此错杂的具体展现。在黄得时身上，我们可以发现，汉文家世习染转变成新文学创作路线之际，他有所选择与抛弃，汉文学的形式教养已经被有意识地转化，转化为一套可以适应于殖民地、新语体、新世界观的文体。

一 前言：日据时期的问题散文

许达然《日据时期台湾散文》[①] 一文，首次针对台湾日据时期的散文书

---

[*] 彭玉萍，台湾大学台湾文学所博士生。
① 许达然：《日据时期台湾散文》，"赖和及其同时代的作家：日据时期台湾文学国际学术会议"，清华大学中国语文学系文学研究所，1994年11月25～27日。

写进行分类与分析研究,他认为,日据时期因缘着殖民,已有"问题散文"的类型,文学艺术非着重部分,而倾向于政治与思想间的融涉。再者,有思考时代议题与兼顾文学艺术的散文,即有"知性散文"一脉;而台湾日据时期开创的"抒情散文"则倾向个人随性与私我的一面。许达然最后结言之:

> 不一定都生动,但感人的是朴实,从不堆砌词藻,拖沓冗赘,也不晦涩蒙眬,作弄读者,……台湾散文家对殖民的风趣没有兴趣,一开始就老实不客气论述文化。文化论述为了启蒙。文化论述一箩筐,才框住了论述的人。

这段话明显指出,台湾日据时期散文有一脉启蒙性与朴实的"问题散文"传统,而这正也是许达然所偏好的。之于这样诠释框架与艺术美学的思考,陈建忠讨论赖和日据时期散文书写此一个案①,则认为:许达然命名为"问题散文"的这一脉,或许可以《台湾民报》专栏《社说》系列文章或相关论述为例,但陈建忠偏好称为"论述散文",因其文学似乎非所重。此一"论述散文"因其知性而自内部建构出艺术性,陈建忠则认为台湾散文的较大开创还是"抒情传统"的建立,因为小说与新诗在反殖民氛围下较偏知性,习惯于反殖民议题的"大叙述"书写;散文较能呈现出脱逸的"小我"面相,陈建忠定位赖和为"抒情散文"一脉,此先知的"独白",实为世代与时代所发出喟叹之音。

梳理这些前行研究,可以发现许达然与陈建忠涉及其文学史观与美学典律性的问题和对问题散文与抒情散文的分歧,但这已经跳脱出质与文的分歧,而是对殖民地内核精神有所偏重。笔者认为这是台湾散文史相当重要的一环。笔者尝试整理出日据散文的篇目(待补),除企望厘清散文史的脉络与弥补缝隙之外,更希望说明这一文学类型与殖民权力两者互动下所衍伸的一套知识。但初步发现陈建忠所偏重的"抒情散文"

---

① 陈建忠:《先知的独白:赖和散文论》,郭懿雯编辑《时代与世代:台湾现代散文学术研讨会论文集》,东吴大学中国文学系,2003。

大抵仍属少数，故陈建忠标举赖和在美学与思想上对散文艺术的标举，甚且战后不曾接续其影响的散文传统；而许达然的"问题散文"，抑或可以用战后对散文的分梳"杂文"一词来取代，这一类的散文型态仍是日据时期的多数，如黄得时、郭秋生、王诗琅、蒋渭水、林献堂、周定山等人。

而陈建忠的论述，另一反省则是历来评价台湾现代散文（以战后起始，宛如现代散文至此割裂了日据时期），多由中国现代美文与小品文的角度出发，对于赖和以降的日据经验散文传统，并无法观照到这一类的散文书写，特别是美学与政治结合的这一脉络散文书写传统。而此类似的想法也不独陈建忠一人，早在杨泽编选《鲁迅散文选》一书时，就以《恨世者鲁迅》为"序言"梳理这一美学与政治结合的中国散文传统。杨泽剀切地指陈：

> 长久以来，中文的散文写作常脱不了一种固定的调子。不管是传统文人的作品，或今日报纸副刊的散墨随笔，散文似是文类中最"入世"的、最能自由地切入生活的各种层面；然而，却也是最"保守"的，选择维持着一种谨慎、甚是朦胧的距离。一方面，它以知情达理，能在人情世故之中优游为趣味；另一方面，它的无法直视人生，恐怕也正由此闲适优游，"主情而不自知"的态度而来。我无意在此凸显阶级的观念，但即使到了今天，散文写作、思想之严重受限于过去的文人传统当是很明白的。不管是在形式或内容方面，现代散文承袭明清小品文余绪，融合文言、白话，固然发展出一种新的个性和亲切的色彩，趣味、视野与观点大抵改不了一种"文人风"。文章表面虽未出现太多过去"诗酒风流"的那一套，骨子里仍充满了对昔时文人品味、情趣的追寻。①

对于此番言论，笔者存有保留，毕竟美文与学者散文某种程度上的"避世"乃肇因于政治社会的局限，这一部分应该给予客观的评价。但面对这样的生存姿态与美学品位，我们未尝不可解读为：敦厚与闲适风格

---

① 杨泽：《恨世者鲁迅》，《鲁迅散文选》，转引自（台北）《洪范》，1995年10月，第2页。

之下的"隐蔽文本",乃是以放弃知识分子介入现实的人生价值为代价,某种程度的"阉割",旨在占有文学场域里的一定位置。然而,鲁迅此一从未放弃知识分子"淑世"理想者,在文化救国的理念中是牢骚的"恨世"文人,而之于散文美学接受史上的评价,鲁迅又何尝不是忧郁的"恨世"者呢。

对于问题散文此一脉络的研究方法、系谱的梳理,笔者拟以黄得时日据时期散文为起点进行论说。

二 一件"小"事:专栏散文的知识缝隙

黄得时在《台湾新民报》上撰写的"乾坤袋"系列专栏文章中有一篇名为《人力车》①,相当引人注目,假如我们还熟悉鲁迅的小说集《呐喊》中的《一件小事》,小说中"我"与车夫之间的对话,"我"责备车夫耽搁路程,但原来车夫是想扶起路旁颠仆倒下的老女人,车夫将她送往巡警分驻所,"我"惭愧地掏出铜板交由巡警,并请他转交给车夫作为车资。小说的结尾余韵犹存,写道:"这事到了现在,还是时时记起。我因此也时时熬了苦痛,努力的要想到我自己。几年来的文治武力,在我早如幼小时候所读过的'子曰诗云'一般,背不上半句了。独有这一件小事,却总是浮在我眼前,有时反更分明,教我惭愧,催我自新,并且增长我的勇气和希望。"②假如这个"我"是鲁迅的话,作为一位启蒙主义知识分子,如果对庸众丧失信心而贬低民众,这也几乎是彻底地否定自身;这个"我"与车夫的辩证,也意预着鲁迅对知识分子自身的深切自省。同样的题材,在民国时期有胡适的新诗《人力车夫》(《新青年》第 4 卷第 1 期,1918 年 1 月 15 日)、郁达夫的短篇小说《薄奠》(1924)、老舍的长篇小说《骆驼祥子》(1936)等。当然黄得时在 1934 年所写的《一件小事》并不只是单纯的社会写真,此引车卖浆者流(林纾语)得以进入文学,则与民国时期一波"劳动神圣"论述有关,这种关注来自对"人"意义的重新发现,对妇女、儿童、下层

---

① 黄得时:《乾坤袋专栏:人力车》,《台湾新民报》。
② (北京)《晨报·周年纪念增刊》,1919 年 12 月 1 日。

民众等不被发现的群体,重新予以人的独立价值。

《人力车》内文描写道,人力车车资在日本最贵,台湾次之,大陆更次,但他的一位中学老师却批评道:"人力车,是用人力拖的;况且是一个人拉一个人,其极为不通可想而知了。处在科学这个昌明的今日,这种东西的存在,确是时代的错误。"这一科学时代讲究的分工,却与人道主义相悖,黄得时眼中这群人力车夫对于人生的体察自有一套人生观,并非眼界狭隘的庸众:

> 我们也是个神圣的劳动者,我们自信比坐在我们背后,让我们拉的客人活得有意义。我们自拉车以来,足足过了七、八年之久。其间,得了许多的经验。如遇暴风雨、拉客途中,不幸被风吹倒,折断车手的时候,有一种客人,不但车钱不给,甚至恶言相加;更有一种客人照约支付车钱;还有一种客人,看我们的车手折断,甚为同情,车钱之外,加赐三元五元。同样是父母所生的人,为甚么有这样的差异呢?

这一篇文章,将独白的街角车夫,跃升为叙述者,而非街角中的一景。文末有意思的是转引沈尹默的新诗《人力车夫》中的一段:

> 日光淡淡,白云悠悠,风吹薄冰,河水不流出门去,雇人力车。
> 街上行人,往来很多;车马纷纷,不知干些甚么。
> 人力车上人,个个棉衣,个个袖手坐,还觉风吹来,身上冷不过。
> 车夫单衣破,他却汗珠儿颗颗　往下坠。①

沈尹默这首诗,通篇写情景,他的抒情似结着薄冰的河面,不生涟漪的波面下,将自己的不平之感冲洗得如淡淡、悠悠的景色,对比车夫与乘客的笔法虽不算新颖,但诗人很看重自食其力、目标明确的人力车夫,而把轻蔑的眼光投向了形形色色的市侩。这一层底层人冷眼热肠看社会的寓意,对于人的独立意义的重新恢复,正是黄得时挪用沈尹默的诗作所想表示的。但一

---

① 沈尹默:《人力车夫》,《新青年》第 4 卷第 1 期,1918 年 1 月 15 日。

并挪用的,则是民国中国与殖民地台湾的知识脉络,可见此事并不"小",且必须放入"乾坤袋"里重新被惦念、牢记。

黄得时在1942年即开始发表《挽近的台湾文学运动史》《台湾文学史序说》《台湾文学史第一章——明郑时代》《台湾文学史第二章——康熙雍正时代》等一系列文章,但他对民间文学的着力则早在1935年于杂志《第一线》上发表《卷头言 民间文学的认识》一文,内文提及:"对于民间文学的认识,完全不彻底。甚至有人说,台湾是绝海的孤岛,没有甚么民间文学值得我们的一顾。这不外乎一种怠慢的口实而已。"① 对于黄得时稍后的文学史论述,他的视角同时规范了台湾文学的内容与范围,此一台湾文学史"独特的性格"② 意指的不仅是地域范畴,更是美学、诗学面相。而这些均可以在黄得时的民间文学论述中早先寻得踪迹,又或者应该说,刚起步的黄得时,其初先的民间文学论述是相对片段、破碎、抽象、尚待诠释的;但这也意味着黄得时与民间文学更多是殖民地人民感知、经验或者实践之后的生活,并非学者与研究对象的关系。陈思和曾指出民间文化形态与政治意识形态之间的关系:它具有民间宗教、哲学、艺术的传统景,用政治术语说,民主性的精华与封建性的糟粕交杂在一起,构成独特的藏污纳垢的形态。③ 如上述黄得时对人力车夫的诠释,"民间"的力量似乎拥有一些隐微的话语权(也与作家主动给予有关),或者揭示"假面"的力量,现代社会的分工分层,人心异化的问题。

另一文《乾坤袋专栏:衣服》则在分梳进入日式澡堂洗浴所发生的事情,大家褪去衣物,反而无等差可自在相处:

> 不久大家洗了澡,穿上衣服,出了浴场的时候,我谫发现先前和我门在浴室内谈笑怒骂的人,也有学生,也有官吏,也有劳动者,也有会社员,也有教育家,他们穿上他们的衣服,态度就一遍了,有的装出很堂皇,有的装出很恐缩,一举一动,已没有像先前在浴室里的和蔼了。

---

① 黄得时:《卷头言 民间文学的认识》,《第一线》1935年1月6日。
② 黄得时:《挽近的台湾文学运动史》,《台湾文学》第2卷第4期,1942年10月。
③ 陈思和:《民间的浮沉:从抗战到文革文学史的一个解释——当代文化与文学论纲之二》,《鸡鸣风雨》,学林出版社,1994,第35页。

所以我想，如得将公共浴场内的那种没有差别的和蔼空气，移在我们的社会生活上，未知我们的生活要增加多么幸福和痛快呢！①

在这抒情段落后，原有衣服只为屏蔽外在气候对身体的侵害，后却延伸出与装饰、阶级的问题难分难舍的时候，在公共浴场下的"坦诚相见"，穿上服饰后，又重回以骄其人的"区分"。究中，我们创造现代性，却也为现代性所驱逐、所定义，不只是劳动者短衫、知识分子长衫的物理距离，连同心理距离、对空间的认知模式也发生转变。对现代性的反省背后，其实是对人的精神性的反思，他不能不发出"进步"与"幸福"无法兼容的喟叹，这样的喟叹与敏锐的观察，宛如那时代的乐曲下的荫翳，而反思型知识分子正扮演揭示荫翳的证者的角色，如赖和写火车座、教育所发出的喟叹："啊！时代的进步和人们的幸福原来是两件事，不能放在一处并论的哟。"

三 由故事开始：黄得时的散文腔调

在这一小结结语开始之前，笔者尝试先回顾黄锦树《论尝试文——论现代文学系统中之现代散文》② 一文，他尝试去响应王安忆《情感的生命》一文对散文批判性的提问，也就是现代散文的真实与责任——它的文类依据、初心、表达伦理等。黄锦树回到胡适在《新青年》上发表《文学改良刍议》之始，胡适的《尝试集》即已将"尝试"——一种试探的、自由的精神作为（此后亦成为）中文现代文学系统的主要特征。后续杨牧编订散文选集，曾概括五四以来的散文为七类，分别是小品、记述、寓言、抒情、议论、说理、杂文，而后面两项说理与杂文，分别以胡适与鲁迅为代表，被杨牧评定为"重实用，不重文学艺术性的拓植，兹不论"。至此黄锦树权引张诵圣的论述指出：杨牧所肯定的六种恰恰可能朝向美学上的形式化——和公共的经验空间的隔离，甚至主流的意识形态妥协。

---

① 黄得时：《乾坤袋专栏：衣服》，《台湾新民报》。
② 黄锦树：《论尝试文：论现代文学系统中之现代散文》，郭懿雯编辑《时代与世代：台湾现代散文学术研讨会论文集》，东吴大学中国文学系，2003。

黄锦树在这篇文章中，意在言外指出以鲁迅以降的尝试文，从字迹笔墨进入血的领域，从不断"革命"的声嘶力竭中，"挥舞"着暴力、血光等语，对鲁迅而言这是生命的见证，而非只是舞文弄墨鞭挞着语词的弹性、密度和质料。这样的时代语境热度与生命被碾压的回击，变相达到一种美学的极致与文体试验的政治效度，是的，鲁迅的暴力文体在文学性上已经走向另一层次——它的反思性与介入。当然，暴力文体也有可能恶化，走向后来的中国大字报体、毛文体。我们可借以思索以此差不多时期的台湾日据时期的文体，这样的暴力文体可能在张我军、叶荣钟、周定山等身上有转化的痕迹。有趣的是，黄得时直至1929年中学毕业赴东京才在留学生会馆买到中国新文学作家的著作，以黄得时的家世和学习状况尚且如此，更遑论其余没有岛外经验的台湾读者。因此，或许也不应该无限扩大中国新文学在台湾影响的效力，知识分子有所吸收，但势必也需要经过转化、因时制宜才能为岛内阅读大众所理解，进而达成启蒙。但至少黄锦树指出中国新文学运动的白话尝试文提供了一套最低限度的形式与伦理学。我们是否也可因此来思索平行时空下台湾日据时期的文体？

　　在许达然指称日据时期散文"朴实"、不耽溺于"殖民风趣"的体质，或许与中国新文学的尝试文阶段近似，在选择另一条新辟的文体路上，他们却选择不展现出原有汉文学的辞藻修饰、典故罗织的惯常行事风格。在黄得时日据时期的散文中，我们更看得出他善于叙事的特性，或者惯用挪用故事的技巧。在《乾坤袋专栏：儿童》一文中，黄得时接连引经据典，有四例，表述他对儿童教育的思考。① 例一为西洋教育家的轶事，写母亲在瓜田突升起偷瓜之意，却因儿子偶然望见头顶月亮像在微笑的样子，因而叫住母亲而阻断她临起偷心；例二是孟母守信杀豚；例三是黄得时路见一名母亲棒打儿子的教育方式；例四是华盛顿砍倒樱桃树。为说明儿童教育却连说四个故事，相看之下非常冗长，且少去自己意见的陈述或者情感铺陈，"引经据典"是一种很广泛的汉文、学术的修辞手段，在选用故事、引语、托寓上，作家的身影无所不在，我们或许可看出黄得时如何弥合自家文体与论述对象之间的巨大缝隙，而所引故事的

---

① 黄得时：《乾坤袋专栏：儿童》，《台湾新民报》。

文化理想，也是作者隐藏在其中的。黄得时不认为儿童是稚弱无知的，相较成人的世故习染，孩童的纯粹反而提供借镜，他率然提出家庭爱的缺少，导致台湾有很多无赖汉与不良少年。启蒙并非遥不可及，反而是切身相关的小事。

四　血与墨的辩证：问题散文与散文史

诚于意，黄锦树指出了尝试文中说理与杂文这两类被排除在外的过程，其精彩的论述恰巧可与前述许达然与陈建忠的论述，形成对位性的思考，三者几乎都在诉说同一件事情，也就是散文的诗学——伦理学的问题，也就是其反思性的高度。此一梳理，其实也着实让我们反省，余光中、杨牧以降的散文史论述中，夹缠着作家自身的散文创作，反复再建构一套更庞大、稳固的知识论述体系。

黄得时的专栏与其余散文摆置在日据时代的空间，也同样在酝酿、生成一套散文史、民间文学史论述，再敷衍成文学史的框架及其论述。属于"代现"的文字，或者黄得时更企图透过文字帮底层、民间"代现"、"代述"，透过上述揭露的是黄得时书写中不同的符号系统与知识彼此错杂，且散文史建构仿佛已经掺入"现在"的时间。

在分梳日据时期散文系谱时，许达然厘出两条路线：一是台湾岛内问题、论述性散文路线；另一则是承继北平文坛生态的闲适小品文路线。但陈建忠则解读出赖和的抒情散文独树一格，我们可清晰看出，日据时期散文在"尝试文"阶段已有兼具文学性的路线，那样的文学性并非语言文字密度的锻炼，而是更深层凸显个人、抒情的面貌。我们甚至可以说，此路线若不断理清，兴许会分出非常多的支线。例如，同样旅平的钟理和，其写人与写景的典丽并不同于旅平的小品文路线。分梳系谱有助于找出一种更为清晰的专属那一代的说话腔调与文体，在黄得时的身上，我们就可以发现，汉文家世习染转变成新文学创作路线之际，他有所选择与抛弃，汉文学的形式教养已经被有意地转化，转化为一套可以适应于殖民地、新语体、新世界观的文体。有意识的选择或无意识的加入写作同一套文体，与之背后潜藏的精神史，是后续值得深化的课题。

附录：黄得时日据时期散文一览

黄得时：《乾坤袋专栏：电话的吃亏》，《台湾新民报》第 953 号，1933 年 10 月 15 日。

黄得时：《乾坤袋专栏：学士的转落》，《台湾新民报》第 961 号，1933 年 10 月 23 日。

黄得时：《乾坤袋专栏：作家的怪癖》，《台湾新民报》第 967 号，1933 年 10 月 29 日。

黄得时：《乾坤袋专栏：假面具》，《台湾新民报》第 985 号，1933 年 11 月 16 日。

黄得时：《乾坤袋专栏：误解》，《台湾新民报》1933 年 12 月 5 日。

黄得时：《乾坤袋专栏：衣服》，《台湾新民报》。

黄得时：《乾坤袋专栏：儿童》，《台湾新民报》。

黄得时：《乾坤袋专栏：信仰》，《台湾新民报》。

黄得时：《乾坤袋专栏：职业的平等》，《台湾新民报》。

黄得时：《乾坤袋专栏：人间三地狱》，《台湾新民报》。

黄得时：《乾坤袋专栏：美丑善恶》，《台湾新民报》。

黄得时：《乾坤袋专栏：福禄寿》，《台湾新民报》。

黄得时：《乾坤袋专栏：恋爱（上）》，《台湾新民报》。

黄得时：《乾坤袋专栏：恋爱（下）》，《台湾新民报》。

黄得时：《乾坤袋专栏：名字》，《台湾新民报》。

黄得时：《乾坤袋专栏：借光》，《台湾新民报》1933 年 12 月 9 日。

黄得时：《乾坤袋专栏：染齿》，《台湾新民报》。

黄得时：《乾坤袋专栏：数字的迷信》，《台湾新民报》。

黄得时：《乾坤袋专栏：人力车》，《台湾新民报》。

黄得时：《耀武扬威》。

黄得时：《甘蔗》，《台湾新民报》1932 年 10 月 23 日。

黄得时：《殉道》，《台湾新民报》1932 年 12 月 13 日。

黄得时：《七星洞》，《台湾新民报》1933 年 8 月 4 日。

黄得时：《消夏漫谈七星洞》，《台湾新民报》1933年8月4日。

黄得时：《绿荫杂笔〈杂志周间〉有感》，《台湾新民报》第924号，1933年9月15日。

黄得时：《"科学上的真"与"艺术上的真"》，《先发部队》第1号，1934年7月15日。

黄得时：《三句半话》，《先发部队》第1号，1934年7月15日。

黄得时：《卷头言　民间文学的认识》，《第一线》1935年1月6日。

黄得时：《午睡哲学》。

黄得时：《钓鱼的艺术味》。

黄得时：《老子与孔子》。

黄得时：《残喘》。

（注：《台湾新民报》现存不完整，诸多篇目出版细节尚待史料出土确认，现以《黄得时全集》出版为依据）

近代交通与东亚贸易变动

第一次世界大战前后的日本海运业[*]

杨 蕾[**]

1914~1918年的第一次世界大战以欧洲战场为主,同时波及世界其他地区,对世界历史发展进程产生了重要影响。它不仅是欧洲历史的转折点,而且也是世界历史的转折点。

徐蓝教授提出:从战争本身来说,第一次世界大战是世界上第一场总体战争。从更长的时段和更广阔的空间来看,这场工业化大国之间的首次战争并不仅仅涉及欧洲的民族国家,而是各个殖民帝国之间的战争。研究者通过对具体国家的考察,层层描述了这个不断将全球资源投入冲突的过程,并从根本上揭示了列强在将这些资源转化为全球范围内的战争武器的同时不断扩大权力的过程。[①] 因此,如何利用史料揭示一战中资源国际化的过程将是一战研究的重要问题之一。

日本自明治维新以来,逐步走上近代化道路,政治、经济、文化等方面都在变革中出现了迅速发展的局面,由传统的农业国转变为近代工业国家。本文利用日本轮船会社社史、新闻报道等日文资料,通过考察19世纪后期以来日本海运逐步扩张的过程,分析甲午战争、日俄战争和第一次世界大战对日本海运发展的重要影响,揭示日本通过海运参与资源国际化的过程,以及海运发展与日本崛起的重要关系。

---

[*] 本文受山东省社会科学规划项目一般项目(项目批准号:14CLSJ16)和山东师范大学青年教师科研项目(项目批准号:13SQR023)资助,发表于集刊《元史及民族与边疆研究》第31辑《海疆与海洋活动史研究》(上海古籍出版社,2016,第185~194页)。

[**] 杨蕾,山东师范大学历史与社会发展学院副教授。

[①] 徐蓝:《国际史视野下的第一次世界大战研究》,《光明日报》2012年7月9日。

一 一战前日本海运业的发展

19 世纪中后期到一战前,西欧各国不断拓展与非洲、亚洲、澳大利亚及南北美地区的海上航运,进一步将其在世界各地的势力范围与欧洲相连接。这些远洋航路的开拓,直接引发了世界航运业的近代化变革,传统的帆船航运逐渐被轮船航运取代。日本航运业近代化正是在这样的背景下启程的。

1. 19 世纪后期日本海运的崛起

1862 年(文久二年),日本废除了长达 220 余年的锁国令,对外实行以建立国交和开港贸易为中心的开放政策。欧美的轮船公司进入日本航运市场,开通了日本和欧美之间的轮船航线,如英国的 P&O 公司[①]经营着横滨—上海—香港航线;海洋轮船公司(Ocean Steam Ship Co.)经营着利物浦—横滨直通航线;美国的太平洋邮递公司(Pacific Mail S. S. Co.)经营着海参崴—横滨—香港远东航线;美国东西洋轮船公司(Oriental and Occidental Steamship Co.)经营着海参崴和香港线等。[②] 这些外国船只从日本输出生丝、茶、米、煤炭,往日本输入棉毛纺织品、砂糖和石油等。面对欧美轮船公司的"侵入",明治维新开始后的第二年(1869)10 月,日本幕府颁布命令,允许各地大名自由建造舰船并允许庶民购置大船。1870 年,又发布了商船规则,对西洋轮船的所有者实施保护奖励,并成立了半官半民的洄漕会社。该会社经营东京和大阪间的定期航线,是日本最早的海运会社。1870 年 5 月成立三菱会社,经营东京、大阪、高知间的国内航运。1875 年 1 月,在日本政府主导下,三菱会社开通了首条外国航线——横滨—上海线,利用东京丸、新潟丸、金川丸、高砂丸四艘轮船,每周航行 1 次,并在与 P&O 公司竞争中逐渐取得优势,[③] 给日本海运带来了发展的信

[①] 半岛和东方蒸汽航运公司(英文名称:Peninsular and Oriental Steam Navigation Company, London),俗称铁行轮船公司或大英轮船公司,简称 P&O。
[②] 大阪商船三井船舶株式会社编『大阪商船株式會社 80 年史』大阪商船三井船舶株式会社、1966、2~4 頁。
[③] 大阪商船三井船舶株式会社编『大阪商船株式會社 80 年史』、6 頁。

心,海运事业开始兴起:

> 彼阿汽船(P&O公司)已经终止了这条航路,我辈将在日本沿海实现雄飞。可以说,如果我们利用日本邮便航路横断地球,海运事业将相当可观。①

由此可见,英国轮船公司终止中日航线,使日本海运事业信心大增,并且日本准备以中日航线为契机,把海运事业拓展到全球。

1877年(明治10年)2月西南战争爆发后,由于战争需要的增加,成立了很多轮船会社,日本国内海运业迅速发展起来。

> 当时的大阪是西南战争的军需基地,因此以大阪为中心的船运需要扩大,轮船的建造和买卖盛行。在大阪附近设立的轮船会社有冈山的偕行会社,广岛的广凌会社,丸龟的玉藻社,和歌山的明光会社、共立会社,德岛的船场会社、太阳会社,淡路的淡路汽船会社等。此外,个人从事海运业的也很多,这些船舶有110余只,船主有70人以上。②

到19世纪80年代,日本两大轮船会社——大阪商船株式会社(1884,大阪)和日本邮船株式会社(1885,东京)的成立成为明治时代日本海运业飞速发展的标志。其中,大阪商船株式会社主要经营大阪以西的22条国内航线,日本邮船株式会社主要经营11条日本内海航路和3条日本近海航路[横滨—上海、长崎—浦汐(海参崴)、长崎—仁川]。③

可以说,在与欧美航运势力的竞争中,19世纪七八十年代,洄漕会社、三菱会社、以大阪为中心的多家轮船会社相继建立,是明治初期日本航运业初步兴起的标志。

19世纪末期,日本在甲午战争中取得胜利,这给日本政治、经济带来

---

① 日本郵船株式会社編『七十年史』日本郵船株式会社、1956、12頁。
② 大阪商船三井船舶株式会社編『大阪商船株式會社80年史』、8頁。
③ 関西汽船株式会社編『関西汽船25年の歩み』関西汽船株式会社、1868、28頁。

新的刺激。通过《马关条约》的签订，日本不仅实现了对台湾及其附属岛屿的占领，还攫取了其他利益，这成为日本发展东亚海运、开辟中国航路的一个重要契机，加速了日本海运的海外扩张。

> 日清战争胜利的结果是，我国不仅占领了台湾，而且还在中国获得了各种权益，我国的海运自然也将视野扩展到国外。迄今为止贸易及对外航路实权一直被外国所独占。日清战争时，海运界完成了物资和兵力的输送，战争结束后必须将重点转移到贸易这一重大任务上来。因此，明治29年（1896）10月《造船奖励法》和《航海奖励法》颁布实施，同时规定了特定航路的补助。在政府这些海运补助政策下，我国海运业在近海航路和远洋航路飞速发展。……我社台湾航路、中国航路的发展就是其显著表现。①

> 日清战争使政府看到了海运业和造船业的盛衰可以左右国家的发展，于是明治29年10月日本政府施行了《造船奖励法》《航海奖励法》，资助国内的造船和航路的开辟。②

日本在甲午战争（日清战争）中的胜利，是19世纪末期大阪商船株式会社将航路进一步扩展到海外的一个直接背景，航运的发展甚至被提高到可以"左右国家发展"的高度。1896年日本颁布的《造船奖励法》和《航海奖励法》，大大促进了日本海运的发展。

2. 20世纪初期日本航运的发展

进入20世纪后，1904年日俄战争的爆发再次推动了日本海运的发展。日俄战争中，大阪商船株式会社和日本邮船株式会社都有轮船被政府征用，被称为"御用船"。"为了支持日俄战争，船舶（1088只，吨位65万7000吨）大部分被征用，最多时，陆军使用177只，吨位44万吨；海军使用89只，吨位23万吨，合计达266只，吨位67万吨。"③战争的征用使可以正

---

① 大阪商船三井船舶株式会社編『大阪商船株式會社80年史』、22~23頁。
② 大阪商船三井船舶株式会社編『大阪商船株式會社80年史』、28頁。
③ 大阪商船三井船舶株式会社編『大阪商船株式會社80年史』、33頁。

常进行货物运输的船只数量大大减少,从而影响了一些航路如欧洲航线等的正常运营,并且使一些船只沉没和损坏。但日本的海运业不仅没有因此受到限制,反而由于战争胜利获得了发展契机。日本借日俄战争的胜利获得了更多的海外权益,进出口贸易快速发展(见表1)。

表1　日本与外国贸易统计

单位:万日元

时间	输出	输入
明治 31 年(1898)	16575	27750
明治 36 年(1903)	28950	31713
明治 40 年(1907)	43241	49446

资料来源:根据日本郵船株式会社編『七十年史』、113 頁整理。

在《造船奖励法》的推动下,各大造船厂,如三菱长崎造船所和川崎造船所等造船数量也不断增加(见表2)。加上日本国内铁路的修建使货物运输更为便利,于是,各轮船公司为了满足贸易需要,开始大量从外国购入新船和订制新船。"明治 38 年(1905)末,我国船舶达到1390 只,吨位93 万 2000 吨,和战前相比,总吨数增长了 50%。"[①] 可以说,船舶数量和运载能力的提高成为 19 世纪末 20 世纪初日本航运业发展的显著表现。

表2　根据《造船奖励法》所造的合格船只统计(1896 年 10 月~1913 年 12 月)

单位:只,吨

造船所	只数	总吨数
三菱长崎造船所	43	207765
川崎造船所	35	101713
大阪铁工所	30	30521
其他	4	4568
合计	112	344567

资料来源:根据日本郵船株式会社編『七十年史』、118 頁整理。

---

① 大阪商船三井船舶株式会社編『大阪商船株式會社80 年史』、33 頁。

航线方面，大阪商船株式会社和日本邮船株式会社在不断增加船只数量的同时，纷纷借两次战争胜利之后的经济恢复和发展之机，迅速开辟新的航线，除原有的内海航路之外，还新增了很多东亚航路和远洋航路。日本邮船株式会社的远洋航路从最初的伦敦航路等 4 条航线，到 1910 年增加到 23 条。东亚航线中与中国的航运最为频繁，航线集中在上海、天津、汉口、大连这几个大港口，以及中国北部的牛庄、青岛及香港。① 大阪商船株式会社发展也很迅速，其运载能力比创立之初增长了 10 倍。

> 根据明治 26 年的统计，日本船的装载量为 15.2 万吨，世界排名第 12 位，日清战争后的明治 29 年为 33.5 万吨，日俄战争后的明治 39 年达 100 万吨，到大正 2 年日本成为世界排名第 7 位的海运国家。20 年间，日本船的装载量增长约 10 倍，取得了令世界震惊的发展。我社明治 26 年总装载量为 1.8 万吨，日清战争后为 3 万吨，日俄战争后为 11 万吨，现在达到 17.7 万吨，与建立初期相比增长了 10 倍。②

甲午战争和日俄战争对大阪商船株式会社发展的促进作用，表现为其运输能力由甲午战前的不到 2 万吨，跃进到日俄战争后的 11 万吨，继而在第一次世界大战之前达到近 18 万吨，比建成时运输能力增长了 10 倍。到成立 30 周年（1913）的时候，大阪商船株式会社的汽船运输总吨数已经超过 19 万吨，拥有 44 条定期航路，成为仅次于日本邮船株式会社的第二大汽船会社（见表 3）。③

根据大阪商船株式会社统计的日本运输能力与世界运输能力可以看出，第一次世界大战之前（1913 年），"日本以运输能力 150 万吨的规模一跃成为世界排名第七的海运强国"。④

---

① 日本経営史研究所編『日本郵船百年史資料』日本郵船株式会社、1988、704～705 頁。
② 大阪商船三井船舶株式会社編『大阪商船株式會社 80 年史』、23 頁。
③ 日本経営史研究所編『創業百年史』大阪商船三井船舶株式会社、1985、139 頁。
④ 大阪商船三井船舶株式会社編『大阪商船株式會社 80 年史』、23 頁。

表3　世界和日本的船舶运输能力比较

单位：千吨

时间	世界	日本	世界排名
1893 年	15264	152	12
1896 年	17738	335	9
与1893年比	116%	220%	
1903 年	27183	586	9
1906 年	31745	997	6
与1893年比	208%	656%	
1913 年	43079	1500	7
与1893年比	282%	990%	

资料来源：根据大阪商船三井船舶株式会社编『大阪商船株式會社80年史』23页整理。

二　一战后日本海运业的新跃进

1. 一战给日本海运带来的发展良机

第一次世界大战的爆发，给日本飞速起步的近代海运业带来新的刺激，使日本海运在前期发展的基础上实现了新的跃进。

日本邮船株式会社社史《七十年史》对一战给海运业带来的新契机有如下描述：

> 日本远离战局中心，又恰逢战乱扩大和欧洲方面生产的减退及物资需求激增，我们产业界迎来了大发展，带来了输出贸易的盛况。我们海运界也因外国船的撤退，出现了前所未有的繁荣。①

第一次世界大战以欧洲为主要战场，远离战争中心的日本不仅没有直接受到战争的破坏，还因欧洲商品生产的衰退和物资短缺获得了更多的商贸机会。随着生产和贸易的增加以及战争造成的欧洲航运的衰退，日本的轮船航运出现了"前所未有的繁荣"。

---

① 日本郵船株式会社编『七十年史』、123页。

各大报纸对当时的航运盛况也进行了报道：

> 受到时局的影响，各海运国不得不从世界航路上撤退，以至于我国船舶以堂堂雄姿傲然海上，欣喜之情不能自已。①

日本海运在 20 世纪初期得到大发展的直接因素就是以往活跃在世界海运市场的欧洲船舶因战争影响而大量减少，世界物流业出现航运不足的局面，这给日本船舶扩展海外市场带来了很好的机遇。对于欧洲船舶不足的原因和如何抓住良机发展日本海运，《大阪每日新闻》和《大阪朝日新闻》有如下报道：

> 现今（我国）海运界活跃的原因，一言以蔽之，就是欧洲船舶不足。造成船舶不足的原因则有三条：第一，建造数减少；第二，因战争损失船数增加；第三，不能用于贸易的船只增加；对于建造数的减少，毫无疑问，主要因为是战争的征用，造成造船材料的不足和工人数量的缺乏。如英国，平时每年新造船吨数大约在一百六十万吨到二百万吨，但是去年 9 个月的建造数只有五十六万一千一百吨。即便前一年也没超过七十五万吨。……世界各国造船吨数在之前五年间每年平均在二百六十万吨到三百三十万吨之间。然而，去年的新造船只有一百五十万吨，还不到往年的一半。②

欧洲海运界因一战遭受重创，主要表现为用于贸易运输的船只不足。这和造船数量减少、战争损耗等息息相关。一战以前在造船和海运界首屈一指的英国，在战争爆发后，其所造船只的总吨数减少一半以上，可以说影响巨大。除了英国，德国海运也在一战中损失惨重。

> 德国在大正 3 年（1914）6 月曾以 513 万吨的装载量居于世界第二

---

① 「欧洲戦乱と邦船活動」『時事新報』1914 年 10 月 31 日。
② 「世界海運業の趨勢」『大阪毎日新聞』1916 年 4 月 22 日。

位，但是因终战后的讲和条约，大部分海洋船只被协约国没收，减少到只有42万吨，其国际航线也因此暂时衰落。①

德国在一战前夕是世界第二海运强国，但是战后大部分船只因战后和约被协约国没收，国际航线也受到重创。在这种情况下，与欧洲船只不足相比，日本海运界得到发展良机：

> 由于世界船舶依然处于（运力）不足的局面，我国海运界在欧洲、澳洲、南北美洲空前活跃。对于期待海运进步的我们来说，实则为千载一遇的良机。②

可以说，一战对于日本海运界来说，可以称为"千载一遇"的好机会，达到"空前活跃"的局面，拓展了欧洲、澳大利亚和美洲的诸多航线："我社在大战中就尽早着眼于诸航路，进出欧洲、澳大利亚、印度、南洋，日本邮船、山下汽船、三井物产等会社也扩充了许多航线。"③

2. 一战后日本贸易的发达和航线扩充

海上航运是物资运输的重要途径，海运进步的前提是生产和贸易的扩大，两者密不可分。一战爆发以后，来自欧洲的产品订单大量增加，日本的生产和贸易随之扩大。《福冈日日新闻》曾报道：

> 从去年二月末开始，随着欧洲交战国生产状态的调整，诸种物资和军需品纷纷从我国订货。从神户、横滨出发前往国外的船舶平均一个月有二十三四艘之多……由此可见，海运界呈现出未曾出现的活跃局面。④

神户和横滨作为日本大型对外贸易港，成为对欧美贸易运输的基地。战

---

① 大阪商船三井船舶株式会社编『大阪商船株式會社80年史』、40頁。
② 「海運界空前の殷盛」『中外商業新報』1915年6月7日。
③ 大阪商船三井船舶株式会社编『大阪商船株式會社80年史』、41頁。
④ 「海運界の近勢」『福岡日日新聞』1916年5月16日。

争导致的欧洲生产萧条，给日本企业带来大量商品订单。这些来自欧洲的订货大大激活了日本的贸易和经济，使运输业也呈现出活跃的局面。

> 我国海运业者应该很好地利用这次良机，而且必须抱有雄飞于世界的觉悟。要扩大商权、促进对外贸易，需要以扩充海外航路为先手。①

日本航运业努力抓住一战中的发展良机，扩充贸易，将扩充海外航路作为贸易和海运发展的当务之急。于是，各大轮船公司在维持欧洲航线的同时，开辟了更多的远洋航线。

> 由于一战中的"无限制潜水艇战"，欧洲航线受到极大影响。为了在战争中进一步抢占欧洲市场，日本采取增加欧洲航线的海运保险、申请交战区协约国军舰的保护等做法确保欧洲航线顺利运营。此外，还相继开通新的远洋航线，如世界一周线、纽约线、地中海线、加尔各答—纽约线等，日本与美洲的航线进一步扩充。②

日本采取了增加海运保险、申请协约国军舰保护等措施，维持战争中欧洲航线的正常运行，以保证日欧间贸易顺利发展。同时，进一步扩充了日本到世界各地的航线。

如图1所示，大阪商船株式会社在1918年的时候，已经拥有亚洲航线、美洲航线、澳大利亚航线、欧洲航线，与建立初期相比，航线范围大大拓展，覆盖除南极洲之外的各个大洲。航线不断扩充的另一个重要表现是日本输出入商品贸易额的大幅增加。

由表4可以看出，随着一战的爆发，日本的进出口贸易逐年增长。如果以1914年的输出入数量为指数100来看，到1918年，日本贸易输出入指数达到306，是1914年的3倍多，1919年更是达到360。从图2中可以清晰看到输出入贸易额的消长。

---

① 「世界海運業と我が日本」『大阪朝日新聞』1915年11月20日。
② 日本郵船株式会社編『七十年史』、125頁。

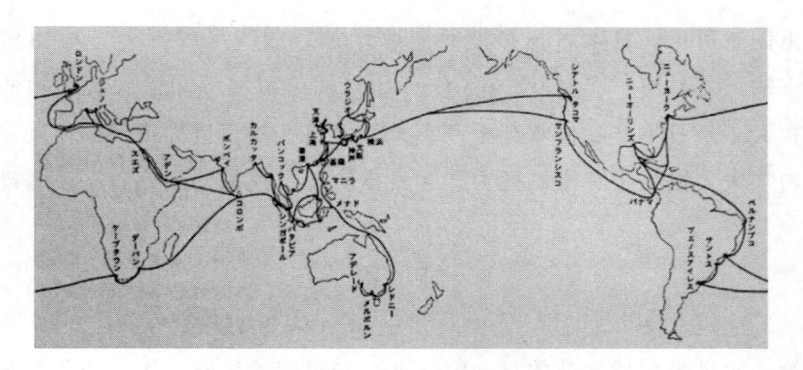

图 1　大阪商船会社大正 7 年（1918）航线

资料来源：大阪商船三井船舶株式会社編『大阪商船株式會社 80 年史』、46 頁。

表 4　第一次世界大战中日本的输出入贸易

年份	输出（万日元）	指数	输入（万日元）	指数	合计（万日元）	指数
1914	59110	100	59537	100	118647	100
1915	70830	120	53244	89	124074	105
1916	112746	191	75642	127	188388	159
1917	160300	271	103581	174	263881	222
1918	196210	332	166814	280	363024	306
1919	209887	355	217345	365	427232	360

资料来源：日本郵船株式会社編『七十年史』、124 頁。

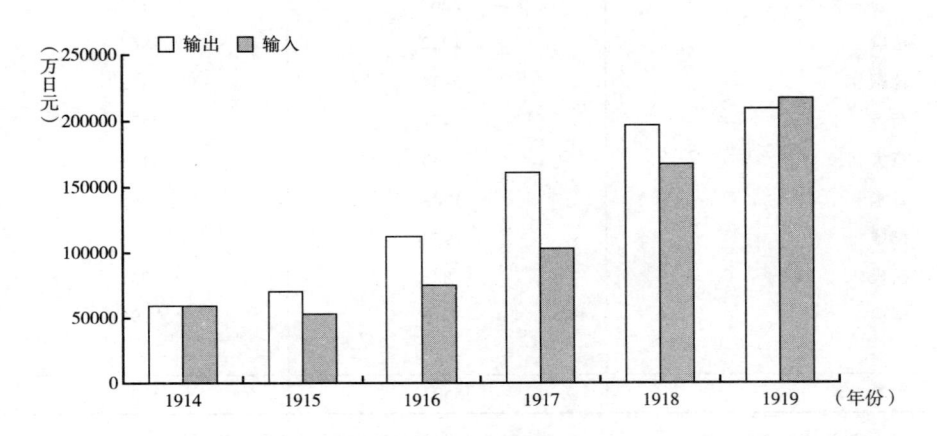

图 2　第一次世界大战中日本的输出入贸易

由图 2 可见，日本进出口贸易急剧增加。1914～1918 年，输出贸易额均高于输入贸易额，尤其从 1915 年开始，输出贸易额和输入贸易额的差距逐年扩大，是日本产品借欧洲生产不景气之机，抢占世界市场的体现。贸易额的增加大大增强了日本的国力，为日本实现二战前的强盛打下了基础。

结　语

第一次世界大战之前的日本海运业，经过明治维新、甲午战争和日俄战争，逐步崛起并快速发展，表现为大型轮船株式会社的建立和新航线的不断开辟，在 20 世纪初期日本为世界第七海运强国。第一次世界大战爆发后，日本因远离欧洲战场、欧洲生产衰退及所需物资增加等因素，迎来"千载难逢"的发展机遇，不管是运载量还是航线数都有了显著增加，从表 5 中可以明显看出日本海运能力的增长。

表 5　第一次世界大战前后主要海运国运载量

单位：千吨

国名		大正 3 年(1914)	大正 9 年(1920)
英国本国		18872	18110
英国属领		1613	2032
美国	海	2026	12406
	大湖	2260	2118
法国		1922	2963
德国		5134	419
荷兰		1471	1773
意大利		1430	2118
日本		1708	2995
挪威		1957	1979
西班牙		883	937
瑞典		1015	996
……		……	……
世界总计		45503	53904

资料来源：大阪商船三井船舶株式会社编『大阪商船株式會社 80 年史』，41 页。

1914年，日本以170万吨的航运规模位列世界第七，到一战结束后的大正9年（1920）以300万吨的规模紧随美国和英国，一跃成为世界第三海运强国。1919年日本的输出入贸易额更是1914年的3倍多。可以说，第一次世界大战是日本海运又一重要转折点。日本的远洋航线不断增加，对外贸易大幅增长。第一次世界大战成为日本海运继19世纪末飞跃发展之后又一次快速跃进。日本在战争中参与世界资源的进一步国际化调配，并在这个过程中实现了利益增加及国际地位的提高。更进一步说，海运的崛起对日本崛起有极其重要的影响，也为第二次世界大战日本侵略亚洲埋下了伏笔。

比较视野下的鲁粤商人与近代东亚贸易圈

庄维民*

一　比较视野的含义

本文所说的比较，是指从海外移民、海外华商经营活动的角度，对山东海外移民（鲁商）和广东海外移民（粤商）二者进行的比较。比较的内容在于二者在海外移民和商贸经营方面有若干相同或相异之处，基础是二者共同在东亚贸易圈中扮演着重要的角色。

在近代海外移民与经商史上，山东海外移民与广东海外移民是最重要的两个群体，而鲁商和粤商则是在海内外市场极为活跃的南北两大商帮。20世纪初，日本人胜部国臣在论及粤鲁商人的重要性时曾说：

> 广东帮则于南方及长江一带特显头角……山东帮亦称北方市场之健将，且其勤勉耐劳之性不让于山西帮，第所蓄资财不及耳。要而论之，山东、山西之商贾在北方为最有势力，南方则推广帮也。①

黄泽苍所编《山东》（1935）一书在论及山东海外移民的特性时，特别将鲁人与闽粤人加以对比：

> 山东与福建环境略同，其风俗亦有类似之点，即移民事业是也。

---

* 庄维民，山东社会科学院历史研究所研究员。
① 胜部国臣：《中国商业地理》，霍颖西译，广智书局，1907。

半岛东部,地狭人稠;羊角沟、龙口、青岛为本省门户,海舶往来,适为天然出路。故民多逐利四方,近适东北,险涉重洋,辽宁、吉林、东洋、欧美,皆有鲁人足迹焉。山东人民,勤勉耐劳,长于经商,每能卓然自立,致富还乡。故山东之移民事业,与闽粤之海外华侨,同为中国民族史上所宜特书之事也。……而其勇敢耐劳之性,尤不在闽粤人之下也。①

但是这类比较只是概略言之,系浅表层面的一般性对比,缺乏深入细致的具体论述。翻检已刊相关文献,迄今学术界尚无关于鲁粤商人海外经商贸易活动的比较性研究。按诸史实,伴随鲁粤两省海外移民在东亚地区的经营活动,鲁商和粤商在俄、日、朝三国的商贸经营有着广泛性和持续性。二者的活动既有某些相同的市场条件和取向,对近代东亚贸易圈的形成产生了积极的作用,同时二者也有各自不同的活动范围和经营特点,形成了不同的区域贸易网络。关于鲁粤商人商贸活动及其贸易网络的异同,值得做深入的发掘和探讨。

二 鲁粤商人在俄罗斯远东地区

俄罗斯远东地区系指西伯利亚的滨海省、阿穆尔省及外贝加尔地区。华人移民俄远东地区始于19世纪中叶,1858~1868年10年间,平均每年有70名华人移居远东的北乌苏里地区。在此后的10年间,华人移居规模扩大,平均每年达443人。在一些重要城市,华人徙居人数增加很快,1868年时海参崴只有华人18人,到1879年时已达1196人。② 据俄罗斯官方稽查统计,1883年俄远东地区的华侨总数为28000人,1897年增至4.1万人,而到1910年已达111466人。由于尚有众多未统计的移民,侨民人数实际上远大于这一数字。③ 从俄罗斯远东地区的阿穆尔省和滨海省看,1906~1910年,

---

① 黄泽苍编《山东》,中华书局,1935,第103~104、107页。
② 伊凡·纳达罗夫:《〈北乌苏里边区现状概要〉及其他》,上海人民出版社,1975,第100~101页。
③ A.拉林:《俄罗斯华侨历史概述》,阎国栋译,《华侨华人历史研究》2005年第2期。

经海路、陆路进入俄罗斯远东地区的华人在55万人左右，返回者约40万人，称为"候鸟华工"，其余15万人滞留俄境，成为常住华侨。另据俄国驻烟台领事馆统计，1906～1910年5年间，赴俄远东地区的华侨总数为155078人。上述资料显示，20世纪初大约有15万常住华侨谋生于俄远东地区。①

在19世纪70年代至1914年的近半个世纪中，赴俄远东地区的华侨主要来自山东、东北三省以及华北诸省，其中以山东人为最多。19世纪末20世纪初，山东每年到东北和俄国做佣工的人多达35万，其中有相当一部分是到俄国。到民国初期，旅俄华侨和华商人数已达到相当规模，移居地分为欧洲地区和远东地区两部分，但比较而言，主要集中于远东地区。据1929年调查，远东地区约有华侨35万人。移民聚集地主要为海参崴、伯力、双城子等地，其中海参崴及其附近各处约有25000人，黑龙江流域约有10万人，双城子约有7750人，伯力6850人，黑龙江左岸有6万人。② 上述地区的华人来源构成与清末相同，"其中十之七八为山东籍，多属劳工，如阿穆尔金矿及各地之森林、铁路、码头，皆有鲁人之足迹也"。③ 山东移民的职业大致可分为三类：劳工、技术工匠、商人。

华商在远东地区的活动与移民互为表里，从事商业贸易的鲁商、粤商在华侨中占有相当的比例。1897年，华人经商者在滨海省有3567人，在阿穆尔省有1070人。④ 在人口聚集的城市，华商按省籍形成不同的商帮，在伯力有东帮（山东帮）、广帮、关帮等地域商帮，在海参崴亦有东帮、广帮和北帮（直隶、山西商人）、南帮（江浙商人）之分。1881年，海参崴华商商帮成立商会，1889年伯力华商商帮也成立商会，掌控商会活动的一般为鲁商和粤商。

山东人赴俄的路径有两条：一为陆路，由北宁铁路出山海关进入东三省，然后转入俄属东海滨省、阿穆尔省及西伯利亚一带；一为海路，由青岛

---

① 李长傅：《中国殖民史》，上海书店，1937，第218页；格拉韦：《阿穆尔沿岸地区的中国人》，李春艳等译，黑龙江教育出版社，2014，第20页。
② 宓亨利：《华侨志》，商务印书馆，1928，第19～20页。
③ 黄泽苍编《山东》，第四章"民生·移民事业"。
④ 格拉韦：《阿穆尔沿岸地区的中国人》，附表10。

或烟台（河北、山西等地移民自天津港）乘船至海参崴，再转入俄远东其他各地，地处渤海之滨的烟台是当时赴俄华侨的主要集结点。循着相同路径，鲁商通常以山东烟台和黑龙江黑河为跳板，经水陆两路往来于远东各城市。如1917年掖县商人毕凤芝自黑河贩卖烧酒，在海兰泡（布拉戈维申斯克）开设"和盛义"商号，从日本进口黄烟和萝卜丝等日用品，面向淘金工人销售。鲁商货源地包括烟台、上海等地，如在烟台有西公顺、广德公、泰盛、裕盛、成和昌、洪成永、洪成福、同德、洪顺等商号与海参崴有直接的贸易联系，而上海的山东会馆则有义泰、成泰义、广源盛、东顺兴、德义成、双合成、东发隆、永发福等崴口帮商家，在上海组织货源，向海参崴发货。①

鲁、粤两省商人的经营方式因资金规模的差异而有所不同。粤商主要在几个大的远东城市从事丝绸、布匹和人参药材的贸易。通常富有的粤商会将自己的货物批发给各省的流动小商贩，而这些小商贩再流动到城市附近的乡村兜售这些商品。有一定资金实力的鲁商也在城市开设商店，从事长年固定购销业务，其中最大的鲁商纪凤台（黄县人），1885年在伯力开设和成利号，年贸易额达15万元。而资金较少的鲁商，其经营活动有着很强的移动性，他们在一些城市逗留一两个星期，然后又去往另一些地方。②1886年，在伯力、红土岩、双城子、海参崴、岩杵河五处，共计有大小华商肆店三百余处，"各立门户，坐贾营生"。当时的大商店多为粤商和鲁商经营。时人在比较两省旅俄侨商特点时就曾指出："商以广东为巨，人以山东为多。"③

鲁商从事的对俄贸易分两部分，一部分是对俄欧洲地区的传统丝绸贸易，一部分是专对远东地区的贸易。最初鲁商主要是向俄欧洲地区贩运昌邑出产的丝绸产品。清末，"昌邑之茧绸、潍县之绣品，历年行消（销）俄国，价值百余万元"。1908年前后，昌邑、潍县丝绸商人因"消（销）货向用间接，利获尚不甚厚"，曾谋划筹集资本10万元，赴俄国圣彼得堡，

---

① 彭泽益：《中国工商行会史料集》，中华书局，1995，第888页；外务省通商局编『清国商况视察復命书』元真社、1902、125~126页。
② 丛佩元、赵鸣岐编《曹廷杰集》，中华书局，1985，第128页。
③ 《西伯利东偏纪要》，丛佩元、赵鸣岐编《曹廷杰集》，第71、125~126页。

开设商店，专售茧绸与绣品，"俟卓著成效，再行扩充"。① 在远东地区，鲁商主要从事丝茶、布匹、粮食及工艺品贸易，各项贸易均极繁盛。据当时记载，鲁籍"经商者多沿黑龙江一带，以经营粮食为大宗"，② 除粮食外，鲁商还经营海菜、皮毛等生意。

20世纪初，华商营业已遍及远东地区。以海参崴和双城子为例，1909年海参崴有华人商店447家、俄人商店99家；1910年有华人商店625家、俄人商店181家。在双城子有华侨商店694家。在海兰泡，华商经营的大小商号有500余家，其中3家商号为广东人经营的华昌泰和山东掖县人经营的同永利、永和栈，单是华昌泰一家就雇有伙计100多人。③ 在上述城市中，鲁商仍是人数最多和实力最强的群体。例如，1921年成立的海参崴五区华侨工商联合会的全部30名会董均来自山东帮，其中杂货店商会董13人，说明鲁商基本是以中小商人为主体。

以鲁、粤两省商人为主体的华商群体的经营活动，对俄远东地区的市场经济产生了广泛而深远的影响。以滨海省的情况为例，俄人自称："没有任何一个买卖行业里，我们会看不到中国人。从中国人作为卖主的市场提供生活必需品——粮食、肉类、蔬菜——开始，到小本生意、市场上的货摊，以至省内各主要中心城市、甚至乡村的常设商店，到处都可看到中国人。"海参崴的华商商店与年俱增，"小本生意几乎完全由他们操纵，当地的大贸易商行也感到自己营业所蒙受的损失在日益加重。"④ 以上情况表明，19世纪末20世纪初，可以说没有远东的华侨，就没有俄远东地区的商业，俄远东地区与东亚地区贸易的发展更要归功于华商的贡献。

三 鲁粤商人在朝鲜半岛

鲁商和粤商是最早到朝鲜半岛经商的商帮。1874年，粤商谭杰生自日

---

① 《山东绸商远略》，《半星期报》第11期，1908年；《华商拟赴俄国开设商店》，《竞业旬报》第12期，1908年。
② 宓亨利：《华侨志》，第19~20页；《华侨月刊》第23期，1936年。
③ 张宗海：《远东地区世纪之交的中俄关系》，2001年内刊本，第136页。
④ N. O. 翁特尔别格：《滨海省》，黑龙江大学俄语系译，商务印书馆，1980，第190页。

本到朝鲜汉城创办同顺泰号。1875 年间,鲁、冀两省商人开始到义州经商。当时"山东、河北人民散居辽宁东边一带者,以接近韩境,渐移居于鲜北之首镇义州,类皆走贩走商,此乃我华侨入朝鲜平北(平安北道)之嚆矢"。①

1882 年,汉城(即京城)开埠。同年 10 月,清政府与朝鲜签订《中朝商民水陆贸易章程》,自此,两国之间 200 多年的海上贸易封禁解除,旅朝华商有了正式的条约保护,可以凭借近便的海道从事海上贸易,从而降低了运输成本。开埠不久,华商便开始到汉城从事商贸经营。1883 年,朝鲜华侨共 162 人,其中山东侨民 80 人。② 1884 年仁川港开港,第二年山东商人即赴仁川开展商贸业务。仁川设立华租界后,来此地的山东侨民人数迅速增加。仁川与山东半岛一衣带水,距烟台 270 海里,距青岛 300 海里,航船一昼夜可达,"故华商得取之为根据,而从事农业者,亦乘机络绎而至"。20 世纪最初几年里,山东人主要在仁川从事蔬菜栽培业,其次从事手工劳动,另有部分商人借助烟台—仁川航路从事商贸经营,当时"仁川府华商商业,颇呈繁盛之象"。③ 仁川进口的花生全部来自山东,后来山东还成为仁川最主要的海盐进口地。④

编 19 世纪末华侨移居朝鲜初期,华侨移居地主要为仁川、汉城、釜山、元山、麻浦等处。据 1883 年清政府报告,鲁商和粤商是汉城、仁川华商经营户数最多的商帮。当时,汉城有山东帮商店 13 家、浙江帮商号 6 家;麻浦有山东帮商店 2 家、广东帮商店 1 家;仁川有山东帮商店 2 家、广东帮 3 家、浙江帮 2 家。1884 年,汉城山东帮商店增至 29 家,铺户 8 家,无字号小贸易 20 人。同年,汉城有华商 352 人,仁川有华商 235 人。就华商而言,汉城有鲁商 234 人、粤商 3 人,仁川有鲁商 93 人、粤商 74 人。⑤

1889 年,汉城华商店铺已有 100 家,其中山东人开设或雇用山东人的店铺有 60 家,完全没有山东人参与的仅 16 家。十年后的 1899 年,汉城的

---

① 驻新义州领事馆:《新义州侨商概况》,《外交部公报》第 9 卷第 3 期,1936 年 3 月。
② 杨昭全、孙玉梅:《朝鲜华侨史》,中国华侨出版公司,1991,第 132 页。
③ 张维诚、季达:《朝鲜华侨概况》,中华民国驻朝鲜领事馆,1930,第 34 页。
④ 1922 年、1923 年朝鲜分别自俚岛、石岛进口盐 600 万斤和 900 万斤。朝鮮總督府編『朝鮮に於ける支那人』、1924、76 頁。
⑤ 台北中研院近代史研究所编《清季中日韩关系史料》第 2 册,1972,第 1780~1781 页。

鲁商店铺增至 124 家，从业人员达 677 人，从业者大部分为登州府人和莱州府人。山东商人不仅从事传统的商业贸易，而且还涉足饮食业和服务业，经营奶铺、肉店、药店、磨坊和伙食铺等。①

19 世纪末，在朝鲜半岛的华人约 9970 人。1916 年增至 16904 人，其中来自山东的侨民约占八成，其余则来自广东、江苏、浙江、湖北等省。到 20 世纪 20 年代，朝鲜共有华侨 2.3 万余人，其中鲁侨达万人，占移民总数的近半数。这一时期，汉城、仁川居留华侨也以山东人为最多。② 在华侨职业人口中，业商人口始终占多数。1911 年业商人口为 5607 人，两倍于农业和工业人口总数，1916 年业商人口为 8807 人，1922 年业商人口为 15967 人，可见商业仍是人口最多的职业。③ 旅朝华商按地域形成北帮（鲁商）、广帮（粤商）、南帮等不同的商帮，并有相应的北帮会馆、广东同乡会、南方会馆等组织。鲁商和粤商是中朝贸易中最主要的商人。广帮多为大商人，实力最强；而鲁籍商人多为中小商人，势力最众。1901 年，汉城北帮、广帮、南帮三帮商人发起成立中华商会，商会 22 名理事中，北帮 12 名，广帮 8 名，南帮 2 名。1904 年，汉城成立中华商务总会，4 名董事中，北帮（鲁商）2 人，广帮、南帮各一人，会长由广帮大商人谭杰生担任，鲁商王竹亭任副会长，任商会董事的山东帮广和顺、德顺福年营业额都在 60 万元以上。可以说，理事名额的分配格局反映了各帮实力的对比状况。④

山东商人多来自胶东半岛的烟台、黄县、掖县等地，他们以烟台为跳板，借助上海—烟台—仁川航线，往来于上海、烟台与朝鲜开放港口之间。汉城、仁川等城市许多著名的鲁商字号不少是由烟台商家开设，如 1893 年鲁商姜万宝、郝镜海即是从烟台到木浦开设永盛仁。⑤ 广东商人最初主要为旅日商人，以日本或山东烟台为跳板。如 1885 年清政府在元山设立领事馆，同年五六月，粤商同丰泰号就从日本长崎到元山开设了商铺。粤商建立了朝鲜釜山与日本长崎、神户之间的贸易网络，也就是说，粤商自日本到朝鲜开

---

① 驻韩使馆保存档案，档案号：01-41-040-19；华商人数清册，01-41-056-04；转引自刘畅《19 世纪 80—90 年代汉城的山东商人》，《朝鲜韩国历史研究》第 14 辑，2013。
② 黄泽苍编《山东》，第四章"民生·移民事业"。
③ 杨昭全、孙玉梅：《朝鲜华侨史》，第 181 页。
④ 见朝鲜総督府编『朝鮮に於ける支那人』、58 頁。
⑤ 见朝鲜総督府编『朝鮮に於ける支那人』、123 頁。

设商号，经营日货对朝鲜的输出和朝鲜海产品对日本的出口，贸易所需资金由旅日粤商提供。后来粤商改从上海、烟台、香港赴朝经商。20 世纪初，烟台的粤商顺泰号、聚盛号都是以烟台—仁川航路为跳板，从事纺织品、杂货等对朝贸易。

鲁商和粤商从事商贸经营活动的城市和地域有不同侧重，粤商主要集中于仁川、釜山、元山，而鲁商除集中于汉城、仁川两城市外，还分布于平壤、新义州等城市。迄 1885 年，汉城、仁川、釜山、元山四城市有鲁商 366 人、粤商 170 人、浙商 164 人。鲁商（240 人）在汉城占据优势；而粤商在仁川有 123 人，可与鲁商（111 人）匹敌，在汉城却只有 10 人。① 民国时期，因山东人大批移民东北，众多商人就近由陆路转往朝鲜，而山东半岛与新义州距离最近，新义州遂成为山东商人前往经商的主要目的地。"春夏之间人性好动，且鸭绿江冰冻渐开，从山东各处来者较多。"到此地经商的鲁商以经营杂货为主，同时经营石岛盐出口。

在扩展商业活动地域范围方面，鲁粤侨商有着共同的特点，即先在主要都市立脚，渐进而至各地方小市镇，足迹遍及朝鲜腹地。单是 1901 年仁川腹地就有长年行商的华商 300 余人，另外在黄海道有行商 100 余人，在忠清道有 500 人，而在京畿道的开城、全罗道的全州都有华商的活动行迹。② 广帮资金雄厚，开设贸易商行者较多，主要在城市从事批发业。鲁商则是既有若干大商号经营批发业务，同时又有众多的中小商户经营零售业。如北部地区的鲁商主要是从汉城和仁川批发商品，再零售分销给当地消费者。20 世纪 20 年代的文献对旅朝粤、鲁商人的经营特点做过如下比较：

> 重要商业，当推广东丝商及洋布商。……其自山东来者，皆系商人、包工头、木匠及泥水匠。市中种菜者亦多属山东人。其在北部者则多经营金矿，充工程师；其在鸭绿江两岸者则为木商。综言之，华人率皆获利，其生活程度驾乎高丽人之上，浸浸乎与日人并肩，盖其勤俭耐劳，易地皆然也。③

---

① 谭永盛：《对朝鲜末期清朝商人的研究》，檀国大学历史系硕士学位论文，1976，第 52 页。
② 张维诚、季达：《朝鲜华侨概况》，第 12 页。
③ 宓亨利：《华侨志》，第 19 页。

鲁粤商人在朝贸易因货源地、商品贸易路径不同，形成了不同的贸易网络。清末民初，鲁商在朝经营以绸缎、日用杂货以及餐馆业为主，多以烟台、上海、青岛开埠港为货源地。这些鲁籍商号的总店多设在烟台，并在上海开设办庄采购，与仁川有生意往来的鲁商有三十家之多。上海鲁商办庄分为仁川帮和元（山）釜（山）帮，仁川帮首领为义顺兴、源生东、同和东、德增祥，元釜帮的首领为鸿昌东。另外，上海鲁籍洋货帮的双盛泰、杂货帮的大成号亦是从事仁川贸易的重要商号。① 鲁商双盛泰、瑞盛泰、永丰盛、东兴隆等还是推动招商局开辟上海——仁川航线的主要商家。朝鲜是中国夏布的主要销场，亦为四川夏布的最大销场。清末，运朝夏布的交易中心一直是烟台，民国初年转移到上海，但经销商基本仍是以鲁商为主体。每年春季，旅朝鲁商即纷纷返国，至沪地夏布行采办，然后转运至汉城、仁川、元山、釜山，再分销各地。②

与鲁商不同，粤商基本是以香港、上海、日本大阪为货源地，向朝鲜输出绸缎、洋布、药材、夏布以及洋广杂货。另外，同顺泰等有实力的粤商还从事土木工程承包业务。当时粤商在朝的贸易路线主要有两条：一是仁川—釜山—长崎—上海往复线；二是珲春—元山—釜山—长崎—上海往复线。上海、珲春两地是粤商的主要集购地。在上海，粤商可以购到一些"本国洋货"，即外国人在中国生产或从国外运进的物品；而在珲春，采购的则是东北土产。粤商运进朝鲜的货物以棉纺织品为大宗，同时购回红参、牛皮、青豆、咸鱼、海菜等朝鲜土产。总之，在当时东亚这一地区粤商的贸易活动已初步形成了一个商品运销网络。

四 鲁粤商人在日本

日本是山东人和广东人移民海外的重要地区，也是鲁粤商人在东亚跨国经商贸易的中心区域。

早在日本幕府时期，中国商人就已渡海到长崎从事商业贸易。1859 年

---

① 彭泽益：《中国工商行会史料集》，第 888 页。
② 重庆中国银行：《四川省之夏布》，1936，第 199 页。

横滨正式开港，几乎与此同时，华商也来到横滨从事商贸经营活动。1867年5月，神户与大阪同时开港，实行对外开放。两地开港后，为中国沿海商人提供了一个向海外发展、拓展贸易经营的绝佳契机。面对这一契机，华商做出了相当积极的反应。嗣后，粤、闽、浙和鲁省商人便开始渡海到日本经商，活跃于对日贸易的各个领域。

从19世纪80年代到甲午战争前，旅日侨商人数呈逐年增长之势。1880年旅日华商商号为102家，1885年为139家，1890年达305家。1904年末，旅日华侨共有8411人，到1918年增至12139人。横滨、神户、大阪、长崎、函馆等处，华人华商移居最多。当时华侨多数来自南方的广东、江苏、江西、浙江以及北方的山东等省。

20世纪初叶，烟台是华商从事对日贸易的跳板。在烟台从事贸易的商家约七成为山东商人，广东、福州、宁波商人占二三成。据1902年的日本调查记载："该港稍富资金实力之商贾，皆于日本、朝鲜、俄属海参崴开设分号或代理店（分庄），相与联络，广事交易，此诚为各港中所仅见矣。……凡该港著名商号无不与日、韩、海参崴三处有所联系。"①

侨居日本的华商按乡籍分为广东帮、福建帮、三江帮和包括华北、东北商人在内的北帮，而北帮中人数最多的为鲁商。② 粤商到日本的时间要早于鲁商，实力和影响范围也要大得多。早在1868年，粤商就在东京开设店铺，从事杂货贸易和商业经营，迄1888年，在当地从事商业经营的粤商已发展到73家。同期，神户共有粤商和浙商56家；在大阪共有广帮、浙帮、福建帮商号51家；长崎全部84户华商中，广帮占近40户，而山东商人只有5家。③

1890年后，旅日鲁商人数开始较快增长，此后20年，是旅日鲁商发展最盛的时期，输往烟台、青岛的日本商品十有八九系通过侨居大阪、神户的鲁商之手，如在烟台所见的日本纺织品，悉为鲁商杂货行栈经营。据当时日本调查者称：

---

① 外務省通商局（樽原陳政）編『清国商況視察復命書』元真社、1902、125~126頁。
② 農商務省商務局『対清貿易ノ趨勢及取引事情』、1910、24~25頁。
③ 町田実一『日清貿易参考表』、1889。

居留于长崎、横滨的华人多为广东、宁波人，居留于神户、大阪的华人则多为山东人。彼辈具有营商天赋和知识，与本国声气相通，在对日商货贸易上不失时机，争得先机，其勤勉锐敏，实堪惊人。①

1897年后，旅日华商的地域分布发生了极大变化，原先居住于大阪的广东商人大部分迁往神户，相反，原先侨居神户的北帮华商则鉴于大阪已成为对华输出品的一大制造基地，对华北的贸易商品也多由大阪输出，因而相继迁往大阪营业。1899年，大阪商船株式会社开通了日本通商口岸与渤海湾沿海港口之间的航线，渤海湾通商港口与日本的航运贸易迅速上升，从而吸引了山东、天津等地一批新商人东渡日本，在大阪设立专门代理华商贸易业务的商栈，自营或代理各种日货和土产进出口贸易。烟台一些著名商号，如益生东、中盛恒、长盛东、同大和、双盛泰、阜丰兴、万盛栈、万顺恒等，都在大阪设有坐庄。② 由于这种变化，旅日华商两大帮系的地域分布呈现不同特点，形成了北帮商人集中于大阪而南帮商人则集中于神户的格局。具体到鲁、粤二省商人，便是粤商集中于横滨、长崎，鲁商集中于大阪、神户的格局。

20世纪前30年，上述鲁、粤两帮的经商格局基本没有大的变化。1917年，大阪的鲁籍贸易商有24家，而神户的粤籍贸易商有44家，另有福建帮21家、三江帮7家。③ 据1925年的调查，大阪川口的山东、直隶、东三省的北帮商人共七百二三十人，南帮江浙、湖北、安徽以及山西商人一百七八十人。他们大都居住于川口的华商行栈或华商经营的商号内，从事商品的采购。④ 当地从事贸易的华商店号共约300家，其中北帮公所会员，265家，属于南帮者26家。1927年，大阪北帮公所会员，共282户，南帮公所会员，30家。⑤ 1925年，大阪对华贸易输出额为34000万日元，其中旅日华商输出额为12550万元，占37%。当时"日纱北方交易，概操之于我侨商

---

① 東亞同文會編『支那經濟全書』第11辑、東亞同文會、1909、748~749頁。按：除神户和大阪两地外，长崎、横滨、函馆也有少数山东商人居住经商。
② 外務省通商局（樽原陳政）編『清国商況視察復命書』、129~130頁。
③ 品川仁三郎編『世界輸出入大観』日華新報社、1918、4~11、35~56頁。
④ 南満洲鉄道株式会社興業部商工課編『対満貿易の現状及将来中卷』、1927、359頁。
⑤ 大阪市産業部編『大阪在留支那貿易商及び其の取引事情』、1928、8、32~36頁。

之手"。而以旅日鲁商为主体的华商所经营的杂货贸易，"尤为川口贸易之特色，输入我国者，几全部为我侨商，日商则瞠乎其后"。①

同一时期，神户旅日侨商以广东帮为最多。1927年，126家华人贸易商中，粤商64家，三江帮33家，福建帮29家。② 1931年"九一八"事变日本侵略东三省之际，神户共有华商贸易商98家，其中粤商48家，闽商18家，三江帮32家。1937年底，华商减少至91家，其中粤商59家、闽商21家、三江帮11家。"七七"事变后，华商减至18家，此时粤商全部歇业，只剩闽商勉强维持。③

华商的经营活动和职业特点构成华侨在居留地商业社会的基础。旅日鲁人多从事商业贸易，在服务业中较少；而粤商除商贸领域外，还广泛介入服务业和餐饮业。广东移民的职业从最初的"三把刀"（料理、裁缝、理发），到后来发展到100多种（1923年统计）。在商业领域，粤商分为贸易商和零售商，既有充任买办者，也有经营钱庄汇兑业、保险业者。经营进出口的贸易商属于侨商社会上层，零售商则有中药店、古玩店、食品店等，服务业有旅店、浴池、土木建筑、家具、乐器制作、印刷等，二者属于粤侨社会中下层。

大阪鲁商与神户粤商在贸易经营上也存在诸多差异，这些差异反映在区域市场、商品贸易类别、货源地、贸易方式等方面。

在贸易商品类别上，鲁商多为杂货商，在大阪主要从事日本火柴、棉纱及各项杂货的输入和柞蚕丝对日输出；粤商大多为海产商，除交易海产品外，还兼营棉纱、棉布、火柴输出，同时向日本输出大豆、杂粮、豆饼、棉花等，"凡经营海产物商，较之他商，取引广大，资力亦裕"。④

鲁商、粤商在日本贸易的货源地和销货地都是与自身有着地缘关系的地区和国家。在区域市场上，粤商主要经营日本与香港、华南、南洋地区的贸易，而鲁商及北帮侨商主要经营日本与国内华北地区、东北地区的贸易。粤

---

① 實業部工商訪問局『大阪神戸華僑貿易調查』、1931、32頁。
② 神戸商工会議所『［神戸商工会議所］調査資料』54号、1937、11頁；大阪市産業部編『大阪在留支那貿易商及び其の取引事情』、161~163頁。
③ 企画院編『華僑の研究』松山房、1939、345頁。
④ 《留日之华商》，《实业杂志》第10期，1926年10月。

商的贸易对象主要是广东乃至华南华侨移民较多的南洋诸国,主要输出地为香港、曼谷、新加坡、槟榔屿、印尼、仰光、马尼拉、西贡、巴达维亚等地。鲁商则是以山东、东北地区为货源地和销货地,贸易对象多为山东、华北和东北地区的鲁商,主要输出地为烟台、青岛、奉天(沈阳)。1927年,以粤商为主体的神户华商贸易额约为8000万元,其中香港2500万元,南洋区域3000万元,华南及印度等地2500万元。① 30年代前半期,旅日华商年贸易额为四五千万元,其中与南洋地区的贸易就达3000万元。而以鲁商为首的大阪北帮商人经营的对华北、东北地区的贸易额约占大阪对华输出货物额的三成以上。② 这种贸易地域格局形成了一南一北两大区域贸易网络,即旅日粤商与南洋地区的贸易网络,鲁商与华北、东北的贸易网络。

这种跨国商贸网络以地域商帮的市场经营活动为内容,靠着商帮的乡缘、亲缘、资金等纽带关系来维系。例如,神户的粤商与香港南北行街上的数十家南北行有着密切的乡缘、资金关系,不少商家甚至是总号与分号的关系。南北行专事爪哇糖、印支半岛稻米以及云南锡的对日输出,他们给予旅日粤商以资金上的支持。旅日粤商负责联系日本市场的客户,扮演着南洋市场和日本市场的中间商角色。③ 大阪的鲁商与国内市场的联系同样靠着这种关系来维系。东北奉天(沈阳)等城市的批发商号(丝房)由山东商人(主要为胶东商人)出资开办经营,通常这些商号除在上海、天津、营口等地采购商品外,还从日本大阪采购大宗商品,他们与大阪鲁商开办的行栈有着长年的固定联系。凭借乡缘、业缘关系,可以获得信用、资金结算、运输等方面的便利。例如,1881年在奉天开业的鲁商商号春发长,通常从大阪的鲁商行栈乾生栈以及上海大成泰、天津振兴号进货,然后销售于奉天、抚顺和北满各县,年销售额达65万元。据1933年的调查,在奉天从事批发贸易的三十多家鲁商是通过这种三角贸易网络关系从事经营。④ 这种三角商业网络关系见表1。

---

① 大阪市産業部調査課編『大阪在留支那貿易商及び其の取引事情』、169頁。
② 神戸商工会議所編『神戸商工会議所調査資料』54号、9頁。
③ 渡辺武史『南方共栄圏と華僑』二松堂、1928、82~91頁。
④ 奉天興信所編纂『満洲華商名録第2回』、1933、26頁。

表1 奉天、山东、大阪华商三角网络关系

奉天(沈阳)鲁商字号	资东及籍贯	开业时间	年营销额(万元)	有业务关系的大阪鲁籍供货商(籍贯)
吉顺丝房	黄县林姓慎德堂	1914	150	乾生栈(牟平)
吉顺昌	黄县林姓树德堂	1901	130	乾生栈、泰东洋行(牟平)
洪顺盛	黄县巨商王树亭	1902	110	德聚合、德顺和(牟平)
天合利	黄县单少卿	嘉庆	80	公顺合(牟平)、公顺北(福山)
谦祥源	郑安素堂(黄县四大富商之一)	1908	26	公顺合(牟平)
谦祥泰	郑安素堂	1900	46	德顺和、乾生栈(牟平)
泰和商店		1929	65	公顺合(牟平)
兴顺利	黄县单兴顺	顺治	230	德顺和、乾生栈
源合东	黄县单氏	1894	41	公顺合(牟平)
天合铺	黄县单氏	1894	68	公顺合(牟平)
谦祥恒	黄县郑安素堂	1895	22	乾生栈(牟平)
裕泰盛	黄县李栋忱等		32	泰东洋行(牟平)、兴泰号
裕泰东	黄县	1923	23	乾生栈(牟平)
阜丰东	黄县	1876		恒昌德、公玉栈
恒兴长	黄县富商王子佩等	1875	22	通德源、谦升栈
兴隆丰	黄县	1909		德顺和、德盛泰、泰东洋行
德兴源	黄县	1908	92	乾生栈(牟平)
德兴和	黄县富商福庆堂等	1880	41	公顺栈、泰东洋行(牟平)
裕盛东	黄县李耕读堂	1920	83	德顺和(牟平)
利顺永	掖县周士珍	1879	36	泰东洋行(牟平)
福成泰	青岛富商孙玉泉	1927	33	泰东洋行(牟平)
兴顺义	招远单氏	1905		德昌裕(黄县)
广泰德	蓬莱富商马作孚	1923	31	乾生栈(牟平)、泰东洋行(牟平)
中顺恒	黄县富商王明顺	1914	32	公顺栈(福山)、永顺茂(荣成)
福胜公	黄县温仲三	1908	22	乾生栈
春发长	黄县	1881	65	乾生栈
同增利	黄县	1899	55	乾生栈(牟平)、德顺和
义顺德	蓬莱	1904	45	裕顺和
德聚和	黄县	1904	49	乾生栈

资料来源：奉天興信所編纂『満洲華商名録第2回』、26頁。

基于粤商、鲁商贸易网络、贸易对象及交易方式的差别，大阪和神户华商在经营上表现出不同的特点。粤商在神户多为永久性定居经商，商家携带家眷一同定居于神户，在市街兴建店铺门面和仓库设施，也就是说，"除少数例外，大都均在神户建有铺面，为永久独立经商性质"。不少商家有 30 年以上的移民经商史，在神户设立总号，在国内埠口或南洋地区开设分号或派驻坐庄。① 他们通常接受华南、南洋地区华商的订购合同，为其在日本采购棉纱、杂货、海产品、丝织品，代为出售米谷、棉花、药材等。作为合同代理商，他们即使与委托商无总号分号的统属关系，通常彼此间也有着资本互通（参股）、互为出资人的关系。②

与神户粤商不同，大阪鲁商的贸易经营以行栈为特色。行栈原指经营贸易代理业的商行，其职能一是为华商提供寄住寓所，并为住栈商提供贸易上的便利；二是自己经营行栈代理业，为国内各地的商家采买棉纱布、杂货。国内前往日本的购买商寄住于行栈内，其中绝大部分为北帮商人。行栈商在日中贸易中居于十分重要的地位，与国内行栈有着这样那样的关系，而山东的烟台、青岛等口岸城市的大商号，有不少在日本大阪、神户行栈内派驻站庄，经营日货进口。小行栈一般有客商十数人，大行栈寄寓客商多至五六十人。关于行栈的经营情形和作用，当时有调查机构做过这样的记述：

> 经营行栈者，概皆久居日本而又熟悉日本社会情形者。……其所营业务，除供旅客及庄客居住外，并为之介绍交易机关，充当翻译，运送货物，办理保险，银行往来，以及其他一切日常业务。如庄客归国，并为之代理交易。新往日本之商人，概皆不通日本商情，住于行栈，则不必支付食宿，从交易额中提百分之一乃至千分之五作为报酬。③

南帮商人在日本的交易多通过粤商买办来进行，而北帮商人在日本的交易基本通过行栈来进行。所以，大阪、神户两地华商经营素有"行栈为川口之特色，而买办为神户之特色"。④ 这种特色反映的实际恰是粤商与鲁商在经营上的差异。

---

① 企画院『华侨の研究』松山房、1939、347 頁。
② 大阪市産業部調査課『大阪在留支那貿易商及び其の取引事情』、167 頁。
③ 實業部工商訪問局『大阪神戸華僑貿易調査』、18~19 頁。
④ 實業部工商訪問局『大阪神戸華僑貿易調査』、19、62~63 頁。

五　鲁粤商人海外经营活动的意义

华商在东北亚沿海经营活动的意义，在过去显然被忽略了。实际上，华商在俄、朝、日三国开埠口岸开设商号、从事商贸经营的时间与这些口岸开埠时间几乎相同。19 世纪末 20 世纪初，华商在东亚沿海贸易中实际起着举足轻重的作用，鲁、粤商人通过与俄远东地区、朝鲜、日本华商的密切联系，在一定程度上控制着若干重要商品的贸易。从日本大阪、神户，朝鲜汉城、仁川，俄国海参崴等城市，到上海、香港及山东烟台、青岛等城市，华商有一个完备系统的商品营销网络或进出口购销链，华商在这一链条中有着极大的自主性和独立性。上述事实蕴含着以下重要意义。

其一，无论在俄罗斯远东地区，抑或在朝鲜、日本的开埠港口，作为具备市场开拓意识的商人群体，以鲁、粤商人为代表的华商对当时的市场变化都做出了迅速而积极的反应。在俄远东地区，他们追随移民迁居的脚步，在各个城市艰苦创业，由小到大，将业务扩展至经济生活的各领域；在朝、日，他们抓住港口开埠通商的有利契机，以本国口岸为跳板，在异国组织商货贸易。由此可见，他们并非贸易条件的被动接受者，也非被唤醒的角色，而是海内外市场形势变化的主动适应者，且是能为自身经营拓展新领域的开拓者。

从当时上述三国对华贸易的规模和内容上看，国外商业资本的经营实力显然尚不足以支撑起同期对应规模的贸易。大量国内商品的出口和外国商品的进口实际上是由华商组织，尤其是对南洋、华北地区的贸易，相当部分的商品系由华商组织输出入，这表明华商已成为近代早期东亚贸易圈中一支重要的力量。

其二，鲁商和粤商凭借自身的地缘、乡缘、资金纽带关系，构筑了一北一南两个跨国商业贸易网络。这种贸易网络并非仅限于单一的双边交易关系，而是同时包含与国内外同帮商人资本相互关联的三角网络关系。在这一网络系统中，大阪的鲁商同时与国内烟台和东北的鲁商互有联系，而神户的粤商则同时与香港、南洋的粤商互有联系。同时，基于贸易网络中交易对象、地区、商品等方面的差异，鲁、粤商帮在东亚贸易圈中有着不同的市场活动方向，就商贸经营规模和影响力而言，在俄罗斯和朝鲜鲁商胜过粤商，而在日本则是粤商胜过鲁商。依照过去帝国主义模式论的解释，近代东亚贸易格局的形成归结为西方资本和日商资本的市场扩张，但按诸史实，华商经营活动所形成的商业网络扮演着不可或缺的角色，与前两种力量相互交织，同样对东亚贸易圈的构筑起了重要的作用。

其三，鲁粤商人在国内和东亚诸国商贸的发展，使之逐步积累起经营资本和贸易经验，具备了相当的经营实力，从而在若干贸易领域取得主导性地位。由于在这些领域鲁粤商人与国内商人有着牢固的联系，在一定时期外商在贸易中尚不能对华商取得优势，贸易的消长在一定程度上以华商的经营为转移。

在朝鲜，华商与日商展开激烈的市场竞争，控制了相当比例的港口贸易份额，甚至在若干领域超越了日商。1898年，朝鲜仁川的商品输入总额为770万元，其中日商经营的输入额为338万元，华商的输入额为439万元，所以日人信夫淳平在《韩半岛》（1901）一书中，尝谓："仁川贸易，概括言之，输出权在我，输入权则操于清商。"他还总结华商在贸易上胜过日商的原因如下：商业资本的支持，广泛使用信用交易，不受高利贷支配，注重商业道德，输入的商货价格低廉，不涉足商业投机，始终一贯的商业联系网络，坚韧耐劳的性格，不铺张奢侈等。①

19世纪末20世纪初，华商在日经济地位颇占优势，"盖其精计算，善理财，且复诚信不欺，大为欧美商人所信任"。神户华商进出口行家的年营业额达日金5000万元，大阪华商的贸易额则在日金1.5亿以上。经营进出口的行家与国内各口岸城市和海外商埠皆有联络，借助旅日华商贸易网络，华商在京都、大阪、神户等处直接交易妥当后，自行运往国内，摆脱了日商的垄断，形成一种新的跨国贸易格局。以东北地区为例：

> 往昔东三省华商购货，多托日商代办进口，侨居日商从中取得用金，藉以发展营业。乃自民国二年以来，华商渐悟直接输入可省却用金之利，多嘱托京都、大阪之华商代办，或派人往该地代理店直接采办，

---

① 信夫淳平『韓半島』1901、17～18頁。

致在东三省之日本贸易商营业日渐闲散，而以近年为尤甚。如棉纱一项，大部分皆由直接采购。①

从第一次世界大战到20世纪20年代末，尽管由于国际环境的变化，华商在俄、朝、日三国的经营条件不断恶化，大批侨民被迫返回国内，华商的经营地盘也在不断收缩，原先的商品市场被相继侵夺，但依靠多年苦心经营的营销网络和进出口购销链，仍有相当部分的进出口贸易要由华商经手，在这一商贸网络中华商保持了一定的自主性和独立性，他们根据国内市场的需求状况、汇率行市和资金周转情况来决定每次的进货，而无须假手外商。

---

① 《东三省华商直接输入之现况》，《中外经济周刊》第77期，1924年。

1882~1894年中朝商路历史性变迁原因及其影响分析

费 驰[*]

1882~1894年是中朝由传统封贡关系向条约关系转化的关键时期，而与此同时中朝商路亦出现了历史性变迁，即中朝陆路商路明显衰落，稳定的海路商路形成、拓展并成为主要贸易通道。这种绝非偶然的显隐相合的联动，为我们提供了另一个审视清代中朝关系的视角。

目前学界对中朝封贡关系政治层面论述较多，台湾学者张存武与日本学者滨下武志则对中朝封贡贸易有了比较深入的论述，[①]但对封贡体制运行的重要载体——商路变迁与封贡体制变化的潜在的相互影响关系问题却关注不够。那么，1882~1894年，中朝商路为何出现历史性变迁？其变迁与封贡体制变化有无联动关系？中朝商路的历史性变迁对东亚贸易格局产生了哪些影响？本文拟尝试解答上述问题。

一 1882~1894年中朝商路变迁背景原因分析

按照马克思主义政治经济学一般理论，"经济基础决定上层建筑"。但当讨论清代东亚各国间经济关系时，我们不得不强调一个无法逾越的逻辑前

---

[*] 费驰，东北师范大学历史文化学院教授。
[①] 清代中朝封贡关系之经济层面研究主要成果包括：张存武《清韩宗藩贸易（1637~1894）》，台北：中研院近代史研究所，1978；滨下武志《近代中国的国际契机——朝贡贸易体系与近代亚洲经济圈》，朱荫贵、欧阳菲译，中国社会科学出版社，1999；滨下武志《中国、东亚与全球经济——区域和历史的视角》，王玉茹等译，社会科学文献出版社，2009。

提,那就是在近代条约体制建立之前,东亚诸国的商贸活动始终被规制在封贡体制之内。相应地,囿于封贡体制的影响,承载经贸活动的商路亦只能随着封贡体制的变化而发生变迁。

明清易位后,经过较长时间的磨合,东亚政局趋于稳定,清朝仍然保持着"上国"的尊位,封贡体制有条不紊地运行着。但随着清朝国力的下降,尤其是19世纪40年代以后,东亚内外局势发生变化,被称为是"当时世界上覆盖面最大、人口最多和最稳定的区域性国际体系"下的东亚传统秩序,[1] 受到来自东亚内外两股势力的挑战与破坏。

鸦片战争后,在西方国家的外部侵蚀下,光绪初期,清朝的藩属国琉球(日本的冲绳)、安南(嘉庆八年,改称越南)、暹罗(泰国)、苏禄(菲律宾的苏禄群岛)、南掌(老挝)、缅甸,陆续被迫中止与宗主国的封贡关系。同时,中国吉林东疆割让俄国后,领土的变更与沙俄侵略势力的压迫,使东亚局势更加复杂,中国东北边防受到前所未有的压力,而作为屏藩的属国朝鲜亦开始面临俄国势力南下的压力。

在东亚内部,日本的"脱亚入欧"思想日渐强烈。1868年日本明治维新后,旋即出现"征韩论",其推行"大陆政策"的首要目标便是吞并朝鲜。随后日本在朝鲜统治集团内讧之时,乘机用武力迫开了被西方称为"隐士之国"的朝鲜的门户。1875年9月,日本制造了"云扬号事件",发炮进攻江华岛。次年,日本出动军舰5艘,登陆江华岛,逼迫朝鲜政府签署《日朝修好条规》(《江华条约》),该条约第一款规定:"朝鲜自主之邦,保有与日本国平等之权。嗣后两国欲表和亲之实,须以彼此同等之礼相待,不可毫有侵越猜嫌。宜先将从前为交情阻塞之患诸例规,一切革除,务开扩宽裕弘通之法,以期永远相安。"[2] 这是近代朝鲜王朝与外国签订的第一个不平等条约,是日本推行"大陆政策"的起点,日本通过该条约第一款,否定了中朝之间传统的封贡关系,为其逐步吞并朝鲜并挑起侵华战争做了铺垫。[3]

朝鲜与日本签订《江华条约》后,清政府认识到在东亚新的国际局势

---

[1] 保罗·肯尼迪:《大国的兴衰》,蒋葆英等译,国际文化出版社,2006,第3页。
[2] 《朝鲜王朝实录·高宗实录》卷13,高宗十三年二月三日,韩国国史编纂委员会,1969年影印本。
[3] 王茹绘:《江华条约与日本大陆政策的实施》,《抗日战争研究》1999年第4期。

下朝鲜的"闭关锁国"已经不合时宜,便转而建议和劝说朝鲜不妨主动向欧美列强开放门户,亦可以制约日本独霸朝鲜的野心。李鸿章致函朝鲜使臣称,"贵国既不得已而与日本立约通商之事已开其端,各国必从而生心,日本若视为奇物","似宜用以毒攻毒以敌制敌之策,乘机次第与泰西各国立约","若贵国先与英德法美交通,不但牵制日本,并可杜俄人之窥视,而俄亦必随即讲和通好矣"。① 在清政府斡旋下,朝鲜与欧美各国先后订立了《朝美通商条约》(1881)、《朝英通商条约》(1882)、《朝德通商条约》(1882)等不平等条约,对外开放。

实际上,朝鲜开港后,其政府由于受近代民族主义思潮的影响,逐渐出现要挣离封贡关系的倾向,但同时拘于传统观念的束缚和对实际利益的考虑,又不敢遽然摆脱对中国的依赖。由于昧于世界大势,手足无措的朝鲜只能仍然通过中国来了解他国的情况,甚至只能依靠中国来处理国际问题,这不仅因为朝鲜是清朝的属国,主要缘于朝鲜缺乏这方面的经验和人才,在没有融入世界之前,朝鲜君臣认为"不如择其较可亲者而先引以为助也"。② 因此,1881 年,与李鸿章笔谈的朝鲜使者认为:"我国服事中国自有数百年相守之典礼,然海禁既开,我国亦以自主立于万国之中,则内治外交中国不便干涉,而我国素昧交际,若无中国实力助,则必随事失误,故中东两国须加意亲密,随机暗帮,如一室无间则亦可御外人之侮,此亲中国之利也。"③ 同年,朝鲜使臣到北京,要求派使入驻京师,并请求加强中朝经济贸易往来:"小邦今与日本开港通商,然小邦素昧商规,恐被欺压,上下胥愿但邀上国商人来会开港诸处,互相交易。情志既孚,依赖必大。"④

此时的清政府虽不愿意放弃对朝鲜的宗主国地位,但由于对外开放后国际自由平等贸易观念的出现,清政府内部在面对东亚的新局势,就如何处理中朝两国关系问题时引起激烈讨论,最后否定了"监国论""中

---

① 王彦威、王亮辑《清季外交史料》,北平史料编纂处,1934,第 14~17 页。
② 金允植:《天津谈草》,林基中主编《燕行录全集》第 93 册,东国大学校出版部,2001,第 310 页。
③ 金允植:《天津谈草》,林基中主编《燕行录全集》第 93 册,第 209~310 页。
④ 郭廷以等编《清季中日韩关系史料》,中研院近代史研究所,1973,第 484~485 页。

立论"，①而是通过签订贸易条约，从政治、经济各个方面调整了自己在朝鲜的政策。

1882年，清政府天津海关道周馥、候选道马建忠与朝鲜陈奏正使赵宁夏、副使金宏集、问议官鱼允中在天津签订《中朝商民水陆贸易章程》。为保障边境互市贸易正常有序，1883年，遵照该章程又拟议《奉天与朝鲜边民交易章程》（即《中江贸易章程》）24条及《吉林朝鲜商民随时贸易地方章程》（即《会宁通商章程》）15款。

《中朝商民水陆贸易章程》开端即言"朝鲜久列藩封，典礼所关一切，均有定制，毋庸再议"，并明确指出贸易章程"系中国优待属邦之意，不在各与国一体均沾之列"。②《奉天与朝鲜边民交易章程》《吉林朝鲜商民随时贸易章程》也都规定双方往来文书中要有朝鲜必须尊称清朝为"天朝"或"上国"字样。③由此可见，上述三个文件内容似乎实现了清政府与朝鲜订立通商条约的初衷，即强化了与朝鲜的封贡关系，进一步明确强化了对朝鲜的宗主权。④但通过对条约内容的比对和分析，我们可以看出，实际上，三个条约已经动摇了中朝传统的封贡关系：清前期，中朝会宁、庆源互市时，清朝敕使迎送及派差节使仪制与费用皆必须严格遵守《会源开市定例》，具有鲜明的宗藩特色。《中朝商民水陆贸易章程》第一条却规定中国派驻朝鲜商务委员与朝鲜官员往来"均属平行"，相对应的，朝鲜派驻中国开放口岸的商务委员与清朝道府州县等地方官来往时，"亦以平行相待"，"两国商务委员应用经费，均归自备，不得私索供亿"；⑤第五条明确规定"从前馆宇、饩廪、刍粮迎送等费，悉予罢除"。⑥双方督商官员礼节平等及费用自理实际凸显了中朝贸易的近代平等性质。也就是说，处于"既无实力复恋虚名"的"过渡时代"的晚清政府，⑦迫于政治原因及国际局势调整了中朝贸易政

---

① 徐万民：《中韩关系史》，社会科学文献出版社，1996，第42～45页。
② 王铁崖编《中外旧约章汇编》第1册，三联书店，1957，第404～405、第422页。
③ 王铁崖编《中外旧约章汇编》第1册，第422页。
④ 滨下武志对此问题的看法是，签约的原因是"直隶总督李鸿章试图增加中国同朝鲜之间的贸易额"。参见滨下武志《中国、东亚与全球经济——区域和历史的视角》，第214页。
⑤ 王铁崖编《中外旧约章汇编》第1册，第404～405页、第447页。
⑥ 王铁崖编《中外旧约章汇编》第1册，第404～408页。
⑦ 梁启超：《朝鲜对于我国关系之变迁》，《饮冰室专集》，中华书局，1936，第24页。

策后，中朝通商贸易中政治因素逐渐淡化，这意味着中朝间的通商关系开始向近代国际贸易关系转变。

同时，根据条约，晚清时期，中国、日本、朝鲜口岸相继开放，为中朝商路的历史性变迁即海路商路的拓展提供了可停泊的场域。

19世纪后期，在世界潮流激荡下，东亚各国周边及内部情势都出现变化，无论被迫与否，各国均呈现出对外开放的趋势并相继付诸实践。

在从17世纪中叶到19世纪中叶的约200年间，世界形势发生了从封建社会过渡为资本主义社会的巨大变化。在此期间，英、法以及美、德等国家先后建立了资本主义生产关系，其对外殖民、掠夺的本性也逐渐暴露无遗。但"康乾盛世"后国力开始下滑的中国，却始终沉迷在"天朝上国"的虚荣中，由于深闭固拒、不思变革，至19世纪中叶，曾经繁荣的中国已经远远落后于处在上升势头的西方资本主义国家。于是，以前限于实力无法变更中国"一口通商"的列强，此时便用武力迫开了中国的门户。1842年《南京条约》签订后，中国与西方开埠通商，直至《马关条约》，清政府对外开放了40个商埠。①

根据1871年的《中日修好条规》，两国在指定开放的所有沿海各口岸，"准商民往来贸易"，② 据此条约，两国在《通商章程：海关税则》中彼此指定了通商口岸，中国是上海、镇江、宁波、九江、汉口、天津、牛庄、芝罘、广州、汕头、琼州、福建、厦门、台湾、淡水，日本是横滨、箱馆（函馆）、大阪、神户、新潟、筑地、长崎等地。③

随后，1876年的《朝日修好条规》明确规定，20个月之内，朝鲜开放釜山及其他两个港口，并提供日本商民贸易居住上必要的土地租借与房屋租借上的方便。④ 1877年，日本代理公使花房义质受日本政府派遣，对朝鲜海岸进行详细测量，选定永兴湾的元山和作为首都汉城门户的济物浦（仁川）

---

① 中国第二历史档案馆：《1921年前中国已开商埠》，《历史档案》1984年第2期，第54～56页。另外，严中平认为开放34处，参见《中国近代经济史统计资料选辑》，社会科学出版社，1955，第45页。《总税务司通札1535号》中《开放通商的口岸及其设关年表》统计为28个，见陈诗启《中国近代海关史》，人民出版社，2002，第459～461页。
② 王铁崖编《中外旧约章汇编》第1册，第318页。
③ 王铁崖编《中外旧约章汇编》第1册，第320页。
④ 韩国国会藏书楼立法考察局编《旧韩末之条约》，新书苑，1989，第12～16页。

作为通商口岸。元山于1879年5月（实际是1880年5月）、仁川于1880年12月（实际是1882年12月）先后开放。

按照《中朝商民水陆贸易章程》中"两国商船，听其驶入彼此通商口岸交易"的条款，① 中朝商民开始陆续进入双方口岸进行通商贸易，上海、天津、营口（牛庄）、大连、烟台成为对朝贸易的主要港口。

二 1882～1894年中朝商路形成状况概述

由于地缘关系，中国与朝鲜半岛间的贸易之路，早在秦汉之际就已开通。两千年来，虽然双方内部都曾经受到政权更迭及相互征伐等政治因素的困扰，但两国贸易往来持续不断。迨至1644年清入关，中朝封贡关系重新得到确立，东亚区域又回归传统秩序，中朝之间的商路亦逐渐恢复并热闹起来。

1644～1882年，中朝之间商路有陆路、海路两道，但以陆路为主。由于封贡体制的束缚，此时段中朝之间的贸易往来并不活跃，商路没有做出更多的贡献。19世纪80年代，由于中朝两国内部及周边国际形势皆发生变化，两国对外开放的趋势越来越明显，而东亚封贡体制开始受到前所未有的挑战。为应对国内外新局势，中朝两国政府签订了《中朝商民水陆贸易章程》，中朝商路及贸易体制随之发生变迁，这种变迁主要表现在两方面：一是传统陆路商路的变化；二是稳定的海路商路的形成。②

《中朝商民水陆贸易章程》明确规定："鸭绿江对岸栅门与义州二处，又图们江对岸珲春与会宁二处，听边民随时往来交易。"③ 这样，光绪八年以后，中朝传统边境互市商路，即凤凰城—中江，宁古塔—会宁、珲春—庆源路线，就由于互市地点的变化而迁移为栅门（后改为中江）—义州、珲春—会宁。1883年《奉天与朝鲜边民交易章程》规定停止中朝边境的栅门贸易，奉天边民去朝鲜义州贸易，朝鲜边民可到中江贸易。不久，中国在中

---

① 王铁崖编《中外旧约章汇编》第1册，第405页。
② 相关研究可参见罗爱子《韩国近代航运史研究》，国学资料院，1998；高秉希《晚清中朝定期航线的开设背景及其影响》，《史学月刊》2005年第8期。
③ 王铁崖编《中外旧约章汇编》第1册，第406页。

江附近九连城设立海关,修建供两国百姓往来交易的市场,朝鲜也在义州西城之外设立海关,修建市场,是为新义州。

由关外至珲春的商路:19世纪70年代至80年代,吉林和宁古塔至珲春的商路主要有两条:一条是通过宁古塔与吉林之间的驿站抵达宁古塔,经由"渤海日本道"到达珲春。清政府为了移民实边,加强边防,于光绪七年(1881),在原有卡伦的基础上,修建了宁古塔通往珲春的驿道。这条驿道,也是一条古道,和唐代从渤海上京龙泉府到东京龙原府的道路基本相同。吉林至宁古塔驿道,大小共10站,长635里。"……自省城小东门外乌拉站起(旧名呢什哈站,在城外十里松花江北岸)九十里曰额赫穆站,八十里曰拉发站,六十五里曰退搏站,八十里曰意气松站,四十里曰鄂摩霍站,八十里曰他拉站,六十里曰必尔罕站,六十里曰沙兰站,八十里曰宁古台站。"① 另一条是从高丽岭经由南岗到达额穆赫索罗,俗称黑石岭道。由于路途遥远险峻,至20世纪初,前往延边地区的汉族百姓咸利用东清铁路到达海参崴,然后渡过图们江进入延边地区。

同时,《中朝商民水陆贸易章程》第七条规定:"两国驿道向由栅门陆路往来,所有供亿极为烦费,现在海禁已开,自应就便听由海道来往。惟朝鲜现无兵商轮船,可由朝鲜国王商请北洋大臣暂派商局轮船,每月定期往返一次,由朝鲜政府协贴船费若干。此外中国兵船往朝鲜海滨游奕驶泊各处港口以资捍卫,地方官所有供应一切蠲除。至购办粮物经费,均由兵船自备。该兵船自管驾官以下与朝鲜地方官俱属平行,优礼相待。水手上岸由兵船官员严加约束,不得稍有骚扰滋事。"② 据此,中朝为便利海路通商,拟由轮船招商局承担开设定期航线。

1883年,朝鲜统理各国事务衙门在朝鲜汉城与清朝上海轮船招商局总局签订了《轮船往来上海朝鲜公道合约章程》。③ 同年十一月,两国签订了《轮船往来上海朝鲜公道合约章程续约》(简称《续约》)。④ 《续约》规定:

---

① 萨英额:《吉林外记》卷3《驿站》,台北:成文出版社,1974年影印本,第85页。
② 王铁崖编《中外旧约章汇编》第1册,第406~407页。
③ 高丽大学亚细亚问题研究所旧韩国外交文书编纂委员会编《旧韩国外交文书》第8卷《清案1》,高丽大学亚细亚问题研究所,1970年,第5~7页。
④ 高丽大学亚细亚问题研究所旧韩国外交文书编纂委员会编《旧韩国外交文书》第8卷《清案1》,第19~20页。

招商局专派一只轮船,"长川往来上海、朝鲜,或绕走烟台、仁川、釜山、长崎、上海,或绕走长崎、釜山、元山、烟台、上海",并由之前"每月一次"改为"周而复始,一年为限,不论次数"。《续约》将上海—仁川航线扩大为上海—烟台—长崎—釜山—仁川航线,这样其便能连接日本、朝鲜的港口,此后很多中国商人便到长崎与日本商人直接交易。

虽然《中国朝鲜商民水陆贸易章程》中仍有不平等之处,但它取消了众多贸易限制和对沿海贸易的官方垄断,为中朝参与近代通商口岸贸易提供了法律保障,从而有利于双方贸易的拓展。根据条约中"两国商船,听其驶入彼此通商口岸交易"的规定,[①] 中朝商民开始陆续进入双方口岸进行通商贸易。

这样,《中朝商民水陆贸易章程》签订后,中朝之间的商路出现了历史性变迁,那就是继明中后期中朝海上商路几乎处于断绝状态,除了民商冒死"潜渡""漂流"外,到19世纪80年代,中朝之间开辟了定期海路航线,即上海—烟台—长崎—釜山—仁川、上海—烟台—仁川。1886年以后,日本陆续开辟了长崎—仁川—烟台—天津、上海—烟台—朝鲜(釜山、元山)—海参崴航线。1891年,俄国开辟了海参崴—元山—釜山—上海航线。这都进一步拓展了中朝乃至东亚区域的商路。

三 1882~1894年中朝商路变迁的影响

19世纪80年代《中朝商民水陆贸易章程》签订后,中朝之间的商路出现了历史性变迁,这对中、朝、日等东亚国家间的政治经济关系产生重要影响。

第一,封贡体制是影响清代中朝商路变迁的根本性因素,而商路与封贡体制明暗两条线索的互动与变化对东亚关系产生了重要影响。

如众所知,整个东亚区域是由海洋与陆地组成的。在古代,将海洋世界中松散的东亚联系在一起的最主要的历史线索是封贡贸易关系,这个关系从唐朝开始一直延续到清代。但商路同样也受到封贡体制的制约。

---

① 王铁崖编《中外旧约章汇编》第1册,第405页。

从清初直到 19 世纪 80 年代,东亚封贡体制一直被循规蹈矩地遵行着,在其束缚下,东亚商路并不自由通畅,中、朝、日三国间只是在 17 世纪末 18 世纪初存在一条昙花一现的国际中转商路,[①] 然而在封贡体制下,商路的经济功能无法完全展现出来,最终导致商路的衰落。同时,其余商路无一例外被禁锢在规定的使行路线上,民间国际贸易受到极大的限制,只存在少量的冒极大风险的走私贸易。19 世纪 80 年代以后,东亚封贡体制开始松动,1881 年琉球、1885 年越南、1886 年缅甸相继与清朝结束了封贡关系,中朝也签订了《中朝商民水陆贸易章程》,开通了海上航线,东亚商路随之得到扩展,东亚区域贸易亦有了很大发展。而东亚商路网络的形成,则是在 19 世纪 90 年代东亚封贡体制彻底被废除之后,商路上的贸易点以其为核心形成贸迁场域,并成为东亚区域市场链条上的一个节点。

反过来,商路这只看不见的手,始终在试图冲破封贡体制的束缚,即使在封贡体制运行最为严格的清前期,也没有阻挡住商人海外贸易的脚步。经济是政治影响与文化交流的载体与基础。从某种程度上来讲,正是商路的持续拓展,符合了贸易发展内在规律,最终影响了封贡体制的存续。

1882~1894 年中朝商路历史性变迁最重要的特点是传统陆路商路衰落,稳定的海路商路形成、拓展并成为主要贸易通道形式。这是中朝由传统封贡关系向条约关系转化在经济层面的实际体现与物语表达。本文认为,清代中朝商路的变迁与东亚封贡体制的变化隐隐吻合且相互影响,即封贡体制是影响清代中朝商路变迁的根本性因素,而商路的发展变化也最终成为封贡体制消亡的助推力量。

第二,19 世纪 80 年代,中朝稳定的海上商路的形成与拓展促进了中朝乃至东亚贸易的繁荣,也改变了东亚国际贸易格局的发展趋势。

晚清中朝海上商路形成后的中朝日贸易状况可从表 1 中窥其大略。

[①] 参见费驰《17 世纪末 18 世纪初的东亚商路及其影响》,《中国边疆史地研究》2011 年第 4 期。

表1 1885~1892年朝鲜与中国、日本的贸易变化

单位：墨西哥元，%

年度	向中国出口	向日本出口	比例		从中国进口	从日本进口	比例	
			中国	日本			中国	日本
1885	9479	377775	2	98	313342	1377392	19	81
1886	15977	488041	3	97	455015	2064353	18	82
1887	18873	783752	2	98	742661	2080787	26	74
1888	71946	758238	9	91	860328	2196115	28	72
1889	109798	1122276	9	91	1101585	2299118	32	68
1890	70922	3475098	2	98	1660075	3086897	35	65
1891	136464	3219887	4	96	2748294	3226468	40	60
1892	149861	2271628	6	94	2055555	2555675	45	55

资料来源：彭泽周『明治初期日韓清関係の研究』塙書房、1969、305页，转引自姜万吉《韩国近代史》，贺剑城、周四川、杨永骝、刘渤译，东方出版社，1993，第254页。

首先，中朝间稳定的海上商路的形成与拓展促进了中朝乃至东亚贸易的繁荣。由表1中的记载可见，1885年，朝鲜对中国的出口额为9479元，对日本的出口额为377775元，全年出口总额为387254元；同年，朝鲜对中国的进口额为313342元，对日本的进口总额为1377392元，全年进口总额为1690734元。至1892年，朝鲜对中国的出口额为149861元，对日本的出口额为2271628元，全年出口总额为2421489元；同年，朝鲜对中国的进口额为2055555元，对日本的进口总额为2555675元，全年进口总额为4611230元。7年间，朝鲜对中、日的出口总额增长了近6倍，对中、日的进口总额则增长了将近3倍。

中朝商路的变迁尤其海上商路形成、拓展后，近代海关的设立及近代贸易规则的施行使东亚区域贸易更趋向有序，这是促进中朝乃至东亚贸易繁荣的关键原因。

朝鲜在《江华条约》签订之前，在封贡体制下，实行的是闭关攘夷的政策，所以并没有设立海关。这在朝鲜开港之初，其政府由于没有关税收入，所以在经济上损失惨重，无法缓解财政危机。于是，在朝鲜政府请求下，清政府派在中国海关已任职5年的德国人穆麟德（P. G. von. Mollendorf）前往朝鲜，他参照中国海关所实行的制度，制定了《朝鲜海关章程》，规定了朝鲜海关的运作方式；同时，根据《朝美通商条约》规定的进出口税率，

"各色进口货有关民生日用者,照估价值百抽税不得一十,其奢靡玩耍等物……,照估价值百抽税不过三十,至出口土洋货,概照值百抽税不得过五",① 参照中国海关的进出口税率条款,制定了《朝鲜海关税则》。税则将进口货物分为药材、染料、金属及金属制品、油蜡、布帛等十大类,税率共分七等,从值百抽五至值百抽三十不等;出口货物一概征收值百抽五的出口税;除征收进出口关税外,不再征收其他内地税。②

近代中国海关受不平等条约的限制,被迫实行单一的"值百抽五"的进出口关税税率,"值百抽五"的税率给中国在对外贸易与关税征收方面带来极大损失。穆麟德在制定《朝鲜海关税则》的过程中,吸取了中国海关的教训,实行的是差别税率,这在一定程度上维护了朝鲜的国家主权和利益。关税是朝鲜政府唯一稳定的财政收入来源,对朝鲜经济及政府各部门的正常运转起着至关重要的作用。

同时,《中日修好条规》第十一款规定:"中国商船货物进日本通商各口,应照日本海关税则完纳,日本商船货物进中国通商各口,应照中国海关税则完纳。"③

这样,在19世纪80年代,中、朝、日形成了稳定的海上商路,而近代贸易规则的运行,使东亚区域摆脱了封贡体制的束缚,参与世界贸易,大大促进了区域贸易的繁荣。

其次,19世纪80年代,中朝间稳定的海上商路的形成与拓展也改变了东亚国际贸易格局的发展趋势。

从表1中数据可知,日中两国对朝鲜的出口均呈增长态势,然而日本对朝鲜出口额的增长速度明显低于中国对朝鲜出口额的增长速度。1885年,中、日对朝鲜出口比为19∶81;及至1892年,中、日对朝鲜出口比已经达到45∶55。同时,表1中数据亦可以证明,日本从朝鲜的进口远远高于中国。

在中、朝、日三角贸易中,商品内容与流向的变化,导致了上述情况的发生。

---

① 郭廷以等编《清季中日韩关系史料》,第614页。
② 郭廷以等编《清季中日韩关系史料》,第1278~1287页。
③ 王铁崖编《中外旧约章汇编》第1册,第322页。

在对朝鲜贸易中，一般来讲，日本贸易商钟情于大米和大豆，而中国商人主要从事英国棉布和其他需要大量资本投入的商品的交易，缺乏出口到朝鲜市场的国内产品。朝鲜出口到日本的主要商品是大豆、大米以及牛皮。1887年以后，日本的大豆需求完全依赖于从朝鲜进口。1890年，日本人在仁川建立了碾米厂，大大推动了朝鲜大米出口业的发展，一些未去壳的大米在日本掺入其他大米再次出口，更多的中国大米出口到朝鲜以供朝鲜国内消费。从19世纪80年代起，以前主要出口到欧洲的牛皮革也开始输入日本。①

在朝鲜口岸开放后，经上海商人之手购买的英国棉布作为主要商品迅速进入朝鲜。英国大使报告了1890年对朝鲜出口贸易的快速增长。一位官员写道："总的来说，朝鲜进口的棉布价值有90000英镑，生产它们的3/4的棉纱来自孟买。进口丝绸的75%来自中国，价值51161镑。输入仁川的商品总额达30万英镑。"② 衬衫布和平纹布都是曼彻斯特生产的，几乎所有出售到东方的棉布都先运到上海，然后再转运到其他目的地。在棉布贸易竞争中，中国商人比日本商人更具经济地理优势，这是中朝商路变迁以后中国对朝鲜出口迅速增加的主要原因之一。从19世纪80年代开始，中国商人开始对朝鲜进行以出口英国棉织品为主的中继贸易。由于在朝鲜的中国商人从上海购进衬衫布或直接从厂商订买，而日本的贸易商则需要将棉织品先从上海运至长崎和大阪，再通过长崎海运到朝鲜的釜山等口岸，所以尽管日本的中继贸易得到本国金融机构的扶持和政府开设定期航线等多方面的支助，但在棉织品售卖价格上仍较中国商人高许多，所以日本商人在中国棉布商人面前没有优势可言。

但日商在朝鲜的经济扩张日渐加速与势力渐趋强大，除了因在朝鲜的开放港口釜山和仁川的地理位置优势而捷足先登，以及在大米和大豆成为一种国际商品后又占据了有利地位外，主要与日本逐渐控制东亚水域商路息息相关。日本开辟的连接长崎、仁川、烟台、天津（夏季）或上海（冬季）的常川航线，很快抢夺了此前连接烟台与仁川的中国商船不定

---

① 滨下武志：《中国、东亚与全球经济——区域和历史的视角》，第216~220页。
② BPP, *Report for the Year* 1890 *on the Trade of Korea*, Irish University Press Area Studies Series, 1971–1972, pp. 3–4.

期航线的大笔生意。① 此后，日本通过开辟长崎—釜山—元山—海参崴航线、神户—长崎—釜山—仁川航线，主导了仁川、釜山、元山的海上对外贸易。虽然俄国开辟了海参崴—元山—釜山—上海航线，但在华商多次呼吁下，为扩大在朝鲜的商业利益以及与日本竞争，清政府勉强恢复了上海—烟台—仁川的定期航线，②但这都无法改变日轮势力支配该水域的格局。对于中日在朝鲜海路的贸易竞争及中朝航线运营的艰难情况，从李鸿章的奏折中可窥其大概："自光绪十四年派船行驶朝鲜，华商甚称利便。但仁川虽称通商码头，而地瘠民贫，骤难兴旺。近日由沪烟等处运货赴仁川略见起色，其由仁川运回货物毫未加多。每次酌盈剂虚，仍属入不敷出。况日本轮船往来该口络绎不绝，得赖彼国邮政大臣筹给津贴，无虞亏折。中国仅派商船一号，如使烟沪两关津贴裁减，并无别项筹款养船之策。商局吃亏更巨，势必即议停止，似于保护华商维持藩属之初意难以持久。可否仰祈咨商大部，此项津贴仍旧拨给，俾得派船照常行驶。"③ 由于航线运营并不盈利，招商局曾拟请求废止航线。后经李鸿章的建议，清政府拨给津贴，才得以维持。于是，到1892年，活跃于朝鲜沿海的日本籍船只的总吨位数达325000吨，俄国籍船只总吨位数为25000吨，中国籍船只总吨位数为15000吨，朝鲜本国船只总吨位数仅为9000吨，日籍船只主导朝鲜海上对外交通的格局已经形成。④

可见，由于日本对中朝关系由弱至强的全面渗透，晚清时期中朝口岸的相继开放及彼此间海上商路的形成与拓展，中、日的对朝贸易竞争日趋激烈，日本在对朝贸易中最终取代中国占据垄断地位；与此同时，俄罗斯也在努力参与东北亚海域贸易的竞争。上述是晚清中朝商路变迁后东亚国际贸易格局发展的明显趋势。

---

① 参见毛立坤、张金苹《甲午前夕朝鲜海上对外贸易初探（1884~1893）》，《安徽史学》2008年第4期。
② 高秉希：《晚清中朝定期航线的开设背景及其影响》，《史学月刊》2005年第8期。
③ 郭廷以等编《清季中日韩关系史料》，第3142页。
④ 参见毛立坤、张金苹：《甲午前夕朝鲜海上对外贸易初探（1884~1893）》，《安徽史学》2008年第4期。

近代中朝交涉案件审理研究（1840～1895）

柳岳武[*]

中国传统宗藩体制既是一项源于封建帝王天下一统观念的政治体制，又是一项体现君臣等级秩序和中外不平等关系的"外交"体制。该体制源于商周，确立于先秦，发展于两汉和隋唐宋元，成熟于明清，其中清代最为明显。针对这一体制，以及由这一体制引导的具体宗藩关系或朝贡关系，国内外学者已经做出了相当充分的研究，并取得了不错的成果。[①] 但这并不等同

---

[*] 柳岳武，河南大学历史文化学院副教授。
[①] 对中国传统宗藩体制及具体宗藩关系进行研究的学者很多，国外有费正清、曼考尔、何伟亚、滨下武志等，国内有曹力强、郭剑化、刘为、石元蒙、王明星、于逢春、李大龙等。参见 John K. Fairbank, ed., *The Chinese World Order: Traditional China's Foreign Relations* (Cambridge: Harvard University Press, 1968); John K. Fairbank and Ssu-yü Teng, "On the Ch'ing Tributary System," *Harvard Journal of Asiatic Studies* 6: 2 (1941); Key-Hiuk Kim, *The Last Phase of the Eost Asian World Order Korea, Japan, and the Chinese Empire, 1860 – 1882* (University of California Press, 1980); Mark Mancall, *China at the Center: 300 Years of Foreign Policy* (New York: Free Press; London: Collier Macmillan, 1984)。滨下武志《近代中国的国际契机：朝贡贸易体系与近代亚洲经济圈》，朱荫贵、欧阳菲译，中国社会科学出版社，1999；曹力强《清代中韩关系研究》，东北师范大学博士学位论文，1995；戴逸、杨东梁《甲午战争与东亚政治格局的演变》，《抗日战争研究》1995 年第 1 期；郭剑化《晚清朝鲜政策研究》，中国人民大学博士学位论文，2004；何伟亚《从朝贡体制到殖民研究》，《读书》1998 年第 8 期；何芳川《华夷秩序论》，《北京大学学报》1998 年第 6 期；刘为《清代中韩宗藩关系下的通使往来》，《中国边疆史地研究》2000 年第 3 期；石元蒙《明清朝贡体制的两种实践》，暨南大学博士学位论文，2004；王明星《朝鲜近代外交政策研究》，复旦大学博士学位论文，1997；于逢春《构筑中国疆域的文明板块类型及其统合模式序说》，《中国边疆史地研究》2006 年第 3 期；李大龙《不同藩属体系的重组与王朝疆域的形成——以西汉时期为中心》，《中国边疆史地研究》2006 年第 3 期。

这一研究领域没有空缺。如就当前学术界研究现状而言，针对近代中朝关系的研究成果虽很多，但针对近代中朝宗藩关系下双方司法运作问题的具体研究却很少。① 笔者认为，这一不足非同一般。因为只有通过对这一内容的具体研究，才能弄清宗藩体制内天下一统观念支配下的帝王对于宗属之间的具体事务如司法问题到底是承认天下一统，还是接受现实、承认差别？宗藩体制内帝王天下一统的表达和实践之间有没有距离，以及距离到底有多大？为弥补这一缺陷，同时也出于弄清近代中朝交涉案件审理情况究竟如何，本文拟对这一问题进行具体研究，抛砖引玉，以鉴方家。

　　清代中朝交涉案件的审理方式之演变可分为四个阶段。清代中前期为第一阶段，它主要体现为中朝宗藩关系建立后，双方交涉案件的司法审判权划分和宗主国对属国的司法管理及演变。道光朝至光绪八年为第二阶段，在此阶段内，中朝双方在交涉案件的司法权限划分和宗主国对属国的司法管理权方面仍继承清代中前期做法。当然其间也有一些小变化，一方面，宗主国为应付国内危机，将本国私越案件中恶性案件的司法管理权"让渡"给朝鲜，让它代替宗主国行使这一权力；另一方面，随着日本和西方各国对朝鲜染指倾向的增强，清廷对朝鲜国内的某些案件也采取了一定的干预措施。光绪八年（1882）后至甲午战前为第三阶段，在此阶段内，中方不仅在涉及双方交涉案件的司法权限划分方面极大地强化了宗主国的权力，而且在宗主国对属国司法管理方面，中方也极大地强化了这一权力。甲午战后（1895年以后）为第四阶段，这一阶段表现为中朝宗藩关系的瓦解和清代中朝宗藩关系下的司法运作方式被近代国际关系下新的运作方式取代。由于第一阶段内容已经以文章形式发表，② 因此本文主要针对近代时期中朝交涉案件的审理方式及其演变情况进行考析。

---

① 清代中朝宗藩关系研究代表成果除上述所列外，还有高秉希《晚清中韩定期航线的开设背景及其影响》，《史学月刊》2005 年第 8 期。金在善《甲午战争以前中韩宗藩关系和中朝日对朝鲜藩属问题的争议》，《四川师范大学学报》1997 年第 1 期；何瑜《朝鲜大院君被囚事件考析》，《清史研究》2006 年第 2 期。

② 参见柳岳斌《清代前中期中朝宗藩关系下的司法运作之研究》，《福建师范大学学报》（社会科学版）2007 年第 1 期。

一 清代中前期中朝交涉案件的审理概况及演变

女真人在入关之前与朝鲜基本上保持着"兄弟般"关系,① 因此双方在涉及司法运作问题时,也基本上保持对等原则,即在涉及女真人与朝鲜人的交涉案件时,女真和朝鲜各自享有对本方人员的司法审判、执行权。天聪七年(1633)朝鲜人致女真人书信就证明了这一点。书信称:

> 吾两国告天盟誓以后,贵国之人能守约束,孤之人不遵法度,屡为贵国所获,孤之诚痛之。蒙贵国不见罪,责使渠来就邦刑,申之以相惩之意,益见兄弟义重,敢不铭心感激耶。②

但至崇德元年(1636),随着中朝宗藩关系的正式确立,双方交涉案件的司法运作方式也发生了变化。双方交涉案件的审判权在清初时期基本上是由中方控制。它不仅体现为清廷对朝鲜政治犯享有经常性的审判权,而且体现为清廷对双方私越人员享有单方面的司法审判权。记载清廷这一做法的史料很多,如顺治九年(1652)实录称:

> 朕思已定地界,不许擅越采捕,禁令已久。今沈尚义等越界采参,有违定例,盗参事小,封疆事大,若弗禁约,后犯必多。今差内员学士苏纳海、梅勒章京胡沙……带锁获罪之人,赴王处训明定拟具奏。③

随着中朝宗藩关系的发展和巩固,至康熙年间,中朝宗藩关系有了较大改善。自康熙中期起,清廷不再用高压政策对待朝鲜,朝鲜对清廷的

---

① 所谓"兄弟般"关系,是指明末清初之际,女真政权以后金国自称,同朝鲜结成兄弟国,这一关系至崇德元年后才变为宗主国关系。《李朝实录·仁祖实录》,十五年十一月甲申,学习院东洋文化研究所,1957。
② 《清太宗实录》卷15,天聪七年九月庚寅,中华书局,1986年影印本。
③ 《清世祖实录》卷70,顺治九年十一月己巳。

"华夷大防"政策的抵制也有所缓和。① 因此,此后双方交涉案件的司法运作方式发生了变化,主要体现为中方表面上享有对朝鲜涉案人员的最高司法审判权,但实际上却将朝鲜方涉案人员的审判权"归还"朝鲜。此等做法朝鲜实录中有着较为详细的纪录。朝鲜肃宗三十年(1704)实录称:

> 罪犯有三等之分矣。前后以作变犯越事,查使三次出来,犯手杀害者,皆勘以立斩,籍没妻子为奴,随往者只处斩而已。乙丑则彼中回咨,随往者则减死。辛未则准律。今既不送查使,直自我国勘律,则似当用最后辛未例,从重勘断。②

辛未例即康熙三十年(1691)例,它表明自康熙三十年起,清廷就开始让朝鲜去处理涉案的朝鲜人。清廷的这一做法维持了较长一段时间,此后中朝双方涉及交涉案件时,朝鲜基本上享有对本国人的司法审判、执行权。直到乾隆中期,这一做法才又有所变化。乾隆二十七至三十三年(1762~1768),清廷又要求对朝鲜方涉案人员享有审判、执行权。如乾隆二十九年(1764),清廷谕旨称:

> 从前朝鲜国人,有在内地强刦故杀等事,将伊等审明定罪,解回监禁,勾到后即在彼处正法。但彼处实系正法与否,无凭可查,着传谕舍图肯等,嗣后朝鲜人,如有强劫故杀等案,罪应斩决者,不必解回本国,即于内地正法,但行知该国可也。③

但是清廷的这一政策也没有坚持多久,乾隆三十三年(1768)后,清廷又放弃了对双方交涉案件中朝鲜人的司法审判权。至此,朝鲜方又享有对

---

① 此时期朝鲜出于王国安全尤其是对北方蒙古、东面日本的防范,以及与中方互市交易所带来的宫廷利益,也主动积极地改善与中方的关系,表现得相当恭顺与诚服。Willan Woodville Rockhill, *China's Intercourse with Korea from the XVth Century to 1895* (London: Luzac & Co. Publishers, 1905), p. 47, 50。
② 《肃宗实录》,三十年七月戊午。
③ 《清高宗实录》,乾隆二十九年正月癸丑。

涉案朝鲜人的审判、执行权。这一政策一直维持到嘉庆末,中间几乎没有发生变化。

二 道光元年至光绪八年（1821~1882）前中朝交涉案件的审理

道光朝至光绪八年前中朝交涉案件可以划分为以下几种类型。第一类为朝鲜人私越中国案件,第二类为中国人私越朝鲜案件,第三类为使行人员案件,第四类为朝鲜与他国之间的交涉案件,第五类为朝鲜人之间的案件。

（一）朝鲜人私越中国案件

道光元年至光绪八年前,针对朝鲜人犯越中方的私越案件,双方的司法运作原则与此前相比无变化,即中方虽名义上对朝鲜人享有最高司法审判权,但仍将真实的审判、执行权归于朝鲜;而朝鲜方则享有对本方人员相对独立的司法审判、裁决权。换句话说,涉及此类案件,且犯人被押送回朝鲜后,朝鲜方如何审判、处决朝鲜人犯,中方基本上不加干涉。此等做法首先可从中方史料中得到充分证明。如道光七年八月,中方拿获朝鲜越界人犯两名,他们所犯罪名为"越界偷捕牲畜"。中方经初步审讯后,照旧例将他们送回朝鲜,由朝鲜方自行处理。不仅如此,清廷在谕内阁时还特别要求礼部要"檄谕该国王,令其严研确情,自行惩办"。① 同治朝中方在处理朝鲜人私越中方案件时,也基本承袭道光朝做法。如同治九年,清廷礼部接朝鲜国王咨文:朝鲜庆源府人李东吉"往珲春地方盖屋垦田,啸聚无赖"。朝鲜方因此请求中方"查拿"。清廷得知此事后,就特地要求珲春协领等"购线（足丽）缉",并要求中方官员"务将朝鲜匪犯李东吉尽数拿获,解交该国惩处"。②

光绪朝时,随着双方流民垦边日渐增多,中朝双方人员的私越现象变得

---

① 《清宣宗实录》卷123,道光七年八月甲戌。
② 《清穆宗实录》卷291,同治九年九月甲子。

越来越严重,以致双方此前所形成的隔离地带也变得越来越窄。基于此,双方于光绪三年(1877)专门制定了边禁章程,该章程对中朝双方犯越案件的司法审判权做出了更为清楚的划分。其中,对于朝鲜私越中方案件,中方仍将朝鲜人犯交由朝鲜方审判,即"如有朝鲜国民违禁越境,亦即解回朝鲜办理"。① 按照这一原则,当该年四月间中方捕到朝鲜越边犯民时,中方官员古尼音布和玉亮等就将其直接解回朝鲜,同时上奏清廷。②

其次,朝鲜史料也表明此时间内,此类人犯基本是由朝鲜方单独审判、执行的。如朝鲜纯宗二十七年(1827)十二月,当中方将朝鲜犯越人犯延弥元、朴才昌等押送朝鲜后,朝鲜方就对他们进行审判,并做出了将他们"于境上枭首"③的判决。朝鲜纯宗三十四年(1834)朝鲜越犯女案处理方式也与之类似。当凤凰城将该女性越犯交回朝鲜后,朝鲜方也对她进行了审判。朝鲜备局的审判结果是:由于该犯为怀有身孕的"行乞之女",因此先"姑为严囚,待其解腹,令湾尹依律举行"。而朝鲜国王认为,该犯"既是病废没觉之人,则与故犯有异",所以朝鲜方的最终判决为"施以次律"。④

同样,朝鲜宪宗朝时,朝鲜史料显示双方做法仍如此。如朝鲜宪宗十三年(1847),中方捉到朝鲜越江人犯许广春、金上实后,就将他们交给了朝鲜。朝鲜方面也照例对他们实行了审判,并将他们于境上"枭首"。⑤ 即使到了与光绪朝相对应的朝鲜高宗朝,朝鲜史料仍显示,处理朝鲜人犯越中方案件时,双方做法仍无多大变化。如朝鲜高宗十四年(1877),朝鲜方审理金文玉犯越中方一案就证实了朝鲜方对朝鲜人犯越中方案件仍享有相对独立的审判、处决权。朝鲜方审得金文玉潜入中方多年,以致不会用朝鲜语说话,不仅如此,他还与中方"绿林"为伴。因此,朝鲜方最终的判决是:"罪人金文玉押送原籍官庆源府大会军民,枭首警众。"⑥ 该司法运作方式再次表明,道光元年至光绪八年前,中朝双方在涉及朝鲜人的犯越案件时,其

---

① 朱寿朋编《光绪朝东华录》,光绪三年二月丁亥,中华书局,1958。
② 朱寿朋编《光绪朝东华录》,光绪三年四月丙戌。
③ 《纯宗实录》,二十七年十二月丙戌。
④ 《纯宗实录》,三十四年二月甲辰。
⑤ 《宪宗实录》,十三年正月癸卯。
⑥ 朝鲜科学院、中国科学院编《李朝实录·高宗实录》,十四年五月七日,科学出版社,1959。

司法权限划分的基本做法仍未发生多大变化，即朝鲜人犯归朝鲜方审判、处决（其具体情况参阅表1）。

表1　道光元年至光绪八年前朝鲜人私越中方案件及其审判方式

编号	案发时间	案发地点	涉案主体及人数	犯越具体罪由	中方处理方式	韩方处理方式
1	道光四年正月	凤城	金振声	未载	讯后押送	未载
2	道光七年十二月	凤城	延弼元、朴才昌	越境盗猎	同上	审后枭首境上
3	道光十一年十二月	吉林	张高丽、张丫头	采参、盗猎	同上	未载
4	道光十二年三月	吉林	张豪京	盗猎	同上	审后枭首境上
5	道光十四年三月	凤城	越犯女一名	行乞	同上	审后施以次律
6	道光十八年七月	未载	高汉禄	索钱幻银	未载	审后枭首警众
7	道光二十年十二月	吉林	3人（人名未载）	误入	讯后送回	审后无罪
8	道光二十一年五月	未载	吴戒坤	未载	未载	审后减死岛配
9	道光二十六年七月	（朝鲜）海西	金大建	传习洋教	未载	审后诛之
10	道光二十七年一月	未载	许广春、金上实	未载	未载	审后枭首境上
11	道光二十八年八月	吉林	宋得哲、金光云	杀人掠物	被杀未审	因死未审
12	咸丰四年八月	凤城	张添吉	未载	讯后押送	审后枭首境上
13	咸丰七年七月	凤城	金益秀	未载	同上	同上
14	同治五年十二月	中方	75人	为匪	派兵驱逐	领回安抚
15	同治六年正月	未载	李光植	未载	未载	审后枭首警众
16	同治九年九月	珲春	多人	为匪	缉拿解交	未载
17	光绪三年	凤城	金文玉	未载	讯后押送	审后枭首警众

资料来源：表中案例1见《纯宗实录》二十四年正月壬午，案例2见《纯宗实录》二十八年十二月丙戌，案例3见《清德宗实录》十一年十一月己酉，案例4见《纯宗实录》三十二年三月庚申，案例5见《纯宗实录》三十四年二月甲辰，案例6见《宪宗实录》四年七月庚申，案例7见《清德宗实录》二十年十二月丁巳，案例8见《宪宗实录》七年五月庚午，案例9见《宪宗实录》十二年七月乙未，案例10见《宪宗实录》十三年正月癸卯，案例11见《宪宗实录》十三年八月乙卯，案例12见《哲宗实录》五年八月乙亥，案例13见《哲宗实录》八年八月壬子，案例14见《高宗实录》三年十二月初四日，案例15见《高宗实录》四年正月十四日，案例16见《清穆宗实录》九年九月甲子，案例17见《高宗实录》十四年五月初七。

这一时期，就朝鲜人犯越中方案件的司法审判运作方式而言，有两点值得注意。其一，中方虽然将朝鲜越犯的审判执行权归于朝鲜，但是中方并非对此类案件无审判权。相反，中方史料一再表明，中方在捉到朝鲜犯越中方人犯时，都对他们进行了初步审讯，是在掌握了基本事实后才将他们押送朝鲜，让朝鲜方进行具体审判、处理的。如道光十一年（1831）实录载：

> 谕内阁：富俊等奏，拿获朝鲜国越界偷捕牲畜，挖人参犯一折，吉林地方，拿获朝鲜国越界人犯张高丽，据供上年带同伊子张丫头，由本地偷越至吉林地界挖参，并捕得牲畜，……恐该犯在该国另有滋事不法逃脱别情，着即解交该国查明，治以越境之罪。①

其二，朝鲜方虽对朝鲜越境人犯享有相对独立的审判执行权，但它必须将审判、执行结果以咨文形式上报宗主国清廷。就这一点而言，朝鲜的纯宗、宪宗、哲宗、高宗朝基本上都这么执行了。如审判朝鲜越犯金益秀案时，朝鲜备边司称：

> 罪人之自凤城押付时，盛京咨文既追后来到矣，将此事由令槐院撰出咨文付之告讣使行，以为转至盛京。②

以上两点表明：自道光朝至光绪八年前，作为宗主国的中国对朝鲜犯越中方案件虽未实行直接判决，但名义上仍享有最高司法权。

（二）中国人私越朝鲜案件

清代中前期，双方在涉及中方犯越朝鲜的一般性案件③时，宗主国通常享有独立的司法审判、执行权；作为属国的朝鲜不享有此类权力。更多情况下，由中方至朝鲜逮捕越犯，进行审判和判决。这一做法自道光朝至光绪八年前仍无多大变化。如道光二十二年（1842）六月，朝鲜国王咨文称，"内地民人在该国沿江近地构舍垦田"，于朝鲜安全不利。由于朝鲜方对中方此类越犯案件无司法处置权，所以朝鲜国王才在咨文中一再呼吁清廷进行"饬禁"。针对此案，清廷的运作方式也表明朝鲜方对此类案件无司法管理权。清廷特地谕禧恩等中方地方官进行查办，并要求他们务"将越边各犯

---

① 《清宣宗实录》卷 201，道光十一年十一月己酉。
② 《哲宗实录》，八年八月甲申。
③ 此处的一般性案件主要指犯越而无重大恶行的案件。而当涉及中方海盗、匪盗至朝鲜方作案时，双方司法运作方式则有不同。后者运作方式可参阅此节随后内容。

按名弋获究办，不准仍留一椽尺地"。① 随后九月间，禧恩等就向清廷汇报了该案的处理结果，即"查出窝棚二十八处，草房九十余间，私垦田地三千三百余亩。当经分别焚烧平毁，并将人犯唐仁等拿获"。② 很明显，该案中朝鲜方除了向清廷汇报案情外，无其他参与。

针对中方犯越朝鲜的此类案件，不仅道光朝双方做法如此，而且咸丰、同治朝时期双方做法仍雷同。如同治八年间，又发生了中方游民多人至边外垦田事。由于朝鲜方无权查处，所以朝鲜宫廷又不得不咨文清廷礼部，要求严查。而清廷做法基本相同，让中方地方官去执行处理该案件的权利。③

又如，同治九年（1870），中方在处理内地游民至朝鲜方抢劫滋众械斗案时，双方做法仍如此。中方特派宗室奕艾和协领毓昌带领马队赴朝鲜弹压、拿办，④ 而朝鲜方也无人参与。

以上案例表明，至光绪八年前，对于中方犯越朝鲜的一般性案件，中方仍享有单方面的捕捉、审判、处决等权力；作为属国的朝鲜，不享有这一权力，原则上它得履行积极向中方报告的义务。

而当涉及大规模的犯越，尤其是恶性的盗匪案件时，双方做法则与一般性犯越案件有所不同。此时期，碰到此类案件时，清廷不仅允许，甚至还要求朝鲜主动剿灭拿获。不过值得注意的一点是，采取这一做法虽有中方因应权宜之考虑，但主要仍是承袭清代中前期的成例。

如咸丰三年（1853），朝鲜方发生了中方大量渔船非法携械入朝鲜海域越境渔采事。就此事件，朝鲜方又移咨中方，请求指示。而清廷的处理方式仍是照康熙五十一年（1712）成例⑤办理。中方给朝鲜的具体指示为：

朝鲜海洋渔采船，曾经申饬严缉，今尚有船至朝鲜边界捕渔，是即

---

① 《清宣宗实录》卷374，道光二十二年六月戊寅。
② 《清宣宗实录》卷374，道光二十二年九月丙午。
③ 如清廷圣旨称："此事关系中外边疆，若不及早经理，漫无限制，恐该游民等任意侵越，渐及朝鲜栅路，致该国居民不无疑虑，殊非朝廷绥辑藩封之意。"《清穆宗实录》卷263，同治八年七月辛未，中华书局，1985。
④ 《清穆宗实录》卷277，同治九年二月丁酉。
⑤ 康熙五十一年先例为："迩来浙江省海洋贼寇，潜行劫夺，官兵追捕，游击一员被伤身亡……嗣后如有此等捕鱼船只，潜至朝鲜海面者，许本国即行剿缉，如有生擒，作速解送，毋因内地之人，致有迟疑。"《清圣祖实录》，康熙五十一年八月壬子。

海寇。嗣后许该国即行追缴。如有生擒者，即速解送。①

此处，清廷特别要求朝鲜按先例执行，即允许朝鲜方在中方人员私越朝鲜并犯有恶性案件时，实行"惩办"。正是如此，所以当同治八年（1869）又发生中方游民至边外垦田事时，中方再次让礼部"行知朝鲜国王，慎守边疆。如有游民私越滋扰情事，即行照例惩办"。② 不仅如此，至光绪八年前，清廷仍在不断强调中朝双方针对此类案件的处理方式。如光绪三年（1877）中朝双方在订立边禁章程时就规定：

> 倘各项匪徒扰及朝鲜边境，即为中国犯法之民，准该国王随时拿获，解交盛京将军奏明，即在江边正法。敢拒捕者，准其格杀后咨明盛京将军据情代奏。③

得到清廷此类指示后，朝鲜方此后在解决此类案件时，就采取了主动的剿捕政策。如同治六年（1867）三月，发生了中方数百人过江至朝鲜抢劫事。针对此案，朝鲜方就派出官兵进行围剿，并击毙多人。而此时期，针对此类案件，朝鲜方的做法也得到了清廷的认可。清廷认为："此等不法匪徒，经朝鲜国官军击毙，实属罪有应得。"不仅如此，清廷还让礼部转咨朝鲜国王：此后如再碰到此类"私越边境赴朝鲜抢掠者，该国不妨拿办，以遏乱萌"。④

不仅涉及特殊的陆上案件时双方运作方式如此，而且此时期涉及特殊的海上案件时，双方做法也是如此。如同治八年，中方十六人私越朝鲜黄海道进行渔采。当朝鲜方进行缉拿时，双方发生了武力冲突。就此，朝鲜方射杀了中方人员八名，生擒八名。⑤ 此处朝鲜方无疑代替中方对私越朝鲜的恶性人犯实行了直接的司法制裁。又如，同治十一年（1872），中方响马贼多人

---

① 《清文宗实录》卷74，咸丰二年十月戊寅。
② 《清穆宗实录》卷263，同治八年七月辛未。
③ 朱寿朋编《光绪朝东华录》，光绪三年二月丁亥。
④ 《清实录》称，此时期朝鲜处于"多事之秋，不得不从权办理，以示体恤"。《清穆宗实录》卷198，同治六年三月乙卯。
⑤ 朝鲜科学院、中国科学院编《李朝实录·高宗实录》，六年正月二十日。

又至朝鲜平安道麟山镇实行抢劫。获悉情报后，朝鲜平安道兵使赵台显特地从义州府调兵剿灭，"烧尽贼船，歼馘匪类"。① 再如，同治十二年（1873），"清船一只"复至义州府海面停泊，朝鲜方发送炮军进行追捕。同样，由于清船进行了抵抗，所以朝鲜方射杀清人三名，溺死三人，并将所获财物归公。② 综上所述，由于此类案件涉及响马、海盗等问题，因此中方不仅允许朝鲜代剿，而且也认可朝鲜方的此等做法。而对于朝鲜而言，在宗主国中国的授权下，它对中方犯越朝鲜的严重案件实享有审理和处决权（其具体情况见表2）。

表2　道光元年至光绪八年前中方人犯越朝鲜案件及其处理方式

编号	案发时间	案发地点	涉案主体及人数	犯越具体罪由	中方处理方式	朝鲜方处理方式
1	道光二十二年六月	边外	多人	构舍垦田	严拿惩办	移咨请示
2	道光二十二年九月	边外	唐仁、江文彬	构舍垦田	按律定拟	未载
3	道光二十六年	朝鲜方江界	多人	为匪抢劫	派官查办	咨盛京待查
4	咸丰二年十月	朝鲜方沿海	众多渔民	越海渔采	准朝鲜方代剿	请示后剿灭
5	同治六年三月	朝鲜方	数百人	为匪抢劫	认同朝鲜方做法	追剿击毙
6	同治八年正月	朝鲜方沿海	十六人	越海渔采	认同朝鲜方做法	追剿击毙
7	同治八年七月	边外	多人	边外垦田	要求朝鲜方惩办	移咨请示
8	同治九年二月	朝鲜方碧潼	数百人	聚众械斗	派员剿办	未载
9	同治十一年八月	平安道	响马贼多人	劫财杀人	要求朝鲜方剿灭	追剿捕杀
10	同治十二年五月	义州府	多人	海盗	认同朝鲜方做法	剿灭
11	光绪六年四月	两湖道	诸多渔船	越海渔采	认同朝鲜方做法	捕获

资料来源：案例1见《清德宗实录》二十二年六月戊寅，案例2见《清德宗实录》二十二年九月丙午，案例3见《李朝实录·宪宗实录》十二年七月辛卯，案例4见《清文宗实录》二年十月戊寅，案例5见《清穆宗实录》六年三月乙卯，案例6见《李朝实录·高宗实录》八年正月二十日，案例7见《清穆宗实录》八年七月辛未，案例8见《清穆宗实录》九年二月丁酉，案例9《李朝实录·高宗实录》九年八月二十六日，案例10《李朝实录·高宗实录》十年五月十二日，案例11见《李朝实录·高宗实录》十七年四月二十五日。

同样，值得注意的是，道光朝至光绪八年前，朝鲜方虽对中方私越朝鲜并犯有恶性案件者享有代剿、审讯等司法权，但并不表明朝鲜方独立地享有

---

① 朝鲜科学院、中国科学院编《李朝实录·高宗实录》，九年八月二十六日。
② 朝鲜科学院、中国科学院编《李朝实录·高宗实录》，十年五月十二日。

这一权力。相反，它实则暗含以下内容。首先，此时期是清廷统治遭遇内忧外患最为严重时期，在此等情况下，清廷为维护自身统治和缓和内外压力，以宗主国身份要求朝鲜对中方犯越人在朝鲜的恶劣行径代行司法处置，是一种权宜之计。不仅如此，此时期清廷甚至还主动要求朝鲜"肃清贡道"，①"协剿马贼"，②维护朝鲜境内治安等。③中方此等做法是在东亚传统宗藩体制框架下，在特殊的环境内，使本应属于宗主国的司法权下移至属国，即在宗主国遭遇重大危机之时，通过将宗主国的司法权授予属国，让属国真正起到"屏周"的作用。其次，在宗主国授予司法权的前提下，朝鲜方虽仍需向宗主国履行某些义务如汇报处理结果等，但它可以真实享有对越入朝鲜且犯有严重罪犯的中方人员进行审判、执行判决等司法权。这一点可从朝鲜实录中再度得到更为明确的证明。如朝鲜高宗十年（1873），国王与大臣之间谈话时称："湾府与中国接界。异于他处，另加严饬，俾无潜越之弊也。"而义州府尹黄钟显则称："如或有潜越之现发者，谨当随轻重勘处。而其中若有罪犯之不可容贷者，虽先斩后启，未为不可。而虽彼人有犯罪者，则境上枭警，亦有两国约条矣。"④此处，义州府尹所指的"彼人有犯罪者，则境上枭警，亦有两国约条矣"，实指光绪三年双方所订边境章程中的中方犯越人"敢拒捕者，准其格杀后咨明盛京将军据情代奏"条内容。由此观之，这一时期，朝鲜方实享有这一权利。

（三）涉及中朝使行人员的交涉案件

中朝双方的私越案件属于一般性交涉案件，除此之外还有一些其他类型的案件也属于一般性交涉案件。如双方使行人员所涉案件就属于此类。这一时期，此类案件如何运作，同样值得注意。

首先是朝鲜使行人员至中方所涉案件。如道光十一年（1831），步军统领衙门就向清廷呈报了朝鲜使行人员曹景镇等被民人王二羊等殴伤一事。清廷认为此案为重案，因此将它交给军机大臣严格审讯。随后军机大臣向清廷

---

① 朝鲜科学院、中国科学院编《李朝实录·高宗实录》，九年六月初十日。
② 朝鲜科学院、中国科学院编《李朝实录·高宗实录》，九年八月二十六日。
③ 朝鲜科学院、中国科学院编《李朝实录·高宗实录》，九年十月十三日。
④ 朝鲜科学院、中国科学院编《李朝实录·高宗实录》，十一年正月二十八日。

汇报了审判结果：

> 此案王二羊抬送进贡布匹，因欲抢夺包皮，辄敢于紫禁城内欧人成伤，且所欧皆系外藩从人，非寻常斗殴可比，加重拟发边远充军……夫头王二狗不能约束，致有抢夺情事，照不应重律杖八十，折责发落。四译馆派出之员，未能弹压，请将六品通官英祥等交部议处。①

该案件中，中方涉案人员均受到一定程度的司法处罚。但对于朝鲜方涉案人员而言，中方并没有对他们进行处罚。其间可能是罪由全归中方人员，也可能是中方出于怀柔外藩之目的，即使朝鲜涉案人员有犯，清廷对之却免于处分。更有可能的是，中方按照此前的运作方式将此类人员的司法审理权"让给"朝鲜，听由朝鲜处理。这种可能可从道光十六年（1836）二月清廷礼部奏折中再度得到印证。该奏折特别强调了中朝使行人员涉案时双方司法管理权限的划分问题。其基本原则就是，中方人员归中方审判处理，朝鲜人员归朝鲜方审判处理：

> 礼部议奏，朝鲜贡使来京，随带从人例无定额，自一百七八十名至三百名不等。向无稽查约束明文，请嗣后设立门禁，各专责成。……如有违禁及滋事之处，查系该馆人役应议者，由礼部分别核办。如系朝鲜从人应议者，案轻交该使臣即行酌办，案重由礼部行知该国王自行办理。至内地莠民，诓骗外国，拟请照内地诓骗之案，加等严办。②

礼部奏折强调了三点：第一，设立门禁各专其责；第二，朝鲜方使行人员归朝鲜方管理，即如发现朝鲜人有"应议者"，"案轻交该使臣即行酌办，案重由礼部行知该国王自行办理"；第三，内地商民归中方管理。以上三点表明，此时期中朝双方在涉及朝鲜使行人员至中方发生交涉性案件时，各方对本方人员行使相对独立的司法管理、审判权。中国虽是宗主国，但也没有

---

① 《清德宗实录》，光绪十一年正月乙卯。
② 《清德宗实录》，光绪十六年二月甲寅。

越俎代庖。此点足可证明中国传统的宗藩体制与近代殖民体制之不同。

而光绪二年（1876）朝鲜使行人员至中方杀人案则真实地证明了此时期朝鲜方对本方人员享有司法审理、处决权。该年朝鲜使行人员至中国时，发生了朝鲜人黄河立、崔天突将中方民人刘泳宽殴伤致死案。中方虽对此案进行了初步审讯，但仍照道光十六年（1836）礼部奏议将该犯押送朝鲜，由朝鲜方自行审判、处置。将涉犯韩人送回朝鲜后，朝鲜方对他们进行了审判，其审讯结果是将该犯等处以死刑。①

以上所述为朝鲜方使行人员至中方发生交涉案件时双方的处理模式。而当涉及中方使行人员至朝鲜方发生此类交涉案件时，按照此前清廷惯例，各自仍行使对本方人员的司法管理、审判权，即类似于"属人原则"。只是清康乾盛世时期，中方为向外显示天子怀柔属国形象，特别强化了对中方使行人员的管理。如此一来，至近代时期，当中方使行人员至朝鲜等属国时，他们均格外谨慎，因而无明显的违法作乱行为。因此，在具体的运作中，此类案件也无以体现。但是参照此前成例，以及中方针对朝鲜使行人员的涉案处理方式，可知如中方使行人员在朝鲜发生交涉案件时，双方肯定仍遵照各方管理各方的"属人原则"。

（四）朝鲜与其他国家之间的交涉案件

基于优越的农耕文明和较为富裕的经济实力，古代中国人向来以华夏世界中心自居。② 在这一观念的影响下，中国与朝鲜等东亚国家结成了传统的宗藩关系。这一关系不仅暗示着中国处于高于东亚其他国家的中心位置，而且也暗示朝鲜、越南等国与中国的关系是服从关系。③ 基于此，从理论上讲，宗主国不仅对属国要履行"生养"④"教化"⑤ 义务，而且对属国也享

---

① 朝鲜科学院、中国科学院编《李朝实录·高宗实录》，十三年九月初七日。
② Ssu-yü Teng and John K. Fairbank, *China's Response to the West: A Documentary Survey, 1839–1923*, the President and Fellows of Harvard College, 1982, p. 125.
③ John K. Fairbank, ed., *The Chinese World Order: Tranditional China's Foreign Relations*, p. 1.
④ John K. Fairbank and Ssu-yü Teng," On The Ch'ing Tributary System," *Harvard Journal of Asiatic Studies*, Vol. 6, No. 2 (1941), pp. 135–246, 200.
⑤ Franz Schurmann and Orville Schell, eds., *Imperial China: The Decline of the Last Dynasty and the Origins of Modern China, the 18th and 19th ceuturies* (New York: Vintage Book, 1966), p. xv.

有最高统治权。该最高统治权肯定包括对属国的司法审判权等。因此，就光绪八年前中朝宗藩关系下的司法运作而言，除了双方的交涉案件外，宗主国对属国内部的司法审判活动在理论上也享有干预权。从原则上讲，中朝宗藩关系下的司法运作是适合这一模式的，但从实际上看，在光绪八年前中朝宗藩关系的运作中，清廷并没有真实地行使这一权力。当然，其中也有例外情况，即当涉及所谓的"兴灭济绝"① 问题时，作为宗主国的中国会对属国内部的司法案件进行干预。

由于上文已经对第一类案件进行了具体考证，而第二类案件在中朝宗藩关系下实不存在，因此文章此处将重点考察此时期的第三类案件，即以上所提及的朝鲜国内案件。

涉及朝鲜与其他国家发生交涉时，清廷视情况不同而采取不同措施。对于一般性、常规性交涉案件，清廷通常不予过问，如此时期朝鲜人与日本人之间的常规性贸易，以及在贸易中偶尔发生的小争执。当碰到这类问题时，朝鲜没有必要奏闻清廷，清廷也不会对此加以干涉。而当发生了较为严重的案件，且将影响到中朝宗藩关系时，清廷则多会采取措施，主动进行干涉，并对此类案件享有最高司法裁判权。如清光绪四年（1878）朝鲜囚禁法国传教士里诺望案，就鲜明地体现了此点。该案中，法国传教士里诺望因在朝鲜传教而被捉。因朝鲜为中国属国，所以法国驻中国公使特照会总理衙门要求放人。得到法方照会后，清廷一方面出于应对法国领事之要求，另一方面也出于维护中朝宗藩关系之需要，要求礼部传谕朝鲜，让朝鲜"查明因何拏禁"，并将"人犯""即行释送中国牛庄海口或他处海口"。中方此等做法不仅干涉了朝鲜内部司法，而且还与朝鲜历来禁教政策相左。因此，朝鲜内心实不满意，以致朝鲜议政府在给朝鲜国王的奏折内抱怨称：

> 我国之于法国，非但区域之隔绝，初无声气之相及。而我国垂五百年所崇而所讲者，即惟日正学焉耳。若外此而趋异，则必严辟之，痛禁之，按法锄治，断不容贷者也。向日现执者，闻是法国人，而我国冒犯

---

① 《中庸》称："送往迎来，嘉善而矜不能；所以柔远人也。继绝世，举废国，治乱持危，朝聘以时，厚往而薄来；所以怀诸侯也。"孔子等：《四书》，中国文史出版社，2003，第54页。

之类，筑底查探，然后将拟处置矣。①

尽管朝鲜方心存不满，但朝鲜议政府因考虑到清朝为宗主国，所以还是决定服从它的最高判决。随后朝鲜方就将理若望释放，并让"湾府入送凤城"。② 此案表明，当涉及朝鲜与第三国有严重交涉案件时，中方会采取直接介入的做法，宗主国代行属国执行司法判决权的权利。而朝鲜高宗十六年（1879），法国人崔某被释放案也再度表明此时期朝鲜多认可宗主国中国对此类案件享有最高司法裁判权。这是因为，此案中中方、朝方虽对与崔某发生交往的本国人进行了惩罚，但在中方无任何指示的情况下，仍主动将该洋人解送中方，听凭中方发落。③

（五）朝鲜人之间的案件

如上所述，此时期，对于涉及朝鲜人之间的司法案件，除非危及中朝宗藩关系或朝鲜社稷时，中方多不干涉。不仅如此，即使是涉及朝鲜人员向中方走私红参而只被朝鲜方发现的案件，中方对此也不加干涉。就此点而言，朝鲜史料对此做了很好的说明。如道光十八年（1838）朝鲜人高汉禄"偷船走私"案及其审判方式就证明中方未曾对此类案件进行干涉。朝鲜实录载：

> 即见全罗监司李宪球启本，则济州民高汉禄，自丁亥以后，密募无赖辈，偷船故漂，深入彼地，至为四次，笔谈通译，索钱幻银，事关变异，合置重僻。令庙堂禀处矣。依西北犯越律，付之该牧，聚会军民，枭首警众。④

又如朝鲜高宗元年（1864）朝鲜人金正连走私红参一案，因走私的最终目的地是中方，因此该案原则上也属于中朝交涉案件。但就该案而言，朝

---

① 朝鲜科学院、中国科学院编《李朝实录·高宗实录》，十五年五月初四日。
② 朝鲜科学院、中国科学院编《李朝实录·高宗实录》，十五年五月初四日。
③ 朝鲜科学院、中国科学院编《李朝实录·高宗实录》，十六年四月十一日。
④ 朝鲜科学院、中国科学院编《李朝实录·宪宗实录》，四年七月庚申。

鲜也没有向清廷汇报，而是自行审拟、判决。①

以上案例表明，对于朝鲜国内人的司法案件，朝鲜方一般是不会告诉中方的，而中方也不会对此类案件进行干涉。在中朝宗藩关系下，朝鲜政府对朝鲜人在国内的犯罪案件真实地享有独立的司法审判、执行权。

三 光绪八年后至甲午战前中朝交涉案件的审理

光绪八年后，中朝宗藩关系下的司法运作方式发生了变化，该变化是与此时期中朝宗藩关系的总体变化相一致的。因为自两次鸦片战争以来，清朝统治受到内外方面的严重冲击，其统治权威在西方和东方面前都遭受着削弱。出于巩固严重受损的统治权威的目的，清廷必须努力去维护即将崩溃的宗藩体制。因此，随着宗藩体制对西方世界以及东方世界的日本、暹罗、琉球等的不适用，如何强化中国同朝鲜的宗藩关系，则成为体现"天朝"权威、巩固"天朝"统治的重要途径。也正是如此，自19世纪80年代开始，清廷的朝鲜政策一改传统做法，发生了变化。另外，此时期中国强化中朝宗藩关系的另一考虑就是朝鲜对中国安全的重要性。② 正如何如璋所称："朝鲜若亡，则我之左臂遂断，藩篱尽撤，后患不可复言。"③ 基于上述因素，至光绪八年前后，清廷遂决定强化中朝宗藩关系，其中通过制定中朝贸易章程来强化宗主国对朝鲜的司法审判权和管理权，④ 就是中方强化中朝宗藩关系的重要举措。

（一）制度上订立章程强调中国对属国朝鲜的司法审判权

在中朝贸易章程订立之前，中朝宗藩关系下的司法运作方式是遵循传统做法的。但是晚清《中朝商民水陆贸易章程》以及其他几个相关章程签订后，中朝宗藩关系下的司法运作方式却发生了变化。它首先体现在几个贸易

---

① 朝鲜科学院、中国科学院编《李朝实录·高宗实录》，元年八月初一日。
② Key-Hiuk Kim, *The last Phase of the East Asian World Order Korea, Japan, and the Chinese Empire, 1860 – 1882*, p. 169.
③ 温廷敬辑《茶阳三家文钞》，台北：文海出版社，1966年影印本，第38页。
④ 《奏为留吉刑部候补郎中彭光誉奏派前往会议朝鲜通商事宜等》（光绪九年五月二十三日），宫中档朱批奏折，档号：04 – 01 – 16 – 0213 – 095，中国第一历史档案馆藏。

章程的具体条文中。如《中朝商民水陆贸易章程》第二条要求：

> 中国商民在朝鲜口岸如自行控告，应归中国商务委员审断。此外财产、犯罪等案，如朝鲜人民为原告，中国人民为被告，则应由中国商务委员追拿审断。如中国人民为原告，朝鲜人民为被告，则应由朝鲜官员将被告罪犯交出，会同中国商务委员按律审断。至朝鲜商民在中国已开口岸所有一切财产罪犯等案，无论被告、原告为何国人民，悉由中国地方官按律审断，并知照朝鲜委员备案。如所断案件，朝鲜人民未服，许由该国商务委员禀请大宪复讯，以昭平允。①

以上条文表明，该章程签订后，无论是在朝鲜还是在中国，凡是涉及中朝人民交涉案件，朝鲜方面都无单方面的审判权；而当涉及朝鲜人与他国人在中国的交涉案件时，朝鲜方面更无任何审断权可言，全都归中国方面所有，以此表明宗主国代替属国行使属国人在中国涉诉、诉讼时的司法审判权。从以上条文来看，朝鲜方面享有唯一会审权的中朝交涉案件是：中国人为原告，朝鲜人为被告，且案件发生在朝鲜。

不仅如此，在《奉天与朝鲜边民交易章程》中，就中朝交涉案件的司法审判权而言，也存在类似规定。如《奉天与朝鲜边民交易章程》第六条称：

> 此外如奉省人民在朝鲜滋事或私逃在朝鲜境内者，由义州府尹拿交安东县治罪。朝鲜人民在奉省滋事或私逃在奉省境内者，由安东县拿交义州府尹治罪。倘遇边界重大事件非安东县、义州府尹所能擅专者，或先由安东县禀报，或径由义州府尹呈报东边道衙门转详盛京将军、奉天府府尹批示，仍由道札行安东县并照会义州府尹遵批办理。②

通过这一章程，盛京将军、奉天府尹在奉省与朝鲜的交涉案件中，享有高于朝鲜方面的审断权，而义州府尹则要遵从奉天府尹之批示办理。两者虽

---

① 王铁崖编《中外旧约章汇编》第1册，三联书店，1957，第405页。
② 王铁崖编《中外旧约章汇编》第1册，第419页。

都为府尹，但明显地显示出中朝宗藩关系下的大小区别。同样，《吉林朝鲜商民贸易地方章程》中也有如此规定。该章程第九条要求：

> 如吉省人民在朝鲜滋事或私逃在朝鲜境内者，应由会宁等城地方官拿交督理商务之员。其无须归案而罪止枷杖者，及寻常词讼，由该员拟议发落，以省拖累。徒罪以上，仍分别解交地方官审办。朝鲜人民在吉省滋事或私逃在吉省者，并由督理商务之员转令地方官缉拿，解由税局发交原报之朝鲜地方官治罪。倘有边界重大事件非朝鲜地方官所能擅专、税局委员所能核拟者，应由该委员详奉北洋大臣、吉林将军、督办大臣批示后，仍由督理商务之员照会朝鲜各该地方官遵批办理。朝鲜官员亦可转报朝鲜政府听命。①

光绪八年后，中方之所以通过这些章程来强化中方在此后交涉案件中的司法审判权，其目的在于通过强化中国对朝鲜的司法审判权来强化中国的宗主国形象。单纯就此点而言，晚清中国是在借用近代西方的条约措施，将近代西方的治外法权强加于朝鲜身上，从而使中朝宗藩关系中传统的司法运作方式发生变化。

（二）光绪八年后中朝交涉案件的审理

光绪朝清廷通过政治、经济、军事、外交等措施极大地强化了中国对朝鲜的宗主权。与此相应，随着中朝之间几个贸易章程的签订，中国明显地强化了宗主国对属国的司法权，这可从以下几方面内容得到充分体现。

就光绪八年后至甲午战前中朝宗藩关系下的司法运作而言，中朝交涉案件同样可以划分为以下几种类型。第一类为交涉案件，第二类为中国国内案件，第三类为朝鲜国内案件。但具体到各类型再做进一步细化时，其结果将比此前种类更为复杂。如第一类交涉案件不仅包括犯越性交涉案件、使行人员案件，而且包括中朝通商后边贸人员之间的"常规性"② 交涉案件。

---

① 王铁崖编《中外旧约章汇编》第 1 册，第 445～446 页。
② 此处的常规性是相对于私越性而言的，因为私越性案件在性质上是非法的，而边贸案件是在合法的前提下出现的案件。

1. 私越性交涉案件

光绪八年后至甲午战前，就中朝双方的犯越案件运作方式而言，它体现出宗主国比属国朝鲜享有更多的司法权。这主要体现在两方面。

首先，就朝鲜方犯越中方案件而言，中方享有较具优势的司法审判权。如光绪八年（1882）二月，发生了众多朝鲜人越边垦田而又无法驱逐回国案，中方遂决定允许他们入边定居，并将其"收为我民"。就此事清廷专门传谕军机大臣，要求强化对此类朝鲜人的司法管理权。其谕旨称：

> 朝鲜民人越界垦地，本应惩办，历奉成宪，禁令甚严。惟现在该民人等开垦有年，人数众多，朝廷务从宽大，不究既往，即着准其领照纳租，并由铭安、吴大澂派员履勘，查明户籍，分归珲春暨敦化县管辖，所有地方词讼及命盗案件，均照吉林一律办理。①

对于清廷此等要求，朝鲜方面也不得不接受。② 而光绪十一年（1885）又发生了朝鲜人犯越中方案件，中方的处理方式同样表明它比朝鲜享有更具优势的司法审判权。该案中朝鲜方七人犯越中方，后又偕同中方犯越人十名回到朝鲜惠山镇。针对此案，中方通化县派出捕盗兵役亲至朝鲜惠山镇捕拿，并将此案人犯捉回通化县受审。审后，中方才将朝鲜七名人犯押回朝鲜，并由中方委员会同朝鲜方官员在朝鲜再度对此类人犯进行会审和判决。但是光绪十二年（1886）五月，中方又要求朝鲜方将以上七名朝鲜人犯解送通化县接受再次审判。朝鲜方在接到中方照会后，也只得照中方要求，再次将这些已经判决甚至正在接受刑罚的人犯押送中方，再度接受中方的司法审判。③ 又如，光绪十五年（1889）十月朝鲜犯越采木案，也同样表明中方对朝鲜越犯享有较具优势的审判、执行权。因为中朝之间几个贸易章程未曾注明对此类犯罪该如何处理，因此中方才将该案主犯禹绩谟、俞

---

① 《清德宗实录》，光绪八年二月壬戌。
② 朝鲜科学院、中国科学院编《李朝实录·高宗实录》，十九年八月十一日。
③ 朝鲜科学院、中国科学院编《李朝实录·高宗实录》，十一年十一月十九日、十二年五月二十七。

保汝等解交朝鲜，由朝鲜处理。而该案中的从犯蔡旬甲等六人，中方却按"不应为事理，重者杖八十律"① 而加以惩罚，并同主犯一块交由朝鲜方管束。此案中，中方只是因为中朝贸易章程未能对此类人犯如何处理做出规定，所以才没有对该案主犯进行具体判决。但是中方不仅对此案从犯做出了判决，而且亲自执行了这一判决。此时期此类案件及运作方式见表3。

表3　光绪八年后朝鲜人犯越中方案件及其审判方式

编号	案发时间	案发地点	犯罪主体或人数	具体罪由	中方处理方式	朝鲜方处理方式
1	光绪八年二月	关内	数百人	垦田定居	执行司法管理权	允同
2	光绪十一年十一月	朝鲜方	七人	为匪	捉回审问	解送中方
3	光绪十五年九月	珲春	禹绩谟、俞保汝	伐木	审讯并部分执行	未载
4	光绪十七年八月	凤城	高人泳	乞讨	审后押送	刑配
5	光绪十九年八月	中方	韩成员	杀华人	审后押送	枭首警众
6	光绪十九年八月	中方	金芒叔、崔髟头	杀人	审后押送	枭首警众

资料来源：表中案例1见《清德宗实录》八年二月丁巳，案例2见《清季中日韩关系史料》卷4第1970~1972页，案例3见《清季中日韩关系史料》第5卷第2669~2671页，案例4见《李朝实录·高宗实录》二十八年八月十九日，案例5见《李朝实录·高宗实录》三十年八月三十日，案例6见《李朝实录·高宗实录》三十年八月三十日。

其次，中方对中方犯越朝鲜人犯也享有独立的审判权。光绪八年后，朝鲜方对中方犯越人犯不再享有处理权。即使是中方恶性的犯越人犯，朝鲜方也不再享有相对独立的捉拿、剿灭、审判权。此点可以从以下案例中得到证明。

如光绪八年，又发生了内地渔船数百只至朝鲜越海渔采事。针对此案，照光绪八年后中朝之间几个贸易章程，朝鲜方均无权对他们进行缉拿剿灭，因此朝鲜方特地向中方做了汇报。清廷得到朝鲜汇报后，让礼部通知朝鲜国王："嗣后如遇此等船只到境，即行捕拿解送，以禁凶顽。"② 此处中方并没有像此前那样，允许朝鲜进行剿灭，而是要求朝鲜方进行捕拿解送。此举表明，中方力求将中方犯越人员的司法管理权逐渐收归中方。又如，光绪十一

---

① 《清季中日韩关系史料》第5卷，台北：中研院近代史研究所，1972，第2669~2671页。
② 《清德宗实录》，光绪八年七月乙亥。

年六月,发生了中方人刑克贵等多人至朝鲜平安道复仇杀人案。针对此案,朝鲜方特此会同中方委员进行了检验,并"文移"通化县和清廷,要求处理。但结果似乎让朝鲜感到失望,因为朝鲜方认为中方地方官员"不为肯许"。① 而清廷却认为此案事实与朝鲜国王所咨有异,因此要求在"持平办理"的原则下,再次提聚各方人证和邢克禄至中方审讯。② 此案中朝鲜之所以不满,肯定是由于中方独享此案审理权以及审判不公。

此上案例表明,自光绪八年后,随着中朝之间几个贸易章程签订,在涉及中朝双方人员的犯越案件时,无论是一般性案件,还是较为严重的海盗、仇杀、为匪案件,中方均享有较具优势的司法权,而朝鲜却处于劣势地位,具体情况见表4。

表4 光绪八年后中方人犯越朝鲜案件及其审判方式

编号	案发时间	案发地点	犯罪主体或人数	具体罪由	中方处理方式	朝鲜方处理方式
1	光绪八年七月	韩方	数百人	渔采逞凶	要求朝鲜方捕捉解送	请示
2	光绪十一年六月	平安道	刑克贵	复仇杀人	赴中方审理	押送中方
3	光绪十一年八月	间岛	六人	抢夺财物	派人查处	咨礼部和北洋
4	光绪十一年八月	间岛	五十人	刺人掠物	派人查处	咨礼部和北洋
5	光绪十一年八月	间岛	八十人	烧庐破家	派人查处	咨礼部和北洋
6	光绪十一年八月	间岛	百余人	刺人掳官	派人查处	咨礼部和北洋
7	光绪十一年十月	韩方	通化民	偷伐、擅杀	提人证至中方审讯	移咨中方
8	光绪十二年五月	惠山镇	十人	为匪	捉还审判	初步会审
9	光绪十三年十一月	甲山府	马姓等	为匪杀人	被尸亲杀害无审判	未载
10	光绪十九年八月	茂山府	朝鲜民	杀犯越华人	中方会同朝鲜方审讯	审后用刑

资料来源:案例1见《清德宗实录》八年七月乙亥,案例2见《李朝实录·高宗实录》二十二年六月二十九日,案例3、案例4、案例5、案例6均见《清季中日韩关系史料》第4卷,第1913~1916页,案例7见《清德宗实录》十一年十月辛卯,案例8见《李朝实录·高宗实录》二十三年五月十七日,案例9见《李朝实录·高宗实录》二十四年十一月二十九日,案例10见《李朝实录·高宗实录》三十年八月三十日。

2. 非私越性交涉案件

中朝贸易章程签订之后,就中朝交涉案件而言,变得更为复杂。因为此

---

① 朝鲜科学院、中国科学院编《李朝实录·高宗实录》,二十二年六月二十九日。
② 《清德宗实录》,光绪十年十月辛卯。

前中朝双方合法的商贸行为只有两种形式，即客使贸易和边境互市。但是中朝贸易章程签订后，由于双方都不同程度地向对方开放了通商口岸，因此双方的商贸行为变得越来越复杂。尤其在朝鲜方，中方为强化宗主国形象而要求其向外开放各口岸时也向中方开放。这样一来，此前所不存在的其他类型的交涉案件就以新的类型出现在中朝宗藩关系之下。具体而言，此类案件不属于私越性交涉案件，大体上可以划分为以下几类。

第一类，边民之间合法的交涉案件。几个通商章程签订后，中朝边境在一定程度上向双方人员开放，他们可以在固定期限内去对方的边市从事贸易。有贸易，必有纠纷，所以中朝边民之间常常发生涉讼行为，其中债务、财产纠纷等经济案件更属多见。对于此类案件，按照中朝之间几个贸易章程的规定，中方比朝鲜享有更高的司法权。而此类案件的具体司法运作情况也表明，中方的确比朝鲜享有更多、更高的司法权。如光绪十年（1884）春，朝鲜茂山人讼华人案。该案中朝鲜人尹奉顺等就曾亲往中方新开城上诉。接到他们的上诉后，新开城派出委员贾元贵、萨内夏等会同朝鲜北兵使一道进行查办。① 如此运作方式虽然体现了会办的原则，但很明显，中方比朝鲜方享有更高的司法审判权。又如光绪十一年四月间中方人员与朝鲜茂山边民交涉案，很好地体现出在此类案件中，中方比朝鲜方享有具优势的司法审判权。如朝鲜实录载：

即见咸镜北道按察使赵秉稷状启，则珲春副都统衙门照会两件出来，一则茂山府边民交讼一案，未能完结，催令新府将案内人带赴珲春查办事也。……边民交讼事，待该府使赴任，证期会办，务归妥当。②

此案中，中方要求朝鲜方将涉讼民人交珲春衙门审理，并在中方进行会审。朝鲜方不仅没有反对，而且同意会办。这同样表明，此时期在涉及此类案件时，作为宗主国的中国比朝鲜享有更高的司法权。再如光绪十九年（1893）通化县人与韩人交涉案，该案中通化县客民因向朝鲜人索欠而纠众

---

① 《清季中日韩关系史料》第4卷，第1913页。
② 朝鲜科学院、中国科学院编《李朝实录·高宗实录》，二十二年四月二十日。

"滋闹朝鲜官署"。针对此案，中方专门派出官兵进行捕拿，拿后又将主犯魏占暮、梁幅菖等按律惩办。① 该案完全发生在朝鲜，但由于几个贸易章程规定朝鲜无权对此类人犯实行审判，因此中方人犯只能由中方捕拿审办。

第二类，中方人员在朝鲜的交涉案件。中朝贸易章程明确规定，中方人员如在朝鲜与朝鲜人发生交涉案件，应归中国商务委员审断，或应由朝鲜官员将被告罪犯交出，会同中国商务委员按律审断。而光绪八年后，中方人员在朝鲜与朝鲜人发生此类交涉案件时的司法运作情况也表明，双方基本上是按几个贸易章程运作的。

如光绪十年（1884）四月，中方商人于连会、马宗耀告朝鲜中州牧案。该案中，朝鲜中州牧以"官禁通商"将中方商人所购土货加以没收。因此，中方商人就至陈树棠处申诉。陈树棠因而派人前往查办该案。不仅如此，陈树棠还要求朝鲜外署派人会同查办。② 而光绪十九年（1893）中方商人诉中方游勇伙同韩人假造公文、勒索行商案，更能体现中方在此类案件中享有优势的司法审判权。审理此案时，袁世凯不仅派出中方把总吴凤岭带同中方缉勇与韩役前往忠清道缉查，而且将中朝疑犯捕捉归案。随后袁世凯就对他们进行了审判。其审判结果是：中方人犯祁宏亮、王贵臣、阎启文先被枷号示众，后被解送山东地方官收管；而朝鲜疑犯经审讯后，交给朝鲜方具体执行。③ 再如光绪十九年二月袁世凯等审理中方人员被韩民杀害案，该案被害者中方商人初学仁于光绪十八年（1892）十二月间被韩民杀害。案发后，袁世凯一面照会朝鲜汉城少尹尽快拿凶犯，一面又同朝鲜官员一道进行了"会验"。在袁世凯的施压下，朝鲜方最终将犯罪嫌疑人捕获。随后袁世凯就会同汉城少尹对该起犯人进行了会审。在袁世凯的主持下，双方最终得出审判结果：袁世凯以中方律例为标准，依"律载强盗聚众杀人，无论曾否得财，不分首从，均照得财例，斩首示众"条，对该案做出了最终判决。判决做出后，袁世凯又会同朝鲜方对行刑日期进行了商定。而至行刑之日，

---

① 《清德宗实录》卷321，光绪十九年二月甲寅。
② 《清季中日韩关系史料》第3卷，第1436页。
③ 《清季中日韩关系史料》第6卷，1972，第3235页。

袁世凯又专门派出中方巡员崔继昂带领巡差四名前往刑场进行监斩。① 此案中，中方不仅对朝鲜方涉嫌人员进行了审理，而且做出了最终判决。更为引人注目的是，它一反清初至光绪八年前中方将朝鲜犯人交由朝鲜方自行执行的传统做法，改由中方会同朝鲜方共同执行。

3. 中国人在朝鲜的司法管理权问题

就中方人员在朝鲜方的司法管理权而言，光绪八年后，中方是独自享有此等权利的。最能体现此点的就是袁世凯在朝鲜汉城制定《巡查条规》和设立巡查所。光绪十五年（1889）七月间，袁世凯电告李鸿章，要求在朝鲜汉城设立巡查所。首先，他强调了设立巡查所的原因：

> 自十三年冬南门口三和兴商号被人纵火毙三命一案之后，今年五月又有西街内德兴号伙先被戕害后被焚烧一案。两案皆绝口灭迹，毫无确证，俱不能的指为韩匪，亦不便遽疑为华人。虽迭次重悬赏格，严拿密访，而凶犯既潜逃无踪，商人仍奇冤莫伸。②

有鉴于此，所以袁世凯要求在朝鲜汉城设立华人的东南两巡查所。同时，袁世凯还为此专门制定了《巡查条规》。该条规不仅规定了巡弁的职责，而且规定了他们的权限，即他们不仅享有对在韩华人的全部司法管理权，而且还享有拿送滋事、可疑的韩人的权利。如该条规第十三条规定：

> 巡差遇有华人斗殴等事，应即拉劝，尚不听从，或聚斗逞凶，或醉酒滋事，或干犯不法，或韩人与华人滋斗，即并韩人拿送巡弁，秉交分署，分别惩罚移办。

又如十七条规定：

> 禁盗贼。日夜遇有形迹可疑华人，即拿交巡弁查询，夜间遇有韩人

---

① 《清季中日韩关系史料》第5卷，1972，第3106页。
② 《清季中日韩关系史料》第5卷，第2629页。

不持灯笼在华店左右徘徊者，亦即询诘，倘行迹不类宦商，即拿交巡弁查讯。①

此章程与此前几个贸易章程一样，都强调了中方对在韩华人享有独立的司法管理、审判权。而实际中的运作情况也是如此。如光绪十九年（1893）间，中方逮捕、审讯、解送一百二十四名华人游勇游民回国案，就鲜明地证明了此点。② 具体情况见表5。

表5　光绪十九年经中方官员审讯、解回在韩华人

单位：人数，%

被审讯、解送人员籍贯	山东	河南	直隶	江苏	安徽	湖北	湖南	江西	山西	四川	陕西	浙江
被审讯、解送各省人数	41	18	13	12	11	10	8	3	3	2	2	1
各省人数占总人数百分比	33.1	14.5	10.5	9.7	8.9	8.1	6.4	2.4	2.4	1.6	1.6	0.8

4. 在华韩人的司法管理权问题

就在华韩人的司法管理权问题而言，光绪八年后的几个贸易章程已经载明，作为宗主国的中方对他们享有全部的管理、审判权，即"朝鲜商民在中国已开口岸所有一切财产罪犯等案，原告为何国人民，悉由中国地方官按律审断，并知照朝鲜委员备案"。③ 而实际情况也表明，光绪八年后，中方以宗主国的身份真实地执行着此类权利。如光绪十五年（1889）十二月，中方吉林商务委员发现朝鲜商人全德建等运木材不纳关税，于是中方官员对他们进行了处分。④ 而对于在中国境内定居的韩民，中方对他们也享有独立的司法管理权。自光绪八年后，中方就将此类越边私垦、经久不回的韩民纳为国民，并对他们实行司法管理。因此，当光绪十六年（1890）发生此类韩民拒不纳税、拒不剃发情事时，中方就对他们施以处分。⑤ 此举也表明中方对中国境内的韩民享有单方面的司法管理权。另外，对于在华韩商，中方

---

① 《清季中日韩关系史料》第5卷，第2625~2635页。
② 《清季中日韩关系史料》第6卷，第3248~3252页。
③ 王铁崖编《中外旧约章汇编》第1册，第405页。
④ 《清季中日韩关系史料》第5卷，第2706页。
⑤ 《清季中日韩关系史料》第5卷，第2790页。

也对他们享有独立的司法管理权。中方一方面限制韩商进入非对韩开放口岸,另一方面又对在华经商的韩人实行司法管理。而对于那些进入非对韩开放口岸的韩商,中方通常在对他们进行讯问后将他们押送出境。而对于非韩商的韩方入华走私人员,中方对他们实行严格的司法管理,其具体做法就是审判后将他们押送回国。

5. 宗主国中国对属国朝鲜的司法管理权问题

光绪年间,在日、英、美、俄等国对韩日益渗透情境下,中方极力从司法运作角度去强化对韩宗主权。其目的一方面在于强调中国宗主国地位,另一方面在于向世界各国展示中国作为朝鲜宗主国这一形象。因此,光绪八年后,随着中朝宗藩关系的增强,以宗主国自命的中国相应地强化了对朝鲜的司法管理权。但最能从双方司法运作方面体现出中国享有宗主国司法管理权的还不是以上方面内容,它应该是中国对朝鲜政局以及对朝鲜与他国关系的直接干预。

首先,最能体现此点的是光绪八年间朝鲜大院君被捕事件。光绪八年甲申事变发生后,中方就派人将朝鲜大院君逮捕,并将其押赴中方接受审讯。其中中方的判决结果也最能体现出宗主国中国对属国朝鲜享有最高司法管理权这一问题。如清廷判决称:

> (大院君)当国王冲年,专权虐民,恶迹昭著……其为党恶首祸,实属百喙难逃,论其积威震主,谋危宗社之罪,本应执法严惩,惟念朝鲜国王于李昰应属尊亲,若置之重典,转令该国王无以自处,是用特沛恩施,姑从宽减。李昰应着免其治罪,安置直隶保定府地方,永远不准回国。①

就该案的具体运作情况而言,大院君李昰应本为朝鲜国王生父,而中方能越过朝鲜国王而将其逮捕并对他进行审讯,该行为本身就表明宗主国中国对属国朝鲜不仅享有高于朝鲜国王的司法管理权,而且也享有高于王室家族家长的司法特权。当然,该行为按照近代国际关系、国际政治标准,明显具

---

① 《清德宗实录》卷150,光绪八年八月乙丑。

有不平等的政治色彩，甚至能体现出强国对弱国的强权干预。但是按照中朝传统宗藩关系理念，它所体现的却是宗主国对属国的"兴灭继绝"原则。在中方看来，正是由于朝鲜大院君横行干政，属国朝鲜才内乱不靖，处于内乱外患频仍处境。而要确保中朝传统宗藩关系之安全，采取如此做法，在清廷看来，乃必然之举。

不仅如此，光绪八年后，宗主国中国对属国朝鲜与他国家关系的直接干预，也表明它对朝鲜享有最高司法管理权。如光绪十六年（1890）五月，俄方官员廓米萨尔就照会中方宁古塔地方官员，要求中方加强对中国籍韩人的商贸管理。俄方在照会中特别强调中方应分清边境贸易时，哪些韩人归中方管理，哪些韩人归韩方管理。对此，中方官员提出了严肃抗议。中方称："朝鲜系中国藩服，其民人与中国所属民人无异。所有越垦越寓之人，应如何办理，我中国自有权衡，毋庸该廓米萨尔过问。"① 即当中、朝双方与第三国发生交涉时，中方向来都认为中国对朝鲜享有最高宗主权。正是如此，所以针对俄方此照会，中方毅然提出了反对意见。

四　甲午战后传统宗藩关系下司法运作方式的终结

1894年甲午战争的爆发标志着中朝传统宗藩关系的终结。战后，在日本的压力下，中国不得不放弃宗主国身份；② 而对于朝鲜而言，它也自信能趁此机会摆脱各国干预而成为一个独立自主的国家。③ 因此，在甲午战争爆发后不久，朝鲜国王不仅急于废除中朝宗藩关系，而且也急于停止宗主国中国对它司法权力频频干预的诸种行为。在此等背景下，朝鲜于光绪二十年（1894）十一月二十日颁布了《保护清商规则》。该规则不仅标志着中朝宗藩关系的彻底崩溃，而且也标志着中朝宗藩关系下的司法运作方式被彻底废除。最能体现此点的是该规则的第六条、第七条、第八条。该规则第六条规

---

① 《清季中日韩关系史料》第5卷，第2791页。
② 《奏为以收回朝鲜借款凑拨津卢铁路经费咨部立案事》（光绪二十二年七月二十四日），宫中档朱批奏折，档号：04-01-01-1015-043。
③ 《为日要求朝鲜向清政府宣明订立章程一律废止事》（光绪二十年六月二十日），军机处电报档，档号：2-02-12-020-0610。

定："在境清民，敢违前项各未经遵办者，朝鲜政府有拘致投狱、照律处分，或逐出境外之权。"第七条又规定："按照该章程，军务各官弁如有认定清民滋生事端而害朝鲜国平安，或有所为可疑者，随时拘拿，送交朝鲜政府查问明白，或处罚，或逐出境外，罪状如何是定。"而第八条又称："凡在境内清民，全归朝鲜政府统辖，所有清民犯罪，应听朝鲜政府裁决处分。民相告，或朝民清民互相控告，朝鲜政府亦有听讼执平之权。"① 该规则一反中朝过去的主从关系，并要求将对在韩华人的司法管理权全置于朝鲜政府管理之下。不仅如此，以上第六条、第七条、第八条内容还表明，该章程可谓朝鲜政府对此前中朝之间几个贸易章程所做出的抵制与反应，不仅使清廷丧失了所有的宗主权，甚至还丧失了属于主权国家的司法自主权。之所以出现这一结果，其间固然有日本在其中作祟，但也包含朝鲜对光绪八年后清廷干涉朝鲜司法审判事务的反抗情绪。

甲午战后，尽管朝鲜方对在韩华人的司法管理做出了如此规定，但中方并不认可。所以甲午战后，涉及中朝双方交涉案件的司法管理权限划分和具体运作时，双方并没有很快找到一个能让双方都能接受的运作方式。也正是如此，所以英法美等国甚至想利用此机会，代替中国行使对在韩华人的治外法权。鉴于各国的不良意图，甲午战后清廷也逐渐转变思路，决定重新确立新的中朝关系和中朝交涉案件的司法运作方式，以代替传统的宗藩关系和宗藩关系下的司法运作方式。因此，光绪二十四年（1898），清廷派翰林院编修张亨嘉为驻朝鲜四等公使，以重新开展中朝关系。② 清廷将张亨嘉定为四等公使驻扎朝鲜，固然仍显示出清廷对中朝关系心存暧昧，但它毕竟迈出了建立新式中朝关系的第一步。③ 光绪二十五年（1899），清廷又与朝鲜签订了《中韩通商条约》。针对双方交涉问题，该条约不仅废除了中朝传统宗藩关系下的司法运作方式，而且形成了近代国际关系下的平等国家之间的司法运作方式。这主要规定于《中韩通商条约》第五款：

---

① 朝鲜科学院、中国科学院编《李朝实录·高宗实录》，三十一年十一月二十日。
② 《清德宗实录》卷422，光绪二十四年，第10页。
③ 《奏为奉旨以三品京堂候补派光驻朝鲜国大臣谢恩事》（光绪二十四年七月初六日），军机处录副奏折，档号：03-5363-098，中国第一历史档案馆藏。

一、中国人民在韩国者，如有犯法之事，中国领事官按照中国律例审办，韩国人民在中国者如有犯法之事，韩国领事官按照韩国律例审办。中国人民性命财产在韩国者被韩国民人损伤，韩国官按照中国律例审办，韩国民人性命财产在中国者被中国人民损伤，中国官按照中国律例审办。两国民人如有涉讼，该案应由被告所属之国官员按照本国律例审断，原告所属之国可以派员听审，承审官当以礼相待。听审官如欲传询证见，亦听其便。如以承审官所断不公，犹许详细驳辩。二、两国民人或犯有本国律禁私逃在彼国商民行栈及船上者，由地方官一面知照领事官，一面派差协同设法拘拿，听凭本国官惩办，不得隐匿袒庇。三、两国民人或犯有本国律禁私逃在彼国地方者，一经此国官员知照，应即查明交出，押归本国惩办，不得隐匿袒庇。四、日后两国政府整顿改革律例及审案办法，视以为现在难服之处，俱已革除，即可将两国官员在彼国审理己国民人之权收回。①

以上条款除了第一项内中方律例较朝鲜具有优势外，其他方面均体现了双方对等原则。因此，《中韩通商条约》不仅改变了光绪八年以前中国与朝鲜分享宗藩关系下司法审判权的运作模式，而且也改变了光绪八年后宗主国中国在中朝交涉案件中享有优势审判权的运作模式。更为重要的是，该条约也否定了光绪二十年朝鲜方在《保护清商规则》中所订立的司法运作方式。因此，就1899年条约而言，其历史作用是值得肯定的。它不仅使双方在今后交涉案件中处于平等地位，而且使双方关系从过去的服从关系转变为平等关系。

结　语

综上所述，中国传统宗藩体制在表达与实践上往往是背离的。受此影响，宗主国在具体处理宗属关系时，在表达和实践上实则有较大的差异。在术语表达上，中国历代皇帝都可以称自己为"真命天子"，"怀柔远人"，

---

① 朱寿朋编《光绪朝东华录》，二十五年八月壬午。

"德化四夷",但实际上,每位中国皇帝对"夷夏""内外"还是有区分的。这一区分不仅体现出清廷在处理内外关系时的那种务实作风,而且也体现出"属国"与"天朝上国"之间的非对等性。

　　针对近代中朝宗藩关系下的司法运作这一内容,人们更能从中看出这一关系的不对等性。因为无论是光绪八年前中朝宗藩关系下的司法运作,还是光绪八年后双方关系下的司法运作及其演变,都表明了宗主国中国比属国朝鲜享有更多、更具优势的司法特权。尤其是光绪八年后,中朝之间几个贸易章程的签订,使得这一关系在此后的司法运作中变得更不对等。因此,就近代国际关系标准来看,清代中朝宗藩关系下的司法运作方式实则是一种"事大"关系。不过,值得注意的一点是,该关系就东亚传统的宗藩体制而言,却又是历史的产物,因为无论是光绪八年后的中朝之间的司法运作,还是光绪八年前中朝宗藩关系下的司法运作演变,它都不等同于西方式、日本式赤裸裸的殖民主义政策,其中两者之间的差异是很明显的。① 光绪八年前清廷对朝鲜司法权的干预和光绪八年后清廷对朝鲜司法管理权的加强,其用心并不在于将朝鲜变成中国的殖民地以获得资本收益,而在于将朝鲜继续控制在传统的宗藩体系之内,让朝鲜真正起到"借藩屏周"的作用。

　　当然,近代时期中朝宗藩关系下的司法运作及其演变,毕竟代表了一种"以小事大"的非对等关系。因此,该关系不仅会随着中国对朝鲜宗主权的强化而恶化,而且也不利于双方共同合作抵抗日本和西方殖民势力对中朝双方的染指。一方面,随着中国对朝鲜司法干预的增强,朝

---

① 如戚其章就这两者"不平等关系"之不同进行了比较。他称:"殖民体系与封贡体系礼仪上的不平等关系不同,而是一种极端野蛮的不平等关系,它靠的是强权政治,而不是国际公法。"参见戚其章《国际法视角下的甲午战争》,人民出版社,2001,第46页。而王尔敏也从政治、经济等方面对中国宗藩关系与西方近代的殖民主义进行了区别。他称:"中国帝王志在万邦宗奉之虚名,而西方殖民主实在有土有民之实利;中国有史以来,未尝于其任何藩属曾有设重兵、置总督,抽人头税,搜刮财货之事,其与殖民主义思想大相径庭,实有天壤之别。"参见王尔敏《十九世纪中国国际观念之转变》,《中国近代现代史论集》第10编,台北:台湾商务印书馆,1985,第86页。而当代学者张世明却认为中国藩属概念不仅与西方保护国制度存在时间上的时序差别,而且存在文化空间上的内涵不同,因此西方学者实不了解中国的宗藩体制,只能将其归结为"国际怪象。"参见张世明《清代宗藩关系的历史法学多维透视分析》,《清史研究》2004年1期,第33页。

鲜对中国的抵制也日益增强；相对地，中朝传统宗藩关系也将遭到朝鲜的抵制，并最终走向崩溃。另一方面，中朝关系的恶化又将导致日本和西方各国从中离间中朝关系。正是在此等背景下，光绪八年后朝鲜日益疏远中国，甚至采取依靠日本、沙俄和西方势力等措施抵制中国。这不仅不利于晚清时期中国自身的生存和发展，而且也给朝鲜带来了消极影响。

战时日伪政权与另类抗战

近代日本語と文学表現

抗战时期华北日伪组织中的青年

菊地俊介*

序 言

抗战时期，华北沦陷区在华北方面军主导下，于1937年12月成立伪中华民国临时政府（以下简称"伪临时政府"，1940年3月改称"华北政务委员会"）。伪临时政府是日本扶持的傀儡政府之一，受到日军干涉，即"内面指导"。为推进在占领地区的"宣抚"工作，日军又建立了"中华民国新民会"（简称"新民会"）。新民会自称是"与临时政府表里一体"的"民众团体"，在华北沦陷区的民众教化、组织、动员工作中发挥了主要作用。

笔者曾指出，新民会特别重视针对青年的教化动员工作，因为青年是纯朴的、有力量的，执政者希望拉拢这样的群众，这种现象在世界各国都可以看到。① 在华北沦陷区，各地都设有青年训练所，并结成青年团。关于新民会的青年教化动员工作，日本学界八卷佳子、堀井弘一郎、王强等，中国学界关捷、郭贵儒、张同乐、封汉章、江沛、刘敬忠、王强、谢忠厚等学者的研究已经涉及。②

---

* 菊地俊介，南开大学历史学院博士后。
① 菊地俊介「日本占領下華北における新民会の青年政策」『現代中国研究』26号、2010；菊地俊介「日本占領下華北における新民会の『青年読物』」『現代中国研究』34号、2015。
② 八卷佳子「中華民国新民会の成立と初期工作状況」藤井升三編『1930年代中国の研究』アジア経済研究所、1975；堀井弘一郎「新民会と華北占領政策」（上、中、下）『中国研究月報』539、540、541号、1993；王強「日中戦争期の華北新民會」『現代社会文化研究』20号、2001；关捷编《日本对华侵略与殖民统治》，社会科学文献出版社，2006；郭贵儒、张同乐、封汉章：《华北伪政权史稿》，社会科学文献出版社，2007；江沛：《日伪"治安强化运动"研究（1941~1942）》，南开大学出版社，2006；刘敬忠：《华北日伪政权研究》，人民出版社，2007；王强：《汉奸组织新民会》，天津社会科学院出版社，2006；谢忠厚主编《日本侵略华北罪行史稿》，社会科学文献出版社，2005；张同乐：《华北沦陷区日伪政权研究》，三联书店，2012。

但必须注意的是，青年之中存在各种各样的阶层。笔者认为，考察新民会针对青年群体的具体动员及其内在特征，可以了解日伪统治下中国青年的人生经历及他们所处的社会环境。① 虽然已有寺尾周祐、周竟风等针对新民会青年教化动员工作进行了专论，② 但基于上述角度的考察仍有待深入。

此外，本文将关注的另一问题是伪临时政府的"国军"，即"治安军"。③ 除了新民会的青年训练所与青年团之外，当兵也是沦陷区青年的谋生出路之一。石岛纪之与马场毅的研究中都曾涉及"治安军"，但没有关于当兵青年及其所属阶层的具体分析。④ 一般认为，加入"治安军"的青年是因强制、欺骗、生活压力等不得已原因入伍。⑤ 但实际上，伪临时政府与日军都曾计划征募受过教育的优秀青年。因此，本文将对加入"治安军"的青年做进一步细致考察，分析其阶层构成，从而探讨华北沦陷区下青年当兵的实况。

与此同时，本文还将关注国共两党在沦陷区的地下工作。井上久士在其研究中指出，中共党员曾打入沦陷区参加新民会活动。⑥ 宍户宽等人也曾提及中共对伪军进行的宣传工作。⑦ 在中国学界，抗日根据地研究、青年运动史领域的一系列研究中都探讨过这个问题。但本文主要关注的是地下工作对

---

① 前新民会工作人员冈田春生曾在采访中回答，青年训练所挑选入所生的标准是"无所谓"。廣中一成・菊地俊介合編「新民会とは何だったのか—元中華民國新民会職員・岡田春生インタビュー」廣中一成『ニセチャイナ』社会評論社、2013、321頁。本文将根据新搜集到的资料重新考察这个问题。
② 寺尾周祐「日中戦争期、華北対日協力政権による統治と社会の組織化」『東アジア地域研究』14号、2008；周竟风：《华北沦陷区伪青少年组织研究》，《社会科学辑刊》2008年第5期。
③ "华北政务委员会"成立后，"治安军"改称"绥靖军"。此后仍使用"治安军"作为一般称呼。
④ 石岛纪之：『中国占領地の軍事支配』大江志乃夫［ほか］編『岩波講座近代日本と植民地2』岩波書店、1992；馬場毅『近代中国華北民衆と紅槍会』汲古書院、2001。
⑤ 刘熙明：《伪军》，台北：稻乡出版社，2002，第73、231、241页；李寅：《伪"治安军"（华北绥靖军）团级序列沿革》，《北京档案史料》1991年第1期；立文昌：《华北伪军初探》，《北京档案史料》1996年第3期；柳俪藏、聂爱琴：《晋察冀边区争取伪军宣传工作述评》，《边疆经济与文化》2013年第10期；刘威：《伪军反正述评》，《沧桑》2008年第2期；马重韬：《齐燮元与华北伪军》，文斐编《我所知道的伪华北政权》，中国文史出版社，2006；王欣媛：《抗日战争时期中国共产党对伪军宣传工作研究》，《南华大学学报》（社会科学版）2012年第2期；张宝英：《抗战时期的伪军》，《文史月刊》2007年第12期；等等。
⑥ 井上久士「華北抗日根拠地における戦争動員と民衆」『環日本海研究年報』19号、2012。
⑦ 宍戸寛、内田知行、馬場毅、三好章、佐藤宏『中国八路軍　新四軍史』河出書房新社、1989。

沦陷区青年教化动员工作带来的影响。

笔者认为，从国共两党及新民会分别如何争取沦陷区青年这一视角，可以比较各方在青年动员工作中的优劣。这与探讨抗战结束后中共如何动员民众这一关乎整个中国近现代史的重大问题有密切关联。

一 新民会青年训练所与青年团中青年的形象

新民会在北京设立"中央指导部"，并在日伪统治下的华北各省、道、市、县等行政单位设立地方指导部。1938 年 5 月，又在北京设立"中央青年训练所"①，此后便按行政单位逐级增设青年训练所。

青年训练所的主要任务是培养农村优秀青年。其主要教育内容包括以拥护日伪统治为目的的思想教育、以培养"复兴"农村运动的领导者为目的的农业技术教育、为结成农村自卫团所必需的军事训练。青年训练所毕业生的主要出路是返回农村成为领导者，但成绩优秀者也可获得升入高级青年训练所的机会，由此便能步入仕途，进入伪中华民国临时政府。

新民会青年训练所的招募方式并不是一律强迫非特定多数的青年入所。新民会注重挑选有望成为农村领导者的优秀青年。《新民会青年训练所实施要纲》第 5 条第 2 款写道："举行招募地区内的分会长（村长）会议，明确青年训练所的宗旨，须彻底解释招募青训生的意义。"第 3 款写道："委托地方行政机关或分会长（乡村长或保甲长）调查满足入所条件的青年，接受其保证推荐之后才挑选。"② 新民会一般通知村长等行政负责人，令其以行政长官名义挑选青年训练生。村长接到命令后，从各个村庄挑选几名优秀青年，在当地有权势的人物推荐或保证下将之送入青年训练所，其中只有通过新民会的思想调查和体检的青年才能真正入所。入所青年的基本条件是"适于作为各村中坚人物的优秀青年"，此外，还列有"体格强健、思想纯正、操行善良、无恶习者""训练期间对家庭工作没有造成妨碍者""原则上 18 岁至未满 25 岁者""受过初等以上教育"③ 四个条件。因此，对于新

---

① 1939 年 4 月改称"中央训练所"。
② "中华民国新民会中央指导部"：《新民会青年训练所要纲》，1939，第 17~18 页。
③ "中华民国新民会中央指导部"：《新民会青年训练所要纲》，第 17~18 页。

民会而言，思想方面没有问题，经济水平、教育水平也超过一定程度，是青年训练生的必需条件。

各地青年训练所的实际招募情况如何呢？通过新民会的刊物《新民会报》《新民报》以及停刊后重组的《华北新报》上登载的有关各地青年训练所的信息可知，主要的入所青年是从各个村庄挑选出的"优秀"青年。比如，安次青年训练所在村里每户中挑选一名青年，在不妨碍农民生产生活的前提下训练农村青年。① 而赵县青年训练所则是由县知事、顾问、所长命令各个村长挑选"优秀"青年，派遣到青年训练所。② 石门中坚青年训练所的情况是：由石门市与各县分别挑选两名"优秀青年"，入学者总计60人。③ 以摊派各村挑选优秀青年的方式进行选拔的类似事例还有很多。④ 此外，宝坻县青年训练所的入所条件是，除"地方农村的优秀青年"之外，还必须满足年龄在17岁至30岁之间、有乡长保证书、初级小学以上毕业或同等学力、体格强健无不良嗜好、住在乡村等条件。⑤ 博兴县青年训练所的入所条件是粗略识字"身家清白"等。⑥

实际上，也有些地方并未完全按要求招生。比如唐山青年训练所，据报道，"青训生现在职业统计"一项显示，工厂人员18人、农业人员10人、商业人员45人。⑦ 但是，该青年训练所1939年的组织章程规定：挑选"乡村青年"以培养新民运动的领导，⑧ 其下一年的报告中特地附注"受训者须

---

① 《安次新民村工作拟定实施计划纲要》，《新民报》（北京）1940年2月29日，第5版。
② 《各地简讯》，《新民报》（北京）1939年10月22日，第6版。
③ 《石门中坚青训所二日举行开学典礼》，《新民报》（北京）1939年5月8日，第6版。
④ 顺德县（《新民会顺德办事处新民青年训练所》，《新民报》（北京）1938年8月30日，第6版），吴桥县（《吴桥县青训生毕业举行盛大典礼》，《新民报》（北京）1939年5月26日，第3版），石门市（《石门中坚青训生第三期生举行入所式》，《新民报》（北京）1939年8月12日，第6版），南皮县（《新民会南皮县指部今年第1期工作计划（续）》，《新民报》（北京）1940年2月12日，第7版），阳信县（《各地通讯》，《新民报》（北京）1940年2月26日，第5版），固安县（《各地通讯》，《新民报》（北京）1940年5月5日，第5版）。
⑤ 《宝坻县指导部第三期青训生》，《新民报》（北京）1939年3月22日，第6版。
⑥ 《各地简讯》，《新民报》（北京）1939年10月7日，第6版。
⑦ 《唐山市新民青年团前日正式举行入所式》，《新民报》（北京）1940年1月26日，第5版。
⑧ 《唐山市指导部新民青年训练所组织章程全文13条公布》，《新民报》（北京）1939年2月24日，第3版。

确为乡村中之优秀青年"。① 可见，主要的训练生或者说新民会想要招募的主要训练生仍是"农村优秀青年"。

青年团通常是伴随青年训练所而设立，从"治安"得到稳定的地方开始进行组织。青年团的主要成员是青年训练所毕业生，较之训练所而言，青年团更广泛地进行青年的组织化，开展青年运动。青年团的主要活动内容为思想训练、生活训练、厚生训练、自卫训练。青年团也不是一律强迫青年入团的组织，入团时必须要有初等小学以上学历、其他团员或区内学校校长的推荐，还要通过思想检查等，只有满足一定条件的青年才可以入团。② 此外，青年团的成员包括农民青年与工人青年，③ 像唐山市青年团还选择在不妨碍青年工作的时间进行训练。④

除了能力优秀之外，新民会还重视青年的出身。

据《新民报》记载，唐山市青年训练所的规定如下："（一）年龄：满18岁起至25岁止。（二）由唐山市各保（现在约1百保）中推荐优秀青年3名，此所有推荐人员经市指导部严选后选拔2百名。（三）考虑其经费⑤，及今后之诸工作尽量采取良家。（四）学历最低在高级小学卒业以上，但依情势初级小学卒业者，亦得准许入所。"⑥ 新民会滦县指导部青年训练所规定，训练生的入所资格为：17岁至25岁之间，初级小学以上学历，身体强健，性行善良，志操坚固，"土地所有者的子弟"。⑦ 香河县新民青年团规定的条件是："一、居住香河者，二、有土地者，三、身体强健者素无嗜好，四、年满17岁以上30岁以下者，五、有乡长保证者。"⑧

根据担任过新民会青年训练所指导员、所长、新民会中央训练所主事的

---

① 《中央总会咨询事项答案报告》，《新民报》（北京）1940年12月16日，第2版。
② 菊地俊介「日本占領下華北における新民会の青年政策」『現代中国研究』26号、2010、47~48頁。
③ 《民国三十二年度下半期新国民运动实践要纲》，《山东省公报》第152号，1943年9月20日，第27页。
④ 《新民青年团训练标准》，《会务月刊》创刊号，1941，第7页。
⑤ 这里涉及的"经费"具体何指尚不清楚，但青年训练所给青年发放补贴，可能与之有关。
⑥ 《唐山市扩大青训练计划业经拟就》，《新民报》（北京）1940年1月15日，第6版。
⑦ 《新民会滦县指导部组织青年训练所募集规定已发表》，《新民报》（北京）1938年7月14日，第6版。
⑧ 《香河新民青年团味泽主任编就结要纲》，《新民报》（北京）1939年1月6日，第6版。

伊藤千春传记中的记载,"训练生都是富农子弟,有一定学历,怀着忧国的正义感,将来应该能成为新民会干部"。①

另外,《新民会报》上公布的新民会工作方针规定:"新民青年团,以中等知识分子组织之,须以大地主及富农之子弟为中坚指导者。"② 新民会全体联合协议会③也提出,首先应进行有产阶级与知识青年的组织化,遏制无产阶级的"匪众";④ 为了"剿共",首先要把知识青年拉到自己的阵营。⑤ 新民会日文刊物《新民运动》所刊载的、河北省指导部在全体联合协议会上的发言提到:"青年团应该以有产阶级者为中心进行组织,这样可以减少民众所需负担的费用。"⑥ 由此可见,新民会挑选青年时,所属阶层是极为重要的标准。

同时,新民会青年动员工作方针、组织化规模、组织化对象的青年阶层的范围也是不断变化的。比如,青年训练所逐渐开始接受不识字者与妇女入所。根据《训练部关系指示事项》的记载,首先,"从来〇〇县青年训练所,改为〇〇县训练所,因今后合宿训练之对象,并非限定青年,故更以斯名"。其次,训练对象扩大,分为8类:"1、青年(分小卒中卒不识字三种),2、妇女(分识字不识字两种),3、少年(分识字不识字两种),4、少女(分识字不识字两种),5、教员,6、乡村长及乡村吏员,7、保甲长及自卫队员,8、分会员或其子弟"。⑦

1942年12月,各地青年团合并为华北新民青少年团,成为日伪统治下华北统一的青年组织。该青少年团规定,12岁至15岁的所有"中华民

---

① 武井昭、工藤豊『人間に成り切った人:伊藤千春伝』経済往来社、1984、196~197頁。
② 《民国三十年度下半期一般工作方针》,《新民会报》第154号,1941年7月22日,第6页。该部分的日文如下:"新民青年団は中層以上を組織し、当面地主及び富農の子弟を以て中核乃至指導者とすべし",同一份资料中中文与日文之间的解释有不同之处。日文"中等"之后没有"知识分子";日文"须以大地主及富农之子弟为中坚指导者"之前有"当前"这一限定词;中文"大地主"的部分,日文记载是"地主"。
③ 联合协议会相当于新民会的"议会"机关,按省、道、市、县各级行政单位或按各地的新民会地区分会、职业分会,以"吸取民意"为目的成立,全国联合协议会为最高机构。
④ 《新民会第二届全联会议案全文》,《新民报》(北京)1941年9月16日,第2版。
⑤ 《剿共前途展望宋介企划处长昨广播》,《新民报》(北京)1943年5月9日,第3版。
⑥ 元冈健一「郷村建設への基本的考察と新民会現地職員の活躍」『新民運動』第3卷第11号、1942、52頁。
⑦ 《训练部关系指示事项》,《新民会报》第72号,1940年8月20日,第49~50页。

国"少年都必须加入新民少年团，16 岁至 28 岁的所有"中华民国"青年都必须加入青年团，而且取消了由村长或地方权威人物推荐或保证等规定。①

此外，20 世纪 40 年代以后，"消除阶级差别及阶级意识、实现大同团结"等口号经常出现。在《新民报》上可以看到"今后华北 1 亿民众，认清大东亚战争 3 年应为胜利之年，故团结一致于全华北展开国民运动，不分都市农村，青年老者皆已动员，分担战时下国民之责任矣"②"总之全华北青少，已不分阶层，不分地域，不分职业，无论学校青少年，或青农青工青商，皆站在会运动统一的全体的立场，向前迈进"③等报道，《华北新报》也提到："中国的革新运动必须消除党派、阶级、职业、地域、各种偏见，本大同团结的精神，以谋对外代表全民族的利益，对内代表全国民的利益，如此始能完成建设新中国的任务。"④由此可见，新民会的青年动员方针逐渐转变为动员所有阶层的青年以及消除"阶级差别"。

另外，笔者在过去的研究中已经指出，因为青年训练所入所生没有达到定额，绑架、欺骗、强迫等各种不正常行为横行，挑选"优秀"青年入所的规定几乎有名无实。⑤实际上不符合条件的青年入所的例子并不少见，这是颇为值得注意的。

二 "治安军"士兵中的青年形象

日伪统治下华北青年的另一出路是当兵。日伪华北统治刚开始时，日军采取的方针是伪临时政府不建立"国军"。其原因之一是，让中国民众武装起来的话，可能会发生打倒日伪统治的叛乱。但是，由于治安的持续不稳

---

① 菊地俊介「日本占領下華北における新民会の青年政策」『現中国研究』26 号、2010、54 頁。
② 《华北 1 亿民众总蹶起分担战时下国民之责任》，《新民报》（北京）1943 年 12 月 24 日，第 1 版。
③ 《一年来的新民运动（二）》，《新民报》（北京）1943 年 12 月 29 日，第 2 版。
④ 陈宰平：《对新民青少年干部训练的期望》，《华北新报》1944 年 8 月 5 日，第 3 页。
⑤ 菊地俊介「日本占領下華北における新民会の青年政策」『現中国研究』26 号、2010、45～53 頁。

定，日军难以单独控制局面，不得不建立包括中国人在内的军队。① 于是，1939年10月"治安军"成立。但是，伪临时政府与日军在宣传中强调，"治安军"是以自卫为目的的军队，不是派遣到战场最前线的军队。②

"治安军"也向当地民众进行宣传，称"治安军"与过去的国民党或军阀的军队不同，是优质的军队。从士兵入伍的规定上也能看出重视"优秀青年"这一条件。"治安军"新兵招募要项规定，新兵须满足以下条件："（一）年龄在17岁以上25岁以下者。（二）身高4尺8寸以上者，但未满20岁将来有发育之希望者，虽不足4尺8寸亦可采用。（三）身体强壮素无嗜好及暗疾者。（四）身家清白确系本招募区土籍者。（五）未犯刑事处分者。"等等。入伍除了要通过体检之外，还需要有"（一）本村村长或村副长（二）本人之家长（三）本人之至亲（四）铺保"的保证。③

此外，伪河北省公署的"治安军"新兵招募要项规定的入伍资格如下："1. 年龄：在17岁以上25岁以下者。2. 身高：约4尺8寸以上者，未满4尺8寸而将来有增长希望者，虽未满4尺8寸，亦可采用。3. 身份：确为良民子弟，且未在皇协军剿共军游击队及从前各种军队入伍者。4. 身体：各部强健堪服兵役无传染病花柳病及吸食鸦片之恶癖者。5. 学历：不限，惟最低限度亦须粗识文字。6. 家庭：家庭仅有老幼妇女本人应最后，其家庭难以维持者或家庭不能生存者，不得采用。7. 曾受青年训练者更佳。"④

通过以上规定可以看到，"治安军"招募士兵的条件与新民会青年训练所或青年团招募青年的条件大体相似。这里值得注意的是，"治安军"招募新兵的条件之中也有"良民子弟"这一项。《新民报》、伪临时政府治安部（华北政务委员会治安总署）刊物《军事月刊》、《武德报》等也积极宣传"治安军"的士兵是"良民子弟"，受过优质教育与训练，而且"治安军"与过去的

---

① 石岛纪之「中国占領地の軍事支配」大江志乃夫［ほか］編『岩波講座近代日本と植民地2』、221~223頁；菊地俊介「日本占領下華北における新民会の青年政策」『現代中国研究』26号、2010、55頁。
② 《治安部招募新兵分驻各地保卫地方　名额一万三千余人　本月底截止》，《武德报》1938年10月15日，第2版。
③ 《巩固地方治安招募新军治安部昨发通告》，《新民报》（北京）1939年9月25日，第3版。
④ 《"治安军"募补充新兵》，《新民报》（北京）1941年6月9日，第2版。

国民党或军阀的军队不同，是优质的军队。①《武德报》上明确记载，"治安军"的新兵必须"募招良民及有为青年"，要慎重挑选士兵，必须是"纯正良民"，不应该是"奸民匪民"。②伪临时政府治安部改称"华北政务委员会治安总署"后，伪华北绥靖军总司令部发出布告："'治安军'军官，全是陆军学校出身，'治安军'的士兵，全是由良家子弟征来的。""'治安军'的军队，是受过很好的教育及训练的，不但不准扰害人民，而且还得爱护人民，如果有扰害人民的，如奸抢杀烧等事，无论何人，都要处死的军法声明，大家要知道。"③可见，为提高质量，"治安军"并没有以动员所有青年入伍为招兵方式，而是尽量挑选品行良好的青年。

特别值得注意的是，"治安军"的入伍士兵中有青年训练所毕业生。前面已提及的"治安军"新兵招募要项中也有"青年训练所受训终了者，尽先采用"④"曾受青年训练者更佳"⑤等规定。《新民报》上也有相关报道："河北省所属各机关，现已接得命令，正与各地驻屯友军相协力，纠合青年训练所毕业生，及良家子弟，以今后建设东亚新秩序运动之目的，各地分别选拔青年中坚，限于本月 10 月末将选募所得之士兵，送来保定，作更严密的考验，选拔后方施以严格之训练，河北省预计召选之士兵为 4000 名。"⑥实际上，青年训练所毕业生报名参加"治安军"的事例在《新民报》《新民会报》上也可以看到。比如，涿县指导部工作报告中关于"青训第二期卒业生之动向"的记载中提到："1. 职员军队警察队者增多，2. 临时政府募集新兵应募者为第 1 期生 3 名第 2 期生 6 名，皆被录取。"⑦青县指导部的工作报告上也有相关记载："本部与当地驻军及县政连络员，

---

① 《冀各县募集新军十月底赴保平候选拔》，《新民报》（北京）1938 年 9 月 19 日，第 6 版；《和平之道缪斌部长今晚播讲以 11 月为基结成"治安军"治安不规定应募资格》，《新民报》（北京）1939 年 9 月 27 日，第 1 版；"华北政务委员会"治安总署华北绥靖军总司令部：《关于冀东治安布告》，《军事月刊》第 11 号，1941 年 6 月，第 149 页。

② 《"治安军"为编建新军发表告人民书阐明新军之特质》，《武德报》1939 年 10 月 15 日，第 2 页。

③ "华北政务委员会"治安总署华北绥靖军总司令部：《关于冀东治安布告》，《军事月刊》第 11 号，1941 年 6 月，第 149 页。

④ 《巩固地方治安招募新军治安部昨发通告》，《新民报》（北京）1939 年 9 月 25 日，第 3 版。

⑤ 《"治安军"募补充新兵》，《新民报》（北京）1941 年 6 月 9 日，第 2 版。

⑥ 《冀各县募集新军十月底赴保平候选拔》，《新民报》（北京）1939 年 9 月 19 日，第 6 版。

⑦ 《涿县指导部十月份工作报告》，《新民会报》第 46 号，1939 年 12 月 1 日，第 10 页。

会同办理"治安军"募集事项，截至10月15日此经本部募集青训毕业生10名，检验合格。"①

　　这一事实对于考察新民会青年训练所的实况，是非常重要的突破口。如上所述，因为当时流传的"谣言"，当地青年将青年训练所看成士兵培训机关。新民会认为这种谣言是妨碍青年入所的原因，为辟谣，需要强化宣传。伪临时政府也在"治安军"新兵招募要项上特地附注"此次募兵和现在施行的青年训练没有关系"。② 但是，"治安军"优先录用青年训练所毕业生，而且实际上青年训练所毕业生入伍也是常见现象。也就是说，实际情况与方针或宣传背道而驰。

　　加之"治安军"在招募士兵与训练时得到日军协助，在进行其他军事行动时，两者之间也常有密切合作。1941年6月公布的"治安军"新兵招募要项规定："担任募集之友军③，将募集人数，分配于所要之县各县知事，更分配于各村镇，并将下列事项通知各村长。"此外，还有日军与县知事、县职员一起进行士兵体检的规定。④ 而且，据有些报道，日军与"治安军"合作讨伐"共匪"。⑤ 于是，日军逐步增加对"治安军"的干涉。在日本军方资料中也能看到，关于"治安军"，日军的方针是"各个兵团为实现"治安军"的编成，预先将青年训练培养成优秀青年"。⑥ 因此，上述一系列方针并非完全由伪临时政府与"治安军"决定，日军的意向在其中也起到了很大作用。

　　那么，"治安军"士兵的实际情况如何呢？

　　"治安军"内部陆续发生士兵逃跑的现象是实际存在的，当时也有人认识到原因在于为谋生或被绑架入伍等。同时，在当时民众的意识中，当兵即

---

① 《青县指导部工作报告（二）》，《新民报》（北京）1940年1月29日，第5页。
② 《临时政府"治安军"队新兵招募要项》，中央档案馆、中国第二历史档案馆、吉林省社会科学院合编《汪伪政权》，中华书局，2004，第361页；菊地俊介「日本占領下華北における新民会の青年政策」『現代中国研究』26号、2010、46頁。
③ 指日军。
④ 《"治安军"募补充新兵》，《新民报》（北京）1941年6月9日，第2版。
⑤ 《冀东"治安军"所向无敌　协力日军剿匪收获伟果》，《新民报》（北京）1943年3月4日，第3版。
⑥ 「昭和15年度第1期粛正建設計画」防衛庁防衛研修所戦史室編『北支の治安戦』(1) 朝雲新聞社、1968、270頁。

收容失业者。而且，军队内部有斗殴、暴力等现象。①在新民会全体联合协议会上，伪天津特别市分会提出："目前"治安军"士兵的素质还不能说良好，而且待遇也不佳，因此优秀者不愿意入伍，每次招募时新民会虽努力展开大规模宣传，但报名者依旧不太踊跃。如此一来，将来建设东亚的基础及与友邦合作的后盾皆难以保障。"②这里要求改善士兵待遇的主张，也反映出"治安军"士兵违背自身意愿当兵这一实情。

三 国共两党对沦陷区工作的影响

新民会与日军对华北沦陷区青年的认识从《新民报》中可获得一些了解，主要是认为华北沦陷区的大部分青年曾受过国民党"党化教育"，而且优秀青年大部分都有国民党籍。这表示新民会对华北沦陷区青年的思想状况抱以警惕的态度。③河北省新民会指导部部长田中辰曾指出，国共两党"毒害"了一半的中国青年。④新民会吴桥指导部的工作报告也建议，为了避免华北青年变成危险的存在，必须进行适当的青年训练。⑤在新民会看来，日伪统治下青年的思想状况是不容乐观的。

同时，不能忽略的是日伪统治开始后国共两党的沦陷区地下工作的影响。国共两党皆派出党员打入沦陷区，对沦陷区民众秘密进行抗日宣传等活动。新民会、日军对这些地下工作都非常警惕。这里特别值得注意的是，新民会警惕的只是部分阶层的青年，对另一部分则积极拉拢吸收。

---

① 刘敬忠：《华北日伪政权研究》，第75~77页；马重韬：《齐燮元与华北伪军》，文斐编《我所知道的伪华北政权》，第75页；"华北政务委员会"治安总署华北绥靖军总司令部：《关于冀东治安布告》，《军事月刊》第11号，1941年6月，第149页；尹慎修：《逃亡之原因与处置》，《军事月刊》第17号，1941年12月，第3页；王家第：《当兵与纳税》，《军事月刊》第22号，1942年5月，第1页；马振山：《"治安军"一等兵之来信》，《军事月刊》第31号，1942年2月，第99~101页。
② 「華北治安軍素質向上に関する件」『中華民国新民会第一回全体連合協議会ノ状況ニ関スル件』3、1940年12月20日~27日、10頁、(JACARアジア歴史資料センターRef. Bo2031836100，第15图像)。
③ 圭海：《回顾一年来北京青年之运动（续）》，《新民报》（北京）1940年2月5日，第1版。
④ 《新民会田中科长视察静勚勉青年学员》，《新民报》（北京）1938年6月29日，第6版。
⑤ 《新民会吴桥指导部去年度工作总报告》，《新民报》（北京）1940年1月14日，第6版。

新民会认为，贫困阶层的青年与知识阶层的青年是特别需要警惕的，因为他们"通敌"的可能性比较大，但富裕阶层的青年是可以拉拢的对象。因此，新民会"反共"工作的重点集中在对后者的教化动员。新民会的工作方针要求"唤起反共意识，保卫生命财产，防止征发粮食，对于富家子弟、速施以反共政治训练，编成武装自卫团，对于近村有通匪可能性之贫民及知识青年等之匪有亲戚者，须暗加查察以防未然，通匪者及敌方工作者之检举情报，须极力搜集之"。① 而且，"尤应努力获取小学教员等知识分子，但于接敌地区，此种人物皆为考察之对象，须留意及之"。② 因此，小学教员即知识分子也是拉拢对象，但同时需要警惕。

如上所述，新民会认为要以地主与富农子弟为中心进行组织化，其目的是抵制中共对沦陷区的渗透。新民会工作方针指出，"铲除共匪应做为新民青年团反共政治训练，而使之实践，新民青年团，以中等知识分子组织之，须以大地主及富农之子弟为中坚指导者"。③ 由此看来，新民会想要挑选的是没有受到中共地下工作影响的青年，对于新民会来说这样的青年应该在地主、富农阶层当中。

但这里还需要考虑的是，该方针是否为新民会所认定的最佳战略。前新民会工作人员谷村正二在回忆中提到在河北省元氏县任职时，"录用了6名当地优秀青年"，但"这些青年都是地主或富农子弟，大概这是我们工作过程中的注定结果"。④ 这里是否有消极的意思，尚无法明确判断，但可以看到的是，新民会争取到的青年确实仅限于部分阶层。

新民会当初计划挑选"优秀"青年，并规定了进入青年训练所或青年团的各种条件，其目的大概是"防止"通敌的青年打入日伪组织。最后还需补充的一点是，新民会顾问铃木美通认为，"应努力在乡村争取有识之士并对之进行组织、动员"。⑤ 可见，新民会并非一直避开某些需要警

---

① 《民国三十年下半期一般工作方针》，《新民会报》第154号，1941年7月22日，第2页。
② 《民国三十年下半期一般工作方针》，《新民会报》第154号，1941年7月22日，第2页。
③ 《民国三十年下半期一般工作方针》，《新民会报》第154号，1941年7月22日，第6页。
④ 谷村正二「河北省元氏県の思い出」岡田春生編『新民会外史・前編』五稜出版社、1986、217頁。
⑤ 「新民会の活動」防衛庁防衛研修所戦史室編『北支の治安戦2』朝雲新聞社、1971、255頁；岡田春生編『新民会外史』后編五稜出版社、1987、90頁。

惕的阶层来进行教化动员活动。此外,"肃清""赤化"青年也是新民会的任务之一。①

结　语

本文以沦陷区战时动员对象中青年的阶层构成为切入点,细致考察了战时体制下不同阶层青年的前途命运。新民会的青年教化动员工作最初并未采取动员所有青年的方式,而是附加了一些条件,以挑选在一定程度上满足这些条件的"优秀青年"。但实际情况并非如此,最终新民会选择了强迫所有青年入团的动员方式。

此外,本文还通过分析"治安军"中青年入伍的实际情况,探讨了战时体制下沦陷区青年的出路问题,其情形与结果同新民会招生颇为类似,出现了方针与实情背道而驰的现象。

最后,本文考察了沦陷区青年动员工作呈现上述特征的背景,即国共两党的地下工作。因沦陷区的不少青年受到国共两党抗日宣传的影响,新民会、日军必须避开这些青年,挑选受影响比较少的青年,这是在考察日伪青年动员工作实况时不可忽略的重要因素之一。同样的分析方式,对于考察国共两党的青年动员工作也颇有意义。

---

① 鲁愚:《参展后的灭共工作检讨》,《新河北》第4卷第6号,1943,第11页。

抗战初期日本媒体的战争宣传

——以《东京日日新闻》为个案*

邹 灿**

前 言

　　一般认为，战时日本媒体在国家强有力的言论统制之下，受到"残暴的军部及特高课警察的严酷镇压，沦为其宣传机关"。① 但战时新闻统制的正式实施，可以 1938 年 8 月内务大臣末次信正发布的《战时言论报道统制及防止资源枯竭》指示为标志。因此，针对日本战时媒体及战争宣传、动员的研究多集中于新闻统制开始以后，尤其是太平洋战争期间，以追究新闻媒体在日本走向战败过程中的责任，或是探讨宣传战在二战中的战略作用。② 然而，新闻统制正式实施之前日本媒体的相关研究并不多见。

　　值得一提的是，日本学者池井优在关于中日战争与日本媒体动向的研究中，对战争初期的媒体特征有简要概括：从卢沟桥事变到 1937 年 12 月南京被占，日本媒体明显集中于中日之间的战事报道，此后随着战争的长期化，国民对中日战争动向的关心逐渐降低，注意力开始转向欧洲情势及日美关系

---

* 原载于《民国档案》2016 年第 3 期，收入本书时有改动。
** 邹灿，日本大阪大学法学研究科特任助教。
① 里見脩『新聞統合—戦時期におけるメディアと国家』勁草書房、2011、2 頁。
② 代表性研究有：安田将三・石橋孝太郎『朝日新聞の戦争責任—東スポもびっくり！の戦争責任を徹底検証』太田出版、1995；坂本慎一『ラジオの戦争責任』PHP 新書、2008；セバスチャン・ロファ『アニメとプロパガンダ：第二次大戦期の映画と政治』法政大学出版局、2011。

的恶化。池井指出，战争是媒体吸引读者的绝好素材，从战事报道的剧增、加派战场特派员以及自主发动协助战争的集会或展览活动、募集战争捐款等行为特征来看，当时的媒体对战争的宣扬甚至超出了政府或军部的号召，更为积极主动地在国民中掀起着强烈的拥战风潮。① 由此可知，媒体在新闻统制之前，已呈现出积极主动宣扬战争的倾向。但对媒体报道的具体内容，尤其是媒体的报道立场与中日战争扩大之间的关联，并没有进一步分析。

卢沟桥事变发生后，在真相不甚明了的情况下，中日政府都曾试探对方针对事变的处理态度，几度尝试以谈判的方式解决冲突。与此同时，关于卢沟桥事变，当时的日本社会流传"中国军队阴谋论"② 的说法，尽管该说法早已被证实为子虚乌有，但在当时却影响着日本的对华认识。因此，在事情真相未明、传闻甚嚣尘上以及中日边交涉边交战的未宣战状态下，考察尚具有一定言论自主权的日本媒体以怎样的立场及记述方式向民众表达扑朔迷离的中日冲突，以及媒体报道对当时日本社会舆论的引导及对对华认识、中日关系走向的影响，是一个关系重大的课题。

1937 年前后的日本新闻界，已形成以《朝日新闻》《每日新闻》《读卖新闻》三大全国性报纸及同盟通讯社为主体的市场格局。③ 从三大报纸在 1937～1938 年的销售量来看，《每日新闻》占据绝对优势。④ 在每日新闻社的四大分社中，东京总部的销售量两年中均占 40% 以上，这正是当时的《东京日日新闻》。⑤ 本文将以这一在东京地区发售量最大的全国性商业报为主要分析素材，以期考察紧靠政治中心、具有广泛影响力的日本大众媒体，

---

① 池井優「日中戦争と日本のマスメディア対応」井上清・衛藤瀋吉編著『日中戦争と日中関係—盧溝橋事件50周年日中学術討論会記録』原書房、1988、211～224頁。
② "中国军队阴谋论"指驻扎在卢沟桥附近的中国军队第二十九军违反规定，向演习中的日军开枪，并认为这是中国长期以来的反日教育及宣传的结果。在日本学界，尽管有研究者认为卢沟桥的"第一枪"为中国军队所发，但一般解释为被演习中的日军空炮惊吓进行的反击，并非有预谋的计划性行为。安井三吉『盧溝橋事件』研文出版、1993、19頁。
③ 里見脩『新聞統合—戦時期におけるメディアと国家』、94頁。
④ 朝日新聞百年史編集委員会『朝日新聞社史資料編』朝日新聞社、1995、321頁；社史編纂委員会『毎日新聞七十年』毎日新聞社、1952、613頁；読売新聞100年史編集委員会『読売新聞100年史別冊資料・年表』読売新聞社、1976、卷頭折り込み。
⑤ 《东京日日新闻》，创刊于1872年（明治五年），1911年3月1日与《大阪每日新闻》合并，但继续保留"日日新闻"称号，直到1943年1月1日才改称"每日新闻"。社史編纂委員会『毎日新聞七十年』、376、568、598頁。

在中日关系陷入绝对僵局前，围绕中日冲突进行了怎样的报道，并进一步探讨媒体报道与政府及军部的决策是否存在距离及其与对华舆论变化的关联性。

一 扩大与不扩大——从卢沟桥到平津开战

卢沟桥事发之初，当时的日本政府和军部对事件真相都不甚明了①，但围绕着如何处理卢沟桥事件，参谋本部及陆军省内部迅速出现扩大派（强硬派）与不扩大派（慎重派）两派。扩大派主要以陆相杉山元及军务局军事课课长田中新一以及参谋本部作战部作战课课长武藤章、情报部支那课课长永津佐比重为代表，主张派兵"讨伐"中国，以"惩戒"中国军队"一再挑衅的行为"。不扩大派则以参谋本部作战部长石原莞尔及其下属的战争指导课课长河边虎四郎、陆军省军务局军务课课长柴山兼四郎为首，从防苏战略及中华民族意识高涨的情形考虑，不主张采用军事手段解决冲突。②"由于当地军队对蒋介石发动中央军北上消息的夸大报告，军部中央迅速倒向扩大派。"③ 也有分析指出，当时支那驻屯军（即中国驻屯军——译者注）司令部人事更迭频繁，导致"不扩大方针"不能有效传达；另外，作战及情报处的实际执行者不支持不扩大方针，致使方针执行受阻。④ 对于政府及军部在战略决策中的分歧及转变，媒体报道的态度如何呢？

《东京日日新闻》围绕卢沟桥的报道开始于1937年7月9日，首先认定7月7日的事件为中国军队第二十九军三十七师冯治安部队所为，"我驻屯军隐忍自重，没有反击，只是中止了部队演习。两军对峙到天亮，我驻屯军

---

① 富田健治『敗戦日本の内側—近衞公の思い出』古今書院、1962、17~18頁；「河辺虎四郎少将回想応答録」（1940年，参謀本部作製）『現代史資料（12）日中戦争4』みすず書房、1965、418~419頁。
② 杉山元帥伝記刊行会編『杉山元帥伝』原書房、1969、60頁。
③ 江口圭一「十五年戦争小史」青木書店、1991、121頁。
④ 稲葉正夫「盧溝橋事件勃発当初における陸軍部内の紛糾」『現代史資料月報』みすず書房、1965年12月。

森田中佐要求中方军队责任人道歉，对方拒绝，于是我军开始应战"。① 同日出版的号外转发了陆军省的电报："经与天津市市长张自忠交涉，卢沟桥附近的中方军队退到永定河右岸、铁路南侧，我方驻屯军退到永定河左岸、铁路北侧。部队撤退后此事转入外交交涉。"② 同时，在晚报中又针对部队撤退之事称"中国军队并没有撤退意向，并一再违规、对我军发起攻击"。③

11日，中国冀察当局与驻屯军就地达成口头停战协议。与此同时，日本政府发表声明，决定向华北派兵。④ 针对停战协定与派兵行为，《东京日日新闻》的态度为：一方面强调派兵的必要性，即事件责任完全在中方、蒋介石违背"何梅协定"发动了中央军北上以及不法分子的掠夺行为致使华北地区日本居留民人身安全受到威胁；另一方面指出，当地中国军队一再违反停战协定对驻屯军进行非法攻击，加上中央军北上，事件已经升级，"对同冀察政权之间达成的停战协定不能过于乐观"。⑤ 19日，冀察政权与驻屯军之间的停战协定及实施条款正式签订。报道对此评价为：协定虽签定，中方责任人宋哲元也已道歉，但除了形式上的道歉，其他要求皆未见执行，这或许是中方以和平交涉为借口的拖延战略，必须注意的是中央军仍在北上，停止中央军北上比宋的道歉更为实在。⑥ 并且在报道中多次强调，南京国民政府态度恶劣、毫无诚意，不承认冀察政权的道歉行为及所签协定，是在主动破坏"地方交涉原则及不扩大方针"。⑦

随着26日廊坊事件、27日广安门事件的发生，有关事发之时日军被中国军队暗算、遭受重击并绝地反击的惨烈情景的报道大增，广安门事件被视为北平地区中日交战的开始。⑧ 28日，中国驻屯军针对廊坊事件及广安门事件做出决议："连日来的事件都是中方有计划的挑衅行为，加上中央军的继

---

① 「馮部隊盧溝橋でわが部隊に突如発砲」『東京日日新聞・夕刊』1937年7月9日。
② 「盧溝橋事件交渉、我要求を容れ解決」号外、1937年7月9日。
③ 「不遜行為を繰り返す、支那軍・撤退の模様なし」夕刊、1937年7月9日。
④ 「帝国政府声明（1937年7月11日）」外務省編『日本外交文書（日中戦争・第一冊）』六一書房、2011、14頁。
⑤ 「駐屯軍の要求を承認、嘘つき支那、厳重監視」号外、1937年7月12日。
⑥ 「形式的謝罪より、挑戦停止が先決、常用奸手段、警戒の要」朝刊、1937年7月19日。
⑦ 「我平和の誠意を蹂躙、国民政府不遜なる回答」朝刊、1937年7月20日。
⑧ 「北平で日支遂に交戦」号外、1937年7月27日。

续北上，我军即日对北平采取独自的军事行动。"① 由此，日军的北平总攻击正式开始，也意味京津地区围绕事件不扩大所进行的地方交涉最终失败。此时关于中方动向的分析报道指出："蒋介石心中应该已做好对日决战的准备，或许会在最近的某个时机对我方发起全面反攻。"② 30日以后，报道开始集中于7月29日发生的日本居留民被大量屠杀的通州事件，强烈谴责中方灭绝人性的残暴行径。对通州事件的追踪采访及现场照片的报道一直持续到8月9日，之后由于"大山事件"，注意力开始从华北转向上海。

如前所述，卢沟桥枪声以来，围绕事件的解决，日本决策层内部存在扩大与不扩大两种意见。至平津开战之前，不扩大方针下的地方交涉与扩大派主张的增兵华北这两种看似矛盾的行为一直在并行推进。而事实上，无论是扩大派还是不扩大派都未曾设想战争的全面化，其区别只是在于以"强硬"方式还是以"交涉"方式来扭转国民政府的对日政策。③ 如此一来，日本政府的派兵决议带有很强的政略色彩，7月11日的政府声明虽表明向华北派兵，但原定5个师（内地3个师、朝鲜1个师、满洲2个旅）并未全部出动，内地3个师将根据情况推移再行动员。④ 直至广安门事件发生，被延期派遣的内地3个师才正式出动。⑤

然而，《东京日日新闻》在该阶段的报道一味强调中方违背原则，一再向日军挑战，导致地方交涉失败、战事扩大；同时，认为日方在艰难地维持不扩大方针，努力进行和平交涉，并且日军一直处于被动应战，是实属无奈的自卫行为。报道还多次指出"中央军北上"及国民政府的介入使事件的解决从地方上升到中央，破坏了"地方交涉"原则。可见，报道一方面不看好在"不扩大政策"下进行的地方交涉，对交涉成果亦评价不高；另一方面则不断强调"扩大派"所主张的日方采取军事行动的正当性及增兵的必要性，其立场倾向不言自明。到通州事件为止，地方交涉失败、不扩大方针严重受挫、华北地区开战、蒋介石将发动对日决战的认识在报道中已显而易见。

---

① A Statement Issued By The Japanese Garrison Headquarters in China,『日本外交文書（日中戦争・第一冊）』、42～45頁。
② 「決戦蒋の胸三寸、戦闘準備既に成る」号外、1937年7月28日。
③ 劉傑『日中戦争下の外交』吉川弘文館、1995、62頁。
④ 杉山元帥伝記『杉山元帥伝』、61頁。
⑤ 臼井勝美『日中戦争—平和か戦線拡大か』中公新書、1967、40頁。

在媒体集中反复的倾向性报道下，日本民众对中日动向及战场情况的关注度迅速上升，全国各地要求讨伐"暴戾而傲慢的支那"的呼声逐渐高涨，各种自发的民间拥战团体相继涌现，民众向陆军省及前线部队发送激励电文、捐赠慰问金或慰问品等活动也随之活跃起来。① 尤其在关于通州事件的报道连续数日布满报端后，批判中国军队残酷无情、"堪比魔鬼和畜生"的激愤之声响彻整个日本社会，② 日本全国的战争热渐渐高涨，在民众中已然形成应出兵惩罚中国的"不守信用"及"残暴行径"这一普遍共识。

二 和平解决与"一击论"——从"大山事件"到上海战线的胶着

北平总攻击开始后，日本政府曾考虑尽早收拾华北局面，实现停战。外务省于7月30日提出的《收拾华北时局试行方案》，强调"华北问题的解决、必须与中央政权进行直接交涉"，"目的在于以武力迫使蒋政权订立城下之盟，尽可能满足我方提出的条件"，并指出"为防止华北以外的地方出现同类抗日事件，与中央政权的交涉是非常必要的"。③ 在该文件基础之上形成了日本政府以实现早期停战为目的的《日中国交全面调整纲要》。④ 基于此背景，外务省通过与陆军协商开始酝酿停战交涉事宜，所谓的"船津工作"也是在此阶段秘密启动。而国民政府方面以外交部亚洲司高宗武为首的对日交涉派也趁机展开外交活动，以期重整中日外交关系。⑤ 由此可见，区别于地方交涉的国民政府外交部与日本驻华使馆及外务省之间的中央级交涉即将展开。

然而，8月9日的"大山事件"致使这一和平交涉构想胎死腹中。根据

---

① 参见明治大正昭和新聞研究会編『新聞集成・昭和編年史12年度版Ⅲ』新聞資料出版、1990、174、206、282、432頁。
② 参见吉田絃二郎「時局に際して思ふこと」『中央公論』9号、1937、198頁；山川均「支那軍の鬼畜性」『改造』第90巻第9号、1937、64頁。
③ 「時局収拾に関する外務当局作成の方針案」（1937年7月30日）『日本外交文書（日中戦争・第一冊）』、46～48頁。
④ 「日支国交全般的に調整要綱」（1937年8月6日）、外務省外交史料館A-1-1-345（JACAR アジア歴史資料センター）。
⑤ 劉傑『日中戦争下の外交』、80～81、88～89頁。

《东京日日新闻》10日的报道，"上海保安队突袭日本海军陆战队，中尉大山勇夫及水兵齐藤兴藏被杀害"，"中国方面意图扩大事件"。① 同日，日本陆相杉山元对记者表示："自华北事变以来，中方毫无反省之意，反而变本加厉，只能断然实行惩罚了。"② 13日，中日双方上海交战。伴随上海战事的全面化，日本政府阁议决定：鉴于上海事态恶化，政府决定扩大自卫权范围，"放弃不扩大方针，惩罚国民政府，以促其反省"。③

"八一三"事变后，上海作战的最初阶段，中国空军大轰炸成为日媒关注焦点。"敌机炮弹落入共同租界，造成众多无辜的外籍人员伤亡"，"中国难民最为集中的新世界也遭到炮弹袭击，伤亡惨重"，"北四川路一带大火蔓延，日本人经营的百货店、书店等大量被焚烧"。④ "中国空军的盲目轰炸造成近千人死亡"，"南京路被炸现场尸体横飞，如同人间地狱"。⑤ 各外国领事馆强烈抗议中国空军对非战斗人员的轰炸行为，中国民众也大举抗议本国空军的非人道行为，上海市政府前出现民众暴动。⑥ 对此，"我海军航空队发起反攻，大规模轰炸敌人空军基地"，⑦ "我军战绩显赫，歼灭敌机70余架，我军仅损失8架飞机，多为暴雨中低空飞行造成"。⑧

中日双方相继增兵上海后，报道开始倾向于敌我战况和士气的对比描述。日军在上海各战线及华北作战的顺利推进情况及战果占据相当版面，战场上士兵的勇猛及战胜后表情兴奋的照片大量刊登。与之形成强烈对比的是对中国状况的分析。被抓获的中国兵当中，有的表示"军饷被严重克扣，

---

① 「大山陸戦隊中尉を包囲、猛射を沿せ即死せしむ」、「斉藤水兵も殺害さる」、「支那拡大企図」朝刊、1937年8月10日。
② 「支那・反省の色なし、断乎"膺懲"あるのみ、杉山陸相決意を披瀝」朝刊、1937年8月10日。
③ 「帝国政府声明（1937年8月15日）」『日本外交文書（日中戦争・第一冊）』、78~79頁；「不拡大方針抛棄ノ閣議決定（1937年8月17日）」『現代史資料（9）日中戦争2』みすず書房、1964、34頁。
④ 「敵飛行隊上海を大爆撃」号外、1937年8月14日。
⑤ 「盲目空爆の死者千名」「南京路空爆の現場を見る」号外、1937年8月15日。
⑥ 「支那機の空爆、自国民四百を惨殺、民衆・市政府に押し寄す」号外、1937年8月15日。
⑦ 「我海空軍の威力発揮、敵空軍根拠地大爆撃」号外、1937年8月15日。
⑧ 「海空軍・勇猛果敢の空襲、敵機七十余を爆撃潰滅」号外、1937年8月16日。

怨恨蒋介石"，①"敌军战线中经常出现少年兵，有被买来的，更多的是抗日教育的牺牲品"，"作为抗日大本营的首都南京陷入困境，交通及通信被切断，粮食供应困难，成为死城"，"南京城内恐怖蔓延，大量无辜良民以卖国奴的罪名被屠杀"。②

事实上，上海开战将近一个月，由于中方的持续增援，日方并没有取得实质性进展。加上"中苏互不侵犯条约"签订的消息传出，远东局势发生变化。为防止陷入战争旋涡，迅速收拾中国战场，并回应日本民众逐渐高涨的战争热情，日本首相近卫文麿于9月5日声明："鉴于中方毫无反省、顽固抵抗，帝国政府毅然决定对中国军队予以积极而全面的'一击'，……以最快速度彻底打击中国军队，摧毁其战斗意志，……我已充分感受到全国各地迸发出的国民支援战争的热诚，我前线将士必将不负国民的感激。"③ 同日，海军省与外务省相继发表声明："为促使中国政府最终反省，迅速稳定事态，决定对中国海岸全线实行封锁（除第三国租借地及青岛）。"④《东京日日新闻》在此阶段的报道，在关注中国战场南北战线进展状况的同时，也开始将视线投向日本国内的战争动员。

然而，预想中的"一击论"并未获得如期进展，蒋介石的全力抵抗致使上海战线处于胶着状态；华北战线也因大雨、洪水等天气状况及地形复杂等自然环境原因陷入苦战。更为棘手的是国民政府向国际联盟提起公诉，谴责日本发动海陆空军侵略中国。为排斥国际联盟介入及干涉，针对中方的诉讼，日方极力反驳道："此次事变的目的，只是纠正中国排日政策的错误，从根本上调整日中国交。……派兵是为了保护居留民在中国的和平活动。"⑤尽管如此，美国国务院在10月6日还是发表了谴责日本的声明，随后国际联盟也认定日本在中国的行为违背了《九国公约》《非战公约》。在战场相

---

① 「蒋介石を怨む、給与不足の敵兵捕虜」号外、1937年9月3日。
② 「敵戦線に散る売られた少年兵」、「食糧難とテロ政策、南京全市戦慄の坩堝、我空爆の確の威力」、「悪性インフレ招来、財政破綻不可避」号外、1937年8月29日。
③ 「第72回帝国議会貴族院議事速記録第2号（1937年9月5日）」帝国議会会議録データベース（国立国会図書館）、http://teikokugikai-i.ndl.go.jp/。
④ 松田光夫『十五年戦争時代日録・上巻』葦書房、1985、84頁。
⑤ 「国際会議帝国事務局長談話要旨」（1937年9月15日）外務省編『日本外交文書（日中戦争・第三冊）』六一書房、2011、1577～1578頁。

持不下及外交面临困窘之际，日本政府开始考虑以第三方斡旋来解决"支那事变"，并于 10 月 22 日商定了《针对支那问题的第三国斡旋应对方针》，① 以德国驻华大使陶德曼为中间人的调停工作由此开始酝酿。

"大山事件"以来，日本政府宣布放弃不扩大政策，出兵上海，并决议全力作战给中国致命一击，战事的全面化已日渐明显。然而伴随军事行动的扩大，军事费用骤增，日本国内经济压力巨大，在国际上也日益孤立。② 实际上早在 10 月 1 日，日本政府四相（首相、陆相、海相、外相）会议商定的《支那事变对处要纲》就明确指出，"此次事变需在军事行动与外交措施的两相配合下，尽早终结，以收拾局面"，并提议"在华北某地域及上海周边设立非武装地带，进行停战谈判"。③ 但此阶段《东京日日新闻》的报道整体上侧重战场描写，着重强调中国军队的"残暴"及中国政府的各种问题、困境，以反衬和凸显日军行动的正当性及作战优势。这种侧重于一方面的媒体渲染，导致了对华舆论的恶化及民间战争热潮的持续升温，日本政府"一击论"的提出一定程度上也与其国内高涨的民意有所关联。在战争举步维艰、国内外局势陷入不利境地的情况下，媒体盲目拥战的势头不减反增，这也致使民众陷入"日本速胜"的迷梦，狂热的战争情绪继续发酵。

三 交涉与不交涉——从陶德曼调停到拒绝与国民政府交涉

10 月 25 日，陶德曼就调停工作访问日本驻华大使川越茂。次日，日军攻陷上海北部要塞大场镇，中国军队防御线整体后移。同时，针对九国会议的邀请，日本政府临时阁议 27 日议决："国际联盟无视东亚现状，鼓舞了中国的排日政策……帝国政府不期待在此次联盟会议上能得到公正结果，拒绝参会。"④ 随后，11 月 6 日同样因退出国际联盟而处于孤立境地的意大利，

---

① 「事変に対する第三国の斡旋・干渉への我が方対応方針」『日本外交文書（日中戦争・第一冊）』、191 頁。
② 『杉山元帥伝』、75 頁。
③ 『日本外交文書（日中戦争・第一冊）』、182、184 頁。
④ 「九国条約会議参加に関する日本政府声明」『日本外交文書（日中戦争・第三冊）』、1662 ~ 1663 頁。

宣布加入日德防共协定，三国同盟形成。11月9日，日军宣布占领上海。可见，就在调停即将开始之际，日方无论在战场上还是在外交上似乎都峰回路转。

对此，《东京日日新闻》在10月26日、27日连续两天的报道大幅宣扬大场镇作战，将之视作上海战线的大突破及"大跃进"，并刊登了当地日军疯狂庆祝胜利的大量图片。① 针对日军占领上海及三国同盟，报道中的评价为："登陆以来，奋斗70余日，简直是浴血奋战，在欧洲休战之际，我皇军攻入上海城意义深远。"② "三国防共协定的签订，使日本从外交孤立的境地，一跃占据反苏的主动地位，《中苏互不侵犯条约》成为一纸空文。"③ 此外，还大肆报道德日意三国的"亲善友好"，以彰显自身外交战略的成功。与之相对照，"九国会议进展不顺，各国意见难以达成一致""中方将中日问题提请联盟解决，效果惨淡"④ 等相关报道也频见于报端，以反衬中方外交战略的失败。

从11月15日开始，日军决定大举进击中华民国首都南京。16日，南京周边的苏州沦陷。同时，蒋介石着手部署迁都的消息传出，次日的新闻以"中国战败，南京已被放弃"为头条评价道："首都迁移决定做出后，南京市陷入大混乱"⑤ "决定迁都内地的南京政府，正如当初放弃瑞金的中共的命运一样，即便长期抵抗最终仍是失败。"⑥ 并从中国军队的战斗力、军需补给、军费来源、物资供应、国民情绪、国际环境等多方面证明南京政府此后将面临巨大困境，难以为继。也几乎是在同一时期，日本国内启动高度战时体制，颁布新的大本营令，实现了政略与战略的有效统一，并决定实施对华长期作战。⑦

12月2日，陶德曼就中日和平问题与蒋介石进行了会谈，而此时日军

---

① 夕刊、1937年10月26日；号外、朝刊、1937年10月27日。
② 「南市の残敵を掃蕩し、城内に日章旗燦然」朝刊、1937年11月12日。
③ 「列国の三国防共協定観」朝刊、1937年11月7日。
④ 「会議失敗」夕刊、1937年11月7日；「解決を再び聯盟へ、九国会議・全く無為」朝刊、1937年11月17日。
⑤ 「政府機関を分割移転、臨時首都は重慶へ」朝刊、1937年11月17日。
⑥ 「国民政府・正に平家の都落ち」朝刊、1937年11月18日。
⑦ 「大本営設置に際して」(1937年11月20日)『現代史資料（37）大本営』みすず書房、1967年、353頁。

正逼近南京城郊,新闻报道的注意力也全部集中在日军的南京总攻略。据12月7日的报道,"南京城实际已沦陷,敌军丝毫无抵抗,我军稍事休息待机入城……历史性的入场式大概就在这两三天内"。① 从12月11日开始,南京被攻占的"捷报"及图片充斥纸面。日日新闻社在东京举办特别庆祝会,"庆贺皇军神速攻下南京城,以表达国民的感激和欢喜",并发表社论:"蒋政权反省已无可能,我们应转变态度,取消对蒋政府的承认,期待新的正统政权出现;今后的蒋政权将沦为势单力薄的地方政权,且必将走向没落,政府应在占领南京之际,鲜明地打出打到蒋政权的旗帜。"②

此时,民众对日本速胜的热望,亦随着对日军在上海、南京的"战果"的大量报道甚至夸大报道而膨胀至顶点。攻破上海大场镇后的"27日以来,关于皇军大胜的捷报不断传入国内,东京市内欢呼雀跃,晚上举行了多达六万人参加的提灯大游行",东京市还举行了"皇威宣扬爱国市民大会",国民对即将到来的胜利期待万分,并表示出鼎力支持的决心。③ 日军攻占南京后,民众的兴奋、激动之情更甚,"日本战胜"的气氛洋溢全国,胜利的狂欢也在各地展开,以东京、大阪等大城市为首,举行了多次上万民众参与的大型庆祝集会、游行、祭祀活动,④ 占领南京当天出生的新生儿多取名为"胜"、"利"、"勳"(功勋)、"京子"等,以纪念日本的胜利。⑤ 可见,民众全然沉浸在速胜的喜悦中,对可能要面临的长期战浑然不觉。

1937年12月底,大本营·政府联络会议及第73次帝国议会相继召开,商讨此后的对华方针。1938年1月6日,日本内阁书记官风见章当日向记者透露,"蒋政府丧失南京转入内地后,逐渐显示求和意向,然而为求得东亚百年和平,此次'圣战'牺牲甚大,中方能否如实反省不得而知,我方无论如何也会坚持达成预期目的",⑥ 对蒋介石的求和做出冷淡的

---

① 「南京城事実上陥落、敵影なく城外で入城待機」号外、1937年12月7日。
② 「南京陥落祝賀の夕」社説「鎧袖一触南京に入る」朝刊、1937年12月11日。
③ 明治大正昭和新聞研究会編『新聞集成·昭和編年史12年度版Ⅳ』新聞資料出版、1990、248、261、277頁。
④ 明治大正昭和新聞研究会編『新聞集成·昭和編年史12年度版Ⅳ』新聞資料出版、1990、675、686、702、724頁。
⑤ 「赤ちゃんにも『武』『勲』赫々『東京朝日新聞』1937年12月29日、11版。
⑥ 「蒋、平和意向漸く顕著、風見内閣書記官長談」号外、1938年1月6日。

回应。① 此时陆军却要求以攻占南京这一"战果"作为与国民政府谈判的有利条件来结束战争。对此，内阁表示强烈反对，认为："在攻陷南京之际与蒋介石政权求和，一般民众将难以接受，这必然会引起民间大规模的反对运动。"② 在最后决定是否与国民政府继续交涉的关键时刻，政府对民间舆论的忧惧由此可见一斑。1月16日，近卫内阁发表"今后不以国民政府为交涉对象"的声明，切断了日中政府间协商的正常渠道，使两国关系陷入既非正式宣战又非正式断交的尴尬境地。随后中日双方撤回大使，陶德曼调停就此终结。

    实际上，陶德曼调停工作展开后，随着日军在军事上的进展，日方的和谈条件也变得更为苛刻。日军攻陷南京期间，日本外相广田弘毅通过德国驻日大使转交给中方的新交涉条件，"完全像是对战败国提出的停战条件"，③致使调停工作难以推进。与此同时，日本决策层亦逐渐意识到迅速收拾战局已希望渺茫，于是启动战时大本营体制，做长期战准备。而此阶段《东京日日新闻》的战况报道及评论中"日方必胜、中国将败"的印象跃然纸上，11月16日的报道甚至迫不及待地以"中国战败、南京已被放弃"为总标题，"速胜"的激越之情溢于言表，而其对长期战的关注则是在近卫声明以后了。此外，针对蒋政权的态度，报纸的社论却明显走在政府决策前面，于12月11日就提出"不承认蒋政权"。报纸在长期战这一认识上的滞后性以及在断绝与蒋政权交涉这一问题上的超前性，可理解为一时的求胜心切及舆论造势，却致使民众在相当长一段时间内保持着对日本速胜的热望。

---

① 根据杨天石的相关研究，南京战之后主动求和的是日方，日方希望借已有军事优势尽快结束战争，并提出了较此前更为苛刻的停战条件；因南京失守等因素，国民政府内部对抗战动摇者日渐增多，行政院副院长孔祥熙视陶德曼调停为中日和谈的"良机"，但蒋介石抗战态度坚定，利用孔祥熙与日方的和谈作为缓兵之计，同时也让国民政府内部的主和者直接认识到日方条件的苛刻因而放弃谈判。参见《蒋介石与1937年的淞沪、南京之战》，《学术探索》2005年第3期，第103～104页；《蒋介石对孔祥熙谋和活动的阻遏——抗战时期中日关系再研究之二》，《历史研究》2006年第5期，第119～121页。这也是日本政府冷淡对待国民政府和谈意愿的重要原因之一。
② 「講和問題に関する所信」（推测为1938年1月上旬）『現代史資料（9）日中戦争2』、104～105頁。
③ 『日中戦争—平和か戦線拡大か』、60頁。

结　语

日本战败后，针对中日冲突为何扩大并走向全面战争的反省及研究开始涌现。比如，作为当事人的日本首相近卫文麿认为："中国问题其实有好几次解决机会，但每次一有机会陆军就反对，并进行破坏。"[1] 加藤阳子在其研究中也提到："战争发生的最大责任本来在陆军，其考虑的是如何赢得彻底分离华北、支配华北经济的有利谈判条件，然而天皇与海军却在此时投入大量兵力，以期扭转中国的抗日态势。"[2] 从当时日本国内的政治局势来看，其根本原因在于国家权力的分裂。天皇在法理上是协调军政关系、整合各国家机关意见的核心，但事实上天皇并不直接参与政治，其统合功能几近丧失，[3] 因此导致国家机构四分五裂，无法驾驭对外关系。[4] 在中日冲突的解决方法上，无论是陆军省与参谋本部之间的摩擦还是军部内的派阀对立，都愈演愈烈，外务省协同驻华使馆多次启动和平谈判，皆因军政内部意见难以统一、得不到有效配合而以失败告终。

在战争初期混乱不定的政局下，《东京日日新闻》的立场在各个阶段逐渐倾向"中国军队阴谋论"、"中方责任论""日本速胜论"，而对卢沟桥枪声、上海战的胶着、日本在国内外面临的困境，都进行了选择性的忽略或淡化。在其整体的叙述语境中，日方作为受害者的被动地位及"自卫"反击之后的绝对优势尤为凸显。从其战争认识来看，7月28日的北平总攻击意味着围绕卢沟桥冲突的地方交涉失败，并认为中国国内已形成全面战争意识，欲发起对日决战。但日本并未就此形成对华全面作战意识。报道所认定的中日开战为8月13日以后的上海作战，而政府正式宣布放弃不扩大方针是在8月17日。至于长期战意识的形成，在政策层面为11月20日大本营的设置及战时体制的正式启动，而媒体却依旧热衷于"一击论"，尤其在相继占领上海、南京后，更是一味地向民众渲染日本速胜的神话，并急切地提

---

[1] 馬場恒吾『近衛内閣史論』高山書院、1946、31頁。
[2] 加藤陽子『昭和天皇と戦争の世紀』講談社、2011、292頁。
[3] 朝日新聞社編『近代日本の外交』朝日新聞社、1962、67頁。
[4] 坂野潤治『日本近代史』筑摩書房、2012、442頁。

出"不承认蒋政权"的论调，迟至第一次近卫声明发表后才开始留意对华长期作战。

这种与政策层面存在一定落差的新闻报道，超越了新闻作为传达事实的媒介这一界定，在中日关系不甚明朗的特殊时期，致使对华认识偏向一方并走向激进。其在社会中造成的舆论导向尤其是仇视中国的思潮在民众中掀起了广泛而狂热的战争热潮，进而间接影响了本已处于国家权力分裂、在对外战略中不断徘徊的政府及军部的对华政策。无论是"一击论"的提出，还是"断绝与国民政府交涉"的声明，都与民间的对华舆论有着或多或少的牵连。因此，当"南京告捷"后的陆军欲结束战争时，面对民众的拥战热情，日本政府已骑虎难下。在战争初期尚未被纳入战时新闻统制的《东京日日新闻》，作为拥有一定言论自主权的大众媒体，为吸引读者、扩大销量，以积极自愿的立场过分报道战争，[①] 其报道内容已颇具战争宣传的性质。

[①] 一般而言，战时日本媒体积极自觉地报道战争的原因有二：一方面可以获得大量读者，在媒体业竞争中取胜，因此即便有批判战争的媒体，也很容易在战争爆发后转向主战论调；另一方面可以获得高额的战争报道经费补助。山本武利「『帝国』を担いだメディア」山本武利編『メディアのなかの「帝国」』岩波書店、2006、2頁。

汪精卫对日观的演变及影响

谢晓鹏[*]

引　言

　　汪精卫的一生与日本结下了不解之缘，无论是其早年留学日本、投身革命，还是其后来主政南京、对日亲善，乃至其晚年与日谋和、叛国投日，都深深地打上了日本烙印。他的政治生涯从日本开始，也在日本结束，日本因素对他的人生道路和政治命运产生了不可估量的影响。在长期与日本人打交道的过程中，汪精卫的对日观逐渐形成并不断演变。本文所谓汪精卫的对日观，主要指的是汪精卫长期以来对日本和中日关系的认识、态度、策略、方针等。研究汪精卫对日观的演变及影响，不仅对理解汪精卫一生的思想及活动有所帮助，而且对认识汪日关系乃至近代中日关系具有重要的意义。

　　在以往关于汪精卫及汪伪政权的研究中，汪精卫的政治思想及汪日关系问题一直是学界关注和讨论的热点，相关的研究成果或多或少涉及汪精卫的对日观。其中个别论文比较集中地论述了某一时期汪精卫的对日观问题，如朱宝琴的论文《日本侵华与汪精卫的认知和应对——以九·一八到八·一三为中心的考察》[①]，张殿兴的论文《抗战初期汪精卫的"战"、"和"观述论》[②]，以及笔者的论文《"一面抵抗，一面交涉"——析论汪精卫的对日方针（1932~1937）》[③] 等。然而，截至目前，学界对汪精卫对日观的形成、

---

[*] 谢晓鹏，郑州大学历史学院教授。
[①] 载于《扬州大学学报》（人文社会科学版）2011 年第 6 期。
[②] 载于《阴山学刊》2005 年第 4 期。
[③] 载于《史学月刊》2003 年第 7 期。

演变及影响等问题尚缺乏系统研究。故此，笔者不揣浅陋，拟从留学日本时期、巴黎和会后、"一·二八"事变后、"七七"事变后几个阶段，考察汪精卫对日观的演变及影响。

一 留学日本时期：羡慕与崇拜

1904年9月，汪精卫第一次离开故国，前往日本法政大学留学。当时的历史背景是："一九〇〇年代初叶的日本，正是中国青年所神往不止的一个国家。彼时国内对于日本明治维新的内容虽知者还不多，但一八九四——九五年的清日之战，簇新的日本与老大的中国，恰好形成了一个尖刻的比较；清日之战中国虽然战败，但中国并不因此增（憎）恨日本，相反，他们由此更明白了清廷的腐败，亟思从日本习取得一些什么。清廷世纪末的迭次变法运动，差不多均以日本的明治维新为范本。中国青年对于日本的向往，就形成了当时朝野的留日热，日本之为中国革命的温室，也就起源在这一时期先后。"① 正是在这样的背景下，汪精卫开始了在日本的留学生活。

法政大学是日本东京的一家私立大学，汪精卫在该校的速成科学习。法政大学速成科主要是为中国留学生开设的，它"提供法政科、法律科、政治科、财政及外交的补习科等课程。课程一般分三期，每期半年。计划训练新一代的政府行政官员，有计划地逐步淘汰中国的文官考核制度。如同其他速成课程一样，课室内使用即时传译"。② 在这里，梅谦次郎、山田三良等著名的日本学者传授的近代社会科学知识，特别是民主宪政思想，使汪精卫眼界大开，深受影响。他后来回忆说："我在国内研究史学的时候，对于辽金元之侵吞中国，免不了填胸愤慨，对于清，自然是一样的。只是被什么'君臣之义'束缚住了。及至留学法政，从宪法学得到了国家观念及主权在民观念，从前所谓'君臣之义'撇至九霄云外，固有的民族思想，勃然而兴，与新得的民权思想，会合起来，便决定了革命的趋向。"③

---

① 雷鸣：《汪精卫先生传》，政治月刊社，1944，第14页。
② 任达：《新政革命与日本——中国，1898~1912》，李仲贤译，江苏人民出版社，1998，第61页。
③ 汪精卫：《自述》，《东方杂志》第31卷第1号，1934。

留日生活固然决定了汪精卫"革命的趋向",但也使他对日本的政治制度和文化传统产生了羡慕和崇拜之情。他多年以后回忆说:"这个时候,对于我影响最大的,是日本伟人西乡南洲与胜海舟两人。我以为,没有这两个人,江户事件的解决是不消说,明治维新也不会有那样好的成就。我每一次到神田一带的书店里去的时候,总不忘记搜集与这两个伟人有关系的著作。星期日到上野公园去,总尽量眺望着西乡的铜像。当我们从事革命运动的时候,康有为与梁启超拼命反对,说国民运动,只弄成国内分裂,结果,是促进列强的分裂中国。但是,我研究明治维新时代的情形,研究西乡,胜两伟人的事迹,决没有那样的忧虑。"① 西乡南洲,即西乡隆盛,日本江户时代末期活跃的政治家,明治维新的领导人,"维新三杰"之一。胜海舟,即胜麟太郎,日本江户时代末期开明的政治家,江户幕府军队的负责人,后曾在明治政府中任海军卿等职。此二人均为江户事件和平解决及明治维新的关键人物,受到了日本民众的广泛敬仰。汪精卫对他们的崇拜,事实上是对日本近代政治文化的崇拜。

汪精卫留日期间"印象特别深刻"的历史事件是日俄战争。他后来回忆说:"那个时候,正是日俄战争很激烈的时期,日本的国内,完全包在战争的云围气中。尤其从岁暮到正月,日本关心集中于旅顺的攻击,全国国民期待着还是今天陷落,还是明天陷落。街头巷尾,在谈论着乃木大将将于元旦攻陷旅顺,自天皇为始,全国国民在期待着,于是用了全力进攻旅顺。这种日本国民的热烈的爱国心,深深的燃烧了年青的我的心曲。在学校里,即令正在上课,一听到窗外卖号外的铃声,教授便中止了讲解,叫买号外。"② 如果说当年日本国民对日俄战争的狂热所激起的"爱国心",深深地打动了年轻的汪精卫,使他对日本羡慕不已,那么,在他叛国投日后,他对当年的日俄战争则是另外一种感想。他说:"日俄战争,离开甲午中日战争,只有十年;但日俄战争爆发的时候,中国青年所期望的,是日本的胜利。在十年之间,中日间感情的对立,已经清算了。我留学日本时,在东京的中国人,在一万以上,个个人都衷心支持日本。看到现在的情形,也有人说,中日两

---

① 雷鸣:《汪精卫先生传》,第 16 页。
② 雷鸣:《汪精卫先生传》,第 15~16 页。

国,是不能衷心和睦的;我便想起了从前在东京过的日俄战争的事。只要处理的方法如何,国与国之间的怨恨,不是不能消解的。"① 这里,他不但没有认清日俄战争系日俄两国为争夺中国东北而进行的帝国主义战争的本质,而且将之与中日亲善、和睦相联系,说明他在留学日本期间所受的负面影响是显而易见的。

二 巴黎和会后:揭露与批判

前述留学日本时期,汪精卫既汲取了近代民主宪政思想,也培养了影响深远的亲日情结。然而,他留学日本最大的收获是结识了孙中山。1905年7月,汪精卫与孙中山在日本东京相识。正是在孙中山的指导和影响下,汪精卫走上了民主革命道路。接下来的十余年中,汪精卫先是积极参加反清革命,后又不同程度地参与了反袁护法斗争,而日本和中日关系问题尚未引起他的特别关注。第一次世界大战结束后,日本企图独霸中国阴谋的逐渐暴露及全国人民反日运动的日益高涨,使汪精卫开始关注巴黎和会及中日关系问题。1919年4月,他抵达法国巴黎,"代表南方政府来此观察中国代表团以及有关中国在巴黎和会上所面临的国际形势"。② 巴黎和会上,中国在山东问题上的外交失败大大地刺激了汪精卫,使他忍不住于会后写下了《人类之共存:巴黎和议后世界与中国》和《巴黎和议与中日问题》两篇文章,发表在1920年1月1日出版的第6期《建设》杂志上。③

在前一文中,汪精卫首先指出:"所谓人类共存者,谓人类当计己生存,同时复当计及人之生存也。于是则有尽其在我者,独立自由是已。有喜与人同者,分功(工)合作是已。合此二者,而人类共存之意义,乃得以无缺。"他接着根据达尔文的进化论和克鲁泡特金的互助论,认为:"夫竞争与互助,同为自然之一法则。"而竞争又可分为"有相长之作用"的"正当之竞争"和"有相消之作用"的"不正当之竞争"。他反对"不正当之

---

① 雷鸣:《汪精卫先生传》,第16页。
② 中国社会科学院近代史研究所译《顾维钧回忆录》第1分册,中华书局,1983,第179页。
③ 参见蔡德金、王升编《汪精卫生平纪事》,中国文史出版社,1993,第33页。两文后来收入恂如编的《汪精卫集》时,题目分别改为《人类共存主义》《巴黎和会与中日问题》。

竞争",主张"互助"和"共存"。① 他强调说:"不知自存者,固有罪矣。惟知自存而不许他人存在者,其罪为更甚。吾人于一面,努力脱去不知自存之罪;于一面,复努力于为不许他人存在者,芟除其罪恶,军国主义,殖民地主义,其精神即在于不许他人存在,所以为人类共同(存)主义之敌,而吾人所不可不努力以为抵抗者也。"他认为:"此世界中,为军国主义之代表者,莫如德国""次于德国而为人类共存主义之敌者,莫如日本。吾人今日,有抵抗日本之决心,不惮公然言之……吾人之抵抗日本,非抵抗日本,抵抗日本之军国主义而已。军国主义不去,人类共存主义不立,外审世界之大势,内察自国之危急存亡,吾人之对于人类共存主义,所愈当努力而不懈者也。"②

在后一文中,汪精卫用"人类共存主义"分析了欧战前后的中日问题。他在文章开首即提出一个问题:"中日兄弟之国也,兄弟之事,何故不能自了?而至于请求巴黎和会之公断乎?"他接着指出:"中国自交通以来,受各国军国主义之压迫,儳然不可终日,而其压迫最甚,朘削最深,为中国腹心之患者,莫如日本。日本尝掠取中国之藩属琉球,又掠取中国之藩属朝鲜,尝勒索二万万之赔款,尝割据中国之辽东半岛、台湾全岛、澎湖列岛,尝横行于东三省及内外蒙古,尝以其势力深入于中国之各地;日夜希冀中国有衅,其挺戈而前也,必最先;其大掠而归也,必独丰;不宁惟是,政治上之宵小,军事上之侦谍,密布于中国之内,专以挑拨离间为事,务求中国无一日之安枕,然后快于其心。"③ 他提醒日本:"惟吾人对于日本之贪得无厌,有不能不欷然者:一则中国之内,民气尚烈,抵抗力尚强,必不以四万万人供其一饱也;二则各国之间,为势力平均之故,持门户开放机会均等之主义,有以杜绝其侵略之野心也。"他进而认为:"夫人类争存,以利害相反之故,而其共存,即由利害相同之故。浅识者流,每以谓中国日本,大小悬殊,中国而能自强,日本将无容足之地。此其持论,似中日利害相反,无可共存,诚可谓大谬不然者。第一,中国四千年之历史,只有对于他国之侵略而为抵抗,无对于他国而为侵略,实不失为国际之良友。第二,四五十年

---

① 恂如编《汪精卫集》第 2 卷,光明书局,1930,第 1~5 页。
② 恂如编《汪精卫集》第 2 卷,第 12~15 页。
③ 恂如编《汪精卫集》第 2 卷,第 19~20 页。

来日本已先中国而进步，以中国之地大物博，苟与之提携，则关于国民之经济，可依两利的方法而得无穷之增益，由此二者，中日之利害相同，灿然甚明，固有共存之条件，而无争存之原因也。旷观历史，凡人类之结合，皆由近而及远，由亲而及疏，故始于家族之结合，继之以部族之结合，继之以民族之结合，又继之以人种之结合，然后乃有世界人类之结合。方今黄种之国，存者几何？本可立于共存之域，何必强而纳之于争存之域乎？"关于当时中国发愤自强之际日本的对华态度，他批评道："无如证以数十年来之已事，日本舍为封豕长蛇，以相荐食之外，更为含沙射影，以相中伤。其在满洲末造，则蛊惑而播弄之，使之醉生梦死，以奄然待尽；其在民国初造，则恶其崛强，嫉其进步，遣奸人竖子，与其败类，阴相勾结，而政府亲为操纵于其间，务使之连年大乱，民不聊生而后已。"① 更为甚者，欧战爆发后，日本乘列强无暇东顾之机，借口对德宣战，出兵占领中国山东，随后又向中国提出了"二十一条"侵略要求。对此，他评论说："欧战以后，中国中立时代，对于世界，固无罪也。对于日本，亦无罪也。中日之间非有战争之发生，非有战争之经过，而中国对于日本，所受损害，乃甚于战败国之牺牲。"② 关于巴黎和会期间的中日关系，他总结说："巴黎和会之中日问题，以山东问题为限；然山东问题，初非根本问题也。根本问题，在于日本放弃其从来对于中国之政策，此根本问题能否解决，有待于各国，有待于日本，尤有待于中国之自决。"③

我们从以上两文可以看出，巴黎和会后，汪精卫一方面反对军国主义，另一方面提倡人类共存主义；在中日关系问题上，他全面而深刻地揭露了日本对华鲸吞蚕食的过程及其造成的严重危害，严厉地批判了日本一贯奉行的军国主义政策和侵华乱华方针。然而，值得注意的是，汪精卫在后一文中还从人类共存主义出发，对日本抱有一种期待，即希望日本放弃其历来的侵华政策，实现中日提携、共存共荣，这实际上是他后来所鼓吹的"中日和平、亲善外交"思想的雏形。1923年日本东京大地震时，他就曾发出感慨："中国的得保独立，虽经迂回曲折，要亦得力于日本极多，此实中国所不得不认

---

① 恂如编《汪精卫集》第 2 卷，第 22～24 页。
② 恂如编《汪精卫集》第 2 卷，第 32 页。
③ 恂如编《汪精卫集》第 2 卷，第 62 页。

识者。此次日本若因天灾而将不能恢复,则中国前途亦颇有影响。此事非仅将为日本一国之不幸,且亦为中国及东亚之不幸。"① 这正是他的中日亲善、共存共荣思想的反映。

三 "一·二八"事变后:抵抗与交涉

1920年后的十余年间,汪精卫主要专注和投身于国内激烈的政治斗争。他先是追随孙中山,致力于国民革命;孙中山病逝后,他继续推行联俄、容共、反帝、反北洋军阀等政策;1927年后,他一方面积极实行分共、反共政策,另一方面操控和领导了一系列反蒋运动。直到1931年"九一八"事变爆发后,随着中日民族矛盾迅速上升,汪精卫在面临安内、攘外双重任务的情况下,开始关注中日关系问题。1932年"一·二八"事变后,汪精卫正式由在野走向执政,担任国民政府行政院长,随即公开提出了"一面抵抗,一面交涉"的对日方针。

1932年2月13日,汪发表"一面抵抗,一面交涉"谈话之要旨。关于抵抗,他说:"此次中国不屈于日本之暴力,而出于正当防卫,必须有最大之决心,极巨之牺牲,方得最后之结果,过于畏葸,固为不可,徒作壮语,更为不可。须知数十年来,中国军事、经济在物质上着着落后,固不待言,即组织上亦幼稚不完备。吾人认清此点,即须从举国一致着手,以土广民众之中国,对富国强兵之日本,纵使有一二城镇不幸落彼手中,而中国之内,人人皆抵抗,处处皆抵抗,日本虽有二三百万精兵,亦不能遍布也。世界上有可败之军队,无可亡之国民,切须牢牢记住此二语,苟行之不懈,日本必有力竭之日,列强亦必群起而共踣之。"可见,他所主张的抵抗是一种自卫性的、防御性的抵抗。关于交涉,他说:"中国此次有十分理由,可要求国际联盟、华盛顿九国公约、开洛格非战公约签字各国出而干涉。中国既有此理由,在外交上决不可放弃,切勿以为外交无用,而决然持之不顾,不仅对各国如此,对日本亦如此。"② 这里,他所主张的交涉,主要是寄望于国际

---

① 雷鸣:《汪精卫先生传》,第223页。
② 《汪精卫谈"一面抵抗一面交涉"之要旨》,《大公报》1932年2月14日。

联盟等第三方力量的干涉,也包括中日直接交涉。2月15日,汪精卫进一步阐述了国民政府的对日方针。他一方面强调"抵抗"的重要性,另一方面不主张对日绝交、宣战。他说:"军事上要抵抗,外交上要交涉,不失领土,不丧主权;在最低限度之下,我们不退让;最低限度之上,我们不唱高调。这便是我们共赴国难的方法。"① 总之,他所主张的对日方针是在保持一个"最低限度"的前提下,"一面抵抗,一面交涉"。

在"一面抵抗,一面交涉"对日方针的指导下,国民政府先后与日本政府签订了《淞沪停战协定》和《塘沽协定》,以对日妥协退让换取了暂时的和平。特别是《塘沽协定》"实际上默认了日本对东三省及热河的占领,并使中国失去河北19个县和两设治区的完全统治权",② 至此华北门户洞开。对此,汪精卫发出感慨:"人谓昔以不抵抗而失地,今以抵抗而失地。此言诚然,苟一量度现有国力,则抵抗之不能得到胜利,固自始而知之,知之而犹抵抗,亦惟尽其力之所能至,以行其心之所安耳。"他还辩解说:"至于局部缓和,不影响于领土主权及在国际所得之地位,则为久劳之军队、穷困之人民得所苏息计,政府将毅然负责而为之。"③ 由此可知,此时的汪精卫已对抵抗日军、争取胜利没有信心,而仅仅满足于通过交涉实现"局部缓和"。此后,汪的对日方针也有了明显的变化,开始由抵抗交涉并行转向力主交涉、少言抵抗,而1933年8月他兼任外交部长之后更是这样。需要指出的是,汪的对日方针中"交涉"与"抵抗"分量的这一变化,原因是多方面的。除了"九一八"事变后他对国际社会干预中日争端的成效倍感失望,以及长城抗战失利后他对抵抗日军争取胜利失去信心外,还有一个重要因素,即他在抗日与"剿共"的关系问题上,基本上是将"剿共"置于优先考虑的地位。为配合蒋的安内"剿共"计划,汪在对日外交上就只能力主交涉、少言抵抗,而交涉的表现形式则不外乎对日妥协退让,甚至不惜推行对日亲善外交。

---

① 汪兆铭:《政府对日方针》(1932年2月15日),罗家伦主编《革命文献》第36辑,中国国民党中央委员会党史史料编纂委员会,1984,第1571~1572页。
② 朱汉国主编《南京国民政府纪实》,安徽人民出版社,1993,第312页。
③ 《行政院长汪兆铭为停战交涉事书面谈话》(1933年5月31日),秦孝仪主编《中华民国重要史料初编——对日抗战时期》绪编(1),中国国民党中央委员会党史委员会,1981,第656页。

1935年1月22日，日本外相广田弘毅就"中日亲善""经济提携"等问题发表演说，并声称："中国倘能将排日及抵货运动完全停止，日本政府将予以精神上、人才物质上之援助。"① 2月20日，汪精卫出席国民党中央政治会议，就"广田演说"做了关于中日外交根本方针的报告。他说："中国对于任何友邦，都愿意在平等互助原则之下，保持增进友谊与和平的关系，何况对于在地理上、历史上、文化上、种族上，和我国有密切关系的邻国日本呢？"他进而指出："我们现在固然在极严重的国难当中，但我们终相信，中日两国间的关系，既有过去如此悠长的历史，现今所发生的纠纷，终归是可以用双方的诚意来解决的。"谈到"广田演说"，他说："读了这次广田外相的演说，认为和我们素来的主张精神上是大致吻合。中日两国间既有如此的共鸣，加以相互的努力，中日关系，从此可以得到改善的机会，而复归于常轨，这是我们所深引为欣幸的。我现在坦白地郑重地声明：我们愿以满腔的诚意，以和平的方法，和正常的步调，来解决中日间之一切纠纷，务使互相猜忌之心理，与夫互相排挤互相妨害之言论及行动等，一天一天的消除，庶几总理当日对于中日携手的希望，可以期其实现。总之，如中日两国的人士不拘于一时的利害，不骛于一时的感情，共以诚意主持正义，以为两国间谋永久的和平，则中日两国间之根本问题，必可得到合理之解决。"②这篇报告可谓汪精卫对日亲善的代表作，它表明汪的对日方针已严重偏向"交涉"，而"交涉"的主要内涵则是对日友好亲善。

然而，汪的对日亲善外交，并不能阻挡日本侵华的步伐。1935年，日本积极策动华北五省"自治"，先后制造了"河北事件"和"张北事件"，并提出一系列新的侵略要求。经汪精卫批准和许可，察哈尔省主席秦德纯和北平军分会代理委员长何应钦，先后于6月、7月同日方达成协议，致使日军实际上控制了察、冀两省。汪口口声声要"一面抵抗，一面交涉"，但"抵抗"很少见诸行动，"交涉"换来的却是丧权辱国。他的这些亲日妥协言行，理所当然地遭到广大爱国人士的强烈反对，一股股反汪的怒火在集中、在燃烧。同年11月1日，发生了孙凤鸣刺杀汪精卫的中央党部事件。

---

① 朱汉国主编《南京国民政府纪实》，第416页。
② 汪精卫：《关于中日外交方针之报告》（1935年2月20日），林柏生编《汪精卫先生最近言论集》上编，中华日报馆，1937，第228~230页。

这次受伤虽非致命，却中止了汪所主导的对日交涉。然而，他的对日友好亲善理念并没有因此改变，后来还有了新的发展。

四 "七七"事变后：抗战与谋和

1937年7月，"七七"事变爆发，日本军国主义者随即发动了蓄谋已久的全面侵华战争。在民族危亡的紧急关头，国共两党再度携手合作，掀起了中国历史上规模空前的波澜壮阔的民族解放战争——抗日战争。而身为国民党副总裁、中央政治委员会主席、国防最高会议副主席和国民参政会议长的汪精卫，却置中华民族的大义于不顾，逆抗日救亡的时代潮流而动，不仅大肆宣扬悲观、低调的"抗日"论，鼓吹对日妥协、屈服的"和平"论，而且积极领导所谓的"和平运动"，甚至后来在沦陷区建立了受日军操控的傀儡政权。当时，在对日方针是抗战还是谋和的问题上，汪精卫选择了谋和。他的对日观集中体现在"艳电"、《我对于中日关系之根本观念及前进目标》等文献中，以下重点对这两个文献进行分析。

"艳电"是1938年12月29日汪精卫为响应《日本近卫内阁第三次对华声明》而起草的电文，该电于12月30日在香港正式发表，并全文刊登在12月31日出版的汪派报纸《南华日报》上。在"艳电"中，汪精卫对日本所谓的"和平三原则"，即善邻友好、共同防共、经济提携，采取的是完全接受的态度。他说："以上三点（指近卫三原则——引者注），兆铭经熟虑之后，以为国民政府即以此为根据，与日本政府交换诚意，以期恢复和平……如国民政府根据以上三点，为和平之谈判，则交涉之途径已开。"他还宣称："中国抗战之目的在求国家之生存独立。抗战年余，创巨痛深，倘犹能以合于正义之和平而结束战事，则国家之生存独立可保，即抗战之目的已达。"[①] 这只能是一厢情愿的幻想，试想，若国民政府接受日本企图灭亡中国的"和平三原则"，中国能获得"合于正义之和平"吗？若国民政府放弃抵抗，"结束战事"，日本正好达到了不战而屈人之兵的目的，中国又怎能确保"国家之生存独立"？

---

① 黄美真、张云编《汪精卫集团投敌》，上海人民出版社，1984，第374页。

当然,"艳电"也委婉地表达了汪精卫对"近卫声明"的不满,因为"近卫声明"只字未提"重光堂密约"中双方所商定的日本撤军问题,这使汪深感难堪,于是,他在"艳电"中提醒日本人:"其尤要者,日本军队全部由中国撤去,必须普遍而迅速,所谓在防共协定期间内在特定地点允许驻兵,至多以内蒙附近之地点为限。""艳电"最后还希望中日双方"各自明了其责任","今后中国固应以善邻友好为教育方针,日本尤应令其国民放弃其侵华侮华之传统思想,而在教育上确立亲华之方针,以奠定两国永久和平之基础,此为吾人对于东亚幸福应有之努力"。① 这里,汪精卫自欺欺人地希望通过"和平方法"使日本"放弃其侵华侮华之传统思想","确立亲华之方针",这对于当时积极推行侵略扩张政策的日本来说,无疑是与虎谋皮。实际上,日本不仅无意放弃其侵华亡华的既定方针,甚至连"近卫声明"也不愿认真履行。正如近卫文麿在其所著《日本政界二十年——近卫手记》中所称:"汪兆铭来后,当时军部对余之声明,已无履行之诚意。反竟利用此项声明,作为瓦解重庆之工具,结果'汪政府'之和平运动成为卖国运动,终乏成效。"② 事实上也正是这样。"艳电"的发表,成为汪精卫集团公开叛国投日的主要标志,也成为汪精卫政治生命走向毁灭的起点。

《我对于中日关系之根本观念及前进目标》是1939年7月9日汪精卫在上海发表的广播演说,被汪精卫集团视为"开始实际和运工作之宣言"。在这篇演说的开首,汪精卫引用了孙中山关于中日关系的一句话,即"中国革命的成功,有待于日本之谅解",他认为"这句说话意义重大"。他接着指出:"日本是东亚一个强国,经济军事文化着着先进,最近几十年,可以说无日本则无东亚。中国事事虽然落后,却是东亚一个地大人众历史深长的国家,如果要强盛起来,日本必然要知道中国的强盛对于日本会发生什么影响,于日本有利呢还是有害?如果有利,日本当然愿意中国强盛,愿意与中国为友;如果有害,日本必然要将中国强盛的动机打消了去,决定以中国为敌。以一个刚刚图谋强盛的中国来与已经强盛的日本为敌,胜负之数,不问

---

① 黄美真、张云编《汪精卫集团投敌》,第374~375页。
② 黄美真、张云编《汪精卫集团投敌》,第370页。

可知。"他进而指出:"因为这样,中国革命若要成功,必须使日本知道,中国革命之成功,于日本有利,这不是权谋策略的,而是诚意的。怎样才能于日本有利呢?中国与日本外交方针一致,军事方针一致,更进而根据平等互惠之原则,以谋经济合作,这样中国的强盛,便于日本有利而无害。"①

依据上述对日外交理念,汪精卫回顾和批评了过去十几年间国民政府的对日方针及政策,并表达了对蒋介石和共产党等主战派的强烈不满。关于发表"艳电"、赞同"近卫声明"的原因,他解释说:"我依然是向来一贯的观念,对于日本冤仇宜解不宜结。打了一年半的仗,日本的国力,中国的民族意识,都已充分表现出来,日本既然声明,对于中国没有侵略的野心,而且伸出手来,要求在共同目的之下亲密合作,中国为什么不也伸出手来,正如兄弟两个厮打了一场之后,抱头大哭,重归于好?这是何等又悲痛而又喜的事?"② 这里,汪精卫所谓的"冤仇宜解不宜结",即他对中日关系的根本观念。他认为:"数年以来,中日关系所以不能改善,且日趋于恶劣,系误于一种循环论。例如日本说:中国排日,是九一八事变的起源;中国说:日本侵略是排日的起源;日本说:中国要抛弃以夷制夷政策,才能使中日关系好转;中国说:日本要放弃对于中国的野心,才能使中日关系好转。诸如此类,都是互相期待,互相责备,以致愈弄愈糟,如今有了一个共同努力的目标,以同时着力,先期待自己,然后期待他人,先责备自己,然后责备他人,则进步必然较快,成功必然较易,如此做去,不但使中日过去的纠纷得以解除,现在的战祸,得以结束及补偿,而将来共同生存共同发达的大道,也可以从此踏了上去。"③ 这里,他所谓的中日"共同努力的目标",即是日本近卫鼓吹的"和平三原则"。

最后,他总结说:"我觉得今日有两条路摆在面前:一条是跟着蒋高调继续抗战……这样下去,只有以整个国家民族跟着蒋为共产党的牺牲。另一条路是把总理孙先生的遗志重新的阐明起来,重新的实行起来,对于日本,本着冤仇宜解不宜结的根本意义,努力于转敌为友。第一步恢复中日和平,第二步确立东亚和平。这两条路,前一条是亡国灭种的路,后一条是复兴中

---

① 黄美真、张云编《汪精卫国民政府成立》,上海人民出版社,1984,第177页。
② 黄美真、张云编《汪精卫国民政府成立》,第179页。
③ 黄美真、张云编《汪精卫国民政府成立》,第181页。

国复兴东亚的路。我决定向复兴中国复兴东亚的一条路去。"① 后来的历史发展证明，汪精卫所选择的道路并非一条"复兴中国复兴东亚"的道路，而是一条将中国与日本侵略者绑在一起的毁灭之路，这一选择最终也毁灭了汪精卫的政治生命。

结 论

综观汪精卫的一生，可知日本因素对其人生道路和政治命运的影响是巨大的，甚至是决定性的。而其对日观的发展及演变贯穿了其政治生涯的几个重要历史时期，并深刻地影响着汪精卫的人生命运和当时政局的发展。

留学日本时期，一方面，他汲取了近代民主宪政思想，走上了反清革命道路；另一方面，他对日本近代政治文化产生了羡慕和崇拜之情，并培养了影响深远的亲日情结。巴黎和会后，受日本企图独霸中国行动的刺激和全国人民反日爱国运动的影响，他对日本的军国主义政策和侵华乱华方针进行了深刻的揭露和批判，但同时也形成了其后来长期坚持的中日和平、亲善外交思想的萌芽。"一·二八"事变后，面对日本日益加紧的侵华活动，他极力主张和推行"一面抵抗，一面交涉"的对日方针。应该说，在当时敌强我弱的形势下，在国联制裁日本不力、英美等国袖手旁观的背景下，该方针对延缓日本侵华步伐、争取时间准备抗战，起到了一定的积极作用。然而，该方针又有严重的缺陷，正如时人的评价："汪先生长行政院时代，最令国人失望的一点，即为外交上'一面交涉，一面抵抗'政策。国人当时有这样的感想：交涉中的抵抗，抵抗缺乏决心；抵抗中的交涉，交涉缺乏诚意。如此，则交涉不成，抵抗不成。"② 事实上，汪的"一面抵抗，一面交涉"的对日方针在推行的过程中，"抵抗"往往流于口号、少见行动，"交涉"则每每成了妥协退让的代名词。特别是在长城抗战失利后，汪对日少言抵抗，力主交涉，甚至鼓吹中日"友好亲善"，其目的在于使南京政府能腾出手来安内"剿共"。这在一定程度上加剧了国内的矛盾和政争，也削弱了中国的

① 黄美真、张云编《汪精卫国民政府成立》，第182页。
② 雷鸣：《汪精卫先生传》，第284页。

抗日国防力量。

"七七"事变后,在对日是抗战还是谋和的问题上,汪精卫选择了谋和。这一选择,固然是他对当时敌强我弱的中日战局的判断使然,也是他此前长期坚持的"一面抵抗,一面交涉"的对日方针发展的结果,同时与他深受孙中山的"中日亲善"思想影响有很大关系。孙中山曾自称"向为主张中日亲善之最力者"①,其一生长期流亡日本,并在日本创立中国同盟会和中华革命党,逝世前北上途中还绕道日本,发表了关于"大亚洲主义"的演讲;在某种程度上可以说,他有"日本情结",即把日本当作自己的"第二故乡",希望中日亲善、共存共荣。孙中山的这种思想对长期追随他的汪精卫不可能不产生影响。实际上,汪精卫后来投日时就曾多次引用孙中山关于中日友好亲善的论述,来为自己反对抗战、与日谋和的言行辩解。他甚至声称:"质而言之,目前中日和平运动的基本原则和三民主义的根本精神是一致的,吻合的。"② 这对一般中国民众就极具迷惑性和欺骗性,同时也说明了孙中山的"中日亲善"思想对汪精卫的负面影响是不容忽视的。实际上,汪精卫不仅大大发展了孙中山的对日友好亲善思想,而且将其付诸实施,积极开展了所谓的"和平运动",这在当时日本发动全面侵华战争、中华民族奋起抗战这样的大背景下,无疑帮助和配合了日本的侵华活动,削弱和分裂了中国的抗战力量,显然是不合时宜和违背民意的,理所当然受到历史的否定。

---

① 《答日本〈朝日新闻〉记者问》(1919年6月24日),《孙中山全集》第5卷,中华书局,1985,第72页。
② 汪精卫:《三民主义之理论与实际》(1939年11月23日),黄美真、张云编《汪精卫国民政府成立》,第218页。

抗战时期鲁西冀南乡村平民百姓眼中的伪军和土匪

徐 畅[*]

关于抗战时期伪军研究,主要集中在以下几个方面:第一,形成原因。例如,付启元在研究抗战时期汉奸形成原因时,涉及作为下层汉奸的伪军。[①] 第二,伪军形象。例如,杨丽以新中国成立后17年小说为例,分析了小说中一些典型汉奸伪军形象所表现出的国格的丧失、野兽的脸谱、物欲的沉溺等类型化特征。[②] 第三,伪军工作。例如,柳俪威等梳理了中共对伪军的政策,以及打击、争取、瓦解工作。[③] 第四,综合研究。刘熙明系统研究了伪军的形成、政治立场、与强权(日军、国民党、共产党、伪政权)的关系、结局等内容,认为伪军是强权竞逐下的卒子,自保和生存是其最高原则。[④]

---

[*] 徐畅,山东大学历史文化学院教授。
[①] 付启元认为近代中国长期不统一是汉奸产生的基本原因,政治腐败造成严重社会矛盾是汉奸产生的社会原因,文化教育的失误是汉奸产生的深层原因,日本的威胁利诱是造成汉奸的直接原因。参见付启元《抗战时期汉奸形成原因探析》,《民国档案》2002年第4期。相关研究还有:孙玲玲、梁星亮《抗战时期汉奸伪军集团形成的社会因素探析》,《西北大学学报》1999年第3期;马丽《抗战时期汉奸为奸目的之探析》,《黑龙江史志》2008年第18期。
[②] 参见杨丽《汉奸形象初论——以"十七年"抗战题材长篇小说为例》,华中师范大学硕士学位论文,2005。
[③] 柳俪威:《中国共产党争取伪军工作述论——以晋察冀边区为例》,河北师范大学硕士学位论文,2006;刘威:《伪军反正研究》,《沧桑》2008年第2期;李仲元:《抗战时期我军对日伪军瓦解工作研究》,《南京政治学院学报》2005年第1期;孙道同:《论八路军瓦解和争取敌军的工作》,《南京政治学院学报》1995年第4期。
[④] 参见刘熙明《伪军——强权竞逐下的卒子(1937~1949)》,台北:稻香出版社,2002。

关于抗战时期鲁西冀南①伪军，上述研究内容或多或少均有所涉及，② 并取得了相当成就，但是仍有进一步发掘的余地，如关于伪军形成原因偏重于宏观分析，对伪军、汉奸的形象基本是脸谱化描述或者零散述及等。有鉴于此，本文利用大量口述史料，③ 参以文本资料，首先概述抗战时期鲁西冀南伪军基本情况，然后重点分析平民百姓眼中伪军的形象及其形成原因，最后简要叙说伪军对鲁西冀南的危害。

一　鲁西冀南伪军和土匪概况

总体上讲，华北伪军包括两部分：正规伪军——"治安军"；地方性伪军——县警备队、警察、特务队、护路队等，以及数量众多、朝三暮四的各种类型的杂牌伪军。

（一）"治安军"

日本发动全面侵华战争后，为了在沦陷区有效地实行殖民统治，于1937年12月成立了"中华民国临时政府"，管辖河北、山西、山东、河南以及平、津两市。日军不仅扶植伪政权，而且极力组建武装，对沦陷区实行"白色恐怖"。1939年10月"中华民国临时政府"组建了1.5万人的"华北治安军"，齐燮元任总司令，下辖三个集团军和两个独立团，分驻北平、天津、河北、山东等地。1940年10月"华北治安军"改为"华北绥靖军"（一般仍称"治安军"），齐燮元任总司令，此后"华北治安军"数次扩充，

---

① 本文所谓"鲁西冀南"，是指津浦路以西、平汉路以东、德石路以南、漳河以北，以河北馆陶至山东德州卫运河为中心的鲁西北和冀南平原地区，包括晋冀鲁豫抗日根据地的冀南区和冀鲁豫抗日根据地的鲁西北地区。
② 齐武：《一个革命根据地的成长——抗日战争和解放战争时期的晋冀鲁豫边区概况》，人民出版社，1957；谢忠厚：《河北抗战史稿》，北京出版社，1994；冀南革命斗争史编审委员会编《冀南革命斗争史》，中央编译出版社，1996；冀南军区战史编辑委员会编《冀南军区战史》，蓝天出版社，1993；梁家贵：《抗日战争时期山东秘密社会研究》，贵州人民出版社，2004。
③ 关于本文所利用的口述资料，有两点需做说明：第一，访谈均为笔者带领学生进行的，有录音，因采访者众多，故不一一注明采访人。第二，口述资料因各种原因，其真实性和可靠性总会受到质疑，但是笔者认为如果几乎所有人的记忆基本相同，那就应该基本是真实的历史，用"记忆污染""选择性记忆"等很难解释得通。

最后发展到12个集团军。① "华北治安军"是正规伪军，比较有系统，其"编制、装备、供给等都较好，干部大多是军官学校出来的，士兵也经过了相当的选择，一般由强征的青训生、强抽的壮丁及一部分伪保安队、警备队、宪兵等编成"，日军视其为"将来伪国防军的基础"，②因此很是重视。尽管"华北治安军"号称10万人，但华北地域广袤，不可能在所有县市驻军，因此驻扎在鲁西冀南的数量有限。例如，鲁西重镇聊城最初并没有驻扎"治安军"，直到1944年春大批日军调走后，才由"绥靖军"（即"治安军"）十七团驻防，人数也仅1000人左右；③又如，河北清河县仅驻有"治安军"480人。④

（二）地方性伪军

1. 县警备队

华北伪军中县警备队不仅数量庞大，而且战斗力较强，危害性很大，因此被日军视为"普及县政的推动力量，维护当地治安的骨干"。⑤县警备队一般经过三个发展阶段，即县保卫团或者保安大队阶段（1938年2月~1939年8月）、警备队阶段（1939年8月~1943年5月）、县保安队阶段（1943年5月~1945年8月）。

冀南各县警备队系由国民政府保安系统中的县保卫团发展而来。例如，抗战前河北101个县建立了保卫团，共1.2万余人。抗战爆发后，一部分保卫团随国民党军队南撤，一部分举起抗日旗帜，但是大部分溃散，"中华民国临时政府"赖以在河北组织地方性伪军。从1939年4月起，保安团开始扩建为警备队，到年底河北有105个县警备队，人数达1.1万人。1940年5月达到26238人。1942年以后，河北省各县警备队的总人数基本维持在7万人左右。1943年5月底，警备队改称保安队，重新改编，但是此后人数

---

① 李孟卿：《七七事变后华北日军与伪军关系的变化》，《殷都学刊》2003年第1期。
② 《抗日战争中的敌伪军工作》，河北省档案馆馆藏，卷宗号：578-1-89-1。
③ 梁金中：《聊城县敌、伪、顽据点分部概况》，中国人民政治协商会议山东省聊城市委员会文史资料委员会编《聊城文史资料》第2辑，1990，第30页。
④ 孙耀南整理《日伪据点及兵力分布》，清河县政协文史资料委员会编印《清河文史资料》，1995，第27页。
⑤ 魏宏运：《华北抗日根据地纪事》，天津人民出版社，1986，第388页。

变化不大。①

鲁西大体也是如此。日军占领重要城镇后，在拼凑各县、区伪政权的同时，极力组建保卫团或者保安大队，形成地方性伪军。各县保安大队（警备大队）由伪县长兼任大队长，下设中队、小队，每个中队100余人，多数县10个中队，共1000多人；少数县15个中队，2000人左右；个别县3~4个中队，500余人。②例如日军攻陷阳谷后，即行组建警备队，中间经几次改编，最多时达2000余人。③县警备队是日军在所谓"治安工作"目标下组织起来的，在沦陷区可谓无处不有。

2. 宪兵队、特务队、警察等

地方性质的伪军，除了县警备队外，还有宪兵队、特务队、警察等。例如，日伪在鲁西组建县警备队的同时，还在各县设宪兵队，分别隶属济南、德州等地特务机关，受各县日军指挥。宪兵队设正、副队长，若干小队长，翻译2人，宪兵30余人，同时组建公安大队，每县100~150人，各区、乡建伪区、乡分队，50余人。④日伪还在县城、区、乡及重要市镇设立警察局（所），设局（所）长1人，所员、警官、书记员若干人。警察局（所）各县人员不等，多者六七十人，少者三四十人，下设司法、保安、特务、经济等系，后增"灭共"班（"剿共"班），搜集抗日情报。⑤例如，伪阳谷县警察所成立于1939年10月，总所设在县城内，下设督察室、警务所、警法系、保安系、特务系，特务系下设"剿共"班、经济班、内勤班。1943年7月，设立经济系，特务系改称特务保安系。总所下设县城内、阿城、安乐镇、郭店屯4个分所，分所下设阿城、张秋、龙王庙、张楼、七级、仓上、司庄7个分驻所，分驻所下设曹寺、古柳树、石佛、簸箕柳、龙王庙、徐

---

① 参见林全民、张伟良《华北伪军中的县警备队——以沦陷时期的河北为例》，《河北师范大学学报》2008年第6期。
② 吕保明、邓愧余、白士英整理《日伪军在鲁西北地区罪恶活动的始末》，中共聊城地委党史办公室等编印《日伪军在鲁西北的罪行录》，第13页。
③ 崔衍峰整理《日伪军在阳谷的残酷统治》，中共聊城地委党史办公室等编印《日伪军在鲁西北的罪行录》，第273页。
④ 吕保明、邓愧余、白士英整理《日伪军在鲁西北地区罪恶活动的始末》，中共聊城地委党史办公室等编印《日伪军在鲁西北的罪行录》，第13页。
⑤ 吕保明、邓愧余、白士英整理《日伪军在鲁西北地区罪恶活动的始末》，中共聊城地委党史办公室等编印《日伪军在鲁西北的罪行录》，第14页。

楼、定水镇、阁楼、邵楼、北关、赵伯升、汽车站、王子仪13个派出所，①警察总共数百人，直接控制乡村。又如，河北清河有伪警察150人，另有便衣特务20人。②此外，为了"保护"铁路、公路，日伪还设立了警务队、护路队等。警备队、警察、特务队等完全听从各县日军指挥，日军赖以对鲁西冀南实行殖民统治。

3. 杂牌伪军

抗战时期鲁西冀南存在大量游杂武装，③多为杂牌伪军，虽然其一个头目和一个组织往往兼有几种身份，或者几种身份相互转换，但是我们还是大致将其分为三类：降日土匪；降日民团、会门等武装；退伍、溃散的国民党军官组织的降日武装。

（1）土匪。抗战之前鲁西冀南土匪就十分猖獗，著名的有邱县的李景隆、临清的于德本、隆平和尧山的王子耀、任县的刘磨头、馆陶的王来贤、鸡泽的肖兰成和肖艮山父子、永年的许铁英、南和的刘国栋、威县的和梦九、堂邑的冯寿彭、临清的吉占鳌、夏津的张栋臣、高唐的李彩题等，他们活动范围广泛，时聚时散，有时彼此配合，有时互相火并，牵牛架户，抢劫杀掠，无恶不作。"七七"事变后，鲁西冀南地方官望敌潜逃，如临清国民党第四专署专员赵仁泉、冠县县长侯光陆等早在日军到来之前就已经逃之夭夭，社会完全处于失控状态，土匪蜂起。例如，仅冠县大小土匪就有十多杆，其中大土匪有两杆，冠堂路以北为"北杆"，司令是石鸿典；冠堂路以南为"南杆"，司令是韩春河。④又如，永年有甄老德、杨怀珍、薛光宗等18股土匪，出现了"十八司令闹永年"的局面。据不完全统计，抗战爆发后，鲁西冀南土匪120余股，多者几千人，少者数十人，可谓土匪遍地，多如牛毛。⑤

---

① 崔衍峰整理《日伪军在阳谷的残酷统治》，中共聊城地委党史办公室等编印《日伪军在鲁西北的罪行录》，第271~272页。
② 孙耀南整理《日伪据点及兵力分布》，《清河文史资料》，第27页。
③ 参见王荣粉《试论抗日战争时期冀南八路军对游杂武装的改编》，河北师范大学硕士学位论文，2009。
④ 齐钦：《冠县县大队的组建与沿革》，中共冠县县委党史资料征集委员会编《血火春秋——冠县革命史料选编》，山东省出版总社聊城分社，1988，第286页。
⑤ 冀南革命斗争史编审委员会编《冀南革命斗争史》，中央编译出版社，1996，第107页。

抗战时期鲁西冀南土匪大多打着"保家"或"抗日"的旗号，其实一般没有政治背景，更谈不上政治目标，但是为了生存，他们也会根据形势变化，游离于日军、国民党、共产党之间，并随时投靠某一方。大体而言，大多数土匪尤其是大杆土匪，经历了三个阶段：趁抗战初期无政府状态，借抗日之名扩大队伍和地盘，暗地与日伪有所勾搭；被范筑先收编，参与抗日；① 投降日军，变成伪军，与中共为敌。例如，大土匪王来贤抗战爆发后因抢劫二十九军势力大涨；1938 年 5 月被范筑先收编，所部变成"鲁西北抗日民军第一路"；聊城沦陷后继续为匪，1941 年出任伪馆陶县县长和伪警备大队队长，到 1943 年底，所部伪军近万人。② 又如，曲周惯匪肖艮山"七七"事变后打起"民团"旗号，活动于鸡泽、曲周、永年、肥乡四县交界一带，1938 年投降日军，"保家自卫团"改编为曲周警备队第五中队，肖本人任中队长。③

（2）降日的民团、会门等武装。民团是抗战前就已经存在的地方武装，一般为有钱有势的地主、会首控制，它既为大族富户看家护院，也负责村庄保卫。抗战爆发后社会极度动荡，民团数量迅速增加。鲁西尤其是冀南民间秘密教门众多，历史悠久，自"秦汉以来即为宗教兴旺发达之地"，④ 抗战时期仅冀南就有 120 多种会道门，⑤ 著名的有红枪会、黄纱会、大刀会、六离会、二坎会、一贯道、九宫道等，会门大多拥有武装。民团、会门内部虽然存在阶层或阶级差别，但本质上是乡村自卫组织，没有明确的政治倾向。但是由于日伪的拉拢、利诱，有些民团、会门被日军收编，成为伪军。例如，朝城县大刀会会首、民团团长、县联庄会副总会长刘

---

① 例如，临清吉占鳌部改编为"鲁西北抗日游击第十六支队"，韩春河部改编为第六支队，石鸿典部改编为第五支队，堂邑栾省三部改编为二十六支队等。聊城沦陷前范筑先将鲁西冀南游杂武装收编为 35 个支队、3 路民军，共 6 万多人，号称 10 万铁军。在范筑先感召下，被改编的土匪在一段时间内大多参与了抗日。
② 刘清月：《巨匪、汉奸王来贤》，中国人民政治协商会议河北省馆陶县委员会文史资料研究委员会编印《馆陶文史资料》第 3 辑，1997，第 41 页。
③ 杜云岚、田荣泉、李元玉、孟宪林：《大汉奸肖艮山罪恶简录》，中国人民政治协商会议曲周县委员会文史资料研究委员会编印《曲周文史资料》第 1 辑，1994，第 106～107 页。
④ 马西沙、韩秉方：《民间宗教史》，上海人民出版社，2004，第 51 页。
⑤ 李达：《抗日战争中的八路军一二九师》，人民出版社，1985，第 106 页。

金岭1940年6月投降日军，被先后被委任为朝城县伪县长、"范观朝剿共总司令"。① 当然值得注意的是，民团、会门武装只有彻底投降日伪，被其改编为伪军才能算作杂牌伪军，如果仅是与日伪有所来往，不能以伪军视之。

(3) 退伍、溃散的国民党军官组织的降日武装，大致可以分为两类：一类如隆平、任县一带的檀金良、宁晋的赵辉楼、威县的高士举、安平的段海洲等，其中段海洲、赵辉楼部最终被中共改造成八路军；另一类如原二十九军冀北保安队的连长齐子修、冀察战区独立第二旅旅长冯寿彭、堂邑吴家海子一带的三十一旅吴连杰、聊西沙镇一带的六旅王魁一、清平和博平一带的七旅薄广三、朝城的文大可等，基本走的是脱离国民党部队组建武装，与日军关系暧昧，被范筑先收编参加抗日，最终走上投降日军的道路。这些杂牌伪军自成一个系统，内部各有其自身的结构，朝三暮四，随时准备更换主子，② 日军并不信任他们。

二 平民百姓眼中伪军和土匪的形象

一身土黄色的军装，对日军畏首畏尾，卑躬屈膝，满脸堆笑；见了八路军立马匍匐倒地，胡乱开枪，随即被歼灭或俘虏；在老百姓面前耀武扬威，强拿卡要，随意打人，骂骂咧咧（诸如"妈拉个巴子，老子……"）。这是1949年以来影视作品中伪军的基本形象。然而它毕竟是艺术创作，鲁西冀南亲身经历者眼中的伪军又是如何呢？③

---

① 马世祥、刘广恩整理《恶贯满盈的汉奸"刘二金岭"》，中共聊城地委党史办公室等编印《日伪军在鲁西北的罪行录》，第159页。
② 例如，齐子修部有瓦灰（国民党）和草绿（皇协军）两套军装、国民党山东省政府保安十一旅和"治安军"二十二师两个番号，齐子修高级参议张伯禹说齐部是"一子二爷，两系传家"。又如，吴连杰部部队番号不断变化，1938年夏天叫"第一皇协民军"，打起了"膏药"旗；1939年1月又成了"国军"，名曰"山东省保安第三旅"，打起了青天白日旗；1941年2月又改为山东省保安第三十一旅，再次投降日军。参见马子江、郭广民整理《吴连杰覆灭记》，中共聊城地委党史办公室等编印《日伪军在鲁西北的罪行录》，1992，第179页。
③ 鲁西冀南老百姓称伪军一般不叫"伪军"，而叫"皇协军"或者"皇协"。

（一）要钱要粮，不堪其重

一般而言，"治安军"供应有伪政权保障，而杂牌伪军都是靠其在辖区范围内自行解决，也就是靠掠夺过活。所以他们"按地亩要粮食，敛财，有多少给你要多少"，① 向"村里要钱，要东西"。② 皇协军"抓人要钱，给钱就放人，不给钱就扣人"。③ 1942 年，冠县定远寨乡三庙村村长徐洪祥的父亲因为"在村里管事（村长）"，伪军规定他负责"给皇协送粮，吕铺一天送 100 斤馍馍，赵庄一天 240 斤"，有一次他"父亲没送够，就被留下了，扣了一个多月，快俩月了"，后来"偷着跑回来了"。④ 鸡泽县小寨镇张贯庄村民也必须"天天给送吃的东西，不送就来抢"。⑤ 鸡泽县吴官营乡靳庄附近的刑堤、驸马寨、马谭等炮楼一般只驻扎伪军，一个炮楼里"最多有个五六十个，他们吃的粮食都跟老百姓要，平常就要去送粮食，直接送到炮楼。不给他粮食，他就来村里直接逮你的人。送多少粮食，没个定数，不给粮食，他就不放你的人回来，送到日本当劳工去"。⑥

（二）抢拿东西是鲁西冀南老百姓对伪军最为突出的印象

如果说皇协军要钱要粮是伪政权、伪军的"政府行为"的话，那么洗劫老百姓任何有用、值钱的东西，就属于其"个人行为"了，凸显了伪军贪婪的丑恶面目。皇协军"抢被子，那会儿没好被子，净些粗布被子，给你弄走"。⑦ 抢衣服，伪军"孬，日本人倒不孬，衣裳都让皇协抢走了"。⑧ 皇协军"抢东西吃，连洗脸盆都抢，都抢走了，筷子都抢"。⑨ 他们"闹得

---

① 李东淮，男，76 岁，冠县北馆陶镇西柴村村民，2010 年 10 月 4 日访谈。
② 薛振兴，男，73 岁，威县方家营乡薛高寨村民，2008 年 1 月 23 日访谈。
③ 张国新，男，83 岁，威县常庄乡东安上村村民，2008 年 1 月 27 日访谈。
④ 徐洪祥，男，80 岁，冠县定远寨乡三庙村民，2006 年 10 月 3 日访谈。
⑤ 王秀莲，女，76 岁，鸡泽县小寨镇张贯庄村民，2010 年 10 月 2 日访谈。
⑥ 赵兰银，男，79 岁，鸡泽县吴官营乡靳庄村民，2010 年 10 月 2 日访谈。
⑦ 刘安堂，男，81 岁，聊城市东昌府区闫寺北刘庙村村民，2007 年 1 月 29 日访谈。
⑧ 于宗范，男，79 岁，聊城市东昌府区郑家乡苇园村村民，2007 年 1 月 30 日访谈。
⑨ 宋秀云，女，91 岁，威县七级镇后古成村村民，2008 年 1 月 25 日访谈。

厉害，奸淫烧杀，是明着的土匪。一上来要，给他点，他就走了，不给就抢"。① 伪军"抢棉鞋、抢被子，拿不了叫人送，送到城边，叫你滚回去"。② 皇协军来了，"吃着饭都得走，吃的、铺的、盖的，他都给你卷走，他抢东西抢得厉害"。③ 把"牛牵走了，还得自己给牵去，不牵就挨打"。④ 他们"经常下乡掠夺，一看见村里冒烟就来抢"。⑤ 老百姓"不能动烟火，一动烟火，看见就过来抢"。⑥ 尤其在1943年灾荒期间，伪军抢劫更加疯狂，对食品到了无所不抢的程度。例如，老百姓"蒸的那个老糠干粮，他也给你拿走。那年头谁还能吃好了？有好的吃了？什么他不抢"。⑦ 灾荒年"没啥吃了，卖点破衣裳，卖点乱七八糟的，换点高粱，回家掺一半糠，煮着吃"，但是"看谁家生火了，一冒烟儿，还没等下锅呢，皇协军就来给抢走了"。⑧ 总之，皇协军"不能见谁家冒烟，冒烟就抢，他吃饭去"。⑨ 日伪进村时，伪军碰上你刚"做好饭，就给端走了，高粱、谷子、么都拿走了"。⑩ "白天赶集，买点窝窝头，在路上让杂支队劫跑了，抢了。卖点衣裳破烂，买点粮食都拿不回家来，都让他们抢去了，他也是饿的哎。"⑪ 在要钱要粮不能如愿时，伪军往往恼羞成怒。邱县旦寨乡鲍庄邢同杰说他"把你人带走，皇协军炮楼上写着'活着进来，死着出去'，不叫你吃，不叫你喝水，出来放风，不叫你尿。在俺村逮的人，回来就不能动了，跟死了一样，身上的虱子那个多呀，在里面的人出来的很少，都饿死了，渴死了！"⑫

同时，伪警察也经常下乡抢劫。老百姓称伪警察为"黑团"，因为他

---

① 周令宇，男，78岁，冠县定远寨乡黑周家村村民，2010年10月3日访谈。
② 崔子明，男，78岁，冠县柳林镇崔庄村民，2006年10月5日访谈。
③ 郑永祥，男，80岁，曲周县第四瞳乡郑庄村民，2010年5月2日访谈。
④ 郝玉山，男，82岁，鸡泽县小寨镇寺河口村村民，2010年9月30日访谈。
⑤ 黄福元，男，75岁，冠县定远寨乡义和庄村民，2010年10月3日访谈。
⑥ 张克亮，男，74岁，馆陶县柴堡乡马店村村民，2008年9月2日访谈。
⑦ 蒋兴叶，男，83岁，邱县梁二庄乡孟二庄村民，2010年5月2日访谈。
⑧ 肖玉火，男，77岁，邱县邱城镇邱城北街村民，2007年5月3日访谈。
⑨ 马林青，男，73岁，邱县梁二庄乡坞头村村民，2010年5月2日访谈。
⑩ 张洪潮，男，77岁，邱县梁二庄乡前小河套村民，2007年5月4日访谈。
⑪ 王玉平，男，78岁，聊城市东昌府区阎寺办事处王庙村民，2007年1月29日访谈。
⑫ 邢同杰，男，80岁，邱县旦寨乡鲍庄村民，2010年5月4日访谈。

"帽子黑的，衣裳也是黑的，领儿是白的，不是都叫他黑狗白脖吗。"① "黑团"是"日本人的组织，给日本人办事，黑团都穿一身黑，不是好东西"。② 是"日本走狗，到村里抢东西，逮人"，③ 他们"抢、夺，不管鸡、牛，都抢"。④

（三）打人、骂人，但是一般不杀人

1. 打人

打人是伪军的家常便饭，下乡要钱要粮时随意打骂。伪军"来了就抢东西"，如果"摸不着东西，不让他抢东西，他就打"。⑤ 他们"打人，没来得及跑出去的，找你要东西，没有或不给，打你，打得你叫爹叫娘"。伪军"进村，老百姓跑，没跑了的，逮住就送炮楼上了，打，数皇协军孬，给他两个钱就不打了"。⑥ 邱县香城固镇东赵屯村赵舒信说皇协军是"日本人武装的中国人给他办事的，没办过好事。皇协军多，来村里抢你的东西，逮住人就打。成天来，那可不害怕。俺爹、俺大爷都挨过他的打。皇协军打，要钱，那会儿哪有钱。没钱就揍"。⑦ 日伪"扫荡"时吓得老百姓"在地里吃，在地里住"，"扫荡"时皇协军"在村子里打人，男女老少都打，不隔三天就来，单独也来，跟日本人也来"。⑧ 尽管伪军总是打骂老百姓，但是"庄稼人没有敢打皇协军的，有红枪会，就是没有敢露头的，皇协军经常来村子里抢东西，不给就打，就吓唬人，皇协军比日本人还坏"。⑨

为了强迫老百姓修碉堡、修公路、修城墙、打圩子、修河道等，日伪经常拉伕，强迫老百姓出工。例如，1942年春季冀南日伪"清剿"广（宗）

---

① 刘福礼，男，74岁，邱县梁二庄乡孟二庄村民，2007年5月2日访谈。
② 徐超堂，男，81岁，曲周县槐桥乡东漳头村民，2010年5月3日访谈。
③ 金兰生，男，78岁，曲周县槐桥乡东漳头村民，2007年5月3日访谈。
④ 晏清兰，男，78岁，曲周县南里岳乡北马店村民，2010年5月6日访谈。
⑤ 穆玉凤，女，88岁，邱县陈村回族乡陈二村村民，2010年5月4日访谈。
⑥ 万玉和，男，83岁，邱县旦寨乡辛集村民，2010年5月5日访谈。
⑦ 赵舒信，男，81岁，邱县香城固镇东赵屯村民，2010年5月5日访谈。
⑧ 韩修，男，74岁，邱县旦寨乡东杜林疃村民，2010年5月5日访谈。
⑨ 刘鸣贵，男，77岁，曲周县侯村镇侯村村民，2010年5月4日访谈。

平（乡）区，一次即抓去壮丁2000人，平乡有一次被捉壮丁7000人，① 劳工一般是日军通过伪军向村长要人，由村长送去，或者劳工自己去；如果村里不能按时送交所要求的劳工，伪军就想抓就抓。所以村民说"劳工哪个村里都抓，街上有人就抓，老少都抓，都是皇协军下来抓，皇协军孬"。② 邱县梁二庄乡张沙村的睢孟周12岁就去修炮楼，还挨过打，他说"村长找壮丁，是皇协军指定的村长，都是普通老百姓、街坊。鬼子找皇协军，皇协军找村长。我替父亲出工，见天去，见天自带干粮。他嫌我小，干不动活，用棍子打，打腚。说'回去，换大人，不要来了'。打了很多人，大人也打。有监工的，监工是皇协军，看不顺眼就打，打没眼色的，正干的不打。"③ 刘桃岭说他也"被抓去干活，修碉堡，经常挨揍，被打，拿枪托打我的头"。④ 皇协军"比日本人还坏，打人。他也吃不上饭，吃不上就抢粮食。日本人抓劳工，挖沟修路，干得不好的，皇协军就打"。⑤ 同时，伪军也充当监工的角色。冠县东古城镇杨庄村杨丙靖回忆说："有一次问俺村子要三四个人，打圩子，去保护日本鬼子，皇协军拿着棍子看着，不好好干，就给一棍子，大清早上去，天黑了回去，去晚了就打。"⑥ 清河县谢炉镇谢炉村谢志文说，他"修过炮楼，提楼泥，挨巴掌，嫌咱干活慢。给他们修房子，给皇协，他在那儿看着，都随便打人。各村人派去，管饭？管巴掌！自己拿饭去"。⑦ 即使是在1943年灾荒最严重、霍乱流行之际，日伪仍然强迫老百姓修炮楼，皇协军在馆陶抓人"修城墙，不给吃的，都逃，要是被抓住，打得可狠了"。⑧ 清河县谢炉镇大闫庄邱殿文说："抓劳工，那不常去啊！修炮楼啥的，皇协军他奶奶的，光打人。"⑨ 有时伪军还莫名其妙地打

---

① 齐武：《一个革命根据地的成长——抗日战争和解放战争时期的晋冀鲁豫边区概况》，第68页。
② 郭凤雨，男，87岁，冠县北馆陶镇东窑头村民，2010年10月4日访谈。
③ 睢孟周，男，78岁，邱县梁二庄乡张沙村村民，2007年5月2日访谈。
④ 刘桃岭，男，78岁，曲周县第四瞳乡北龙堂村民，2007年5月2日访谈。
⑤ 薛计章，男，72岁，鸡泽县曹庄乡东孔堡村民，2010年9月30日访谈。
⑥ 杨丙靖，男，83岁，冠县东古城镇杨庄村民，2010年10月4日访谈。
⑦ 谢志文，男，83岁，清河县谢炉镇谢炉村村民，2008年1月23日访谈。
⑧ 耿杏梅，女，70岁，馆陶县柴堡乡西庄村村民，2010年9月3日访谈。
⑨ 邱殿文，男，84岁，清河县谢炉镇大闫庄村民，2008年1月27日访谈。

老百姓取乐，"修工事时皇协有监视的，拿着棍子打老百姓玩"，① 还说什么"不打勤，不打懒，就打你这个不长眼"。②

2. 一般不杀人

虽然伪军打人、骂人，有时还虐待、勒索老百姓，但是一般情况下，较少杀人。虽然日军、皇协军、土匪都来祸害，但是"皇协军、土匪抢东西，一般不杀人，日本人杀人"。③ 皇协军"每次都来一大伙人，他们一来都跑了，满地里跑。皇协军带着枪来，打过人，不杀人"。④ 皇协军就是"经常抢你东西，啥也抢，小米，衣裳，粮食都给你拿走，不杀人，揍人，揍你一顿"。⑤ 皇协军"是二流子，懒汉，游手好闲的人。皇协军光打人，不杀人，不听他的话就打人，真正杀人的是日本人"。皇协军"光打人不杀人，皇协军是本地人，游手好闲的人，不听他的话就打人"。⑥ 日本人"来村里住过，日本人杀过人，杀过几个人。日本人看着你不顺眼，想杀就杀"。⑦ 所以村里人"只要看到红白旗（太阳旗）就跑，没有红白旗就不怕了，那是皇协军，再咋说也是中国人，没事"。⑧ 有的皇协军队长"跟咱这儿有关系，到日本人'扫荡'的时候报个信，不光是办坏事。还有的是咱这儿过去做地下工作的。皇协军倒不杀人，有孬队长打人。做好事给你记个账，做坏事也给你记个账，最后算总账，最孬的都枪毙了"。⑨

但是，一些罪大恶极的伪军同样屠杀老百姓。例如，铁磨头许铁英在永年较之日军，可谓有过之而无不及。如1943年12月11日，"扫荡"辛庄堡时，铁磨头把数百男女村民在一个广场上集合，强令其相互交媾。抗战期间许铁英在永年共杀害1102人，杀人方式很多，有打死、枪毙、刺

---

① 杜龙海，男，82岁，清河县油坊镇杜家楼村村民，2008年1月25日访谈。
② 刘兆庭，男，76岁，邱县旦寨乡刘坡村民，2010年5月5日访谈。
③ 郑凤芹，女，73岁，邱县梁二庄乡东目寨村村民，2010年5月2日访谈。
④ 苗玉让，男，83岁，曲周县曲周镇南辛庄村民，2006年5月2日访谈。
⑤ 姓名不详，男，78岁，冠县东古城镇栾庄村民，2010年10月4日访谈。
⑥ 马培同，男，83岁，冠县店子乡大近村西村民，2010年10月5日访谈。
⑦ 张洪潮，男，77岁，邱县梁二庄乡前小河套村民，2007年5月4日访谈。
⑧ 冯生强，男，78岁，清河县连庄镇西张宽村村民，2008年1月24日访谈。
⑨ 司学勤，男，79岁，邱县香城固镇东庄村民，2010年5月5日访谈。

死、养狗咬死、火烫死、打黑枪、抛河、暗杀十几种。① 1941 年冬季，冀南日伪强征滏阳河两岸的老百姓挖河。因怕工作不力，就命令老百姓剥掉棉衣，赤膊工作，并且每天把最后到来的那个民伕当众处死，警告大家不得迟到。②

（四）日军的狗腿子，汉奸，傀儡，自我麻醉，生活腐化

虽然近代中国国人国家观念较为淡漠，但是毕竟具有朴素的爱国主义思想和情结，鲁西冀南老百姓目睹日伪蹂躏家乡，屠杀中国人，不可能没有自己的价值判断，在他们的眼中伪军是日军的狗腿子、汉奸和傀儡。

威县常庄乡团堤村侯振铎说："中国人给日本人当兵叫皇协军，皇协军是中国人侍候日本人。"③ 皇协军是"日本人的走狗，跟人家吃点儿喝点儿"。④ 伪军"跟老毛子（日军）住在一起，那都是中国人给日本人当狗腿子，'扫荡'的时候跟日本人来"。⑤ 皇协军是"中国人装的日本人，叛徒"，⑥ 是"当地组织起来的，专门给人家当狗腿子，他摸着啥抢啥，他啥都要。他跟土匪不一样，土匪黑间偷偷抢点，皇协算是日本的狗腿子，明着抢"。⑦ 冠县东古城镇郭安堤村刘书堂说："皇协听日本人调遣，叫他干啥干啥，叫杀人也杀人，当他的兵。"⑧ 冠县桑阿镇郭福疃村高新春说："看见日本人来了，在村里走来走去，看到鸡他自己倒是不打，让狗腿子皇协军打鸡，给他吃。皇协军抢砸，当狗腿子。他还吓唬小孩，狗腿子吓唬你，都是当地人。"⑨ 有的说"皇协军给日本人当走狗，皇协还孬，给日本人办

---

① 《永年汉奸伪军土匪头子许铁英、王泽民的罪恶事实》，河北省档案馆藏，档案号：25 - 164 - 7，转引自王荣粉《试论抗日战争时期冀南八路军对游杂武装的改编》，河北师范大学硕士学位论文，2009，第 12 页。
② 齐武：《一个革命根据地的成长——抗日战争和解放战争时期的晋冀鲁豫边区概况》，第 69 页。
③ 侯振铎，男，86 岁，威县常庄乡团堤村村民，2008 年 1 月 27 日访谈。
④ 田心元，男，86 岁，鸡泽县双塔镇东臻底村民，2010 年 10 月 1 日访谈。
⑤ 杨兆春，男，83 岁，邱县南辛店乡前槐树村村民，2010 年 5 月 3 日访谈。
⑥ 李景魁，男，80 岁，聊城市东昌府区梁水镇排李村村民，2007 年 2 月 1 日访谈。
⑦ 沈升文，男，80 岁，馆陶县路桥乡前时玉村村民，2010 年 7 月 19 日访谈。
⑧ 刘书堂，男，82 岁，冠县东古城镇郭安堤村民，2006 年 10 月 4 日访谈。
⑨ 高新春，男，78 岁，冠县桑阿镇郭福疃村村民，2010 年 10 月 2 日访谈。

事"。① 皇协军"给日本人当走狗，跟日本人一气，抢，砸"。② 正是因为是狗腿子，皇协军"抢东西，打人，老百姓拿不出东西，就打人，日本人不吭气"。③ 日军还打伪军，皇协军"跟日本也不好，日本看不顺了就打，皇协军也不敢哼唧"。④

伪军尽管为日军卖命，为其当炮灰，是其"以华治华"的工具，但是日军并不相信他们。这一点老百姓也有一定的认识。正如影视中描述的，老百姓异口同声地说"扫荡"时伪军要给日军充当炮灰，皇协军"在前面，鬼子在后面，都是一块来"。⑤ 日伪"来村的时候，头里后头是皇协，鬼子在中间，这样共产党打都是打自己中国人"。⑥ 鲁西冀南的日伪炮楼，有的只驻日军，有的日伪混住，混住时，日军住在里层相对安全的位置。例如，邱县坞头"有一个班的日本人，伪军有一个中队，有钉子⑦。皇协军和鬼子分开住，院子内有三道壕沟，三米宽，一丈来深，皇协军住壕沟外，鬼子住壕沟内"。⑧ 又如，清河谢炉镇谢炉村"治安军一个排，二三十口子都住炮楼里。炮楼周围有两道壕沟，老大。皇协军在壕沟外边，日本人在壕沟里边，两个不住在一堆儿"。⑨ 当然，反过来，伪军也不相信日军，与国民党关系不清不白，与共产党保持联系，为自己留条后路是大多数伪军的想法。同时，伪军也从日军那里倒卖一点武器肥私。例如，馆陶县馆陶镇蔺村白常贵说，1943 年他"在村里当民兵队长，任务是看家，打皇协军。北馆陶、河东要庄有炮楼，八路军打炮楼，地方上自己有枪，子弹靠买，村里出钱，买皇协军的，托熟人买，没买过日本人的，皇协军打一枪说打几枪，偷子弹卖"。⑩

老百姓也意识到日军必须依靠伪军才能进行有效统治。有的说"中国

---

① 王永瑞，男，82 岁，邱县新马头镇百头寨村村民，2010 年 5 月 6 日访谈。
② 李手德，男，83 岁，曲周县槐桥乡王赵庄村民，2010 年 5 月 3 日访谈。
③ 孙继芳，男，82 岁，威县贺钊乡孔陈村村民，2008 年 1 月 27 日访谈。
④ 梁银汉，男，81 岁，冠县烟庄乡梁辛庄村民，2010 年 10 月 3 日访谈。
⑤ 王门吕氏，女，84 岁，邱县梁二庄乡龚堡村民，2010 年 5 月 2 日访谈。
⑥ 崔子明，男，78 岁，冠县柳林镇崔庄村民，2006 年 10 月 5 日访谈。
⑦ 鲁西冀南老百姓一般把日伪的炮楼、碉堡称为"钉子"。
⑧ 睢孟周，男，78 岁，邱县梁二庄乡张沙村村民，2007 年 5 月 2 日访谈。
⑨ 谢志文，男，83 岁，清河县谢炉镇谢炉村东街村民，2008 年 1 月 23 访谈。
⑩ 白常贵，男，81 岁，馆陶县馆陶镇蔺村村民，2010 年 7 月 17 日访谈。

人打中国人，日本人就弄这一手"。① 有的说"光日本人进攻中国，中国人不当汉奸，光尿泡尿都给他淹死了，就他来这些人，不管用，汉奸多"。② 有的说"日本（人）很少，一个冠县只有五六十人。他就是把他国家的人全都集中起来，也杀不完中国人，是中国人害中国人"。③ 由于日军较少，又有伪军，所以"日本人基本上不去村里，皇协军经常去，日军通过皇协军来控制老百姓"。④ 同样，正是因为日军少，伪军多，所以抗战多年，有的老百姓居然只是听说过日军，而没有亲眼见过日军，有时很少出门的女性更是如此。⑤ 例如，聊城东昌府区许营乡沙窝刘李德胜说："没见过日本人，听说到聊城来过，没见过，没听说到村里来过，我当时一直在村里，没出去过。"⑥ 威县方家营乡张家陵村王玉莲说："没见过日本人，见过皇协军来村里。"⑦ 聊城北城办事处北傅庄王金英说："没见过日本人，鬼子没来过，尽在城里。"⑧ 东昌府区北城街道办事处瓜园村韩张氏说："光听说过日军，没见过，二鬼子见过。"⑨ 事实上抗战进入相持阶段以后，日军兵力有限，单独依靠自身根本不可能实现有效统治。例如，300余名日军占领阳谷后不久，大部分调走，只留一个中队，分为3个小队，其中2个小队驻阳谷县城，1个小队分驻安乐镇、七级、阿城、张秋、郭店屯，石佛等地，共计百余人。⑩ 1938年11月日军攻陷聊城后，常驻日军为一个大队，约三四百人，1944年春天以后因战事吃紧，仅剩下两个班。⑪ 1939年1月日军侵占曲周县城，驻曲周的日军先是一个大队，300多人。1941年变为一个中队，200

---

① 李涛，男，78岁，冠县东古城镇栾庄村民，2010年10月4日访谈。
② 赵庆西，男，80岁，威县七级镇前魏疃村民，2008年1月25日访谈。
③ 张须然，男，81岁，冠县冠城镇多庄村民，2010年10月5日访谈。
④ 刘桃岭，男，78岁，曲周县第四疃乡北龙堂村民，2010年5月2日访谈。
⑤ 例如，馆陶县魏僧寨镇南榆林村民82岁的韩夏氏（2010年7月9日访谈）、冠县清水镇前要庄81村民李福兰（2010年10月5日访谈）都说自己"没见过日本人"。
⑥ 李德胜，男，79岁，聊城市东昌府区许营乡沙窝刘村民2010年10月4日访谈。
⑦ 王玉莲，女，83岁，威县方家营乡张家陵村民，2008年1月23日访谈。
⑧ 王金英，女，82岁，聊城市北城办事处北傅庄村民，2010年10月2日访谈。
⑨ 韩张氏，女，85岁，聊城市东昌府区北城街道办事处瓜园村村民，2010年10月2日访谈。
⑩ 崔衍峰整理《日伪军在阳谷的残酷统治》，中共聊城地委党史办公室等编印《日伪军在鲁西北的罪行录》，1992，第265页。
⑪ 梁金中：《聊城县敌、伪、顽据点分部概况》，《聊城文史资料》第2辑，第30页。

多人。① 清河日军200人，伪军1700人，他们分驻29个据点（碉堡）。② 总之，由于日军数量少，所以只能依靠伪军维持日常"治安"和统治，只有在"扫荡"时才大规模出动。

总之，伪军形象是多面的，但基本是负面的。如果用一个字来概括伪军，那就是老百姓说得最多的一个字——"孬"。"皇协军？那更孬，光打人，抓人，抓共产党，孬。皇协军一点好事也不干，抢人家东西，用刺刀挑死人，用棒子打死过人"；③ 皇协军"比日本人还孬，抢东西的都是皇协军"。④ 总之，"孬"是老百姓最为深刻的印象。需要特别说明的是，老百姓说伪军最多的是"孬"。按字面解释，"孬"是"坏""不好"的意思。在老百姓的语境中，"孬"除了"坏""不好"的意思外，还有"不正干""没出息""使小坏"等含义。"孬"与"恶"是有本质区别的，在战争年代，抢东西、打人属于"孬"，而杀人才属于"恶"，所以虽然老百姓谈论的多是伪军的"孬"，但是并不意味着他们否认日军的"恶"（事实上经常提到日军"杀人"），只不过是他们没有看清楚现象的本质或者没有表达出来而已。

抗战时期毁害鲁西冀南乡村的还有土匪，老百姓的印象大致包括以下几个方面。

1. 抗战刚开始时土匪多

有的说"日本进中国，平地生老杂⑤，都乱套了，不能过了。一到黑天就抢东西，家里有二升麦子也都给你抢走了。庄稼都收不成，都偷了，黄一点就偷了"。⑥ 有的说"鬼子刚进来时，趁那机会当老杂，没人管他，老杂多"。⑦ 有的说"事变（指'七七'事变）那一年，遍地都是土匪，庄稼人没土匪多。民国26年，冠县官员一跑，大狱也揭了，土匪可多哩。土匪啥

---

① 党史办：《日伪军在曲周的据点（炮楼）和兵力部署情况》，《曲周文史资料》第1辑，第117页。
② 孙耀南整理《日伪据点及兵力分布》，《清河文史资料》，第27页。
③ 张新来，男，83岁，威县贺营乡许官营村村民，2008年1月24日访谈。
④ 李曾河，男，78岁，冠县桑阿镇郭福疃村村民，2010年10月2日访谈。
⑤ 鲁西冀南老百姓一般称土匪为"老杂""老缺"。
⑥ 武金召，男，82岁，馆陶县柴堡乡八义庄村村民，2008年9月1日访谈。
⑦ 杨兆春，男，83岁，邱县南辛店乡前槐树村村民，2010年5月3日访谈。

都抢，你穿条新裤子，叫他看到了，他看到怪好，就叫你脱下来。谁他不抢啊！地主他也抢。有枪，盒子枪，没机关枪，大小都有枪。土匪都跟军队一样，在村里住着。八九月份起来的，一起闹到年根底下，后来叫范专员都收编了，上聊城了"。① 总之，抗战初期政治真空导致土匪蜂起，被范筑先收编一部分后减少，八路军"来了，土匪都少了，他都不敢了，八路军光打他，见了都打他，整死了"。②

2. 从主要架大户变成抢穷家

打家劫舍、牵牛架户是人们对土匪的基本印象，其实一般说来他们更喜欢抢劫、绑架富户。抗战前小杆"土匪向村子里要钱要粮，大土匪不要粮食，在村里好过人家绑人，然后要钱，不给钱就撕票"。③ 土匪"光抢好户，穷人没什么抢啊"！④ 他们"架户，贴个纸条在家门上，几点到哪儿回人，主要架土财主"。⑤ 土匪"架户问人家要钱，他不架穷人"。⑥ 抗战初期也基本如此，"那会净老杂儿，抢好家，不抢穷家，小户他看不上，好家也有枪，小杆抢牛，抢小东西，大杆抢地主的，有钱的。⑦ 1937 年鬼子来的，鬼子来之前，吃棒子面就是好的，有吃好的，有吃孬的。那一年先土匪，再来鬼子"。老缺"经常来抢东西，谁好过，就（绑）架谁，拿钱赎回，不赎就得死，头割下来"。⑧ 邱县香城固镇东赵屯赵振刚说老杂"抢东西，黑了整你点东西。咱也没啥，来俺家做啥。好户家里他才去。谁有法，给谁家去；没点法，给你家去，要啥。"⑨

但是，这种情况到抗战中后期尤其是 1943 年灾荒期间发生了改变。在日伪残酷压榨和自然灾害打击下，鲁西冀南富户衰败，土匪再也难以绑架到"好户"，于是不得不把目光转向赤贫的普通农家，抢劫一切有用的东西。灾荒年期间老杂"把你衣服扒了，被窝抖了，冻你，叫你拿

---

① 宋加士，男，87 岁，冠县桑阿镇苇园村村民，2010 年 10 月 4 日访谈。
② 赵振刚，男，78 岁，邱县香城固镇东赵屯村民，2007 年 5 月 5 日访谈。
③ 杨在田，男，84 岁，清河县王官庄镇王官庄一村村民，2008 年 1 月 23 日访谈。
④ 董一臣，男，86 岁，清河县连庄镇东张宽村村民，2008 年 1 月 24 日访谈。
⑤ 王学武，男，73 岁，冠县王家槐木园村民，2010 年 10 月 2 日访谈。
⑥ 李观朝，男，91 岁，冠县东古城镇北童庄村民，2010 年 10 月 4 日访谈。
⑦ 王朋山，男，75 岁，邱县新马头东关村民，2010 年 5 月 6 日访谈。
⑧ 宗进章，男，80 岁，冠县北馆陶镇宗屯村民，2010 年 10 月 4 日访谈。
⑨ 赵振刚，男，78 岁，邱县香城固镇东赵屯村民，2007 年 5 月 5 日访谈。

粮食，你有点米、有点面都抢你的"。① 有的说老杂"从前上好户去，不上穷户。一过灾荒，都没好户了，从前有好户，一过灾荒都垮得不行了，都没东西了，都穷了，那他谁都抢了"。② 灾荒年黑间老缺"挨家抢，衣裳、窝窝头，么也给你拿了"。③ 土匪"劫道，半道劫你。你不能出门，灾荒年"。④

3. 今日的土匪就是明日的皇协军

朝三暮四、首鼠两端是土匪的基本心理和处世准则，在遭到八路军打击或者日伪利诱的情况下，土匪就很有可能投靠日伪，变成皇协军。对此鲁西冀南老百姓不仅有较为清醒的认识，而且有时他们把被范筑先改编的土匪叫作"杂支队"，仍然视其为土匪。例如，曲周县白寨乡北油村张新堂说，"皇协军是原来的土匪当皇协军，曲周县的皇协军头叫肖艮山，原来是土匪"；⑤ 同村的牛兰芝说，"日本人来之后，土匪就当皇协军了"。⑥ 再如，冠县冠城镇前旺庄王同学说，"土匪去当汉奸伪军，多了去了"。⑦ 有的说老缺"是杂牌军，日本人来了给人家当皇协军，投降了人家"。⑧ 有的说"日本人来之前土匪少，日本人一来，县长跑了，没人管了，土匪就多了，土匪后来都投了日本，当了皇协军"。⑨

三 平民百姓眼中伪军和土匪形象成因

在鲁西冀南老百姓眼中，要钱要粮、抢拿东西、打人骂人但一般不杀人、日军的狗腿子和汉奸等，这些均是伪军的基本形象，那么老百姓为什么会形成这种印象呢？以下从伪军的生存状况和老百姓对日军的表象理解两个方面进行分析。

---

① 郭成华，男，78岁，威县洺州镇西河洼村民，2008年1月24日访谈。
② 王明臣，男，77岁，邱县香城固镇北香固村村民，2010年5月6日访谈。
③ 王玉平，男，78岁，聊城市东昌府区阎寺办事处王庙村村民，2007年1月29日访谈。
④ 王子成，男，82岁，邱县陈村回族乡陈一村村民，2010年5月4日访谈。
⑤ 张新堂，男，84岁，曲周县白寨乡北油村村民，2010年5月3日访谈。
⑥ 牛兰芝，女，83岁，曲周县白寨乡北油村村民，2010年5月3日访谈。
⑦ 王同学，男，82岁，冠县冠城镇前旺庄村民，2010年10月5日访谈。
⑧ 张耀光，男，80岁，馆陶县路桥乡南曹庄村民，2010年7月16日访谈。
⑨ 王寿长，男，82岁，馆陶县馆陶镇陶西村村民，2010年7月14日访谈。

（一）伪军为什么要钱要粮、抢劫老百姓

从老百姓的口述中我们得知伪军一般都是本地人，本乡本土的人按道理不应抢劫乡亲，可事实恰恰相反，其原因是多方面的。

第一，伪军群体生存依赖抢劫。如前所述，杂牌伪军不像"治安军"供应有保障，于是只能在其辖区压榨、掠夺抢劫。一则是连年的自然灾害使鲁西冀南农村贫困不堪，二则是池浅水少鱼多，难以养活数量庞大的伪军。据 1941 年 11 月统计，华北的 437 座县城中，被八路军控制的仅有 10 个，占 2%；其余全为日军控制，占 98%。[①] 如此庞大的地域主要靠伪军维持"治安"。据不完全统计，1939 年冀南全区计有敌据点 50 余处，1940 年 12 月有 246 处，1941 年 3 月增至 329 处，5 月达 369 处，1942 年"四二九大扫荡"后，敌人在冀南的据点突然增至 800 多个，稍后更增至 1100 余个。冀南全区平均 14 个村就有敌人一个据点。形势最严重的地区如宁南等县，平均 3 个村一个碉堡。[②] 1941 年冀南广宗全县 210 多个村庄，日伪共建据点达 36 处，伪军警宪达 3000 多人，站在任何一个村落，都可看到日伪据点。[③] 鲁西北地区的各类伪军共 2 万余人（尚不含各伪区队）。[④] 例如，吴连杰的势力范围在鲁西北，东起土闸，西至甘屯以西冠县老八区，南起堂邑，北至临清，在方圆近 200 里的地方，盘踞着几千名伪军，全部靠这一带老百姓养活，拉伕抓丁，打家劫舍，牵牛架户，出大车，抬担架，要粮要钱，霸占民房，侮辱妇女。1943 年灾荒时，还实行按户养兵，一户一个兵。[⑤] 数量如此庞大的伪军需要吃穿，而伪政权不能保证供给，于是只有靠其抢劫。老百姓也有类似的认识，有的说皇协军"到后来他们生活也不中，抢东西。日本都有供应，皇协军都供应不上了，就抢东西"。[⑥] 邱县旦寨乡东杜林疃的韩

[①] 彭德怀传记编写组编《彭德怀军事文选》，中央文献出版社，1988，第 109 页。
[②] 齐武：《一个革命根据地的成长——抗日战争和解放战争时期的晋冀鲁豫边区概况》，第 62 页。
[③] 肖英：《冀广沙丘忆烽火》，《北京党史》2005 年第 5 期。
[④] 吕保明、邓愧余、白士英整理《日伪军在鲁西北地区罪恶活动的始末》，中共聊城地委党史办公室等编印《日伪军在鲁西北的罪行录》，1992 年，第 13 页。
[⑤] 马子江、郭广民整理《吴连杰覆灭记》，中共聊城地委党史办公室等编印《日伪军在鲁西北的罪行录》，1992 年，第 179 页。
[⑥] 蒋立和，男，72 岁，邱县梁二庄乡孟二庄村民，2010 年 5 月 2 日访谈。

修说"曲周龙台离这儿八里地远,皇协军常来这儿抢东西,不太毁人,主要抢东西,那时候他们生活也困难,把粮食抢走了,这事在(民国)32年以后,33年、34年这两年的事,把房子都点了,都没剩"。① 有的说皇协军之所以抢劫,是因为"吃不上饭,吃不上就抢粮食"。② 有的说"皇协军都是中国人,给日本办事,他抢、砸,他替日本人抢了东西,能留下点黑天吃"。③

第二,伪政权生存需要伪军苛索。例如,据调查,冠县烟庄1942年6月一个月中向冠县伪五区部所缴税赋能清楚反映日伪掠夺是何等的残酷:

①买兵款80元;
②给伪县大队长、中队长付丧、喜礼费20元;
③修城墙费50元;
④招待日军费(15次)90元;
⑤修电杆费60元;
⑥建炮楼用砖6000块,椽子、檩条各70根;
⑦修工费(3次)100元;
⑧汽油费(每5天送一次)120元;
⑨请客招待费(21次)100元;
⑩被服费60元;
⑪菜金费(5天11次)60元;
⑫灯油费15元;
⑬牲畜费100元;
⑭鞋袜费30元。

以上还仅仅是杂税,正税不在其内,正税有:

---

① 韩修,男,74岁,邱县旦寨乡东杜林疃村民,2010年5月5日访谈。
② 薛计章,男,72岁,鸡泽县曹庄乡东孔堡村民,2010年8月31日访谈。
③ 武勤业,男,76岁,馆陶县房寨镇郭徘徊头村村民,2010年8月31日访谈。

①麦季每亩征麦 10 斤或 30 斤；

②秋季每亩征麦 20 斤或 10 斤，款 2 元；

③村长待遇粮，每亩每年 40 斤或 20 斤。①

　　冀南老百姓负担同样极为沉重。例如，据调查，冀南广宗县件只镇伪镇办公处 1942 年 11 月一个月的开支清单也是十分惊人的，统计如下：②

洗衣费：支联银券（伪钞）57 元 3 角；冀钞 250 元。

买皮鞋：支联银券 54 元。

日本兵长：支联银券 60 元。

杂货：支冀钞 18064 元 7 角。

菜：支联银券 260 元 8 角；

又冀钞 2640 元 5 角。

梨：支冀钞 1009 元 9 角；

又联银券 20 元。

西瓜：支冀钞 324 元 4 角 5 分；

又联银券 60 元。

日兵长：支联银券 20 元。

部队长：支联银券 40 元。

买生熟肉：支冀钞 2457 元 8 角。

花姑娘：吃肉 1 斤，糖 1 斤。

日本狗：吃肉 45 斤，花生 3 斤 5 两。

请王太太（原伪军队长的老婆）：饼 3 斤，肥皂 5 统③，肉 3 斤。

　　总计全月，共开支冀钞 57060 元，伪钞 4321 元 6 角 5 分。另外，附近各村被迫送交伪办公处的东西还有：

---

① 马子江、郭广民整理《冠县日伪政权的苛捐杂税》，中共聊城地委党史办公室等编印《日伪军在鲁西北的罪行录》，1992 年，第 342～343 页。

② 齐武：《一个革命根据地的成长——抗日战争和解放战争时期的晋冀鲁豫边区概况》，第 72～73 页。

③ "统"即"包"的意思。

纸烟 3000 盒，酒 300 斤，点心 1322 斤，鸡 29 只，鸡蛋 1347 个，西瓜 268 斤，梨 101 斤，白菜 6216 斤，豆腐 750 斤。

需要说明的是，这些苛捐杂税虽为伪政权征收，但并不完全为其所用，伪军也要使用一部分；同时，索要钱物一般由伪军逼迫各村村长具体征收。老百姓所说皇协军要粮、要钱，既有纯粹为自己享用掠夺，也包括替伪政权苛索。

第三，伪军个体享乐和照顾家庭依赖抢劫。当伪军有主动和被动两种情况，但是大多数是主动的，既为了自己吃饭，也为了照顾家庭。而杂牌伪军待遇与"治安军"相差甚大，如1940年华北伪临时政府颁布的《临时政府治安军队新兵招募要项》规定："二等兵，月薪一五圆；一等兵，月薪一六圆五零钱；上等兵，一八圆。"[①] 而杂牌伪军供应没有保证，尤其是太平洋战争爆发以后更加严重。同时，伪军深知自己在老百姓的眼中是汉奸，而汉奸是不好当、为人所不齿的。例如，孙良诚投敌后，孙部的一些官兵编了一首顺口溜，表达其痛苦而愤懑的心情："抗战五年多，和平二年半；什么都不落，落个当汉奸；自觉低一头，更怕见熟人；浑身是臭气，终身洗不完。"[②] 所以伪军跟老百姓要吃要喝，尽量麻醉自己。特别值得注意的是，伪军吸食鸦片较为流行。例如，有的说皇协军"买那个面，吸海货面儿，皇协军一吸这个就毁了，更要钱，更得抢"。[③] 有的说"抢东西，皇协军把抢来的东西卖掉都吸白面了"。[④] 皇协军"要东西，还抽大烟，吸海货"。[⑤] 总之，吃喝玩乐、醉生梦死、今朝有酒今朝醉是伪军的信条，而伪军自身又不能满足其需求，于是就只有靠抢劫老百姓了。

维持家庭也是伪军抢劫的一个重要原因。一般而言，当伪军的主要是贫穷的农民，当兵的目的不仅是解决自己吃饭问题，而且希望有军饷照应家

---

① 中国第二历史档案馆编《中华民国史档案资料汇编》第五辑第二编《附录》（上），江苏古籍出版社，1997，第253页。
② 马先阵：《西北军将领》，河南人民出版社，1989，第55页。
③ 李树亭，男，82岁，邱县邱城镇张街村民，2010年5月3日访谈。
④ 席安氏，女，86岁，曲周县白寨乡滏南村民，2010年5月3日访谈。
⑤ 李玉海，男，81岁，冠县柳林镇郭庄村民，2006年10月5日访谈。

庭，但是没想到连自己吃饭有时都成问题，所以就靠抢劫，鲁西冀南老百姓对此有很多描述。例如，有的说皇协军"跟日本抢点东西，养家，不正干的人当皇协军"；① 有的说"皇协军抢，因为什么呢？皇协军他净当地的人，他在你家里拿了好衣裳好东西，再卖了"；② 有的说皇协军"他有家，顾家，抢东西"；③ 有的说皇协军"都是本地人，他来村里要钱，抢东西，粮食都抢走，日本人来村里'扫荡'，他就跟着来抢东西，抢了都给自己家里"；④ 有的说皇协军"拿点吃头就吃了，拿得多了，顾他家，他家还有人，所以摸着啥拿啥"；等等。⑤

此外，杂牌伪军的主体曾经当过土匪，而土匪最重要的习性就是抢劫，虽然他们一部分被范筑先改编，但是一则时间较短，二则也主要是换了个名称和番号而已，并没有被真正改造，土匪的习性基本没有改变，一旦成为伪军，就由"黑间才敢活动的老杂"变成了明火执仗的皇协军。

（二）对日军的表象理解凸显了伪军的"孬"

烧杀奸淫、无恶不作是人们对日军的基本印象，历史和文学也是如此记载和描述的。事实上日军在鲁西冀南制造了无数惨案：1938 年临清范八里惨案和尖冢惨案、1942 年朝城东节村惨案、1943 年冠县白塔血水井惨案、1943 年馆陶南彦寺惨案、1944 年刁坊惨案、1944 年临清下寺堡惨案、1945 年冠县王二寨惨案、……在这些大惨案以及日伪"扫荡"中，数以万计的老百姓死于日伪刀枪之下。老百姓对日军的烧杀抢劫也记忆犹新。日军过境村民要欢迎，曲周县安寨镇南马庄张秀芳说："拿鸡蛋，跪着迎日本人，日本人还捅你。"⑥ 邱县旦寨乡李庄村民李久曾说："俺爹拉着我接日本人，有烟、有酒、有桌子，村干部派的，怕人家在俺庄杀人，畏敬他，三个老头接人，俺爹拉我去看。怕我碍事，俺爹说你往前去吧。有个人往前一去，碍着

---

① 曹玉乡，男，76 岁，威县张家营乡曹家营村民，2008 年 1 月 26 日访谈。
② 孙竹林，男，79 岁，威县赵村乡孙尹庄村民，2008 年 1 月 25 日访谈。
③ 徐召强，男，78 岁，威县赵村乡西徐家庄村民，2008 年 1 月 25 日访谈。
④ 孙殿和，男，88 岁，邱县南辛店乡后大槐树村村民，2010 年 5 月 3 日访谈。
⑤ 李树亭，男，82 岁，邱县邱城镇张街村民，2010 年 5 月 3 日访谈。
⑥ 张秀芳，女，74 岁，曲周县安寨镇南马庄村民，2010 年 5 月 4 日访谈。

人家（日本人）的事，人家不停，刺刀一拨弄，腰拨弄透了，连郎中都吓坏了，治不好，心透了，不是直刺的。"① 修炮楼弄得不好也杀你，曲周县安寨镇南马庄张秀芳还说："我8岁时修楼，日本人拿刺刀，在我爷爷头上捅了一刀，死了，掉了半个耳朵。"② 至于"扫荡"，更是烧杀抢劫，无恶不作。曲冠县定远寨乡黑周家村周令宇说："日本鬼子来以后见人就杀，见房子就烧，咱这庄子少了100多间房。"③ 威县贺营乡许官营村张新来说："日本人来时杀人，烧房子，来村里祸害一通，两三天来一次，有时七八个，有时100人到200人，来时我们都跑了。"④

然而，鲁西冀南老百姓眼中的日军还有另外一种形象：除杀鸡杀牛、糟蹋妇女外，一般不抢劫，杀人主要是杀共产党和八路军，"待见"小孩。与此相反，伪军打人、骂人、要钱要粮、抢拿东西，正是伪军这种"孬"形象，遮蔽了日军真实的形象。

我们先看日军的形象：日军"比皇协军强，皇协军由日本人管"；⑤ 皇协军"还来问咱要，秋后缴公粮，实际上日本人来了还倒不孬，就是皇协军孬"。⑥ 日军"抓鸡吃，没干坏事，皇协军来过，抢东西，啥也抢"。⑦ "皇协军啥都抢，被子抢走，他孬。"⑧ 皇协军"来抢东西，粮食收了，都被皇协军抢去了，日本人不抢，日本人不出门"。⑨ 日军虽然不抢老百姓衣服、被子之类的东西，但是吃鸡、杀牛，对此老百姓记忆深刻。日军"抢猪，抓小鸡，活的烧着吃，他不吃村里的东西"。⑩ 日军"牵大牛，牛烧烧就吃了，把牛搁在车轱辘、车上烧，血乎淋拉地就吃，拿刺刀割着吃"。⑪ 有的说"鬼子一进庄，就杀牛、杀猪、杀羊，糟践人，吃完还在锅里拉屎，

---

① 李久曾，男，73岁，邱县旦寨乡李庄村民，2010年5月5日访谈。
② 张秀芳，女，74岁，曲周县安寨镇南马庄村民，2010年5月4日访谈。
③ 周令宇，男，78岁，冠县定远寨乡黑周家村村民，2010年10月3日访谈。
④ 张新来，男，83岁，威县贺营乡许官营村村民，2008年1月24日访谈。
⑤ 史兰桂，男，73岁，曲周县第四瞳乡北辛庄村民，2010年5月2日访谈。
⑥ 张耀军，男，78岁，威县贺营乡祁王庄村村民，2008年1月24日访谈。
⑦ 马腾甲，男，79岁，邱县梁二庄乡前郎二寨村民，2010年5月4日访谈。
⑧ 赵凤江，男，78岁，邱县梁二庄乡后郎二寨村民，2010年5月4日访谈。
⑨ 张洪潮，男，77岁，邱县梁二庄乡前小河套村民，2007年5月4日访谈。
⑩ 张富贵，男，76岁，威县贺营乡东中营村村民，2008年1月24日访谈。
⑪ 宋常英，女，84岁，聊城市东昌府区郑家镇前景屯村村民，2007年1月30日访谈。

烤火连么东西都给你烧了"。① 有的说日军"看见牛就牵走，杀死吃。见猪逮猪，见牛剥牛"。② 除了杀牛，日军进村之后，或者自己打鸡，或者强迫老百姓抓鸡给他吃。有的说"逮鸡，逮了鸡他就吃。柴草拉到街上，点着，鸡腿绑起来，拿着个棍子挑着，搁火里边烧"。③ 有的说日军"有鸡就逮鸡，有牛就牵牛，点着了火，鸡就烧了吃了"。④

日军为何"不抢劫"可以从两个方面解释。首先，日军与伪军待遇有天壤之别，日本兵吃白面、大米、罐头，随身携带饼干、糖块、糕点等各种食品和香烟，伪军吃的是杂粮，有时甚至还要饿肚子；日军四季服装齐全，伪军缺鞋少袜，冬天缺棉衣。所以日军不需要抢劫老百姓的破衣烂衫、日常用具。在日军的眼中，老百姓家里值得抢的也就只有鸡蛋、鸡、猪、牛，所以他们进村只杀鸡宰牛，就地烤着吃，其他的日军看不上。事实上，上述老百姓的口述材料也证实了这一点。其次，日军不亲自动手，而是指挥伪军抢劫，抢劫的东西，归日军所有，抢劫粮食、棉花等物资就是如此。在1943年日军"十八秋鲁西作战"中，日军的重要目的之一就是抢夺粮食。据林茂美供述，日军在莘县、范县、濮县、观城、大名一带"掠夺粮草二千吨以上，集结在山东省济南货场内"。⑤ 矢崎贤三说，在10月上旬至中旬第五十九师团在鲁西地区发动的"十八秋鲁西作战"中，"掠夺了大批物资，计小麦约一万袋（每袋六十公斤）以上，棉花四万二千五百袋以上，牛八十头以上"。⑥ 长岛勤说，在观城、范县、阳谷、东昌、朝城等地的鲁西作战中"掠夺粮食六百余吨"。⑦ 菊池义邦说第五十九师团在1943年9月20日至10月20日期间，对山东省东昌县、阳谷县、大名县和范县一带发动

---

① 李丙宣，男，78岁，山东省聊城市斗虎屯镇村民，2007年1月30日访谈。
② 杨新起，男，75岁，冠县梁堂乡杨寺地村民，2010年10月6日访谈。
③ 丹灯朝，男，91岁，邱县陈村回族乡陈四村村民，2010年5月4日访谈。
④ 李梅科，男，73岁，鸡泽县小寨镇魏街村民，2010年9月30日访谈。
⑤ 中央档案馆、中国第二历史档案馆、吉林省社会科学院合编《细菌战与毒气战》，中华书局，1989，第318~319页。
⑥ 中央档案馆、中国第二历史档案馆、吉林省社会科学院合编《细菌战与毒气战》，第334页。
⑦ 中央档案馆、中国第二历史档案馆、吉林省社会科学院合编《细菌战与毒气战》，第309页。

"霍乱搜索作战",并"进行了大掠夺(主要是粮食)"。① 正是因为如此,鲁西冀南大多数老百姓才形成了"日本不抢,主要中国皇协军抢"②"皇协军抢,日本人不爱财,皇协军爱财"的错误认识。③

小 结

抗战时期鲁西冀南老百姓眼中伪军和土匪的形象提醒我们:贫穷落后的国民在外地入侵时难以保持其民族气节,文化水准较低的国民也难以对战时各种现象做出准确的事实判断和价值判断。

据不完全统计,1937年9月至1945年10月,中共八路军、新四军、华南游击队共毙伤、俘虏伪军以及接受投诚伪军1186695人,④ 其数量之多,实在惊人。之所以出现如此众多的伪军,原因是多方面的,但是对于普通伪军而言,贫穷可能是其当伪军最主要的原因,鲁西冀南老百姓一般都认为如此,所以有的说"皇协军都是这一片儿的人,当皇协军给吃的,给钱,能维持生活,虽然也吃不饱,但比待在家里强";⑤ 有的说"皇协军就是咱这的人,他是自愿去的,混碗饭吃,为了这个嘴";⑥ 有的说"皇协军都是中国人,咱村子也有,就是为了混饭吃,那会儿当皇协军的哪个村子都有";⑦ 有的说"皇协军能吃饱就中,跟日本人混。当皇协军都能娶个媳妇,吃喝玩乐";⑧ 有的说皇协军"都是本村人穷得没法被逼的,地主有,啥都不当"。⑨ 虽然我们应该从道义上谴责伪军认贼作父、为虎作伥,但是如果不是极度贫困,单靠一些汉奸头目的威胁、欺骗,可能也难以组织起如此庞大规模的伪军。

---

① 中央档案馆、中国第二历史档案馆、吉林省社会科学院合编《细菌战与毒气战》,第338页。
② 蒋兴叶,男,83岁,邱县梁二庄乡孟二庄村民,2010年5月2日访谈。
③ 张洪林,男,81岁,曲周县第四疃乡第五疃村村民,2010年5月2日访谈。
④ 北京大学国际政治系编《中国现代史统计资料选编》,河南人民出版社,1985,第315页。
⑤ 马文子,男,84岁,邱县邱城镇孟街村民,2010年5月6日访谈。
⑥ 赵青海,男,76岁,邱县邱城镇赵桃寨村民,2010年5月4日访谈。
⑦ 杨丙海,男,77岁,冠县东古城镇杨庄村民,2010年10月4日访谈。
⑧ 霍广亮,男,75岁,曲周县安寨镇衙后李庄村民,2010年5月6日访谈。
⑨ 赵风江,男,78岁,邱县梁二庄乡后郎二寨村民,2010年5月4日访谈。

日军的"正面"印象基本源于鲁西冀南老百姓有限的知识、狭窄的视野。虽然鲁西冀南乡村平民百姓所受掠夺的根源是日军，但是由于认识水平的限制，大多数人往往一是没有认清谁是真正的掠夺者，二是没有弄清自己是如何被压榨和掠夺的，关于日军下乡"扫荡"或者过境，他们往往只看到日军杀牛吃鸡、糟蹋妇女。其实单纯就价值而言，破衣烂被能值几何？而损失一头牛可能让小农一辈子翻不了身！但是他们只看到了伪军的抢东西、打人，所以说他"孬"。又如，抢劫物资、以战养战是日军的基本战略，但是因某次日军暂时不需要，或者让伪军抢劫，就得出了片面的认识。所以有的说"鬼子来了不抢粮食，要好东西，皇协军抢粮食，汉奸见东西得手就拿着"；① 有的说日本人"谷子枕着睡都没要，日本鬼子不要东西，就抢鸡吃"。② 再如，由于国家认同教育的不到位，老百姓似乎认为日军主要屠杀中共和八路军，与自己无关，不是"孬"的表现，所以有的说"日本人不杀老百姓，杀八路"；③ 有的说日本人"杀八路军，他不杀老百姓。手上有茧子，苦力的干活，就放了；手上没茧子，八路的干活，啪一枪就杀了"；④ 有的说"日本人对老百姓不孬，就打八路军，皇协军，汉奸，也抢老百姓的，还没日本人好呢"。⑤

当然，我们也应该看到，鲁西冀南老百姓对日军本质认识是比较到位的。例如，关于日军是否凶残，有的说"日本人见小孩就喊'小孩，小孩'，给饼干，还让吃罐头"，但是"扫荡"时"他就红眼了，东洋刀砍人就像切葱一样"。⑥ 又如，关于日军抢不抢东西，有的说"当时在咱中国收的粮食啊，棉花啊，都运走了。日本人侵略咱中国以后，都掌了权了。要公粮啊，要什么东西啊，都给了他。他侵略中国为了啥？还不就是要咱中国的东西"。⑦ 再如，有的对八路军、十军、皇协军、日军的评

---

① 王书山，男，77岁，冠县桑阿镇陈贯庄村民，2010年10月2日访谈。
② 于宗范，男，79岁，聊城市东昌府区郑家乡苇园村村民，2007年1月30日访谈。
③ 赵华增，男，85岁，威县洺州镇郭安陵村村民，2008年1月24日访谈。
④ 张须然，男，81岁，冠县冠城镇多庄村民，2010年10月5日访谈。
⑤ 吴生林，男，77岁，曲周县侯村镇西王堡村民，2010年5月5日访谈。
⑥ 赵凤江，男，78岁，邱县梁二庄乡后郎二寨村民，2010年5月4日访谈。
⑦ 连凤山，男，年龄不详，邱县邱城镇孟固村民，2010年5月3日访谈。

价是:"穷八路,富十军①,不要脸的是皇协军,烧杀淫掠的是日本军。"②应该说这些人的认知有些接近问题的本质。如同我们说如果不是贫穷出不了那么多伪军一样,如果鲁西冀南老百姓的教育水平较高,视野稍微开阔一些,那么他们就会对日军、伪军的形象和行为有更加全面的认识和判断。

---

① "十军"指石友三部,国民党军第十军团。
② 刚灿辉、杨登春,男,年龄不详,威县贺钊乡北雪塔村民,2008年1月25日访谈。

另类抗战：晋察冀抗日根据地八路军外围军的兴起

张志永*

  迄今，学术界在论述华北敌后抗日根据地的抗战活动时，几乎无一例外地专注于中共领导的八路军、游击队和武工队等武装力量，相关论著汗牛充栋。不过，抗日战争是一场伟大的民族解放战争，在华北敌后曾经活跃着众多非中共系统的杂色武装，他们同样参加了抗日斗争；尤其是1941年后，中共以反正伪军和杂色武装等为基础，建立了抗日民族统一战线性质的八路军外围军，他们几乎都活跃在敌占区、游击区，起到了八路军难以起到的作用。但是，囿于种种原因，至今鲜见有人研究外围军；一些文艺作品虽然以其为主题，但都是建立在传言、非严谨的考证和艺术性故事叙述的基础上，甚至想象性地戏说历史，不仅无助于发掘历史真相，还以讹传讹。故本文以晋察冀边区八路军外围军为研究对象，综合运用档案、历史文献、回忆史料、报刊等资料，力图厘清外围军建立的原因、类型及特点，以便还原历史实态。①

---

* 张志永，河北师范大学马克思主义学院教授。
① 迄今，学术界研究外围军的论著仅有吕艳《苏北抗日战场上的联抗部队》(《档案与建设》2013年第6期) 一篇论文；个别亲历者也撰写过专题回忆文章，代表作是吕品的《冀中十分区的外围军》(中共廊坊市委党史研究室编《浴血平津郊甸》，海南出版社，1993)，其他人在回忆录中偶有提及。不过，关于外围军的文学作品比较多，如冉淮舟、刘绳的《留给后世的故事——冀中抗战史话》(天津人民出版社，1987)、李锦的《黑天红地》(天津人民出版社，1990)、咏慷的《疆场弯弓月》(中共中央党校出版社，1991) 和《女匪》(沈阳出版社，1995) 等。鉴于外围军分为公开、秘密两种，内容非常庞杂，远非一篇论文所能容纳，故本文主要研究公开外围军建立的原因、类型及特点，其他诸如秘密外围军、外围军的作用、改造及其归宿等内容，则留待以后进一步研究。

一

　　1937年7月全面抗战爆发后，中共深入华北敌后，发动群众，建立政权，创建了晋察冀边区。至1940年，边区"深入巩固工作是有成绩的……此时党员17万，军队约11万，党与党军的质量与战斗力均获得提高"。①边区也很快发展到北岳、冀中和冀热察3个战略区，拥有90余个县政府和1500余万人口，成为华北敌后最大的一块抗日根据地。

　　抗战进入相持阶段后，日军发现："方面军占领地区的状况，从我军兵力及治安实情看来，实际上势力所及只限于重要城市周围及狭窄的铁路沿线地区，仅仅是'点和线'，其他大部是匪占地区""就连北京周围、通县、黄村（大兴）等地，也都有组织地渗透于民众中间。……中共势力对华北治安的肃正工作，是最强硬的敌人。"②悲观地估计"踏进建设的第一步还需数年，完成东亚新秩序的建设大事还须50至100年"，③遂被迫放弃了速战速决的战略，把军事重心转向巩固占领区，"必须保持'面'的占领，使华北在政治和经济方面都能独立经营"。尤其是1940年八路军发动"百团大战"后，华北日军损失惨重，"均由痛苦的经验中取得了宝贵的教训，改变了对共产党的认识"。④

　　此后，日军调集重兵，多次发起"治安强化运动"，实行集军事、政治、经济、文化、交通、特务于一体的"总力战"，"清乡""蚕食"与"扫荡"密切配合。日军为保障"治安地区"及重要交通线的安全，"在准治安区和未治安区的交界处，修筑适当的隔离壕沟或小堡垒（岗楼、据点之类），或两者并用，"仅在"在京汉路两侧各10公里的地带就修筑了长达500公里的隔离壕沟，以与共军根据地相隔绝，切断了冀中、冀南的丰富物

---

① 聂荣臻：《晋察冀边区六年来的工作简报》（1943年10月），中国人民解放军国防大学党史党建政工教研室编《中共党史教学参考资料》第17册，内部发行，1985，第255页。
② 日本防卫厅战史室编《华北治安战》（上），天津市政协编译组译，天津人民出版社，1982，第107、126～127页。
③ 总政治部办公厅编《中国人民解放军政治工作历史资料选编》第5册，解放军出版社，2004年，第28页。
④ 日本防卫厅战史室编《华北治安战》（上），第108、326页。

资向其根据地运送的通路,起到经济封锁的作用"。① 同时,日军在根据地内大量布设据点、交通线,将其分割为众多的细碎小块,每一块都置于严密的火网封锁之下,然后逐区逐块进行"清剿""剔抉","着重于摧毁我之党政军民工作和游击队及民兵,蚕食我之地区,以使我军孤立而陷于狭小地区,而造成最后消灭我军以达到占领地的目的"。② 至"1942年秋季,晋察冀全区除北岳区腹心地区外,敌人的据点、堡垒和封锁线一直伸到我们鼻子底下"。③

日军虽然空前地扩大了占领区域,但日本以小搏大的先天缺陷更加充分地暴露出来,日军"兵力不足,必须利用伪军,配合扼守据点"。④ 日军加紧推行"以华制华"策略,努力"复活县政,重建自卫组织,建设乡村自治";"培植、整顿亲日武装团体,使之成为维持当地治安的核心"。⑤ 如1940年日军在冀中区"苦心孤诣地扩大伪军,几乎扩大了一倍,即1940年初约11600名,年底扩大到21000名左右"。⑥ 晋察冀军区揭露道,日军"有计划的有步骤的强化伪军伪政权……,并采取有步骤的办法,如在强化伪军方面,首先成立'灭共自卫团'(老百姓名之为棒棒队),然后变为保安队、警备队,最后成为真正的伪治安军,在伪政权方面,最初只要你马马虎虎坚持一下,甚至还要你去应付八路军,……好像替中国人想办法似的,将一部分落后分子拉过去,使其上当,然后进一步强化,形成敌伪政权,构成村、区、县自下而上的办法"。⑦

同时,日军重视拉拢、利用土匪等杂色武装。全面抗战爆发以来,由于社会动荡不安、经济凋敝以及乡村自卫等原因,华北各地兴起了众多杂色武装;晋察冀边区成立前后,积极改造杂色武装,有效地扩大了八路军队伍。

---

① 日本防卫厅战史室编《华北治安战》(上),第419页。
② 《敌我斗争(节选)》(1941年11月),中共河北省委党史研究室编《冀中历史文献选编》(上),中共党史出版社,1994,第532页。
③ 聂荣臻:《聂荣臻回忆录》,中国人民解放军出版社,2007,第431、432页。
④ 《军事问题报告提纲》(1940年7月17、18日),聂荣臻:《聂荣臻军事文选》,解放军出版社,1992,第112页。
⑤ 日本防卫厅战史室编《华北治安战》(上),第109~110页。
⑥ 吕正操:《论平原游击战争》,解放军出版社,1987,第136页。
⑦ 《朱副主任在军区政治部第六次锄奸工作会议上关于敌之阴谋活动与我之今后工作的报告》(1942年3月),案卷号:578-1-31-4,河北省档案馆藏,以下不再注明馆藏地。

不过，抗战进入相持阶段后，"由于敌之回师敌后，斗争转入残酷，加上我之政策上某些单纯吞并办法的错误，虽其中一部改变了阶级成分，坚决地参加了革命，但其大部则被排挤到处在敌我空隙中的近敌区、落后区另辟局面"。① 甚至"北京周围亦有不少土匪，数十人成群地出没于各地。……匪群大小虽有所不同，但各有自己的地盘为其活动区域"。对此，日军一度采取了"清剿"政策，但其效果并不好，日军发现："根据过去经验，由于我军的讨伐，在杂牌军被消灭后，结果，其地盘往往反被共军占据。"故日军放弃了单纯军事打击的做法，设法拉拢、利用杂色武装，提出："今后的讨伐肃正的重点必须集中指向共军，全力以赴，务期将其全歼。……如果是在讨伐后，不能立即采取恢复治安措施的地区，而且该地区的匪团对皇军又无求战行动，为防止共军乘虚而入，宁可不对其讨伐，暂时默认该匪团的存在，反而对我有利。"并且，"要善于利用国共的相互倾轧，在皇军势力暂时不能控制的地区，应默许那些不主动求战的杂牌军的存在。必要时，甚至可以引导他们占据真空地带以防止共军侵入"。② 日军推行这个政策后，一度达到了预期效果。八路军野战政治部承认："敌人对土匪、会门、迷信团体、叛军的利用，挑拨支使，在有些地区也收到了相当的成效。"③ 聂荣臻也感叹道："各种会门常易被敌人、汉奸及顽固派利用，在交界上组织红枪会、大刀会，企图切取我们或与我们对立。"④

日军还普遍推行保甲制度，力图切断八路军与群众的联系。华北伪政府规定，如果一甲中有"通匪与以便宜或隐匿匪徒令脱逃"，"对临时政府有叛乱阴谋并对铁路公路及通信线施行破坏或知情隐匿庇护"，"除本人依法处罚外，警察分局长对该甲之各户长（甲长在内）得课以二元以下之连坐罚金"。⑤ 实际上，保甲连坐制并非罚款那样简单，往往成为日军欺压、敲

---

① 《军事政策——吕正操在冀中三纵队第四次政治工作会议上的报告（第二部分）》（1941年11月），中共河北省委党史研究室编《冀中历史文献选编》（上），第547页。
② 日本防卫厅战史室编《华北治安战》（上），第281、236、227页。
③ 罗瑞卿：《在建立对敌斗争对策上的几个原则问题》（1941年8月10日），总政治部办公厅编《中国人民解放军政治工作历史资料选编》第6册，第314~315页。
④ 聂荣臻：《关于军事问题的报告提纲》（1940年7月），《晋察冀抗日根据地》史料丛书编审委员会、中央档案馆编《晋察冀抗日根据地》第1册，中共党史资料出版社，1988，第379页。
⑤ 南开大学历史系、唐山市档案馆编《冀东日伪政权》，档案出版社，1992，第333页。

诈勒索群众的借口，乃至"敌（对）我军及工作人员住过的家或即与以全部烧毁，以分离我军民关系"。① 尤其在遭受八路军袭击后，日伪军更是拿当地群众泄愤，甚至血洗全村，使群众不敢接近和容留抗日部队，达到孤立八路军的目的。冀中行署指出，"敌伪的统治因为没有政治资本，所以单凭残暴的高压手段，保甲连坐就是具体的表现。……一家出事，全甲负责，一甲出事，全保负责，一有事故，株连太多"。② 杨成武回忆道，日军"采取'淘水捉鱼'的办法，派出大量'清剿队'、'剔抉队'，逐村逐院逐屋地搜索我党政军人员，只要发现一点踪迹，便抄斩全家，血洗全村"。③

随着日军不遗余力地推进"治安强化运动"，"从1941年开始，晋察冀的抗战形势进入了极为困难的阶段"。④ 到1942年，晋察冀边区核心地带北岳区面积大幅度缩小；冀热察区被撤销，所辖平西、平北、冀东3个地区直属边区领导，"基本区已被敌封锁分割，大部队已无法进去活动"。⑤ 尤其是冀中区一马平川，道路稠密，"特别便于敌之分进合击，就不能够与敌进行大规模持久的战斗"。⑥ 八路军各部之间联络与协同非常困难，机动范围大大缩小，独立活动单位从团缩减为排、班（见表1），甚至小部队活动也异常困难，日军"如遇我小部队接触，一处枪响，四周点碉一齐出动向我合击，使我无法突围，以便其各个击破"。⑦ 更严重的是，在日军残暴连坐镇压下，许多地方民众对八路军的态度发生了动摇。例如，"冀中在大'扫荡'后，曾有一个时期，群众不愿八路军在本村打仗，不敢接近八路军，怕敌人找岔子报复"。⑧ 因此，为了保存力量和坚持长期抗战，1942年6月，

---

① 《中共冀中区党委关于卓雄十分区工作报告的意见》（1941年10月15日），中共河北省委党史研究室编《冀中历史文献选编》（上），第523页。虽然这是冀中区党委对十分区坚持斗争的指示，但晋察冀边区其他地方在敌占区、游击区开展抗日斗争时也大都采取类似做法。
② 中共河北省委党史研究室编《冀中历史文献选编》（中），第86页。
③ 杨成武：《杨成武回忆录》（上），解放军出版社，1987，第777页。
④ 聂荣臻：《聂荣臻回忆录》，第410页。
⑤ 晋察冀人民抗日斗争史编委会冀热辽分会编辑室编《冀热辽报告》（一），晋察冀人民抗日斗争史编辑部内部出版，1982，第84页。
⑥ 吕正操：《论平原游击战争》，第140页。
⑦ 《八路军冀中军区关于"五一"反"扫荡"初步总结》（1942年7月），中共河北省委党史研究室编《冀中历史文献选编》（上），第697页。
⑧ 吕正操：《论平原游击战争》，第181页。

冀中区"只留一部分基干团和地方游击队继续坚持斗争,其余机关和部队则离开冀中区分别外转"。① 此后,冀中大部沦为敌占区,一部成为游击区。日军欢呼,"方面军经过中共百团大战的考验及采取彻底加强各项治安措施,收到极大成果。由于这一主要原因,使华北的治安在1941、1942两年有了飞跃的改进"。②

表1　1939～1942年冀中区每年日军修筑据点数及八路军活动规模情况

时间	1939年	1940年	1941年	1942年
据点数	173个	367个	585个	628个
独立活动单位	团	营	连	排、班

资料来源:根据吕正操《论平原游击战争》第166～167页内容制作。

总之,日军多次实施"治安强化运动"后,特别是采取"以华制华"策略,扩充伪军和拉拢地方武装,有效地弥补了日军力量不足的缺陷,空前地扩大了占领区,稳定或基本上建立了日伪统治秩序,致使八路军难以在敌占区公开活动。晋察冀军区第十三军分区司令员李运昌反思道:"在武装工作上,没有培养本地地方武装,部队进去后反将仅有之地方武装吞并,所以部队一走,该地区工作就没有武装。"③ 这虽然说的是冀东抗日根据地一隅的情况,但将其放大到晋察冀边区也大体如此。

二

面对急剧恶化的敌后抗战形势,如何坚持敌后抗日斗争成为急需解决的重大问题。《孙膑兵法·月战》云:"天时、地利、人和,三者不得,虽胜有殃。"华北日军貌似巩固了占领区的统治,但其缺乏统治异民族的"人和"这一关键因素,所谓"治安区"不过是在绝对优势武力下的虚假、暂

---

① 聂荣臻:《聂荣臻回忆录》,第424页。
② 日本防卫厅战史室编《华北治安战》(上),第350页,
③ 李运昌:《关于关外敌制造"无人区"及"人圈"统治概况》(1944年10月26日),冀热辽人民抗日斗争史研究会编辑室选编《冀热辽人民抗日斗争史》(内部资料选编),中共承德地委党史资料征集办公室,1986,第248页。

时的表象。并且,抗战也不是兵力、装备等数量对比的简单算术问题,而是人心向背的较量,故要在抗战最困难时期坚持斗争,必须在综合分析双方各种优缺点之后,选择适合的、多种多样的斗争方式、方法。中央军委指出:"在这一新阶段中,我之方针应当是熬时间的长期斗争,分散的游击战争,采取一切斗争方式(从最激烈的武装斗争方式到最和平的革命两面派的方式)与敌人周旋,节省与保存自己的实力(武装实力与民众实力),以待有利时机。"①

从表面上看,1941年后日军已在敌占区和游击区建立了较稳固的统治秩序,但日军苦于兵力不足,在兵力配备上呈现前强后弱、前紧后松的态势。如日军进攻晋察冀边某地时,"敌人是集中力量来突击的,但在其优势已取得后,则其力量又分散到其他区域去了,其注意力也渐缓和"。② 聂荣臻也发现,日军在"前线靠近我地带,主要配备日军,而敌之侧后则多为伪军。敌堡垒虽增多,但兵力未增,因此敌后的空隙大"。③ 据1941年底的统计,冀中"按敌伪军对比,六分区为100∶253,七分区为100∶80,八分区为100∶443,九分区为100∶130,十分区为100∶1000。由此可见,敌兵愈多,我之地区并不残酷,伪军愈多则愈残酷"。④ 平北地区亦是如此,"据点驻军伪军多于日军,伪军庞杂,系统不一,奴化程度不同"。⑤ 因此,聂荣臻直言:"若干地区,如大清河以北,与其说是敌寇'治安区',毋宁说是伪军统治地。"⑥

再进一步分析伪军情况,就会发现伪军大多是本地人,投军动机和政治倾向复杂多样,并不全是铁杆汉奸,故日军统治基础很不巩固。"在冀西及冀中由巩固地区变质的部分地区,由于敌寇大批抓丁当伪军,在伪军战士甚至某些下级干部中,党员及抗日群众占有一定数量,其他成分较差的地方伪

---

① 《中央革命军事委员会关于抗日根据地军事建设的指示》(1941年11月7日),中央档案馆编《中共中央文件选集》第13册,中央党校出版社,1991,第212页。
② 黄敬:《关于敌占区近敌区及落后区工作问题——1941年6月冀中区党委组织工作会议上结论第五部分》,案卷号:578-1-33-1。
③ 聂荣臻:《聂荣臻军事文选》,第172页。
④ 中共河北省委党史研究室编《冀中历史文献选编》(上),第547~548页。
⑤ 武光:《征程漫漫:武光文集》,中共党史出版社,2001,第43页。
⑥ 聂荣臻:《聂荣臻军事文选》,第238页。

军,亦与地方群众关系较为密切,便于我之打入与掌握。"① "冀热边区包括整个冀东和热南一部,东达辽宁边界,……沦陷最早,但伪化并不强。"② 该地区伪军"大部与地方上层有勾结,便于我们争取,也易于与我们对立(统战工作决定)","士兵中民族义愤日在增长。……为饭碗而敷衍的多,真心亲日的少"。③ 更主要的是"敌人与伪军及落后武装,他们并不是和好无间、白头到老的伴侣,他们之间存在着严重的矛盾。异民族血腥统治的恐怖,日寇狭隘的猜忌心肠、摧残与侮辱,不能使他们相安无事。……而伪军与落后武装的狡猾难驯,反复无常亦增加日寇的猜疑"。④ 这些决定了他们与日军的关系非常复杂,远非"汉奸"一词所能涵盖。聂荣臻分析道:"今天的敌人却分散得多,兵力不够而不得不使用'不甚可靠'的伪军。因此敌在军事上虽占有相对的优势,而政治上我们却占绝对的优势,游击战争有广大的社会基础。"⑤ 伪军中有很多动摇分子、同情抗日分子,甚至潜藏着程度不等的反日情绪,这就成为中共坚持敌后抗战的有利条件。

早在1940年6月,八路军野战政治部提出,"在相持阶段中,我应积极主动的向敌占区扩展工作、收复人心",要求"耐心争取伪军及会门,提出中国人不打中国人,只打日本不打中国人的口号,"⑥ 呼吁伪军反正抗日。许多伪军虽然愿意反正抗日,但其反正的动机比较复杂,不一定认同中共的理论和政策,更不愿意八路军化;他们更愿意自立门户,普遍存在怕缴枪、怕整编、怕调离故土以及军官怕丢权等疑惧心理,不敢接近八路军。因此,八路军总政治部改变了抗战初期"清一色"收编杂色武装并迅速八路军化的做法,制定了非常宽松的政策,对反正伪军"必须以最大的耐心进行教育工作,不可过急;不应剥夺原来军官的兵权,不可实际上解散其军队……不一定要编入八路军,编制不一定要很快的八路军化,而可以作为八路军的

---

① 《中共中央晋察冀分局关于伪军工作的指示》(1944年5月1日),案卷号:578-1-31-1。
② 聂荣臻:《晋察冀边区六年来的工作简报》(1943年10月),中国人民解放军国防大学党史党建政工教研室编《中共党史教学参考资料》第17册,第259页。
③ 晋察冀人民抗日斗争史编委会冀热辽分会编辑室编《冀热辽报告》(一),第74页。
④ 《军事政策——吕正操在冀中三纵队第四次政治工作会议上的报告(第二部分)》(1941年11月),中共河北省委党史研究室编《冀中历史文献选编》(上),第548页。
⑤ 聂荣臻:《聂荣臻军事文选》,第216页。
⑥ 《八路军野战政治部关于敌占区政治工作的指示》(1940年6月10日),《中国人民解放军政治工作历史资料选编》第5册,第258、259页。

外围军,但其编制、待遇、纪律、政治工作等均与八路军有别"。① 后来,八路军副总司令彭德怀又把这项政策简化为三大保证:"1. 对反正伪军,按照抗日友军待遇,不缴枪;2. 对反正伪军,给以抗日军番号,不编散;3. 对反正伪军,一视同仁,帮助其发展,共同抗日。"② 这就使反正伪军不惮被吞并、改编而敢于、愿意接近八路军,有利于团结、争取最大多数的抗日力量,最大限度地孤立和打击日军。

8月,中共中央又把这个政策适用于杂色武装,指出:"中国有极多的军队,在今天和将来可能受我指挥收编去抗日,但他们很多是不愿完全变成共产党领导的八路军或新四军。"因此,"对于这种愿意受我收编指挥去抗日的友军,应该与八路军和新四军有不同的作法,只能把他看成是环绕在八路军或新四军(骨干军)周围的外围军";"一般的只要求其坚持抗战,服从指挥调动,遵守对居民群众纪律";"不强迫改变他原来的领导与制度,不强迫派政委派干部设政治部与发展党的组织,不强迫八路化",甚至"外围军可以脱离我之指挥或领导,给他们以自由"。当然,"外围军在自愿原则下,可以走上八路化,但这应该是长期耐性的争取工作,不能操切从事"。③

12月,八路军野战政治部制定了对待外围军的具体政策,在供给上,"只按需要给以帮助,其部队之供给制度,也不干涉,但决不可把待遇提的过高";"反正伪军之活动范围,一般背靠根据地,到敌占区去活动为宜,必要时,亦可允许到根据地内部来整训,我并给以粮食及其他供给上之帮助,但必须遵守群众纪律与抗日政府法令";"当其与日寇作战时,我应全力从军事上及其他方面给以援助";"反正伪军,其待遇一般只能与八路军同,不能有两套制度,某些必要的通融,则以格外形式报销之"。④ 这一政

---

① 《总政治部关于伪军工作的指示》(1940年7月6日),总政治部办公厅编《中国人民解放军政治工作历史资料选编》第5册,第271页。
② 彭德怀:《在北方局党的高级干部会议上的报告提纲(节选)》(1940年9月25日),河北省社会科学院、河北省档案馆、石家庄陆军学校党史教研室、铁道兵工程学院政治理论教研室编《晋察冀抗日根据地史料选编》(上),河北人民出版社,1983,第419、420页。
③ 《中央关于友军工作的指示——关于创造八路军新四军的外围军问题》(1940年8月19日),中央档案馆编《中共中央文件选集》第12册,第466~467页。
④ 《野政关于对待反正伪军的指示》(1941年12月20日),案卷号:578-1-31-1。

策体现了原则性与灵活性相结合的特点，宽严相济，使建立外围军更加具有可操作性和规范化。

为了更好地坚持敌占区、游击区的抗日斗争，根据中共中央和八路军总部的指示，晋察冀边区遂以反正伪军（伪地方军、伪杂牌军、伪自卫团等）、杂色武装（联庄、会门、土匪等）为基础，因地制宜地组建了多支外围军。按照其来源不同，主要分为以下三种类型。

其一，以杂色武装为基础建立外围军。杂色武装是土生土长的军事势力，其成员多为本地人，地方观念很强。抗战初期晋察冀军区曾把他们收编为八路军，但许多人过不惯严格的军事生活，更不愿离开家，遂开小差返回家乡，除少数人当了伪军外，大部分人重操旧业。杂色武装盘根错节的社会网络和观念体系中隐含着极其强大的无形力量，用之得当则有益于抗战，反之则不利于抗战。

晋察冀边区遂采取了与杂色武装建立统一战线的政策，以便共同抗日。1939年末，冀热察区党委提出，"对土匪原则上是消灭，但又要加以区别：对根据地内部的土匪坚决剿灭之，而对日伪辖区的土匪，则根据其具体情况，予以消灭或争取团结改造，使之成为抗日武装"。① 冀中区也汲取了过去简单化地收编杂色武装的教训，检讨道："过去采取打击吃掉的办法，造成了我之孤立……要消除他们对我之恐惧心理，不一定调来整训，不要改编，要多交朋友。"② 提出："一切可能扰乱与破坏敌人建立秩序的力量，应援助联系之，反之则存心破坏之。对土匪则不是消灭，而是中立之，并建立密切关系并打入工作，联合其扰敌活动。"③ 对各种会门武装也做了类似的规定："各种道门——如先天道、佛教会、红枪会、大刀会、贡进会等。……在敌占区可允许其存在，并争取在我们的影响下，进行抗日工作，利用其名义执行抗日两面政策的掩护。"④ 例如，冀中区八路军曾与"红枪

---

① 张明远：《我的回忆》，中共党史出版社，2004，第491页。
② 吕品：《十分区的外围军》，中共河北省委党史研究室编《冀中武装斗争》（上），中共党史出版社，1994，第398页。
③ 《中共冀中区党委关于卓雄十分区工作报告的意见》（1941年10月15日），中共河北省委党史研究室编《冀中历史文献选编》（上），第523页。
④ 《中共冀中区党委关于除奸保卫工作的指示》（1943年1月14日），中共河北省委党史研究室编《冀中对敌隐蔽斗争》，中共党史出版社，1994，第60页。

会"约定:"如果你们同伪军发生武装冲突,我们全力支援你们。"1943年1月,永清县红枪会和伪永清县政府发生冲突,在八路军策应下,"红枪会"杀死日本政治指导官等4人,缴获一批武器弹药。"经过这次战斗,我们和'红枪会'的关系更加密切,其中一部分人参加了我们的外围军东挺支队,其他各部也一直和我们保持着很好的关系,直到1948年'红枪会'自行解体为止。"①

晋察冀边区还进一步以杂色武装为基础,建立八路军外围军。1941年后,冀热察区明确指出:"对于争取过来的土匪部队一时不能编入主力部队时,必须派得力干部去领导,保证执行党的政策。"② 这种做法不仅扩大了抗日民族统一战线,还能够以他们为依托,在"治安区"开辟新的根据地。例如,日伪在平北地区统治比较巩固,1938年和1939年八路军曾经两度开辟平北抗日根据地,均未成功,其中"执行对土匪政策上有偏差"是主要原因之一。③ 1940年,八路军第三次进入平北,积极开展统战工作,"争取团结海陀山区的上层人物姬有铭、李恩、岳国良参加抗日民族统一战线,并把他们掌握的伙会队改造成为人民抗日武装力量,这就为我党把平北抗日根据地放在海陀山区,提供了条件和胜利发展的基础"。因此,"贯彻党的抗日民族统一战线,争取上层,取得立足点,然后发动和组织基本群众开展抗日斗争,这是当年开辟平北抗日根据地的一个显著特点"。④

冀中区八路军外围军数量最多,"大体上有两种:一种是我们派出干部,收编、改造其武装,为我所用。一种是其他色彩武装,受我政策影响,要求加委,接受我领导,而后我们派去干部,加委组成"。⑤ 就前者而言,一般是在日伪统治严密的治安区,"外来干部在这样区域极不易立足","本

---

① 旷伏兆:《忆恢复平津保三角地带抗日根据地的战斗历程》,中共廊坊地委党史资料征编办公室编《回忆冀中十分区抗日斗争》,内部参考资料,1985,第72页。
② 张侠编《晋察冀介绍》《挺进军军事报告(草稿)》,晋察冀人民抗日斗争史编辑部内部参考资料,1982,第98页。
③ 萧克:《抗战中的冀热察挺进军》,中共北京市委党史研究室编《北京地区抗日斗争史料汇编》第6辑,北京燕山出版社,2001,第460页。
④ 孟宪昌:《改造联庄会武装》,中共张家口地委党史办公室编《张家口地区党史资料选编》第2集,内部参考资料,1986,第304页。
⑤ 刘秉彦:《在点线间》,《冀中武装斗争》(上),第156页。

地生长"的干部就成为"坚持的极好条件和支柱"。① 因此，冀中区抽调一些"本地生长"的优秀干部，利用他们在当地有一定声望、熟悉地域民情和社会联系广泛等优点，团结、联合当地武装力量，建立一支不以八路军面目出现的外围军。如1940年6月，十分区家在永定河两岸的优秀干部，开展那里的抗日斗争；他们发挥人地两熟的长处，贯彻党的抗日民族统一战线政策，争取了部分当地土匪武装，组建了北上支队，后来发展为东进纵队；至1942年11月，"在老敌占区开辟了我之工作，西至涿县、东至杨柳青、南至大清河、北至永定河沿岸，我部队都能活动"，"东纵扩大了2000余人"。② 就后者而言，晋察冀边区把杂色武装加委为外围军后，一般都与之订立"约法三章"，"第一，抗日，给八路军送情报，掩护抗日人员；第二，划定各自的活动地域，在有抗日政权的地区内不许绑票，但可以'养秧子'（绑架来的人质），允许其到老敌占区掏那些汉奸、亲日分子和豪绅地主；第三，听从我之指挥，准许我派干部定期前来上课。"这样，在坚持抗日的大前提下，允许外围军有相当大的自由度，既约束了他们危害群众的行为，又把其破坏性引向敌占区和日伪军。当然，"当他们违反这三条时，我们则给予处罚"。③

其二，以反正伪军为基础建立的外围军。1941年后，遵照中共中央和八路军总部等关于开展伪军工作的一系列新指示，晋察冀边区结合本地情况，制定了灵活多样的政策，在伪军反正后，一般都以其为基础，组建八路军的外围军。

早在1941年11月，冀中军区司令员吕正操就详细地提出了建立外围军的主张："应根据当地具体情况，敌之编制强弱，兵力大小，群众态度，我之工作基础与政治影响，以及伪军或落后武装内部情况、生活状况、政治需要与志趣等来确定我之工作进行的方法与步骤，以及对待他们的态度""在敌人统治地区，或敌我均无暇顾及的地区，可建立革命两面派的外围军，或

---

① 彭真：《对冀东、平北工作意见》（1941年8月17日），平北抗日斗争史调研组编《巍巍海坨山——平北人民抗日斗争纪实》第1辑，内部参考资料，1989，第13页。
② 冀中军区司令部：《一九四二年八、九、十月冀中情况》（1942年11月30日），中共河北省委党史研究室编《冀中历史文献选编》（上），第753页。
③ 吕品：《十分区的外围军》，《冀中武装斗争》（上），第406页。

自立门户的外围军";在具体做法上,"甲、广泛利用社会关系、家属关系与之接近。乙、在不损害我之利益下,用'借花献佛'的办法,许给其利益,保证不削夺其地盘,或划给我们力量达不到的敌区或近敌区,容许其自生自长";同时,"对于受我领导之外围军,应输送干部与优秀战士以加强之,长期保留其组织,作为争取其他伪军与落后武装的旗帜"。① 在此前后,冀中区以反正伪军为基础,建立了多支外围军。如1941年秋,九分区把"高阳沙窝、清苑石桥两个据点反正的伪军两个班编成了高保中队,委任反正的石桥据点班长马继田为中队长,把他们树为伪军的一面旗帜";三分区"争取文安县伪军小队长李学增率全体反正,授予文新霸抗日先锋中队番号"。②

另外,还有少量的原八路军官兵建立的外围军。一些家在敌占区或游击区的八路军官兵,他们退役返回家乡后,少数人自发地组织了抗日武装,并成为八路军外围军。以冀中十分区为例,原八路军团长黄久征建立了东进支队、原供给部长刘凤泉建立了武(清)安(次)永(清)支队,退役伤残军人张永福建立了新(城)固(安)霸(县)抗日先锋队,原十分区司令部管理股长王子卿建立了新(城)固(安)涿(县)抗日先锋支队,原营长郑敬智建立了永(清)安(次)霸(县)抗日先锋队,原独立一团传达长裴兆福建立了分区手枪大队等,这些武装"成员多来自农民,没有那种敲诈勒索群众的流氓行为,但地方观念强,……在镇压敌特争取伪军伪组织及配合主力作战、坚持对敌斗争上都是有贡献的"。③

1944年后,敌后抗战形势进一步好转,八路军能够在敌占区和游击区公开活动,而外围军破坏性的弊端也日益暴露出来,于是晋察冀边区很快放弃了建立外围军的政策。5月,晋察冀边区规定,"成立外围军必须极端慎重,事先报军区批准,"并规定了建立外围军的条件:"在原则上应是真心进步,真心抗日,由革命两面派杀敌反正的成批伪军,能接受我之领导指

---

① 《军事政策——吕正操在冀中三纵队第四次政治工作会议上的报告(第二部分)》(1941年11月),中共河北省委党史研究室编《冀中历史文献选编》(上),第549、550页。
② 张志强、杨同锁整理《冀中抗日根据地的敌伪军工作》,冀中人民抗日斗争史资料研究会办公室编《冀中人民抗日斗争资料》第19期,1985,第10、18页。
③ 吕品:《十分区的外围军》,《冀中武装斗争》(上),第403、404~405页。

挥,并由我帮助,肃清汉奸特务,进行工作,经过一定的过程,使之八路军化,过去委任秘密外围军办法一律停止。"明确要求,"零星反正的小部伪军,只零星收编,不单独成立外围军";"今后争取伪军,一般采用里应外合攻克缴械办法,以便按战俘处置,把进步的与我有好关系的官长,酌情在我军中分配以适当工作"。① 此后,晋察冀边区不再建立新的外围军。

总体来看,外围军的建立是在特殊环境下坚持抗战的特殊选择。敌后抗战进入最困难时期后,中共改变了抗日斗争的方式,把统一战线政策从政治方面发展到军事领域,建立了中共领导下的统一战线性质的武装——八路军外围军,最大限度地团结和利用一切可以抗日的力量,有效地孤立了日军,这恰恰击中了日军兵力不足的罩门,为渡过难关、争取胜利奠定了基础。

三

1940年6月后,晋察冀边区陆续建立了多支外围军。外围军"实际上是我党领导下的统一战线性质的武装",它"不同于正规军、县大队和区小队……成员复杂,纪律松弛",均穿便衣,被群众称为"便衣队"。② 一般而言,北岳区是晋察冀边区的腹地,几无日伪力量,八路军能够自由公开地活动,故外围军数量比较少,甚至有的分区尚未发现建立外围军的记载;冀中区一度完全沦为敌占区和游击区,外围军数量最多,类型最为齐全;冀热察区伪军"有些是在冀东成立伪自治政府时即组成的了,还有数目比较大的伪满军分驻平北冀东,敌人在伪满军中有长久工作,里面有日本军官直接指挥。有特务基础,即中国籍军官也是经过敌伪严格的选择,兵士也有家庭的顾虑。伪蒙军因过去蒙汉历史上的仇恨以及文化政治的落后,且在敌人的欺骗与挑拨统治下,使我们进行工作,发生很大的困难"。③ 故外围军中少有反正伪军,几乎都由联庄会等杂色武装编成。与晋察冀边区八路军、游击队和武工队等武装组织相比,外围军具有以下的特点。

---

① 《关于反正伪军建立外围军问题》(1944年5月26日),案卷号:578-1-31-1。
② 刘秉彦:《在点线间》,《冀中武装斗争》(上),第156页。
③ 萧克:《目前冀热察形势与我们的工作任务》,隗合甫主编《平西烽火·平西抗日斗争史料选编》第2辑,国防大学出版社,2000,第18、19页。

首先,外围军是具有抗日民族统一战线性质的特殊武装。毛泽东指出,"动员了全国的老百姓,就造成了陷敌于灭顶之灾的汪洋大海,造成了弥补武器等等缺陷的补救条件,造成了克服一切战争困难的前提",① 故争取千百万群众进入抗日民族统一战线是党在抗日战争时期的基本方针。晋察冀边区孤悬华北敌后,敌强我弱的局面长期存在,甚至一段时间八路军小股兵力在敌占区和游击区活动都异常困难,单纯依靠八路军孤军奋战,无法支撑军力居绝对劣势情况下的敌后游击战争。"只有发展统一战线,我们的小部队才能站住脚,才能广泛交朋友,才能参加地方工作。"② 由是观之,建立外围军表面上是单纯的军事问题,实际上是抗日民族统一战线政策在军事上的体现。

中国传统文化以伦理、血缘和宗族关系为核心,人们普遍缺乏现代的民族国家观念,几乎不了解个体对国家和社会所承担的责任和义务,更关心自己的家庭和地域的利益;杂色武装以维护家庭、家族或地方利益为核心诉求,反正伪军更与日军有着内在的、难以调和的矛盾。尽管他们的立场、观念、利益诉求与中共革命理论有很大差异,更不愿意被改编为八路军,但是,相较中日民族不可调和的结构性矛盾而言,这些差异和分歧均处于次要和服从地位,这就为中共争取、团结反正伪军和杂色武装共同抗日提供了前提。中共实行抗日民族统一战线政策,具有广泛的包容性,"总的方针应当是从政治上耐心的说服,争取使之与我合作抗日,逐渐帮助其进步使之成为八路军或在我领导下的外围军"。③ 其中,"国仇事大,私仇事小,是目前统一战线的一个最重要的口号,其内容是尽可能缩小阶级矛盾,照顾各阶层的利益,达到一致对敌"。④ 因此,建立具有统一战线性质的抗日武装——八路军外围军,既满足了杂色武装和反正伪军的复杂心理和多方面的利益诉

---

① 《毛泽东选集》第 2 卷,人民出版社,1991,第 480 页。
② 刘秉彦:《战斗在点线之间》,中共河北省委党史研究室编《冀中对敌隐蔽斗争》,中共党史出版社,1994,第 294 页。
③ 《平西抗战以来工作总结——张明远同志在平西干部会议上的报告》(1942 年 3 月 2 日),中共北京市委党史研究室编:《北京地区抗日斗争史料汇编》第 6 辑,第 271 页。
④ 程子华:《关于对敌斗争的两面政策与合法斗争的指示》(1943 年 1 月),冀中人民抗日斗争史资料研究会办公室编《冀中人民抗日斗争史料》第 36 期,内部参考资料,1986,第 48 页。

求,又较易获得对中共和晋察冀边区了解甚少的敌占区、游击区民众的理解和支持,最大限度地把华北民众的乡土意识、保家卫乡的自发意愿甚至利己主义等汇聚到抗日目标上来。

建立外围军是中共在深刻洞察民心民意向背后的一项制度创新。中共除了以革命意识形态作为号召外,更主要是以民族主义、地方主义甚至伦理、宗族关系等朴素的情感为联系纽带,把敌占区、游击区分散的甚至带有自发性的抗日活动发展为有组织、有计划、有领导的统一斗争。如平西"在收编联庄伪军的过程中,我们针对其怕缴枪、怕整编、怕调离故土以及一些头目怕丢权的特点,采取灵活的方针,向他们讲清:只要他们参加抗日,服从指挥,那么,一不要他们的枪,二不调他们的人,三尽量不让他们离开本地区活动;单独成立游击大队,归支队直接领导,按营级待遇,大队长仍由联庄伪军原头目担任,我们只派一名指导员去做政治工作"。"在作战中,一般令其担负次要任务,培养锻炼他们,用胜利来鼓舞他们的士气。把他们逐渐改造成为一支坚强的革命队伍";"在生活上尽量给他们以照顾,其头领还允许带家属,并给其家属配备了马匹"。① 这种做法虽然与中共意识形态、严格的组织纪律和艰苦朴素的作风等有很大距离,但它还原了民族、革命话语背后最基本的"保家卫乡"的核心内容,使民族利益与地方、家庭利益相契合,达成"枪口一致对外"的共识,从而建立起更为广泛的军事统一战线,对日军的"以华制华"战略起到了釜底抽薪的作用。

其次,外围军具有很大的独立性。晋察冀边区建立外围军时,采取了原则性与灵活性相结合的原则,坚持抗战是必要条件,在其他方面则非常具有灵活性,如辖制上松散型联合、不干涉其行动和内部事务,甚至物质待遇从优等,故外围军具有较强的独立性、自由度甚至散漫性。

就隶属关系而言,有八路军直接指挥的外围军,如以八路军干部为核心组建的北上支队、东进纵队等,但这种类型的外围军数量较少,绝大多数外围军属于"听调不听宣"的松散型同盟军,以冀中区外围军束(鹿)深(泽)安(平)大队为例,可见一斑。冀中军区详细地规定了

---

① 李布德:《武装开辟蔚涿宣》,隗合甫主编《平西烽火·平西抗日斗争史料选编》第3辑,第46、47页。

具体管理办法，如"划定该部活动范围"；"指定一定人员与之来往，一般人员特别是秘密工作人员不得任意与之发生关系"；"对该部进行深入的调查研究，了解其内部情报，以民族大义去团结真正倾向于我的分子，并以之为核心，争取动摇分子，孤立敌之特务"；"经常供给公开的报纸刊物，及时传达胜利消息，巩固与提高其抗战胜利信心，使之对敌绝望"；"有计划的进行思想教育揭破所谓'曲线救国'的汉奸论调，说明中国法西斯主义的黑暗及其损人利己的吞并政策，打破他们对国民党中央军的幻想"；"在物质上不要小里小气，注意帮助解决困难，但目前不帮助其发展"；"要求不要过高，现在只要求其坚决抗战"；"与他们建立朋友关系，以朋友的感情来团结他们"。① 由此可知，八路军对外围军的政策极为宽大，这既有利于消除外围军对中共的怀疑甚至惧怕的心理，也有利于潜移默化地改造他们，更加坚定他们的抗战信念，提高抗日斗争的积极性。

就物质待遇而言，晋察冀边区对外围军政策经历了从优待到与八路军平等待遇的发展过程。起初，敌后抗战形势非常恶劣，坚持抗战殊为不易，故晋察冀边区普遍优待外围军。如1941年7月北岳区以涞（源）灵（丘）蔚（县）反正伪军为基础，"在抗战四周年纪念大会上，正式成立抗日义勇队，高副司令亲自授旗，并作鼓励。该队并举行宣誓，誓死不做日寇的汉奸牛马，而坚决要为祖国为中华民族的解放，战斗到底"。并且，北岳区对该部物质待遇从优，"战士津贴均按八路军副排长一级的数额，并提前发给，菜金仍然加倍"。这虽然与中央政策有所不合，但在当时瓦解伪军工作中起了很好的示范作用，"给予各地特别涞源灵丘蔚县等地伪治安军、伪警察，以及李逆守信部伪蒙军影响很大，幡然来归者，更形踊跃，敌伪极为恐慌，现该队即赴某线活动云"。②

八路军野战政治部总结了外围军工作的经验教训，举例来说，"××部是有一些威望的土匪头，当他反正时，曾杀过鬼子，反正后我们对他内

---

① 《军区政治部给七分区关于外围军枣深安大队工作的指示》（1943年12月29日），案卷号：578-1-31-1。
② 《涞灵蔚反正伪军成立抗日义勇队，坚决为民族解放奋斗到底》，《晋察冀日报》1941年7月23日。

部未曾干涉过，只是互相帮助，所以在×××恶劣的环境下，敌酋虽三番两次利诱，捉他父亲来威胁，一直到今天，还在坚持着抗日的立场，我们可以肯定的说，如果没有我们政策的宽大，日寇早就如愿以偿了"。提出："对反正伪军的待遇不应和我们八路军一样，只要他们抗日，斟酌情形予以特殊待遇，不但可以巩固反正的伪军，而且可以影响其他伪军，××反正的伪军，反正后我们将他们升了一级，生活上给予特别待遇，该部不但巩固了，而且扩大了，并影响到据点内伪军，这样反映'还不如到外面抗日，还吃馍馍呢！'的确，这样对其他伪军是起了瓦解的作用，我们对×县和×××的反正的伪军，由于不关心他们的生活，同时要求和我们一样，所以造成内部情绪不高，再加上日寇的勾引，所以又重投敌一部，这是一个严重的教训。"①

1943年后边区抗战形势大为好转，优待外围军的政策发生了改变，如冀热边特委决定："今后对反正抗日之伪军，其待遇与八路军同，不规定特殊制度。但可以分区军政首长名义赠以慰劳品或奖赏。对已长期领受特殊待遇之抗日义勇队，应从政治上加强教育，逐渐取消其特殊待遇。"②

最后，外围军擅长游击战。俗话说，"强龙难压地头蛇"。在中国传统乡土社会中，人们活动的地域范围有限，在密集村庄和相对封闭空间的交往互动中，形成了一个以血缘、地缘和人缘为基础的熟人社会关系网络，这不仅成为当地人社会交往和行动的基础，也能在外力入侵时发挥巨大、有效的无形防护作用。

外围军几乎都是地方性极强的武装力量，具有天时、地利、人和的便利，同地方民众甚至上层势力有着千丝万缕的关系，运用各种社会网络得心应手，容易赢得民众支持，即便在强敌环伺的艰难环境中坚持抗战，也能够做到如鱼得水。例如，冀中十分区"便衣队的成员多来自绿林，他们有一套秘密活动的本领，在分散与集结、隐蔽与暴露、秘密与公开等战术运用上

---

① 《××敌伪军工作中的一些经验教训》，《前线》（半月刊）第21、22合期，1941年9月1日，第十八集团军野战政治部出版，第38页。
② 《中共冀热边特委第一次执委会对于今后工作的决议》（1943年7月），冀热辽人民抗日斗争史研究会编辑室选编《冀热辽人民抗日斗争史》（内部资料选编），中共承德地委党史资料征集办公室，1986，第181、182页。

是很灵活的，在行动上他们有高度的诡秘性，通信联络也相当灵活"。他们精于游击战术，富有游击战经验和技能，甚至老八路都感到佩服，"在我们刚刚返回大清河北时，夜行军与他们相遇时都是首先为他们所发觉"。十分区司令员刘秉彦曾承认："小部队隐蔽活动战术，不少东西我是从土匪那里学来的。"① 尽管敌后之敌后抗战环境极端恶劣，但抗日烽火连绵不断，如"大清河区域的平原游击战，在敌人铁路、汽车路、水上交通的错综复杂封锁和进攻，在物质条件极端困难之下，仍能坚持，并且得到了辉煌的成绩，创造了许多新的斗争方式与方法，使敌人疲于奔命，无法应付，其主要原因之一就是因有地方干部，有当地群众领袖领导的武装"。② 外围军顽强地活跃在日军统治严密地区，不断地以巧妙的方式打击敌特汉奸，取得了意想不到的政治影响，发挥了不可替代的作用。

当然，外围军毕竟不同于纪律严明、战斗力强悍的八路军，他们存在危害群众利益、阻碍抗日政权建设等缺陷，主要表现为纪律松弛、生活腐化，甚至不服从指挥，破坏抗日政府法令等，尤以反正伪军更甚，"主要原因即在于他们并非真正革命两面派，他们的反正往往是被迫的，甚至有些只是缴枪投降，或武力压迫不得不反正者"，他们成为外围军后，较难巩固；加之敌我斗争尖锐，一些外围军"不能不在根据地活动，他们既不遵守政府法令，又经不住敌寇打击，一旦重新投敌，严重破坏我地方工作（尤其在游击区），引起群众对我不满，且给其他伪军以不好影响"。③ 尤其是敌占区很多群众不了解真正八路军是什么样子，误以为外围军就是八路军，而把其扰民等不良行为归咎到中共方面，说什么"日本人养白脖（即伪军），八路军养便衣队"。④ 显然，外围军与中共直接领导下的八路军、游击队和武工队等武装组织有着巨大差异，其在作风上更不具有道德楷模作用，故后来被陆续改造为八路军。

---

① 吕品：《十分区的外围军》，《冀中武装斗争》（上），第401页。
② 周桓：《目前建军中的干部问题》（1940年10月），总政治部办公厅编《中国人民解放军政治工作历史资料选编》第5册，第565页。
③ 《关于反正伪军建立外围军问题》（1944年5月26日），案卷号：578-1-31-1。
④ 吕品：《十分区的外围军》，《冀中武装斗争》（上），第405页。

四

中国古代军事家孙子曰："毋邀正正之旗，毋击堂堂之阵。"① 抗日战争是一场中日两国经济、军事等力量相差悬殊的中日两国之间的一场持久战，特别是在抗战最困难时期，中共更无法直接与强大日军采取面对面、硬碰硬的决战，必须采取一套能够适应形势变化的特殊斗争方式和组织形式，以弥补自己力量的不足，其中建立八路军外围军就是一个成功的范例。

孟子曰："天时不如地利，地利不如人和。"这凸显了人际关系运作在军事斗争中尤其是对暂时处于弱势一方的重要性。建立外围军不仅实现了抗日民族统一战线政策下最广泛的团结，把成分复杂、纪律松弛的反正伪军和杂色武装纳入抗日阵营，还初步对其进行了规训和整合，真正实现了全民族意义上的抗战。外围军在最困难时期、最艰难的敌后环境中坚持抗战，虽然其战绩远不如平型关大捷、百团大战等那么辉煌，甚至没有著名战例，但其最大贡献不在于直接打死打伤多少日伪军，而是把敌占区变为抗战最前线，令日军"治安区"不治安，粉碎了其"以战养战"的阴谋，起到了八路军无法起到的作用。至1943年春，"经过向'敌后之敌后'挺进，……晋察冀边区就出现了'敌进我进'的新局面，敌人的'蚕食'推进计划被制止了，各个地区的形势出现了可喜的变化"。② 边区重新掌握了对敌斗争的主动权，进攻更加积极。中共中央表扬道："近年来在敌人扫荡蚕食更加艰苦的战斗情况下，你们不仅粉碎了敌人的企图，并且还把我们的力量伸入到敌后的敌后去，在一千多村庄中恢复了工作，证明你们在极困难的局面下仍能有办法坚持。"③ 相反，日军哀叹道："1943年度的治安战……共军则逐渐扩大了势力，地下活动继续深入，同时表面活动又像两年前那样活跃起来。……华北治安殊堪忧虑。"④ 这也从反面证实了外围军的特殊贡献。

总之，在抗战进入最困难时期后，中共建立具有抗日民族统一战线性质

---

① 《孙子兵法·军争第七》。
② 聂荣臻：《聂荣臻回忆录》，第435页。
③ 中央档案馆编《中共中央文件选集》第14册，第150页。
④ 日本防卫厅战史室编《华北治安战》（下），第282页。

的八路军外围军，这不是消极意义上的对现状的妥协和建立在实用基础上的工具性诉求，而是实行广泛的人民战争，使晋察冀边区抗日斗争进入了新阶段。它尽可能地利用乡土社会和熟人社会网络，最大限度地团结了一切抗日力量，在最大程度上孤立了日军，创造性地找到了在敌占区和游击区坚持抗战的新方法，表现出炉火纯青的革命战争艺术，丰富了敌后抗日游击战争的理论、内容和形式，为争取抗战胜利做出了独特的贡献。

20 世纪中国乡村变动

重新思考侨乡
——以广东省珠江三角洲为例

川口幸大[*]

前　言

"侨乡",重新思考这一名词时感觉有些不可思议。在中国,侨乡一词被广泛定义为"华侨的故乡",同时侨乡也成为很多国外学术论著的研究对象。然而,侨乡这一概念与日本人所理解的"日本移民的故乡"的概念并不一样。日本人只会使用"日本移民(或者日系人)的故乡"或者"移民母村"等由多个单词连接在一起的名词来表示这一概念。"侨"字在中文中原指"暂时的逗留者",与前面提到的日本人或日系人的故乡概念是不同的。侨乡一词很明显专指居住于海外的中国人即华侨、华人的故乡。

同时,侨乡的特殊含义也体现在华侨、华人这些词语上。根据中国官方的解释,华侨是指生活在国外但同时保留中国国籍的人,而华人是指生活在国外但取得所在国国籍的中国人。然而最近几年,我们在日本社会生活中接触到中国出身的人时,一般不称之为华侨。对于与日本人结婚并取得日本国籍的人,我们大概一般也不会称之为华人。因此,这与"日系人"或"在日人(韩国朝鲜人)"这些说法一样,是一个特殊的词语,专指某一历史阶段内的特定对象。

围绕华侨、华人或者侨乡这些特殊的对象,迄今为止已有很多研究者论

---

[*] 川口幸大,日本东北大学文学研究科准教授。

及。虽说华侨、华人与侨乡的关系很特殊这一说法有些极端,但还是有很多研究者将两者的关系描述为具有明显的特性,即这些人原本由于耕地不足或战乱等原因移民海外,在国外一边辛苦劳作一边攒钱,并将这些钱寄给家中的亲人,或捐献给自己出生地的乡村用于当地基础设施建设。这种叙事模式都是建立在中国的故乡贫穷、外国富有这样的前提条件之下的。同时,对于这些移民来说,故乡是他们强烈留恋的对象,是终有一天会回归的一个实体的存在。而这些描述中所指的故乡大都被认为是位于广东、福建等中国东南沿海地区的城市。

以上描述的情节并非虚构,实际中也存在大量的例子。① 然而这一限定于特定地区、特定时期的概念原本是具有历史性的,但如今却成了非历史性的老生常谈。华侨被政府和相关当事人定义为爱祖国、爱家乡的一群人,研究者也描述了华侨与侨乡之间强烈的纽带关系。不符合这一关系的事例被有意回避,反映两者理想化关系的事例却被反复提及,即在国外富裕起来的华侨不断支援贫穷的故乡和家人,这样一来"富裕的华侨/贫穷的侨乡"这一模式就被构建起来。这一模式被当事者或国家反复强调,从而成为一种刻板印象,而对于研究者而言,遵循这一框架来记述、分析研究对象已然成为标准范例。一旦这一做法被固定下来,就很少有人会对侨乡的背景和现状进行重新认识。

本文试图修正这一固定观念。笔者在广东省珠江三角洲地区从事调查约15 年,确实亲眼见证了国外捐款和投资对侨乡发展的重大意义。但这仅限于 20 世纪 80 年代至 2000 年前后侨乡的情况,至多也仅是限定在 20 余年的

---

① 涉及海外移民和其故乡关联性的研究并不太多,其中比较具有代表性的有:陈达《南洋华侨与闽粤社会》,商务印书馆,1938;James L. Watson, *Lineage and Immigrant*(University of California Press, 1975);Yuen-Fong Woon,"Social Change and Continuity in South China: Oversea Chinese and the Guan Lineage of Kaiping County, 1949 – 87," *China Quarterly* 118 (1989): 324 – 344;"International Links and the Socioeconomic Development of Rural China," *Modern China* 16 (1990): 139 – 172;石田浩『中国同族村落の社会経済结构——福建传统农村と同族ネットワーク』关西大学出版部、1996;Kuah Khun Eng, *Rebuilding the Ancestral Village: Singaporeans in China*(Aldershot, Brookfield: Ashgate, 2000);潘宏立『现代中国东南部の汉族社会——闽南农村の宗族组织とその变容』风响社、2002;Ellen Oxfeld, *Drink Water, but Remember the Source: Moral Discourse in a Chinese Village*(Berkley: University of California Press, 2010)。

特定历史时期之内。现如今虽然不能说两者的经济地位发生了完全逆转，但村落、村民变得富裕起来，从基础设施建设到当地仪式的执行等，完全可以依靠自身所拥有的资金来支持。也就是说，如今的侨乡已经变得富裕起来。正如前面所提到的，某些地区并非因为拥有海外移民而成为侨乡，而是其后被构建、被对象化的华侨与侨乡的关系才使某些村落成为侨乡。那么，在几乎没有必要依靠海外捐款或投资的今天，我们又将如何理解富裕的侨乡呢？接下来本文将把目光聚焦在珠江三角洲的两个村落，针对这一问题进行详细考察。

一　田野概况

本文具体涉及的是位于广东省珠江三角洲地区的两个村落的事例。相较于其他地区，改革开放的影响最先惠及的就是珠江三角洲地区，这得益于该地区与国外之间联系的紧密性。改革开放以前已经有很多人从珠江三角洲地区移居海外，同时这一地区距离香港和澳门也非常之近。中国政府当时十分期待来自本土以外的经济上或人员上的流通。然而，什么时期多少人移民去了哪里，进而当地获得了多少汇款或投资，政府部门无法给出确切的数据。例如，Yow针对来自珠江三角洲番禺的移民社群进行了调查，① 他发现19世纪中叶以后，很多人从番禺北部移民北美，从番禺中南部前往东南亚地区。② 1949年以后，很多人从珠江三角洲地区偷渡前往香港。广州市周边地区距离香港约300公里，目前乘坐长途车3个小时、坐火车不到2个小时即可从广州到达香港。

这些移民特别是前往香港的移民与其出生地之间的关系拥有重要意义是在1978年以后，这也正是以改革开放为契机出现的一种状况。从这一时期开始中国欢迎来自海外的捐赠或投资，正因如此，有着地理位置优势同时与亲属、社区存在关联的香港移民纷纷将目光投向故乡。当地镇、县政府也顺势成立或重开"侨务办公室"，统称"侨办"，将其作为窗口来处理来自海

---

① Yow不使用华侨或华人的说法，而使用"Chinese immigrant"这一表述。
② Yow Cheun Hoe, *Guangdong and Chinese Diaspora*: *The Changing Landscape of Qiao Xiang* (Abingdon, New York: Routledge), p. 71.

外的归乡人的捐赠或投资。珠江三角洲各地区所经历的自20世纪70年代末开始的显著的经济发展都与海外特别是香港有着千丝万缕的关联。

本文将考察的两个村落隶属于同一个镇，该镇人口约65000人，此外还有大约6万流动人口。这里和珠江三角洲的其他地区相同，聚集了大量的工厂，很多外来打工者居住于此。该地区与海外的关系也同其他地区一样，1949年以后很多人移民香港，而到70年代末以后，这些人开始向自己的故乡捐款、投资，为当地社区的经济发展和基础设施建设贡献了巨大力量。据统计资料记载，这里拥有海外移民约1000人，香港、澳门、台湾移民1万余人。截至1991年，此地共接收1000余万元的港币汇款。但由于很多人是偷渡前往香港，要掌握真实的移民数量及汇款金额就十分困难了。

下面将看到在隶属于该镇的两个村落中，海外移民是如何与故乡产生关联的，同时本文还将探讨对于这些村落来说，移民所发挥的作用及移民的意义随时代发生了怎样的变化。

二　某村事例1——A村

（一）村落概况

我们假定将首先要讨论的村落命名为A村，它位于镇政府办公室的中心地区，拥有集市，是周边地区的政治经济中心。从15世纪开始，此村的陈氏宗族势力不断扩大，该村作为当地市场，在与陈氏宗族的相互作用过程中逐渐发展繁荣。据陈氏宗族族谱记载，陈氏的第1世自12世纪开始就定居本村，此后其族内众多子孙在科举和武举中及第，因此逐渐成为珠江三角洲一带规模首屈一指的宗族。陈氏宗族在村内建有多处祭祀祖先的祠堂，特别是其中的大宗祠被誉为县内"四大祠"之一。清晚期的19世纪末20世纪初，该宗族持有三万三千亩的共有土地，因其繁荣程度而被誉为大宗族。

（二）1949年以前的村落和移民

这一时期有多少人从村落移民海外，并没有官方资料记载，因此准确数字并不为人知。但可以证实的是，当时确有很多人为了寻找工作机会或做生意前往省会城市广州或香港，或者频繁往来于村落和大城市之间。当时由于和香港间并不存在实质性的界线，因此人们可以自由来往于两地。此外，抗日战争胜利后，共产党在国共内战中占据优势，一部分国民党人士、地主和拥有权势者移居香港或台湾。同时，关于从村落走出的海外移民情况，据村里的老人们讲："应该没有那么多吧，出去的人大都是'山区'的人。"所谓"山区"，是指山中的地区，一般带有耕地少、经济贫穷的意思。当然，一个多世纪以前农村社会的生活水平、治安卫生状况不可与现在同日而语，但相对而言，该村落在各方面的条件可能比其他地区更加优越。同时，该村与广州、香港接近，这几处之间的人口会相互流动。而同属广东省的其他地区，如广东西部四邑地区的人更多地前往北美，广东东部潮汕地区的人则更多地前往东南亚。该村并没有出现类似的大规模海外移民群体。

（三）集体所有制时期的村落和移民

中华人民共和国成立后，村落迎来了巨大的改变。共产党将宗族中的父系中心思想、祖先崇拜和土地所有等视为封建旧社会诸恶之根源，实施了没收土地、拆除祠堂、禁止举行仪式等彻底压制政策。同时，由于共产党将农业、商业等调整为集体所有，个人几乎失去了自由从事生产活动、经营活动的权利，最终导致村落经济的繁荣走向尽头。不仅如此，"大跃进"运动导致食物匮乏、经济环境困难，"文化大革命"时期社会出现大混乱，村落社会几近凋敝。

这一时期人们将羡慕的目光纷纷投向已实现显著经济发展的亚洲海港城市——香港。当时，内地和香港之间的边境被封锁，很多人通过偷渡方式前往香港。其中有一部分人是通过陆路偷渡，为了不被别人发现，这些人白天隐匿于山中，夜间拼命赶路，耗费一星期左右才能到达香港。这些人当中既有成功偷渡的，也有被发现后遣返的，还有多次尝试偷渡最终成功的，更有多次尝试偷渡仍然失败的。究竟有多少人最终成功偷渡到香港，村里的老人们有的说："太多了，都数不清了。"也有人说："应该有不下100人吧。"由于是偷渡行为，政府也无法掌握准确的人数。但无论如何，这一时期从村落到香港，基本是单向的人员流动。而从70年代末开始，大量资金和人流开始从香港逆向流回村落。

（四）改革开放时期的村落和移民

以改革开放为契机，移居海外的人们开始向故乡捐款、投资。这一发生在福建、广东等地的普遍现象也同样出现在了该村落。此时很多人归乡与家人团聚并开始为当地提供经济援助。其中也有一部分人通过政府向家乡提供捐款。陈威俊①就是其中的代表人物之一。他在中华人民共和国成立前移民香港，凭借养猪业起家，而后将业务扩展至食品加工业并取得巨大成功。同时，他还帮助同村前往香港的村民在香港立足，在村民心中是一位德高望重的人物。在他的捐助下，村里建起了医院，修建了水渠。他对故乡的贡献使其最终获得市政府颁发的"荣誉市民"称号。

他为故乡提供的援助不仅限于基础设施建设方面，对1949年以后绝迹的宗族活动的复兴工作他也竭尽全力。20世纪80~90年代，宗族活动和其他宗教活动一样，处于政策上的灰色地带。换言之，要想重开宗族活动，需要一定的理由并获得政府批准。此时这些海外移民就起了中介作用。陈威俊在表示愿意为故乡捐款的同时也提出了针对宗族设施的捐款意向。政府方面很难拒绝对村落做出了巨大贡献的陈威俊的建议。他一人拿出费用，修建了早已墓石斑驳、沦为垃圾场的始祖之墓，同时还重建了已被毁坏的始祖祠堂。以此为契机，绝迹已久的祖先祭祀活动得以重新开展起来。因此，从海外归乡的这些人不但针对家族和当地社区进行了捐款，对于所谓"传统"的复兴也发挥了重要作用。

（五）2000年以后的村落和移民

村落和移民的状况在2000年以后发生了戏剧性的改变。首先，村镇地方政府以及村里的居民开始变得富裕起来。举一个容易理解的例子，在笔者最初开始田野调查的2000~2002年，该村村民月平均收入在700元左右，而如今已经超过2000元。

其中也涌现出拥有大量财富的人物，具有代表性的是陈志强。他于1993年成立了属于自己的公司，在最近几年里已经成长为国内业界的顶级

---

① 在本文中出现的人物均使用化名。

制造商。坦率而言，他所拥有的财富是过去在香港的移民成功者所望尘莫及的。

陈志强的父亲非常关心宗族和寺庙的活动，他们父子因此经常为各种活动捐献大额资金。其中最具代表性的是2011年开始的大宗祠的全面修建工程。他们起初捐献了100万元，而修建工程在2015年2月仍在进行，估计还需要更多的资金支持。陈志强一家人表示："资金方面不必担心。"

同时，在记录捐献者姓名和捐献金额的名录上，笔者还注意到普通居民中捐款金额在1000元以上的不在少数，如今捐款额已经达到40万元。除此之外，村政府出资20万元，政府文物部门出资30万元。仅来自当地居民和政府的资金都将近100万元。而相比十几年前，即便是数十万元的资金也几乎都要靠来自海外的捐赠，显而易见，如今的人们和村落已经变得很富裕了。

与之形成对比的是，最近几年移居香港的村民的影响力正在明显下降。20世纪90年代，如前面所述的陈威俊那样为村落提供大额捐款的人几乎都是移居香港的村民，而最近几年这些人的身影变得十分模糊。据村里人说，祖先祭祀时回乡的人明显减少。其中最大的原因在于高龄化以及世代更替。陈威俊于90年代末去世，1949年以前前往香港的移民，即使仍然健在，年龄也在80岁以上，频繁回乡是十分困难的。而在香港当地出生的第二代、第三代对父母或祖父母的故乡并没有那么深厚的连带感和情感。

另外，对于村落居民而言，香港及海外的意义也发生了极大的改变。笔者于2001年居住在该村中并进行了调查。如果使用些许夸张的说法，对于当时的村落居民来讲，香港就是梦中的场所。他们能将经济停滞、政治混乱的内地甩在身后，不需太远就可到达香港。由于当时的香港异常繁荣，很多人甚至偷渡前往香港。虽说从80年代开始珠江三角洲迈开了经济发展的步伐，但实际上包含电影、电视、流行音乐、时尚等元素的香港社会才是人们纷纷向往的上流社会。从香港回到村落的人们无须问话，只看一眼就能分辨出来。他们穿着当时内地的农村人几乎看不到的颜色鲜艳的运动鞋、尼龙质地的运动服或羊毛大衣以及牛仔裤。相反，当时如要从内地前往香港，如果不是有访问亲属等特殊理由，很多人需要参加团体旅行并办理相当复杂的手续。①

如今支付几百元就可以进行一次当天往返的长途车旅行，香港成为大家都可以轻松前往的地方。村里的朋友说："和去广州没有太大区别。"如此一来，往日对香港的憧憬逐渐淡薄，取而代之，人们更加关注日本或欧洲地区。当然他们并不是作为移民或偷渡者，而是作为游客前往以上地区。笔者身边就有这样一位朋友在 2014 年周游了日本。她一边把用智能手机拍摄的照片给我看，一边用兴奋的语调说："真的是很开心，花了 3 万元呢。日本吃得好、购物好、服务好。太好了，下次一定再来！"

仅从笔者对该村十余年的调查来看，村里的人们变富裕了，而移民香港的人与村落实体之间的关系愈加淡薄，同时香港的影响力也已经大幅下降。对于很多人来说，包括香港在内的境外地区已经不是过去那样辛苦前往、拼命赚钱的场所，如今已经成为周末或是闲暇时间为了观光、购物而前往的场所。大约在 2000 年以前，从基础设施建设到"传统的复兴"，在很大程度上都需要依靠前往香港的移民，然而现在当地政府和居民就可以胜任这些工作。特别是 A 村，在资金上支持宗族活动的人是那些已经获得巨大财富的企业经营者，他们作为商业上的成功人士，取代了过去的乡绅、官僚，这是当地经常出现的一个特征。

三　某村事例 2——B 村

（一）村落概况

另外要举出的一个村落是 B 村。该村位于上面提到的 A 村的西北方向约 3 公里的位置。大部分居民是陈姓，但与 A 村的陈氏并非同一宗族，当事人之间也有着同样的认识。根据村中陈姓宗族对历史的共同认识，他们的始祖于 11 世纪开始定居该村，此后逐渐获得周边地区的土地，同时族中有

---

① 这一时期在广州和珠江三角洲地区有关香港重要性的研究，参见 Graham E. Johnson, "Comings and Goins: Pearl River Delta Identities in an Era on Change and Transformation," in Tan Chee-Beng, ed., *Chinese Transnational Networks: TAN* (Florence: Routledge, 2007), pp. 23 - 48.

多位成员通过科举考试成为进士，进而势力进一步扩大。虽然整体来看不及A村的陈氏，但也是周边地区中在规模上仅次于A村陈氏的大势力宗族。与镇政府所在地并拥有集市的A村相比，B村是构成此镇的13个村落中的一个，我们可以将其看作接近该地区平均发展水平的一个村落。

（二）1978年以前的村落和移民

19世纪至20世纪初及1949年至1978年改革开放之前的时期，B村移民的状况与上述A村的情况没有太大区别。中华人民共和国成立前村中几乎没有前往东南亚或北美的移民，大部分人都是往来于广州或香港之间。此后共产党执政，一部分人留在了香港，一部分人从村落移民到了台湾、香港或澳门。早在清末至民国时期，就有官僚辈出的大势力家族为了逃离新政权的统治而前往澳门，而后进一步移民到了厄瓜多尔。但此后他们与村落失去了任何关联。

1949年以后，与A村相同，B村的很多人也偷渡前往香港，也有一部分人最终没有偷渡成功。与笔者关系较好的陈家豪（不到70岁的男性）说他曾经试图偷渡前往香港，但最终在深圳边境附近被抓。他的哥哥以照顾在香港居住的老母为由而最终获得移民香港的许可，并于1984年前往香港。对于当时该地域的人们来说，如果能去香港大家都会竞相前往，香港俨然就是他们眼中的"希望之地"。

（三）1978年以后的村落和移民

与前面提到的A村相同，B村的海外移民状况也以1978年改革开放为契机，发生了巨大变化。移民香港的村民与故乡之间的往来重新开始，很多成功人士也开始以各种方式为村落提供帮助。

其中代表性的人物是陈春光。他于中华人民共和国成立前前往香港，以五金行业起家并积攒了大量财产。改革开放后，他为村里幼儿园和小学的建设及道路的铺设提供资金，第一时间为村落社区基础设施的改善贡献了力量。特别是他捐赠了16余万元，实现了教师待遇的改善及学生奖学金的支付。为故乡做出巨大贡献的陈春光不但获得了村里人的尊重，更获得了政府颁发的"荣誉市民"称号。

还有一人是陈文芳,他是在香港出生的第二代移民。他的父亲在中华人民共和国成立前移民香港,他本人时常听父亲谈起故乡的往事,却一直没有机会回到 B 村。改革开放后的 20 世纪 80 年代中期,他终于实现了归乡的愿望。他在香港退休后在 B 村建起了房子,每个月有一半的时间都和妻子在村中居住。

需要特别提及的是他与前面提到的陈春光一同努力促成了宗族活动的重启。他们拜访了该村出身的香港移民,号召他们为家乡共同出力。为了祠堂的修建项目,最终他们成立了一个由 14 人组成的组织。以这个组织为中心,他们从居住在香港的村落移民那里募集到多笔捐款,同时也开启了与政府的交涉工作。在他们的共同努力下,祠堂的修建项目终于在 2000 年得以完成。总费用 40 万元之中有 30 万元来自香港。B 村和 A 村相同,在改革开放后不久的 80~90 年代,从村落的基础设施建设到宗族活动的重启,我们都可以看到香港移民在其中发挥的巨大作用。

然而,前面提到的陈家豪对笔者说了如下一番话:"由于 B 村干部对香港移民的应对工作不到位,香港移民对村落的印象并不太好。例如与 C 村(临近的一个村)比较,来自香港的捐款并没有那么多。"

鉴于他拥有试图偷渡香港但最终失败的经历,我们应在多大程度上认可他说的话是十分困难的。但无论如何,从某种意义上来讲,这让笔者意识到所有海外移民都思念故土并为家乡尽力提供各种支援,并非理所当然的事实。在少数拥有光环的贡献者之外,还存在与之做法不同的很多移民。

但话说回来,我们暂且不论对象设定的问题,移居香港的村民在改革开放后不久对村落发挥的重要作用是毋庸置疑的。从移民整体来看,他们可能并非主流,但他们为村落提供的资金和做出的贡献确实是非常巨大的。

(四) 2000 年以后的村落和移民

进入 2000 年以后,B 村也发生了类似 A 村的状况。年纪渐增、世代更替,谁都无法逃避岁月的侵蚀。曾为村落做出巨大贡献的陈春光已经去世。同时,陈文芳在 B 村的家中遭遇小偷,妻子十分担心村落的治安情况。加上妻子生病需要回香港治疗,最终导致两人在香港居住的时间越来越长,据说最近很少再回故乡了。笔者于 2001 年和 2002 年清明节期间进行了田野调查,此间很多村民从香港归乡参加陈氏宗族的祖先祭祀活动,人们在刚刚建成的祠堂里摆放了宴席桌椅。然而，近些年从香港回乡参加祭祀的人越来越少。移民的子孙回访村落的时间也大都仅限于清明节或春节期间，而且也并非每年都会回来。

另外，与 A 村相同，B 村的人也逐渐富裕起来。包括宗族在内的很多传统文化的复兴活动也不断增多。但相比于 A 村的出资人大部分都是在国内事业有成的村民，B 村举办的传统文化复兴活动主要由政府来负责推进。2000 年以后中央政府对新中国成立以前的文物和传统习惯，也就是人类学者广义上认为的"文化"，一改以往抱有的具有某种特定意义的处理方式，对其中半数以上的物品或习惯都采取积极宣传的态度。

举例说明一下，2010 年广州亚运会期间，政府在广州及周边地区实施了观光环境整治行动，B 村也被纳入其中。广州市政府和区政府为此拨款 3000 万元，用于村落步行街的铺设、祠堂的重建、古建筑物的保护和观光指示牌的设置等。和笔者关系较好的老人笑着说："这些钱根本就用不完。哎呀，我们是一分钱也拿不到的啊。"如今每天都有团体或个人观光客访问 B 村，观赏这些"历史文物"并拍摄照片，然后在装饰一新的村里的餐厅用餐。一些在广州的大学里学习观光学的学生来 B 村调查，以完成他们的毕业论文，题目是《乡村的观光地化》。可以说如今的村落不仅成为一大观光景点，竟然还成为观光学的研究对象。同时，充满"历史"景观的村落也成为很多电视剧和电影的取景拍摄地。每当笔者拜访村落时，都有村里的人对我说，"前几天还有剧组在这里拍摄呢。你看，那儿还留着一些布景工具"，并给我详细描述拍摄时的情景。

笔者第一次拜访 B 村是 2001 年，那时由陈春光等人全力支持修建的祠堂项目才刚刚结束。如今 15 年已经过去了，村落的"传统复兴"项目还在如火如荼地进行着，吸引了很多观光游客乃至大众媒体的关注。而主要负责这些文化建设和旅游开发工作的人已经不再是移居香港的居民，而是实现了巨大经济发展的中央和地方各级政府。

四 考察——移民和故乡关联性的变迁

接下来本文将根据上述两个村落的事例，考察移民对作为故乡的村落所发挥的作用及意义是如何发生变化的。

2000 年以前，A 村和 B 村村落和移民之间的关系是共通的。从 19 世纪下半叶开始到 1949 年以前，两村的海外移民都不多，同时村落社区和家族对移民的依赖程度也不高。陈达①所调查的潮州、Woon②所描写的开平在 20 世纪上半叶已经显著呈现出移民母村的特征，Yow③ 也认为番禺在 20 世纪前后成为移民母村。而本文中所涉及的两个村落与上面几位学者的描述不同，呈现了完全不一样的情况。究其原因，或许是两村中都有势力强大的宗族并拥有广袤的土地，在周边地区中处于相对富裕的水平；同时，由于距离广州、香港这些城市更近，人们在两地之间的往来更加频繁。包括上述的 Woon 和 Yow 在内的很多研究者都强调村民向海外移民这一现象，但像 A 村、B 村这样的情况，我们也应该思考他们不移民的原因。正如 Cohen 和 Sirkeci 所言，当我们在考察人们的迁移问题时，"我们有必要时刻记住全世界仍有数十亿的人是没有迁移的"。④

1949 ~ 1978 年，在官方层面从村落前往大城市或香港是不可能的，这一地区正陷入政治混乱和经济衰败的困局之中，人们只能通过偷渡的方式前往香港。同时，返回故乡也非常困难，因此这一时期的人员流动是单向的——从村落到香港，这种迁移也是违法的。正是由于边境的封锁，人们对边境另一侧繁荣的香港的憧憬与日俱增。

进入 80 年代以后，海外移民开始返乡。作为应对海外移民的窗口，地方政府成立或重启了"侨办"。时隔多年重返故乡的人们不但与家人再次团聚并提供了大量经济援助，而且也为村落基础设施建设捐献了可观的资金。学校、医院和道路等都是海外移民实施捐助的典型对象。除此之外，归乡的海外移民还致力于传统文化的复兴，特别是宗族活动的重启工

---

① 陈达：《南洋华侨与闽粤社会》，商务印书馆，1938。
② Yuen-Fong Woon, "Social Change and Continuity in South China: Oversea Chinese and the Guan Lineage of Kaiping County, 1949 – 87," *China Quarterly* 118 (1989): 324 – 344; "International Links and the Socioeconomic Development of Rural China." *Modern China* 16 (1990): 139 –172.
③ Yow Cheun Hoe, *The Changing Landscape of QiaoXiang*.
④ Jeffrey H. Cohen and Ibrahim Sirkeci, *Cultures of Migration: The Global Nature of Contemporary Mobility* (University of Texas Press, 2011), p. 87.

作。当时政府对宗族还没有达到认可的程度，而这些海外移民贡献者的声音对政府认可宗族起到了重要作用。在此过程中，这些对故乡和族人做出巨大贡献的海外移民得到了村民的广泛赞扬，同时还获得了政府颁发的"荣誉市民"称号。

这一时期两村都确实存在这样一种被表象出来的刻板印象，即在海外获得成功并怀着思乡之情的华侨支援尚处于贫困之中的故乡这样的构图。当然并非所有海外移民都这样做。捐献大量资金的人是其中可以称为例外的少数成功人士。然而，当时他们对故乡的意义却远在此之上。对于刚刚踏上改革开放征途的村落来说，从基础设施建设到宗族的复兴，海外移民的重要性以及他们与怀有期待的故乡政府和村民之间的特殊关系是确实存在的。总之，两村在这一时期是符合字面意义上的"侨乡"概念的。但这仅限于20世纪80年代至2000年前后，从2000年前后开始，这一情况就发生了极大改变。

即便是在已经实现显著经济发展的中国，珠江三角洲地区也是其中最富裕的地区之一，进入21世纪后这里的发展速度更上一层楼。仅从宗族活动就可见一斑。在A村由民间成功人士带头、在B村由政府主导的大型项目，都带动了宗族活动的发展。而此时的活动规模也远远超过了过去需要依靠香港移民捐助的时代。另外，以香港移民为代表的海外移民的影响力也随着他们的老去和世代更替而呈现显著下降的趋势。如今在提供大额资金的捐款人名单中香港移民的名字已经很难见到，归乡的海外移民人数也显著减少。同时，原来人们心目中的香港和海外的意义也发生了巨大变化。原本这些地方闪耀着富裕和成功，这些东西在他们居住的"贫穷的"农村是不存在的，无论付出多大的代价他们都希望到达那里。那里可以让他们通过辛勤劳动收获财富，并最终力所能及地回报家乡。现如今在两个村落中，怀有以上想法的人恐怕连一个都没有了。香港已经成为可以当天往返的购物场所，或者是朋友间在闲聊时提及的购买旅游礼品的地方，又或者是在考虑子女留学目的地时偶尔会涉及的一个候选城市。

如今如果有初次来到此村的人类学者，或许他们已经看不到任何"侨乡"的痕迹。在从20世纪80年代到2000年前后这段短暂的时期里，从基础设施建设到传统的复兴，村落社区在很大程度上都依靠海外移民的支援。但可以称之为侨乡的时期是非常短暂的。如今村落已经变得非常富裕，侨乡的痕迹已经很难再被觉察到了。

结 语

某个田野调查日的过午，笔者正和 A 村经常帮助我的几个朋友愉快地聊天。我问："今天××（人名）去了哪儿？"其中一人答道："啊，他这个周末去了澳门。因为他喜欢赌钱。"利用周末时间去澳门赌钱或许是这一距离澳门不远的地区的独特事情。但把去澳门赌钱换成去韩国购物、去中国台湾品尝美食，其实这些都是在我们日常生活中经常出现的话题。有一次我与朋友的孩子聊天，孩子刚从英国留学回到中国，我们谈话的内容都是围绕英镑和人民币的兑换行情或者英超，这和我在日本的大学中接触到的具有留学经验的学生并没有什么不同。

当然笔者并不是想主张我们和他们的行为是相同的，也不是说国家或社会层面两者之间不存在差异。但至少在移民海外以及海外与村落的关系方面，将这些作为特殊对象进行讨论的时代已经过去。也有观点认为这两个村落本身就是特殊的，笔者也曾这样认为。然而，这两个村落恰巧不是，前面提到的状况在珠江三角洲中心地区虽然在程度上存在差异，但大体上还是普遍存在的。那或者是否可以说珠江三角洲也是一种特殊的存在呢？或许是吧。比如稻泽努所研究的广东东部，对于在那里居住的人来说香港仍然是富裕的地方，来自外面的汇款或援助依旧是非常重要的①（当然相对于中国内陆地区来说，那里还是十分富裕的，有很多离家外出打工的人居住于此）。如果借用克利福德（James Clifford）的话，对于我们来说非常重要的是，所谓事实（truths）往往都是局部的，我们最好将其认知为被特意总结出来的东西。② 华侨

---

① 稲澤努『消え去る差異、生み出される差異——中国水上居民のエスニシティ』東北大学出版会、2016。
② James Clifford, "Introduction: Partial Truths," in James Clifford and George Marcus, eds., *Writing Culture: The Poetics and Politics of Ethnography* (Berkeley: University of California Press, 1986), pp. 1–26.

和侨乡的关系以及这两个村落可以被称为侨乡的时期都是需要限定范围的。本文讨论的珠江三角洲是特殊的，以往被描述的侨乡的状况同样也是特殊的。

最后要强调的是，我们必须摆脱公共的话语框架，但我们也不能仅满足于此，必须用民族志的方式使话语进入人们生活的应有状态进行关联。① 至少在笔者所调查的地区，话语对象是华侨和侨乡的时期已经过去了。如今应该被关注的对象之一或许是本文中谈及的"传统""历史"的复兴。显而易见的是，这在很大程度上是被"中华民族的伟大复兴"这一意识形态驱使。但这已经不是有关侨乡的话题了，笔者将另择机会讨论。

---

① Sherry B. Ortner, *Anthropology and Social Theory: Culture, Power, and the Acting Subject* (Durham: Duke University Press, 2006), p. 79.

贫困与反贫困

——集体化时代中共对乡村问题的表达与实践

赵兴胜[*]

有关 1949 年后中国乡村的集体化问题，学术界已有诸多研究，[①] 其价值与意义毋庸赘言。但认真分析这些研究，其中也存在不少特别值得思考的问题与现象，举其要者，一方面，这些研究甚少关注和思考集体化运动是建立在一种什么样的问题意识上，以及如何评价这种问题意识及其影响。另一方面，许多研究的基本立场、思想依据乃至话语风格，都没有跳出官方表达的基本逻辑：要么是对当年理论的简单重复，要么是以今论古的"后见之明"。此外，更不乏自相矛盾之论，例如，有学者一方面批评集体化时代各种措施的"激进"与不切实际，另一方面却又依据这种不切实际的计划来评判集体化的成败得失。有学者一方面把集体化失败的原因归结为"主观脱离实际"，强调其"模糊了农民的家庭利益"，无法"充分调动出其劳动积极性"；另一方面又认为"农民自身的自私性难以根治"是"令人深思的历史教训"。在笔者看来，不解决这些问题，就不能深化集体化问题研究，相关研究的学术意义与现实关怀也得不到彰显。谨此，略做一尝试，并请批评指正。

---

[*] 赵兴胜，山东大学历史文化学院教授。
[①] 参见张寿春《人民公社化运动及人民公社问题研究综述》，《当代中国史研究》1996 年第 3 期；刘德军《近十年农村人民公社研究综述》，《毛泽东思想研究》2006 年第 2 期；辛逸《人民公社研究述评》，《当代中国史研究》2008 年第 1 期；叶扬兵《农业合作化运动研究述评》，《当代中国史研究》2008 年第 1 期；葛玲《中国乡村的社会主义之路——20 世纪 50 年代的集体化进程研究述论》，《华中科技大学学报》（社会科学版）2012 年第 2 期；等等。

一 贫困：中共视野下的乡村问题

有关集体化体制建立的背景与旨向，既往的研究主要强调了以毛泽东为代表的中共高层的社会理想，特别是向苏联经验（超经济提取农村积累以发展工业）的学习等因素。① 不能否认这些因素的重大影响，但整体上看，这还不是其逻辑的原初点，更具有底层结构意义的应该是中共及其新政权的乡村问题意识，进一步说，在中共视野中，乡村问题的核心是什么？症结在哪里？这是集体化运动的起点，也是全面客观评价集体化运动不可或缺的关键环节。

梳理中共基本文献可以发现，贫困是集体化时代的中国特别是中国乡村的核心问题所在。

贫困落后是近代中国乡村的基本面相，在中共看来，造成贫困的基本原因是封建地主阶级的剥削、帝国主义的经济侵略以及官僚资产阶级的压榨，这正是中国革命的发生根源。随着革命的胜利和土地改革的完成，上述障碍逐渐被清除，中国乡村的发展也进入一个全新的时代，但事实上，乡村贫困的基本面相并没有得到立刻改变。对此，中共高层始终有比较清醒的共识。中共领导人毛泽东自新政权建立起，就持续不断地强调中国的贫穷问题。1956年初，他在《中国农村社会主义高潮》一书"按语"中说，中国"现在还很穷，要使中国富起来，需要几十年时间"；② 次年2月，他在"关于正确处理人民内部矛盾问题"的谈话中说，中国是个"很穷的国家"，经济、文化落后，农民、工人和知识分子的生活水平都很低，"这是一个很大

---

① 参见肖冬连《加速集体化的一个重要原因——论优先发展重工业与农业的矛盾》，《中共党史研究》1988年第4期；牛若峰、郭玮、陈凡《中国经济偏斜循环与农业曲折发展》，中国人民大学出版社，1991，第10~11页；林毅夫、蔡昉、李周《中国的奇迹：发展战略与经济改革》，上海三联书店、上海人民出版社，1994，第18~45页；陆学艺等《中国农村现代化道路研究》，广西人民出版社，1998，第4页；贺雪峰《试论20世纪中国乡村治理的逻辑》，《中国乡村研究》第5辑，福建人民出版社，2007；温铁军《"三农"问题与制度变迁》，中国经济出版社，2009，第160~161、186页。
② 《〈中国农村的社会主义高潮〉按语选》（1955年9月、12月），中共中央文献研究室编《毛泽东文集》第6卷，人民出版社，1999，第447页。

的矛盾";① 1960年10月,他在接见斯诺时说,"比起蒋介石统治时期,我们是前进了一步",但并没有解决问题,"根本改变中国的经济面貌需要一个很长的时间"。② 直至去世前的1975年,他在会见泰国总理克立·巴莫时还强调说:"共产党不可怕,而真正可怕的是贫穷。"中共其他领导人也有相似的认识。周恩来曾在政府工作报告中指出,中国农业生产落后,耕地面积不足,农民生活水平很低,强调"不建设起强大的现代化的工业、现代化的农业、现代化的交通运输业和现代化的国防,我们就不能摆脱落后和贫困,我们的革命就不能达到目的";③ 刘少奇也曾指出:应该承认,我们在经济方面有相当大的困难,人民吃的粮食不够,副食品不够,肉、油等东西不够;穿的也不够,布太少了;用的也不那么够。也就是说,人民的吃穿用都不足。④ 诸如此类,不胜枚举。

对于乡村贫困的症结所在,中共亦有大量的、不间断的总结与反思。概括起来看,主要有以下几个层面。

(一) 生产关系及生产力的落后

生产关系及生产力的落后,具体说,就是小农生产的分散性及其生产技术的落后。其具体表现就是中国的农业生产主要由个体农民(约一亿户)来承担,以一家一户为单位,使用古老的农具,靠人力、畜力耕耘,靠人工肥料进行小块土地的分散经营。在中共看来,这种生产方式严重制约着乡村经济乃至整个中国经济的发展:(1) 农民在思想上表现出较多的"保守性和患得患失心理",不利于其接受新知识和新技术;(2) 农民无力采用新式农机具和新耕作制度,不能尽快扩大耕地面积和提高农作物产量;(3) 无力抵抗自然灾害,每年都有成千上万的农民沦为灾民;(4) 生产能力低,

---

① 《关于正确处理人民内部矛盾的问题》(1957年2月27日),中共中央文献研究室编《毛泽东文集》第7卷,人民出版社,1999,第221、240页。
② 《同斯诺的谈话》(1960年10月22日),中共中央文献研究室编《毛泽东文集》第8卷,人民出版社,1999,第216~217页。
③ 周恩来:《政府工作报告》(1954年9月23日),中共中央文献研究室编《建国以来重要文献选编》第5册,中央文献出版社,1993,第584页。
④ 刘少奇:《在扩大的中央工作会议上的讲话》(1962年1月27日),中共中央文献研究室编《建国以来重要文献选编》第15册,中央文献出版社,1997,第87~88页。

不但不能满足整个国家经济发展的需要,甚至自给能力也严重不足;(5) 生产上的盲目性和自发性,不利于国民经济各部门的平衡发展。①

(二) 自然灾害的破坏

农业生产是建立在自然环境之上的,就难以避免自然灾害的冲击与破坏。翻看1949年后中国主要领导人的讲话以及主流媒体的话题,有关自然灾害及抗灾防灾的讨论,可以说从年头到年尾,难以数计。例如,1952年12月政务院会议指出,"旱灾对我国的威胁是极其严重的。三年来全国虽然做了不少的防旱、抗旱措施,但直至目前,北方地区能够灌溉的耕地面积比例尚很少,南方地区大部分的水田也还不能抵御稍长时期的干旱";② 1953年10月,毛泽东在相关谈话中指出,中国的自然灾害有6种,即"水、旱、风、虫、霜、雹",它们每年给中国农村造成2000万~4000万灾民,而这个问题的解决需要几十年;③ 1954年9月,周恩来在政府工作报告中说,"农业在1953年因为有较重的自然灾害没有完成计划","今年因为长江和淮河流域遭受了严重的水灾,农业生产计划也不能完成"。④ 尤其是三年困难时期,自然灾害及其破坏更是异乎寻常。1959年9月,农业部党组在报告中指出,该年灾情特别严重,"是解放以来所未有的,在解放以前也是少见的";⑤ 1961年《人民日报》元旦社论指出,1960年全国一半以上的耕地受灾,"这样的灾害是百年未有的",受此影响,该年农业生产计划和相关

---

① 参阅《领导农业生产的关键所在》(1953年3月26日)、《为动员一切力量把我国建设成为一个伟大的社会主义国家而斗争》(1953年12月),中共中央文献研究室编《建国以来重要文献选编》第4册,中央文献出版社,1993,第109~115、713~715页。
② 《中央人民政府政务院关于发动群众继续开展防旱、抗旱运动并大力推行水土保持工作的指示》(1952年12月19日),中共中央文献研究室编《建国以来重要文献选编》第3册,中央文献出版社,1992,第444页。
③ 毛泽东:《粮食统购统销问题》(1953年10月2日),中共中央文献研究室编《毛泽东文集》第6卷,第296页。
④ 周恩来:《政府工作报告》(1954年9月23日),中共中央文献研究室编《建国以来重要文献选编》第5册,第593~604页。
⑤ 《中共中央批转农业部党组〈关于庐山会议以来农村形势的报告〉》(1959年10月15日),中共中央文献研究室编《建国以来重要文献选编》第12册,中央文献出版社,1996,第624页。

轻工业生产计划都没有能够完成。① 可以说,自然灾害是新中国乡村始终无法摆脱的梦魇。

(三) 人口过剩造成的人均生产和生存资源严重不足

早在中华人民共和国成立之初,人口过剩问题即已引起中央政府的高度重视。政务院在 1952 年指出,因耕地不足而凸显的人口过剩问题,此前即有,即使土改完成也没能从根本上改变这一状况;② 1955 年,卫生部在有关"节制生育问题"给中共中央的报告中也说:中国的人口已经在 6 亿人以上,而且每年还要增加 1200 万～1500 万人,人口的快速增加已经使国家和家庭均感困难。③ 人口过多且增长过快,使得"吃饭"这一关乎民众基本生存条件的活动,逐渐成为中共政治经济生活中的头等大事,不断予以重复和强调。例如,1953 年春,李先念在一次会议中指出,"人口增长得太快",每年新增人口所消耗粮食达 75 亿斤,使"节育成了政治问题。"④ 1959 年 4 月,毛泽东在致信各级地方领导时强调:"须知我国是一个有六亿五千万人口的大国,吃饭是第一件大事。"⑤ 1960 年 5 月,中共中央发出指示,强调:"无论如何,六亿五千万人的吃饭问题,还是头等大事。" 8 月,中央又发指示强调,"民以食为天,吃饭第一,必须全党动手,全民动手,大办粮食";同月,中央再发指示强调:"坚决贯彻执行'吃饭第一'的精神。"⑥ 1975 年 10 月,《人民日报》发文强调:"吃饭是第一件大事,这是一个简单的、

---

① 《团结一致,依靠群众,争取世界和平和国内社会主义建设的新胜利》(1961 年 1 月 1 日),中共中央文献研究室编《建国以来重要文献选编》第 14 册,中央文献出版社,1997,第 6 页。
② 《中央人民政府政务院关于劳动就业问题的决定》(1952 年 7 月 25 日),中共中央文献研究室编《建国以来重要文献选编》第 3 册,第 286 页。
③ 《中央卫生部党组关于节制生育问题向党中央的报告》(1955 年 2 月),中共中央文献研究室编《建国以来重要文献选编》第 6 册,中央文献出版社,1993,第 59 页。
④ 李先念:《粮食问题不可掉以轻心》(1957 年 3 月 4 日),中共中央文献研究室编《建国以来重要文献选编》第 10 册,中央文献出版社,1994,第 109 页。
⑤ 毛泽东:《党内通信》(1959 年 4 月 29 日),中共中央文献研究室编《毛泽东文集》第 8 卷,第 49 页。
⑥ 《中共中央关于农村劳动力安排的指示》(1960 年 5 月 15 日)、《中共中央关于全党动手,大办农业,大办粮食的指示》(1960 年 8 月 10 日)、《中共中央关于确保完成粮食调运计划的指示》(1960 年 8 月 15 日),《建国以来重要文献选编》第 13 册,中央文献出版社,1996,第 384、525、537 页。

千真万确的真理!"① 可以说,对吃饭问题的焦虑,始终贯穿于改革开放前的中国。

(四)政府提取过多造成农民负担沉重

这主要表现在三个方面。(1)超标征收农业税。例如,1952年11月中共中央在一份文件中批评指出,有的地方党委和政府在征收农业税过程中层层加派、任意摊派,大大超过了原计划数字,加重了农民负担,"引起农民不满"。② 事实上,在此之前,毛泽东在给谭震林的信中也曾严厉指出,部分农民因负担太重而"无以为生"。③（2)粮食超额征购太多。随着统购统销体制的建立和不断强化,以强迫命令和乱批乱斗方式征"过头粮"的现象,在各地普遍发生,由此也搞得国家同农民的关系"很紧张"。④ 对此,刘少奇曾有一个很有启发意义的分析。他指出,历史上,地主阶级总是挤农民的口粮,地主阶级被打倒后,实际上是城里人跟农民争饭吃,争肉吃,争油吃,争鸡蛋吃,争棉花,争麻,等等。很多东西统统被收购起来,农民很不高兴。这样一来,工农之间产生了尖锐的矛盾。这个矛盾不解决是很危险的。它对我们的无产阶级专政,我们的国家,甚至于我们的社会,能不能继续维持和发展下去,是一个很严重的问题。⑤（3)"一平二调"对农民的剥夺。据中央农村工作部统计,"大跃进"时期,全国无偿平调农民和农村集体经济的物资折款总值为250亿元,如按当时全国乡村人口计算,平均每人被平调财物48.89元。这一数字相当于1957年全国人均收入的34.43%,相当于1961年全国农民平均消费数额的71.90%。⑥ 虽然事后进行了最大限度的退赔,但其对农民生产积极性的

---

① 《把"农"字放在第一位》,《人民日报》1975年10月15日。
② 《中共中央关于农业税收问题的指示》(1952年11月12日),中共中央文献研究室编《建国以来重要文献选编》第3册,第407页。
③ 毛泽东:《必须切实解决农民负担过重问题》(1952年10月15日),中共中央文献研究室编《毛泽东文集》第6卷,第241页。
④ 薄一波:《若干重大决策与事件的回顾》上卷,中共中央党校出版社,1991,第271页。
⑤ 刘少奇:《当前经济困难的原因及其克服的办法》(1961年5月31日),中共中央文献研究室编《建国以来重要文献选编》第14册,第357页。
⑥ 1957年,全国人均国民收入为142元;1961年,全国农民平均消费水平为68元。参见薄一波《若干重大决策与事件的回顾》下卷,第747、765页。

摧残和农业生产力的破坏，是难以用数字来衡量的，也是难以在短时间能够恢复的。有关该问题，中共高层包括毛泽东本人，有着诸多的总结反思。①

（五）文化落后制约了乡村生产力的发展与生产关系的调整

首先是教育水平低。1955年6月，国务院在相关文件中指出："农村的文化依然处在很落后的状态，文盲依然占农村人口的绝大多数，若不逐步加以改进，将成为今后开展互助合作运动、发展农业生产的一个障碍。"② 这种状况一直到"文革"前夕都没有根本改观。据教育部1965年的统计，全国青壮年中，40%多是文盲，学龄儿童中有近30%无法入学，50%的高小毕业生和70%的初中毕业生无法升学，而这些人"主要分布在农村"。③ 其次是卫生习惯不好。毛泽东曾指出，卫生工作有利于生产、工作和学习，有利于改善环境、增强国人体质，有利于促进生产大跃进和文化、技术大革命，但很多人并不懂得"移风易俗、改造世界的意义"。④ 再次是封建迷信思想比较重。文化部党组在一份报告中曾指出，广大人民群众（尤其是农民）"受迷信思想的影响比较深"，烧香、拜佛、盖庙宇、塑菩萨、迎神、还愿、演鬼戏等活动盛行，"戕害了少年儿童的心灵，妨碍了群众社会主义觉悟的提高"。⑤

除以上外，干部贪腐、高利贷等问题也是导致乡村贫困的重要因素，

---

① 参见毛泽东《论十大关系》（1956年4月25日）、《关于整风和干部参加劳动》（1957年4月27日）、《关于社会主义商品生产问题》（1958年11月9日）、《在郑州会议上的讲话（节选）》（1959年2月27日）、《坚决退赔，刹住"共产风"》（1960年12月30日），中共中央文献研究室编《毛泽东文集》第7卷，第29页、295页注③、438~439页；第8卷，第9~10、227页；《郑州会议记录》（1959年2月27日~3月5日），中共中央文献研究室编《建国以来重要文献选编》第12册，第125~130页。
② 《中华人民共和国国务院关于加强农民业余文化教育的指示》（1955年6月2日），中共中央文献研究室编《建国以来重要文献选编》第6册，第261页。
③ 《教育部党组关于全国农村半农半读教育会议的报告》（1965年5月14日），中共中央文献研究室编《建国以来重要文献选编》第20册，中央文献出版社，1998，第313页。
④ 毛泽东：《把爱国卫生运动重新发动起来》（1960年3月18日），中共中央文献研究室编《毛泽东文集》第8卷，第150页。
⑤ 《文化部党组关于停演"鬼戏"的请示报告》（1963年3月16日），中共中央文献研究室编《建国以来重要文献选编》第16册，中央文献出版社，1997，第249页。

这在中共的相关文献中，也有诸多的记录与分析，① 因篇幅所限，兹不赘述。

基于上述分析，构建一种什么样的反贫困体系，成为中华人民共和国成立后中共必须面对和反复思考、设计与试验的一个核心战略问题。

二 反贫困：中共解决乡村问题的路径设计

毋庸讳言，集体化体制的建立与推行时期，是中华人民共和国成立以后乃至整个中共历史上政治斗争最为激烈的时期之一，正因如此，有关集体化时代中国问题的研究，始终是国内外学术界关注的热点话题之一，并有众多卓有贡献的成果。但是，如果这些研究不与中共的上述乡村问题意识相结合，则其认识势必停留在空泛的政治层面，而不能深入社会历史领域，甚至有可能陷入狭隘的权谋论中。换言之，该时期构建或试行的许多基本制度与重大政策，都与上述问题意识直接相关，都具有鲜明的"反贫困"意象与设计，尤其表现为以下各点。

（一）强调以集体化生产取代小农生产，以追求"共同富裕"

早在1943年11月，毛泽东在陕甘宁边区劳动英雄代表大会上讲话时指出，"组织起来是农民由穷变富的必由之路"；② 1949年3月，他又在七届二中全会上说，对占国民经济总产值90%的分散的个体的农业经济和手工业经济，必须谨慎、逐步而又积极地引导其向现代化和集体化方向发展，"任其自流的观点是错误的"。③ 中华人民共和国成立后，这一思想得到进一步的阐发，并迅速成为一系列重大决策的基本指导思想。例如，1953年10

---

① 参见《中央工作会议关于农村整风整社和若干政策问题的讨论纪要》（1961年1月20日）、《中共中央关于目前农村工作中若干问题的决定（草案）》（1963年5月20日），中共中央文献研究室编《建国以来重要文献选编》第14册，第89~90页；第16册，第321页。《邓子恢关于城乡高利贷活动情况和取缔办法的报告》（1964年1月13日），中共中央文献研究室编《建国以来重要文献选编》第18册，中央文献出版社，1998，第252~261页。
② 《组织起来》（1943年11月29日），中共中央文献研究室编《毛泽东文集》第3卷，人民出版社，1996，第932页。
③ 《在中国共产党第七届中央委员会第二次全体会议上的报告》（1949年3月5日），《毛泽东选集》第4卷，人民出版社，1991，第1432页。

月，毛泽东在关于"粮食统购统销""农业互助合作"等问题的谈话中说，"农民的基本出路是社会主义，由互助合作到大合作社"，① 指出"不靠社会主义，想从小农经济做文章，靠在个体经济基础上行小惠，而希望大增产粮食，解决粮食问题，解决国计民生的大计，那真是难矣哉"，强调"对于个体经济实行社会主义改造，搞互助合作，办合作社，这不仅是个方向，而且是当前的任务"。② 1954年9月，陈云在一届人大一次会议上发言时说："保证我国农民走向富裕生活的道路，不是发展农村的资本主义，而是经过合作社走向社会主义。"③ 1955年7月，一届人大二次会议通过的"一五"计划也强调："必须逐步地以合作化的农业代替分散的个体的小农业。"④

简言之，在中共看来，只有社会主义才是农民实现"共同发展和共同富裕的唯一出路"。它的这一坚定主张主要源自以下思想，即在他们看来，与传统的、以家庭为单位的个体农业相比，组织起来能够更快速、更广泛地解决落后与贫困问题，具体来说，有四个优势：（1）能够更合理地组织和利用土地资源、劳动力资源和国家援助，实现技术革新，发展农业生产力，抵抗或者减少灾害，使农民迅速地"得到很多利益和很大利益"；（2）能够在最短时间内扫除文盲，有效提升应对各种长期危害人民健康的重大疾病（例如血吸虫病）的能力；（3）能够克服小农经济自发的资本主义趋势，使农村避免重新走上"极少数人发财"和"大多数人贫困和破产"的旧路；⑤

---

① 《粮食统购统销问题》（1953年10月2日），中共中央文献研究室编《毛泽东文集》第6卷，第295页。
② 《关于农业互助合作的两次谈话》（1953年10月15日、11月4日），中共中央文献研究室编《毛泽东文集》第6卷，第302~304页。
③ 陈云：《关于计划收购和计划供应》（1954年9月23日），中共中央文献研究室编《建国以来重要文献选编》第5册，第632页。
④ 《中华人民共和国发展国民经济的第一个五年计划（1953~1957）》（1955年7月30日），中共中央文献研究室编《建国以来重要文献选编》第6册，第407页。
⑤ 参阅《中国共产党第七届中央委员会第六次全体会议（扩大）关于农业合作化问题决议》（1955年10月11日）、毛泽东《〈中国农村的社会主义高潮〉序言》（1955年12月27日）、《中共中央关于向全体农村人口进行一次大规模的社会主义教育的指示》（1957年8月8日）、《一九五六年到一九六七年全国农业发展纲要（修正草案）》（1957年10月25日），中共中央文献研究室编《建国以来重要文献选编》第7册，中央文献出版社，1993，第287~288、435页；第10册，第528~529、634页。

（4）便于实现农业生产的机械化特别是大机器化。① 1949～1978年，大规模的集体化运动，正是在此基础上发动起来的。

（二）以水利化与机械化建设为重心，提升抵御自然灾害的能力，提高农业劳动生产率

中共的这一思想可以追溯至其革命初期，1934年初，毛泽东在瑞金第二次全国工农兵代表大会上即提出了"水利是农业的命脉"的著名论断，强调应给予其"极大的注意"。② 革命胜利后，中共领导层更视此为解决乡村问题的基本手段而倍加重视。就水利化而言，毛泽东曾在1956年指出，"兴修水利是保证农业增产的大事"，③ 提出在国家和基层农业社分工合作基础上，在7年内"基本上消灭普通洪灾和旱灾"，在12年内"基本上消灭个别大的水灾和旱灾"，④ 并特别强调："水利要搞八年十年计划，不要说'三个冬春完成'。十年以后还要搞，水利不要急，要长期打算。"⑤ 也正是在这个思想指导下，水利建设成为集体化时代中国乡村的基本议题，中共中央曾为此先后制定、颁发和批转了《关于水利工作的指示》（1958年8月）、《关于水利问题的指示》（1960年6月）、水电部党组《关于当前水利工作的报告》（1961年12月）、水电部党委《当前水利工作中的若干问题》（1965年8月），⑥ 组织动员了巨大的人、财、物资源投入水利建设。

就机械化而言，毛泽东斩钉截铁地对各级领导干部指出，"农业的根本出路在于机械化"，只有在一切能够使用机器操作的部门和地方统统使用机

---

① 《关于农业合作化问题》（1955年7月31日），中共中央文献研究室编《毛泽东文集》第6卷，第432页。
② 《我们的经济政策》（1934年1月），《毛泽东选集》第1卷，第132页。
③ 《〈中国农村的社会主义高潮〉按语选》（1955年9月、12月），中共中央文献研究室编《毛泽东文集》第6卷，第451页。
④ 《对〈一九五六年到一九六七年全国农业发展纲要（草案）〉稿的修改和给周恩来的信》（1956年1月7日～9日），中共中央文献研究室编《建国以来毛泽东文稿》第6册，中央文献出版社，1992，第4页。
⑤ 逄先知、冯蕙主编《毛泽东年谱（一九四九——一九七六）》，中央文献出版社，2013，第373页。
⑥ 参阅中共中央文献研究室编《建国以来重要文献选编》第11册，中央文献出版社，1995，第455～458页；第13册，第415～417页；第14册，第858～865页；第20册，第572～594页。

器操作,"才能使社会经济面貌全部改观"。例如,大规模节省劳动力以促进非农产业的发展,解决"年年增长的商品粮食和工业原料的需要同现时主要农作物一般产量很低之间的矛盾",落实"备战、备荒、为人民"的战略方针,等等。他还呼吁"全党必须为了这个伟大任务的实现而奋斗",并提出了"四年以内小解决,七年以内中解决,十年以内大解决"的农业机械化时间表。① 他的这些思想,也成为改革开放前中共制定相关政策时的基本理论依据。如1962年底召开的全国农业会议总结指出,要想根本性地提高农业劳动生产率,就必须改变传统的农业生产方式,"用现代的技术装备来装备农业,变人力畜力的手工操作,为外燃、内燃和电气动力的机械操作"。② 1978初召开的第三次全国农业机械化会议继续宣称和强调"农业的根本出路在于机械化",③ 并誓言决战三年(即到1980年),全面实现农业机械化。④

(三) 以"以粮为纲、多种经营"为基本指导思想,努力解决吃饭问题和致富问题

粮食生产问题是集体化时代中共念念不忘的头等国家大事。1953年春,李先念在题为《粮食问题不可掉以轻心》的讲话中指出:"我国人多、地少、生产技术还落后,增产粮食是件头等大事,不能掉以轻心。"⑤ 1958年6月,毛泽东强调指出,"粮食、钢铁、机械是三件最重要的事",其中"粮食及其他农产品是第一件重要的事情"。⑥ 此后,他进一步提出了"以粮为

---

① 《关于农业合作化问题》(1955年7月31日)、《〈中国农村的社会主义高潮〉按语选》(1955年9月、12月)、《党内通信》(1959年4月29日)、《关于农业机械化问题的一封信》(1966年3月12日),中共中央文献研究室编《毛泽东文集》第6卷,第431~439、457页;第8卷,第49、428页。

② 《全国农业会议总结》(1962年11月29日),中共中央文献研究室编《建国以来重要文献选编》第15册,第754页。

③ 陈永贵:《第三次全国农业机械化会议开幕词》(1978年1月5日),《新华月报》1978年第1期。

④ 《夺取三年决战的胜利——祝第三次全国农业机械化会议的召开》,《新华月报》1978年第1期。

⑤ 李先念:《粮食问题不可掉以轻心》(1953年3月4日),中共中央文献研究室编《建国以来重要文献选编》第10册,第108~109页。

⑥ 《关于向全军印发〈农业大有希望〉报告的批语》(1958年6月22日),中共中央文献研究室编《建国以来毛泽东文稿》第7册,中央文献出版社,1992,第280页。

纲，全面发展"的观点，认为这是解决农业问题的办法。① 1960年5月，中共中央在给各地党委、政府的指示中要求："农业生产，特别是粮食生产更不能丝毫放松。"② 1972年4月，《人民日报》社论高调宣称，"农业是国民经济的基础，粮食是基础的基础"，没有粮食生产，"就说不上整个国民经济的发展"。③ 毋庸置疑，这种对粮食生产的高度关注，正是源于对前述有关吃饭问题的焦虑。

同时，中共高层还主张发展多种经营以解决乡村贫困问题。在他们看来，只有走多种经营的道路，才能真正实现"人尽其力、地尽其利、物尽其用"的全面发展，概要来说有三点：（1）它能够综合利用各种劳动力资源，实行合理分工，做到亦工亦农，人尽其才，有利于"解决我国人口多、耕地少矛盾"；（2）它能够充分利用各种自然资源特别是土地和农作物副产品等，为工业发展和对外贸易提供更多的原料或货源；（3）它能适应城乡民众生产和生活需要的多样化，并且增加社员收入。正是基于这些认识，中共中央先后出台了《关于发展农村副业生产的决定》等一系列专题或相关决策，并要求："每一个人民公社和基本核算单位必须尽一切努力，争取全面地增加生产增加收入，不仅要增产粮食，还要增产各种农作物，发展多种经营，发展林牧副渔，发展社办工业。"④

（四）重视"文化革命"，以提升农民的生产技能

早在1933年8月，毛泽东就在中央根据地"十七县经济建设大会"上指出："用文化教育工作提高群众的政治和文化的水平，这对于发展国民经

---

① 薄一波：《若干重大决策与事件的回顾》下卷，第694页。
② 《中共中央关于农村劳动力安排的指示》（1960年5月15日），中共中央文献研究室编《建国以来重要文献选编》第13册，第384页。
③ 《以粮为纲，全面发展》，《人民日报》1972年4月16日。
④ 参阅《中共中央关于农村人民公社分配工作的指示》（1960年5月15日）、《中共中央关于进一步巩固人民公社集体经济、发展农业生产的决定》（1962年9月27日）、《中共中央、国务院关于发展农村副业生产的决定》（1962年11月22日）、《全国农业会议总结》（1962年11月29日），中共中央文献研究室编《建国以来重要文献选编》第13册，第388~392页；第15册，第610~611、700~704、754页；《〈中国农村的社会主义高潮〉按语选》（1955年），中共中央文献研究室编《毛泽东文集》第6卷，第461页；薄一波：《若干重大决策与事件的回顾》上卷，第390~391页。

济同样有极大的重要性。"① 其中，农民又在中共文化革命战略中居于突出位置，毛泽东曾指出："大众文化，实质上就是提高农民文化"②"所谓扫除文盲，所谓普及教育，所谓大众文艺，所谓国民卫生，离开了三亿六千万农民，岂非大半成了空话？"③ 中华人民共和国成立后，随着形势向"技术革命和文化革命"转变，④ 提升农民文化素质特别是生产技能，也被视为推动农村发展的关键所在。1956~1957 年，中共中央在制定实施《一九五六年到一九六七年全国农业发展纲要》期间，就把提升农民的教育水平与科技水平作为其基本内容之一。例如，它要求大力推广业余文化学校，"基本上扫除青年和壮年中的文盲"，大力提倡群众集体办学，"逐步普及小学教育"；大力推广先进生产经验，"组织技术传授，发动农民和干部学习外社外乡外县外省（自治区）的先进的管理经验和技术知识"；积极繁殖和推广农作物良种，各省、市、区、县"都应当建立种子管理机构"；加强农业技术指导工作，建立各级农业科学研究、试验、示范机构和农机服务站，特别是要从具有相当生产经验和一定文化程度的农民中间，遴选和培养初（中）级农业技术人才，以适应经济发展的需要。⑤ 此后，中共中央陆续出台一系列综合性或专题性举措以推动乡村教育管理体制、教学组织形式、教学内容、教学方法等的改革与发展，以及农业科学研究与技术推广体系的建立，如《关于教育工作的指示》(1958 年 9 月 19 日)、《关于农村扫盲、业余教育情况及今后工作方针任务的批示》(1960 年 4 月 2 日)、《关于加强种子工作的决定》(1962 年 11 月 22 日)、《批转农业部党组关于全国农业会议的总结》(1962 年 12 月 17 日)、《关于半农半读教育工作的指示》(1965 年 7 月 14 日）等。⑥

当然，还需要特别指出的是，为了确保上述措施的贯彻执行特别是对集体

---

① 《必须注意经济工作》(1933 年 8 月 12 日)，《毛泽东选集》第 1 卷，第 125~126 页。
② 《新民主主义论》(1940 年 1 月)，《毛泽东选集》第 2 卷，第 692 页。
③ 《论联合政府》(1945 年 4 月 24 日)，《毛泽东选集》第 3 卷，第 1078 页。
④ 《在南京、上海党员干部会议上讲话的提纲》(1957 年 3 月 19 日)，中共中央文献研究室编《毛泽东文集》第 7 卷，第 289 页。
⑤ 《一九五六年到一九六七年全国农业发展纲要（修正草案）》(1957 年 10 月 25 日)，中共中央文献研究室编《建国以来重要文献选编》第 10 册，第 633~656 页。
⑥ 参阅中共中央文献研究室编《建国以来重要文献选编》第 11 册，第 489~498 页；第 13 册，第 214~216 页；第 15 册，第 708~713、740~762 页；第 20 册，第 310~321 页。

化与共同富裕道路的坚持，中共还在乡村地区密集地发起了一系列以阶级斗争理论为指导的思想教育与政治改造运动，如"社教""四清""文革"等。

三 历史窠臼与当下悖论：中共乡村问题意识的再认识

沿着以上的问题意识与路径设计，中共在近 30 年的乡村建设实践中取得了诸多显著成就，尤其是在前述几个基础性领域。举其要者如下。

（1）农田水利建设成就突出。据学者研究，1949～1976 年，全国用于水利建设的资金近 800 亿元（含地方及社队自筹资金近百亿元），建成大型水库 308 座、中型水库 2127 座、小型水库 83200 座，总库容量 4200 余亿立方，分别是 1949 年的 51.3 倍、125.1 倍、69.3 倍和 21 倍；建成万亩以上灌区 5000 多处，机电排灌动力由解放初的 9 万多马力增加到近 7000 万马力，机电井从无到有，增加到近 209 万眼，"使水患初步得以控制"。与此相应，全国农田灌溉面积由 1949 年的 23893 万亩增加到 73332 万亩（1980 年），增长了 2.07 倍。①

（2）农业机械化和化学化水平虽然没有达到预期目标，但其提升幅度之大及因此而产生之意义，同样不容小觑。例如，据统计，与 1952 年相比，1980 年全国农用机械总动力和农村用电量分别增长了 800.4 倍和 640.6 倍，大型拖拉机和联合收割机的数量分别增长了 568.9 倍和 94.2 倍，化肥使用量增长了 162.7 倍（见表 1）。

表 1 集体化时代中国农机化进程

年度	农用机械总动力（万千瓦）	大型拖拉机（台）	联合收割机（台）	农村用电量（亿千瓦时）	化肥使用量（折纯量）（万吨）
1952	18.4	1307	284	0.5	7.8
1957	121.4	14674	1789	1.4	37.3
1962	757.0	54938	5906	16.1	63.0
1965	1098.8	72599	6704	37.1	194.2

---

① 参见水利部农村水利司编《新中国农田水利史略（1949～1998）》，中国水利水电出版社，1999，第 27 页；杨煜国《毛泽东高度重视水利建设》，《世纪行》2009 年第 3 期；王琳《毛泽东水利思想及其当代价值》，山西大学博士学位论文，2012，第 56～57、72～73 页。

续表

年度	农用机械总动力（万千瓦）	大型拖拉机（台）	联合收割机（台）	农村用电量（亿千瓦时）	化肥使用量（折纯量）（万吨）
1970	2165.3	125498	8002	95.7	—
1975	7478.6	344518	12551	183.1	—
1978	11749.9	557358	18987	253.1	884.0
1979	—	—	—	282.7	1086.3
1980	14745.7	744865	27045	320.8	1269.4

资料来源：国家统计局农村社会经济调查司编《中国农业统计资料汇编1949～2004》，中国统计出版社，2006，第21～24页。

（3）粮食生产虽然经历了"大跃进"等天灾人祸的冲击，但总体保持增长态势。据统计，与1949年相比，1980年的粮食（主要包括稻谷、小麦、玉米、大豆、薯类）单产增长了1.66倍，总产增长了1.83倍（见表2）。

表2 集体化时代中国粮食产量增长状况

年度	1949	1952	1957	1962	1965	1970	1975	1978	1980
单产(公斤/亩)	68.6	88.1	97.33	84.66	108.4	134.1	156.7	168.5	182.3
总产（万吨）	11318	16392	19505	16000	19543	23996	28452	30477	32056

资料来源：国家统计局编《1949～1984：光辉的三十五年统计资料》，中国统计出版社，1984，第53页；国家统计局农村社会经济调查司编《中国农业统计资料汇编1949～2004》，第35～41页。

（4）农村基础教育规模有了大幅度的扩张。以初等和中等教育为例，据统计，1950年时全国城乡在校中小学生有3022.9万人，占同期全部人口的5.48%；到1978年时仅农村中小学在校生就达到12878.7万人，是前者的4.26倍，占同期农村总人口的比例也达到16.30%。需要进一步指出的是，农村中小学学生总数占全国中小学生总数的88.1%，超过了同期农村人口占全国人口的比重（82.08%）。[1]

但集体化的乡村发展模式似乎并不尽如人意，随着时间的推移，各种批

---

[1] 据国家统计局国民经济综合统计司编《新中国六十年统计资料汇编》（中国统计出版社，2010，第6、72页）和《中国教育年鉴》编辑部编《中国教育年鉴1949～1981》（中国大百科全书出版社，1984，第1001～1023页）等相关资料计算。

评、质疑乃至否定的声音不断高涨，其话锋所指，仍是乡村的贫困问题。这种批评首先来自党内。例如，《人民日报》即刊文指出：1978年全国农业人口平均年收入只有70多元，近1/4的生产队社员收入在50元以下，平均每个生产大队的集体积累不到1万元，有的地方甚至不能维持简单再生产；①时任中共安徽省委第一书记的万里也曾指出："农村问题特别严重，农民生活特别困难……吃不饱，穿不暖，住的房子不像个房子样子，……门窗都是泥土坯的，连床、桌子、凳子也是泥土坯的，找不到一件木器家具，真是家徒四壁呀！我真没料到，解放几十年了，不少农村还这么穷！"② 1982年后，中共中央开始全面推行农村家庭联产承包制，从而在实践层面否定了以人民公社为基本载体的乡村集体化道路。许多理论和学术界人士也在相关研究中把批评的焦点指向乡村贫困问题。例如，社会学家陆学艺指出，集体化使整个乡村出现了"普遍贫困化"的趋势，8亿多农民挣扎在温饱线上，其中2亿多人连温饱也难以维持，"处在绝对贫困的境地"。③

集体化体制下的乡村贫困是毋庸讳言的事实，以此为中心的研究分析自然有其不可替代的重大意义。但同样毋庸讳言的是，这些研究与分析有意无意间忽略了以下诸多关键因素。

其一，中共乡村问题意识的合理性。事实上，自晚清开始，中国的思想界特别是精英分子就已经开始检讨中国的落后、思考并设计中国的发展道路问题，其中就大量涉及中国乡村问题的表现、内涵、生成原因、解决方法等问题，并提出了许多极具启发意义的观点，如"人口膨胀所导致的生存资源紧张""自然灾害对乡村社会生活的巨大破坏""政府剥夺压榨对民困的加剧""小农生产方式的落后""西方列强侵略对中国乡村生产与生活秩序的冲击""战争对乡村的破坏""地主豪绅对农民的剥夺""商业与金融资本的巧取豪夺""社会奢靡之风的不良影响"等。进入民国后，乡村问题进一步加剧，不同政治信仰与社会阶层的代表纷纷提出了自己的理解与主张。例如，国民党话语中的帝国主义侵略、乡村金融枯竭、地权不均、乡绅土劣

---

① 《中共中央关于加快农业发展若干问题的决定》，《人民日报》1979年10月6日。
② 万里：《农村改革是怎么搞起来的》，《中国经济时报》1998年4月30日。
③ 陆学艺：《"三农论"：当代中国农业、农村、农民研究》，社会科学文献出版社，2004，第189、338~339页。

化等，中共话语中的帝国主义侵略、阶级剥削，乡村建设派话语中的农民"愚、贫、弱、私"的病象，经济学家视野下的土地不均与资本缺乏，社会学家视野中的人口过剩、技术落后、国内政治不良、政府剥夺太重等等。① 将晚清民国时期思想界的讨论与前述集体化时代中共关于乡村问题的认知加以比较，我们会发现两者之间有着太多的相似性。这一方面说明，随着时代的变迁，乡村问题的内涵及表现会发生诸多层面的转变，但从根本上看，它们大多是长期累积起来的结构性问题，革命的胜利与政治的重建或可以在短时间内予以缓和，但不可能有根本性、即时性的解决。进一步说，集体化时代中共关于乡村问题的认知与表述，在很大程度上是对此前中国思想界相关理论成果的一个继承、综合与提升，有其显著的合理性。这是必须要明确的。

其二，对近代中国而言，贫困是个历史性窠臼。一方面，透过上述清末民初思想界的讨论可以发现，贫困问题至少在鸦片战争时期就已经存在且比较严重了，而造成此种局面者即有社会政治层面的因素，更有人口多、土地少、自然灾害严重、生产水平低等长时段结构性因素。这也意味着反贫困是一项长期而艰巨的任务，不能寄希望于短期的乃至一时的政治变革与政策调整。事实上，即使在改革开放 20 年后，到 2000 年中国的贫困人口仍多达 9422 万人，占全国人口的 10.2%。② 另一方面，贫困也是一个发展不平衡的问题。因自然环境特别是生存资源禀赋状况的巨大差异，虽同处乡村地区，但那些内陆地区、西部地区、偏远地区、山区的农民，比城郊农民贫困得多。有研究表明，1980 年时中国不同省份之间农村人均收入差异的 70% 是源自人均土地数量与质量上的差异。③ 这也说明，因此而产生的贫困，也远非人力在短时期内所能解决。

其三，中共的反贫困政策与实践大多具有基础性和战略性意义。农村反贫困问题同样是个复杂的系统工程，既需要宏观层面的产业、财政、社会等

---

① 参见赵兴胜等《中华民国专题史·地方政治与乡村变迁》，南京大学出版社，2015，第 2~4、20~42 页。
② 中华人民共和国国务院新闻办公室：《中国农村扶贫开发的新进展（2011 年 11 月）》，人民出版社，2011，第 9 页。
③ 罗德里克·麦克法夸尔、费正清主编《剑桥中华人民共和国史（1966—1982）》，李向前等译，海南出版社，1992，第 551~552 页。

政策的支持，也需要微观层面的生产、生活环境的改造，既需要向贫困者直接提供基本生活必需品以解燃眉之急，更需要培育乡村自身的反贫困能力。在这其中，包括农田、水利、交通、教育、卫生等在内的基础设施的建设和完善，是"最为重要"和"必不可少的先决条件"。① 从这个意义上说，前述集体化时代的水利、农业机械与科技、基础教育、粮食生产等领域的建设，其成就与意义是不容小觑的。事实上，有关这点也得到了国外学术界的认同。哈佛大学铂金斯教授即撰文指出，"无可怀疑的是，70 年代的旱涝灾害对产量的影响小于 70 年代以前，所以，农村的某些重要成就要归功于农村建设"。加州大学的马德森教授则指出，尽管自 50 年代中期以来"村民们的人均粮食产量没有得到很大的增加"，但"经济的发展却已经逐渐地给许多公社带来了大量的经济利益"，如较好的道路设施、部分电灯和通信工具、新卫生所以及得到改进的卫生技术等；他还特别指出，不断增加的农村人口本身就是"物质生活水平得到改善的一种标志"，而且"这些物质利益要比革命前更加均等地为全村人所享有"。② 还需要补充说明的是，集体化时代的许多建设成就，一直惠及当下。例如，据统计，截至 2004 年底全国计有大型水库 460 座、中型水库 2869 座，全国水库总库容为 5542 亿立方米，③ 与前述水利建设成就相比，可以发现其中多半建设于集体化时代。

　　需要特别强调指出的是，本文关心的重点不完全是集体化的成败得失问题，更重要的是透过上述梳理分析，发现其中蕴含的更具学术意义和现实意义的深层问题。（1）在思想理念、政策方向均具有合理性且在实践层面亦不乏成就的情况下，为何乡村贫困依旧？（2）批评者为何轻视甚至忽视上述合理性与建设成就？在笔者看来，这虽然是两个层面的问题，但其背后的价值理念与思维方式却有着共同性，那就是以当下需求为中心的问题意识与话语形式。不能否认这种话语形式所具有的重大现实意义，但必须同时认识到它也不可避免地遮蔽了更广阔、更复杂的历史场景和更多元的利益主体和

---

① 王雨林：《中国农村贫困与反贫困问题研究》，浙江大学出版社，2008，第 182 页。
② 罗德里克·麦克法夸尔、费正清主编《剑桥中华人民共和国史（1966—1982）》，第 537、713 页。
③ 王浩主编《中国水资源与可持续发展》，科学出版社，2007，第 161～162 页。

社会需求，进而导致了一系列悖论现象的发生。简单地说，在实践层面，它表现为对即时获得感的追逐和凸显，政策上急功近利，发展目标与评价标准单一。人们常常批评集体化模式存在"急躁冒进""一大二公""重工业轻农业""重城市轻乡村""重积累轻消费"等问题，从根本上看，这些问题都是片面追求当下意义的结果。进一步说，正因如此才出现了一个奇怪的现象：与轰轰烈烈、高歌猛进的农村建设相比，农民的贫困问题并没有得到明显改善，个别地区"甚至倒退到抗日战争以前的水平"。[1]

在理论和学术研究层面则表现为认识问题的简单化和表面化倾向。上述各种因素之所以被长期轻视乃至忽视，原因即在此。由此，也催生了一系列更深层的问题：（1）认识上的片面性。例如，黄宗智曾以"没有发展的增长"来解释集体化时代的乡村贫困问题，认为集体化时代农业生产条件的改善和农业产量的大幅度增加，不但没有促进劳动生产率和报酬的提高与增长，反而使其停滞不前甚或有所下降。[2] 这种分析的启发性是鲜明而显著的，但问题也很明显，即把发展定义为狭义的、即时的个人直接所得，而忽视了在基础建设领域的成就。同时，集体化下的乡村贫困问题既有生产方面的因素，更重要的还是与整个国家发展战略及财富分配体制有关。就此而言，笔者更同意经济学家林毅夫的观点，即在他看来，制度低效（"在生产队体制下的劳动激励和生产率都要低于单个家庭农场和自愿形成的合作社下的劳动激励和生产率"）是导致农业生产乃至整个集体化体制危机的关键因素。[3]（2）深陷自相矛盾的逻辑中却不能自觉。人们常常一方面以急于求成来批评集体化模式下的各种激进政策，另一方面又批评集体化没有解决乡村贫困问题，却没有意识到在做出此种评论时，自身潜意识中也存在一种急于求成的心理。正如前述，乡村贫困是一个历史性窠臼，用一个累积了一个多世纪的历史性问题，来评价一个短期的政策与体制的成败得失，显然有失客观与理性。（3）话语雷同，以今论古，缺乏理论或学术创新能力。事实上

---

[1] 秦兴洪、廖树芳、谢迪斌主编《新中国60年农村发展之路》，广东高等教育出版社，2009，第118页。
[2] 黄宗智：《中国农村的过密化与现代化：规范认识危机及出路》，上海社会科学院出版社，1992，"自序"，第3页。
[3] 林毅夫：《制度、技术与中国农业发展》，上海三联书店、上海人民出版社，2014，第12页。

学术界已经注意到该类问题,有学者在讨论人民公社史研究时即指出,在众多研究中,除了大量不太符合学术规范的著述以外,还有部分论著是根据已经出版的资料集或者以二手资料做支撑,"其结论几乎都与主流意识形态不证自明的观点相一致"。①

余 论

集体化时代是近代以来中国乡村转型最为剧烈和影响最为深远的历史时期之一,如何推进对该段历史的研究,学术界已经有所关注和讨论。例如,有学者注意到历史学者的"参与不多","许多成果只是下了事实描述的功夫,很少个人的思考,更缺乏理论性的提炼",强调"历史现象的研究,最终还是要由历史学家来完成",认为要"做出合乎历史条件的解释",首先要从历史资料的收集整理做起;② 还有学者认为,加强"各种史料的收集、整理与研判",是避免或减少重复性、增加研究学术性的最佳途径;③ 等等。诸如此类的思考与建议都具有很强的指导性。但在笔者看来,单纯的资料收集还不是根本方法,或者说还是不够的,更重要的还需要视角的转变,特别是重新思考一些重大理论问题。其中,又以以下两点最为关键。

(1) 如何看待现代化进程中的乡村贫困问题。如众所知,经济的工业化和人口的城市化,既是现代化的两大基本动力,也是其基本的表象与特征。如果我们承认这一点,那就也必须承认乡村的贫困与衰败几乎是现代化进程中的一种必然乃至应然。由此,我们也就必须重新审视近代以来的各种乡村建设理论、方针、政策与体制:它们是基于长远的社会经济发展战略,还是出于现实的政治考量,抑或是一种复古的文化情怀?它们在哪些层面适应了现代化进程?又在哪些层面偏离甚至逆现代化潮流而动?这些问题不解决,乡村建设的目标与方向就不明确,事倍功半甚至半途而废的现象仍会发生。

(2) 如何转换话语体系特别是看待农民在反贫困进程中的角色与地位。

---

① 辛逸:《人民公社研究述评》,《当代中国史研究》2008 年第 1 期。
② 李金铮:《问题意识:集体化时代中国农村社会的历史解释》,《晋阳学刊》2011 年第 1 期。
③ 辛逸:《人民公社研究述评》,《当代中国史研究》2008 年第 1 期。

近代以来，以"救济乡村"为名，各种政治力量、社会力量乃至学术团体都进行过角度不同的尝试，前赴后继，蔚为壮观。但引人注目的是，其中绝大多数无疾而终，仅在思想史上留下点点记录，以至于发起者无奈地发出"号称乡村运动"而"乡村不动"、"与农民应和而合不来"[①] 的慨叹；少数在社会实践层面发生具体作用者，又被常常批评为"名为建设乡村，实为破坏乡村"，特别是类似的慨叹与批评至今不绝。[②] 显然，问题出在精英阶层所使用的话语体系上而绝不是农村和农民身上。进一步说，长期以来，精英阶层习惯于从国家本位、以同质化与本质化的思维来审视农民问题，始终把农民作为被改造的对象来设计和安排，在思想观念、政策体制特别是产权制度上轻视甚至是漠视农民的自主意识、自主能力特别是自主创造力，虽时代巨变，但这一思维方式并没有发生根本性改变。这正是悖论产生的根源所在。换言之，上述话语体系不变，各类悖论还会重复发生。

---

① 梁漱溟:《乡村建设理论》，上海人民出版社，2011，"附录一"，第 403~405 页。
② 赵兴胜:《现代性与乡村传统文化的未来》，《人民论坛·学术前沿》2013 年第 6 期。

中西文化融合与价值建构

中国摇滚乐和日本人

青野繁治[*]

前 言

在中国摇滚乐形成过程中,日本人所起到的作用在摇滚乐界是众所周知的,然而笔者至今尚未看到系统介绍这一情况的论文。但是要研究中国摇滚乐的发展史,这些事情是不可忽略的,所以本文将引用笔者目前所能搜集到的材料,试图讨论这个问题。

拙文《中国摇滚乐里的世界冲击波》[①]已讨论崔健等中国摇滚创始人如何接受西方摇滚乐和流行音乐。文中提出,从海外来到中国的留学生以及到中国做生意或办事的一些外国人参与了中国摇滚乐的酝酿,但对日本人在其中所起到的作用几乎没有讨论。

就这个问题,笔者认为,可以从三个方面来讨论。第一,日本音乐人作为演奏者或制作人,提供了人际交流机会、演奏技术、乐器等。第二,一些日本人成为演出或者录音工作人员,提供知识和劳动力。其中有一部分人是从听众发展为工作人员的。第三,还有一部分日本人,作为一般听众支持现场演出,或者为其他听众提供演出和唱片等信息,后来逐渐形成一个摇滚爱好者的交流网。

---

[*] 青野繁治,日本大阪大学名誉教授。
[①] 青野繁治「欧米および日本のロックに見るチャイナ・インパクト——併せて、中国ロックに見る海外インパクト」田中仁・三好惠真子編『共進化する現代中国研究』大阪大学出版会、2012、282~305頁。

一　音乐人和音乐制作人

在"文革"结束后的 80 年代初，对中国民乐工作者起到启蒙作用的，是在中国开演唱会的一位音乐人、二支乐队佐田雅志、亚里斯乐队和后醍醐乐队。亚里斯乐队的谷村新司所唱的《昂》后来风靡整个亚洲，谷村本人也被聘请为上海音乐学院的作曲指导。在中国摇滚乐启蒙第一阶段，他们起到的作用并不那么明显。但是日本流行音乐的影响，后来逐渐以日本现代文化的方式慢慢向中国浸透。比如说，邓丽君翻唱的日本流行歌曲，在中国听众不知道是日本歌曲的情况下，进入中国听众的耳朵。日本电影《人证》的主题曲《草帽歌》，虽然歌词是英文，但一些中国听众并不知道那是生长在日本的一名美日混血儿山中乔（Joe Yamanaka）作曲和演唱的。

其实，日本的流行音乐确实给中国的某些音乐工作者留下了很深刻的印象。比如说，由北京歌舞团的年轻乐手组成的七合板乐队，他们所录的歌曲中就有那首《草帽歌》，以及由日本作曲家作曲、安 - 路易斯演唱的《告别情人》。另外，北京中央音乐学院的教授当时最感兴趣的是日本的电子音乐，尤其对喜多郎《丝绸之路》中的音乐抱有新鲜感。这是他们受日中合拍的电视节目《丝绸之路》影响的结果。

在此情况下，日本的音乐产生了两个动向。

其一，在中国留学的日本学生，通过自己的表演活动与中国音乐界人士进行交流。比方说，吉他手甘利匡辅参加了崔健专辑《解决》的录音，贝斯手佐藤诚参加了常宽专辑的录音，吉他手武田知之参加了羽化乐队的演出。后来也有鼓手 HAYATO 参加瘦人乐队的演出，另外还有咖啡因乐队的吉他手 MASATO。他们基本都是学生，而非职业乐手。

其二，职业乐手的动向也值得注意。他们在日本已经有一定的音乐活动历史，但对日本的音乐动态感到不满，于是来到中国与中国的乐手进行交流。其代表就是在 90 年代初突然来到北京的鼓手方奇末吉。他原来是日本暴风 SLUMP 乐队的鼓手，因 *Runner* 而出名。他的活动经历在他自己的著书中有很详细的记述，笔者在此不予赘述。他和黑豹乐队相识之后，通过黑豹乐队对中国摇滚乐界产生的影响是无可估量的。

另外，苍蝇乐队的吉他手高桥浩二、贝斯手佐藤敦志以优异的演奏技术出名。IZUMI（古贺泉）有一段时期在崔健乐队号手刘元经营的CD-CAFÉ打鼓，后来又在北京迷笛音乐学校教打鼓。稍微晚来的还有伊丹谷良介。他先赴美国学习并创作自己的音乐，然后回到日本，再后来又到中国，和原超载乐队吉他手韩鸿宾等一起演出过。他的 *Hello Mr Asian* 稍有名气，后来他为超级女声出身的纪敏佳担任制片人。

制片方面，还有方奇末吉为胡国庆、陈龄等中国歌手写歌，也为他们制作唱片。大友光悦为黑豹乐队制作了《黑豹Ⅲ》，又为唐朝乐队制作了《演义》专辑。另外，键盘手菊池圭辅为女歌手谢雨欣提供歌曲，并为她制作唱片，后来在北京奥运时担任闭幕式的音乐策划。

二 支持乐手的工作人员

支持中国摇滚乐的日籍工作人员，多为原本在中国留学的年轻学生或驻扎在中国的外籍公司员工。他们创设了摇滚信息网，1998～2000年，其活动非常活跃。除了在中国留学的日本学生以外，还有很多即将到中国留学的学生、已经留学回国的学生都把这个信息网当作交流摇滚信息的场所。比如说，名为"五道口"的学生乐队经常在该信息网上发布他们的演出信息。在日本的中国摇滚迷几乎都是通过该信息网得知"嚎叫俱乐部""保持联络""CD-CAFÉ""莱茵河声场""无名高地"等演出场所的存在。

其实，这其中最早起到重要作用的日本人并不是这些年轻的留学生和外籍公司员工，而是中山真理女士。她原来是学音乐的，后来在中国住了很长时间，著有有关中国当代文化的书，其中也提到中国的流行音乐和摇滚乐。在方奇末吉的《中国大陆摇滚乐漂流记》中，她也是被提及的重要人物。早在1986年中国东方歌舞团举办"纪念国际和平年中国百名歌手演唱会"时，她就发现了年轻作曲家郭峰的才华，并促成了他留学日本。郭峰在日本出了一张专辑 *YELLOW*，这张专辑中的一首《舞》，成为NHK介绍中国信息的新闻节目《今日中国》（1992～1997）的主题曲，非常受欢迎。

中山也和崔健有所交流，经常给他的演出和专辑提意见。英国BBC制作的介绍崔建的节目在日本的NHK播出后，她对内容很不满意，极力建议

NHK自制介绍崔健的节目,并为之提供了一些原始资料,她自己也在节目中担任采访人员。

本来在JVC公司担任录音技术人员并为Mr. Children和Luna Sea录制过唱片的粟野敬三,先是参与了轮回乐队《心乐集》的录制,后来又参与了唐朝乐队的《演义》、黑豹乐队的《不能让我的烦恼没有机会表白》、郑钧的《怒放》等许多专辑的录制。他对中国摇滚乐的贡献之大,是其他日本人都无法比肩的。

再回到留学生的话题,有些留学生在留学期间有机会去看摇滚乐队演出,后来去的次数多了,便和一些乐手互相熟识。其中有学生和他们交流密切,经常一起吃饭、喝酒,甚至和他们一起去参加演出,或者参加录音。他们和摇滚乐手的交流也因此越来越密切。后来他们干脆直接提供帮助以支持中国的乐队。

例如,一名叫细野研的年轻人曾参与女性朋克乐队"挂在盒子上"的演出活动,后来又把她们带到日本演出,并帮助她们在日本出专辑。另外,奥野龙太郎和西村公一等人,当初是超载乐队的听众,经常出现在超载乐队的演唱会上。后来开始支持乐队的活动,在超载乐队的第二张专辑当中,他们担任Back Chorus。超载乐队的鼓手兼任瘦人乐队的鼓手之后,奥野等人也开始支持瘦人乐队的演出。奥野后来两次推动瘦人乐队去日本参加FUJI摇滚音乐祭。和奥野一起邀请瘦人乐队到日本参加FUJI摇滚音乐祭活动的还有足立拓男、足立治男兄弟。他们后来在东京设立了一个小唱片公司——Peoples Record,将《扭曲的机器》《脑浊》《反光镜》等朋克乐队的专辑在日本进行销售。有一段时期,日本音像店里销售上述乐队的光盘,这都是足立兄弟的贡献。

中国留学生的活动集中反映在一张专辑,即在日本出的《中国朋克选集★北京绝叫》中,其中有属于北京京文音像和嚎叫唱片的12组中国朋克乐队和属于日本"杀人氯乙烯"公司的"QP-CRAZY"的共同演出。唱片说明书当中,策划人细野研写道:"2000年4月8日,嚎叫唱片诞生的这个纪念日,'杀人氯乙烯'的QP-CRAZY在北京和参与这张专辑的乐队一起进行演出。演出延长为6个小时,聚集了500多名听众。日本和中国的乐队一起在北京的朋克历史上写下了一个新的传说。"专辑协助者当中有足立拓男、足立治男和摇滚信息网的创始人伊藤俊介。

作为一名和中国摇滚界有联系的日本留学生，香取义人在后来开设了一个规模最大的摇滚信息网站——Yaogun Database[①]，并向世界公开了几百个摇滚乐队及其唱片专辑的信息。

此外，还有北京广播电台工作人员太和田基（俗称田鸡先生），他为住在北京的日本人提供中国摇滚的信息。他在辞职之后，继续为中国的乐队提供机会，邀请他们到日本演出。因为他是福冈人，所以在2005年邀请了福冈的乐队Apache Train到北京朝阳公园音乐节演出。

三 在日摇滚乐迷交流网

据笔者所知，日本最早的中国摇滚迷集会是在东京成立的以中国歌迷会成员为中心的崔健歌迷会。笔者对其活动不甚了解，在此略过。一些90年代留学中国的学生回到日本后，仍继续热心于中国摇滚乐。有的学生经常在五月黄金周或者国庆节时去北京旅行，参加迷笛现代音乐节或者朝阳公园现代音乐周等大型音乐节。他们将参加音乐节时拍摄的录像和买到的唱片、T恤等带回日本，在集会当中将这些东西作为话题畅聊摇滚乐。

在2002年、2003年前后，结束在北京的工作回到日本的西村嘉德和西村公一姐弟，在大阪"三国"地方的章鱼丸店内开了一家茶馆。该茶馆每月开放一次，集合了住在大阪附近的摇滚乐迷及歌迷会员、留学和居住在日本的中国人，以及笔者和毛丹青、川田进等大学教员。大家在一起一边吃章鱼丸、喝西村提供的中国茶，一边聊摇滚乐和中国文化、中国时尚等。可惜的是"西村茶馆"在2013年3月停止活动，但这十年间它在日本的中国摇滚迷的交流活动中所起到的作用，是可以给予很高评价的。

日本的摇滚迷交流网正是在上述留学生和工作人员酝酿下成立的。其实，日本社会也已具备形成这种交流网的基础，那就是广播媒体。

其中，首屈一指的是FM COCOLO。该广播电台是以1994年关西地区发生的阪神大地震为契机，为促进住在该地区的世界各国人之间的交流而开设

---

① http://www.yaogun.com/。

的。其中，最有名的节目是方奇末吉主持的《慢慢走吧!》。其特点在于用日语和汉语介绍有关中国摇滚乐和华语流行歌曲的信息，很受关西地区听众的欢迎。该广播电台由外国主持人用他们的母语来主持，有汉语、英语、西班牙语、法语、德语、意大利语、菲律宾语等。其中，汉语节目由中国主持人或者生长在日本的华人来主持。另外，还有一位日本先生，他是华语流行乐歌迷，提供《东方时空》等节目信息。NHK FM 的"亚洲流行音乐风"节目也介绍中国流行音乐。电视方面，筑紫哲也的 NEWS23 也经常介绍摇滚信息，NHK 卫星第二频道有"子夜王国"节目，经常播报亚洲流行音乐的最新动向。

但是到 20 世纪前十年中期，介绍中国摇滚乐的广播和电视节目慢慢减少，其背景似乎是日中关系恶化。这一时期，日本的摇滚乐迷集合在一处交流摇滚乐的情况几乎再难见到。一些摇滚乐迷对中国的摇滚乐似乎失去了关心。笔者希望像过去那样，恢复中国摇滚乐在日本人中的人气，但对眼前的萧条情形只能茫然自失。

四 日本人为何喜爱中国摇滚乐并予以帮助？

在中国摇滚乐刚刚诞生的 80 年代中期，正是日本资本主义烂熟时期，很多艺术活动出现商业化倾向。一些职业乐手对偶像挂帅的倾向感到不满意，他们在追求海外发展的可能性时偶然遇到了刚刚在中国诞生的摇滚乐，并被当时中国摇滚乐人纯粹地追求自己理想中音乐的态度感动，于是下决心帮助他们，方奇末吉便是其中的代表人物。

对于此种情况，笔者也有一些感性认识。笔者当时对日本音乐界重视偶像、轻视艺术性的倾向非常不满，便不听日本流行歌曲，只听欧美流行音乐。但欧美音乐界的商业化也越来越显著，对欧美音乐也有听腻的感觉。正在那时遇到了崔健等中国的摇滚乐人。笔者对他们的音乐抱有新鲜感，因为他们的摇滚乐不是日本和欧美摇滚那样一种顽固的经典化形式，而是一种比较自由的音乐形式。

笔者认为，正是在这种情况下，很多日本人喜欢上了中国摇滚乐。但是2000 年以后，中国摇滚乐也开始出现商业化倾向。这是一件可悲的事情。

音像店里中国港台地区和韩国的流行音乐成为主体。后来，方奇末吉在其博客中说，中国摇滚乐已经死了。同时，在日本乐迷中能提及华流和摇滚的机会也越来越少，电视上介绍华流音乐的节目几乎都被淘汰。这一发展趋势无可挽回吗？笔者认为中国摇滚乐只能寻求新的活路，否则难以吸引过去的摇滚迷。这是笔者根据自身的经历及体会获得的感悟。

民国时期通书中的时间与象征[*]
——依托传统走向近代化

丸田孝志[**]

前　言

有关清末至民国期间的改历与中国人时间观念的转变等的诸多研究指出：随着君权天授这一统治机理的消亡，天子掌控"观象授时"的王朝国家的时间观念以及举行祭天大典等仪式的基础也就不复存在，进而出现了一股试以"国民国家"原理重构时间观念的潮流。同时，力推格里高利历（以下称"新历"）为正式时间的"权力"与传统历（以下称"农历"）所根植的"社会"之间，形成了"官方时间与民间时间并存的二元化现象"。[①]当然，这并不意味着两者背道而驰，相反，农历时间依托传统与民俗的强大力量，在文化意义上的国民整合以及政治动员中展现了其积极的一面，即便是在新历时间已全面渗透的今天，农历时间在政治领域依然影响巨大。

---

[*]　原载于『アジア社会文化研究』15 号、2014。本文在此基础上经大幅修改而成。
[**]　丸田孝志，日本广岛大学综合科学研究科教授。
[①]　近年来有关中国时间观念的主要研究有：陈遵妫《中国天文史》（下），世纪集团出版社，2006；小野寺史郎『国旗・国歌・国慶：ナショナリズムとシンボルの中国近代史』東京大学出版会、2011；遊佐徹『中国近代文化史研究：時間・空間・表象』岡山大学文学部研究叢書、2012；丸田孝志『革命の儀礼：中国共産党根拠地の政治動員と民俗』汲古書院、2013；湛晓白《时间的社会文化史——近代中国时间制度的观念变迁研究》，社会科学文献出版社，2013；周俊宇《党国的象征——中华民国国定节日的历史》台北："国史馆"，2013；等等。有关时间的二元化问题，参见左玉河《评民国历法上的"二元化社会"》，《近代史研究》2002 年第 3 期。

本文所要探讨的通书是指模仿官历而制成的民间历书，是一种在民间广泛流传的生活指南，其除历法功用之外，还包括如占卜、预言、各种信仰与道德故事、婚丧嫁娶礼仪甚至迷信色彩浓重的治病偏方等内容，不一而足，也是我们了解民间的时间观念和信仰世界的宝贵材料。司马富（Richard. J. Smith）做过有关通书的通史性研究，在其著作中对海外的情况、中外之间的交流以及各种近代文明进入通书的过程及后续变化等多有涉猎与研究，却没有对包括新历及纪念日在内的有关时间的象征以及国旗、领袖像等一般象征物进行详细论述，也未探讨其与官方历法的关系。[1] 近年来，有关历法与时间的社会史研究也涉及了通书的问题。[2] 但是，由于通书本身带有非合法性，甚至充斥各种封建迷信内容，因而无论是在国民政府时期还是在新中国成立后，都是被要求坚决取缔的对象，加之存在通书仅供当年使用不予保存等问题，因此对通书在当时的出版流通等情况还需要更多深入的调查研究。

尤其是对通书所反映的民俗心性和各种新生事物之间是如何发生碰撞并最终有机融合在一起这一问题，有待进一步探讨分析。笔者基于对上述问题的关心，对伪满洲国、日伪华北政权以及中国共产党革命根据地政权中各权力主体对通书的利用情况做过一些研究。[3] 在此基础上，本文将以北京政府和国民政府时期的通书为研究对象，考察近代的时间观念以及国家、民族象征如何在通书中被逐渐接受，并通过此研究进一步明晰民国时期历书的变化过程及其对伪满洲国与中共根据地历书的影响，从而确认伪满洲国与中共根据地历书所具有的历史价值和地位。

---

[1] リチャード.J. スミス（Richard J. Smith）著、三浦國雄監訳、加藤千恵訳『通書の世界——中国人の日选び』凱風社、1998、35～37頁。

[2] 湛晓白：《时间的社会文化史——近代中国时间制度的观念变迁研究》；江明原：《紫金山天文台史稿——中国天文学现代化个案》，山东教育出版社，2004；任笑：《民国"双历法结构"形成研究》，河南大学硕士学位论文，2012；王海璐：《民国时期的历书设计研究》，北京服装学院硕士学位论文，2012，第10、17页。

[3] 丸田孝志「満洲国〈時憲書〉と通書——伝統・民俗・象徴の再編と変容」『アジア社会文化研究』14号、2013（本文有关伪满《时宪书》的叙述，皆基于此论文）；丸田孝志「時間を巡る日中戦争——満洲国・華北傀儡政権・中共根据地の時間とセレモニー」『現代中国研究』33号、2013。

一 民国时期通书的形态

历书的刊发是历代王朝的特权，以官历为底本的民间历书刊印被允准，始于清乾隆十六年（1751）。然而，由于民间私人推算历书的编印无法根绝，因而在政府的默许下民间私历一直广泛留存。① 湛晓白在其研究中曾指出：欧美传教士为传教编纂的新旧历对照通书是中国社会开始接触和了解新历时间的重要契机。② 具有引导民众信仰及生活功用的通书被传教士利用一事说明：从这时起通书就已开始作为向中国介绍海外事物的道具，受到关注。比如，《中西通书》（上海墨海书馆，1860）排除了日历中择日注解的做法，代之为仅记述该日的天文信息。同时，在周末一栏中刊印《圣经》中的圣言，卷末则以摘录《圣经》的形式解说教义等。这种思想宣传的形式和后来国民政府的《国民历》如出一辙。

中华民国成立后，新历成为正式的时间记述方式。临时大总统令指示，历书并存新旧历，一律废除"吉凶神宿"。按此规定，以新历为主、农历为辅的《中华民国历书》（教育部中央观象台编，以下简称《民国历书》）刊印并流通。该历书中日历的历注已销声匿迹，代之为天文历时法等科学知识。1913 年《民国历书》的刊发开始走上正轨的同时，开始允许在民间付印该历书。但是，私人推算的历书仍旧被禁止。③ 不过，通书在基本保留传统形态的情况下，以在农历日期的上方加注新历的这种农历为主、新历为辅的方式继续发行。通书虽说封建迷信色彩浓重，但是由于在民间影响深广，因此从客观上讲，新历对通书的依附有利于新历的推广。

民国时期通书的代表形态有以下三种。

（1）以《中华民国国历通书》《中华民国阴阳合历通书》等为名，在或红或紫的封面上印有"天官美女""福禄寿三星"，一般为 32 开本。这类

---

① 王彩红：《清代前期图书出版管理探究》，《兰台世界》2011 年第 19 期，第 56 页；王海璐：《民国时期的历书设计研究》，第 10、17 页；リチャード. J. スミス（Richard J. Smith）著、三浦國雄監訳、加藤千恵訳『通书の世界——中国人の日选び』、35～37 页。
② 湛晓白：《时间的社会文化史——近代中国时间制度的观念变迁研究》，第 2～4 页。
③ 任笑：《民国"双历法结构"形成研究》，第 7～11 页。

通书形式最为简便，通常"芒神春牛图"之后的 2~4 页印的是占卜、择日等内容，之后就是 12 个月的日历，共 24 页。民国初年出版的这种通书中也有名为《中华民国时宪书》的，封面主题已颇具近代气息，比如印有大总统像和国旗、陆军旗等。另外，虽然发行单位通常不明，但其中有些能够确定曾在上海和华中地区发行。

（2）取清代官历之名，如《全序民国时宪书》《全序民国时宪通书》等，封面以红色印刷"七十二侯时令全图"或"十二属相全图"。大小为 16 开本或比此稍窄，日历占 24 页，占卜、择日、符咒等内容所占篇幅和日历分量相当。内封面上多印有预测一年的天气、收成等的"几龙治水""几牛耕地"等四幅图。20 世纪 20 年代中期的版本中反映近代内容的图画较多，比如清末民国时期政治人物肖像、"文明结婚仪式图"及程序、民国服制、"万国全图"等。这些通书多数也未注明发行单位，但有一些能够确认曾经在东北、华北、上海等地区发行。

（3）封面上只以大字印刷出版社的堂号，大小为 32 开本，或比此竖长若干，并印有"天官美女""福禄寿三星"等彩图。还有一些只有堂号而无历名。占卜、择日、符咒、故事等内容很丰富，并且由于历注翔实等，页数较多，一般在 60~100 页。明确记载发行单位的所在地为广东或福建，甚至有些记载了编者名讳。近代内容较为丰富，诸如电报表、邮资表等。至于象征，其一大特征是载入了彩印的各国国旗、军旗一览表。

为行文方便起见，暂将（1）称为《国历通书》型、（2）称为《全序时宪书》型、（3）称为堂号型。（1）和（2）形式相仿，且有时会在封面、历名、内容等方面借鉴对方的特点。此外，有些模仿传统官历封面的样式，有些把一些传统的吉祥图案或各种神仙像做成封面，还有一些企业发行的则以广告做封面，总之存在多种形态的通书①。

---

① 历书、通书一般没有版权页，实际出版年份为标题中所显示年份的前一年。但本文将出版年统一为历书所标示的年份。此外，在封面标题中明确记载有民国某年的情况下，本文中省略出版年份。如果发行单位不明，则只注明标题，一律省略对版权页缺失的说明。堂号型通书如果有出版信息和历名，则在文中明记，没有历名的则将堂号作为历名。

二　北京政府时期通书中的时间与象征

　　有研究表明，南北政权的合并且以共和为理念而成立的北京政府，一开始就对国家象征的操作意识较为淡薄（小野寺，2011，第三、四、五章）。《民国历书》除强调科学主义之外，并没有像后来的国民政府的《国民历》、伪满的《时宪书》那样掺入国旗、领导者像甚至其他一些象征元素。值得一提的是，当时的《民国历书》所参照的欧美以及日本的官历，基本上都是不掺杂任何国家象征元素的纯天文历。《民国历书》的上方虽然以农历标注了国家祭祀日和其他一些节日的具体名称，但是新历的纪念日除"国庆日"之外并未具名，仅是以红字标注"纪念日"而已。

　　民国初年曾出现过以黄帝纪年为历书名的通书（《黄帝纪元4611年时宪书》，1912）。其中，日历只用农历标注，封面同清朝《时宪书》一样印有"钦天监钦遵御制数理精蕴印造时宪书颁行天下"的字样。此外，"都城顺天府节气时刻""纪年"（生年、年龄对照表）等在形式上也与清朝《时宪书》完全相同，并且在卷末原原本本袭用了清朝历书编纂者的名讳。黄帝纪年的本意在于超越王朝的时间观念以创造民族的时间观念，但是这种通书完全没有反映出这种意义。这种通书之所以得以继续发行，是因为社会所看重的是历书构成形式的延续性，而这种形式的延续性和政治变动没有直接关系。洪宪帝制时，曾出现一部教育部中央观象台编的《中华洪宪元年阴阳合历通书》（1916），其日历采用农历为主、新历为辅的形式，除沿用了一些民国的祭祀与节日以及国庆节之外，再无与近代有关的事物，并且印刷和纸张的质量也相当低劣，因此极有可能是假借官历之名的伪造品。

　　如上所述，民国初年的通书仍可假借官方权威得以继续刊行。但是1913年在上海出现了保留旧有历注并将新历作为日历的主体将农历置于日历下方作为辅助的历书（《中华民国二年阴阳合历通书》，天宝石印书局，1914）。像这样以新历为主、农历为辅的通书，到北京政府末期暂无他例。该历书开头部分印有"新旧二十四节气表"，记述了西洋历法简史或概要的"西历沿革孜"；日历的注解部分以"宜○○"为主体，一个月中"不宜

○○"仅有数次记述。该通书和此后出现的以新历为主体的通书在基本形式上是一致的。不过,这种通书在民国初年具有多大的影响力还不甚明朗。依笔者拙见,很早就在大城市推行的这种导入新历的尝试,或因未合时宜而未得成功。

笔者所能查证的民国初年的历书数量不多,现在所能看到的1915年版的两种通书中都没有记载北京政府的纪念日、祭祀、节日。《中华民国五年阴阳合历通书》(上海校经山房)仅是把农历的祭祀印在日历上方。另外,同书内封页上的"春牛芒神图"右侧以新历标注了"大中华民国国庆纪念日",并以新旧历同时标注了"袁大总统寿诞日",由此可感受到袁世凯将要登基称帝时的社会气氛。

现在能够看到的通书大多是20世纪20年代以后印行的。在这些通书中,要么把纪念日、国家祭祀、节日的一览表以新旧历并用的方式放在日历的前页,要么把纪念日、国家祭祀、节日放在日历的"节气"及"杂节"一栏中。由此看来,这些通书比起官历来更加注重强调纪念日的存在。伪满洲国的官历《时宪书》也沿用了这种方式。此外,虽然国耻纪念日、五卅运动纪念日等没有被规定为国定纪念日,而且在《民国历书》中也没有记载,但这些有关民族主义及群众运动的纪念日均被收录到通书中。广州国民政府采用的独特的纪念日体系,应该对通书中纪念日的构成产生了一定的影响。

1927年,奉系政权按照大元帅府命令,筹划恢复带有历注的历书。对此,中央观象台在刊印《中华民国十七年通俗历书》的同时,刊发了列年形式的《民国历书》进行回应。① 《通俗历书》和往常的通书一样,也恢复了日历的历注,内封面上印有预测当年气候、收成的"芒神春牛图",而且和《民国历书》一样,采用了新历为主、农历为辅的形式,并保留了天象推算表,但是择日、占卜等封建迷信内容则被排除在外。此外,模仿通书在衬页上以红字印刷新旧历标注的祭祀、纪念日一览表(《民国十七年典礼日期纪要》),在形式上显得比官历更加强调纪念日的存在。现实社会生活中存在对历注的实际需求,因此这种形式的历书对新历的推广来说是相当有益的。

---

① 江明原:《紫金山天文台史稿——中国天文学现代化个案》,第24页。

不仅如此，据说奉系政权治下的天津按照张作霖的意向，出版过一本《大元帅纪念历书》（东方时报社，1928），该书在构成形式上具有划时代的意义。该历书同样采用新历为主、农历为辅并保留历注的形式，注解也以"宜〇〇"为主，历注之外的迷信内容均未被采用。此外，在彩色封面上印有龙和国旗、陆海军旗，并且在前八页上印有以"讨赤救民之张大元帅"（张作霖）为首的各军政要职部门首脑的相片，卷末则是有关实业、教育、司法的各种规章。笔者认为，在通书中，该书的政治象征性最强，且内容颇具近代风格。该书在一定程度上保留农历、历注的同时积极推行近代化，可以说这是不同于国民政府的另一种近代化指向。同年，国民政府也刊发了政治象征性非常强的《国民历》，这说明南北双方都开始注意提高历书的政治性。并且据该历书记载，其刊发于张作霖即将开始执政时期，因此张作霖就任大元帅的1927年有可能也刊印了同样的历书。果真如此的话，《国民历》形式的确立可能是受到北京政府改造历的影响。同样，伪满《时宪书》也沿袭了这种新历为主、阴阳合历的形式。

通书有时也会借用官方权威并积极利用各种国家象征对抗政府的威压。上述"文明结婚仪式图"中除悬挂万国旗外，还有两面交错的中国国旗或中国国旗与陆军旗。企业为打广告也会积极利用通书，有的通书把企业名置于两面交错国旗的上方，借此来表达爱中国、用国货的情怀。[①] 此外，前述《中华民国五年阴阳合历通书》的封面内容则为西洋画风格的狮子踩地球，并配以飘扬的国旗。将中国喻为"睡狮"一说始于梁启超，此后在中国言论界"醒狮"一词风靡。[②] 狮子和上述《大元帅纪念历书》中的龙一样，都是象征中国的符号，而不是政治符号，这和后来国共两党党派气息浓烈的领袖像、党旗、国旗等象征形成鲜明对比。

民国初年的《国历通书》型通书中就已经开始在封面上印刷大总统肖像（《中华民国四年时宪书》），《全序时宪书》型通书中也有把清朝皇族、逊帝溥仪、清末或民国时期各派系政治人物的肖像（上述哈尔滨承文信书局等）印作卷首插图的情况。政治人物肖像一般放在椭圆形框架内，并多

---

① 《中华民国七年阴阳合历通书》，爱国来国产公司、博宝古玩城，http：//shop.artxun.com/1866715.html，访问日期：2014年1月19日。
② 石川祯浩「眠れる狮子（睡狮）と梁启超」『东方学报』85号、2010。

幅排列于同一页面内，这种形式在清末的年画中业已出现，有研究表明，这种形式源于日本的"皇国贵显肖像"。① 在日本天皇被神化的过程中，天皇肖像被严格置于国家控制之下逐渐走向非可视化。相反，除了模仿天皇的伪满皇帝溥仪的肖像之外，中国的政治领袖像都是可视化的。特别是后来的国共两党都把自己政党的领袖像作为本党的象征积极向社会推广。但是，将自己政权的领袖像和旧政权甚至敌对政权的政治人物像付印在同一本通书中，可能会不利于本政权威望的树立，至少会使本政权领导人的权威相对化。不过可以说，这种做法将使中国在时间及空间上的一体性更强且更为直观。

通书上方的空白处，有时会刊登一些以民族和国家为主题的对联集锦，比如"中华一统民国万年""同心同德利国利民"等。有时也会刊登"磐古至今历代帝王图"等图表，盘古、三皇五帝和后世各朝的开国帝王，以及各朝的治世年数均在每个方格中。该图倒数第二格中有"始自伏羲传五帝三王""止吾中华民国元年共计4854年"字样。清末流行黄帝纪年法，但此图明显是采用伏羲纪年法。清末以来的主要革命派认为汉族就等于中华民族，故而强调将黄帝作为本民族的起源。但这与民国的"五族共和"建国理念明显不符，因此这里采用以伏羲为人类始祖的纪年法，这或许是上图出现的原委。此外，不论是北京政府还是国民政府的官历，都使用中华民国纪年，但是很多通书的日历中却经常出现公元纪年，有的还使用孔子的诞辰来纪年。由此可见，民国初期的纪年方式多种多样，并不仅限于官方纪年法。

在有关预言、占卜的图画中有时也会掺入国家象征。比如，《全序时宪书》型通书内封面的"几牛耕地"图中，耕牛旁边是一列肩扛国旗、陆军旗的士兵。还有就是，卜卦用的"六十四卦金钱课"的铜钱上印有"中华国币""民国通宝"等字样。

总而言之，北京政府时期通书中出现的各种新事物与所谓的"封建迷信"等民俗融混在一起的现象，起到了替代对象征操作淡漠的北京政府将民族与国家的象征渗透到民间的重要作用。我们甚至可以说，上述作用的出现正源于二者的结合。

---

① 遊佐徹『蜡人型・铜像・肖像画——近代中国人の身体と政治』白帝社、2012、115～116頁。

三 国民政府时期通书中的时间与象征

国民党历法政策的一大特征是意识形态非常强,即遵循孙中山的遗训将新历作为法定时间。因而,南京国民政府成立后,明令禁止农历以及新旧历的并用。国民政府修订的初版《国民历》(民国17年版,中华民国大学院监修)便已删除农历,并在衬页上登载了总理遗像、国民党党旗、中华民国国旗。到民国18年版时,日历下方又附上了"总理遗训"。民国17年版《国民历》中的日历是将一个月的日历分成数页的形式,这和国民党政权的大本营广东地区堂号型通书的形式是一致的。从民国18年开始,和《民国历书》一样,将一个月分成左右对开的两页。民国20年以后,"总理遗训"虽然被天文、历时法等自然科学知识代替,但在《国民历》的卷末则大量刊载"总理遗教""革命纪念日史略及宣传要点"等国家象征以及宣传记事,意识形态特征依然明显。国民党虽然有意对通书进行打压,但将国家象征或其他各种实用知识编入历书的手法,可以说是借鉴了新式通书的形式。

国民政府虽然一度尝试废除农历新年,禁止通书流通,但未获成功。①1930年出现了名为《中华民国十九年通用国历》和《中华民国十九年国民历通书》(以下统称《国民历通书》)的新式通书。封面上印刷的是总理遗像、国民党党旗、总理遗嘱。此外,日历上部印有"总理遗训"。该通书的一大特色是虽保留了旧有的繁复历注,但日历只以新历标注。此类通书的出现,缘于国民党常务委员会于1930年发出的在历书中禁用农历的通令。同时,历书中也有国民党中央宣传部的训令以及题为《改印国民新历缘起》的说明文,明示了刊行此种历书的缘由。虽然很难设想中央政权全力支持这种保留历注的通书,但是笔者所能确认的多数《国民历通书》均付印了《改印国民新历缘起》一文,而且从封面的样式以及"总理遗训"、革命纪念日表、节气、节日一览表等内容来看,规格很高。可见国民党和国民政府不单提出了具体的改造意见,而且进行了有组织的动员。

---

① 任笑:《民国"双历法结构"形成研究》,第19~23页。

同一时期，新历为主、农历为辅的通书开始刊发，新历开始逐渐向城市生活渗透。可见，上述《通俗历书》、《国民历通书》以及伪满《时宪书》等以新历编制的改造历书的出现正是受到当时社会背景的影响。《国民历通书》摒弃农历，大量加入国民党象征的做法虽然具有划时代的意义，但是在依然保留历注这一点上，可以说是国民党的农历排除政策与民俗力量之间互相抵触并妥协的产物。这样的改造历书之中，有的封面仍为"天官赐福图"，并未采录《改印国民新历缘起》一文（《大中华民国19年通用国历》）。同时，也有些《全序时宪书》型通书中出现封面仍为"七十二候时令全图"，但其下方的舞龙灯图中的旗子被替换为国旗的情况（《大中华民国全序时宪书》，1930）。由此可见，一部分地区曾力图将农历从通书中排除，但这种历书似乎没有得到当时权力和社会的支持与认可，因为笔者没有找到后续版本。

虽然有上述各种局限性，但《国民历通书》确实逐渐加快了对迷信进行改造的步伐。预测每年气候、收成的"春牛图""流郎歌""地母经"以及选择婚配吉日的"嫁娶周堂图"等内容被削掉，而且一般通书中常见的预言、占卜、择日等也不见踪影。日历的历注也仅保留了"宜○○"。上述《大中华民国全序时宪书》中除属巫蛊类的"天师祛病书法"外，还有近代医学的"临时急救经验良法"。这种在承认民俗价值的同时，对其中迷信等内容进行逐渐改良的手法，和伪满的《时宪书》和通书《家宝书》如出一辙。

国民党虽然明令禁止将党旗和国旗作为企业商标使用，[①] 但是，和北京政府时期一样，仍旧有通书将这些象征符号用作广告。另外，"几牛耕地"图中的旗帜随政权变化而变化，国民政府治下是青天白日满地红旗或青天白日旗（《中华民国二十五年全序民国时宪书》），伪满洲国政权下则是伪满国旗（《家宝书》，"满洲国"通讯社，1941、1942、1944）。

上述1930年《国民历通书》的内封面为"国民革命纪念一览表"，纪念日有42个之多。除前一年刚举行的总理奉安大典之外，其余全为民国18

[①] 《党旗国旗之制造及使用辨法》（1931年7月2日）、《党旗国旗之制造使用条例》（1934年8月30日），《中华民国国旗国歌史料》，台北"国史馆"印行，2002，第75、116页。

年版《国民历》日历中所载纪念日。这其中不仅有孙中山等革命先行者和国民党及国民政府有关革命活动的事迹、群众运动纪念日，还有清末以来受列强欺辱的国耻纪念日。但是，同年出版的民国19年版《国民历》仅采纳了前年所定纪念日中的28个，在民国18年版中约占半数的国耻纪念日减少为2个，并新增了一些后来被指定为"本党纪念日"的革命烈士纪念日。由此可见，其意在突出以国民党为中心的革命史观。《国民历通书》模仿《国民历》收录了传统通书中并未收录的春节、夏节（端午）、秋节（中秋）、冬节（冬至），但是随着农历废止政策的确立，民国19年版《国民历》便将这四节删除了。本来通书是按照国民党和国民政府的方针来进行改造的，但正是由于中央方针的变动，通书与官历反而发生了偏差。国家与权力的象征由于权力的交替或政策方针的改变而发生变化，并且象征在向社会渗透的时候又会出现偏差，这种偏差将会成为通书的一种特定的时代印记。

  抗日战争时期刊发的《中华民国31年国历通书》封面上的"天官贺喜图"中的"恭贺新禧"字样就被替换为"抗战胜利"，后封面和衬页上分别为革命纪念日表和国民公约。在对原国定纪念日进行整理的基础上，该纪念日表收录了《国民历》中未收录的大众运动纪念日、反帝运动纪念日以及清末以来的国耻纪念日。由此可见，该表的纪念日构成并不仅限于国民党的革命史，而是更为广泛地涵盖了国家与民族的内容。同时，一些有关抗战事迹的纪念日虽然原本没有被定为国定纪念日或革命纪念日，但也被收录其中。此外，在这一时期流通过的其他一些通书日历前面的纪念日表上，虽以"国民革命纪念日一览"为名，其中却多记载着北京政府时期的纪念日和农历的祭祀、节日，并在日历中做了具体标注。

  可见，北京政府制定的纪念日、祭祀、节日仍旧存留在通书中，这说明新的象征在向地方与社会基层渗透的时候不会一步到位。而且，一些旧有的象征仍然被继续沿用，也意味着为社会所接受的新生象征要么被相对化，要么与旧象征呈多层化。同样，如上述"磐古至今帝王图"所示，北京政府末期的部分通书中存在以"清本朝万万年"为结尾的图表；而在放弃五族共和、强调中华民族大一统的国民政府时期，也存在仍然沿用"中华民国五族共和亿万万年"等口号的通书。广东藏经阁刊印的通书到国民政府时期虽已开始登载"总理遗训""三民主义浅说"等内容,但是在各国旗帜一览表中北京政府时期的大总统旗、陆军旗竟然同国民政府的国旗、国民党党旗赫然同列(《中华民国新历书》,1928)。此外,也有的通书卷首竟然仍旧使用雍正年间有关历法的上谕(《罗传烈通书》,崇道堂,1931)。由此可见,旧象征依然在通书中留有一定余威,同时也说明国民政府时期的通书并不完全体现的是国民党的正统性,而是在更加广阔的范围内表现出寓于民间的民族特性。

《国民通书》型通书或堂号型通书中,一般多在卷首部分刊印"春牛芒神图"和各种择日等内容。国民政府时期的有些通书,在这一部分内容中加入了包括农历的祭祀、节日在内的一些"革命"纪念日。这至少在形式上说明,传统与近代的界限已不再泾渭分明,为纪念日向民俗的渗透打开了一道缝隙。这样的纪念日表一般多以新旧历并用的方式标注,也有的通书全部用农历标注。后者属于改良余地较小且最简单的《国民通书》型通书,因而也有可能在农村地区流通过。不管怎么说,虽然政府极力推行新历时间,但由于农历作为人们在基层社会生活中的思想及行为的指导准则的地位一时无法撼动,因此用农历来标注纪念日的做法对纪念日的推广是更为现实的。而与之相反的是,上述《国民历通书》完全剔除了农历,只保留了历注,伪满《时宪书》则采用了把卷首的农历择日改为只用新历标示的做法。

伪满洲国发行的通书《家宝书》是由官方直接介入制成,其将沿用传统历法题材的官历逐渐改良,并将官历和通书合在一起发售。其中通书的日历部分被删除,约三成的内容用来着重表示国家象征、宣传以及动员要点。因此,其内容不仅是经过了高度改造,而且完全受制于政治统制。

四 《农家历》的创造

1919 年浙江农民协进社所编《农家历》已经开始尝试用新历标注节气来提示一年的农事。但这仅是一本农历指南书,而不是具有日历功用的历书。此外,在民国 3 年至民国 7 年的《民国历书》中,日历下方的 1 月、4 月、7 月、10 月栏中印有"四时农宜表",记述了每个节气对应的农事,而前述《通俗历书》则将该表置于卷末。伪满《时宪书》中虽详细记载了

"耕种养畜次序表"，但没有对二十四节气的记述。

抗日战争时期，汪精卫政权的《国民历》从1942年版开始，日历下方有关历时法的解说被更换为以节气为序的"农事历"和全国气象概况说明。1943年版开始在日历中记述农历及每日的干支（国民政府行政院教育部编历委员会，1941~1945）。《国民历》虽然在形式上有些复古，近似于民国初年的《民国历书》，但在具体内容上则既保留了农历的要素，又使用实际上的太阳历的节气来奖励农事，可以说这些内容都是具有一定合理性的。

正是在汪伪政权将"农事历"加入《国民历》的1942年，处于国民政府统治区江西省前线的农村根据地，业已刊行将通书彻底改造并面向农民的历书（江西省农业院《农家历》）。该历书的封面是描绘农民生活场景的插画，具有浓郁的农民风格，并以农历为辅的方式来标注日历。此外，还记述了包括农谚、改造民谣等在内的利用民俗促进生产、政治宣传项目、实用农业生产知识、该省农业院附属机构所在地以及相关规定等内容。但是，历注、占卜、预言等与迷信有关的内容被清除殆尽。这样的历书构成形式与国共内战时期中共根据地的《农家历》极其相似。1942年秋，在中共陕甘宁边区进行的农业生产运动中，虽然强调二十四节气在农事活动中的重要作用，但是《农家历》的刊行却是在1944年春节（《解放日报》1944年2月9日）。至于该历书的具体内容，现阶段尚无法确认。上述江西省农业院《农家历》的出现，实际上是根据自身所处的前线的情况，对国民政府的新历政策做了部分因地制宜的调整，这显然不同于中共在其根据地所施行的完全贯彻对农历进行利用的政策。但是，国民政府在通过改造历书、利用民俗促进农事活动这一方面可以说比中共先行了一步。这同时意味着，在做有关民俗利用的研究时，需要在复杂交错的各方政治势力中对中共的运动进行准确定位。

另外，中共也未能在其根据地顺利地普及、推广完全废除了迷信内容的改造历书。比如，《中华民国三十八年农历通书》（出版地不详）的内封面上印有工农画像以及"毛主席歌（《东方红》）"、"共产党歌"，其后则是中共认定的纪念日和以新历标示的节日一览表、一年的农业生产、新式春联等，其他部分包括封面都是继续沿用传统通书的样式。直至新中国成立后的数年间,这种封面或者开头数页上记载上述改造内容以及在日历中只标注吉日("宜○○")的《国历通书》型通书(《中华人民共和国壬辰农历书》,1952)仍被沿用。由此可见,即便是中共政权也不能够轻易根除根深蒂固的传统民俗心性,因而也只能是对此展开循序渐进式的改造。总之,国民党对通书采用的是压制的态度,而中共则是采用积极利用并加以改造的方式,由此也可一窥中共民俗政策的特点。

结　语

民国时期的通书采用在农历上附加新历,并依附于民间信仰生活的方式,这在客观上对新历及全新的国家与民族的象征向社会的渗透起到了一定的作用。因权力交替而新生成的象征向社会渗透的过程是渐进式的,且会带有一定的时间差,加之被误用的情况及树立权威等意图的影响,社会会按照自己的偏好来活用这些象征,因而通书中所吸收的民族与国家象征并未拘于各政权的立场,而是取材更为广泛。

民国时期通书的一大特点是在历书中加入了国家象征和一些实用事项。不论是对农历习惯以及礼仪、信仰等方面有一定认同的政权,还是要对此进行积极改造的政权,都在想方设法利用通书。在此情形之下,通书也顺势而变,完全化解了国民党政权的农历排除政策从而得以存续。伪满以及中共政权采取的对历书的改造与利用政策,也是建立在通书本身的变通能力以及上述对历书改造的经验与教训之上的。

在城市中,新生的各种媒体、娱乐、婚丧礼仪等,对新生的社会事物、国家与民族的象征向民间的渗透也起到了一定的作用。但是相较之下,通书的最大特点在于,在肯定民间信仰与民俗的同时对新生事物持包容态度。通书是承载中国人传统心性的重要基体,近代以来同基层社会的民俗一起被渐次改造并加以利用。因此,通书可以成为我们考察近代事物融入中国社会过程的重要线索与资料。

(王坤 译)

蒋介石《中国之命运》与国族自由[*]

——以文本分析为主

若松大祐[**]

序 言

本文尝试重新阅读《中国之命运》（蒋介石，1943）[①]，由此掌握其主旨。迄今为止，很多人以为该书与民主主义有关，而且经常将之与《新民主主义论》（毛泽东，1940）一文放在一起讨论。[②] 但是，如果实际翻阅该

---

[*] 本文为笔者博士学位论文《现代台湾的官方历史叙述：自中国革命史观至台湾本土史观的连续》（2014，原文为日文）第一章研究之一部分，并在原文基础之上着重以《中国之命运》如何设定"中华民族"等同于"中国国民"为议题修改而成。

[**] 若松大祐，日本常叶大学外国语学部准教授。

[①] 除了特别注明之外，本文基本上是以秦孝仪主编《（先）总统蒋公思想言论总集》（台北：中国国民党中央委员会党史委员会，1984）所收的文献为依据。

[②] 《中国之命运》往往在有关民主的议题中被提及。其原因可能是，中国共产党在《中国之命运》出版后，立即将之视为实现中华民族自由的一种方法，予以公开反驳（陈伯达：《评〈中国之命运〉》，《解放日报》1943年7月21日），而且指出，国民党（即《中国之命运》）所提出的方法并不民主，因此无法接受。尽管该书没有直接讨论民主，但是被视为有关民主的言论。这种认识不仅在出版当时，直至现在仍然继续存在。例如，刘会军在《〈中国之命运〉论析》一文中指出，《中国之命运》是正当化"一个党、一个主义、一个领袖"的法西斯主义的宣传书籍（《史学集刊》1994年第3期，第8、36~40页）。最近，李杨的《蒋介石与〈中国之命运〉》一文暂时停止了将研究重点放在判断《中国之命运》是否民主上，实际考察了该书在当时的出版背景（《开放时代》2008年第6期，第39~51页）。此外，邓野在《蒋介石关于"中国之命运"的命题与国共的两个口号》一文中，首次指出了《中国之命运》原来是有关中国与英美废除不平等条约的意义之内容，后来转变到有关中国政治的阶级对立之内容（《历史研究》2008年第4期，第84~98页）。在日本亦如此，西顺藏编『原典中国近代思想史』（全6卷、岩波書店、1976~1977）曾将《中国之命运》的节译收入毛泽东《新民主主义论》的附录中。前几年出版的『原典中国近代思想史』（全7卷、岩波書店、2010~2011）中也收录了《中国之命运》，不过没有明确该书的定位。

书,并不是立即可看出有关民主主义的字眼,反而是对自由概念的强调更为显著。所以本文将跳出中国共产党史脉络,基于中华民国史脉络来探讨该书的历史叙述,由此揭示该书是以恢复国家与民族的自由为主旨。

本文在讨论《中国之命运》的内容之前,先简单确认该书的出版背景①与书籍信息。首先,该书出版的直接背景是美英废除对华不平等条约。1942年10月10日,美国告知蒋介石将废除不平等条约,次日(11日)蒋介石承之而公布《为美国自动放弃在华特权致谢罗斯福总统电》,并在谢电中以自由与独立的理念来拉近中美两国的关系。1943年1月,美英两国终于废除对华不平等条约。蒋又在1943年1月12日公布《中美、中英平等新约告成告全国军民书》,其中特别强调了世界人类的平等与自由的重要性。从1943年初的国际格局来看,1942年6月中途岛海战(The Battle of Midway)以来,美国开始掌握太平洋战争的主导权,盟军(包括中华民国在内)渐渐在战争中占据优势地位。所以蒋介石利用撤废不平等条约的机会,出版了《中国之命运》,以重新整理中国的过去并展望中国的未来,由此向海内外呼吁争取抗日战争的胜利。

其次是有关《中国之命运》的书籍信息。该书不是蒋介石亲自执笔,实际上是陈布雷、陶希圣、朱其华②代笔,这是公开的秘密。③ 不过,据陶希圣在回忆录中提到,并不完全是代笔,蒋介石也参与了撰写,而且包括蒋在内的政要人物对该书多次加以润稿。④ 换言之,该书是作为中华民国的一种官

---

① 有关《中国之命运》的出版背景,参见陈进金《现代中国的建构:蒋介石及其〈中国之命运〉》,《国史馆馆刊》第42期,2014年12月,第31~62页。
② 不清楚此人到底是谁。根据Wikipedia (http://zh.wikipedia.org/wiki/朱其华),别名朱新繁、李昂,1907~1945,他是中国社会经济史研究者,原来是中共党员,后来因有间谍嫌疑被处死。
③ 「译者解题」蒋介石著、波多野乾一訳「中国の命运」『日华丛书1』日本評論社、1946。
④ 陶希圣:《关于中国之命运》,《潮流与点滴》,台北:传记文学出版社,1964年初版,1979年再版,第201~212页。有关陶希圣在《中国之命运》一书撰写中发挥的作用,部分学者的研究成果如下:李杨《陶希圣与〈中国之命运〉新解》,《中国社会导刊》,中国社会新闻出版总社,2008,第44~46页;沈宁《我的外祖父为蒋介石执笔〈中国之命运〉》,《文史博览》,2009,第11~15页;娄贵品《陶希圣与〈中国之命运〉中的"中华民族"论述》,(香港)《二十一世纪》第131期,2012,第65~73页。虽然《中国之命运》有几位代笔人,但是后来的学者特别集中于研究陶希圣一人。这可能是因为陶本人在《潮流与点滴》及其访问记录中,暴露了曾经亲自参与《中国之命运》的写作。陈存恭、苏启明、刘妮玲访问,赵雅书、尹文泉记录整理《关于〈中国之命运〉:陶希圣先生第十三次访问纪录》,(台北)《军事史评论》第1期,1994年6月,第87~92页。

方见解而出现。另外,《中国之命运》的书名,来自"国家之命运,在于国民之自决"这一孙中山之民族自决思想。该书目录如下:

《中国之命运》,重庆正中书局,初版1943年3月,增订版1944年1月。

第一章　中华民族的成长与发展①
第二章　国耻的由来与革命的起源
　第一节　清代政治社会与学术的衰落及其对内政策根本的错误
　第二节　不平等条约的订立与国民的反应
　第三节　辛亥革命的成功及其失败的教训
第三章　不平等条约影响之深刻化
　第一节　不平等条约对政治和法律的影响
　第二节　不平等条约对经济的影响
　第三节　不平等条约对社会的影响
　第四节　不平等条约对伦理的影响
　第五节　不平等条约对心理的影响
　第六节　国民的反省与自责②
第四章　由北伐到抗战
　第一节　中国国民党的改组和实行三民主义的步骤
　第二节　北伐的成功与革命的教训
　第三节　国府迁都南京后之内忧与外患
　第四节　抗战对国内的影响
　第五节　抗战在国际的地位:抗战期间及战前对日战略与外交战的经过
第五章　平等互惠新约的内容与今后建国工作之重心
　第一节　不平等条约的撤废与平等互惠新约的意义
　第二节　今后努力之方向及建国工作之重点③

---

① 增订版中删改修正较多的一节。
② 只在增订版才有的一节。
③ 增订版中删改修正较多的一节。

第六章　革命建国的根本问题
　　　第一节　建设与革命哲学之建立问题
　　　第二节　社会与学术风气之改造问题
　　　第三节　自由与法治观念之养成问题
　　第七章　中国革命建国的动脉及其命运决定的关头
　　第八章　中国的命运与世界的前途
　　结论

如目录所示，《中国之命运》从历史的角度来主张中国革命的正当性。也就是说，该书首先概括数千年来的中国历史，其次说明中国近代的革命史，最后根据该书出版当年的状况，对未来进行展望。因此，《中国之命运》就是中华民国在1943年时发表的对自己的过去、现在、未来的公开见解。

一　中华民族

如序言所述，本文尝试探讨《中国之命运》一书中所展开的历史叙述，由此掌握该书主旨。本文将从四个论点来加以探讨。

第一个论点是中华民族。《中国之命运》第一章开头提到"我中华民族建国于亚洲大陆，已经有五千年之久了"，然后为了表示中华民族等同于中国国民，继而叙述如下：

　　世界上五千年的古国，到现在多成了历史的陈迹，惟有我们中国，不独巍然独存，且正与世界上爱好和平反侵略各国，为世界的正义公理，为人类的自由解放，共同努力于历史上空前的战争，并正向光荣的胜利与永久的和平之大道迈进。（《中国之命运》第一章）

也就是说，该书强调，中华民族拥有五千年的历史，也构成了现代中国的国家主体，同时伴随世界历史潮流，正在为了人类和平而奋斗。《中国之命运》是以中华民族为主体描述历史。因此可言，该书所开展的历史叙述可称为中华民族史观。

接着,《中国之命运》设定五千年以来的中华民族等同于现在的中国国民,进而说明中华民族所生存的地理空间与其形成过程,并指出中华民族的特色。首先,该书设定的中华民族的地理空间,基本上是清朝的版图。①

> 以地理的环境而论,中国的山脉河流,自成完整的系统。试由西向东,加以鸟瞰:由亚洲屋脊之帕米尔高原,北路沿天山阿尔泰山脉以至于东三省,中路沿昆仑山脉以至于东南平原,南路沿喜马拉亚山,以至于中南半岛。在三大山脉之间,有黑龙江、黄河、淮河、长江、珠江诸流域。中华民族的生存发展,即在这几个流域之间,没有一个区域可以割裂,可以隔离,故亦没有一个区域可以自成一个独立的局面。

《中国之命运》正是以如上叙述方式先确定了中华民族生存的地理范围,而后便开始阐述在此范围内所生存的人们形成中华民族的过程。

> 就民族成长的历史来说:我们中华民族是多数宗族融和而成的。融和于中华民族的宗族,历代都有增加,但融和的动力是文化而不是武力,融和的方法是<u>同化</u>而不是征服。在<u>三千年前</u>,我们黄河、长江、黑龙江、珠江诸流域,有多数宗族<u>分布</u>于其间。(《中国之命运》第一章,下划线为引用者注。)

这里将中华民族阐释为许多族群(书中使用的是"宗族"的概念,英译本中则用"stock"一词)成长为一体的民族。换言之,该书强调了许多"宗族"融合于中原文化这一点。因此可言,该书主张的是中华民族融合论。此处含有"一个国家应有一个民族"的素朴的国族主义理念。

然而,正如前人的研究所指出,这部分内容在该书的增订版中有调整,其表述中有摒除融合论的倾向,具体如下:

---

① 陆培涌指出,《中国之命运》中将中华民族的地理范围设定为18世纪中国的版图。陆培涌:《蒋中正先生之民族思想与〈中国之命运〉(一九四二至一九四三)》,(台北)《近代中国》第104期,1994年12月,第118~147页。

> 就民族成长的历史来说：我们中华民族是多数宗族融和而成的。<u>这多数的宗族，本是一个种族和一个体系的分支，散布于帕米尔高原以东</u>、黄河、淮河、长江、黑龙江、珠江诸流域之间。他们各依其地理环境的差异，而有不同的文化。由于文化的不同，而启族姓的分别。然而<u>五千年来</u>，他们彼此之间，随接触机会之多，与迁徙往复之繁，乃不断相与融和而成为一个民族。但其融和的动力是文化而不是武力，融和的方法是扶持而不是征服。（下划线为引用者注）

也就是说，这许多的"宗族"原来是单一种族，因此该书在此时变成了主张中华民族同源论。① 增订版推出同源论，恐怕是因为该书希望进一步强调中华民族的一体性。

但无论是融合论还是同源论，《中国之命运》所表述的中华民族都是一方面在地理空间上具有多元性，另一方面由于"文化力量"而融合为一体。

> 简言之，我们中华民族对于异族，抵抗其武力，而不施以武力，吸收其文化，而广被以文化。这是我们民族生存与发展过程里面最为显著的特质与特征。（《中国之命运》第一章）

在此所谓的文化，有着中国古典的文治教化之含义，因此"文化力量"是"将多种宗族化为文的力量"，也就是唯中华民族才有的力量。② 也因此，此一文化并不意味着 20 世纪末流行的、约瑟夫·奈（Joseph Nye）所说的软实力（Soft Power）里之 culture 和 civilization 的力量。

不过，《中国之命运》里所谓的文化，有时候也使用如 culture 或 civilization 般的近代意义，而且被当作中华民族固有的特色。

---

① 融合论源自陶希圣，陶希圣似乎没有参与增订工作。娄贵品：《陶希圣与〈中国之命运〉中的"中华民族"论述》，第 65~73 页。
② 对于本国在世界中所具有的唯一特色，中国将之定义为"文化"（内附与同化），有可能是受到当时日本"醇化"一词的影响。文部省编纂的『國體の本義』（文部省、1937）中，将醇化作为日本独有的政治机制提出。据该书记载，醇化是将外来文化经过仔细甄别而吸收到"惟神"（かんながら，kannagara）中的日本独有的能力。关于当时中日两国国家意识形态的互动，笔者还须继续研究。

> 这一部悠久的历史，基于中华民族固有的德性，复发扬中华民族崇高的文化。我们知道：中国国民道德的教条，是忠孝仁爱信义和平，而中国立国的纲维，为礼义廉耻。在这八德和四维熏陶之下，中华民族，立己则尽分而不渝，爱人则推己而不争（……下略……）。(《中国之命运》第一章)

在该书的叙述中，中华民族的这种特色，也似乎影响到东亚的历史和国际关系。

> 所以五千年来，东南亚①各民族或内附而同化，或相依而共保，或独立而自存，各顺其民志民心，各随其国情民俗，各发展其文化之所长，以贡献于人类共同的进步。(《中国之命运》第一章)

《中国之命运》强调尊重文化、厌恶战争的中华民族性，于是以悠久历史来证明，现代东亚世界的安定只需要靠中华民族的文化维持，而不是靠日本的武力。

二　国耻

第二个论点是国耻。有关国耻，《中国之命运》中的表述如下：

> 就民族生存的领域来说：我们中国国家的领域，以民族生存所要求为界限，亦即以民族文化所维系为界限。故我们中国在百年以前的版图，一千几百万方公里之内，没有一个区域，不是中华民族生存之所必需，亦没有一个区域不是中国文化之所浸润。版图破碎，即为民族生存的割裂，亦即为民族文化的衰落。故全国国民必引为国耻，非至于河山光复，不能停止其雪耻救亡的运动。(《中国之命运》第一章)

---

① 初版原文为"东南亚"，增订版则为"东亚"。不管是东亚还是东南亚，可能都具有包括中国在内的全亚洲的意味。

也就是说，所谓国耻意味着是版图被破坏。如上所述，《中国之命运》所设定的版图基本为一百年前即清代的版图。该书认为，固有的版图在最近一百年内陆续被破坏，原来拥有悠久历史的中华民族与中国从各方面受到如下迫害：

> 近百年来，中国国势陵夷，民气消沉，开五千年从来未有的变局。中华民族生存所要求的领域既忍受割裂的痛苦，而不平等条约的束缚与压迫，更斲丧我国家民族的生机。纵观我五千年悠久的历史记录，国家的兴衰与民族的存亡，虽相乘而迭见，然而这一百年间，国家民族在政治、经济、社会、伦理、与心理各方面，无不飓风外暴，危机内伏，几将毁灭我再生的基础，杜绝我复兴的根源，实为历史先例之所无。（《中国之命运》第一章）

《中国之命运》在此所说的"近百年来""一百年间"，是从该书出版的1943年往前追溯的一百年，也就是说，是自鸦片战争（1840～1842）至今的一百年。这一百年间，从《南京条约》（1842）开始，形成了不平等条约体系。

> 我们中国百年来国势的陵夷，民气的消沉，大抵以不平等条约为造因。不平等条约订立的经过，全为中国国耻的记录。而国耻之所由招致，又必须追溯于满清一代政治的败坏，尤其是学术与社会的衰落。（《中国之命运》第二章第一节）

有关国耻的内容，《中国之命运》以不平等条约体制来做解释。如该书第二章标题所示，中华民国将欧美列强不平等条约体制此一"国耻之所由招致"，归因于"满清一代政治的败坏，尤其是学术与社会的衰落"，更远于明朝末年的混乱。该书指出，清朝实行的政策是"一面奴化，一面残杀"，而不是一视同仁（《中国之命运》第二章第一节）。以中国国民党为主导力量的"革命的起源"，是以雪耻为目的。因此，国民党原则上是否定清朝的。

那么，被《中国之命运》定义为国耻的、自清末以来的不平等条约体制，到底意味着什么。该书对废除不平等条约有如下描述：

> 三十一年〔即1942年〕十月十日，美国与英国政府，同时通知我国民政府，废除他们在中国的治外法权及有关的特权，并依平等互惠的原则改订新约。（《中国之命运》第五章第一节。〔〕为引用者所做补充。）

由此可知，该书所说的不平等条约的具体内容，是治外法权等外国在华特权。① 此种内容不只在该书中，在蒋介石的公开谢电（即《为美国自动放弃在华特权致谢罗斯福总统电》，1942年10月11日）与文告（如《中美、中英平等新约告成告全国军民书》，1943年1月12日）中也有类似表达。②

总而言之，蒋介石在1943年出版的《中国之命运》一书的表述中，强调欧美列强依据不平等条约体制而拥有在华特权，因此中国版图被破坏，陷于困境。蒋介石正是利用这样一种国耻的概念来说明中国的百年困境。另外，在《中国之命运》出版之前的1940年1月，毛泽东撰写了《新民主主义论》③，其中将自鸦片战争以来的中国定义为近代中国，将其社会状态命名为半殖民地、半封建社会。可见，蒋介石、毛泽东两人都认定自鸦片战争以来的一百年间，自己国家陷入了困境当中。也可以说，在当时中国的政治语境中，鸦片战争以来的一百年是一个历史时代。

---

① 《中国之命运》详细将中英与中美关于废除不平等条约的要目逐一列举了出来，总共有9种特权：（1）领事裁判权（治外法权）；（2）使馆界及驻兵区域；（3）租界；（4）特别法权；（5）外籍引水人等特权；（6）军舰行驶之特权；（7）英籍海关总税务司之特权；（8）沿海贸易与内河航行权；（9）影响中国主权之其他问题。（《中国之命运》第五章第一节）
② 在20世纪40年代前半期，废除治外法权是当时中国外交的重点。另外，最近有学者重新讨论不平等条约体制的概念，如吴翎君《美国大企业与近代中国的国际化》，台北：联经事业出版有限公司，2012；村上衛『海の近代中国：福建人の活動とイギリス・清朝』名古屋大学出版会、2013；等等。
③ 毛泽东：《新民主主义论》（1940年1月），《毛泽东选集》第2卷，人民出版社，1951年北京第1版；1952年重排本；1965年第16次印刷。《新民主主义论》最初在《中国文化》创刊号（1940年2月）上以《新民主主义的政治与新民主主义的文化》为题发表。之后，又以《新民主主义论》为题收入《解放》第98~99合并号（1940年2月）。参见《毛泽东选集》第2卷，第662页。

三 国民革命

第三个论点是国民革命。《中国之命运》将国民革命作为打破欧美列强帝国主义侵略的一种方法提出。

> 帝国主义者在各地秘密的活动,实为民国成立后军阀混战最大的原因。(《中国之命运》第三章第一节)
> 所以国民革命的目标,为帝国主义与军阀;而其工作为废除不平等条约与打倒军阀,使武力与帝国主义结合的现象,永远绝迹于国内。(《中国之命运》第四章第一节)
> 国民革命在此成为一种手段,以使中华民族通过废除不平等条约实现雪耻的目的。
> 若非由我国父倡导三民主义,领导国民革命,则中华民族五千年的命脉,必已在日寇蚕食鲸吞之下,为朝鲜之续。(《中国之命运》第一章)。
> 同胞们!我们回想我国自清季开始与列强订立不平等条约以来,到了去年,正是百周年。我们中华民族,经五十年的革命流血,五年半的抗战牺牲,乃使不平等条约百周年的沉痛历史,改变为不平等条约撤废的光荣纪录,这不仅是我们中华民族在历史上为起死回生最重要的一页,而亦是英美各友邦对世界对人类的平等自由建立了一座光明的灯塔。(《中美、中英平等新约告成告全国军民书》,1943年1月12日。转载于《中国之命运》第五章第一节。)

可见,《中国之命运》中所述国民革命,是以五十年前的1894年11月孙中山在檀香山创立兴中会(国民党的前身)为起始,抗日战争自五年半前的1937年7月开始,是经过包括抗战在内的半个世纪的国民革命,不平等条约才得以废除。然后,中华民国终于洗雪了国耻,同时与英美等国家签订了新约。对此,该书骄傲宣布,"这个新约即将为中国与世界上独立自由的各国之间的平等互惠条约的蓝本"。(《中国之命运》第五章第一节)

在此有两点值得注意，一是有关自由的性质。此处所说的自由、独立、平等都是指国家意义上的，而不是个人的自由。也就是说，自由表示中国不受帝国主义国家的束缚，作为一个独立的国家，获得与世界各国（主要是欧美各国）一样平等的待遇。二是国民革命的定位。《中国之命运》是以中华民族五千年的悠久文化历史为背景，梳理了最近一百年的国耻、最近五十年的国民革命、近五年半的抗战这一历史脉络，国民革命在这一脉络中的定位显而易见。该书进而强调只有国民革命才可以实现雪耻，因此中国国民应该继续推进国民革命，尤其是作为国民革命其中一环的抗战。

此外，在探讨国民革命的内容之际，还须注意两点：一是国民革命与三民主义的关系，一是国民革命与抗战建国的关系。

首先，关于国民革命与三民主义的关系，《中国之命运》提到"三民主义是国民革命永远不变的最高原则"（《中国之命运》第四章第一节），因此三民主义是国民革命的根本。虽然《中国之命运》全书中并没有明示三民主义的中国思想史背景，但简要说明了以孟子学说为基础贯穿中国三千年的正统思想，明确了三民主义并不是近代中国突然出现的思想，而是"渊源于中国正统的道德观念"（《中国之命运》第六章第三节）的，至清初之际借儒家潜伏于民间，不断演化，直至200年后终于引发了辛亥革命（《中国之命运》第六章第二节）。该书还提出"须知三民主义不独是中国悠久的文化，和民族崇高的德性之结晶，亦且为现代世界潮流必然的趋势"（《中国之命运》第七章）。由此可知，三民主义在这里被赋予了中国史与世界史的双重意义。

其次，国民革命与抗战建国的关系，书中有如下陈述：

> 从历史的演进上来说：百年来由国耻所造成的不平等条约，激起我全国国民一致要求的雪耻图强运动，革命倒满由于此，抗战建国亦自此而来。（《中国之命运》结论）

因此，抗战建国在这里也是属于一百年来雪洗国耻的一部分，而且雪耻图强运动是在国民党出现之后才发展成国民革命。所以，与以革命倒满为目标的辛亥革命一样，抗战建国也是国民革命的一部分。

《中国之命运》出版当时的所谓抗战，就是抗日战争。不过，值得注意的是，蒋的锐利舌锋似乎更倾向于针对欧美列强与中国共产党。当然，蒋在《中国之命运》中批判日本的言论也是的确存在的，其将日本对华活动形容为"日寇蚕食鲸吞"（《中国之命运》第一章）；在该书第四章"由北伐到抗战"第四节与第五节中，特别分析了正在进行中的抗日战争，并提出了实现抗战胜利的方案。尽管如此，但就《中国之命运》全书而言，蒋更为激烈地批判西欧列强过去的对华活动，相较之下，蒋对日本的批判并不算强烈。

　　　　所以我常说"二十一条"的精神，实际上乃是集各种不平等条约的大成而已。……殊不知过去满清和北京政府与各国所订这些不生感觉的亡国卖身的契券，却在国民麻痹之中，敲骨括髓的危险，比之"二十一条"实有过之而无不及。所以三民主义的革命，一方面要与日寇独占的侵略作生死的斗争，而同时一方面对于其它各国屡次所订的不平等条约，亦同具恐惧的心理，非要求他彻底的废除不可，亦就是这个道理。（《中国之命运》第二章第三节）

　　虽然当时的中国正处于抗日战争的苦战中，但《中国之命运》却大力夸耀国民革命半个世纪以来渐渐实现雪耻之荣光过程，因此这在读者之中很容易形成厌恶以英国为主的西欧列强帝国主义的在华蛮横行为的感情。有学者已指出，当时国民党内有人主张应尽量抑制对英美的批判，因为当时英美两国已是中国的盟邦。① 在《中国之命运》一书中，抗战建国被视作国民革命的最佳表现形式，因此该书对西欧的批判更甚于日本。

　　此外，该书中也有对中国共产党的指责，尽管国共两党在形式上还是合作的。

　　　　除此之外，在这个军政和训政时期之中，无论用何种名义，或何种

---

① 陆培涌：《蒋中正先生之民族思想与"中国之命运"》，第 131~132 页。陆培涌在文中指出，《中国之命运》的对日批判其实并不强烈。

策略，甚至于组织武力，割据地方，这种行动，不是军阀，至少亦不能不说是封建。这种变相的军阀和新式的封建，究竟对民族，对革命是不是有益，还是有害？大家痛斥从前把持军队，割据地方的军阀是反革命，难道这样新式封建与变相军阀，就是真革命？如果这样武力割据，和封建军阀的反革命势力存留一日，国家政治就一日不能上轨道，军政时期，亦就一日不能终结。不惟宪政无法开始，就是训政亦无从推行。（《中国之命运》第七章）

在此，《中国之命运》虽然没有指明具体对象，但实际是在暗指中国共产党。① 如上所述，"国民革命的目标，为帝国主义与军阀"（《中国之命运》第四章第一节）。中华民国国民政府认为中国共产党不接受其命令，独立行动，因此国民政府视中国共产党为一种破坏中国统一的势力，给它戴上"变相的军阀和新式的封建"的"反革命"帽子。

有关国民革命的内容，《中国之命运》在提及抗战的部分之后，开始说明建国的内容，并以抗战胜利为前提展开了战后构想。

国父分革命建国的程序，为三个时期——军政时期，训政时期与宪政时期，——而贯通于三个时期的基本工作，在于教育、军事与经济。（《中国之命运》第五章第二节）

总体而言，《中国之命运》所主张的重点如下：为了重获中国的自由，即国族中华民族的自由，国民革命首先打倒了清专制王朝（1911 年辛亥革命），建立了以中华民国为名的民主共和国，接着渐渐摆脱帝国主义（欧美列强）控制，消灭军阀割据（封建主义），然后于 1943 年 1 月与英美两国废除不平等条约，现在中国必须打倒最后的帝国主义即日本。同时，该书并没有忽略中共的存在。

---

① 针对此点，参见邓野《蒋介石关于"中国之命运"的命题与国共的两个口号》，《历史研究》2008 年第 4 期，第 84~98 页。

四　世界和平

第四个论点是世界和平。《中国之命运》并不仅限于寻求中华民族的固有性质并且回归理想状态，还有以中国之胜利实现世界和平的企图。

> 于是三民主义国民革命的势力，乃顺乎天而应乎人，随世界潮流的汹涌澎湃，全国一致集合于青天白日旗帜之下，万众一心，起而奋斗，力求不平等条约的废除，以奠定复兴民族，争取独立自由的初基。（《中国之命运》第二章第三节）

在此，国民革命被定位为顺应世界潮流的革命，也因此是追求世界和平的。亦可言，"国民革命的初步成功，即为建国工作真正的开始。我们中国的建国工作有国内的与国际的两方面"（《中国之命运》第五章第一节）。

这种将国民革命的任务分为国际与国内两方面来进行理解的方式，在有关世界战争的陈述中也有所体现。

> 须知此次世界大战最后的效果，无疑的归结于文化。所以此次战争，亦可说是文化战争。欧美三百五十年民族主义民主主义与社会主义的成败兴亡，皆在此一役。中国五千年悠久的文化及其道德精神之兴废，亦以此役为试金石。此战若不失败于侵略主义者的魔手，则人类文明即将刮垢磨光，而中国文化亦必发扬光大。（《中国之命运》第六章第二节）

在此，国民革命（抗战）将世界史与中国史结合在了一起。

为了将国民革命理解为推动世界和平的重要创举，《中国之命运》也留意了亚洲的国家与民族。

> 亚洲各民族又多与我们中国有同样被压迫的痛苦经验，且其被压迫的痛苦，亦同样的至久而至深。中国不能独立自由，则亚洲各民族均将同陷于敌寇铁蹄之下，而世界的和平即不能有坚强的基础。故中国的自

立自强，即所以安定亚洲；而亚洲的民族自由与国家平等，即所以保证世界的永久和平，而祛除世界战争的根源，使战争的恶魔不再发现于世界，以毁灭我们人类的安全和幸福。(《中国之命运》第八章)

该书在此强调，为了实现世界和平，亚洲各民族与各国家必须要获得自由与平等。而且，因为同样有被压迫的痛苦经历，中国可成为亚洲的中心。换言之，该书先是指出了日本企图依靠武力成为亚洲盟主，进而阐述中华民族具有悠久的历史与文化，这才是中国能够带给亚洲永久和平的力量。

综上所述，《中国之命运》是以中国史和世界史的两条脉络来描述与定位国民革命史的。不过，就整体而言，该书这两脉络并不平衡，重点仍在于中国史脉络。

结　语

本文从四个论点探讨了《中国之命运》的历史叙述，并将该书的主旨重新整理如下：《中国之命运》首先将中华民族定位为国族；其次在追溯中华民族数千年历史的基础上，指出清末以来的帝国主义给中国带来了不平等条约体制，史称国耻；然后阐述国民革命以三民主义为最高原则，一步步打破帝国主义的束缚，实现了国家统一与国权恢复，即将完成洗雪国耻的目标；最后向国内外主张：中国须获得国族的独立自由，同时亦须贡献于世界和平，因此中国必须继续推进国民革命，这样才可以打倒目前还剩下的帝国主义日本，最终实现中国与世界的和平。

总而言之，通过国民革命而实现中国国族的自由，是《中国之命运》的主旨。此一自由并不是指个人自由，而是中国或中华民族的国族国家(nation-state)的自由与独立。

另外，通过该书可言，以中华民族追求自由为主轴的国民革命史，成为国民党关于国民革命的官方历史叙述。此种以民族自决思想为背景，并且以中华民族为主体的历史观，虽然在新中国成立之后随着马列主义发展阶段论的抬头，一时之间退出了中国的政治舞台，但是在20世纪末的爱国主义教育运动开始以后，又重新被强调并切实体现在这一运动中。

"天乳运动"与近代中国社会变迁

何悦驰*

绪 论

束胸行为古已有之,一般止于隐藏身体曲线过分突出,并不刻意紧束。民国建立后,外在服装发生变革,城市女性的内衣仍以束胸为主,却开始出现日趋紧束的倾向,紧绷的束胸俨然成为时尚象征。① 女学生群体尤为突出,为教育界人士所注意。当时城市女性用来束胸的主要内衣,被称为"小马甲",也有称"小背心""小半臂"的,紧束胸乳肩背,用成排的纽扣固定,已达到更好的束胸效果。这引起了当时社会舆论的关注和呼吁,反束胸主张逐渐被提出。1927年,广州省政府以行政手段禁绝妇女束胸,并且随着国民政府对全国的逐步控制,将这一政策推广到多个省份,史称"天乳运动"。报刊上呼吁女性放胸和探讨束胸危害的声音也日趋增多,逐渐形成一股舆论力量。随着"天乳运动"的开展,社会审美和风气发生变化,女性开始尝试放胸,传统内衣得到改良,新式内衣得以引进,服装变革也悄然进行。

现存研究对"天乳运动"的关注较多,刘正刚、曾繁花的文章对其在广州的开展做了探究,主要利用广州《民国日报》的材料,通过对"天乳

---

* 何悦驰,南开大学历史学院博士研究生。
① 这里仅讨论民国时期大多数城市女性选择紧束胸部的原因,占人口总数较少的女同性恋群体是否存在束胸现象并不在本文讨论范畴。

运动"推广期间的社会状况和运动影响进行分析，认为其本身推广比较艰难，并采用"反男性主导论"观点，引入对男权主导下妇女解放运动局限性的讨论。① 韩红星主要关注了其在北方的影响，对"天乳运动"前后《北洋画报》所刊登的文章做了研究，展现了以天津为主的北方媒体对"天乳运动"涉及的束放胸问题的回应，从而得出女性角色在近代受到社会上和观念上的重塑这一结论。② 吴小玮则从全国范围内的报刊考察了"天乳运动"在全国的展开，补充了前人对"天乳运动"研究的不足，尤其针对束胸原因和放胸背后的政治目的做了解读，同时对前人研究中"天乳运动"推行效果不佳这一观点提出质疑，认为配合新式内衣与丰乳新观念的引进，过分束胸的行为基本得到了遏制。③ 王雅娟有针对性地收集了一部分民国时期报纸杂志上反束胸人士的文章，按照其观点加以归类，也涉及了"天乳运动"开展时期。④

吴昊的专著是中文研究专著中涉及束胸问题较多的，对束胸的时间变化和地域差别做了简单的划分。⑤ 澳大利亚学者安东篱所著的《中国服饰变迁：时尚、历史与国家》主要研究晚清至21世纪初这一时间跨度内的中国服饰变迁，第六章用较多的篇幅描述束胸成为时尚到政府禁绝束胸的过程，分析了放胸对妇女解放的作用。作者认为，束胸行为在一定程度上是现代胸罩在引入中国初期推广缓慢的原因。她列举了一些报刊材料，并对广告画和当时上流社会女性照片进行对比，认为"天乳运动"后直到1937年，束胸的现象依旧存在。⑥ 安吉莉娜·琴（Angelina Chin）的《束缚的解放：20世纪初期中国内地与香港的职业女性与城市公民权》一书在第三章将"天乳运动"作为国民政府改革旧风俗的例子，以时间为线索描述了国民革命前后社会舆论对放胸问题的讨论与政府在1927年发布的禁绝束胸的政令，认

---

① 刘正刚、曾繁花：《解放乳房的艰难——民国时期"天乳运动"探析》，《妇女研究论丛》2010年第5期。
② 韩红星：《中国近代女性角色的重塑——来自〈北洋画报〉的记录》，《妇女研究论丛》2011年第4期。
③ 吴小玮：《民国时期"天乳运动"探析》，《贵州文史丛刊》2015年第1期。
④ 王雅娟：《民国报刊反女性束胸言论解读》，《学海》2014年第6期。
⑤ 吴昊：《中国妇女服饰与身体革命（1911~1935）》，东方出版中心，2008年。
⑥ Antonia Finnane, *Changing Clothes in China: Fashion, History, Nation* (New York: Columbia University Press, 2008).

为"天乳运动"是国民革命对女性造成的影响之一,同时强调时人认为放胸对健康尤其是改善女性体质方面作用的最终落脚点是利于优生。① Helen M. Schneider 在其出版于 2011 年的专著第一章中提及了发生在民国初年的"天乳运动",作者从时尚与生育责任关系入手,认为在时尚上受到追捧的束胸行为与女性哺育子女的天职产生了冲突,政府推广"天乳运动"禁绝束胸,是希望女性回归家庭,更好承担抚养下一代的任务,使女性认识到"女性作为母亲的角色是第一位且最重要的,时尚必须并只能服从她们的生育责任"。②

现存研究多利用报纸刊物材料,《民国日报》的广州版、上海版和《北洋画报》被发掘和运用得较为充分,仅就公开材料看,其他报刊和政府公报仍有发掘的空间,对"天乳运动"的开展和影响也缺乏具体研究。这些材料中有很大一部分便是既存研究中所称的"反束胸言论",它们处于反对立场,从害处分析了束胸问题的方方面面。为了避免陷于声讨言论中,影响对民国初期青年女性束胸事件的客观考察,文章也参考了推销束胸衣的广告、报刊连载小说中对束胸女性的描述、支持束胸者或对"天乳运动"进行反思者的观点,同时也有束胸者的个人自述。由于涉及私密,束胸者的自我言说相对较少,但所幸束胸行为多见于受过一定教育的女学生之中,因此也有一些曾经的束胸者根据自身经历,进行了条理清晰的自述。本文主要由报纸杂志的记录、国民政府与国民党针对束胸行为发布的政令及开展的政治活动入手,一窥"天乳运动"兴起发展的过程,考察其对变迁中的近代中国社会审美与服饰的影响和与世界流行趋势的联系,最后讨论"天乳运动"的效果,回应相关研究对这一问题的关注和评价。

一 行政手段的介入

民国初年,束胸的风气日渐蔓延,反束胸的主张痛陈其危害却影响有限,囿于保守观念和青春期敏感心态的共同作用,面对紧小的新式服饰,时

---

① Angelina Chin, *Bound to Emancipate: Working Women and Urban Citizenship in Early Twentieth-Century China and Hong Kong* (Lanham: Rowman & Littlefield Publishers, 2012), p. 80.
② Helen M. Schneider, *Keeping the Nation's House: Domestic Management and the Making of Modern China* (Vancouver: University of British Columbia Press, 2011), p. 31.

下年轻女性仍多选择紧束胸部,以平胸为美的风气更是造成跟风从众现象。1927年,面对当时女学生束胸现象之普遍,鲁迅担忧道:"我曾经也有过'杞天之虑',以为将来中国的学生出身的女性,恐怕要失去哺乳的能力,家家须雇乳娘。"① 束胸人群增多,蔓延至大多城市女性,1928年仍有时人感叹:"在城市中所看见的妇女最大多数的就是束胸,也是令人莫明其妙。"②

国民党下属的各妇女协会也将革命和妇女解放联系起来,成为政治宣传和群众动员的重要一环,风气正盛的束胸被认为是对女性的压迫束缚,遭到各妇女革新团体旗帜鲜明的反对。在这十几年中,愈演愈烈的束胸风潮已从20世纪初兴起之时被人感叹"世风日怪"的新潮流,变为与缠足、蓄发一样的"陈旧腐败"的代表。需要注意的是,这一时期的政治话语已将民国建立后兴起的束胸行为与中国女性传统束胸行为等同,后期对束胸的查禁也是一并禁止。

1927年3月28日,汉口妇女协会宣传组走上街头演讲,宣传妇女解放。游行妇女代表激动地演讲道:"坚决反对束胸!束胸是最不人道主义的!束胸是一条毒蛇!它缠着我们妇女的肉体和灵魂!妇女同胞们,你们解了束胸没有?解了吧,男人没有束胸,我们为什么要束胸?"③ 同年4月5日,上海特别市党部妇女部通电各界妇女联合会、总工会妇女部、青年女光社、学生联合会女校组、女权运动同盟会、全国各党部妇女部、各女校,称:

> 现在革命成功,民众胜利,一切陈旧腐败的事情都须努力打倒,把他来革新改善。负这种重大责任的,全在我们的同志。我们当尽力起来,提倡引导,使同胞大家觉悟,中国方始有望。现在我们想到要向你们提出的一点,就是"女子的爱美观好妆饰"。这问题看去似乎很小,实在是女子解放的一个极大障碍,也是造成吾们女子数千年来受压迫束缚的一个大原因。女子要解放非先打破爱美观好妆饰的习惯与心理不

---

① 鲁迅:《随感录:五六 忧"天乳"》,《语丝》第152期,1927,第8页。
② 忝生:《裹足与束胸》,《申报》1928年7月30日,"自由谈·小讨论",第6张第21版。
③ 安广禄:《北伐时期武汉裸女游行风波》,《文史天地》2008年第4期,第38页。

可。而若是女子不解放，则全国人民，无异只有一半，另一半变了无用。所以我们以为这是个关于女子解放的一个重大问题女子革新的主要之点，不可不加注意。我们以为我们现在应该一方尽力宣传，并先自实行，一方要求政府下令，并由各省省市党部妇女部通告：（一）严禁缠足束胸。（二）提倡女子剪发。（不是为时髦，为表示女子解放与革新）。（三）废弃一切手饰脂粉及衣服上的花边。这是我们一些小贡献，也可算是愚者一得，请你们大家提出讨论实行提倡罢，祝你们努力进步。妇女革新团庄荔芸、刘慧、周光华、岑雪芬，同上。①

反束胸的主张逐渐出现在政治宣传之中，成为国民革命中各个主张革命的党派团体的纲领之一，1984年台湾出版的国民政府官员传记便认为，束胸和缠足等行为一样，"确是戕害妇女同胞妨碍国民健康的陋习，也是国民党应革命的对象"。② 上海特别市党部妇女部要求政府下令并由各省党部妇女部通告的主张得到响应。在束胸风气有增无减的情况下，为配合国内革命战争的进行和革命动员的开展，国民政府开始动用行政手段查禁束胸。

1927年，朱家骅任改组后的广东省政府民政厅厅长兼省政府常务委员会主席，③ 任内不到半年便推行或发布了几项"为人所意料不到或为人所不敢的工作或政令"，④ 其中就包括查禁束胸。在7月7日举行的广东省政府委员会三十三次会议上，朱家骅提出严行禁革女性束胸的提案经讨论并通过，报呈政治分会核准照办，省政府即日起开始布告施行。刘正刚、曾繁花的研究着重关注了这一历史事件，认为这是首次以政府名义倡议禁绝女性束胸的提案，有"整饬风化"的目的。⑤ 这一自广东省开始并推广至全国查禁妇女束胸的行为被称为"天乳运动"。7月22日的《申报》也以快讯的形式报道了广东省政府禁绝束胸的政令："（广州）粤省政府令全省女校，实行天乳运动

---

① 《妇女革新团主张改革女子装饰》，《申报》1927年4月5日，"本埠新闻"，第4张第14版。
② 杨仲揆：《中国现代化先驱——朱家骅传》，台北：近代中国出版社，1984，第51页。
③ 胡颂平：《朱家骅年谱》，台北：传记文学出版社，1969，第17页。
④ 杨仲揆：《中国现代化先驱——朱家骅传》，第51页。
⑤ 参见刘正刚、曾繁花《解放乳房的艰难——民国时期"天乳运动"探析》，《妇女研究论丛》2010年第5期，第68页。

(二十一日上午八钟)。"① 12 月 18 日的《国内要闻》"杭州快信"版块又重申："民政厅长朱家骅，将严禁女子束胸蓄发缠足。"②

各省政府纷纷响应，查禁妇女束胸。1928～1930 年，福建③、两湖④、安徽⑤、陕西⑥、江西⑦、江苏⑧与上海地区⑨、河南⑩、山东⑪、天津⑫、浙江⑬等地纷纷发表禁绝女子束胸的政令。为保障监督政令得以贯彻实行，警察和妇女组织在城市街头督查往来女性放胸情况或上门监督，违者罚款。⑭ 1931 年 6 月 13 日的《申报》刊载了《束胸之检查》一文，作者描述了当时女校以强制性手段查禁在校女生束胸的措施："现闻浙江萧山县立女子中学，以

---

① 《粤省政闻纪》，《申报》1927 年 7 月 22 日，"本馆要电"，第 4 版。
② 《杭州快信》，《申报》1927 年 12 月 18 日，"国内要闻"，第 3 张第 10 版。
③ 《公牍：福建教育厅训令：第一一四号：令私立厦门大学：关于禁止女生束胸之训令》，《厦大周刊》第 191 期，1928，第 1 页。
④ 蒋梦麟、杨兆泰：《公牍：公函：教育部、内政部会函：会函中央执行委员会秘书处：函复禁止女子束胸一案已分别咨令查禁请转陈由（中华民国十八年十一月二十八日）》，《内政公报》第 2 卷第 11 期，1929，第 11 页。
⑤ 《转行法令：（一）女生不得违禁束胸：安徽省政府教育厅训令第四四〇号：令省公私立女子中学校、省立第一职业学校》，《安徽教育行政周刊》第 1 卷第 16 期，1928，第 13 页。
⑥ 邓长耀：《陕西省政府民政厅训令（中华民国十七年七月）：令各县县长：奉内政部令禁止妇女束胸以重卫生》，《民政周报》第 58 期，1928，第 2～3 页。
⑦ 鲁涤平：《训令：江西省政府训令：文字第三三四六号（中华民国十八年十二月二十三日）：令各厅市县：会咨准中央执委会秘书处函奉常委交办禁止女子束胸请转饬确实查禁仰查照由》，《江西省政府公报》第 39 期，1929，第 34～35 页。
⑧ 《民政部咨令知确实查禁女子束胸》，《江苏省政府公报》第 329 期，1930，第 16～17 页。
⑨ 浦文贵：《公牍：发文：训令民众教育馆、县师及完全小学：第一九九号（中华民国十九年一月廿六日）：转饬宣传查禁妇女束胸（不另行文）》，《宝山县教育月刊》第 23～24 期，1929，第 41～42 页。
⑩ 黄际遇：《公文：河南教育厅通令（第 7 号）：令各学校各社会教育机关各县教育局：禁止女子束胸（函中山大学矿务大学仝前）》，《河南教育》第 2 卷第 11 期，1930，第 3 页。
⑪ 《本厅听令：训令：山东省政府教育厅训令：第二四五七号（十二月二十六日）：令省立各中等学校、各县教育局：奉省令转饬禁止女子束胸以除恶习由》，《山东教育行政周报》第 73 期，1930，第 4～5 页。
⑫ 崔廷献：《训令：天津特别市政府训令：第四三〇三号（中华民国十八年十二月二十四日）：令教育局：令教育部、内政部令咨请查禁女子束胸仰遵照令》，《天津特别市教育局教育公报》第 19 期，1930，第 19～20 页。
⑬ 苗启平、马启臣：《本县文件：命令：余姚县政府训令教字第三四五号（中华民国十九年九月）：令各小学各初级小学：令查禁女子束胸痛除恶习由》，《浙江余姚县政府公报》第 57 期，1930，第 20～21 页。
⑭ 所举卫清芬女士的放胸经历，参见黄强《从天乳运动到义乳流行——民国内衣的束放之争》，《时代教育（先锋国家历史）》2008 年第 18 期，第 117～118 页。

女生束胸，实属有碍身体健康，特令各女生一律解放。并拟定期检查，以免隐讳。故该校女生，日来莫不羞形于色云。"①

二 "天乳运动"的社会反响

伴随"天乳运动"展开，报纸杂志纷纷响应，一时间于社会舆论形成了一股反束胸高潮，束胸的危害诸如健康卫生、哺乳、优生等问题得到再次强调与深层剖析。

束胸影响呼吸被进一步阐述，时人认为女性身体孱弱、肺痨是"束胸所赐"，② 女性束胸"妨害肝肺二经"。③ "据达尔文进化论之'不进则退的原理'，肺渐渐衰弱，本身不免发生危险。"④ "凡属束胸女子，皆有呼吸短促之痛苦"，⑤ 并猜测其会引发痨症。随着对女性作为母亲的社会责任的强调，束胸有碍哺乳在此时更进一步，上升为影响强国保种的国族主义话语。当时的反束胸人士认为束胸致使母亲身体贫弱，从遗传学上易产生体弱的子女。"当少女正在发育的时候，即紧束胸部，本身即因而衰弱，为父母者衰弱不强，即产生先天衰弱的小儿。"⑥ "没有一个强健的女，那末依遗传学讲起来，不是将来民族很危险么？……据著名医生调查，中国中产阶级以上的和知识阶级的妇女，患肺病的较多，所产生的男女，早亡的也较多。"⑦ 虽有夸大之嫌，但其担心之情溢于言表。有些评论更是将其与民族主义联系起来："乳汁不足……则儿童身体比弱，所以束胸与民族主义也很有关系。"⑧

这一时期女性更多地参与到社会生产中来，女性束胸被认为会影响工作，夏日苦热，由于"工作的时候，呼吸必定比安坐时为急速"，⑨ 束胸使

---

① 陶丽亚：《束胸之检查》，《申报》1931年6月13日，第5张第17版。
② 万藕玉：《束胸是美观吗？》，《卫生报》第12期，1928，"妇女卫生"，第5页。
③ 林鸿藻：《警告女子束乳之害》，《妇女医学杂志》第7期，1929，第11页。
④ 王世森：《束胸》，《晨报副刊·家庭》第69期，1927，"常识"，第10页。
⑤ 张淼玉：《妇女束胸之害》，《新医与社会汇刊》第1期，1928，"常识"，第424页。
⑥ 王世森：《束胸》，《晨报副刊·家庭》第69期，1927，"常识"，第10页。
⑦ 黄传经：《妇女应速草除的习惯：蓄发、缠足、束胸》，《学矗》第1期，1928，"论说"，第31页。
⑧ 万藕玉：《束胸是美观吗？》，《卫生报》第12期，1928，"妇女卫生"，第5页。
⑨ 万藕玉：《束胸是美观吗？》，《卫生报》第12期，1928，"妇女卫生"，第5页。

呼吸不畅，致使工作时"气促晕眩"。1928年《通俗教育月刊》刊载的《解除束胸》一文也称束胸"不便劳力的工作，容易喘气"。① 束胸的女性"必少不得一件小背心"，② 捆绑紧缚，夏日汗液增多，使背心紧贴在皮肤上，影响汗液挥发和体温外散，更有甚者，皮肤生痱子或聚合为疮，导致皮肤疾病。劳动妇女的确普遍不过分紧束胸部，1935年有人描写广东东江的妇女也参与劳动生产，称她们"不缠脚，不束胸。因此体力发育得很强壮，所做的工作同男子没有分别"。③

为强调束胸的危害，许多作者特拿束胸与缠足相比，称束胸"与缠足的恶习有何分别呢？"④ 更有甚者，为使读者认识到束胸之害，1929年禁绝束胸的政令称："其危害实倍于缠足束腰。"⑤ 1928年，有人认为："自在欧风东渐以后，我们女子稍有点学识的，谁也都知道要解放了，但是解放应当从身体上做起。……束胸其有害身体的发育，比缠足还大。"⑥ 又称："而不知还有较缠足之为害尤大者，束胸是也。偶见报纸之卫生栏内载有一二篇，未见有人竭力申说。故草此一篇，以告妇女界，幸注意焉。"⑦《晨报副刊》上甚至有作者刊文表示"若束胸毋宁缠足"，并进一步解释说："我不是赞成裹脚的……但是缠足不过缠四肢之足部，与人生关系，不及束胸之大。"⑧

社会舆论对解放束胸多有鼓励，1929年有《申报》文章将中国妇女解放中的废除缠足、穿耳、蓄发和束胸与暹罗女子现状对比，认为暹罗妇女"解放彻底"，赤脚光头无耳环，且"胸前奇峰突出，十分畅快"，⑨ 号召我国女界继续运动。1930~1931年，江苏全省教育馆在松江举办卫生展览，其间摆放许多

---

① 千波：《解除束胸》，《通俗教育月刊》第4期，1928，第1页。
② 唐华甫：《束胸的患害》，（上海）《妇女杂志》第13卷第7期，1927，第31页。
③ 民：《东江的农村妇女》，《申报》（本埠增刊·业余周刊）第120期，1935年4月7日，"外埠邮政代办所"，第1版。
④ 高兰宝：《谈谈束胸》，《卫生报》第24期，1928，"妇女卫生"，第5页。
⑤ 浦文贵：《公牍》发文：训令民众教育馆、县师及完全小学：第一九九号（中华民国十九年一月廿六日）：转饬宣传查禁妇女束胸（不另行文）》，《宝山县教育月刊》第23~24期，1929，第42页。
⑥ 万藕玉：《束胸是美观吗？》，《卫生报》第12期，1928，"妇女卫生"，第5页。
⑦ 张森玉：《妇女束胸之害》，《新医与社会汇刊》第1期，1928，"常识"，第424页。
⑧ 王世森：《束胸》，《晨报副刊·家庭》第69期，1927，"常识"，第10页。
⑨ 耘殖：《暹罗女界的四天主义》，《申报》1929年2月15日，"自由谈"，第5张第17版。

模型作为案例向民众宣传卫生摒弃陋习。其中便有"对镜束胸者"① 代表陋习与不卫生现象作为反面教材，又有束胸和不束胸裸身站立模型和哺乳模型共四尊，作为对比形象放置在一起，向民众展示束胸对哺乳的危害。

1930年，为响应反束胸的要求，《图画时报》特别在版面中央位置刊载了由三张照片组成的反束胸专题，用将近一半的版面介绍了束胸的危害。

第一幅是浙江镇江卫生模型展览中，束胸与不束胸的女性在平时和哺乳中的对比，照片展示了束胸对哺乳的危害（见图3）。第二幅是上海浦东地区女性身着紧绷小马甲的照片（见图1），展示了束胸衣对身体的束缚。第三幅是不束胸的柳滨女子（见图2），她的乳房发育正常，笑容满面地进行哺乳，显示了在"天乳运动"的反束胸宣传中，哺乳优生占据着重要地位。

图1 浦左女子之束胸

资料来源：W：《浦左女子之束胸：左为新式小马夹为害最烈右为售式肚兜稍宽舒》，《图画时报》第659期，1930，第3张第4页。

---

① 奕公：《记松江第一民众教馆之卫生模型》，《申报》1931年5月24日，"自由谈"，第5张第17版。

图 2 柳滨女子之不束胸

资料来源：W：《柳滨女子之不束胸》，《图画时报》第 659 期，1930，第 3 张第 4 页。

图 3 镇江江苏民众教育馆陈列女子束胸与不束胸之利害模型

资料来源：裴栋：《镇江江苏民众教育馆陈列女子束胸与不束胸之利害模型》，《图画时报》第 659 期，1930，第 3 张第 4 页。

此时也有束胸者进一步指出束胸对健康的影响。1931年,一位上海人回乡探望亲友,对方因为年轻时束胸导致现在乳房皮下出血腐烂脓肿,换药时或是稍微碰触便疼痛难忍:

> 不过她的右乳还生了乳痛——这是为了幼时束胸的缘故——脓血凝着乳房,好像个腐的烂桃子。她在调换膏药的时候,绉着双眉,兀自焦急。她把那张硬膏药从已烂坏的肌肤上揭下来,怎不使她疼痛难忍,而蹙眉呢。……——在她这个乳痛上面,还未腐烂的乳盘,似乎成了强块的样子,若是把手指轻轻地碰到那里,她简直痛得要大叫起来。而且每天到了傍晚的时候,乳头旁就抽抽地作痛起来,更使她难受得可怜。①

在国民政府自1927年开始下达行政命令以强制手段禁绝束胸的社会背景下,女性开始解除束胸,随着放胸人数的增多,甚至于1932年前后渐渐出现跟风放胸的现象。因此,相对于早期反束胸的主张,这一时期的反束胸言论也出现了多元的新主张和新现象。

(一) 健美

相比之前反束胸人士强调的"天然美",这一时期的审美要求中,丰乳与健康开始被提出,并逐渐为其后形成健美的审美观打下基础。早期丰乳多见于对西方女性的描述,1928年《申报》报道了"伦敦妇女赛乳大会",称自此之后"伦敦妇女竞以双峰突起之大乳相夸,乳之小者,耻不敢露其乳"。② 同年有广告宣传"长篇香艳社会小说"《虐海春潮》出版,其中主人公在欧洲遇到一女郎,"泰西妆束,丰乳肥臀"。③

1930年有人谈到当时女学生,称"可是诸位女士们,体格都不甚强

---

① 火斤:《故乡》,《申报》(本埠增刊)1931年12月27日,"青年园地",第3版。
② 《伦敦妇女赛乳大会趣闻》,《申报》1928年9月7日,第4张第15版。
③ 《长篇香艳社会小说〈虐海春潮〉最新出版》,《申报》1928年10月24日,"广告",第5张第21版。

健，随处露出'弱不禁风'的样儿。美则美矣，其如不健何？"① 展现了时人在西方审美冲击下的复杂心态，既理解传统审美，又承认健康的重要性，并感慨"西洋女子以乳房发达为健康，中国女子以乳房紧缩为美观。错念既深，解放不易"，② 认为观念改变较为艰难。但作者在文章最后仍愿中国女性也能拥有健美体格，这一特征不再是西方女性专属："甚望先觉女子，竭力提倡，实行'放胸'，以养成'健而美'的体格。"③ 从另一角度看，矛盾心态既然出现，其实也证明了社会观念正在逐渐变迁。

1931年，《青年界》杂志刊载了《新同学》一文，其中有"至于新来的女同学。固然没有束胸的习惯，只论两条腿，平均计算，比较旧有的几位女同学总要粗得一倍罢，而且活泼，跑跑跳跳地老是高兴着的""新来的女同学比旧有的几位来得强健，……，更其是两条腿。不但粗壮，而且挺秀多劲，……她们底身体方面我很赞美"④ 的描写。通过与瘦弱的旧女同学对比，对不束胸又健康粗壮的新女同学多加赞许。

1932年之后，丰乳的曲线美开始被报刊更多地提及。1932年《申报》上有文章称，随着放胸女性的增多，更多女性"胸际隐露着高耸的双峰，招摇过市"。⑤ 1933年，有人作所谓"摩登竹枝词"来调侃当下女性："讲究新行曲线美，抹胸解放乳峰高。"⑥ 同年，一篇讽刺当时上海纸醉金迷追求享乐生活的短文，用"丰乳与肥臀，绯颊与红唇"⑦ 来描述当时追求时髦享乐的部分女性群体。题为《关于女人的乳》的文章专门赞颂女性乳房"最富于肉感和曲线美"，并将丰乳与健康相联系，声讨束胸行为："结实有力而高耸者，为健康之表征，凡软弱无力而下垂者，为孱弱之表征；吾们贵中国的女人的乳，大都是如后者所说的，这原因当然是为了'束胸'。"⑧

---

① 黄寄萍：《中西女塾音乐会小志》，《申报》1930年6月24日，"自由谈"，第5张第17版。
② 黄寄萍：《中西女塾音乐会小志》，《申报》1930年6月24日，"自由谈"，第5张第17版。
③ 黄寄萍：《中西女塾音乐会小志》，《申报》1930年6月24日，"自由谈"，第5张第17版。
④ 钦文：《新同学》，《青年界》第1卷第1期，1931，第251页。
⑤ 松庐：《诃子》，《申报》（本埠增刊）1932年6月18日，"谈言·竹头木屑"，第2版。
⑥ 孟楼：《摩登竹枝词》，《申报》（本埠增刊）1933年7月25日，"文艺"，第17版。
⑦ 《上海》，《申报》1933年8月7日，"春秋"，第4张第15版。
⑧ 元钊：《关于女人的乳》，《申报》1933年8月22日，"春秋"，第4张第16版。

1934 年，有文章回溯之前几年的审美："似乎是许多年前的一般的意见了：'林黛玉式的病态美，已不再适合为中国女性的"美"的典型：体格的健全，才是现代女性美的标准。因为照着优生的理论，要有强健的国民才是以挽回颓败的国势，则母性的健康便是一件急不容缓的事了。'"① 可见 30 年代初，健康便与优生联系在一起并成为国人的认知，虽然"随着这论调而发生的，在这矛盾的社会里还有女子们自己戕贼自己身体的种种行为"。② 1936 年，有人回忆当时，认为束胸缠足虽然解放，但是"对于一般人的审美标准却仍以'媚'，'娇'等为胜！"③ 可见社会观念变迁仍然需要时间。

（二）"flapper"

flapper 指一种时尚风潮或女性群体，流行于 20 世纪 20 年代，发源并兴盛于美国，并影响了西方世界。一战结束后，美国社会经济有了极大发展，战争冲击了社会原有秩序，消费主义和享乐主义观念流行。同时，女性受教育水平提高，电影等娱乐方式走进大众生活，爵士乐受到欢迎。这一时代被称为"咆哮的二十年代"或"爵士时代"，一直持续到 1929 年经济大萧条。当时的文学和艺术作品记录了社会的风貌，这些作家也被称作"迷茫的一代"，flapper 一词的创造和流行便与他们有关。据国内学者研究，这个词最早出现在一战后的英国，指"那些初出茅庐、行事不够老练、还没什么女人气质的年轻女子"，而"作家费茨杰拉德和画家小赫尔德俩人最先在美国使用了这个词"④ 来描述当时正在形成的生活方式与维多利亚时代迥异的女性群体。有研究者称："许多评论家认为，是菲茨杰拉德创造了这么一类人物，他在作品中为她们画了像，许多女孩

---

① 伽濒：《电影上的健美运动》，《申报》（本埠增刊）1934 年 10 月 4 日，"电影专刊"，第 5 版。
② 伽濒：《电影上的健美运动》，《申报》（本埠增刊）1934 年 10 月 4 日，"电影专刊"，第 5 版。
③ 家为：《金陵选举"健康小姐"》，《申报》（本埠增刊）1936 年 6 月 5 日，"谈言"，第 1 版。
④ 洪君：《论美国喧嚣二十年代新女性"福莱帕尔"的崛起——以文化研究为视角》，《合肥师范学院学报》2014 年第 5 期，第 53 页。

子看了后，纷纷效仿。"① flapper 群体无论是被文学家创造还是他们记录了当时盛行的 flapper 文化，这一群体确实是在美国形成并壮大起来，flapper 的生活和着装方式也在年轻的中产阶级女性中流行开来。flapper 一词在当今英语中也被保留下来，第七版《牛津高阶英汉词典》将之定义为"（20 世纪 20 年代不受传统约束的）随意女郎"，② 英文释义部分进一步解释为 20 年代穿着时尚、留短发，对流行音乐与新观点感兴趣的年轻女性。短发和独特的穿衣风格是 flapper 的标志，当时的中产阶级女性中流行宽松直筒腰线降低的着装和俏皮卷曲的短发，头戴装饰性发带或钟形帽，不穿旧式紧身束腰内衣，手持香烟或长烟管，喝酒、开车、参与运动，热衷跳舞和爵士乐，观念开放，追求享乐，她们是这一时代的新女性和时髦女郎。

这个词在民国时期已经被介绍到中国，1931 年的文章《英美言语辨异》中，作者写到在美国"新女性，时髦女人则唤作 flapper"。③ 关于 flapper 风潮在中国的传播和影响，学界目前尚无较为全面系统的讨论，但有不少学者在其研究中涉及了这一问题。俞跃在其对民国时期传统旗袍造型结构研究的论文中，关注了 flapper 风格对当时中国近代女装尤其是对旗袍形成的影响，并称"19 世纪 20 年代，欧美服饰审美标准对中国女性产生了很大的影响"。④ 他的文章对比了欧美女装和中国旗袍在此时期的造型风格，认为"西方流行女装的这些特征，在同一时期的旗袍上也有所映射"。⑤

安东篱的研究提及了 flapper 对中国城市女性时尚的影响。她于《中国服饰变迁：时尚、历史与国家》一书中关注了 flapper 风格和中国剪发风潮与"天乳运动"的关系。在论及民国女性的剪发和反蓄发行为时，国内学者大多关注革命和女性解放思想对其的影响，而安东篱则发现，尽管出发点不尽相同，但国际上流行的 flapper 风格标志性短发恰好顺应

---

① 崔丹、费茜：《爵士时代时髦女郎的文化历史渊源》，《哈尔滨工业大学学报》（社会科学版）2002 年第 2 期，第 90 页。
② 霍恩比：《牛津高阶英汉双解词典》，王玉章等译，商务印书馆，2009，第 769 页。
③ 钱歌川：《英美言语辨异》，《青年界》第 1 卷第 5 期，1931，第 225 页。
④ 俞跃：《民国时期传统旗袍造型结构研究》，北京服装学院硕士学位论文，2014，第 23 页。
⑤ 俞跃：《民国时期传统旗袍造型结构研究》，第 23 页。

了近代中国剪发运动的需要，从而被中国城市女性接受。她引用了这一风格的短发被当时面向中国城市读者群体的《北洋画报》和《玲珑》杂志刊载介绍的记录。①《玲珑》杂志称其为"波浪式"，《北洋画报》则刊登了留有这一风格短发的美国女明星比利·达夫和珂玲·摩亚的照片。而在介绍"天乳运动"的章节，她从当时《北洋画报》刊载的一幅图片（见图4）入手，以 flapper 风格的着装引入了对当时中国"摩登女郎"群体的探讨。

本文也希望从这张图片入手，但主要关注 flapper 风格在近代中国的传播、"中国化"及其与束胸的关系。这幅图片便是刊载于1927年7月30日《北画副刊》的《天乳美》②，英文标题为"Chinese flapper"，画家描绘了一幅中西合璧的中国女性见图4。正如其英文标题所言，这位女性留着 flapper 风格的标志性短发并烫成卷曲，服饰则将 flapper 风格的宽松低腰直线元素与中国传统服饰相结合，同时贯彻了其摒弃束缚内衣展现相对自然胸型的取向，吸收融会了西方风格又兼有中国特色，难怪作者将其创造的这位女性命名为"Chinese flapper"，展现了当时中国艺术创作和时尚审美受西方流行元素影响并将之吸收进行本土化的尝试。同版刊载有另一幅名为《时髦》③（见图5）的漫画，英文标题为"fashion"。该漫画意在讽刺当时城市男女盲目跟风追求时髦的行为，并将这一群体所追求的鞋帽从头到脚夸张地展现出来。其中的女性形象正是 flapper 风格标志性的钟形帽和短卷发，证明当时至少在《北洋画报》所立足并面向的北方地区，这一风潮不仅传入，更影响了城市居民，时尚女性已经开始接受并穿着 flapper 风格的服饰。

上流社会女性显然有条件较早接触到 flapper 风格，并从中上层影响社会时尚潮流。顾维钧第三任夫人黄蕙兰热衷于衣着搭配，一度引领民国上层女性时尚。而在现存的一组拍摄于1921年的照片中，她便已经穿戴 flapper 风格的服饰和发饰。安东篱也在她的研究中引用了黄蕙兰的例子，来说明上流社会女性对旗袍的取向。但目前并没有发现证据能证明，这些较早接触崇

---

① Antonia Finnane, *Changing Clothes in China: Fashion, History, Nation*, p.160.
② 蒋汉澄:《天乳美》,《北洋画报》（北画副刊）第8期，1927年7月30日，第1页。
③ 张云岩:《时髦》,《北洋画报》（北画副刊）第8期，1927年7月30日，第1页。

图 4 天乳美

说明：画面下英文标题却为"Chinese flapper"。
资料来源：蒋汉澄：《天乳美》，《北洋画报》（北画副刊）第 8 期，1927 年 7 月 30 日，第 1 页。

尚平坦胸部的 flapper 风格的女性，与近代中国女性束胸行为的兴起有关。与之相反，近代涉及这一风格的材料多与放胸和"天乳"呼声或多或少地联系起来。

1927 年《北洋画报》于第 114 期、第 115 期和第 117 期连续三期刊载介绍了当时西方流行的女性胸罩款式，并将其翻译为"束乳"，英文标题为"Modern brassieres"，即现代胸罩。照片上的西方女性短发烫发为 flapper 风格，此风格当时正在西方流行，女性多穿戴缩胸胸罩来塑造平坦上围，并不刻意突出胸部。

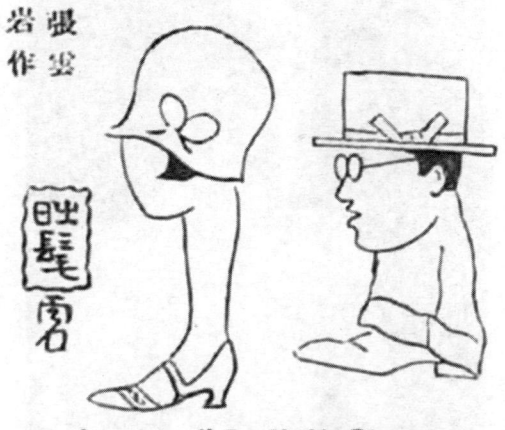

"Fashion" By Y. Y. Chang.

图 5 时髦

资料来源：张云岩：《时髦》，《北洋画报》（北画副刊）第 8 期，1927 年 7 月 30 日，第 1 页。

安东篱对民国时期剪发女性与 flapper 风格短发关系的研究思路具有启发价值。flapper 风格的女性舍弃束腰衣物和托胸内衣，选择轻薄胸罩塑造平坦胸型，对自然不夸张的胸型的追求，与当时"天乳运动"所号召的摒弃束胸、选择放胸和保持乳房自然状态的要求，虽然诞生在不同的历史背景下，所强调的内核也不尽相同，但其衣着造型却有殊途同归、不谋而合之意，因此在传入中国的过程中很快被城市女性接受。强调直线身材的 flapper 风格流行时西方盛行的胸罩为缩胸胸罩，意在抹平胸部曲线，不突出上围，也不束胸。这样的内衣得到了当时正在进行"天乳运动"的中国社会认可。1927 年《北洋画报》刊载介绍了西方女性胸罩的图画和照片（见图 6、图 7、图 8），图中女性均穿着这种内衣，同时留有 flapper 风格十足的短发。

与此图同时刊载于《北洋画报》的，还有探讨中国女性内衣改革问题的文章。文章认为西方当时流行的内衣风格也符合中国女性的需求，并建议吸收其样式改良中国女性内衣："不见西洋妇女是注重卫生的么？但是她们却并非不束乳呢，不过不压之使平罢了——近日亦稍微趋于压

图 6　西洋妇女束乳图其一

资料来源：《西洋妇女束乳图其一》，《北洋画报》第 114 期，1927 年 8 月 20 日，第 4 页。

乳——她们有她们束乳的抹胸，只是做得合式，不碍肺部呼吸，所以此制可以推行。"① 其中的西方女性"近日亦稍微趋于压乳"便是 flapper 风潮盛行时追求直线身材所致，可见当时知识分子对西方流行风尚的了解程度，同时也做了将西方流行风尚介绍到国内为我所用的努力。

近代中国电影行业的诞生发展，也促进了 flapper 风格在中国城市的传播。1928 年《申报》刊载了"大世界露天影戏场"上映美国女演员珂玲·摩亚《风流美人》的电影广告，称之为"美国第一国家影片公司最新出品，

---

① 绾香阁主：《妇女装束上的一个大问题——小衫应如何改良》，《北洋画报》第 114 期，1927 年 8 月 20 日，第 4 页。

"天乳运动"与近代中国社会变迁 483

图 7 西妇束乳图其二

资料来源:《西妇束乳图其二》,《北洋画报》第 115 期,1927 年 8 月 24 日,第 4 页。

图 8 装束——西妇束乳图其三

资料来源:《装束——西妇束乳图其三》,《北洋画报》第 117 期,1927 年 8 月 31 日,第 4 页。

世界唯一著名浪漫滑稽佳片，女明星珂玲摩亚杰作"，① 并附上了该片英文译名 The Perfect Flapper。这是一部展现 flapper 群体生活状态的爱情喜剧，剧中人物的着装和生活方式是典型的 flapper 风格，也是珂玲·摩亚所拍摄的第二部 Flapper 风格的电影，于 1924 年在美国上映。据 1926 年国内电影刊物的宣传，本片在 1926 年时便由中华影片公司引进国内（见图 9），1927 年还有杂志报道了主演女明星的个人专题小传，并将本片作为其代表作刊载了剧照（见图 10），这部 flapper 风格的影片连映两年仍然话题不断，可见其受欢迎程度。

图 9　电影 PERFECT FLAPPER 剧照

资料来源：《中华影片公司经理之新片西文名 PERFECT FLAPPER》，《戏剧电影》第 1 卷第 2 期，1926，第 12 页。

同版另一条"光陆大戏院"的电影广告则刊载了另一部电影《快乐生活》（见图 11）的海报和故事梗概，该片由美国女演员玛奇·贝拉米主演，也是一部典型的 flapper 风格电影，与 1924 年上映的追求罗曼蒂克及时享乐价值观的《风流美人》所不同的是，拍摄于爵士时代晚期的《快乐生

---

① 《大世界露天影戏场》，《申报》（本埠增刊）1928 年 6 月 1 日，第 3 版。

图 10　Colleen Moore 主演 *The Perfect Flapper* 中的一幕

说明：《珂玲慕霞（Colleen Moore）之真实小史》一文的配图。

资料来源：《珂玲慕霞（Colleen Moore）之真实小史：Colleen Moore 主演"The Perfect Flapper"的一幕》，《银星》第 14 期，1927，第 64 页。

图 11　影片《快乐生活》海报

说明：剧中女性造型是典型的 flapper 风格。

资料来源：《光陆大戏院》，《申报》（本埠增刊）1928 年 6 月 1 日，第 3 版。

活》则显露出对享乐放纵的反思，但其剧中人物造型仍极具 flapper 风情。这部电影于 1928 年 2 月 5 日在美国上映，6 月 1 日便被中国影院引进，可见当时城市居民接触世界文化产品和流行思潮之便捷。

flapper 风格的直线身材、对胸臀曲线的隐藏无形中迎合了中国传统审美要求，得到了"天乳运动"中一些寻求避免显露胸部曲线解决之道的保守改良人士认可。1928 年，有人谈及解放束胸后女子外衣改良，认为当时女性外衣紧小是导致束胸行为愈演愈烈的主要原因，提出调和中国古今外衣的八字形和葫芦形，取其折中"而成曰字形"，"自其前后身观之，则大部分成有规则之长方形。于腰间或束带，或略有变化，则成日字形。此形式之衣装，为西人最近之新式样，亦正可为我人法"。① 其中所描述的"西人最近之新式样"便是 flapper 着装风格。作者观念较为保守，认为天足女子"十趾如钉钯，虽言滑稽，实不美观"，放胸女子"两乳胡松，颠摆于胸前，则有类于母蓄，更非尽善"，主张使用内衣和外衣来掩饰胸部曲线，在西方代表叛逆反传统的 flapper 风格因其不强调曲线的外表，意外被一些持中国传统保守审美观，反对显露身体曲线的国人接受。

当然也存在反对人士认为这种 flapper 风格仍然比较开放。1928 年 7 月 21 日的《北洋画报》刊载了一幅名为《禁止束胸之后》（见图 12）的漫画，画中是一位留 flapper 风格发型，穿着类似旗袍而又宽松的衣物，双乳突出、形状可见的女性，下面的英文标题为"THE 3 POINTS OF MODERN CHINESE FLAPPERS：BOBBED HAIR, FREE BREAST AND NATRUAL FEET"，同样将这种接受并采取 flapper 风格打扮的中国女性称为"Chinese Flapper"，证明当时中国社会已经有较为时髦的女性群体开始追逐这一风潮，Bobbed Hair 即 flapper 风格短卷发。从画面女性目中无人的自豪高傲神态来看，这幅漫画持一定反对态度，可以看出在当时，短发、放胸、天足、高跟鞋和 flapper 风格都是新潮时尚且反传统的表现，还没有被全部社会群体认可。

---

① 李寓一：《解放束胸后之装束问题》，《申报》1928 年 10 月 1 日，"自由谈"，第 6 张第 21 版。

图 12　禁止束胸之后

资料来源：《禁止束胸之后》，《北洋画报》第 205 期，1928 年 7 月 21 日，第 2 页。

在 1936 年的外语教育杂志《实用英文半月刊》"编读往来"版块，有读者来信询问同刊物第九期将 flapper 一词译作"摩登女子"，将 flapperish nun 译作"妖尼"，那么 flapper 是否可作妖解？编辑回复解释说，"查中文'妖'字非必作妖怪之妖解"，又称"故摩登服束有称为妖装者……至于 flapper 是否即'妖'，此乃社会心理问题，而非英文问题"。① 可见 flapper 风格是否出格在当时仍有争议。

flapper 风格与近代中国酝酿的剪发和"天乳运动"既有巧合和异曲同工的偶然性，也有一定相合的必然性。当时的中国暂时结束了从清末开始的动荡，进入被称为"黄金十年"的发展期，社会较为稳定，近代城市得到发展，城市文化和享乐消费也随之出现，东西方思想激烈碰撞和转型期社会造就了这一时代的多元思潮和知识分子群体。女性解放思想传入国内，女性受教育水平也有了显著提高，时尚概念逐渐被大众接受。在这样的土壤中，

---

① 《答本埠何恩义君》，《实用英文半月刊》第 1 卷第 10 期，1936，"读者来函"，第 16 页。

西方传入的时尚潮流便有了和中国近代社会对接的基础，并进一步影响了中国社会的选择取向。尽管与昙花一现的"咆哮的二十年代"一样，这一黄金时代也很快过去，却在近代文化和社会生活的发展中留下了不可磨灭的烙印。

在西方，flapper 女郎被身着突出曲线毛衣和塑造丰满胸型胸罩的"毛衣女孩"取代。此风格似乎也传入了中国社会，1934 年"新生活运动"展开后，取缔妇女奇装异服举措中便有"禁着毛线类织或无扣之短衣"[①] 的规定。而 20 世纪三四十年代中国城市女性所追求的丰满健美身材也与当时欧美社会的审美追求类似，西方女性此时的托胸塑形胸罩继续受到城市女性的欢迎。

近代中国社会并不是独立于世界之外的封闭孤岛，它的观念和流行风尚或多或少受到国际社会影响，这在城市生活中表现尤其明显。从对中国近代社会流行时尚的塑造和影响来看，来自国际社会的外因是一股不可忽视的力量，与内因相互作用更会发生奇妙的化学反应，也应该得到学界足够的重视。

（三）担忧

需要说明的是，放胸与"天乳"并不是一个概念。"天乳"的说法大概来源于天足，是放胸后不着任何内衣，使乳房保持自然状态。而放胸可以是完全解放胸部，也可以是放松紧束的内衣或另外选择宽松的内衣。而"天乳运动"虽然以"天乳"为名，但无论是其间政府的行政命令还是民间的舆论宣传，其含义大多是强调放胸，很少涉及放胸之后女性的选择，也罕有人提出完全不穿任何内衣的主张。得到行政力量保证的"天乳运动"逐渐推广开来，各省政府纷纷响应，社会舆论也积极配合。对放胸后女性何去何从的忽视，加之运动在概念界定上的混乱，也导致了部分舆论对运动对象、程度和效果的担忧。

首先，关注运动的推行效果。《益世报》在 1929 年就查禁束胸问题

---

① 《蒋委员长取缔妇女奇装异服：赣省府拟定取缔办法先从女公务员等实行》，《申报》1934 年 6 月 10 日，第 2 张第 8 版。

采访教育界人士："惟据某教育家谈称，一般智识阶级女子，不惜残毁康健保持畸形的人体美，久成锢习中外同慨。非设法干涉，固难矫正，但即由官方下令取缔，则以关个人身体自由，禁或易禁，查则难查，在执行上将感无从着手云。"① 认为束胸事关隐私，在查禁一事上难以执行。

其次，担心运动走向激进。鲁迅曾担心"天乳运动"的激进推行会产生"天乳犯"。1927 年，他在北京《语丝》杂志上刊载《随感录五六忧"天乳"》一文，对"天乳运动"的推行和放胸呼声的高涨，以及各省不同"招牌旗帜"下实行政策也不尽相同的政局现状，他担忧道："会不会乳大忽而算作犯罪，无处投考？……否则，已经有了'短发犯'了，此外还要增加'天乳犯'。"②

同年，在尚未开展"天乳运动"的北方，以天津为中心辐射华北地区的《北洋画报》，也以此为主题展开了一系列讨论。与当时倡导"天乳运动"并要求放胸的《申报》《妇女杂志》《晨报副刊》等报刊相比，《北洋画报》上评论的角度显然不尽相同。它虽然表达了对"天乳运动"的赞同，即"最近南方有了'天乳'运动，这虽是一件小事，而也正是一件大事。中国女人的'弱不禁风'、'娇小玲珑'，肚兜和小坎肩，是一种特别的镣铐"，③ 刊载图片宣传赞颂天乳之美（见图 13），但也担心"天乳运动"走向激进。7 月 30 日的《北洋画报》刊载了名为《天乳运动》的评论，在赞同放胸的同时也提出质疑："'蓄发的砍头'，是武汉剪发运动的现象，'剪发的重惩'是北方反剪发的手段。不知这天乳运动，也得借武力为后援否。"④

1928 年，胡适在苏州青年会进行演讲时，谈及时下妇女解放中出现打破男女界限，废除首饰、旗袍、小马甲等女性用品的要求，讽刺其"使不分男女，看不出雌雄，成了一个混和世界。那才可不因男女的束缚。享受一生的自由平等博爱……"⑤ 虽然其将近代女性解放中废除女性

---

① 《官方推行天乳运动：各女校师生束胸勒乳者注意，教育安公等机关将会同查禁》，《益世报》1929 年 12 月 26 日，"教育栏"，第 4 张第 16 版。
② 鲁迅：《随感录：五六 忧"天乳"》，《语丝》第 152 期，1927，第 8~9 页。
③ 鹤客：《乳的威风》，《北洋画报》第 108 期，1927 年 7 月 30 日，第 8 版。
④ 墨珠：《天乳运动》，《北洋画报》第 108 期，1927 年 7 月 30 日，第 8 版。
⑤ 日经：《吴门琐屑》，《申报》1928 年 4 月 17 日，"自由谈"，第 5 张第 17 版。

图 13　天乳之美

说明：画面下方的英文标题却为 the beauty of the human body，即"人体之美"。
资料来源：《天乳之美》，《北洋画报》第 108 期，1927 年 7 月 30 日，第 8 页。

用品这一错误的"男性化"行为与废除束胸等同的观点值得商榷，但也从侧面表明了对废除束胸行为激进之处和当时妇女解放中去女性化行为的担忧。同时，"今日之下，当打破男女界限。第一要着，女子必须一律剪发，但式样应与男子同。首饰旗袍小马甲裙服等，总属女于子特表（疑似为原报刊印刷错误，此处仍按原文照录）的物品，先予废除，以后服装和男子无二"①　这一说法，也证明小马甲和束胸在时人看来不仅

---

①　日经：《吴门琐屑》，《申报》1928 年 4 月 17 日，"自由谈"，第 5 张第 17 版。

与妇女解放对立,更是女性化行为的代表之一,恐怕不是什么"男孩风格"① 或"以此来删除服饰上的性征彰显男女平等"。② 同年 10 月 13 日,《北洋画报》刊载了题为《未来之天乳大游行》的漫画(见图 14),画上七个赤裸上身、胸部突出的女子手举旗帜,上书"天乳会",宣传天乳游行,不乏对"天乳运动"和宣传放胸的组织机构走向激进的讽刺和担忧。

图 14 未来之天乳大游行

说明:其英文标题为 A demonstration of the Natural Breast Association,画面与标题都提及"天乳会",意指当时组织游行活动的妇女团体。

资料来源:曹涵美:《未来之天乳大游行》,《北洋画报》第 230 期,1928 年 10 月 13 日,第 18 页。

再次,因为"天乳运动"在开展过程中本身概念和定义混乱,便有人针对放胸具体操作中所存在的保留内衣与否的选择,提出虽然胸部不能压迫,但内衣对于女性是必需的。1927 年,笔名为"绾香阁主"的作者刊文主张"乳仍需束,但不可压",请读者"认明束乳与压乳为两回事",③ 并认为应当在不过分紧束胸部的前提下保留和改良束胸或仿用西方女性抹胸,反对完全不穿胸衣的做法,认为内衣应该在不施加压力影响健康的同

---

① Antonia Finnane, *Changing Clothes in China: Fashion, History, Nation*, p. 164.
② 吴小玮:《民国时期"天乳运动"探析》,《贵州文史丛刊》2015 年第 1 期,第 47 页。
③ 绾香阁主:《妇女装束上的一个大问题——小衫应如何改良》,《北洋画报》第 114 期,1927 年 8 月 20 日,第 4 页。

时覆盖胸部，即"以能够兜住双乳为限，不可用以压平"，① 并举"注重卫生"的西方女性仍穿着抹胸的例子佐证。文章引用西方"著名美术研究家爱美落巴义阿尔德（Emile Baiard）"的观点，认为："全身体在衣服之内独立自由，毫无束缚，固然是一种乐趣，但是放任胸上两乳之低垂，不有物为之保护（即兜托之意），亦属不美。"② 称内衣的托举利于塑造女性的"曲线美"。另外，由于社会风气所限，有人认为放胸之后不穿任何内衣的女性身体有碍观瞻，1928年7月21日的《北洋画报》刊出一幅名为《禁止束胸之后》的漫画，画面上四个不同角度姿势的女性穿着旗袍，双乳突出，轮廓清晰可见。同年10月1日，有作者在《申报》上刊载了题为《解放束胸后之装束问题》，称"解放束胸之陋，而使两乳胡松，颠摆于胸前，则有类于母畜，更非尽善"，③ 认为女子天然的乳房形态如同放足后"十趾如钉钯"④ 的天然双足，"实不美观"；认为在解放束胸以后，应"当于装束加以改进，借装束以装饰，勿矫枉过甚，而恰能尽女子发育之美"，⑤ 仍需借外在衣物塑造形体，只要使用内衣的当事人不过分紧束，束胸内衣还是有其可取之处："人情多偏激而不易入于中庸。昔用半臂带也，唯恐其束之而不紧。一旦言解放，则曰此为女子之耻物，捐弃之唯恐不及，皆非中庸。半臂未尝束汝胸，束汝胸者汝之情耳。今日之解放，第须放半臂之胸围而宽之耳，半臂之本身又何须于捐弃。且吾视束胸之有害卫生，不如说者之甚。说者之所见，不过消极卫生而已。"⑥ 1932年，随着提倡放胸的呼声渐高，有作者在撰文探究古代束胸的起源时称，"许多摩

---

① 绾香阁主：《妇女装束上的一个大问题——小衫应如何改良》，《北洋画报》第114期，1927年8月20日，第4页。
② 绾香阁主：《妇女装束上的一个大问题——小衫应如何改良》，《北洋画报》第114期，1927年8月20日，第4页。
③ 李寓一：《解放束胸后之装束问题》，《申报》1928年10月1日，"自由谈"，第6张第21版。
④ 李寓一：《解放束胸后之装束问题》，《申报》1928年10月1日，"自由谈"，第6张第21版。
⑤ 李寓一：《解放束胸后之装束问题》，《申报》1928年10月1日，"自由谈"，第6张第21版。
⑥ 李寓一：《解放束胸后之装束问题》，《申报》1928年10月1日，"自由谈"，第6张第21版。

登女子，胸际隐露着高耸的双峰，招摇过市，具着绝大的诱惑性"，① 致使一些"道德学者"感叹"妖冶诲淫有关风化"。作者虽然是"一个极端赞成放胸运动者"，但"看了那种'肉感的诱惑'，对于大奶的提倡，和服装的改革，也不禁把来当做有亟待研究的问题"。② 同年《妇女生活》发表以《裸足与解放束胸后》为题的文章，号召为了雅观和运动考虑，应当着类似保护罩等衣物"约胸"："女性肉的颤动，最容易刺激人的，我想我们中国的女性，也应该由束胸时代，先过渡到约胸时代，对于女的乳部似乎可以加以些保护它的罩子，这样既合卫生，而又雅观。不至于行动的时候，两个突高的乳头，十分的颤动，使你自己感到有些不舒服了。"③

最后，随着解放束胸运动逐渐开展并得到纷纷响应，又产生了对女性盲目追求时髦，纷纷放胸并追求丰胸的担忧。1932年有人在《申报》上撰写名为《水的朋友》的短文讽刺时事，以"水——结成泳——融化蒸汽"的三态变化为开头，列举"缠小脚——放天足——赤踝光脚；束胸——解放胸乳——装假乳头"和"恋爱——结婚——再醮：内战——不抵抗——下野：官誓就职——不事辞职——挽留连职"，最后以"水的朋友还有许多，让我再问摩登朋友吧"④ 结尾，暗讽时人引入新名词装点行为掩饰本质。在作者看来，束胸、放胸和"装假乳头"本质上都是追求时髦，只不过是从以平胸为美到不惜伪装胸部也要紧跟改变的流行。同年12月12日，又有人在《申报》上撰文称，"女子的善变，大约根于天性。试观近年的女子，始而剪发，继而放胸，又继而高跟鞋，至于衣服之花头百出，日异月新，极光怪陆离的能事"，⑤ 认为剪发、放胸与高跟鞋性质类似，感叹当时女性善变，将放胸归咎为女性追求时髦。不知是女性纷纷放胸又产生了跟风现象，使得当时社会部分人士认为放胸也不过是女性追求另一种时髦，和追求束胸没有本质区别，还是政府对

---

① 松庐：《诃子》，《申报》（本埠增刊）1932年6月18日，"谈言·竹头木屑"，第2版。
② 松庐：《诃子》，《申报》（本埠增刊）1932年6月18日，"谈言·竹头木屑"，第2版。
③ 琬：《裸足与解放束胸后》，《妇女生活》第1卷第22期，1932，"女子论坛"，第551页。
④ 郭秋申：《水的朋友》，《申报》1932年9月12日，"自由谈"，第4张第16版。
⑤ 佛：《裸体会》，《申报》（本埠增刊）1932年12月12日，"谈言"，第3版。

提倡放胸的原因宣传不到位，使他们完全不理解女性为何要放胸或逐渐忘记了放胸的初衷，转而批评她们风向一日一变，其中原因也值得玩味。不过这也从侧面证明放胸人数在当时逐渐增多，作为一股潮流引起了社会的注意。1933年，随着对丰乳美的提倡，有些时髦女性开始设法保持胸型，当时有女明星提出不哺乳的主张，遭到反对。反对者将之斥责为享乐主义，并强调女性作为"母"的社会责任。批评意见同样认为："可奈天乳有五种之多，合标准的只有一种，不合标准的只好装乳托，无从装乳托的，只好装假乳。"① 认为审美标准的改变有强行要求女性统一追求一种胸型的危险，产生以丰乳审美替代平胸审美的现象，而非"天乳"本来的含义，即保持自然胸型，同时也提及"近年来由束胸解放而为天乳，愈可以助色情文人之想象""乳房虽足以助商品之推销""从乳房上做文章，然为推销商品计，亦尚情有可原"，② 认为"天乳运动"满足了一部分男性需求和想象，同时也被商家利用来推销商品。同年，上海《康健杂志》载文明确表示了对放胸作为一项"流行"代替束胸会导致其变质的担忧："可是大众的心理，还不是随波逐流么？大众的意识，还不是沉迷蒙眬么？知其然不知其所以然的放胸，又有谁说不是由于——'他们都在放胸了，我也放胸吧！'——的心理意识之下所缔成的呢？只要妙，只要入时，放胸的今日如此；放胸的将来，正未知怎样？"③

（四）改良

在社会各界主张废除束胸的声浪中，也有一些人开始思索解决之道。最简单的便是放松上衣。早在1921年，探讨束胸问题的文章便提出了这一解决办法，1927年废除束胸的呼声渐涨，有时人认为"先把上衣作宽大，因衣服宽大，两乳不突出，这是简简单单的法子"。④ 鉴于现状，鲁迅也建议：

---

① 曹聚仁：《一个抗议》，《申报》1933年8月24日，"自由谈"，第5张第19版。
② 曹聚仁：《一个抗议》，《申报》1933年8月24日，"自由谈"，第5张第19版。
③ 裘景舟：《束胸与放胸：献给现代妇女的知识阶级，来一个彻底的解放运动（附图）》，《康健杂志》第1卷第7期，1933，第12页。
④ 王世森：《束胸》，《晨报副刊：家庭》第69期，1927，"常识"，第10页。

"仅止攻击束胸是无效的。第一,要改良社会思想,对于乳房较为大方,第二,要改良衣装,将上衣系进裙里去。旗袍和中国的短衣,都不适于乳的解放,因为其时即胸部以下掀起,不便,也不好看的。"① 1928 年,又有人提出,女学生以往腰身狭小显露曲线的服装导致追求束胸,旧式呈"八字形"的服装和放胸之后将要呈"葫芦形"的服装都"不美观",应当参照西方一度流行的 flapper 风格为外衣,"取此式则腰部不束小胸乳即不显露,纵有乳部之发达不健全者,亦可装饰其丑",② 既可不使胸部过分突出,又可遮掩平胸女子的尴尬。

另一种声音则更多关注束胸衣的改良。在 1927 年 7 月 30 日的《北洋画报》上,署名为"墨珠"的作者对束胸衣物提出了一些建议。文章类比缠足废除后女性弓鞋的现状,思考被废除的束胸衣应该如何利用,提出:"如果作一番改造工夫,先行破坏,再行建设,便一变而为小裤子、小裮子,把来给宝宝们享用,既合乎'废物利用'的原则,又免去像'莲船'那样的可怜,只供考古家的把玩。"③ 8 月 20 日《北洋画报》刊载了署名为"绾香阁主"的文章《妇女装束上的一个大问题——小衫应如何改良》,对放胸和束胸衣物的改良提出了意见。韩红星基于《北洋画报》对中国近代女性角色的重塑的研究也专门提及了这篇文章,认为它是对"天乳运动"的不同反馈与思考。绾香阁主此文首先表示了对"天乳运动"的肯定,反对束胸,"不见南方也厉行'天乳运动'了么?我们在北方也应该奋斗为是"。④ 但也认为破而不立并不能完全解决问题,因此她同时在《北洋画报》上多期刊登当时西洋女性的内衣图片和《中国小衫沿革图说》讨论中国传统内衣演变和改革,以推动女性内衣的改良。

这样的思考和呼吁得到了响应。1928 年,《申报》(本埠增刊)刊登了一则题为《红玫瑰公司发明最新内衣》的内衣广告,称因为"近届

---

① 鲁迅:《随感录:五六 忧"天乳"》,《语丝》第 152 期,1927,第 8 页。
② 李寓一:《解放束胸后之装束问题》,《申报》1928 年 10 月 1 日,"自由谈",第 6 张第 21 版。
③ 墨珠:《天乳运动》,《北洋画报》第 108 期,1927 年 7 月 30 日,第 8 页。
④ 绾香阁主:《妇女装束上的一个大问题——小衫应如何改良》,《北洋画报》第 114 期,1927 年 8 月 20 日,第 4 页。

炎暑迫人，一般新装妇女所服皆薄蝉轻翼，玉臂酷露，是以内衣为妇女界之必需品。现该公司为彻底服装革新，普及各界妇女起见"，① 所以"又新发明 A 字内衣一种，形如小马甲，上用背带。虽常服短袄之妇女，莫不舒适美观"。② 商家为解决夏季女性穿着轻薄需要内衣遮掩身体，但束胸又被废除的难题，改良发明了形状类似小马甲的背带内衣。同年 10 月 1 日，《申报》载文建议学习西方女性内衣形式，改良中国女性内衣："欲改良半臂之形式，仍使半臂之胸围，恰能兜合乳部，使不束亦不松。更于位于乳下之部分，制如半圆形，洽兜合乳之全部，更下则其围与身腰等。如是则乳之形不为蒙蔽，乳之种赘处可稍受约束，常见西妇多取于此式。在衣冠久已扫地之我人，又值此不得不解放束胸之时，正可以效法之也。"③

　　束胸女性本身也在寻求"天乳运动"下着装的新出路。1929 年，有报道称，虽然解放束胸的声势日渐增长，沪大女生思想上赞同解放号召，但又碍于现实仍然保守的风气，产生"既不能束胸。又不能不束"的为难，1931 级的几位女同学索性发明了一种穿在普通旗袍外面的马甲，制法与普通的相同。不同之处在于不扣前面纽扣："两面的襟沿让共开在胸前，恰把隆起的两方按着尺寸的覆罩着，很像西式女子的外衣，短一点和缺两只袖子就是了。这么一来，就能把束胸不束胸的问题解决。"④ 此举受到沪大女生的欢迎，"大家都照那样子叫裁缝去做了"。⑤ 这一旗袍外穿小马甲的发明一经问世，便受到上海女性的欢迎，1930 年《申报》刊载广告，称"上海女界，现盛行旗袍小马甲"，⑥ 并以四元一件的价格售卖这一新式旗袍外穿马甲的成衣，同年《中国大观图画年鉴》所收录的照片印证了这一点（见图 15）。1933 年的《玲珑》杂志也刊登了这种旗袍外穿小马甲的时装图片（见图 16）。

---

① 《商场消息》，《申报》（本埠增刊）1928 年 8 月 13 日，第 1 版。
② 《商场消息》，《申报》（本埠增刊）1928 年 8 月 13 日，第 1 版。
③ 李寓一：《解放束胸后之装束问题》，《申报》1928 年 10 月 1 日，"自由谈"，第 6 张第 21 版。
④ 忆梅：《新胸衣》，《申报》（本埠增刊）1929 年 7 月 7 日，"妇女生活"，第 6 版。
⑤ 忆梅：《新胸衣》，《申报》（本埠增刊）1929 年 7 月 7 日，"妇女生活"，第 6 版。
⑥ 《同属爱美各有见地：小马甲消息》，《申报》1930 年 11 月 19 日，第 4 张第 15 版。

图 15　旗袍与小马甲

说明：1933年的《玲珑》杂志刊载了一位穿着旗袍小马甲的女性图片，并介绍说，此旗袍"纯粹我国本色"，用于交际场所穿着，燕黄色料配玄色缎月牙滚边，"外面的小背心实在正面之布侧主底处开小叉"。

资料来源：《旗袍与小马甲（时事新报）》，《玲珑》第3卷第45期，1933年12月20日，第25页。

图 16　旗袍外搭小马甲的女性

资料来源：《旗袍之流行：长旗袍小马甲》，《中国大观图画年鉴》，1930，第229页。

（五）胸罩

20 世纪初，胸罩在美国出现，1914 年美国人玛丽·菲尔浦斯·雅各布取得了第一个胸罩的发明专利，① 20 年代 flapper 风格流行时盛行缩胸胸罩。美国人罗森莎设计了能够烘托乳房自然曲线的胸罩，这是现代胸罩的雏形。它托乳而不压胸，反而突出了胸部，因此一问世便博得了广大女性的青睐。早在 1927 年，《北洋画报》便将当时西方新出现的女性胸衣介绍到了中国并冠以"抹胸"之名，同时为防止引起歧义，倡议将这一新生事物"更名为乳衣，抹胸稍欠妥"。② 更连续多期刊登西方女子身着这一新式内衣的图片进行推广介绍。

1932 年，《玲珑》杂志刊登了《妇女必需的乳罩》一文，向中国女性较为系统地介绍胸罩的益处并澄清社会对胸罩的误解。文章开篇便解释了当时一部分人对"乳罩是一种变相的小马甲，它是有碍卫生，阻止女子身体发育的"③ 的错误认识，作者称自己亲身试验过后，认为胸罩与小马甲完全不同，后者"是缝得很窄很紧的，把乳部紧紧束着，同时胸部发展也不能舒畅，因此每易引起种种不幸的病。对于康健有说不出地妨害"，④ 而前者则"不过是一个很轻松的套子，对于身体发育毫没有妨碍。并且对于胸部美很有帮助呢"。⑤ 该文系统介绍了女性应选择胸罩的原因——防止夏天走光、托举下垂乳房和弥补胸部平坦，也证明本文推介的胸罩有托举丰满胸部的效果，已经不再是缩胸胸罩。同时，概括了胸罩的优点——美观、轻便、耐用、经济，并称"乳罩的质料，都是轻薄的丝质，经久耐用。在普通药房及洋货店均有出售，定价也不昂贵，是一种最普及的东西呢"。⑥ 这表明胸罩在当时已经被引进中国，并于药房、洋货店中出售，定价并不昂贵。

---

① 赵丽妍、潘力丰：《中西方女性内衣史比较初探》，《丝绸》2004 年第 4 期，第 45 页。
② 绾香阁主：《妇女装束上的一个大问题——小衫应如何改良》，《北洋画报》第 114 期，1927 年 8 月 20 日，第 4 页。
③ 徐吴兰英：《妇女必需的乳罩》，《玲珑》第 2 卷第 63 期，1932 年 8 月 17 日，第 580 页。
④ 徐吴兰英：《妇女必需的乳罩》，《玲珑》第 2 卷第 63 期，1932 年 8 月 17 日，第 580 页。
⑤ 徐吴兰英：《妇女必需的乳罩》，《玲珑》第 2 卷第 63 期，1932 年 8 月 17 日，第 580 页。
⑥ 徐吴兰英：《妇女必需的乳罩》，《玲珑》第 2 卷第 63 期，1932 年 8 月 17 日，第 581 页。

三 "天乳运动"的效果

随着"天乳运动"在行政强制力的保驾护航之下展开,政治组织和民间舆论也大力宣传提倡,虽然遭遇了一些阻力,但当时城市女性束胸的情况得到改善,放胸女性数量也渐渐增加。

"天乳运动"动用政治宣传,将放胸作为正面行为与解放相联系,并将束胸定性为作为一种不卫生的陋习,使社会舆论对此逐渐形成一个固定的价值判断。虽然对抗传统观念需要一个过程,但新的认识显然被逐渐塑造成型,并引导更多女性选择放胸。1929年有文章谈及修会圣心院开办的教会学校嘉兴明德女子中学,称该校学生"个个活泼健全,处处流露她们的天然美。也如沪上一般女子的新解放——不束胸,还能说一口流连的英语"。① 将不束胸作为一个象征解放的优点夸赞。同年,《申报》刊文描述在当时"解放束胸运动的声浪感吹愈高"的背景下,上海的女大学生们便认为自己作为"智识阶级中的人物",应该"刻不容缓的实行这个解放运动",并使"全校或竟全沪、全国的小姐们都来学她们"。但又因为现实环境和国人观念局限且改变相对缓慢,不能"像西方美人般的让其(指胸部——笔者注)自由"。② 这说明随着"天乳运动"推行,束胸的女学生中有部分已经认同放胸的主张,但相对保守的现实又使其无法完全放胸。面对政府和学校的强制命令,"在普通的女子看起来,这可不把人累死了。既不能束胸。又不能不束",③ 无奈只好发明外穿在旗袍外的马甲,来遮掩突起的胸部。此举一出立刻受到女同学的追捧,说明除去审美追求等弹性原因,大多数普通女性选择束胸的根本原因是遮掩胸部。在社会风气没有改变的前提下,女性就算抛弃束胸,也还是照样要想办法来遮盖,而当初的束胸也只是达成这一目的的手段之一。

当时有人将上海和广州这两处当时中国社会较为发达地区的女学生加以

---

① 桂娥:《嘉兴明德女子中学》,《申报》(本埠增刊),1929年7月28日,"学校生活",第6版。
② 忆梅:《新胸衣》,《申报》(本埠增刊)1929年7月7日,"妇女生活",第6版。
③ 忆梅:《新胸衣》,《申报》(本埠增刊)1929年7月7日,"妇女生活",第6版。

比较，认为"上海是中国文化的中心，而且是世界巨大的商阜之一。广州是轰天动地的革命策源地，也是中国有名的大商阜"，因此两地女学生的生活状态也有比较价值。在剪发一事上，作者认为上海仍然有少数"保守其三千烦恼的密丝们盘踞期间"，而广州女学生更加解放，"不特绝无，而且竭力向保守主义的妇女鼓吹"。上海女生穿着"很奢华的实在最多，很朴实的亦不少，很时髦的也常常看见，不甚时髦的亦常常看见"，而广州女学生"衣服的式样与衣料虽然不一样，然其时髦的倾向却是一致，绝对不会复见过去的装束出现"，显然认为广州年轻女性更加时髦，也更喜欢追求时髦。作为全国最早推行查禁束胸政令的省份，文章称广州女学生虽然一度热衷于束胸，但在政府的严令禁止下显然放胸状况较好，并对其加以赞扬："前两年广州的密丝们很爱束胸，后经民政厅下令禁止，她们遂把来解放了，越发流露出她活泼可爱的神情，现在更进一步趋于美化了。"① 至于上海女学生的束胸和放胸情况，作者表示并不了解，无从比较。

  虽然有行政力量的保证，但碍于社会风气变革相对较慢，女性抛弃束胸显然需要一个过程，1929 年仍有上海在校女生感叹："到如今，还是有许多女子省不了那种东西。非但学校里学生省不了，连专门研究体育的女学生也没有一个不备，这真是一个不好的现象。"② 1930 年《申报》载文介绍上海中西女塾同学举办的一次音乐会，谈及在当时登台的至少两百名学生中，"不束胸的不上十数"，③ 放胸学生比例并不高，同时提到健美观念，可见西方健美审美观念已经传入并被开始部分国人接受。1931 年，面对浙江萧山县"虽历经内政部遵令查禁，无如言者谆谆，听者藐藐，而尤以各学校女生为最"④ 的现象，县立女子中学专门下令，命该校学生一律强制解放束胸并定期检查。可见束胸政令虽然发布，但各地执行时间、力度不一。此时距"天乳运动"提案已四年，还有作者在谈到女子束胸问题时表示："可束胸用的马甲，还在你们身上。"⑤ 随着时间的推移，解放束胸的人数也在增多，

---

① 再生：《上海女学生与广州女学生》，《申报》（本埠增刊）1929 年 8 月 1 日，"妇女生活"，第 7 版。
② 《小背心》，《申报》（本埠增刊）1929 年 11 月 1 日，"学校生活"，第 2 版。
③ 黄寄萍：《中西女塾音乐会小志》，《申报》1930 年 6 月 24 日，"自由谈"，第 5 张第 17 版。
④ 陶丽亚：《束胸之检查》，《申报》1931 年 6 月 13 日，第 5 张第 17 版。
⑤ 鸿梅英：《女子的束胸问题》，《妇女共鸣》第 55 期，1931，第 18 页。

尤其是上海地区的放胸效果较好，上海《妇女生活》杂志上便有作者发出"一九三二年的中国女性，是解放了数千年来紧束的胸乳了"① 的感叹。同时，放胸的号召得到一些上海前卫摩登女性的响应和追捧："自从近几年来，提倡放胸的声浪一天天的膨涨，小马夹已被打倒。许多摩登女子，胸际隐露着高耸的双峰，招摇过市，具着绝大的诱惑性。"② 这一年接连出现几篇讨论女性跟风放胸和声讨丰乳有伤风化的文章，说明放胸人数的增多引起了舆论注意。1933 年，有人对当时女性的束胸情况做了这样的估计，"四近妇女，莫不穿此小帮身"，③ 虽然没有完全禁绝，但与之前的人数相比也有所下降。

但在不太开放的地区，风俗仍然相对保守。1932 年，张竞生的原配夫人许氏在老家广东饶平浮山自杀，有人以《性博士夫人自杀经过记》为题在《申报》上刊文，认为张竞生为人怪僻，夫妻产生诸多矛盾致使许氏自尽。其中提及张竞生大力反对束胸行为，也劝其老家女性放胸："小马甲束胸者，必劝其解放。侃侃谈妇女发育与天然之美，毫无涉及不正经语气。"但当地风气保守，"乡中妇女究竟不开通，一见张至必走避，呼曰'寝鬼又来！寝鬼又来！'"张竞生在"处世接物，多有未合人情，在乡村中尤格格不入"，许氏也受到很大压力，"间接受姐妯间讪笑和讥讽，自不待言矣"。④ 1933 年《玲珑》杂志谈及束胸代表道德和美观的看法，认为"这种谬见在开通的妇女中大都没有了。但是风俗蔽塞的地方，依然为一般妇女所重视"。⑤ 此时距"天乳运动"提案已六年，同年有医生撰文称："放胸在都市里固然已很普遍，但是乡间束胸女子的充斥，也是不可掩的事实。"⑥ 但也应考虑到，鉴于"天乳运动"在开展中并未将中国传统社会女性的束胸习惯与民国初年女性过分追求束胸的行为区别开来，前文也提及束胸过紧的

---

① 琬：《裸足与解放束胸后》，《妇女生活》第 1 卷第 22 期，1932，"女子论坛"，第 551 页。
② 松庐：《诃子》，《申报》（本埠增刊）1932 年 6 月 18 日，"谈言·竹头木屑"，第 2 版。
③ 龙子：《束胸之祸》，《兴华》第 30 卷第 50 期，1933，第 17 页。
④ 《性博士夫人自杀之经过记》，《申报》1932 年 4 月 9 日，第 2 张第 7 版。
⑤ 林莲莹：《妇女束胸与束腰之起源》，《玲珑》第 3 卷第 42 期，1933 年 11 月 29 日，第 2320 页。
⑥ 裴景昂：《束胸与放胸：献给现代妇女的知识阶级，来一个彻底的解放运动（附图）》，《康健杂志》第 1 卷第 7 期，1933，第 13 页。

现象主要在城市女性中存在,大多乡村地区女性仍然秉承传统而不过分压迫胸部束胸习惯,在号召解放一切束胸的"天乳运动"中也被认为是应该禁绝革除的对象,在一定程度上影响了时人对放胸效果的估计,造成了对运动在评价上的矛盾性。现存研究中也不乏未对二者加以区别,在评价"天乳运动"时受到干扰的现象。

余 论

从民国初年城市女性受传统观念、社会风气与青春期特殊心理和服制改革等复杂因素影响而逐渐紧束胸部,到1927年国民政府开展"天乳运动",陆续出台行政命令干预以女学生为主的城市女性束胸行为,束胸与反束胸的斗争,持续了将近二十余年。其间,伴随着不同审美观念的争论、新式内衣的改良和引入,这一过程不仅是女性内衣形式的变化,更反映了在近代这一思想观念新旧交织激烈动荡的社会转型期,对国民身体和社会观念的再造。

前文已经回答了"天乳运动"在解放束胸方面的效果,但对于这一运动应该如何评价,学界仍然有不同的观点。刘正刚、曾繁花的研究认为该运动"推行艰难",并称"天乳运动"与"天足运动"一样,"对天乳的提倡依然由男性来主导推行,身为运动主体的女性却并没有太多的主动权而只有接受";[①] 认为男性倡导"天乳"的主要原因与"天足"大同小异,即"强调女性如果束胸压奶不仅会损害自身的健康,而且也对后代产生无穷的影响,甚至无一例外地上升到了'强种保国'的高度。在这一看似忧国忧民的背后,或许还隐藏着其他的动机"。[②] 吴小玮研究认为:"'天乳'运动之中,中国女性貌似被赋予'国民之母'的重要角色,实则被再次'污名化',被迫接受诸多的型塑。"而"种种名曰解放妇女的造势活动,却并非是妇女的自我解放,也不全然是得之于女性阵营内部的争取,而是采用了官方强制命令的方式,演变成一种'身体政治',更甚者还是成就于男性政党

---

① 刘正刚、曾繁花:《解放乳房的艰难——民国时期"天乳运动"探析》,《妇女研究论丛》2010年第5期,第71页。

② 刘正刚、曾繁花:《解放乳房的艰难——民国时期"天乳运动"探析》,《妇女研究论丛》2010年第5期,第71页。

之间的政治恶斗而来"。① 但"天乳运动"的评价不应与其前后的历史进程割裂开来,除了看到这一运动在宣传思想上的模糊性和激进性,还应客观评价其缺陷。上文已经列举了"天乳运动"开展过程中的一系列问题,但也应该注意到它是政治首次介入反束胸宣传,其宣传和动员效果与以往民间舆论的提倡不可同日而语,并在行政力量的保证提倡下掀起了社会舆论反对束胸的高潮;同时引导了社会价值判断,束胸行为从此被定性为陋习。在运动推行的问题上,由于当时国内环境的特殊性,国民政府下辖各县市是逐渐公布束胸政令的,因此不能将全国都以 1927 年作为起点来判断其推行效果。就上文已经列举的材料来看,虽然运动推行的过程中遭遇了一定的困难和阻力,社会风气的改变也相对滞后,但在 1932 年前后,于行政命令的宣传和保证之下,上海、广州等地区放胸的效果已经较为明显,社会风气也有开始改变的趋势。因此,在查禁束胸乃至初步移风易俗方面,"天乳运动"可以说基本上是成功的,不仅成功扭转了当时风行的城市女性束胸势头,而且顺利衔接了其后新生活运动中的禁绝束胸政策。1934 年的新生活运动延续了这一政策,继续重申"禁止束乳",城市女性逐渐放松紧束的胸部,社会审美也开始转向。但这并不意味着女性身体的完全解放,除却一部分女性仍然无法抛弃思想上的"束胸衣"坚持保守,另一些看似前卫开明的健美女子,又将自己禁锢在对丰乳的追求中,甚至不惜以胸罩和保健药品塑造体形。1936 年,有人犀利评价道:"只知道喊解放,而自己实在是不解放,打倒一个旧的桎梏,而又给一个新的桎梏所困。"②

就"天乳运动"针对的查禁城市女性束胸一事,这一时期从社会舆论到政府命令的接连举措显然比较成功,起到了承前启后的作用。中国城市女性在"天乳运动"期间尝试新式内衣和装束的过程,也与 20 世纪 20 年代世界范围内的服饰潮流变化相呼应。最终女性放松紧绷的束胸衣,社会也逐渐倾向于推崇健美和丰乳,随着审美的改变,复杂身体塑造和服装改革也在近代中国社会悄然发生。

---

① 吴小玮:《民国时期"天乳运动"探析》,《贵州文史丛刊》2015 年第 1 期,第 49 页。
② 阚删:《现代的健康女性》,《申报》(妇女专刊) 1936 年 6 月 27 日,第 5 张第 18 版。

虽然起始于行政命令对女性内衣的规制，但"天乳运动"对近代中国社会观念和生活习惯的影响却是深远的，它不仅影响了城市女性的内衣选择，而且在此期间胸罩这一当今社会仍占主流的内衣被引入中国社会，外衣也不断发生改变，与世界服饰潮流变革交相呼应，更成为近代中国社会审美转向的拐点，健美丰乳的审美观生根发芽，并影响到今天的中国社会。

东亚经济及环境问题

浅议"钓鱼岛"主权争议背景下日企对华投资的调整及市场链发展的新动向

许卫东*

一 中国市场对日本还重要吗？

日本是中国从 20 世纪 70 年代末实行改革开放政策后第一个向中国提供贷款的西方国家，也是中国迈入世界资本主义市场轨道的重要引路人，更是中国探讨企业改制和制度创新的参照坐标。作为日本经济的代表，日企曾经是在中国市场投入最大的海外投资商，对中国市场经济的不断壮大和发展多有贡献。

按理，有如此深厚交流基础的中日关系应该越走越近，至少不会互相排斥。然而，自 2012 年 9 月 11 日日本政府（野田佳彦内阁）公布以 20 亿 5000 万日元"收购钓鱼岛（尖阁列岛）"的地权并实施国有化管理之后，①众所周知，由于中国社会的强烈反弹，各地抗议活动连绵不断，甚至出现一部分过激的抗议者发出抵制日货的号召并打砸日企工厂和店铺的暴力现象，在对日关系的评论中也不乏主张对日经济制裁等。②

---

* 许卫东，日本大阪大学经济学院副教授。
① 围绕钓鱼岛主权争议的不同观点和主张，中方的立场参见刘江永《钓鱼岛争议与中日关系面临的挑战》，《日本学刊》2012 年第 6 期；而日方的立场可参考中内康夫「尖閣諸島をめぐる問題と日中関係—日本の領土編入から今日までの経緯と今後の課題—」『立法と調査（参議院事務局企画調整室）』334 号、2012、69~84 頁。至于外交层面的交涉史实，参见徐斌《〈钓鱼岛问题的核心〉评介》，《抗日战争研究》2014 年第 2 期。
② 徐梅：《经济视域下的中日关系》，《日本学刊》2013 年第 3 期，第 41~53 页。

无独有偶，安倍晋三在执政满一年的 2013 年 12 月 26 日，以践行选举承诺为理由正式参拜靖国神社，此举对本已脆弱不堪的中日关系可谓雪上加霜。

常言讲，政经不分家，中日关系的持续走低对双边经济的负面影响是毋庸置疑的。对日本而言，首当其冲的是其对中国出口的锐减，长期来看势必有损日本制造业的经营效益。由于担心中国消费者对日货抵制的常态化，部分日企也开始考虑取消投资计划或缩小在地的事业规模，这些对中国而言也实不利于自邓小平时代树立起的开放新中国的国际形象。[①]

中国商务部年度和季度统计信息显示，2013 年以来日本对中国的直接投资额（实际投资）连续 3 年减少：2013 年为 4.3% 的微减；2014 年则发生 38.8% 的大幅度下滑；2015 年下滑趋势仍未变，降幅为 25.2%，全年的投资额仅为 32.1 亿美元，远低于同期港资和韩资的水平；2016 年上半年继续下滑，降幅为 17.7%。

与此相反，日企不断扩大其在东盟市场在地经营的规模，并积极布局印度市场的新拓事业领域。

立足于长期的历史坐标来分析，日企在中国的投资出现低潮，除了领土之争的外交因素之外，人口红利消失带来的成本上升趋势对中国沿海地区作为世界工厂供应链造成的排挤效应以及提倡产业升级的政策调整，也的确增加了日企适应中国市场创利空间转换的难度。但这些变化在日企投资海外的历史进程中并非现在才独有，也不仅见于中国市场，以往在韩国和美国的投资过程也遭遇过类似的情形。

难道东亚地区的格局发生了根本性的变化？中国市场对日本已经不再重要？日企或已能绕开中国另辟新路？难道中日关系将以 2012 年的"钓鱼岛"主权争议为拐点开始步入"政冷经冷"的寒冰期？

作为英国学派的代表人物，伦敦经济政治学院的巴里·布赞教授于 2004 年在其著述 *Does China Matter? Essays in Memory of Gerald Segal* 中提出：

[①] 极端的论调，参见三桥贵明『日本経済は、中国がなくてもまったく心配ない』WAC、2013、99 頁；増田悦佐『中国、インドなしでもびくともしない日本経済』PHP 研究所、2011、207 頁。

中国重要吗?① 中国有多重要？中国对谁重要？经其严谨的推导得出的结论之一就是中国的"崛起"对世界格局的改变并未带来决定性的影响，但对亚太地区地缘关系的重组而言则事关重大，对日本的未来有直接影响，尤其是在经济伙伴方面，中国必将是日本对外关系的重中之重。

事实上，进入21世纪后，日本经济的对外调整方向之一是海外资产管理和运作，中国始终是日企海外发展计划的首选地。这个走势基本符合巴里·布赞教授的论断。

对此，本文将通过考察日企对亚洲地区的直接投资的动态和变化，并结合日企在中国推行现地化（在地化）市场战略的分析结果，试图得出一个合理的判断。

本文分为三个部分，首先分析安倍经济政策出台后的经济形势与对外投资业绩的关系，其次重点讨论日企在中国市场的现地化战略的成果与课题，最后结合TPP的进展以及对中日韩FTA自由贸易谈判的展望论述日企的新动态。

二 安倍经济政策调整下的日本经济走势

2012年12月，安倍内阁取代民主党内阁执政后正式推出旨在打破通缩结构，创造通膨预期，带动消费及投资，扭转日本长年消费与投资极度低迷状况的改革方案，简称"安倍经济学"，主要由所谓的"三支利箭"组成，一是宽松的货币供应政策，二是大规模的财政刺激政策，三是包括推动《跨太平洋经济伙伴协定》、放松管制和促进创新等通商和产业政策在内的一揽子增长战略。

安倍新政出台后，2013年日本在短期内出现了诸如日元快速贬值、股指上涨、大企业的业绩回升等可观景象。然而，随着时间的推移，企业的收支平衡、账目失衡与职工工资滞涨等结构性问题并未得到缓解，新的问题也接踵而至。

根据IMF（世界货币基金组织）发布的世界经济增长公报（见表1），2014年和2015年日本经济增长率均低于2013年，分别为0.0%和0.5%，远达不到

---

① Barry Buzan, Rosemary Foot, eds., *Does China Matter? A reassessment*: *Essays in Memory of Gold Segal*, Lordon, New York: Routledge, 2004.

2%的目标值，更谈不上攀比中国和印度高达6%或7%的水准，2016年和2017年的预测值分别仅为0.5%和0.6%，在先进国家和地区中表现最差。

表1 IMF公布的世界主要国家的经济增长率（2014～2017）

单位：%

主要国家和地区	2014年实增	2015年实增	2016年预测	2017年预测
全世界平均	3.4	3.1	3.1	3.4
先进国家和地区	1.9	2.1	1.6	1.8
美国	2.4	2.6	1.6	2.2
欧盟	0.9	2.0	1.7	1.5
日本	0.0	0.5	0.5	0.6
英国	3.1	2.2	1.8	1.1
加拿大	2.5	1.1	1.2	1.9
中国台湾	3.9	0.7	1.0	1.7
新兴国家和地区	4.6	4.0	4.2	4.6
其中：中国大陆	7.3	6.9	6.6	6.2
印度	7.2	7.6	7.6	7.6
俄罗斯	0.7	-3.7	-0.8	1.1
南非	1.6	1.3	0.1	0.8
东盟5国*	4.6	4.8	4.8	5.1
中南美	1.3	0.0	-0.6	1.6
中东欧	2.8	3.6	3.3	3.1
中东和北非	2.7	2.3	3.4	3.4

注：*东盟5国包括印度尼西亚、马来西亚、菲律宾、泰国和越南。
资料来源：根据IMF发布的《世界经济展望》（World Economic Outlook Update）（2016年10月）。

近期以来，日本经济的低迷与出口结构的变化有着密切关系。

2012年，受中日关系恶化的影响以及内需萎缩，日本在近20年当中首次出现了贸易赤字，高达872亿美元。进入2013年后，日本产业空心化的程度更加严重，加上智能手机等IT新款产品的大量进口，贸易赤字更是升至1197亿美元，一举颠覆了传统上被视为出口大国典范的正面形象。2014年虽略有止步，但赤字规模仍达到1228亿美元。几经当局使尽手段，部分领域出现了生产性投资回归国内的现象，日元升值对出口的刺激效果也开始显现，2015年贸易赤字终于回落到233亿美元的可控水平。随着成果的扩大，2016年上半年已经扭亏为盈，"挤出"了170亿美元的黑字，可谓苦尽甘来。

尽管出口不佳，但日企在海外投资的大幅盈利使日本始终保持经常收支平衡的良好水准。

目前，日本拥有世界上最大规模的海外资产，2014 年末为 3.4631 万亿美元，高于中国的 2.228 万亿美元和德国的 1.4536 万亿美元。因其海外的企业收益可观，经常收支和所得收支始终维持良好的盈利基数，仍可弥补贸易赤字的折损，短期内对日本经济不会构成阻力。

问题是，如果对贸易赤字的原因进行要素分解的话，国际资源和能源价格上涨的影响度仅占 20%，70% 以上是源于压缩成本的需要，企业将国内的生产据点向海外转移后，基于供应链的原理出现的半成品进口造成的压力。换言之，"安倍经济学"并没能通过诱导日元贬值提升日本的出口竞争力，更没能阻止企业放弃国内的产能布点转而继续扩大海外投资、推行全球战略合理化管理的调整步伐。照此扩大下去，国内的就业机会因为投资的低潮不可能出现根本性的好转，涨薪的说法也只能是饭后的谈资而已。①

尽管政府实施积极调整的力度不小，企业的努力也可圈可点，但实际上，进入 21 世纪后，日本经济面临的国际经济与政治秩序的两大背景和三大宏观制约并没有发生根本性的改变。相反，中日关系、日韩关系的突然紧张增加了日本转型的变数和难度。

两大背景中，第一个背景是 IT 产业突飞猛进带动经济全球化进入洗牌阶段，经济原则、市场战略原则、组织原则、经营资源要素等组成经济原理的概念和位序发生颠覆性的重组，新一代领军企业如苹果、微软、三星等脱颖而出，成为世界市场的领导者和新的游戏规则制定者，甚至主打中国市场的另类新秀如阿里巴巴、华为、小米、腾讯等欲跻身其内。

第二个背景正如日本政策研究大学院大学校长白石隆在其新著『中国は東アジアをどう変えるか』② 中所述，尽管中国市场经济的发展带动了亚太地区的经济大潮流，华人网络的张力和柔性也得到相应的提升，但没能从根本上改变以美国提供的安全保障条约为担保形成的战后亚太地缘政治格局，相关国家也不希望接受中国独霸亚洲的现实，因此维持平衡是亚太地区

---

① 针对安倍经济学的迷思，经济学大师伊东光晴（京都大学名誉教授）的点评可圈可点。「アベノミクス崩壊している—4 本の矢を完璧に折る—」『サンデー毎日』2016 年 7 月 17 日號、34～38 頁。
② 白石隆・ハウ・C・S『中国は東アジアをどう変えるか』中公新書、2013、260 頁。

国际关系发展框架的最佳选择。由于日本的经济实力和潜在的军事实力，日本选择与中国结盟或者选择与美国重新捆绑都会造成亚太地缘政治格局的失衡，从而必须付出不可预期的、新的代价。一语中的，与美国的安保条约重新捆绑后出现的 TTP 谈判困局以及在中国关税互惠谈判关系问题上出现让韩国以及可预期的台湾后来居上、渔翁得利的情况，反映了日本将面临国际交易成本走高的困境。

三大宏观制约及如下：（1）短期发展制约因素，包括国际市场中日本仰赖进口的能源与资源商品的价格上涨；（2）中期发展制约因素，包括日本主轴产业和龙头企业国际竞争力指标的持续下滑；（3）长期制约因素，包括人口的少子化和超老龄化步入不可逆转的常态化等问题。①

由于新型市场国家的出现，国际能源与资源价格的交易规则发生变化，势必需要日本与中国等需求大国保持合力和沟通，避免价格混战；扭转国际竞争力下滑局面一方面需要日本加强国内的创新和科技研究、吸收国际人才，另一方面需要产业组织和企业通过开拓新市场整合竞争优势；而人口老龄化的加剧需要整个社会转型才能应对，比如引进劳动力、吸引外国游客、开展离岸国际金融业务等，要实现稳妥转型，维持良好的周边关系是必要条件。

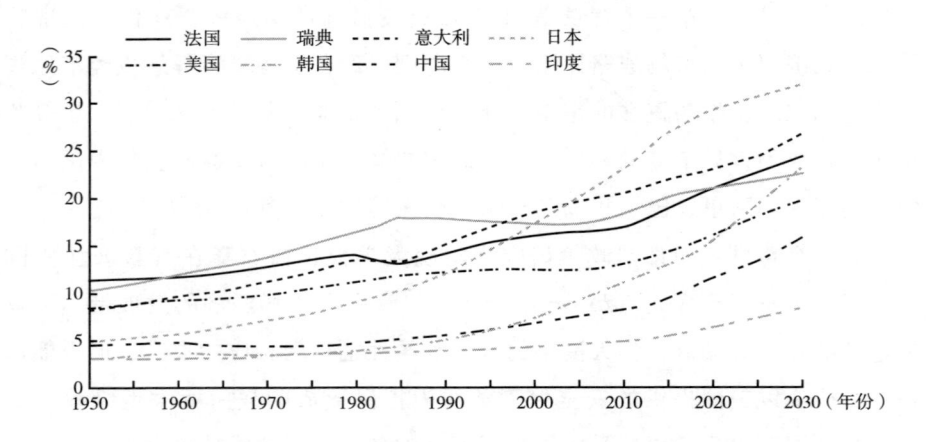

图 1　全球主要国家老龄人口（65 岁以上）比例变化趋势和预测

资料来源：Statistics Bureau, MIC；Ministry of Health, Labour and Welfare；United Nations。

---

① 藻谷浩介『デフレの正体』角川書店、2011、270 頁。

三 日本企业对外投资的调整动向与中国市场布局

日本对"钓鱼岛"(尖阁列岛)实施国有化之后,中日首脑会谈及政府间高层定期交流基本上全面停摆。在对待投资的态度上,日企也出现了几种反应和调整的步骤。

一是"中国经济崩溃论"等于"撤资论",部分学者认为中国的产能过剩、影子银行、房地产泡沫等结构性问题已经开始浮出水面并制约实体经济的良性循环,陷入"中等收入国家陷阱"的中国迟早会崩盘,在中国投资的企业应趁早撤资。

二是中国经济无用论等于分散投资论(中国),其论点依据是日本经济规模高达5万亿美元,国内需求基数大,对中国大陆的贸易额仅占GDP的2.4%,即使失去中国市场,日本经济的康复计划也不至于崩盘,反不如争取较少有对日抵触情绪的东南亚市场或南亚市场更有效。基于市场分割观点的"中国+1"提法的思路其实如出一辙。根据最新的调查数据,日企的海外投资区位选址的确出现回避中国大陆的倾向(见表2)。

三是加大对中国投资和加速现地化(在地化)的积极投资论。其实,日本产业界组织和大企业多持此观点,依据是按照"差异化""集中与选择"的竞争原则,日本已经落后于同台竞争的德国企业和韩国企业,甚至面临中国新兴企业的市场攻势,如不能通过加大投入经营资源来保障深挖市场策略的推行,日本品牌的没落势必加速,不能取胜于中国市场,同样不能立足于其他新兴市场。

表2 日本企业(制造业)海外最佳投资意向国或地区排名变化(2015年)

单位:家

排名	国家	2015年抽样 (共301家企业)	2014年抽样 (共499家企业)	2013年抽样 (共488家企业)
1	印度	165(54.8%)	229(45.9%,排名1)	213(43.6%,排名2)
2	印度尼西亚	109(36.2%)	228(45.7%,排名2)	219(44.9%,排名1)
3	中国大陆	105(34.9%)	218(43.7%,排名3)	183(37.5%,排名4)
4	越南	82(27.2%)	155(31.1%,排名5)	148(30.3%,排名5)

续表

排名	国家	2015年抽样（共301家企业）	2014年抽样（共499家企业）	2013年抽样（共488家企业）
5	泰国	70（23.3%）	176（35.3%，排名4）	188（38.5%，排名3）
6	巴西	61（20.3%）	83（16.6%，排名7）	114（23.4%，排名6）
7	缅甸	57（18.9%）	55（11.0%，排名10）	64（13.1%，排名8）
8	墨西哥	50（16.6%）	101（20.2%，排名6）	84（17.2%，排名7）
9	美国	43（14.3%）	66（13.2%，排名8）	54（11.1%，排名10）
10	俄罗斯	31（10.3%）	60（12.0%，排名9）	60（12.3%，排名9）

注：1家企业可选择1~5个国家或地区。
资料来源：根据日本国际协力银行（JBIC）各年度制造业海外投资意向调查报告。

以下回顾并分析日企在中国投资的历程和成果。

日企对中国大陆投资的第一号是1981年2月由日立公司与福州市政府合资设立的福日电视机配件厂，生产黑白电视机。经过35年的关系发展，目前在中国大陆的日企已达2.2万家以上，资产总额达980亿美元，提供了1000万个以上的就业岗位，投资累计规模居港资之后，排第2位。投资领域除军工以外，涵盖几乎所有行业。对日本而言，中国是美国之后排第2位的投资地，在亚洲属最集中的投资地，且保持扩大的趋势（见表3）。

表3 日本企业在亚洲和中国大陆的现地法人数和比例

单位：人，%

	2001年		2011年	
	人数	比例	人数	比例
全世界	18800	100.0	23858	100.0
亚洲	9989	53.1	14577	61.1
中国大陆	2647	14.1	5695	23.9
ASEAN4	3309	17.6	3788	15.9
越南	174	0.9	528	2.2
印度	176	0.9	489	2.0

注：ASEAN4系指泰国、马来西亚、印度尼西亚和菲律宾。
资料来源：東洋経済新報社『海外進出企業一覧』（2002、2012）。

从投资策略和企业发展历程来看，日企在中国的投资经历了四个阶段，每个阶段的交替期都会出现投资热度的波动和起伏（见图2）①。

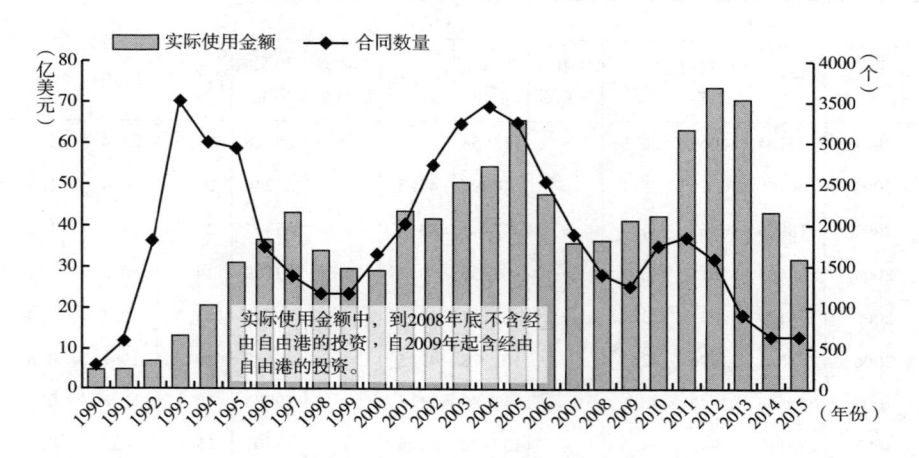

图 2　日本对中国直接投资的推移（1990～2015 年）

资料来源：中华人民共和国商务部，CEIE。

图中注：实际使用金额中，到2008年底不含经由自由港的投资，自2009年起含经由自由港的投资。

第 1 阶段（1981～1991 年）：投资目的集中在日本本土的生产据点的末端加工工序的部分转移，事业重点为日式经营方式原则下的劳务管理规范化。

第 2 阶段（1992～2001 年）：邓小平南方谈话之后的投资热，极大促进了日本本土的生产据点向中国全面转移，事业重点转为保证品质管理原则下的生产规范化。

第 3 阶段（2002～2008 年）：中国加入 WTO 之后，市场准入门槛的降低刺激面临日本国内市场疲软的企业导入现地生产、现地销售的经营策略，追求中国市场的商机，事业重点提升为现地化（在地化）原则下的企业组织管理高效化。

第 4 阶段（2009 年至今）：2008 年金融海啸后，中国市场"一枝独秀"，促使面对全球企业的凌厉攻势本已初显疲惫的日企重新整合经营资源，向中国市场全面倾斜，2012 年的投资额高达 73 亿美元，事业重点扩大为跨国视野下的战略管理全面化（见表4）。

---

① 有賀敏之『中国日系企業の産業集積』同文館、2012、162 頁。

表 4　在中国直接投资日企的采购额及货源分布（2001～2014 年）

单位：亿日元，%

年度	采购总额	(1)购自日本	占比例	其中日本总部	(2)采自本地	占比例	其中现地日企	(3)采自其他	占比例	欧美	亚洲
2001	93155	34068	36.6	*	33658	36.1	*	25428	27.3	23.4	2.2
2002	104108	36565	35.1	*	44296	42.5	*	23246	22.3	18.4	1.9
2003	118929	40767	34.3	*	52841	44.4	*	25321	21.3	17.7	1.2
2004	155681	55615	35.7	*	62356	40.1	*	37709	24.2	20.3	1.4
2005	194109	64771	33.4	*	80167	41.3	*	49170	25.3	22.5	1.4
2006	227511	73996	32.5	*	101978	47.5	*	45537	20.0	18.2	0.8
2007	275557	83972	30.5	*	141580	51.4	*	50005	18.1	16.8	0.9
2008	279179	92947	34.5	*	133430	49.6	*	42801	15.9	14.5	0.7
2009	237346	61614	26.0	23.8	142969	60.2	22.3	32763	13.8	12.8	0.7
2010	258939	72783	28.1	25.2	142586	55.1	20.1	43570	16.8	15.7	0.9
2011	251857	66342	26.3	23.4	144849	57.5	21.6	40666	16.1	14.6	0.9
2012	262382	74589	28.4	25.3	149586	57.0	20.2	38208	14.6	12.2	1.2
2013	320421	89946	28.1	24.8	189411	59.1	21.7	41065	12.8	10.5	1.9
2014	367714	95284	25.9	23.1	214044	58.2	20.9	58356	15.9	14.9	0.6

说明：*表示此项不存在。

资料来源：根据日本经济产业省编《海外事业活动基本调查》各年度报表计算。

从近期日企在中国大陆的投资动向和盈利企业比例的情况来看，尤其值得关注的是，代表日本主力产业的机电产业和汽车产业均已完成对中国市场的全面介入和在供应链集成战略前提下的布局，保证了从中国市场向日本输送投资利益的主渠道的构建。根据日本经济产业省的分析，2002～2007年，日本 GDP 附加值的 40% 来自机电产业和汽车产业，因此，两大产业向中国市场延伸，意味着价值链向中国依赖程度的倾斜。如果按简单化指标，将出口（除转口）和现地投资企业的现地生产份额中的现地销售视为市场总需求（海外市场规模），如表 5 所示，涵盖中国大陆、中国台湾和中国香港的中华圈市场已经上升为居北美之后的第二大市场，带来这个变化的主要原因就是在中国大陆投资的日企的现地化。

表5 2002年与2014年日本海外市场的中华圈与北美圈的比较

单位：亿美元，%

项目＼地区	中华市场圈		北美市场圈		中华市场圈/北美市场圈	
	2002年	2014年	2002年	2014年	2002年	2014年
日本直接出口额（A）	652	2056	1259	1375	51.8	149.5
其中：现地销售（a）	382	1585	1259	1375	30.4	115.2
转口到第三国	270	471	—	—	—	—
现地生产额（B）	275	3160	1940	3145	15.9	100.5
其中：现地销售（b）	97	1811	1744	2093	6.1	86.5
供应出口	179	1349	196	1052	131.3	128.2
总销售额（A+B）	928	5216	2990	4520	31.0	115.4
现地总需求额（a+b）	479	3396	2854	3468	16.8	97.9

注：中华圈包括依 APEC 划分的中国大陆、中国台湾、中国香港。
资料来源：日本经济产业省公布的各年度『海外现地法人调查』和 JETRO『貿易・投資・国際収支統計ドル建て貿易概況』（原资料来自财务省『貿易統計』）。

毋庸置疑，就发展经济学领域刘易斯拐点的意义而言，[①] 在显性劳力短缺为特点的经济结构变化的背景下，[②] 近几年中国法定最低工资的持续上调增加了在地经营战略转型后日企的交易成本，盈利空间也相应地受到挤压。

另外，由于金融海啸和欧洲债务危机等世界性经济停滞的影响，日本企业在全球的投资收益总体是下降的，唯有在亚洲保持稳定增长，而其中最大的盈利点就是中国大陆。对此，从比较优势的观点来看，中国市场盈利的减少不能构成评估市场成果的唯一指标。相反，通过与同样在中国市场投资的欧美、韩国等国家和地区竞争企业的比对，才能找到日企的竞争优势所在和调整重点。客观而言，目前日企的投资战略问题不是量多或量少的问题，而是表现在如何集中又如何取舍的态度上的摇摆不定，对此，将另文论述。

其实，对日企而言，提出需加大在中国大陆投资力度的观点的理由正

---

① 伊藤元重「アジアにおける中所得国の罠とは」『NIRA 政策レビュー』58 號、2012。
② 吴敬琏等：《中国未来30年》，中国编译出版社，2013，第280页。

是源自看似无关的"中国经济无用论"所遮盖的事实。通过中日间产业关联表分析的结果，可以观察到当中国推行投资导向的增长政策时，由于对高规格原材料或半成品以及大型成套设备的进口需求，日本国内的企业很容易通过衔接出口通道的产业链的互动受到刺激，实现增产效应；相反，当中国转向拉动内需的经济政策时，对日本国内的产业需求能带来的益处则不大。目前，由于产业结构升级的驱动，中国新一届政府正大力推行向内需经济转型政策，这也意味着通过产业关联日本国内企业固守地盘也可扩大业务、增值的模式和效果将逐渐减少和减弱。作为对策，要不然就放弃这部分市场份额，要不然就到中国直接投资应对需求，可谓"打虎必上山"。

就整个亚太经济而言，除了中国外，越南、印尼等东盟新兴市场已经出现，增长潜力也很大，从机会与成本的某些固化指标来看，确实存在与中国市场的优势比较意义上的取舍余地（见图3）。

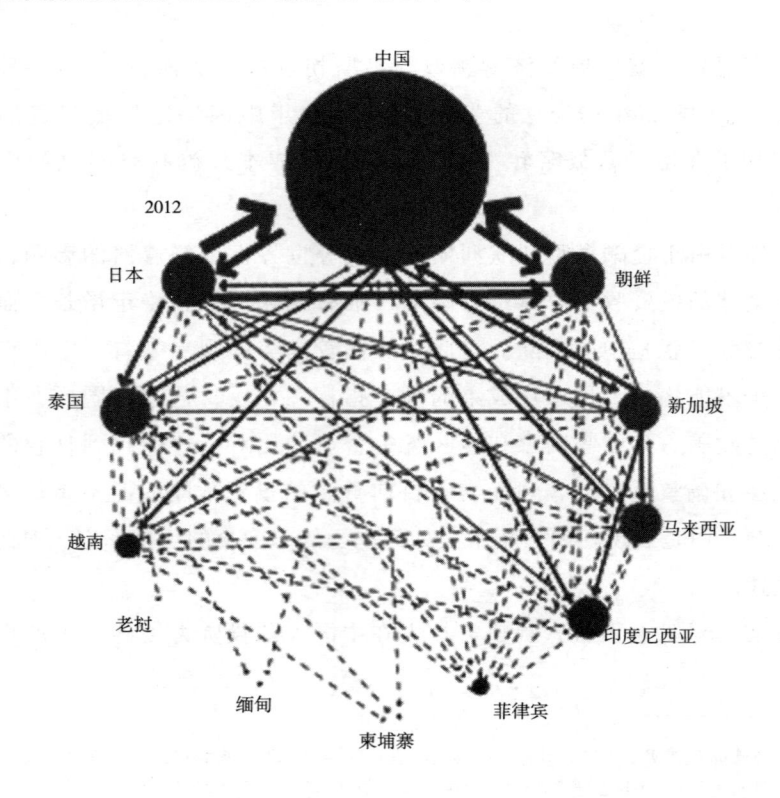

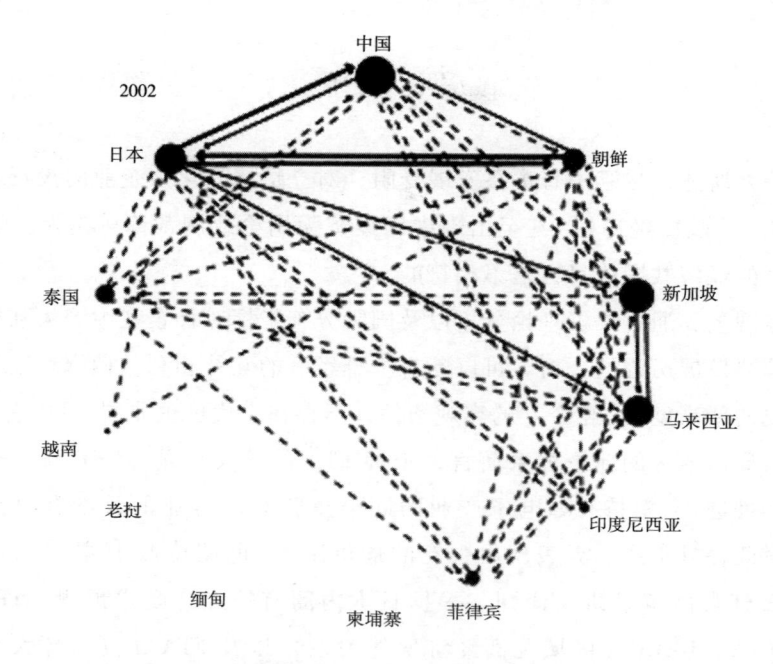

图3 东亚与东南亚的半成品交易网络的变化（2002、2012）

资料来源：Fujita Mashashima and Hamaguchi Nobuaki, "Supply Chain Iternationalization in East Asia," *RIETI Discution Paper Series*, 14 - E - 066, 2014, pp. 1 - 23。

与此同时，需要指出的是，亚太经济发展的主旋律仍旧是工业化，包括传统工业化和 IT 经济主导下的新型工业化的多个层面。除规模之外，市场优势评价的重要指标是功能上的国际分工和产业链的完成度。就以跨国企业推行的全球产业链、价值链打造亚太经济区位的现实而言，很明显，在高端功能的选址上，中国有着不可替代的重要性。近期大量出现的在华南投资的日企赴越南开办分工厂反映出其动机不是依据市场分割的观点而是通过企业内分工和交易便利性的原则打造中国大陆与东南亚的网络化市场的跨国经营战略需求。①

---

① 池田亮『東アジアの国際分業と「華越経済圏」—広東省とベトナムの生産ネッワーク—』新評論、2013、244 頁；杉浦章介『トラスナショナル化する世界—経済地理学の視点から—』庆应大学出版会、2009、159 頁。

四 展望

综上所述，尽管中日关系发展受阻，对立情绪激化，企业的投资心理受到影响，"政冷经冷"，甚至出现中国经济无用论或制裁论等论调。这与亚太地区的经济共同体目标是不相符的。①

客观上，通过投资理论分析以及国际分工指标对日企在中国大陆投资现地化策略发展历程的分析，可以断言中日经济的互补和利益捆绑程度已经达到历史的新高度，"经冷"的客观条件并不存在，代价也非同小可。②

从周边地区的地缘关系而言，中韩 FTA 的落实以及 RCEP 新一轮服贸协定的推进，③ 对持有如电子产业的同类重叠竞争行业的日本有直接的影响，对此，日本产业界表现出少有的危机感，④ 也期待政府主动出击，重启中日韩自由贸易协议谈判。根据日本内阁府的经济模式预测，TPP、中日韩 FTA、RECP（区域全面经济伙伴关系）以及 FTAAP（《环太平洋自由贸易协定》）的签署和实施将分别拉动日本 GDP 增长 0.66%、0.74%、1.10%、2.10%。跟着美国立场一边倒的 TPP 剧本起舞，很明显是舍近求远。

面对中国主导的"一带一路"和亚洲基础设施投资银行（AIIB）正逐渐成为新的吸资地并重塑全球经济发展秩序的新潮流，日本政府如何应对，是一意孤行，推行鸵鸟政策，还是实事求是，回到巴里·布赞教授发声的原点——中国对日本重要吗？有多重要？⑤

---

① アジア太平洋研究所『日本企業立地先としてのアジアの魅力とリスク』アジア太平洋研究所資料 13-08、2013、123 頁。
② 国分良成等『日中関係史』有斐閣、2013、286 頁。
③ 石井雄二「東アジアの地域経済統合化の構造的要因とメカニズム～経済地理学からの方法論的アプローチ～」『阪南論集・社会科学編』第 45 巻 3 号、2010、299~313 頁。
④ 石丸康宏「日本経済はアジアの成長をどれほど取り込めているか」『三菱 UFJ 銀行経済レビュー』2012~13 号、2012、1~15 頁；雷小山：《山寨中国的终结》，吴怡瑶译，上海译文出版社，2016，第 234 页。
⑤ みずほ総合研究所『世界の潮流と日本産業の将来像—グローバル社会のパラダイムシフトと日本の進路—』1 号、2016、472 頁。

中国舟山群岛新区捕捞活动的变化及其影响

——从渔民的叙述看社会问题

三好惠真子　胡毓瑜[*]

序　言

1. 本文的视角

社会问题指的是人被施加政治上的、经济上的和制度上的外力，以及这些外力对人处理问题造成的影响。例如，针对贫困问题，当从全球的角度来观察社会问题时，一些不容易被统计数据揭示的现象往往会被忽视。如果不仅仅局限于这些统计上的问题，而是从全球化的政治经济学视角下的因果关系来看待社会问题与贫困的关系，这种迄今为止难以被发现的现象是否可以浮出水面？为了发现这些现象，我们尝试从定性的角度展开研究。

因此，本文的焦点在于渔民及其生产生活方式的变化。中国的渔业，自70年代末改革开放政策实施以来，就有了飞速的发展，自1988年至今一直占据着世界第一的位置。然而，为了应对资源减少的情况，中国政府开始实施伏季休渔（1995），并进一步提出了以"捕捞量零增长"的宣言（1999）为基础的渔业管理强化和减船计划，而且为了达成这一系列目标，中国于2000年修订了渔业法。同时，还批准加入《联合国海洋法公约》（1996），制定了《中华人民共和国专属经济区和大陆架法》（1998），并与日本、韩国等周边国家签订了渔业协议。受此影响，中国渔场、渔业的

---

[*] 三好惠真子，大阪大学人间科学研究科教授；胡毓瑜，大阪大学人间科学研究科助教。

规模开始缩小。

另一方面,中国沿海海域辽阔,自然资源和渔业资源复杂多样,故而形成了多种多样的捕捞方式。而机动船的增加、渔船的大型化和高功率化也大大增加了捕捞量,并使捕捞作业的范围不断扩大。这也被认为是各种渔业协定缔结和修订的原因之一。提出"捕捞量零增长"的口号、调整渔业产业结构和改善生产状况,构建以渔业资源的保护、增殖为核心的"资源管理型渔业"的实践正在展开。①

2000 年前后,中国渔业迎来新的转型期,即从单纯提升渔业生产力转型到基于海洋秩序的可持续的渔业体制。然而可以预见的是,在现实中必然要面临各种课题。对于渔业资源减少,一般认为是由"过度捕捞"和"海洋污染"造成的。过度捕捞被认为会影响资源再生,引发"公地悲剧"。然而,不考虑渔民基本生活状况,只是着眼于过度捕捞这一现象,反而可能会忽视一些更为根本的问题。原本渔业资源的减少也好,各种渔业政策、制度也罢,最受影响的其实是渔民。当近海资源减少的时候,就必然去更远的海域进行捕捞作业,而在更远的不熟悉的海域进行作业,就有必要更换大型渔船和设备,风险和成本也必然随之增加。而为了平衡付出,渔民只会选择专注生产,进而造成渔业资源进一步减少,最终陷入恶性循环。也就是说,渔民的捕捞作业与渔业资源的变化其实互为因果关系,不能很好地理清这里边的关系,就难以解决这一课题。

然而,关于中国渔业的研究,基本都是从政府的角度对政策、制度的合理性进行讨论,从渔民的视角进行分析讨论的研究则非常少。本文选取中国最大的海产品生产、加工和运输中心且和日本关系密切的舟山为研究对象,立足于"人的安全保障",重视把握人的生存方式和复杂的社会动向的现场调查,关注当事人的立场和状况,希望能通过渔民的叙述使构造性课题以及社会问题具体化。

2. 本文的构成

本文首先讨论了舟山海洋渔业资源减少和渔民生产生活方式的变化,并

---

① 万栄「21 世纪のSmart Fisheryを目指して:中国の事例」『日本水産学会誌』78 巻 1016 号、2012。

分析了两者之间的关系。在此基础上，对现行渔业资源管理制度进行了重新评价，使其问题点具体化，并尝试提出了改善方案。

此外，本文是基于以人的安全保障为核心的面向实践的地域性研究，重视多角度的调查分析。首先参考了政府公开数据以及浙江省海洋与渔业局调研组的内部资料，之后开展了周密的调查。在 2013 年 12 月至 2014 年 1 月，实施了面向渔民的问卷调查。2015 年 2 月到 9 月，进行了现场调查，并对海洋与渔业局工作人员、渔民、渔村村干部、渔业相关从业人员做了采访调查，以把握渔民的生产生活状况以及各人群对渔业资源、生态以及现行制度的认识和具体意见。

一 舟山渔业资源的变化

舟山位于中国东部，是中国首个以群岛建立的地级市，人口约为 100 万人。舟山群岛是中国最大的群岛，由大大小小的 1390 个岛屿构成，其岛屿数量占全国总数的 25.7%。舟山群岛地处长江和钱塘江入海口，其所在的东海受大陆江河径流带来的大量营养物质影响，海域基础生产力高，因此舟山渔场是世界数一数二的近海渔场，[①] 其每年的捕捞量占到全国总量的一半以上。而位于东海的舟山渔场更是作为全国最大的渔场而广为人知。其主要的海产品有大黄鱼、小黄鱼、带鱼、鲳鱼、鳗鱼、乌贼、马鲛鱼和梭子蟹等。其中更有沈家门渔港，它不仅是中国最大的天然渔港，还与挪威的卑尔根港、秘鲁的卡亚俄港并称世界三大渔港，是名副其实的中国最大的海产品生产、加工和运输中心。[②]

依靠天然渔场和深水良港的自然优势，渔业成为舟山的支柱产业之一。根据《舟山市统计年鉴 2014》，目前舟山有渔业人口 206437 人，渔业劳动力为 103565 人，其中专门从事捕捞渔业的劳力有 50309 人（2013 年统计数据）。

[①] 韓興勇（Han, Xing-yong）「漁業文化と観光漁業の関係——中国舟山漁業文化の事例分析」『国際シンポジウム報告書 I 海民・海域史からみた人類文化 = Human Culture from the Perspective of Traditional Maritime Communities』1 号、2010、185~191 頁。
[②] 舟山市海洋渔业局网站，http：//www.zsoaf.gov.cn/SY006.html。

然而，随着海洋经济的发展，舟山的渔业资源，其质量和数量均显著下降。下降是从20世纪70年代开始的，到80年代，大小黄鱼和海蜇、乌贼的渔汛相继消失，资源最多的带鱼，其质量和数量也都有所下降。而到了90年代，乌贼、大黄鱼几近灭绝，带鱼也难以形成渔汛。

二 从渔民的叙述来看捕捞的变化和影响

1. 渔业资源的变化

第一节中所述渔业资源的变化是通过资料来讨论的，而本节则将从渔民的叙述来分析渔业资源变化及其与生产生活的关系。

首先，如今老渔民还在常常怀念集体渔业时期捕鱼的盛况。对于渔业资源的减少，他们在抱有遗憾心情的同时，还冷静分析了资源减少的原因，也对目前舟山海产品的变化表达了自己的看法。

> 过去每年3月，大黄鱼都会来舟山渔场的，鱼非常的多，都浮到海面上来的，会叫的，声音非常大。都不用找的，一抓一大把。
>
> 我小时候，各种鱼非常多。30岁时候（1977年前后）开始少了。最初是乌贼，接着是小黄鱼，再是大黄鱼。大黄鱼都是成群结队来舟山渔场产卵的。过去我们是在3月、4月在渔场捕鱼的，但是后来开始用鱼群探测器了，就会在正月和二月在途中把没产卵的大黄鱼都捕了，这之后大黄鱼就一下子少了。石斑鱼是90年代少了，2000年之后没有了，这个不是钓光的，是被流刺网捕光的。

2. 捕捞方式的变化

在舟山，集体渔业持续到90年代，这期间的情况可以通过渔民的叙述略窥一二。

> 每个渔民捕来的鱼都是大队的，像入社一样的，劳动分配都是队长书记安排的，一个船，一人做老大，一人摇大橹，一人摇仓橹，一人打杂，一个船三四个人。……发预支，就是工资，鱼抓上都给大队的，账

记着的。捕的多钱也没的多,是按职务发的。每个渔民每年可以留一部分鱼的。多到吃不完,腌着,晒着,糟着,但不能卖。自己去捕鱼叫单干,是资本主义尾巴,是不允许的。

摇橹就三个人,非常简单的捕捞方式,一般捕乌贼的。双拖船有两个,一个围船,一个网船。小船的时候,是围船为大的。大机帆的时候,是网船为大的。围船里面8个人,拖着网走,网船里面24个人,负责拉网。双拖是捕黄鱼、带鱼的。

立夏开始到5月末是捕乌贼,正月、二月是小黄鱼,三月四月是大黄鱼,秋天捕带鱼。

然而,和集体渔业时期比较的话,目前的捕捞方式已经发生了很大的变化。尤其是随着捕捞技术的发展,渔业资源的种类和数量深受影响。在渔民开始为自己捕鱼的时候,渔船则呈现大型化的趋势,各种先进的设备也开始投入使用。然而,对于渔民而言,这种捕捞方式的单一化却并没有使作业变得轻松起来。

"帆张网"又叫"雷达网",不同于传统的张网,是一种先进的捕捞方式。网口会随着海流的变化而变化,也就是说,一天里面四潮,各个方向来的各种鱼都会被捕上来。这种方式一用,鱼马上就少了。

我们拖虾,底下是有电网的,管子里面有电瓶,电瓶里面有电极线,鱼子都被电死了,但不用电网,抓不到鱼。

很多事情都由机器干了,现在我们要做的只是分鱼。但是拉一回网,把鱼分类要花4个小时,休息时间基本没有。也就是说,除了睡觉,就在分鱼。

3. 渔民没有生活保障

如今,对于渔民而言,基本没有生活保障。[①] 尤其是老渔民,他们无法参加社会保险,对现状不满。

---

① 市民有社会保险,而农民往往有土地等生产资料。

> 我60岁的时候想买社会保险,但是不让买。那些不捕鱼的人,都能买。我这样的渔民,一个月只有125元。过去那些捕不了鱼的人被分配到了各行各业,目前都有社保。
>
> 男性从60岁开始,女性从55岁开始能拿社保。为此需要交15年以上的保险金。所以上了年纪的人是不能参保的。以前从45岁开始每月交100元,到60岁就可以拿社保。渔民有年龄限制,和职工不一样,不能一次性支付。

另外,年轻的渔民则不愿意参加社会保险。他们经过计算(未必是正确的计算)后,认为参保并不会获利。

> 我没有参加社会保险。现在还年轻,没必要参加。我计算过的,不合算,别人也是这么认为的。

在计划经济时代,职业并非自由选择,在以渔业为中心的地区,有体力、能力的人会优先被委以捕捞作业的工作,而无法进行捕捞作业的人才会被委派其他工作。然而,如今从事其他工作的人都有生活保障,而干了数十年最为辛苦的捕捞作业的渔民,面对渔业资源的不断减少,其日常生产生活的风险却是单方面的增加。

三 现行渔业资源管理制度及渔民对制度的认识

1. 渔业资源管理制度

面对如此严峻的形势,中国的研究者和政府相关部门制定了各种各样的对策。而其中最具体且受到广泛重视并被有力贯彻执行的是"渔业资源管理制度"。该制度主要包括"休渔制度"、"捕捞许可证制度"、"捕捞强度管理制度"和"渔业资源增殖制度"。① 关于休渔制度,舟山自1995年起,

---

① 桑淑萍:《中国海洋渔业制度管理研究——以青岛市为实证分析》,硕士学位论文,中国海洋大学,2008。

每年的6月15日至9月15日就会进入伏季休渔。而从2012年开始，伏季休渔的开始时间提前到了6月1日。此外，还根据捕捞对象划定了各种具体的禁渔区和禁渔期。为保护带鱼产卵亲体和幼鱼，以及其他九种经济鱼种，并于2008年设立了总面积约2.2万平方公里的东海带鱼国家级水产种质资源保护区。关于捕捞许可证制度和捕捞强度管理制度的执行情况及效果，从舟山近几年的情况来看，一方面，渔民数量和渔船数量正逐年减少，但渔船总功率却还在增加；另一方面，被视作先进管理制度的捕捞限额制度，尽管在渔业法中有明文规定，但在实际中，包括舟山在内，全国都没有实行。[①]

2. 有关现行制度的先行研究和课题

先行研究中，桑淑萍[②]、方芳[③]、陈思行[④]等建议实行捕捞限额制度或导入国外的许可总捕鱼量（Total Allowable Catch，TAC）制度和ITQ（Individual Transferable Quota，ITQ）制度。TAC制度是针对某一资源（鱼种），确定其最大可捕捞量，进而控制实际捕捞量，使资源得以保存的管理方式。另外，把可捕捞量分配给渔船，每艘渔船的实际捕捞量都不能超过配额的管理方式就是个别可转让配额制度。若是渔民或者渔船的配额可以自由转让给其他渔民或渔船，这种制度就称为个别可转让配额制度。韩战涛、刘树金等认为中国的捕捞限额制度即TAC制度，但方芳等从制度的理念考虑，认为中国的捕捞限额制度应该是ITQ制度。作为控制捕捞量的管理制度，捕捞限额制度到底更接近哪种制度，目前学术界仍有争论。此外，卢昌彩[⑤]、张锦国与陈安[⑥]等认为，为有效保护渔业资源，政府应该加强管理，以确保制度得到执行。

然而，理应成为制度受益者的渔民，在制度实行的时候，他们的生产生活又会受到何种影响？在先行研究中并没有具体的调查和分析。因此，本文将通过现场调查、问卷调查、采访调查等方式来了解渔民的实际情况，并以

---

① 方芳：《捕捞限额制度实施效果及实施对策的初步研究》，中国海洋大学硕士学位论文，2009。
② 桑淑萍：《中国海洋渔业制度管理研究——以青岛市为实证分析》。
③ 方芳：《捕捞限额制度实施效果及实施对策的初步研究》。
④ 陈思行：《日本的TAC制度》，《海洋渔业》1998年第4期，第181～183页。
⑤ 卢昌彩：《台州市渔船控制和管理现状及对策》，《浙江海洋与渔业》2014年第6期，第19～23页。
⑥ 张锦国、陈安：《海洋渔业资源保护问题的思考》，《浙江海洋与渔业》2014年第6期，第30～34页。

此为基础进行各种讨论分析。

3. 渔民对现行制度、生态状况的认识

通过采访调查了解到，渔民并不会去遵守渔业制度的各种具体细则。

> 不允许的东西有很多，但事实上都在做，比如用麻药麻鱼，炸鱼电鱼，其实都不能弄的，但现在都在弄。
>
> 总体来讲，上面的各种政策出台都是对的，但下面执行来讲总归都是打折扣的，比如网口怎么弄，网眼多大，上面都是有规定的，但是渔民真正去捕捞的话，他的网眼越来越小。比如帆张网，禁止的，但是禁不下去，这个怎么说，你如果一定按法律弄，那渔民的生计，他们带老带小的，去上访，他说我饭没得吃了，那怎么办。

此外，对于部分制度，渔民不清楚具体内容，或是认为没有效果。而对于政府的管理，不只是渔民，政府部门的工作人员也有很多意见：

> 资源费在交的，我们一年一只船3000元。国家出的钱多。国家也在研究，但存活率太低，现在存活率最高的是蟹，十只里面有五六只能活，小黄鱼呀，足节虾呀，十只里六七只都死掉了。
>
> 捕捞限额制度？捕鱼没什么限制的，现在是抓越多越好，这个政策全中国没的。……放流对我们来说效果一点都没有，……放流是在搞，但放下就被雷达网捕去了。
>
> 放流出发点是好的，不过你要科学地统筹地安排，无止境的放流，只会造成生态破坏，造成生物链的破坏。
>
> 对于领导而言，最重要的就是政绩，也就是GDP。现在，舟山在建各种海岸工程，围海造田，开发海洋，这些对海洋生态到底有多大影响，都不会深入研究的。

4. 渔业相关人员对现行制度、生态状况的认识（根据采访调查）

如前文所述，对于现行制度及其管理，渔民是抱有不满的，但同时政府的工作人员则提到，渔业管理并不容易。

规定要省定、人大决定的话，有法律效应，否则就是一种规定。你自己定的话，就没法律效力，真正要处罚的话，没有依据。像我们区里规定的，效力没有，我们渔政渔监去执法的时候，处罚依据没有，只能按照渔业法来处理，针对性的依据没有。现在公权力是法无规定不可为，私权是法无禁止都可以搞的。

另外，对于如何保护渔业资源，渔民基本没有给出意见。其他从业人员和政府工作人员则认为，需要对渔民进行严格的管理，也有意见认为，需要考虑渔民的生计。

政府要加大执法力度。用重典，制裁一定要严厉。比如那个电网，你如果让我看到，不光让那个法人代表去坐牢，而且我要把你的财产全部没收。只有这样他才不敢去破坏（资源）。

现在渔业资源衰退那块既成事实了，但是本地的渔民靠海吃海，还是以海为生的，必须去捕。

同时，渔业局的工作人员还表达了如下意见：

……就是要合法规范，也就是真正地按照捕捞许可，比如250马力许可的，就要真正是250马力的，那样网具也减下来了，造的时候就要管起来，那就不存在现在的一查三证了。因为船投入很大的，你现在要把它拆掉了，拆掉对是对的，但渔民损失很大的，甚至负债，要考虑他们生存的。造船的时候去监管的话，就不会这样了。所以管理不力一个是力量不够，一个是同情渔民。

要特别重视改变海洋属性的海洋工程。比如海洋工业、海洋石化、气油田等的开发，包括我们现在的围填海，对海洋渔业资源的影响是很大的。有的地方围填海一弄，它的海洋自然属性就改变了，不但改变了大洋的流向，还改变了自然海洋生物的产卵场所，引发了大量的赤潮，每年5月几号开始，赤潮很多的。……我们的科技不是用在保护上，是用在怎样增加产量上。

四 现行制度的局限性

如前文所述,中国政府为保护和恢复渔业资源,制定了各种渔业资源管理制度。通过捕捞许可证制度和双控制度来控制渔民数量和渔船的数量及大小,进一步控制捕捞强度,并通过休渔制度的调节,从而进一步改善渔业资源的自生空间和恢复时间。

这些制度理论上应该是有效的,然而在实际中其效果不甚理想。究其原因,中国海洋大学的王淼认为,是因为政府"管鱼不管渔"。[①] 针对这一情况,从笔者的调查来看,无论是渔民还是政府,都无法否认这种情况的存在。然而,笔者却有一个疑问,那就是为什么渔民会不遵守相关制度?为什么政府不能有效地对渔民进行监管?在先行研究中,这类问题并没有得到具体分析。而若是这些难以被解决的问题从一开始就存在的话,就可以认为当前渔业资源管理制度是存在局限性的。下文将从渔民和政府两个角度来讨论这些问题。

1. 对博弈论的说明

(1) 渔民选择不遵守制度

前文提到渔民对制度的认知程度低,但即使渔民了解了渔业资源管理制度的内容,也往往选择不遵守制度。笔者在调查中发现,其实渔民最在乎的,是对自身利益的影响。在追求自身利益最大化这一前提下,其实可以用博弈论的方法做一个简单的说明。这里假设 A 为所有人都遵守制度时自己可获得的收益,B 为他人不遵守制度而本人遵守制度时可获得的收益,C 为他人遵守制度而自己不遵守制度时能够获得的收益,D 为所有人都不遵守制度时自己能够获得的收益。结合实际情况,能得出以下结论:

①考虑到制度的有效性,当所有人都遵守制度的时候,渔业资源得以恢复。

②当所有人都不遵守制度的时候,渔业资源会逐渐减少。

[①] 王淼、吕波:《中国海洋资源性资产流失成因及对策分析》,《资源科学》2006 年第 5 期。

③在他人遵守制度时，个人不遵守制度的话，则必能带来巨大的收益。

④当他人不遵守制度时，若是个人坚持遵守，则收入甚微。

可知，$A > D$，$C > A$，$D > B$。

然而，在这样的前提下，即使 $A > D$，考虑到个人利益最大化，则无论他人是否遵守制度，个人的选择都会是不遵守制度，其结果最终会变成 D。而事实也正是如此，几乎所有的渔船都有违反制度的情况存在，这个时候就需要政府来管理和干预。

（2）政府难以管理渔民

在渔民难以自觉遵守制度的情况下，政府的监管就显得尤其重要。在中国，政府拥有极高的权力，直接管理农业、工业等产业。市民也同样期待着政府管理的效果。然而，渔业的情况稍有不同。

如今，包括舟山在内，中国政府管理渔民的一般方式，就是依靠渔政船巡逻，当渔政船发现并查获违反相关制度的渔船的时候，就会对渔船的所有者进行处罚，最一般的处理方式是罚款。故假设当渔民违反制度时，政府会对其行使处罚，使渔民的收益减少 Q，而当 $Q > \max(C - A, D - B)$ 的时候，渔民自然会选择遵守制度，以规避来自政府方面的处罚。然而，需要注意的是，从政府的角度出发，Q 会受到三个因素的影响，令

$$Q = PBE$$

这里 P 为查获概率，B 为查获后成功处罚的概率，E 为罚金。如果想要提高管理的效率，就必须提高 PBE 的值，然而事实上无论提高哪个值，都不是一件容易的事。

首先，现实中 P 值非常低。在中国，政府中直接负责渔业和海洋渔业资源管理的是海洋与渔业局。然而，在舟山设立渔业局的除了本岛之外，只有泗礁岛和岱山岛。一些重要的岛屿设有渔政站。但与之对应的是，舟山有人居住的岛屿却有 200 个左右，且多数和渔业相关；整个舟山市的渔政船不足 10 条，而登记渔船就有 8000 多条，二者差距显著。同时，捕捞作业是在极其辽阔的海域上进行的，在如此广阔的海域上想仅仅依靠 10 条船就对近万条船进行有效管理，则几乎不可能。尤其是对外来渔船的管理非常困难。

一些非法渔船，一旦遇上渔政船，就迅速逃跑。一些渔船甚至进行了"武装"，在船身周围插上铁棒，或是把煤气瓶置于船头，以防止渔政船靠近。这种情况下，要想提高 P 值，就必须增加渔政船以及管理人员的数量和巡逻次数，如此一来，政府的管理成本就会大幅增加。

其次，若是想提升 B，一方面，需要制度法律化，来提供处罚依据和保障处罚到位。现行渔业资源管理制度的很多具体规定并没有法律依据，[①] 也就是说，很多渔政执法其实是无法可依的。而实现制度的法律化也并不容易。制度上的很多细则都是针对具体情况，这样的规定完全法律化，不仅耗时耗力，而且难以保证科学性和合理性，也就是说，并不符合制定法律的程序。同时，这些规定法律化还存在法理依据不足的问题。渔民捕鱼有千年以上的历史，靠海吃海这一生活方式和生活观念早已经深入人心，成为海岛居民的传统。并且从《中华人民共和国物权法》的角度来看，如何限制捕捞行为，这在学术界还是颇有争议的。[②] 另一方面，需考虑到渔民的承受能力，部分渔民本身就是迫于生计而违反制度的，根本不会也没有能力接受处罚。如果增加 E，一则会被指责地方行政权力庞大化，二则也会受到渔民的抵制，进而影响 B。部分渔民尤其是一些老渔民在近海捕鱼，往往既违反了休渔制度的相关规定，也违反了双控制度的相关规定，但由于这是基于维持生计的行为，渔业局的工作人员根本难以严格管理。在这种情况下，即使 E 很低，B 也不会提高。

因此，为物理条件和传统习惯所限，政府难以对渔民进行有效管理。

2. 政府不重视渔业资源管理

除了上述提到的"难以管理"的客观因素外，还存在"不想管理"的主观因素。众所周知，中国地方渔业局受上级职能部门和地方政府的双重领导。对于渔业而言，捕捞作业本身就是生产活动，很多情况下，地方政府自然更期待产量的增加。而为了地方经济的发展，包括围海造田在内的各种海洋海岸工程的建设都更为受重视，而对海洋生态影响的评估和审核关

[①] 张锦国、陈安：《海洋渔业资源保护问题的思考》，《浙江海洋与渔业》2014 年第 6 期，第 30~34 页。
[②] 黄季伸：《基于渔民视角的海洋渔业捕捞权交易问题研究》，华中农业大学硕士学位论文，2009。

注不够。

同时，政府部门的制度意识较薄弱，比起遵照制度办事，更多时候是遵照领导的指示办事，故而领导的作用非常大。一些地方政府的领导甚至渔业局领导，并不熟悉渔业，严格管理渔民也难出政绩。因此，渔业局领导最大的期望是在其任期内不要出现纠纷，渔民不要闹事。另外，渔业资源的减少，确实难以对渔业局问责。例如，舟山的海洋污染，有八成以上来自长江和钱塘江。① 也就是说，政府要想对渔民进行严格监管的话，需要增加成本，同时增加风险，却得不到政绩。在这种情况下，渔业局的领导往往选择明哲保身，对渔民不遵守制度的现象也只好睁一只眼闭一只眼了。

因此，从渔民和政府两方面的情况进行讨论的结果是，当前渔民其实是不清楚制度内容也不遵守制度，而政府是没法也不想去管理渔民。这就是现行渔业资源管理制度的局限性。

五　对制度的再讨论和今后的展望

1. 渔业资源减少的直接原因

一般认为，对于渔民而言，海里的鱼是没有归属的，谁捕上来了就是谁的，从而导致捕捞作业难以受到节制，这就是典型的"公地悲剧"。然而，需要注意的是，"公地悲剧"理论确实可以解释当今舟山的过度捕捞现象，却不能解释舟山过去的过度捕捞现象，尤其是不能用来解释舟山传统经济鱼类的减少。如前文所述，集体渔业时期，渔民的收入与渔获量没有直接关系。同时，"公地悲剧"发生的两个基本条件——"自由准入"和"所有权不明确"在集体渔业时期也并不成立。那个时候，从事什么职业是由生产队统一安排的，而渔业资源的所有权明确的，所有权归国家所有，渔民捕不上来也不是渔民的鱼，渔民既无法贩卖，其产量也与渔民收入没有关系。另

---

① シップ・アンド・オーシャン財団編「海洋の平和維持と環境保護のための法的・政策的枠組みと行動計画」『海の安全保障その2：海洋環境の保護陸上起因による海洋汚染—東シナ海、中国』国際会議「地球未来への企画"海を護る"」会議録、2002、日本財団図書館，http://nippon.zaidan.info/index.html。

外，舟山绝大多数经济鱼类的大幅减少甚至灭绝发生在 80 年代，而舟山的集体渔业经济却持续到了 90 年代。因此，经济鱼类的减少不能归结为"公地悲剧"。

经过调研之后，笔者更愿意把原因归结为两个方面。一是技术革新带动生产力大幅提升，而与之相应的生产认知却没有跟上，从而导致人类的生产活动对渔业资源的消耗超过了自然再生的速度，部分生产方式甚至直接杜绝了资源的再生。其具体表现为新型捕捞方式、捕捞工具（设备）的发明和使用。比如说，80 年代开始大规模使用鱼群探测器，渔民利用这一仪器，就可以在大黄鱼向产卵地移动途中，把未产卵的大黄鱼一网打尽。其结果是大黄鱼数量锐减，几年后就完全灭绝。而海洋生态环境的变化则是另一个重要的原因。如今以长江和钱塘江水流入为主引起的海洋污染，导致每年 5 月起舟山海域尤其是东极附近海域都会爆发大规模的赤潮，而与此关系密切的则是乌贼和海蜇的突然消失。另外，为了围海造田、建造码头，近海环境也发生改变。滩涂湿地的大幅减少，大大减低了海洋的纳污和分解能力。海底地形的改变，更影响鱼类产卵。而海洋石化、气油田等海洋工程在开发建设时，若有原油溢出，更会直接对鱼类生存造成影响。

自 90 年代起，个体渔业成为主要的生产方式，然而此时传统的经济鱼种几乎大大减少甚至灭绝，渔民只能到更远的不熟悉的海域作业。渔船的大型化、设备的更新就在所难免，甚至需要改变捕捞方式，如此一来，风险和成本就会进一步增加。而为了平衡付出，只能捕更多的鱼。也就是说，如今，毫无疑问，"公地悲剧"正在发生。在这种情况下，违反渔业制度的现象也就变得非常普遍。

从上述因果关系中可以发现，如今渔民的过度捕捞其实是事出有因的。另外，海洋生态环境的变化，其责任也多在政府、企业，甚至是整个长江流域的居民。[①] 在整个构造性的课题里，渔民深陷其中，作为受害者正面临社会问题。

2. 管理方式的转变

从效率和道理两方面来考虑，笔者以为，当前可行且应当实行的，是在

---

① 从污染物质种类来看，氮磷等物质不仅是工业废水的成分，而且和农业废水、生活废水有关。

渔业资源管理上用激励模式代替处罚模式。具体地说，就是把政府的职能从管理－处罚转为保障－奖励，在保障渔民基本生活的同时，把渔民接受和遵守渔业资源管理制度与政府的补助、奖励结合起来。与传统的处罚模式相比，不仅能规避处罚模式下的各种老大难问题，而且具备了较强的合理合法性和可行性。

正如前文所分析的，当渔民遵守渔业资源管理制度的时候，会直接造成自身利益受损，这正是渔民不想去了解制度内容、不愿去遵守制度的直接且根本的原因。但是若采用激励模式的话，则变成越了解制度内容，则越能获得政府的奖励。在这样的情况下，渔民自发了解制度内容的可能性会大大增加。进而言之，当政府的补助接近或高于依靠违反制度而获得的额外收益的时候，渔民自然而然会选择遵守制度。而在了解制度和遵守制度的过程中，更能无形中促成渔民与渔民之间、渔民和政府之间关于渔业的交流，进而提升渔民对生态保护和资源恢复的认知，促进政府工作与实际情况结合，从而提升制度内容的合理性和科学性。

结　语

渔民本该成为渔业管理制度的受益者。研究却发现现实中政策执行的结果往往与之偏离，渔民实际的日常生活往往不受关注。因此，现行渔业管理制度中，最大的课题或许是应该关注"人的安全保障"，这不仅仅涉及对个别政策的效果评价，对于人类生活而言，这究竟具有何种意义，也是一个值得思考和讨论的课题。

另外，即使不做分析，现行制度的局限性也已经为渔业资源不断减少这一事实所证明，并且这不仅仅是舟山的问题，中国所有海域都存在这样的问题。而由于集体渔业是中国特有的生产方式，只要其后续影响还存在，就很难直接在中国应用国外的制度和管理模式。基于现状，本文提出了构建"保障－奖励"模式。然而，这一模式终究是一个过渡性或阶段性的模式，对于将来的发展模式，有必要继续研究和分析。

如何理解中国的"水问题"

思沁夫*

前 言

  治水的思想和政治贯穿了中国历史上的所有朝代,可以说是理解中国历史特征的核心概念。概括地说,治水包含了两层含义,一个是利用水来发展农业,另一个是防止水灾。坐落在岷江上的都江堰可以说是治水的里程碑。都江堰把利用水和防止水灾完美地结合在了一起。据说都江堰是蜀郡太守李冰父子在前人鳖灵开凿的基础上修建的大型水利工程。都江堰也是全世界唯一一个2000多年来不间断为人类服务的水利工程。① 用岷江水灌溉的农田大概有近千万亩。中国的水问题——治水——至少从夏周时代就成为政治问题。随着人口增加、疆土扩大,可以说治水成为各朝代仅次于战争的大问题。农业-人口-动力、交通-运输、防城工程可以说是用水的三大目的。治水技术、工程-组织方式、以龙信仰为中心的水信仰的普遍化以及水和园艺又是中国文化的象征之一。总之,黄河治水与华夏文明、大运河与北京城、在中国治水与文明形成、王朝更迭、人口增减的故事(关系)举不胜举。可是,如此理解水、会用水的国家、民族为什么会陷入水危机呢?这是一个需要深刻反省、亟须搞清楚的大问题。

  人类的日常生活及生命的延续依存于自然。在这个意义上,可以说出现了人类就有了环境问题。尤其在古代文明发祥地及文明的中心地区,人

---

* 思沁夫,日本大阪大学 Center for Global Initiatives 特任准教授。
① 都江堰在2000年被联合国教科文组织列入《世界文化遗产名录》。

类对自然环境的影响是极其明显的。通过测试埋在地下的花粉成分我们可以知道，直到1500年以前，地中海北岸、黄河流域还有大量森林覆盖着山岗和谷地。古代文明的中心地区对周围自然环境的影响有时间上的差异、影响程度的差异，但是，总体上都是动植物减少，从自然条件丰富多彩地区变为荒漠或半荒漠地区。可以说，人类向地球所有大陆的扩散和人口的不断增加，虽然不断地改变着人类和自然的关系，扩大了人类对自然环境的影响力，但是我们必须把历史上的环境问题和我们现在面临的环境问题区分开来。

今天中国面临的水问题大体上包括水污染和水资源枯竭两个方面的问题。[1] 而水质污染问题，可以说在历史上未曾有过。本文打算在概述水污染以及水资源枯竭现状的同时，在分析问题、解决方法上提出一些自己的意见和建议。笔者在文中特别想强调的是看问题的视角和研究的方法问题。

一　河流水系污染问题的现状

根据中国环保部公布的信息，2012年，长江、黄河、珠江、松花江、淮河、海河、辽河等十大水系以及62个主要湖泊分别有31%和39%的淡水水质达不到饮用水要求，严重影响人们的健康、生产和生活。另据中国环保部检测中心的分析，全国水环境的形势依然非常严峻。[2] 这主要体现在以下三个方面：第一，就整个地表水而言，受到严重污染的劣V类水体（丧失使用功能的水）所占比例较高，全国约为10%，有些流域甚至大大超过这个数字。如海河流域劣V类水体的比例高达39.1%。第二，流经城镇的一些河段、城乡接合部的一些沟渠塘坝污染普遍比较严重，并且由于受到有机物污染，黑臭水体较多，受影响群众多。第三，涉及饮水安全的水环境突发事件依然不少。

中国十大水系和主要湖泊面临的严重问题是水体污染和水资源短缺、主

---

[1] 洪水、大旱等水灾频发也可以理解为水危机的一种，本文中由于受到字数的限制，对水灾的解释就割爱了。

[2] 请参见中国环保部网站。

要河流有机污染普遍、主要湖泊富营养化严重。其中，辽河、淮河、黄河、海河等河流都有70%以上的河段受到污染（见图1）。

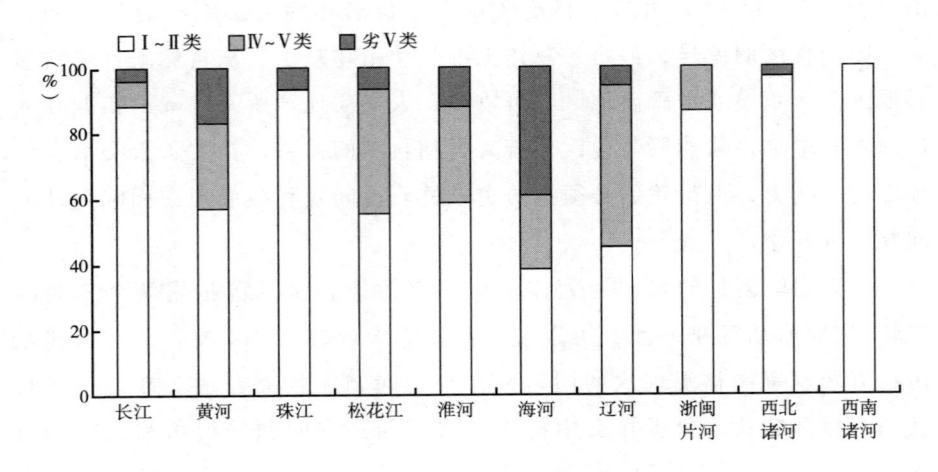

图1 2014年~2015年中国十大水域污染状况

资料来源：《2015年中国环境状况公报》，中华人民共和国生态环境部网站，http://www.mee.gov.cn/hjzl/zghjzkgb/lnzghjzkgb/201606/P020160602333160471955.pdf。

污水源多，污水、废水排放量大是中国水污染问题不好解决的主要原因。另外，被污染的时间长、污染范围大也为解决水污染带来难度。例如，从2012年的情况来看，中国污水、废水排放量每天约为108万立方米。已有82%的江河湖泊受到不同程度的污染，每年水污染造成的经济损失高达377亿元。

根据中国政府公布的统计资料[①]，2008年全国废水排放总量为571.7亿吨，比2007年增长2.7%。其中，工业废水排放量241.7亿吨，占废水排放总量的42.3%，比2007年下降2.0%；城镇生活污水排放量330.0亿吨，占废水排放总量的57.7%，比2007年增长6.4%。废水中化学需氧量排放量为1320.7万吨，比2007年下降4.4%。其中，工业废水中化学需氧量排放量为457.6万吨，占化学需氧量排放总量的34.6%，比2007年下降10.5%；城镇生活污水中化学需氧量排放量为863.1万吨，占化学需氧量排

---

① 国家统计局、环境保护部编《中国环境统计年鉴2008》，中国统计出版社，2009。

放总量的65.4%，比2007年下降0.9%。废水中氨氮排放量127.0万吨，比2007年下降4%。其中，工业氨氮排放量29.7万吨，占氨氮排放量的23.4%，比2007年减少12.9%；生活氨氮排放量97.3万吨，占氨氮排放量的76.6%，比2007年下降1%左右。这些数据告诉我们，大量污水中包含了大量的、各种各样的化学成分。这是我们首先可以确认的事实。

另据以上资料，1985年全国污水排放量达342亿吨，其中工业废水占75%，生活污水占25%。80%以上的污水未经处理直接排入水域造成水体污染。1990年，全国污水排放总量为414亿吨，其中工业废水占72%，生活污水占23%。由此可见，工业废水始终是我国水域的主要污染源。

通过以上数据我们可以知道，污水的主要来源是工业污水、生活污水和农业污水，而其中以工业污染为主的格局并没有大的变化。而且，工业污染造成的危害之大也是必须高度重视的。例如，污水中含有汞、铬、镍、铜、铁和氮、酚等有害物质，不但会使河里的水生生物变形或绝迹，而且用这些污水灌溉过的庄稼，不是枯萎就是籽粒含有毒素，人、畜吃了这些籽粒或蔬菜，有的中毒，有的得病，影响了工农业生产和民众的身体健康。如甲基汞引起的水俣病，砷中毒引起的面部发绀，饮用含氟量高的水出现的氟斑釉牙等。

中国使用的化学物质有万种之多，其中3000种已确认对人体有危害。对于对人体有危害的化学物质，国家和各级政府虽然做了严格的处理手续上的规定，但是通过非法、事故仍然有大量有害污染物流入了河里，或渗透到了土壤之中（污染地下水）。根据中国环保部的调查，平均2～3天就会有一起污染水质事件发生。另据中国监察部门的调查，2005～2008年，全国就有1700多起水质污染事件发生。

工业-化工污水是主要污染源，对人的健康、生命以及生态环境危害极大，所以应当高度重视。同样，对于生活污水、农业污水问题也必须高度重视。长期以来对生活污水特别是农业污水监视、处理不到位，甚至放任不管，使水质污染多了个"隐形原因"。

北京、上海、广州等直辖市就不用说，中国大、中城市的污水处理厂、处理站建设已经普及。可是，村落就不用说了，镇、小城市的情况却完全不同。从笔者在内蒙古自治区东部、云南省等地区做的调查来看，90%以上的地区都没有污水处理设施。现状就是无处理地排入河水或低洼地之中。那么此种情况是否具有普遍性呢？让我们再看看与内蒙古自治区相邻的河北省的情况。以河北省为例，就笔者对河北省20个自然行政村的调查来看，在生活用水方面，除了与中心城市相邻的极少数村子外，90%的村子无集中处理生活用水的公共设施，35%的村子还未实现集中供水。

中国农业每年的化肥使用量已经超过4000万吨。农药的年使用量也已在120万吨以上，其中10%~20%附在植物体上，其余散落在土壤和水中。并且，农药化肥和地膜的使用量呈逐年大幅增加的趋势。这些都将对水体造成严重的危害。据调查，养殖一头牛产生的废水多于22个人生活产生的废水，① 养一头猪产生的污水相当于7个人生活产生的废水。② 另外，近年来畜禽养殖业从农户的分散养殖向集约化、工厂化养殖转变，畜禽类的污染面明显扩大。据中国国家环保总局在全国23个省市的调查，90%的规模化养殖场没有经过环境影响评价，60%的养殖场缺乏必要的污染防治措施。相关的屠宰场、孵化场往往直接将动物血、废水、牲畜的粪便、蛋壳等倾倒入附近的水体中，导致大量氮、磷流失和河道的水体变黑，富营养化严重。以上河流受到不同程度的污染，导致我国农村有近7亿人的饮用水中大肠杆菌超标，1.7亿人的饮用水受到有机污染，而且由于农药等化学物质的广泛使用，许多地方的地下水已经不适于饮用，严重影响了民众的身体健康和农村经济的健康发展。

农药、化肥污染是非常难确定污染源的污染。但是中国作为农业大国，每年又投入大量化肥、农药来维持农业，还有6亿多的农村人口问题，所以农业污染是绝不能忽视的大问题。

2015年，中国公布了抗生素使用情况摸底调查报告。受调查的全国58个流域中，北方的海河、南方的珠江流域抗生素预测环境浓度值最高，单位面积排放量每年平均超过79.3千克，比雅鲁藏布江等西部河流高出几十倍。总体而言，东部流域的抗生素排放量密度是西部的6倍多。

已有研究表明，抗生素被机体摄入吸收后，绝大部分以原形通过粪便和尿液排出体外。而环境中的抗生素绝大部分最终会进入水环境因此

---

① 2013年，中国饲养牛的总头数是113501700头。请注意，饲养方法和污水的产生有关系。如游牧民在草原上放牧，对水的影响就很少。文中是指圈养。
② 中国一直是全世界饲养猪数最多的国家，占40%左右。以2013年为例，总头数是476098000头。

对水环境影响最严重。世界卫生组织（WHO）还在文章中说，目前中国的抗生素用量约占世界的一半，其中48%为人用，其余的主要用于农牧业。据估计，如不采取有效措施，到2050年，抗生素耐药①每年将导致100万中国人早死，累计给中国造成20万亿美元的损失。普遍购买非处方药和过于依赖用抗生素治疗、控制感染和促进牲畜生长，是中国抗生素耐药问题的重要原因。由于存在给患者过度开药的经济激励机制，培养合理使用抗生素的理念并非易事。对农业使用抗生素监管薄弱也进一步助长了滥用问题。

二 湖泊水质污染现状

中国大量的湖泊也遭受严重的水污染，其中以水体富营养化和外界污水的大量排入最为严重。我国35个较大湖泊中，有17个已遭严重污染，就城市中的湖泊来说，它本身主要是游览水体，对调剂人们生活、陶冶人们的情操起着十分重要的作用。以西湖为例，近年来因受到沿岸126个单位的污水及旅游废弃物和农药的污染，水质恶化，水体显暗绿色，晦暗混浊。最近，中国环境科学院调查了26个大中湖泊。以我国五大淡水湖中的巢湖为例，它是受污染最严重的，每天要吞进来自城镇的50万吨污水，其中80%来自合肥市，每天排出污水40万吨。巢湖的污染还来自农田，巢湖四周均为农田，农民施用的化肥、农药，雨后随着水土流进巢湖，每年有20万~25万吨。由于巢湖浅而含氧丰富，总氮总磷超标严重，湖水富营养化十分严重。富营养化的巢湖，养肥了湖内100多种水藻。20世纪60~80年代，各类水藻成倍增长，每到夏秋两季，就形成湖靛（俗称"水华"）。水藻繁殖得快，死得也快，死后便腐烂发臭，造成湖水二次污染，严重败坏水质，影响湖中各类生物的正常生长。最严重时湖水呈黏稠状，渔船难行，水波不兴，形成冻湖。

---

① 抗生素耐药是指抗生素及其他抗感染药不再能有效杀死细菌，因为后者发展出了抵御能力。目前抗菌药物的不合理应用及耐药在全球呈进一步加重趋势。如果对抗生素耐药的扩散不加遏制，许多感染性疾病就会再度变得无药可治，使一个世纪以来公共卫生领域取得的进步出现倒退。

位于云南省昆明市周边的滇池,曾是历史、文化、观光的"明珠"。在19世纪滇池的知名度就传到了欧美。可是不到40年的时间,滇池却成了全国甚至全世界有名的污染湖。①

滇池已经全湖富营养化,污染严重,2005年草海水质为劣Ⅴ类,综合营养指数76.1,属重度富营养状态;外海水质达到Ⅴ类地表水标准,综合营养指数62.5,属中度富营养化。主要入湖河道29条,水质大多为劣Ⅴ类。随着滇池流域内经济发展和城市化进程的加快,人口数量急剧增长,滇池污染物产生量迅速增加。1988~2000年流域污染物产生量总体上呈迅速递增趋势,2000~2005年污染物递增趋势减缓。滇池水质污染减缓是治理的效果。

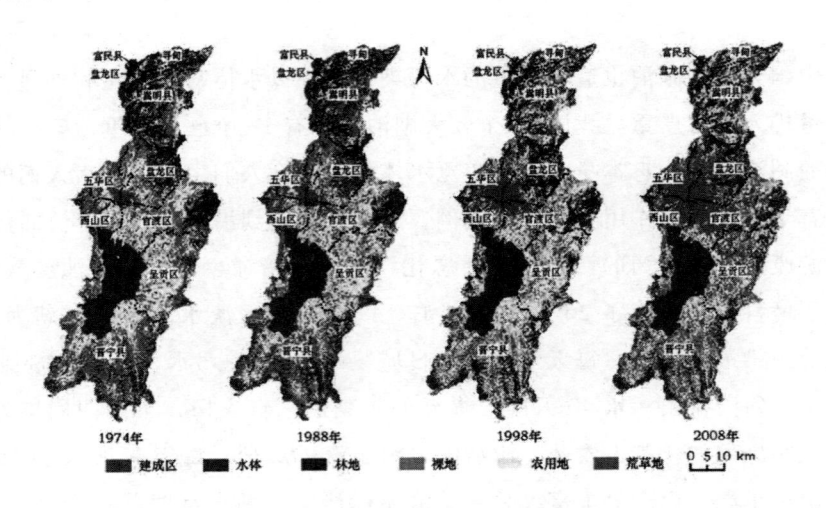

图2　1974~2008年云南滇池水质污染状况

资料来源:https://www.zhihu.com/question/21123591/answer/。

根据云南省环保部门的分析,滇池水污染治理中存在的问题主要有:(1)流域经济快速增长,生产、生活污染排放量超过环境容量,水环境压力不断加大;(2)环境基础设施建设滞后,城市排水管网不完善,入湖河流成为纳污河道;(3)缺乏雨季行洪与污水治理技术和措施;(4)蓝藻水

---

① 关于滇池的污染是2005年作者在德国生活期间通过德国媒体知道的。日本媒体也有多次报道。

华持续爆发,严重影响滇池水环境功能;(5)湖泊自净能力所剩无几,外海南北水质和水生态差异非常显著(见图2)。

环境监测数据显示,20世纪六七十年代,滇池水还是二类水,基本上可以直接饮用;进入80年代后水质快速恶化;90年代以后,滇池水质已经总体降为发绿发臭的劣Ⅴ类,富营养化日趋严重,成为我国污染最严重的湖泊之一。

"滇池污染的加速是从上世纪80年代中后期开始的,主要原因是工业粗放式发展和城市生活方式的改变。"长期研究滇池治理的昆明市环境科学研究院副院长徐晓梅说。80年代滇池流域工业发展较快,很多是高污染行业。另外,以前城市居民都是用旱厕,80年代中后期水冲厕所快速普及,这也导致滇池污染加剧。

昆明市官渡区六甲乡福保村是毗邻滇池的一个村子,因其经济发展较快而在云南省乃至全国小有名气,该村起家于造纸厂,在发展经济的同时也排放了大量污水。

"滇池污染来源,最初主要是工业污水和城市生活污水,后来工业污水得到控制,生活污水仍然是主要污染源,农业面源污染的比重也越来越大。"①

从"九五"时期开始,滇池被列为全国重点治理湖泊,治理投入不断增加。1996~2015年,共计完成投资510亿元左右。

为了整合力量推进滇池治理,昆明市专门成立了滇池管理局和实施工程治理的昆明滇池投资公司。连续多年实行由昆明市委书记、市长和各区委书记、区长任河长、段长的河道治理责任机制,并由一位副市长专职负责滇池治理。

即使如此,滇池不少区域的水质仍属劣Ⅴ类,并没有达到"十二五"规划的治理目标。昆明市政府提供的资料指出,由于滇池污染存量大、水环境承载能力低、面源污染治理等还不彻底,入湖总氮、总磷等指标仍然超过滇池水环境承载能力。

---

① 引用部分是昆明市滇池管理局规划处处长余仕富答记者问,昆明市滇池管理局网站,http://dgj.km.gov.cn/。参见《齐鲁晚报》网,http://www.qlwb.com.cn/2016/0902/714671 2.html。

事实上，自滇池治污启动以来，陷入了治理目标不断落空的"循环"之中。1993年云南省的治理规划是，用7年时间投入2亿元，实现滇池变清；1996年的治理规划是，到2010年实现水质在Ⅴ类以上。

历次规划目标完成情况不理想的根本原因，是对发展压力估计不足。1998~2013年，滇池流域GDP从12.95亿元增加到2322亿元，增长约178倍；城镇人口数量从117万人增加到375万人，增长2.2倍；城镇建成区面积增加了229平方公里，增长1.6倍。在环保措施跟不上的情况下，这样的发展速度无疑让滇池承受了巨大的环境压力。

图2表明滇池已经是一个城市中的湖。笔者自2010年以来每年都去看滇池，并测试水质。虽然情况有一些好转，但并不理想。以上介绍了对云南省的一些情况的分析，笔者认为，滇池水质治理必须采取和城市用水全部处理一起抓的思路。

三 地下水污染现状

2015年地下水调查报告发布，中国202个地市中地下水水质较差和极差城市的比例超过60%，水质优良级的城市仅占9.1%。

国土资源部近日发布的最新数据显示，2015年，在全国202个地市级行政区的5118个地下水监测点中，较差级和极差级的水质监测点占比超过60%，地下水水质状况并不理想。

其中，水质呈极差级的监测点964个，占18.8%；水质呈较差级的监测点2174个，占42.5%；水质呈较好级的监测点236个，占4.6%；水质呈良好级的监测点1278个，占25%；水质呈优良级的监测点466个，仅占9.1%。

地下水主要超标组分为总硬度、溶解性总固体、铁、锰、氟化物、硫酸盐等，个别监测点水质存在砷、铅、六价铬、镉等重金属超标现象。

此外，数据还显示，与上年度相比，有连续监测数据的水质监测点总数为4552个，其中水质综合变化呈稳定趋势的监测点有2837个，占62.3%；呈变好趋势的监测点有795个，占17.5%；呈变差趋势的监测点有920个，占20.2%。

中国水资源总量为 2.8 万亿立方米,而多年平均地下水资源量为 8186.43 亿立方米。在中国的 69 个城市中,Ⅰ类水质的城市不存在;Ⅱ类水质的城市只有 10 个,只占 14.5%;Ⅲ类水质城市有 22 个,占 31.9%;Ⅳ、Ⅵ类水质的城市有 37 个,占评价城市总数的 53.6%,即 1/2 以上的城市地下水污染严重。至于海河流域,地下水污染更为严重,2015 年地下水监测井点的水质监测资料表明,符合Ⅰ~Ⅲ类水质标准的仅有 443 眼,占评价总数的 22.0%,符合Ⅳ和Ⅵ类水质标准的有 880 眼和 629 眼,分别占评价总数的 43.7% 和 34.3%,即 78% 的地下水遭到污染。随着国家经济发展和人口继续增加,城市开发利用地下水日益广泛,迄今地下水已经成为我国城市和工农业用水的主要水源,全国目前有 2/3 的城市以地下水作为主要的供水水源,约有 1/4 的农田灌溉靠地下水。地下水开采总量超过 1000 亿立方米,约占全国用水总量的 15%~20%。大量开采地下水,虽然增加了中国城市地区的供水量,维持了城市的正常运转,取得了一定的经济效益,但是对其不合理的开发利用也产生了一系列负面效应,突出表现为过度开采引起的水位下降、地面沉降、海水入侵等地质危害,以及污染状况严重产生的疾病流行、可供水量减少、经济损失巨大等不良影响。中国城市地下水污染日益加剧,据有关部门对 118 个城市 2~7 年的连续监测资料,约有 64% 的城市地下水受到严重污染,33% 的城市地下水受到轻度污染,地下水基本清洁的城市只占 3%。以太原为例,潜水矿化度和总硬度急速上升,与 80 年代前期相比,80 年代后期矿化度和总硬度的超标面积分别增长 60% 和 28%,同时硫酸盐、氯化物和酚缓慢增加。由于地下水的循环时间很长,接近水位地方的地下水的循环时间往往是一年左右,而在深蓄水层的地下水循环时间可以长达数千年,故一旦被污染,就很难被清除,当然更无法被有效利用。但是水资源作为工业的血液和农业的命脉,支撑着人类社会经济的发展,可用地下水资源若受到严重污染,会导致可供水源的缺乏,严重制约城市经济的发展和社会的进步。如 70 年代唐山市一化工厂堆放的铬酸酐废渣污染了当地的地下水,导致该市地下水被铬污染面积达 14 平方千米,$Cr6+$ 的最高含量达每升 45 毫克,是国家规定饮用水标准的 900 倍,导致许多自来水厂被迫关闭,重新寻找水源。

总之,地下水污染和地表水污染一样,形势极为严重。而地下水污染的处理、治理难度更大,费用会更高。

四 水资源枯竭问题

中国水资源短缺情况较为严重，根据联合国 2008 年数据，中国拥有全世界 21% 的人口，但水资源只占全球水资源总量的 6%，人均水资源量仅为世界人均水平的 1/4 左右，是全球人均水资源最贫乏的国家之一。中国 658 个城市中，2/3 以上缺水。中国水资源概况如下：我国大小河川总长 42 万公里，湖泊面积 7.56 万平方公里，占国土总面积的 0.8%，水资源总量 28000 亿立方米，人均 2300 立方米，仅为世界人均拥有量的 1/4，居第 121 位，为 13 个贫水国之一。目前中国 640 个城市中有 300 多个缺水，2.32 亿人年均用水量严重不足。极为有限的水还被严重污染，这是中国水问题的特点。

五 近海域污染状况

《中国海洋环境状况公报》是了解近海、远洋环境状况的国内重要的权威性资料之一。下面根据《2014 年中国海洋环境状况公报》及环保部公开的资料，对近海污染状况做一些介绍。

在中国管辖海域近岸，局部海域海水环境污染严重，近岸以外海域海水质量良好。春季、夏季和秋季，劣Ⅳ类海水水质标准的海域面积分别为 5.2 万、4.1 万和 5.7 万平方公里，夏季重度富营养化海域面积约 1.3 万平方公里，主要集中在辽东湾、长江口、杭州湾、珠江口等近岸区域。

陆源入海排污口达标排放率仍然较低，445 个陆源入海排污口全年达标排放次数占监测总次数的 52%。入海排污口邻近海域环境质量状况总体较差，91% 的排污口邻近海域水质无法满足所在海域海洋功能区的环境保护要求。

81% 实施监测的近岸河口、海湾等典型海洋生态系统处于亚健康和不健康状态。其中，杭州湾、锦州湾持续处于不健康状态，部分海洋生态系统健康状况下降，渤海湾更是处于濒危状态。"目前，渤海大型鱼类资源基本破坏，小型鱼类资源严重衰退，年产量仅为 1000 吨至 3000 吨，而历史最高为

30000 吨，相差约 10 倍。"渤海沿岸有 57 个排污口，渤海每年承受来自陆地的 28 亿吨污水和 70 万吨污染物，污染物占全中国海域接纳污染物的 50%，致使渤海海域的生态环境严重恶化。海水自净能力差，近海海水水质超标严重。湿地减少，海岸赤潮破坏近海生态环境。某锌厂邻近海域 5 万平方米的范围内已没有水体生物，成为海底沙漠。①

入海排污口邻近海域环境质量状况总体较差，90% 以上无法满足所在海域海洋功能区的环境保护要求。这主要是由河水带来的污染物所致。以下以 2014 年 72 条被检测的河流为例，来看看河水带来的物质。

72 条河流入海的污染物量分别为：氨氮（以氮计）30 万吨，硝酸盐氮（以氮计）237 万吨，亚硝酸盐氮（以氮计）5.8 万吨，总磷（以磷计）27 万吨，石油类 4.8 万吨，重金属 2.1 万吨（其中锌 14620 吨、铜 4026 吨、铅 1830 吨、镉 120 吨、汞 44 吨），砷 3275 吨。其中，CODcr、氨氮和硝酸盐氮入海量分别较 2013 年增长 5%、3% 和 7%，总磷入海量下降 1%。枯水期、丰水期和平水期，72 条河流入海监测断面水质劣于 V 类地表水水质标准的比例分别为 51%、53% 和 53%，与 2013 年相比，枯水期比例降低 17 个百分点，丰水期和平水期比例分别上升 9 个和 2 个百分点。劣于 V 类地表水水质标准的污染要素主要为化学需氧量、总磷、氨氮和石油类。

近海污染源可以分为四大类，即河水带来的污染物，临海化工 – 工业排水，海洋事故（如 2011 年发生的蓬莱 19 – 3 油田溢油事故、2010 年发生的大连新港 "7·16" 油污染事件等），船舶污染和周边生活区域带来的污染。

中国有 1.8 万公里的海岸线，这里曾经是富饶的渔场、多种海洋资源的宝库。保守地预测，我们已经失去了 50% ~ 70% 的渔场、40% ~ 60% 的其他海洋资源，丧失了 60% 以上的生态功能。而我们知道，近海污染的污染物来自河水、陆地上建的工厂、海边城市的污染物、污染水等。所以近海污染的控制治理难度大。换一种说法，河水清了，工厂不排污染物了，近海污染 70% 的问题就解决了。当然，根治近海污染，减少甚至避免海洋事故的发生、加强对船舶的环境监控也很重要。

---

① 以上引文出自全国政协委员、民进中央委员张妹芝在两会上的提案（两会资料集）。

结　语

图 3 笼统、直观地向我们展示了中国水环境污染现状及影响。我们面临着全方位的、极为深刻的水问题。应当如何理解这些问题呢？

图 3　中国水环境污染现状及影响

我们所面临的环境问题，概括地说，就是现代化过程中的问题，是和现代科学技术分不开的。即使是和古代同质的沙漠化、森林减少、水源减少等问题，在变化的速度上、破坏的程度上都有不可比拟的差距。笔者在《什么是环境问题》[①] 一文中，强调了我们所面临的环境问题有三个特点，即临界性、复杂性和内在性。所谓临界性，是指环境问题的深度已经到了和人类命运息息相关的程度。临界是指有一些环境问题已经接近终结人类、毁灭地球的临界点。如众所周知的地球变暖问题就是一例。当然不只是地球变暖的问题，如生物多样性的消失、资源枯竭等问题，虽然在紧迫性上有差异，但是这些问题也已经到临界边缘，不解决的话，同样会带来不堪回首的结果。所谓复杂性，是指现代的环境问题的发生和解决与现代生活－社会、科学技术直接相关。我们知道，现代生活－社会是一个全球性的现象，虽然生活习惯千差万别，生活水平也有差距，但我们生活在互相影响、相互关联的世界里。世界上已经不存在与外界隔绝的国家或地区，换

[①] 参见思沁夫「環境問題とは」思沁夫（SIQINFU）編『いつから自然は"資源"になったのか‐ 東アジアの生態文化を問う‐ 』剑桥大学出版社、2013、31～42 頁。

句话说，现代社会由于内部的分工－专业化，社会结构变得极其复杂，同时现代社会又是一个全球现象。所谓内在性，是指从总体上来说，我们所面临的问题和我们所追求的现代生活密不可分，即问题的原因在于我们人类自身。

所谓现代社会，就是以工业化为基础，以大量生产、大量消费为特征的社会。在现代社会中，企业和科学－技术扮演着非常重要的角色。企业使市场不断扩大，而科学技术为人类改造、改变环境提供了有力的方法和手段。现代化不但改变了自然界，而且改变了人类自身。农业的现代化使养活更多的人口成为可能，而医疗、公共卫生以及食物加工的现代化，为降低婴儿的死亡率、延长寿命提供了保障。

从构造上来说，现代化的过程与现代环境问题是一个问题的两个方面。即现代环境问题与现代化－现代社会有着内在逻辑关系。此种内在逻辑关系包含了两层含义，一个是文化－价值观上的，另一个是经济结构上的。现代化是以西方基督教文化为背景的，在基督教文化中，神赋予人特殊的地位，即主宰自然、改变自然和利用自然的权利。同时，在地球上人作为神的代理，成为万物的标准和尺度。总之，在西方基督教文化背景下，文化与自然分离，文化优越于自然，文化作为主体、自然作为对象被构造性地固定下来，成为西方思想之源。如果说基督教文化为现代化创造了思想条件、价值取向，那么资本主义经济为现代化带来了制度和基础。以最大限度、无限制地追求利润为特征、以竞争为手段的资本主义经济，在不断摧毁各种地方经济的同时，通过殖民地、技术改造、金融革命促成了全球市场（也可以理解为世界体系）的形成。资本主义经济的全球化，把大量生产、大量消费的生活方式普及到世界所有的地方。

中国的环境问题也可以放在这些大背景下来理解，即临界性、复杂性和内在性。以上介绍的中国的水问题就体现了这些特征。但是我们必须发掘我们自身的原因，笔者认为这主要有三点。第一，没有从根本上调整我们和水的关系，即在水出现危机的时候，我们应当如何建立新型的关系、如何长远计划等问题没有得到重视。注意点都集中到了问题上。第二，和第一个问题有关联，一直在处理上下大功夫，对管理、教育、习惯重视不够。第三，对水的近利行为。把水的价值放在了能用还是不能用上，无视水体系的意义。

总之，近 50 年来，对水的理解越来越功利化、科技化，丢失了水文化的传统，又没有建立起新的水体系论。

以下是关于水的部分法律：《中华人民共和国环境保护法》《中华人民共和国水法》《中华人民共和国水污染防治法》《城市污水处理及污染防治技术政策》《地表水环境质量标准》《农田灌溉水质标准》《污水综合排放标准》《城镇污水处理厂污染物排放标准》《污水排入城市下水道水质标准》等。可以说，关于水问题的法律已经成体系，已经有法可依。特别是 2008 年颁布实施的《中华人民共和国水污染防治法》，明确规定了保护水资源的相关政策、责任范围以及措施等，还明确规定：违反本法构成违反治安管理行为的，依法给予治安管理处罚；构成犯罪的，依法追究刑事责任。

如果说法律制度是硬件，研究、知识、信息这些软件的提升也是极快的。在软件建设上，研究和教育起着非常重要的作用。在这里还想提出两点意见。在众多的环境研究中，文理交叉研究、以实践为目的研究，以及框架性、哲理性研究很少。例如，和日本比较起来，更显得欠缺。2011 年发生的东日本大地震、大海啸以及由此产生的核污染问题，不但极大地推动了灾害、环境方面的跨学科研究，还成为教育的主题、志愿者的主题、学习与实践结合的主题，某种意义上改变了日本的文化氛围。而这种变化使所有人不得不思考环境问题以及水、土地、未来的问题。

具体分析、数据化当然很重要。但仅仅如此还很不够。当然，研究和教育的责任是搞清楚事实，同时还应当告诉人们如何思考、如何行动，创造新的价值。

基于现场质谱分析的环境问题文理结合研究

丰田岐聪　青木顺　古谷浩志[*]

一　引言

质谱分析是通过测定原子或分子的质量来分析物质构成的技术。由于原子或分子的质量非常之小,在实际中难以利用重力直接测定,故而需要利用电磁力。而利用电磁力,首先需要给原子或分子带上电荷,也就是变成离子(即离子化)。其次是让离子通过电磁场。由于离子的质荷比不同,在电磁场中的运动速度各不相同,因此可以把离子分离出来。对分离后的离子进行检测,则能够确定离子的质量和数量。

大阪大学理学研究科的质谱分析研究组,有着研发质谱仪的漫长历史和优良传统。20世纪30年代后期,浅田常三郎、奥田毅等研发了日本国内第一台质谱仪,之后研究组更是独创性地研发了多种当时世界上性能最高的装置。此类装置不仅能用于精确测定原子质量,更是使对包括生物分子、簇化合物等在内的、更广范围内的物质质量的精确测定成为可能,从而推动了科学的发展。丰田岐聪等继承这一传统,研发出了小型却有着高分辨率的多重型飞行时间质谱仪。其研发契机,是受托要研发这样一个装置:它需要安装在"罗塞塔"号彗星探测器的着陆器上,以分析彗星的组成成分。

一般而言,质谱仪的性能(分辨率)和设备大小关系密切,小型

---

[*] 丰田岐聪,大阪大学理学研究科教授;青木顺,大阪大学理学研究科助教;古谷浩志,大阪大学科学机器革新工作支援中心准教授。

装置的质谱分辨率（$m/\Delta m$，值越大则分辨质量相近的物质的能力越高。例如，分辨率为1000，则意味着能够分辨质荷比为1000和1001的离子）往往难以超过1000。尤其是时间飞行质谱仪，其离子的飞行距离与分辨率息息相关，故而小型装置想要获得高分辨率尤其困难。而丰田等研发的多重型飞行时间质谱仪，利用扇形电场使离子在同一飞行空间里循环往复飞行，大大增加了飞行距离，从而实现了小型化，同时具备了极高的质谱分辨率。也就是说，其所采用的离子光学系MULTUM能在多重循环中累积起像差，同时还保证了离子透过率，即在飞行一周之后还能使离子保持完全相同的状态，满足了离子飞行的"完全收敛条件"。

丰田等在此离子光学系MULTUM的基础上，设计研发了一号机"MULTUM Linear plus"（见图1）[1]，作为"罗塞塔"计划的实验室模型。其质谱分析处的尺寸为40cm×40cm，一周的飞行距离为1.28米。通过实测实验，在世界上首次绘得离子循环飞行下的质量频谱，其分辨率会随着循环飞行次数增加不断上升，并且飞行一周的平均离子透过率在99%以上这一事实也已得到验证。作为飞行时间质谱仪，在500周的飞行（飞行距离640米）之后，其分辨率能达到世界最高的35万。作为小型装置，其分辨率已经远超一般的大型飞行时间质谱仪（分辨率为2万~3万）。

之后，为了改良MULTUM、实现实用化，研究组进行了各种尝试和实践。图2为MULTUM的研发历史。这期间，独创性地研发了一系列装置，包括采用了精简后的离子光学系的二号机"MULTUM II"，以MULTUM II的光学系为基础、能够分析生物高分子构造的高分辨率串联飞行时间质谱仪"MULTUM-TOF/TOF"，能使样品表面分子分布图像化的投影型成像飞行时间质谱仪"MULTUM-IMG"，只有MULTUM II 一半大小的小型装置"MULTUM-S"等。[2]

尤其是在JST大学发起的风险创成推进项目支援下研发的"MULTUM-S

---

[1] 豊田岐聪・新間秀一・青木順・石原盛男「マルチターン飛行時間型質量分析計」*Journal of the Mass Spectrometry Society of Japan* 60（2012）：87-102。

[2] 豊田岐聪・新間秀一・青木順・石原盛男「マルチターン飛行時間型質量分析計」*Journal of the Mass Spectrometry Society of Japan* 60（2012）：87-102。

图 1 MULTUM Linear plus

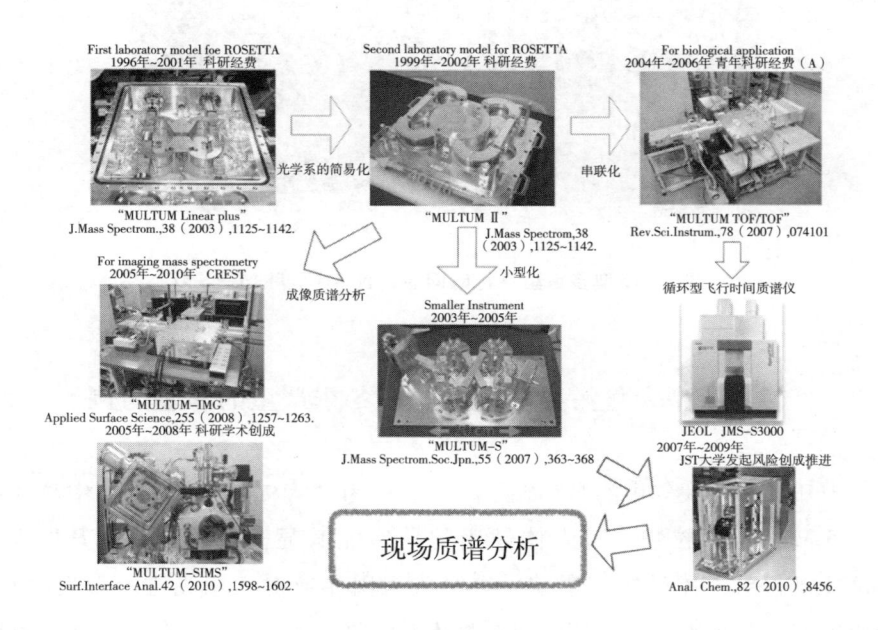

图 2 MULTUM 的研发历史

II"（见图3），颠覆了迄今为止关于质谱仪的常识，是具有革命性意义的装置。该装置质谱分析处的尺寸仅为 20cm×20cm，整体装置的尺寸为 50cm×

30cm×60cm，重量（包括电源等设备）为35千克。[①] 其形状大小就如同一台式电脑主机，质谱分辨率却能够达到5万以上，这一技术已经完全颠覆了迄今为止对小型质谱仪的一般认识，对于其将来在各领域的广泛应用，更是寄予了莫大的期望。

目前，为了发挥小型且高分辨率的质谱仪的特点，一个正在被开拓的研究领域为现场的测定和质谱分析。目前的技术受装置大小和性能影响，很多情况下无法进行现场的质谱分析。而如今，包括环境测量、医疗和诸多关于安全、安心的领域在内，把MULTUM-S II带到这些"现场"里，进行实地实时的测量分析，则有可能观测到至今没有被发现的事实。也就是说，一个新的科学研究领域正在被开拓。

图3　小型多重型飞行时间质谱仪 MULTUM – S II

二　新型大气污染——以北京冬季严重的雾霾为例

对于悬浮在大气中的微小粒子，一般称为"大气颗粒物"，其中粒径小于2.5微米的颗粒物，对人体健康的危害尤其显著，被称为"PM2.5"。PM2.5不仅对人体健康有影响，在吸收太阳光或对太阳光进行散射之后，会影响成云和降雨过程，使全球的整体能量收支平衡发生变化，进而对整体

[①] S. Shimma, H. Nagao, J. Aoki, K. Takahashi, S. Miki and M. Toyoda, "Miniaturized Aigh-resolution Time-of-flight Mass Spectrometer 'MULTUM-S II' with an Infinite Flight Path", *Analytical Chemistry* 82 (2010): 8456 – 8463.

气候产生重大影响。由此可见，PM2.5 已经成为 21 世纪最重要的环境问题之一。

2013 年 1 月，中国北京出现了持续的雾霾天气，图 4 是北京当月 PM2.5 质量浓度的变化图。1 月 11 日到 14 日，其浓度值在 400～900mg/m³。若是参考日本或美国的 PM2.5 环境准则值即 35mg/m³（24 小时平均值）的话，北京的 PM2.5 已是非常之高，称之为大气污染也毫不为过。

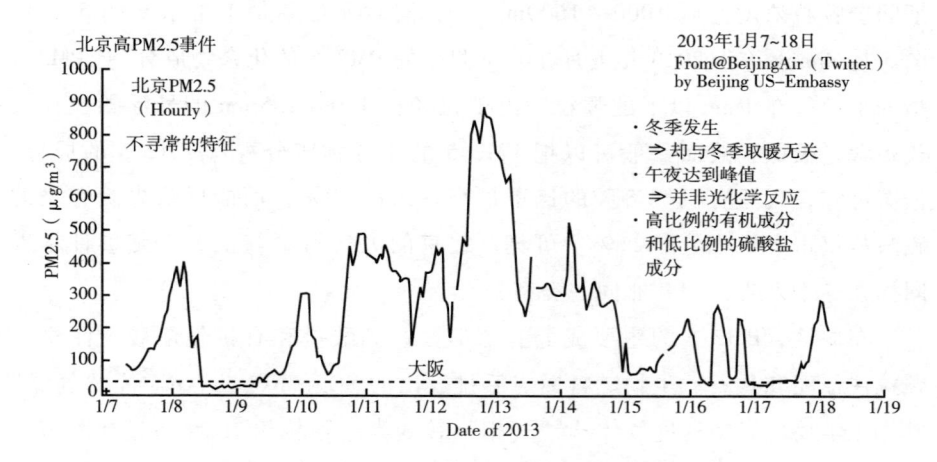

图 4　2013 年 1 月雾霾天气下北京市 PM2.5 质量浓度的变化

资料来源：根据美国大使馆公布的观测值制成。

然而，这种在北京市被观测到的"PM2.5 大气污染"的类型，与已知的大气污染相比，却有几个不同之处：一是高发期在冬季，尤其是最高浓度的 PM2.5 往往发生在夜间；二是尽管发生在冬季，却无法用冬季特有的 PM2.5 的发生原因来进行说明，如烧煤供暖；三是这高浓度 PM2.5 影响的不仅仅是北京市，其辐射范围异常广阔（约为 500 km×1000 km），故而影响的人口也极多（约 5 亿人）；四是面对以上"现象"，哪怕 PM2.5 浓度是如此之高，却不能利用已知的科学知识给出合理的解释。

迄今为止，人们经历过数次历史性的大气污染事件，如 1952 年 12 月 5～9 日发生的"伦敦烟雾事件"、20 世纪 40～60 年代影响甚大的"洛杉矶光化学烟雾事件"。洛杉矶的光化学烟雾，和发生在日本的光化学烟雾一样，都源于太阳光下的一系列光化学反应。在光化学反应下，大气中的前驱气体产生了各种化学变化，从而生成了强氧化物质、PM2.5等大气污染物质。由于促成各种光化学反应的正是太阳光，故而光化学烟雾容易在白天，尤其是在阳光强烈的春夏季节发生。而北京的大气污染发生在冬季，更是在没有阳光的夜间发生，这与过去的烟雾有着本质区别。另一方面，1952年12月发生的伦敦雾霾事件，在世界上首次让人们认识到PM2.5对健康的影响。而究其原因，正是烧煤供暖排放出大量的污染气体和悬浮微粒（雾霾期间全颗粒浓度达到1000～1600mg/m³，同时死亡率是平常水平的5倍）。图5是Zhang等于2013年1月在北京测得的PM2.5的化合物成分。① PM2.5指的是粒径在1mm以下的颗粒，由于粒径在1.0～2.5mm的悬浮颗粒在大气中含量极低，故而一般可以把PM2.5的化合物成分视作PM2.5的成分。据图可知，这里有机气溶胶的比重最高，约占50%，而能反映煤炭燃烧的硫酸盐仅占有机成分的21%。可见，北京的大气污染与伦敦雾霾事件尽管同样在冬季发生，却并非同一类型。

在城区，PM2.5的主要成分有硫酸盐、硝酸盐和有机气溶胶。而这些颗粒往往能和化石、生物燃料燃烧后排放出的SO_x、NO_x、VOCs等"气体"发生化学反应，使这些气体从"气相"转变为"颗粒相"，在超过饱和蒸气压时，低饱和蒸气压的有机物还能凝结在颗粒物上，从而形成二次有机气溶胶。这些化学成分的大小、分布和浓度变化在2013年1月的北京雾霾天气中都被观测到，且有研究称硫酸盐、硝酸盐和有机气溶胶分别占20%～30%、15%～25%和50%～80%（这里指的是粒径在1mm以下的颗粒的成分）。② 而为了计算中国和其他东亚区域的PM2.5浓度分布，鹈野等用全球三维大气化学传输模型（GEOS Chem）进行了模拟分析。③ 然而，即使利用了如此先进的模型，却只能再现20%左右的实际观测数据，并且硫酸盐、

---

① J. K. Zhang, Y. Sun, Z. R. Liu, D. S. Ji, B. Hu, Q. Liu and Y. S. Wang, "Characterization of Submicron Aerosols during a Month of Serious Pollution in Beijing, 2013", *Atmospheric Chemistry and Physics* 14（2014）: 2887-2903.

② J. K. Zhang, Y. Sun, Z. R. Liu, D. S. Ji, B. Hu, Q. Liu and Y. S. Wang, "Characterization of Submicron Aerosols During a Serious Pollution Month in Beijing (2013): Using an Aerodyne High-resolution Aerosol Mass Spectrometer", *Atmospheric Chemistry and physics*, 13（2013）: 19009.

③ 鹈野伊津志・弓本桂也・原由香里・板橋秀一・金谷有剛・杉本伸夫・大原利眞「何故2013年冬季の中国でPM.5が高濃度になったか?」『大気環境学会誌』48号、2013、274~280頁。

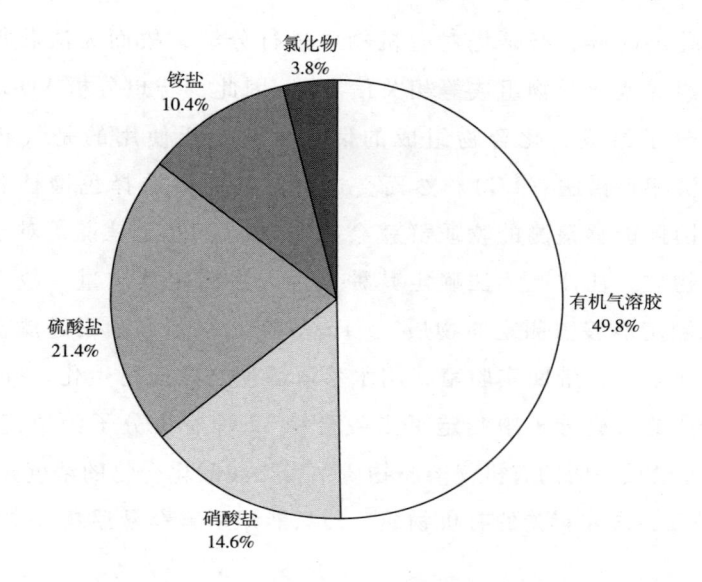

**图 5　加速器质谱（AMS）分析下 2013 年 1 月北京市大气中
粒径在 1μm 以下颗粒（PM2.5）的化合物成分**

说明：就平均值而言，几乎不包含煤炭和土壤颗粒。有机气溶胶（Organic Carbon）的比重最大，反应煤炭燃烧的硫酸盐（Sulfate, SO_4^{2-}）的比重约为有机气溶胶的一半。其他成分为硝酸盐（Nitrate, NO_3^-）、铵盐（Ammonium, NH_4^+）。

资料来源：J. K. Zhang, Y. Sun, Z. R. Liu, D. S. Ji, B. Hu, Q. Liu and Y. S. Wang, "Characterization of Submicron Aerosols during a Month of Serious Pollution in Beijing, 2013," *Atmospheric Chemistry and Physics* 14 (2014): 2887 - 2903.

硝酸盐和有机气溶胶的比重分别是 10% ~25%、35% ~45% 和 15% ~20%，这显然与观测值严重不符。相对而言，硫酸盐的浓度得到了较好的模拟，而与之相比，有机气溶胶的模型计算值大大缩水，实际观测数据要高出 100% ~200%。对于有机气溶胶的过低模拟，其原因或许在于对大气中的前驱物质（原料）VOCs 的浓度估计过低，对 VOCs 在化学反应下颗粒化的收获率和反应速度估计不足，又或者是在现行的化学传输模型里，有未被考虑的 VOCs 或化学反应存在。

然而，关于 VOCs 以及有机气溶胶的质谱分析技术，从来只能在一定的范围内确认和测定 VOCs 与有机气溶胶。例如，在北京雾霾期间，用于测定成分的先进质谱仪，能够有效测定有机气溶胶的总质量浓度和颗粒大小分布，且能够在现场进行连续观测。然而，在其对有机气溶胶进行离子化的时候，必须先对有机物质进行分解，故而无法获得有机物质的分子组成或化学物组成等相关信息。[①] 因此，若想分析 VOCs 或有机气溶胶的分子组成、化合物组成的话，目前广泛使用的是气相色谱法（GC）或液相色谱法（LG）。然而，这类方法需要选择色谱柱和确定测定条件，因此能够检测的物质群就会有所限制，也就是说，对于没有标准样品的物质，往往既无法确定其种类也无法测定其质量，故而现状就是"只能测定能够被测定的物质"。He 等在北京郊区利用过滤器采集大气气溶胶样本后，带回实验室，用水萃取后使之柱前衍生化，并利用 GC 法从能确认的有机分子中测定了二羧酸等 32 种有机分子的浓度。[②] 在所有分子组成已被解明的有机气溶胶物质中，二羧酸化合物的浓度是最高的。而这 32 种和二羧酸有关的有机物质，却只能用来解释悬浮颗粒中约 5% 的有机物质。

在此情况下，为解决 PM2.5 这一环境问题，究竟该怎样去做？能做的只有限制 PM2.5 的发生源。然而，在 PM2.5 的发生源不清楚、形成机理不明确的情况下，到底又该去限制什么？是工厂的废气排出，还是车辆的尾气排放？如果盲目进行限制的话，不仅影响经济发展，而且会带来各种不便和诸多不必要的麻烦，更无法得到市民的理解。因此，首先要做的应该是在现场测定 PM2.5 的化学成分或者是 PM2.5 的前驱物质——包括用传统的方法无法测定的化学物质在内，尽可能全面测定、分析所有的化学物质，以确定大气中与 PM2.5 的形成有关的各种化学物质以及相关化学反应。显然，从这个方向开始研究是很有必要的。

为此，我们与清华大学等科研机构合作，开始尝试利用多重型飞行时间质谱仪 MULTUM 进行现场质谱分析，以观测大气中存在何种有机分子，并实时计算各种有机分子的质量浓度，以确定 PM2.5 的发生原因和形成机理，并进一步探寻应对方法。而这样的实践，有必要考虑中国的政治、经济、文

[①] J. L. Jimenze et al., "Evolution of Organic Aerosols in the Atmosphere", *Science* 326 (2009): 1525.
[②] N. He, K. Kawamura, K. Okuzawa, Y. Kanaya and Z. F. Wang, "Diurnal Variations of Total Carbon, Dicarboxylic Acids, Ketoacids and α-dicarbonyls in Aerosols in the Northern Vicinity of Beijing", *Atmospheric Chemistry and Physics* 13 (2013): 16699.

化背景和地域特征,故而 PM2.5 问题应该是一个和中国地域研究的学者合作、通过文理结合(见图 6)共同探讨的课题。

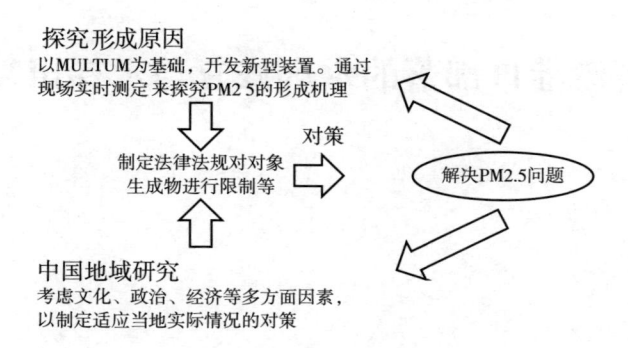

探究形成原因
以 MULTUM 为基础,开发新型装置。通过现场实时测定来探究 PM2.5 的形成机理

制定法律法规对对象生成物进行限制等

对策

解决 PM2.5 问题

中国地域研究
考虑文化、政治、经济等多方面因素,以制定适应当地实际情况的对策

图 6　尝试通过文理结合来应对 PM2.5 问题

(胡毓瑜　译)

东台湾港口部落的水圳修复与水梯田复育

陈鸿图[*]

一　前言

　　台湾东海岸梯田景观的改变，不仅是土地的丧失、生态的改变，更是阿美人的离散和文化的流失。有鉴于此，当地许多部落居民，不愿土地变质，开始有些想法并试着实践。港口部落希望复育部落中原具有生态、生活与生产价值却已消失几十年的阿美人传统水梯田，并且让这特殊的海岸生态与文化地理景观可以从海岸阿美人的文化角度来诠释，试着将观光路线与范围扩大到整个部落周遭，让部落的梯田景致、部落美食、部落特色等重新呈现，势必会是一条具有生态、文化与游憩价值的知性旅游路线，并带来另一股经济力量，吸引部落青年回乡工作。

　　然"复育梯田"最大的困难在于灌溉。部落居民在部落领袖的号召及林务局花莲林区管理处的协助下，进行港口一带水源地的探查，协同专家与耆老期望在保护水源与森林的概念下，有效地利用当地的自然资源。然随着部落水圳修复的完成，居民除了必须重新思考人地之间的关系如何改变外，当下面临两大课题的挑战：一是灌溉水源如何分配？即水圳的管理。二是如何让水圳不受到破坏？特别在台风特多的东海岸地区，意即水圳该如何维护。

　　港口村恢复水圳灌溉和寻求土地永续的过程中，当地居民投入很大的心

---

[*] 陈鸿图，台湾东华大学历史学系副教授。

力,虽目前已见到些许的成果,但总充满不确定性,此一挑战,不应由当地居民自行承担,可集思广益来协助解决问题。因此,本文拟以《东台湾港口部落的水圳修复与水梯田复育》为题,试着探究港口部落水资源、水圳和水梯田的历史变迁,文末引入笔者于巴厘岛对"苏巴克"(Subak)灌溉制度的观察,希冀对本区的水资源管理提供一些可以思考的方向。

二 东海岸发生了什么事?

> 阿美族从祖先学到的知识,消失了、消失了
> 阿美族自祖先呼唤的生命,逝去了,逝去了
> 那个曾经捕过鱼的溪流
> 那些曾经狩猎的山峦
> 那些曾经采集贝类的海洋
> 到底去了哪里?

这是由港口部落阿美人自己规划拍摄的纪录片《海稻米的愿望》一开始所吟唱的歌。[①] 这首歌述说着过去港口部落族人依山傍海的生活以及长期累积的生态知识,如今却因为社会经济变迁而逐渐流失。

2015年9月由导演郑有杰和勒嘎·舒米(Lekal Sumi)导演的《太阳的孩子》(Wawa No Cidal)电影,[②] 剧情主轴改编自勒嘎·舒米的母亲舒米·如妮(Sumi Dongi)真实回到部落推动荒废30年余的靠海梯田的复育经历,这部电影引起很大的共鸣,特别是居住在台湾东海岸的阿美人,因为东海岸或台湾的土地传统价值逐渐在流失是事实,他们的感受也比任何人都深刻。

东海岸许多保护区和少数民族居住区内正陆续实施大型开发案(见表1),这些开发案或许可以解决区域内短暂的经济问题,但规避环境评

[①] 王亚梵编导《海稻米的愿望》,"行政院"农业委员会林务局,2013年4月。
[②] 郑有杰、勒嘎·舒米编导《太阳的孩子(Wawa No Cidal)》,一期一会影像,2015年9月。

估而对环境永续的破坏,是很难想象的。除此之外,土地的被剥夺,造成当地少数民族和土地的疏离,进而导致传统文化的流失和消失。这些戕害土地伦理和人群关系的事情,20 世纪 90 年代之后在东台湾经常见到。

表 1 东海岸大型开发案一览

开发案名称	地点	开发单位	面积(公顷)	内容	资金(亿台币)
远雄海洋公园	盐寮	远雄	29.0	437 间客房	35.8
丰滨山海剧场	矶崎	花莲县政府	2.6	将矶崎小学改为文化展演空间	
三仙台旅馆	三仙台	东管处 BOT	3.0	200 间客房	9.7
宝盛水族生态游乐区	三仙台	民间投资	7.0	各式游乐设施	7.8
满地富游乐区	三仙台	民间投资	10.0	200 间客房 各式游乐设施	11.0
旭塔观光饭店	三仙台	民间投资	8.9	180 间客房	5.4
都兰鼻游憩区	都兰鼻	东管处 BOT	30.0	300 间客房 20 间小木屋	20.0
美丽湾度假村	杉原湾	台东县政府 BOT	5.9	80 间客房	4.0
娜鲁湾大酒店	杉原湾	民间投资	10.0	278 间客房	24.0
棕榈滨海度假村	杉原湾	民间投资	26.0	500 间客房 30 栋别墅	24.4
都兰湾黄金海岸休闲度假村	杉原湾	民间投资	11.0	500 间客房	2.6
台东度假村	杉原湾	民间投资	16.0	153 间客房	39.0

资料来源:地球公民基金会提供,作者整理制表,2015 年 11 月 30 日。

东海岸由北往南走,过了水琏盆地之后,一直到台东的加路兰一带,除太平洋湛蓝的海平线外,最引人注目的应是台 11 线公路两旁的梯田。行经这些梯田,映入眼帘的景观包括地中海风的豪华民宿、形态单调的原住民部落、荒烟蔓草的休耕田地,以及田地上斗大的"售"字广告牌;或许不久的将来,这些"售"字上的田地会变成大型度假饭店或游乐区。若是这样,田地上的人将何去何从?除了"开发"外,这些田地及田地上的人难道别无选择?这么珍贵的自然和文化景观就这样让它消失?然后"田离人散"？有没有一种可能，让土地上的主人可依循祖先的智慧，让这块土地世世代代永续？且不只是土地生态的永续，更是阿美人传统耕作文化的永续。

本地会产生前述的这些问题，归纳来说是一个恶性的循环：农业产值降低→农村人口外移→农村人口老少化→农地逐渐荒废→灌溉系统荒废→加速农地贩卖→加速农村人口外移。这样的恶性循环，除了造成稻田湿地生物多样性的消失、农村文化与族群文化的崩解、生态足迹增加（当地已有外来者在农田间建筑、经营民宿）之外，长期而言也危及了粮食安全以及在地生态知识的流逝。

三 港口村的地理环境和早期经济生活

港口村位于花莲秀姑峦溪河口北岸的东海岸海阶，行政区域上辖属花莲县丰滨乡港口村，位于花东海岸线中段、秀姑峦溪出海口北端，西倚海岸山脉，东邻太平洋，由大港口（Laeno）、港口（Makotaay）、石梯坪（Tidaan）、石梯湾（Morito）四个聚落组成；地理环境上，东临太平洋，西依海岸山脉与瑞穗乡奇美村相邻，南隔秀姑峦溪与静浦村相望，北与丰滨村相邻，为一狭长多山地带，境内高山林立，山多平原少，河川湍急，紧临海岸；交通位置上，省道台11线由北至南贯穿全村，另有瑞港公路可连接至省道台9线通花东纵谷。

港口位于东海岸，由于位处纬度低，北回归线通过港口村稍南之地，中央山脉、海岸山脉南北纵列，阻挡季风运行，又因黑潮经过，经常冲击本地海岸，使其本地平均水温约达27℃，因此气温较同纬度的西部地区为高，因而本地高温多雨，虽降雨不平均，但作物生长季节较长，作物栽培季节限制不严，且作物种类的选择也较自由。降雨的不平均，导致夏季7~9月较干旱，无法栽种二期稻，若干水田慢慢变成荒田，对农业影响较大。[①] 港口这里虽地形狭长、土地面积有限，但却是东海岸地区少数可以进行大规模稻米耕作的地方（见图1）。

---

① 阮昌锐：《台湾土著族的社会与文化》，台湾省立博物馆，1994，第292页。

图 1　港口村石梯坪地区的梯田

资料来源：作者拍摄，2013 年 10 月 10 日。

港口部落居民原居住秀姑峦溪口北边近海的小平原上，后迁往港口段丘，附近多山，主要为蔓山和赤土山，赤土山高 248 米，其余的山皆低于赤土山，自港口以北经石梯坪到立德间有狭窄的海岸段丘，是港口村人最主要的耕作地区。港口附近重要的河流有秀姑峦溪，河宽水深，适合捕鱼；另外，石梯港溪可作为简易自来水之源和灌溉之用，由于石梯港溪出海口为石梯港，为避免港口淤沙严重，林务局在石梯港溪上游筑有拦沙坝。

山田烧作和水田耕作是港口阿美人早期农耕最主要的形态。山田烧作先从选地开始，后烧垦、种植、管理、收获和储藏，此种耕作方式较为节省劳力，目前仍被少数人利用。根据阮昌锐的研究，港口的水田耕作技术是由外传入，19 世纪末期，汉人和汉化的加礼宛人，在港口一带平地开垦水田，当时的港口人并不接受水田的种植，因为水田不但要引水灌溉，而且要使用多种农具和具备这些农具。所以，汉人和加礼宛人耕种阿美人不选为耕地的低湿而较平的土地，开辟为水田，而阿美人仍在坡地从事山田烧作。

随着阿美人被招赘或嫁给汉人或加礼宛人，或汉人、加礼宛人入赘阿美人的家里，20世纪10年代，阿美人开始习作水田，并陆续将沿山的田地辟成梯田，以利灌溉。部落从山脉觅得丰沛的水源后，早年的水梯田可从山脚拓垦，一路延伸向海边。①

港口阿美人对于水田的选择，大都使用自家固有之平坦山田，或坡地有水可以引作灌溉之地，就土质而言，选用壤土少而少石块之垦地。由于水田之地过去都是山田旱地，所以许多选地之必要因素都已具备，只要不陡，壤土而少石，引水方便就开作水田。1965年阮昌锐在本地调查时，港口村附近的平坦之地大多已辟为水田，并向山坡开坡地为梯田耕种，港口村的水田向北可到立德kulits附近，向西沿秀姑峦溪北侧的台地附近也被辟为水田。水田开垦主要是挖走田中的石头，巨大无法移动的石头就作为土地界标，除去石块和草木后即将土地填平，把高起处之土地向低洼处填，若是坡地则用石头来建田嵌，建田嵌费时费力，常常因为堆石不稳固而导致倒塌，田嵌建造好之后就会作为田塍，以便储水。水田开垦主要由男子负责，所动用的劳力来自氏族之族舅团体，或者向会所、年龄组织请求协助完成。②

每一家族初期拥有的水梯田，因而都呈长条阶梯状，平均宽10米，长度则达四五百米。只是一代一代地分家后，每一块田都可能只有几十坪，遂形成紧密的正方形。水梯田种稻的收获除可自给自足外，在不同时期亦可拿来纳粮缴税。20世纪80年代以前，此地的100多公顷土地上许多还种植着稻米；这里也是当地老人家所说的"黄金海岸"。黄金指的是稻谷成熟时随着海风摇曳起舞的金黄稻田。但80年代后，部落年轻人觉得种稻辛苦，加上政府休耕政策的影响，纷纷往外谋求更好的机会，水梯田逐渐没落，此地的田地与灌溉系统也几乎都荒废。

近年来港口村居民的主要经济行为有近海捕鱼和农作，农作则以芋头、水稻等粮食作物为主。台11线沿线的梯田，因受限于水源和和土质贫瘠，所生产的芋头及水稻，只能自给自足，仅有少数发展成为经济性商品，除此之外，舒米等人也结合阿美人的传统智慧，种植大叶田香、轮伞草等水生植

---

① 阮昌锐：《台湾土著族的社会与文化》，第308页。
② 阮昌锐：《台湾土著族的社会与文化》，第308~309页。

物，作为石梯坪一带的产业特色。①

东海岸阿美人的经济生活形态，受大环境和社会的影响，通常分五个时期：（1）小米为主食的时期；（2）水稻及以物易物的作物为主要种植的时期；（3）水稻及换取货币的作物为主要种植的时期；（4）水稻及非农业收入并重时期；（5）以非农业为主要收入的时期。② 从 20 世纪 50 年代开始，本区进入所谓"以非农业为主要收入"的时期，此时期的特色，即区域内的年轻人往工作机会较多的都市流动，借以谋生并回馈部落，因而部落里只剩下老人和小孩，加上农业产值日渐减少和政府实行休耕政策，本区的土地渐渐荒废，在致力于发展观光的政府和财团眼中，这些依山傍海的梯田，就成为改变区域经济最佳的途径之一，大型游乐区开发案或和本区毫无文化情感的豪华民宿遂接踵而至。

四 水梯田的复育与面临的挑战

（一）水梯田再现与海稻米

东海岸梯田景观的改变，不仅是土地的丧失、生态的改变，更是阿美人的离散和文化的流失。有鉴于此，当地许多部落居民，不愿土地变质，开始有些想法并试着实践。港口部落希望复育部落中原具有生态、生活与生产价值却已消失几十年的阿美人的传统水梯田，并且让这特殊的海岸生态与文化地理景观可以从海岸阿美人的文化角度来诠释，试着将观光路线与范围扩大到整个部落周遭，让部落的梯田景致、部落美食、部落特色等重新呈现，势必会是一条具有生态、文化与游憩价值的知性旅游路线，并带来另一股经济力量，吸引部落青年回乡工作。

舒米·如妮在 2004 年从都市返乡经营艺术空间——升火工作室，她看到了部落产业和文化的恶性循环问题，更痛心于自己美丽的家乡逐渐衰败，因而在林务局的协助之下启动了复耕不伤害土地及小区生态的有机水稻的计

---

① 陈鸿图访问，赖桂如记录，舒米·如妮女士口述访谈，2014 年 10 月 10 日，未刊。
② 黄宣卫、罗素玫纂修《台东县史·阿美族篇》，台东县政府，2001，第 316~318 页。

划，希望能终止这样的恶性循环；该计划也已成功地开始回馈当地居民，并推出有机农业包装商品"海稻米"。①

近年来港口村有新兴团体借由振兴地方产业以重整部落社会和文化，2010年这些团体将紧邻海滨、港口部落的水梯田，从休耕20多年之土地，借由林务局的水梯田保育计划所提供的生态复耕的方案，重新耕种稻米，并结合部落青年人的参与，进行湿地艺术计划，将部落许多从事雕刻、竹编、舞蹈、音乐等不同领域艺术工作的居民力量结合，作为部落未来发展的方向。因复耕之"海稻米"和湿地艺术计划，部落许多专业人力的加入，由生产一路发展成产业。②

由舒米·如妮等人组成的花莲县丰滨乡港口小区发展协会，在林务局花莲区林管处及花莲区农业改良场的协助下，从2010年开始投入水梯田的复育和海稻米的生产。2012年，计有8公顷的土地种植轮伞草、大叶田香和海稻米等作物，这些农作全部实行自然农法，不用农药、不施肥。其中，约有5公顷土地种植水稻，是年所产出的稻谷计有12600公斤，处理成白米的比率约有六成，计有7560公斤。除海稻米外，水梯田所种植的轮伞草可作为草席编织之用；而大叶田香则是传统阿美人暖胃茶很好的来源，两者都是产业和文化活络很重要的作物。③ 2013年，海稻米的种植面积较前一年减少，但由于耕种者都已有经验，因此产量反较前一年增加到14000余公斤，④相关产值见表2。看到水梯田的复育成效，舒米·如妮等人更希望阿美人的"米粑流"精神能再现，号召大家前往部落购买农产品或助耕，让部落一切可以自力经营，并将所得购置农机或碾米设备，一来可以不用翻山越岭运稻谷处理白米；二来可以促成更多人来认识部落，并体验水梯田的生态价值。

---

① 陈鸿图访问，赖桂如记录，舒米·如妮女士口述访谈，2014年10月10日，未刊；《石梯坪梯田复耕稻谷产量大增》，《更生日报》2012年9月29日。
② 花莲县丰滨乡港口小区发展协会《"2010港口部落水梯田湿地生态复育先期环境友善耕作研习"补助案成果报告书》（丰滨：编者自印，2010），"计划实施效益"、"综合讨论与心得"。
③ 《原民味海稻米新鲜上市》，《更生日报》2012年11月10日。
④ 陈鸿图访问，赖桂如记录，舒米·如妮女士口述访谈，2014年10月10日，未刊。

表 2 港口水梯田复育两年水稻产量及成本

年度	耕种面积	产量(干谷)	售价(元/斤)	成本		购价保证收购价
				工资成本	非工资支出	
2014	6公顷(36户)	14000公斤	150	67万(翻耕、育苗、插秧、收割)	碾米、包装、外包装、运费、有机肥、除草	34.5元/公斤
2013	6公顷(39户)	12000公斤	120			

资料来源：陈鸿图访问，赖桂如记录，吴明和先生口述访谈，2014年10月10日，未刊。

（二）水梯田的水圳

港口部落从2010年开始进行水梯田复育，然"复育梯田"最大的困难在于灌溉。部落居民在部落领袖和舒米·如妮的号召及林务局花莲林区管理处的协助下，进行港口一带水源地的探查，协同专家与耆老，期望在水源与森林保护的概念下，有效利用当地的自然资源。

修复的水圳是引石梯港溪中游的溪水，蓄水池原来有2处，连接4支小水管、1支大黑管，但因为没有做拦沙坝，在台风后被沙子淹没，再加上水量也不够，所以在林务局的支持下，于2011年在更上处再建2个蓄水池。但每次台风一来，蓄水池和水管还是会淤沙。参与水圳修复的吴明和牧师认为，早期阿美人用明渠导水的方式虽容易崩塌，但遇堵塞比较好清理，现在虽然用水管比较坚固，但遇堵塞时非常难处理。为减少泥沙淤积，林务局在2014年底委托花莲县政府招标，希望在蓄水池上方再建造一座沉沙池，蓄水池上也要建造蛇笼来阻挡土石，希望能缓解蓄水池和水管的淤泥问题，但囿于经费，工程招标并不顺利。目前复育水梯田的农民只能不定期巡视水圳，并在自己的田地中挖掘小型蓄水池（见图3），以求灌溉水的稳定。①

---

① 田野记录，2014年11月6日；陈鸿图访问，赖桂如记录，吴明和先生口述访谈，2014年11月6日，未刊。

图 2　港口村石梯坪水梯田及土渠

资料来源：作者拍摄，2013 年 10 月 10 日。

后来再盖的蓄水池

最早的蓄水池，有两个，一高一低，但都被沙子淹没了

图 3　港口石梯港溪水圳取水口及蓄水池

资料来源：作者拍摄，2014 年 11 月 6 日。

（三）水圳的不确定因素

水梯田和海稻米的复育成功，虽给部落居民带来一些曙光，但整体农业条件却有许多隐忧。港口地理位置偏远、日照不足、近海及东北季风以致水稻无法两作、劳动人力不足、水圳设施不完备等，都对水梯田的复育提出很大的挑战，其中又以水圳设施的不完备影响最巨。① 然随着部落水圳修复的完成，居民除了必须重新思考人地之间的关系如何改变外，当下面临两大课题的挑战：一是如何让水圳不受到破坏？特别在台风特多的东海岸地区，意即水圳该如何维护。二是灌溉水源如何运作？即水圳的管理。

关于水源和引水技术问题，早期港口部落的灌溉水源主要是海岸山脉独立小溪上游水源，一般是一块土地上有十余户在该地开垦水田，若来自一个水源处，则这十余户共同来建造一条水圳，从山谷引来灌溉水。水圳的建造相当费时，以港口部落来说，其水源处位于海岸山脉靠近内山地区，水圳的建造则从此处开始，沿山边开挖小角度倾斜的圳道而下引，如此经过数座小山头，始到达灌溉区。水圳长三四公里。水圳的建造由男性负责，每当水源通过山水溪之时则架设水桥，引水至田时，有分水木匣（palunluman novatsiu）分出各家水量之大小，一块地（约 1 分地）给水 1 寸（tsatsai vatsiu），然后又向下流，引入各家所有之土地。部落透过传统分水制度（Fakeciw）的方法分配水源，这有别于现代水管的分配模式，依据面积大小分配水源，每位农民必须携带一根漂流木，由早期水路管理人员说明传统分水制度后，管理人翻出已保存 20 年的传统分水制度登记本，开始为每位农民划出出水孔，计算方式为：1 分地至少 1 寸的出水孔分配给水，2 分半约有 2 寸出水孔，依次类推。这是部落独特的传统文化知识与水梯田取水的结合。②

随着田地的休耕及丰滨地区退出水利会灌溉系统，港口地区既有的水圳日渐荒废，所以当舒米·如妮等人要复育水梯田时，水圳灌溉的难题首先浮出。港口村的梯田原本属于花莲县农田水利会丰滨工作站的灌溉区，1979 年以前，使用水利会的灌溉用水时，每年必须缴交水租及会费。1979 年，因丰滨乡农业人口和耕作面积日渐减少，丰滨乡民代表大会决议退出农田水利会灌溉系统，希望能够由乡自行建设与管理水道。③ 但事后发现水源引进

---

① 陈鸿图访问，赖桂如记录，吴明和先生口述访谈，2014 年 10 月 10 日，未刊。
② 陈鸿图访问，赖桂如记录，吴明和先生口述访谈，2014 年 10 月 10 日，未刊。
③ 《水路损坏 40 年丰滨盼到活水灌溉》，《更生日报》2011 年 4 月 12 日。

与工程建设的过程过于艰难,因而1982年再度申请使用农田水利会地目,然直至现今,此申请案仍然无法通过,原因主要在于丰滨乡将申请案提交至农田水利会之后,须经委员会审查,并取得全体委员1/2以上同意始得通过。但从申请案提出至今,每届委员大会,委员出席率皆只维持在20%左右,在出席率如此低的情况下,更遑论要通过获得全体委员过半同意的门槛。

对于港口村试图将梯田恢复为有灌溉一事,农田水利会有三项顾虑:首先是水源量的问题,乡公所试图引取的水源,其水量是否足以支撑整个梯田灌溉系统?其次是腹地问题,农田水利会的地目为"水",丰滨乡退出农田水利会灌溉系统后,无法再使用水利会地目,该地区还有足够的腹地开辟具经济价值的梯田吗?这令人怀疑。最后是水源稳定度的问题,丰滨乡境内河川数量不算多,且流量说不上稳定,以这样的水源条件,要撑起整个体田灌溉系统,恐怕是有困难的。为解决该项问题,丰滨乡试图将水源从海岸山脉的西侧引入东侧,但此工程绝不在乡公所能力范围之内,农田水利会虽无法提供水路,但至当地进行辅导,并协同乡公所向"经济部"水利署申请经费,引进当地必需的引水设施。[1]

2008年,花莲农田水利会配合"经济部"推行的"振兴经济新方案——扩大建设公共投资计划",拟定"区域外水利设施更新改善计划",于2010年开始铺设三富桥到立德丰仁段的水路,以支持政府推行的"小地主大佃农计划",[2]但此计划的灌溉区并未到达港口部落。因此,港口部落试图恢复水梯田就必须寻求稳定的水源,港口部落推行水梯田复育的北方有石梯港溪,早期港口部落居民就引此溪水灌溉,但圳路废弃已超过30年,后在舒米·如妮等人的奔走下,林务局也有意在此地以"三生一体"的概念进行水梯田生态复育,在林务局经费和技术支持及部落居民的协助下,灌溉石梯坪一带的水圳得以修复,[3]修复后的水圳以石梯坪溪中游一带作为蓄水池,并将旧有的土渠水路修复,已无法使用的土渠及水桥则以大水管取代。

---

[1] 陈鸿图访问、记录,萧宝渊先生口述访谈,2015年6月11日,未刊。萧宝渊为花莲农田水利会总务组长。
[2]《水路损坏40年丰滨盼到活水灌溉》,《更生日报》2011年4月12日。
[3]《百年石梯坪水梯田复育亮曙光》,《更生日报》2012年4月12日。

修复后的水圳初期可以灌溉约 6 公顷的田地，部落居民期待能复育到 10 公顷左右，但为维持土地生态的永续，既有的土渠并不用混凝土内面工来施作，也因水圳修复后随即面临两个大问题：一是取水口淤积问题；二是土渠的草土堵塞问题。这两个问题在多台风及缺人力的港口地区更显严重。从开始就投入水圳修复的吴明和牧师表示土渠水圳修复后每两个月就要除杂草一次，土渠遇台风即堵塞，也没有人力可以巡水圳定期来清淤泥，取水口常淤积以致取水困难，土渠非常难维护。①

关于水圳如何运作的问题，即灌溉水源如何分配？港口村的阿美人在 20 世纪初开始水田稻作时，尚没有发展出水圳组织，一直到 30 年代水田稻作普及、争水情形时有所闻时，才发展出水圳组织，这套水圳组织的大致情况为：以田户为单位，共同来修护水圳，并选出一位巡水人，巡水人的职责是使水圳顺畅，防止渠水外漏与盗水。巡水人的待遇是每当收割时，每户要给干稻 30 斤作为报酬，假若水圳有漏水、堵塞或被盗水，巡水人会被处罚，甚至收割时得不到酬劳。巡水人半年一换，第一期为 1~6 月，第二期为 7~12 月，由于第一期正值干季，水源较缺乏，因此巡水人会因争水而时有冲突。②

在部落的传统规范中，每逢插秧季来临前，家家户户都要出一二人，共同沿着水圳一路巡视到水源地，检视与修补漏水的地方。由于巡护工作必须由至少小学四年级以上的人负责，因此若家中大人忙于准备农事，就会指派孩子参与巡察水路。四五十名孩子聚在一起巡水路时，是部落热闹与欢愉的时刻之一。③ 目前水圳虽得以修复，但由于缺乏人力，因此巡水圳的问题只能依赖契作的四五户农民自行解决，但如遇到取水口蓄水池严重淤积，农民也无法负担，因为一次清淤不含运费就要三四万元。④

早年港口村的阿美人由于不再耕作，因而退出水利会灌溉系统，但也因此保留了最原始的独立小溪水源和土渠灌溉体系，没有被混凝土内面工渠道取代。土渠虽面临水草丛生、水源渗漏和水流慢等问题，却是生态最

---

① 陈鸿图访问，赖桂如记录，吴明和先生口述访谈，2014 年 10 月 10 日，未刊。
② 阮昌锐：《台湾土著族的社会与文化》，第 309 页。
③ 陈鸿图访问，赖桂如记录，舒米·如妮女士口述访谈，2014 年 10 月 10 日，未刊。
④ 陈鸿图访问，赖桂如记录，吴明和先生口述访谈，2014 年 11 月 6 日，未刊。

佳的涵养场所，部落的水圳和水梯田的生态相当多样化，也造就水梯田复育的契机。目前水利会的灌排体系大多是混凝土内面工，此工法如以农业生产的单一目标来说，是极为合理的省水、省工及方便的灌溉渠道系统，深受农民及水利会欢迎。但渠道内面工会使圳路单一化，对自然生态而言，会使生物的栖息空间逐渐缩小，造成生态环境失衡。虽然土渠具生态价值，但也因此面临遇大风雨即崩塌的困境，这是恢复水梯田过程中最大的挑战。

五　巴厘岛"苏巴克"系统的经验

港口部落阿美人整体的生产形态，阮昌锐认为有各种生产方式同时并存、宗教礼仪是加强生产促进丰收的手段、生产方式的集体性与合作化、生产活动富有游乐性、女性是主要生产方式的工作者、原始的和现代的生产技术混合并存、生产方式今后趋向农渔并重等七个特色。[①] 再观察港口村水梯田复育的过程及成果，可以发现人力缺乏、灌溉水不稳定、生产与生态的抉择、观光与文化的挣扎等问题不断浮现，当地居民或参与者对水梯田复育能成功也产生怀疑。[②]

港口的水梯田复育面临的困境该如何解决？回顾港口村近百年的发展历程，水梯田发达及深具特色的巴厘岛经验或许可提供参考。同为水稻梯田文化的巴厘岛，以村落为单位，地方自主性的水权管理组织"苏巴克"是极有效率且能促成村落合作的在地性组织，这也是巴厘岛居民在地知识展现的重要范例。[③]

巴厘岛是全球最著名的热带岛屿观光胜地之一，而全球热带岛屿何其多，巴厘岛最吸引人之处并不仅在于热带岛屿共有的海洋、沙滩、阳光等特性，更是在于它独特的艺术文化气息。巴厘岛最受注目的艺术文化包括绘画、舞蹈、戏剧、雕刻等，而这些艺术的源头则在于巴厘岛的宗教。巴厘岛

[①] 阮昌锐：《台湾土著族的社会与文化》，第342~344页。
[②] 田野笔记，2015年3月9日。2015年，参与耕种的农民只剩4户，耕种4甲左右的田地。
[③] Clifford Geertz, *Negara*: *The Theatre State in Nineteenth-Century Bali*, Princeton: Princeton University Press, 1980, pp. 68 – 86.

的宗教也是巴厘岛在这个全球化的时代最独特与吸引人之处，因为它在全球穆斯林人口最多的国家中，持续维持了其拥有千年历史的印度教传统，甚至在荷兰殖民时期都还刻意地维护此宗教传统而不试图基督化巴厘岛岛民。

印度教固然是巴厘岛最重要的宗教，但是与巴厘岛居民日常生活最息息相关，因此也是孕育巴厘岛艺术文化的，则是与水稻灌溉系统相关的三种村落庙宇，分别为水田庙宇（Pura Ulun Carik）、村落庙宇（Pura Balai Agung，联结水田生产与村落生活）、水源庙宇（Pura Ulun Suwi）。巴厘岛传统农村均有这三种庙宇，而维系这三种庙宇的社会组织便是管理、分配水权的地方性水资源经营管理组织"苏巴克"。

巴厘岛的主要粮食为水稻米，其5780平方公里的土地长期以来供养了众多的人口，主要原因就在于极为有效率的土地及水资源管理利用系统。位于北边的高耸的火山——阿贡（Agung）火山与巴杜尔（Batur）火山等成为截断云系引发雨水的天然屏障。雨水顺着山势流入海洋，其间便被一层层的灌溉沟渠（见图4）引导入水田，而各个村落负责水资源分配经营的组织便是"苏巴克"。"苏巴克"及其水神庙（water temples，见图5）既是社会也是宗教组织，其祭司是主要的权力象征与日常执行者，但实际上水利设施包括小水

图 4　巴厘岛"苏巴克"灌溉系统分线仍保持土渠的形态

资料来源：作者拍摄，2015 年 1 月 19 日。

图 5　巴厘岛贝都古（Bedugul）的 Beratan 水神庙——"苏巴克"灌溉系统的水源处

资料来源：作者拍摄，2015 年 1 月 21 日。

坝、运河、沟渠、分流设施、蓄水池等的构筑与经营，则是由使用土地的村民共同负责。这些千年来流传与持续维护的水利相关设施，也构成了巴厘岛最重要的"地利资本"（Landesque Capital），让巴厘岛居民可以在此地利资本的物质基础之上，更易于经营管理其水资源并利于全岛的水稻种植。

"在种种的调查中，我们得知'苏巴克'真是巴厘岛农业的大功臣，不只是维持传统以来的水利设施制度，对于气候变迁他们也有应对的策略。因为气候变化，原本半年的干季会持续 7~8 个月，因此农作方式也需要跟着改变。因此，'苏巴克'分配水量的方式为：一区会分较多水，用来种稻作物；另一区则分较少水，用来种旱作物，之后再交换分水量，以种植不同作物。巴厘岛的种植方式几乎都是传统的手持农具，有些也会用牛来帮忙耕作，而因为梯田地形的关系，极少数会用机具来帮忙。而如今这里都是种有机稻，一年两作，虽然以前不是有机稻时是一年三作，但是因为是有机，所以农民的收入甚至比以前多呢。"①

---

① 巴厘岛田野记录，2015 年 1 月 20 日。

"苏巴克"的领导之间会互相沟通协调用水，比如说干季的时候这个村子先作旱作，另一个村子先作水稻，下三个月就轮替耕作，水会相互支持，这是巴厘岛的"苏巴克"制度面对气候变迁产生的一个策略，近年来因为气候变迁，巴厘岛以前只有半年的干季，现在延长到 7~8 个月。①

巴厘岛有严谨的社会组织"苏巴克"，东海岸的阿美人也同样有严谨的社会组织。港口村过去以部落为最大的社会组织，具有共同防卫、集体农耕、渔猎等功能，也是司法、宗教祭仪的最大单位，部落之间不存在隶属关系，也不存在管辖和被管辖的关系。部落的社会功能在日据时期已因国家统治势力的渗透和扩展，以及各种外力因素，被现代政府的行政措施和经济体系改变。但目前尚持续在运作最能代表过去传统文化象征的年龄组织及传统劳力交换体系，可能是港口村水梯田复育和文化传承的关键因子。

以劳力交换的传统来说，港口阿美人在农忙时期会形成劳力运用分工的制度。除较稳定的家族劳力外，还有劳力换工，需要时请附近邻居来帮忙，日后再去他家还工。另外，还有由亲属和邻居共同组成的互助团体；及开田之时需要大量人员来集体完成时，也可以请求氏族支持。除此之外，传统的年龄组织中的青年组（kapah）中之前几级也可协助。②

年龄组织向来是阿美人社会文化课题研究关注的焦点，过去大多从年龄组织的维系、变迁与持续，论述其功能和意义。近年来在这个认同的背后，仍然是聚落中公共活动与人际网络的重要组织，也是部落传统领域范围内自然生态、人与环境互动以及社群组织和活动的重要指针，因此年龄组织在港口村水梯田复育中或许可扮演一定的角色。

港口阿美人年龄组织中的青年组之职名有：

1. m'afaday：是青年组最下级，居会所，冬天或集会时他们必须上山去取细竹 afa 作为烧火之用，故名之为 mi'afaday，意为取细竹者。

2. midatongay：为青年组第二级之职名，大木头叫 datong，他们是烧火时取大木头的人。

---

① 巴厘岛田野记录，2015 年 1 月 20 日。
② 阮昌锐：《台湾土著族的社会与文化》，第 301~302 页。

3. palalanay：青年组第三级之职名，阿美语路叫 lalan，是指该级专负责修建山田之道路。

4. miaw'away：大声叫喊"a－wa－wa－"以便向村人通报事务，以及在山田防野兽侵犯，所以该级职务以通告事务和山田作物防灾害为主。

5. ciromi'aday：为青年组之第五级固定职名，romiad 是白天的意思，该级因在白天需经常要在会所而得名。

6. malakacaway：为青年组第六级之固定职名，lakacaw 是探察的意思，该级因在战时或平时负有警戒及巡察诸任务而得此名。

7. cifelacay：为青年组第七级之固定职名，felac 意思是米，cifelacay 指有米者，引申为分配，该级在祭祀后或共猎、共渔时分配食物与渔猎获。

8. mama no kapah：为青年组最高级，mama 意为父、长者，kapah 意为青年，直译为"青年之父"。为青年组之领导级，是青年组长级。

以上是青年组八个职名，是固定不变的，每一个人经过这八级而升入老年组，到老年组即没有职名。①

港口部落大多数年轻人在 20 世纪 70 年代大量移出定居都市之后，传统文化逐渐变迁甚或流失。从 60 年代的历史发展来看，阿美人社会中年龄组织和教会是战后数十年来部落主要运作力的主要力量，虽然每年行礼如仪的丰年祭使年龄组织仍然持续运作，并且是部落重要文化认同之依据，但近 20 年来，港口村之小区发展协会和新兴的社团组织，逐渐在现代社会中成为目前带动部落发展的另一股新力量，他们以振兴部落产业、文化活动或文创产业兴起部落一股活力和动能，但从水梯田复育的过程来看，具现代性的丰滨乡观光发展协会、产销班等团体组织，部落居民对其认同恐还有疑虑，但后续的发展值得观察。

结语：在地知识经济的可能

"苏巴克"系统已经在巴厘岛运作千年以上，构成巴厘岛最重要的文化

---

① 阮昌锐：《大港口的阿美族》上册，台北：中研院民族学研究所，1969，第 120~121 页。

资产和地利资本,巴厘岛居民可以在此地利资本的物质基础之上,更易于经营管理其水资源并利于全岛的水稻种植,地利资本的概念在台湾由于早期过度开发的影响,笔者认为有明显内卷化的趋势,但东海岸的部落和沿岸土地应该有机会运用地利资本,但必须先面对财团在本区的大型开发案和部落文化及劳动力流失的问题。

对于巴厘岛的经验,笔者有四个想法:一是巴厘岛的农业经营高度顺应自然环境的特色,包括因应地形发展出水梯田及"苏巴克"系统;二是农业生产和传统信仰与组织的关系紧密,如"苏巴克"系统既是灌溉系统也是社会组织;三是国家及人民对农业生产仍旧高度支持,在巴厘岛农民的地位和收入算是不错,年轻子弟也愿意承接稻作生产事务;四是巴厘岛的"苏巴克"系统面临气候变迁参与者间或相互协调的问题。

巴厘岛的农业和水利体系能够持续千年以上,笔者认为是生产组织、社会组织和信仰组织三者结合所产生的地利资本,如东海岸部落及梯田要恢复过往水梯田的生产模式或土地永续,首要的工作应是恢复部落传统的社会组织,如港口地区在30年代形成的水圳组织,即在部落的传统规范中,每逢插秧季来临,家家户户都要出一二人,共同沿着水圳一路巡视到水源地,检视与修补漏水的地方,如此才能克服恶劣的水利条件,创造生产、生存和生态的三生水梯田。

东亚国际关系与中国行政现代化

乔治·凯南的"台湾防卫论"再析

高桥庆吉[*]

前 言

众所周知，中国海峡两岸的政治分离状态已持续 70 年，根源主要在于美国对台湾的军事介入，即一旦中华人民共和国政府（以下简称"中国政府"）进行武力统一台湾的行动，美国有义务以军事手段予以强行制止。

二战后美国对台湾的军事介入，始于朝鲜战争爆发后的 1950 年 6 月。杜鲁门政权在得知朝鲜军队越过"三八线"南进后，立即以"保卫"之名出兵协助韩国，同时命令第七舰队进驻台湾海峡。

派遣第七舰队进驻台湾海峡这一建议，是由时任美国国务卿迪安·艾奇逊（Dean G. Acheson）在与白宫仅一路之隔的布莱尔宫（当时的美国总统府）所召开的会议上向杜鲁门提出的。事实上，在布莱尔宫会议召开之前的国务院会议上，向艾奇逊提出台湾防卫必要性的正是以对苏"遏制"政策闻名的乔治·凯南（George F. Kennan）。

对于凯南的上述建言，其日记和回忆录中只有较为笼统的记载，将之概括为预防台湾"赤化"的"应急之策"。[①] 那么，凯南提出该建言的实际意图到底为何？其具体内容又如何？由于相关会议的详细记录并未留存，详情至今不明。然而，即便只是日记和回忆录中所记载的那

---

[*] 高桥庆吉，日本大阪大学法学研究科准教授。
[①] George F. Kennan, *The Kennan Diaries*, ed. by Frank Costigliola (New York: W. W. Norton & Company, 2014), p. 249.

样,凯南提出的"台湾防卫论",在其对苏"遏制"政策中也具有相当的分量。另外,对此抱有同样见解的历史学者约翰·刘易斯·加迪斯(John L. Gaddis)指出,朝鲜战争爆发后,美国政府内部最早提出"台湾防卫论"的应该就是凯南。① 凯南在其回忆录中提到:"我认为政府令第七舰队进驻台湾海峡,正是参考了我所提出的台湾防卫之必要性的建议。"②

因此,本文将基于凯南在美国的台湾防卫政策中所发挥的重要作用,考察其为何会提出台湾防卫的必要性。凯南对此并未过多言及。但是,加迪斯注意到凯南将心理因素在世界政治中所能产生的作用,视为同工业生产力及军事实力同等重要的因素,并指出他非常担忧台湾的"赤化"会给朝鲜战争造成巨大的心理冲击。③ 本文无意否定这一结论,而是希望通过凯南担任美国国务院政策计划室主任时所制定的台湾政策文书(以下简称 PPS53,1949 年 7 月),阐明其提出"台湾防卫论"的另一个更为重要的理由。该文书的出台正是在朝鲜战争爆发的前一年。

PPS53 是提议排除"中华民国政府"在台湾的统治并将台湾直接纳入美国控制之下的一份令人震惊的政策文书。④ 学界针对该文件进行的专门研究还非常少见。该文件是凯南担任国务院政策计划室主任期间制订的唯一一份关于台湾的政策计划,同时也是他提出的最后一份以东亚为主题的相关文件,其中全面反映了他关于东亚政策的整体构想。因此,PPS53 对本文所要考察的问题而言是极为珍贵的资料,同时也是非常重要的线索。

本文的主要内容由以下三部分构成。首先,确认凯南在考虑占领台湾的 PPS53 计划时,如何定位台湾在其东亚政策整体构想中的位置;其次,对"台湾占领论"的内容进行细致分析;最后,考察杜鲁门政府如何看待"台

---

① John L. Gaddis, *George F. Kennan: An American Life* (New York: Penguin Press, 2011), p. 397.
② Kennan Interview, August 1, 1955, Folder: 1, Box: 232, Diaries, George F. Kennan Papers, Department of Rare Books and Special Collections, Princeton University.
③ Gaddis, *George F. Kennan: An American Life*, pp. 396 – 397.
④ *Foreign Relations of the United States* (hereafter FRUS): *1949*, Vol. 9 (GPO, 1974), pp. 356 – 364.

湾占领论",以及该政策计划书被国防部否决后至1950年8月凯南离任国务院之前他有关台湾政策的言行。

一 东亚政策构想与台湾

作为苏联问题专家的凯南,在针对欧洲形势的研究告一段落后,从1947年夏秋之际开始真正致力于亚洲问题分析,同时得到了政策计划室中另一位被视为中国通的成员约翰·帕顿·戴维斯(John P. Davies)的大力协助。在当时的华盛顿,以共和党议员为中心,正大肆呼吁要像基于"杜鲁门主义"对希腊与土耳其实施援助一样,给陷入国共内战中的国民政府提供军事及经济支援。凯南极力反对这种做法,理由是一旦介入庞大中国的内政问题,代价难以估量。① 另一重要理由是,他认为中国的战略价值不值得为之付出重大代价。他在回忆录中谈道:"中国形势的恶化,本身并不一定会对美国的利益造成致命打击,因为中国并不是强大的工业大国,它在遥远的将来成为工业大国的可能性也不大。在不久的将来,中国也不太可能发展为能威胁亚洲大陆以外地区的军事大国。"②

20世纪40年代后期的中国,确实不是强有力的工业大国,其近代化进程迟滞,又因对日作战及国共内战国土大量荒芜。然而,凯南为何会认定即使在将来中国也很难发展成为工业大国呢?

根据凯南在1948年9月向时任美国国务卿马歇尔提出的对华政策文书PPS39来看,他的主要理由是中国的人口压力将产生一种恶性循环,即中国的庞大人口会妨碍整体生活水平的提高,极易造成其国内的不稳定及经济、文化的落后,从而导致高出生率居高不下。在那样严峻的环境下,民主主义是很难扎根的,中国的政治形态要么是混乱,要么是极权。或许"极权政治可以通过强行的'社会主义化'等激烈手段斩断这种恶性循环"。然而,"这样的做法即便有益处,如果不是迫使整个社会结构付出长期而巨大的代价,恐怕也难以真正实行。最坏的情况是,这种做法将激起社会骚动,致使

---

① Kennan, "Orientation on Strategy, Policy and Planning Course," National War College, March 14, 1947, Folder: 30, Box: 298, Kennan Papers, Princeton University.
② George F. Kennan, *Memoirs*, *1925 – 1950* (New York: Bantem Books, 1969), p. 394.

中国再次陷入混乱"。①

在 19 世纪后半期高速工业化的世界大背景下，拥有庞大人口的中国对于将目光投向亚太的美国商人而言，是梦寐以求的亟须开拓的市场。罗斯福在二战中甚至将中国定位为可以取代日本的亚洲大国，他认为中国庞大的人口正是产生力量的源泉。凯南却认为中国的人口问题才是阻碍其发展的元凶，借用他在回忆录中的话来说，中国"弱小的根源"便是在此。②

如果中国无法成为强大的工业大国，自然也难凭自身实力发展为军事大国。因此，凯南认为即使中国完全被"赤化"，也不会对美国的安全造成威胁。他在 1948 年 9 月的国防大学下属的国防研究院（National War College）讲演中指出："只有当〔其他国家〕在结合工业能力与技术、人力资源、社会活力以及气候等因素的基础之上创建和完备近代化的军队，并具备对我国实行登陆作战的能力之时，才有可能对我国国防安全造成威胁（〔〕为笔者注，下同）。"③ 在可预见的将来，亚洲地区有望具备这种实力的，"只有远东唯一的潜在的军事及产业大基地日本"。④

凯南早在 1948 年 2 月提交的 PPS23 中，就将日本及美国曾经的殖民地菲律宾视作太平洋地区安全保障上的重要据点，并表示："如能持续有效地控制这两个据点，那么至少在我们所处的时代是不会有来自亚洲方面的重大威胁的。"⑤

同年 3 月，为重新研究对日占领政策，凯南访问日本并同驻日盟军最高司令麦克阿瑟进行了会谈。在会谈中，麦克阿瑟极力向凯南说明冲绳的重要性。会谈后，凯南给国务卿马歇尔提交的报告中，几乎原封不动地陈述了麦克阿瑟的主张，并指出："冲绳将成为我们在西太平洋的特攻战备中心。因为它处在阿留申群岛、琉球群岛、前日本委任统治岛屿及包括关岛在内的岛屿所形成的 U 形美国安全保障带的中心位置，也是最前沿的军事据点。如果我们要在东亚中部或东北亚的任一港口实行登陆作战，抵御来自这些地区

---

① FRUS：1948, Vol. 8（GPO, 1973）, p. 150.
② George F. Kennan, Memoirs, 1950 – 1963（New York：Pantheon Books, 1972）, p. 55.
③ Kennan lecture, "Contemporary Problems of Foreign Policy," National War College, September 17, 1948, Folder：12, Box：299, Kennan Papers, Princeton University.
④ Kennan, Memoirs, 1925 – 1950, p. 395.
⑤ FRUS：1948, Vol. 1, Part 2（GPO, 1976）, p. 525.

的攻击，必定需要依靠海军的前线作战以及以冲绳为据点的空军的增援。"①

1948年上半年，国共内战的主战场还在中国东北地区，此时凯南在谈到日本列岛、冲绳、菲律宾的重要性时，尚未注意到台湾。大体而言，华盛顿方面开始着重关注台湾是在1948年底，因为当时东北地区已是中共势力范围，而且中共似有夺取全国政权之势。

1948年11月，美国国务院委托参谋长联席会议就"苏联指导下的共产主义分子"控制台湾及其可能的影响进行研究。根据参谋长联席会议的研究报告，共产主义势力若将台湾纳入控制范围，必将垄断"日本与马来地区〔东南亚〕之间的海上交通"，并能显著提升向"琉球群岛及菲律宾进行势力扩张的实力"。②

凯南对这份研究报告的直接反应目前尚无法证实。然而，对于已关注到冲绳及菲律宾重要性的凯南而言，这无疑是加重他对台湾关心的一个契机。而且，该研究报告提及的日本与马来地区之间的海上交通问题，对凯南的东亚政策构想而言也有着非常重要的意义，他在1949年3月提出的PPS51〔美国国务院政策规划委员会（Policy Planning Staff）第51号文件〕中，就将东南亚定位为日本极为重要的自然资源、粮食供给地以及主要市场。③

在PPS51计划书中，凯南将从日本经东南亚至印度的整个区域划为"封锁区"，④ 而台湾正是"封锁区"内不可或缺的一部分，那么他在同年7月提出"台湾占领论"也就顺理成章。当然，在凯南看来，台湾并不像日本那样具备巨大的经济、军事潜力，也不像东南亚那样拥有丰富的自然资源。尽管如此，台湾的战略地位仍是十分重要的，这正是取决于它的地理位置。

二 "台湾占领论"

本节将从两个方面讨论凯南于1949年7月提出的"台湾占领论"。首

---

① *FRUS*: *1948*, Vol. 1, Part 2 (GPO, 1976), p. 534.
② *FRUS*: *1949*, Vol. 9, pp. 261–262.
③ Anna Kasten Nelson, ed., *The State Department Policy Planning Staff Papers* 1949 (New York: Garland Publishing, Inc., 1983), pp. 32–58.
④ Anna Kasten Nelson, ed., *The State Department Policy Planning Staff Papers* 1949, p. 39.

先是凯南为何要提出"占领"台湾，他曾主张："只有占领台湾，才不会使之落入共产主义分子手中，这是确保将台湾从大陆政权中分离出来的唯一可靠办法。"[①] 然而，这里所提及的可靠办法是否就是派遣海军进驻台湾海峡，或者另有所指？

要解开这一疑问，首先必须厘清大陆对台湾的威胁是什么性质。谈到大陆对台湾的威胁，通常很容易让人联想到军事威胁。然而，当时华盛顿方面的一般看法是，在中国政府通过1950年2月《中苏友好同盟互助条约》的签订获得大量军事援助之前，中国大陆方面并没有成建制的海空军，也不具备足够的军事实力来进攻台湾。因此，当时的担忧完全是着眼于中共对台湾地区的政治渗透。

显然，缺少正规海空军建制的中共并没有对台湾形成实质性的威胁。当时美国真正担心的是，具备强大海空军实力的苏联有无可能通过中共对台湾的控制在台湾建立军事基地。这才是1948年11月国务院委托参谋长联席会议，就"苏联指导下的共产主义分子"控制台湾后将造成的影响专门进行研究的原因所在。

对于美国而言，对共产主义在战后日本的政治渗透的忧虑也同样存在。凯南认为问题的症结在于战后日本的经济困窘。正因如此，1947~1948年，在其主导下，美国对日占领政策的重点从非军事化、民主化转向经济复兴。

这一时期台湾的经济状况也不佳，华盛顿方面的主流看法是，根源在于国民政府的苛政，这也是引发1947年"二二八"事件的原因（据说本省与外省人的对抗导致2万多人死伤）。华盛顿方面认为，国民政府在台湾的苛政就像此前在大陆一样，会助长共产主义势力的扩张，这一点颇值得警惕。1949年4月国共和谈破裂后，国民党政权相关人员大量迁台，台湾政治形势变得更加恶劣。凯南在1949年7月的建言中甚至用"愚蠢、荒唐"予以评价，[②] 这正是基于当时台湾的政治状况发出的感叹。

在凯南的"占领"台湾构想中，原本并不是主张由美国单独占领，而

[①] FRUS: 1949, Vol. 9, p. 357.
[②] Warren I. Cohen, "Acheson, His Advisers, and China, 1949–1950," in Dorothy Borg and Waldo Heinrichs, eds., Uncertain Years: Chinese–American Relations, 1947–1950 (New York: Columbia University Press, 1980), p. 25.

是希望在菲律宾、印度等亚洲各国的政治性倡导下实施占领。他认为这样的做法国务院比较容易接受，并在 PPS53 计划书内附上了针对推行此事所需的各项外交程序的详细文件。① 当然，即便该项提议得到菲律宾等国支持，美国也须承受主要的军事负担。如果该提议得不到其他国家支持，凯南认为美国在行动上也不应该犹豫。②

另外，如果美国实施对台湾的单独占领，可能会因违背 1943 年的《开罗宣言》而招致强烈批判，因为美国在该宣言中明确表示支持将台湾归还中国。但凯南指出，以现在国际形势与《开罗宣言》发表时已大有不同为由，或许可使宣言失效；或者以维护太平洋地区的稳定及台湾居民的利益为由，也可使美国的单独占领获得正当性。③

凯南认为，台湾的最终归属权应由全民公投决定。在凯南提交的 PPS53 附属文件中，列举了举行全民公投时可供选择的几个意向，除了联合国委任统治、独立等选项外，也包括归属大陆政权这一选项。④ 凯南认为，多数台湾居民不会选择归属大陆政权，在他预估中，选择前两项者必定是多数。

关于凯南的"台湾占领论"，需要讨论的第二点是，该主张强调离间中苏关系。凯南不仅是"遏制"苏联政策的主要倡导者，而且是离间中苏关系的政策提倡者。历史学者戴维·梅厄斯（David Mayers）指出，凯南的"台湾占领论"与其离间中苏政策相互矛盾，⑤ 因为美国的台湾占领行动，会导致大陆的反美民族主义情绪高涨，反倒会使中苏关系变得更为紧密。凯南当然也意识到了这一点，他在 PPS53 中也承认，自己的这一提议与离间中苏政策相矛盾。⑥ 那么需要考察的问题就是，凯南在其东亚政策的整体构想中是如何处理这一矛盾的。

在考察上述问题之前，我们首先需要确认凯南为何会认为有必要对中苏进行离间。如前所述，凯南对中国的战略价值的评价较低。如此一来，他提

---

① *FRUS：1949*, Vol. 9, pp. 359 – 364.
② *FRUS：1949*, Vol. 9, p. 358.
③ *FRUS：1949*, Vol. 9, p. 357.
④ *FRUS：1949*, Vol. 9, pp. 361 – 362.
⑤ David Mayers, *George Kennan and the Dilemmas of US Foreign Policy*（New York：Oxford University Press, 1988）, p. 177.
⑥ *FRUS：1949*, Vol. 9, p. 357.

出离间中苏政策就显得很奇怪了。既然中国的战略价值不高,那么离间中苏的意义也不大。难道在凯南看来,对美国没有战略价值的中国,能够成为苏联全球战略中的重要筹码?

凯南并不认为中国能够在经济方面为苏联带来重大利益。中国不仅在较短时期内难以发展为工业大国,自然资源也远不如苏联丰富。煤炭资源少之又少,石油资源可以忽略不计,苏联的铁矿石产量也远高于中国。中国拥有丰富的人力资源,但苏联似乎并不需要这个。而且,中国东部与位于苏联西部的经济中心间的交通网尚处于非常原始的状态。①

但凯南又认为,如果拥有庞大人口的中国成为苏联的忠实盟友,于苏联而言将是一笔极具价值的政治资产。他在1948年9月提出的PPS39中认为,"苏联如能争取到中国,于其而言将是政治上的巨大胜利",这也会成为其在东亚其他地区加强政治渗透的跳板。② 其中,凯南最为担忧的是,苏联有可能借助这个跳板对日本进行政治渗透。他的回忆录中"关于这一时期的形势"中也提到,"共产主义的胜利已席卷大半个中国,其影响将直接波及日本,增加日本'赤化'的压力",对于美国而言,在东亚地区最糟糕的局面是"对美国抱有敌意的中国与日本"同时出现。③

在PPS39中,还有关于中国军事价值的记载。其中谈道:"在不久的将来,无论发生何种战争,中国充其量只是个弱势盟国,即使往最坏的方面打算,它也不过是个不重要的敌人而已。"④ 这一评价与第一节中提到的凯南在回忆录中对中国的军事实力的评价是一致的,即"在不久的将来,中国不太可能发展成为能威胁亚洲大陆以外地区的军事大国"。然而,值得注意的是,凯南在回忆录中提到中国发展为工业大国的可能性是在"遥远的将来",而提及中国军事大国化的可能性时使用的却是"不久的将来"。在

---

① "American Policy toward China," Department of State, Roundtable Discussion, October 6 – 8, 1949, pp. 12 – 13, Folder: China, Round table Discussion, Box: 151, Foreign Affairs File, Subject File, President's Secretary's Files, Harry S. Truman Papers, Harry S. Truman Library, Independence, MO; Kennan, "Contemporary Problems of Foreign Policy"; Kennan, "Estimate of the International Situation," Pentagon Orientation Conference, November 8, 1948, Folder: 17, Box: 299, Kennan Papers, Princeton University.
② *FRUS*: *1948*, Vol. 8, p. 147.
③ Kennan, *Memoirs*, *1925 – 1950*, p. 395.
④ *FRUS*: *1948*, Vol. 8, p. 147.

PPS39 中，他同样使用了"不久的将来"这一限定语。这表明，凯南认为在"遥远的将来"中国成为军事大国的可能性是存在的。

那么，即使在遥远的将来也难以发展为工业大国的中国，如果要成为军事大国，就只有依靠外国援助。因此，令凯南担忧的是，共产主义化的中国很可能在苏联大力援助下变成军事大国。当然，他认为苏联不会允许中国发展成对其自身具有挑战力的军事大国。而且，由于中国人口庞大、经济落后以及政治混乱，苏联甚至很可能难以充分调动中国的人力、物力资源。但是，对于苏联而言，中国的共产主义化不仅是非常难得的政治资产，也是其"军事实力的附属品"。从这一点上考虑，"中国对于我们来说还是有可能产生重要战略价值的"，因此离间中苏政策还是必要的。①

不过，凯南也认为，即使美国不这么做，从苏联的势力扩张趋势来看，其与中国之间必定会产生摩擦，这有可能导致中国脱离苏联阵营。苏联应该是希望将中国完全置于其控制之下，而且为了确保边境安全，"至少会策动满洲西北部及新疆地区建立独立于中共政权的新政权"。苏联的这些行为、想必会刺激到中国的民族主义情绪。②

1948 年夏，铁托与斯大林关系破裂，南斯拉夫被苏联开除出共产党情报局。鉴于此，凯南离间中苏的信心更强了。中共势力在中国的发展与南斯拉夫共产党的情形很像，都是在自食其力的基础上发展壮大的。而且，"比起铁托，毛泽东掌握中共领导权的时间要长出 10 倍"。③ 因此，中共相对于莫斯科的独立性要比南共更高，仅此一点中共脱离苏联阵营的可能性就非常大。凯南在 1948 年 10 月的美国海军战争学院（Naval War College）讲演中表示："铁托主义会不会在欧洲扩散我不知道，但在亚洲的扩散是无疑的，因为亚洲是存在这样的条件的"。④ 1949 年 2 月，凯南在 PPS39/2 中明确提议："应通过政治、经济等手段，充分利用中共与苏联之间的裂痕以及中共党内外的斯大林主义者与其他人之间的裂痕。"⑤

---

① *FRUS*：*1948*，Vol. 8，p. 155；Roundtable Discussion，p. 6，15.
② *FRUS*：*1948*，Vol. 8，pp. 147 – 148，153.
③ *FRUS*：*1948*，Vol. 8，p. 148.
④ Kennan，"United States Foreign Policy," Naval War College，October 11，1948，Folder：15，Box：299，Kennan Papers，Princeton University.
⑤ Nelson，ed.，*PPS Papers* 1949，p. 28.

凯南的这一提议不只是期待毛泽东转向铁托主义，也有一并摧毁中共在中国的势力、扶持非共的中国政权的意图。然而，这里凯南所提到的离间中苏的"政治、经济手段"具体何指，笔者尚未查明。凯南在1949年1月的备忘录中谈道："他不相信中共领导人会认真考虑美国人的想法。"① 由此可见，他早已强烈感觉到美国对中国的影响力是极为有限的。因此，在PPS39/2中提出离间中苏之策的同时，凯南也只得悲观地预测：由于中共"长期以来"对美国的高度怀疑，今后这种敌对状态还将持续下去。在凯南看来，美国在中国问题上唯一能做的就是"谨慎地避免发生类似干涉内政的行为"，并防止中国民族主义情绪的矛头从苏联转向美国。②

然而因牵涉台湾问题，想做到这一点是非常困难的，凯南在提出占领台湾的政策计划书中也早已表明这一点。不过凯南认为，无论美国今后如何动作，中苏分裂迟早是不可避免的。另外，若能成功阻止台湾"赤化"，在中苏结盟之际便只需提防苏联针对亚洲其他国家尤其是日本的政治渗透。关于这一想法，已经体现在美国对日占领政策的转换上。很明显，凯南的设想是，只要能成功防止台湾"赤化"，那么离间中苏政策便无必要了。

三 "台湾占领论"的夭折及朝鲜战争

事实上，凯南在提交PPS53计划书的当日又申请撤回了该文件，并于次日（1949年7月7日）以个人备忘录的形式重新提交给国务卿艾奇逊。凯南为何会有这一举动目前并不清楚。

艾奇逊同凯南一样，对中国大陆对台湾造成的政治威胁颇为忧惧，就在他接受凯南提交的PPS53之后的第二个月，参谋长联席会议要求提交备忘录（NSC37/6），他便将关于台湾占领问题的讨论附在其中一同提交给了国家安全委员会。其中艾奇逊提到：至1949年8月，国民政府在台湾驻扎的军队人数已有将近30万人，如果要占领台湾，尽管也预想到了将受到国民政府军队的抵抗，但也可以尝试通过与国民政府协商、争取国民政府同意。③

---

① *FRUS：1949*，Vol. 8（GPO，1978），p. 26.
② Nelson, ed., *PPS Papers 1949*, p. 26, 28.
③ *FRUS：1949*，Vol. 9，pp. 369 – 371.

然而，即便获得国府的同意，占领台湾的代价仍然是巨大的。此时，美国已为占领日本及德国付出了相当大的代价。当时的美国，处于对预算平衡要求极为严格的时期，加上二战结束后动员令解除，美国"不能再继续保有如此强大的军队，要迅速将之解散"。① 在此背景下，苦于难以维持"军事力量与国际责任之间的平衡"的参谋长联席会议，便以即使取得国府同意也很难对台湾实行占领作为答复（NSC37/7），于 8 月中下旬提交给国家安全委员会。② 至此，凯南所提出的"台湾占领论"，尚停留于建言层面便夭折了。

约 10 个月后，朝鲜战争爆发。已于 1949 年底离任政策计划室主任一职的凯南，当时为国务院顾问。他基本不再参与重要政策的制定，并决定于同年 7 月赴普林斯顿高等研究所学习。由于一系列紧急事态的发生，他只得延长在华盛顿的停留时间，并再次回到政策企划的第一线。也就在此时，他在布莱尔宫会议召开之前的国务院会议上，向艾奇逊提出了"台湾防卫"必要性的建言，并提议要"迅速采取措施"。

如前所述，凯南在该会议中的具体发言情况至今不明，但他继续提出占领台湾主张的可能性应该很小。不仅是因为其主张早已被国防部否定，更在于华盛顿方面也普遍认为，1950 年 2 月《中苏友好同盟互助条约》签订后，苏联对中国政府的大规模军事援助，使大陆对台湾的军事威胁更胜于政治威胁。

尽管如此，凯南并不认为中国会因苏联援助而迅速成为军事大国。在朝鲜战争爆发近 1 年多后的 1951 年 9 月，凯南在其某备忘录中仍提到"中国不是东方大国"。后来他对此记载的背景进行说明时，也表达了"中国的军事实力仅在其边界附近或许可为之一惧"这一看法。③

在凯南看来，即使大陆对台湾造成强大的军事威胁，只要对台湾军队进行适当指挥就足以应付。问题的关键在于对台湾方面的军事指导，尤其是对以自身政治利益至上的蒋介石的军事指导。1950 年 7 月，凯南在给艾奇逊的备忘录中指出，美军的台湾防卫体系问题很多，并提出如下警告："蒋介

---

① Dwight D. Eisenhower, *The White House Years*: *Mandate for Change*, *1953 – 1956* (New York: Doubleday, 1963), p. 78.
② *FRUS*: *1949*, Vol. 9, pp. 376 – 378.
③ Kennan, *Memoirs*, *1950 – 1963*, pp. 54 – 55.

石并没有将台湾岛的防卫作为第一要务进行军事部署。如果大量解放军集中登陆，不要指望台湾军队能够进行有效抵抗。"基于此，凯南提出美军有必要暂时掌握台湾军队的统制权。①

在离开国务院赴普林斯顿之前（8月下旬），凯南将自己关于远东政策的整体想法整理成备忘录提交给艾奇逊。在该备忘录中，凯南虽未提及占领台湾，但仍旧表达了台湾的最终归属应由全民"公投"决定这一主张，这与其在PPS53中的主张是一致的。此外，他还表示，无论"公投"结果如何，台湾都应该在联合国的监视下实行非军事化。② 这表明，凯南并未将台湾视作像冲绳一样可作为军事基地使用的岛屿。换言之，在凯南看来，台湾只是不能被敌对势力军事利用，从这个意义上来说，台湾是很重要的。

结　语

通过细致分析凯南于1949年7月提交的PPS53计划书中的"台湾占领论"，可以看出凯南对台湾在地缘政治学上的价值评价颇高。台湾既靠近美国在东亚的一大军事据点——冲绳，又邻近菲律宾，同时还是日本与东南亚之间的交通要枢。朝鲜战争爆发后，凯南极力主张实行台湾防卫，并认为在地理位置上如此关键的台湾绝不能为敌所用。

当然，凯南也意识到美国对台湾防卫的强力干预会刺激到中国大陆的反美民族主义情绪，并有可能导致中苏同盟关系进一步稳固。但是，凯南并不看好中国的战略价值，因此于其而言，防止台湾"赤化"比离间中苏关系更重要。

凯南在其回忆录中表示，朝鲜战争爆发后，之所以力主台湾防卫的必要性，是因为台湾一旦"赤化"，"极有可能对我国的威信以及我国在远东地区的整体地位带来灾难性后果"。③ 台湾的面积大概只相当于日本九州岛，

---

① From Kennan to Acheson, July 17, 1950 and From Kennan to Acheson, July 24, 1950, Folder: China 1950 - 51, Box: 14, Country and Area Files, Records of the Policy Planning Staff, Record Group 59, National Archives and Record Administration, College Park, MD.
② From Kennan to Acheson, August 23, 1950, Folder: August 1950, Box: 67, Memoranda of Conversation File, 1949 - 1953, Dean G. Acheson Papers, Truman Library.
③ Kennan, *Memoirs, 1925 - 1950*, p. 513.

那么凯南为何会认为如此狭小的台湾一旦"赤化"会产生巨大冲击力呢?在其回忆录中并未说明,但笔者认为答案在本文中已非常明显。

总而言之,地缘政治学上的价值判断是不易受时代影响的。1950年6月,美国海军进驻台湾海峡正是这一价值判断的结果。或许也正因为此,朝鲜战争结束后直至现在,美国仍继续维持对台湾防卫的介入。如此看来,凯南的"台湾防卫论"不仅是理解1950年6月美国舰队进驻台湾海峡的关键,对于理解战后美国对台防卫的整体政策也是极为重要的。

(邹灿 译)

呈现第四战场趋势的宇宙空间及其抑制、防止
——以美、中为中心

竹内俊隆[*]

前　言

随着以火箭为代表的运输技术和 IT 技术等航空宇宙技术的迅速发展，命中率大幅提高的导弹和能够观测地球的卫星被频繁发向太空。与此同时，军事技术也逐渐外溢并被运用到社会生活中，成为民众生活不可或缺的一部分。网络和定位系统就是典型的例子。这不仅意味着各国争夺对宇宙空间[①]进行军事利用的可能性急速增大，包含信息、通信手段在内的对宇宙空间掌控的军事优劣，正在实质性地对激化或抑制地面上的武力冲突，甚至对社会生活的现代化发挥着日益重要的作用。

本文将在概述宇宙空间中军事利用的同时，围绕如何防止宇宙空间的军事利用进行探讨，其中也会提及宇宙尘的问题。本文的主要论述对象是中美两国，也会对在此问题上发挥重要作用的欧盟的动向进行论述。

本文主要基于以下问题意识展开讨论。宇宙空间本是具有公共财产性质的全球公域，因此各国共同抑制、防止基于本国利益的军事利用对各国都有好处。但因美、中、俄等具有军事优势的国家采取基于本国利益的政策，宇宙空间开始呈现出向第四战场发展的态势。这些国家虽然都意在防止宇宙空

---

[*] 竹内俊隆，日本京都外国语大学国际贡献学部教授。
[①] "宇宙空间"即"外太空"或"外空"。为尊重原文及行文方便，本文的中译版（除特定用法外）统一使用"宇宙空间"一词。——译者附注

间的军事化，但在如何抑制、防止的问题上分歧很大。分歧主要体现在为是以制定条约为目标还是优先规范国际行为准则。就现状来看，本文认为规范国际行为准则比寄望于制定条约更具现实可行性。

一 宇宙空间的特征和《外层空间条约》

1. 宇宙空间的特征和北斗

被称为第四战场的宇宙空间[①]，与传统的海陆空战场有怎样的区别呢？第一，宇宙空间开发虽然是以民生为目的，但极易被军事利用，具有很强的两用性。以民生为目的对宇宙空间进行利用体现在很多方面，比如气象卫星、通信卫星、服务于定位系统的卫星等。人们很熟悉的车载导航仪（Car Navigation）原本就是美国军用卫星的组成部分。第二，在反卫星导弹（ASAT）攻击等情况下，相对于防御一方，攻击一方占压倒性优势。这是因为卫星的位置是暴露的，并没有有效的防御手段。另外，从花费上来说，制造卫星的费用最高可达 10 亿美元，而用来破坏卫星的导弹花费只有它的几分之一。[②] 因此，对攻击一方来说，对手的宇宙空间优势可能毫无意义。第三，对卫星的直接攻击基于动能，因此会伴随大量宇宙尘的产生，会导致大范围内的宇宙空间无法得到利用，最终攻击一方也将面临巨大损失。

全球定位系统由美国运行，因此当美国处在非常时期或面临军事威胁的情况下，有可能不能正常使用。为回避这个风险，中、俄等具有军事优势的国家以及欧盟开始构建独立的定位情报系统。比如，中国从 2000 年开始，在一部分区域启动了名为"北斗"的定位情报系统。几年来，为提高北斗的运作机能，中国向中高度轨道发射了 20 多颗导航（navigational）卫星。2015 年执行了 19 项航空任务，预计 2016 年将执行超过 20 个航空任务，计

[①] 宇宙空间，一般定义为高于 100 千米即卡门线的空间，有时也指高于 80 千米的空间。鉴于对此没有明确的定义，本文遵循一般定义。另外，《外层空间条约》中也没有明确定义。

[②] Bill Gertz, "China, Russia Planning Space Attacks on U. S. Satellites", March, 2016, http://freebeacon.com/national-security/china-russia-planning-space-attacks-on-u-s-satellites/, accessed August 5, 2016.

划在2020年前实现北斗在全世界范围内的运作。虽然发射大量卫星是为2022年建成可居住的宇宙空间站做准备，但中国同时也对军用卫星的攻击技术进行了巨额投资。①

2. 《外层空间条约》

《外层空间条约》规定了有关利用宇宙空间的基本规则，1966年12月由联合国大会通过，1967年10月开始生效。此条约规定，对包括天体在内的外太空的探查和利用，必须基于各国利益，遵循国际法原则，任何一国不得主张领有权。也就是说，和南极条约一样，《外层空间条约》是基于宇宙空间属于全球公域（global commons）这一理念的。《外层空间条约》还规定，对宇宙空间的利用，只能以和平为目的，禁止以军事为目的。但军事目的中不包含防御目的，因此允许不以侵略为目的、以防御为目的的军事利用。另外，只要没有放置在宇宙空间内，比如搭载战略核武器的洲际弹道导弹（ICBM）和潜射弹道导弹（SLBM）等，既不在环绕地球的轨道上，也没有放置在宇宙空间内，就不受条约的约束。在遭到反卫星导弹攻击的情况下，也可以行使自卫权。

二 美、中的宇宙·导弹防御政策

1. 美国的宇宙政策

在21世纪初的布什政权时代，美国为实现独立的宇宙系统防御，优先构建了导弹防御（Missile Defense，MD）系统。2007年中国进行了ASAT破坏试验（详见下文）后，美国开始认识到仅构建本国导弹防御系统局限性较大。于是，在不制约本国及同盟国在宇宙中开展国家安全保障相关活动的前提下，美国开始支持欧盟制定行为准则的提议，这是出于避免强力推进至此的导弹防御系统遭到反对的考量。对美国来说，维持宇宙系统的强韧性及目前在宇宙空间中的优势是至关重要的。

奥巴马政权也基本继承了这一路线，对限制或禁止美国宇宙开发的相关

---

① Dillow, Clay, "Is China's Race to Space a Military Ploy?" Feb., 20, 2016, http://www.cnbc.com/2016/02/18/chinas-space-missions-in-2016-tied-to-military-ambitions.html, accessed August 5, 2016.

条约采取否定态度。在发表于 2011 年 1 月的国家安全保障宇宙战略（National Security Space Strategy）①中，美国提出了以下目标：①改善宇宙的能力；②构建各国、国际机构、民间企业间的国际化合作关系；③抑制、防止对以宇宙基础建设为后盾的安全保障的攻击；④为在条件恶劣的情况下也能对抗攻击做准备。军事方面的三大目标是：①卫星的防御；②对宇宙的控制；③加强力量投射。② 从上述内容来看，最大的潜在威胁是卫星的防御，因为卫星的防御是指以破坏、妨害轨道上卫星为目的的ASAT 攻击能力。

2. 不透明的中国战略和 MD 能力

2011 年 2 月，胡锦涛主席和奥巴马总统举行首脑会谈，就今后继续进行以确保透明性、相互性（reciprocity）、互惠为基础开展宇宙领域合作的可能性发表共同声明。但之后一直没有进展。中国认为，在军事能力和政策决定上保密，是弱者中国对抗强者美国的有效手段。比如，强者在试图攻击时，往往会为了降低风险设想最坏的情况（worst case scenario）。弱者如果模糊自身的军事能力，强者很有可能采取谨慎的态度。也就是说，弱者遭受攻击的可能性变小，抑止攻击的可能性增大。

再来简单谈谈中国的 MD 能力。中国拥有作为据点防御性 MD 的国产 CSA – 9 长距离地对空导弹（Surface to Air Missile，SAM），射程 500 千米，对中短距离的（战术性）弹道导弹可发挥限定性的有效作用。③ 新型国产雷达 JL – 1A 和 JY – 27A 也是用来对付弹道导弹威胁的，特别是 JL – 1A 可同时精准捕捉多枚弹道导弹的详细信息。中国特别注重对设想泛指大气层以外和大气层上部的中间飞行区域迎击战的研究。不仅从俄罗斯引进了高精度的

---

① DoD, *National Security Space Strategy* (unclassified summary), Jan., 2011, p. 5. http：// www. defense. gov/home/features/2011/0111 _ nsss/docs/NationalSecuritySpaceStrategyUnclassified Summary_ Jan2011. pdf, accessed July 22, 2014.

② Michael Nacht, "The United States and China in Space：Cooperation, Competition, or Both?" in Michael Krepon and Julia Thompson, eds., *Anti – satellite Weapons, Deterrence and Sino-American Relations*, Sept., 2013, Stimson Center, p. 106. http：//www. stimson. org/images/uploads/ Anti-satellite_ Weapons. pdf, accessed on May 20, 2014.

③ Dept. of Defense, *Military and Security Development involving the People's Republic of China*, May, 2013, p. 36. http：//www. defense. gov/pubs/2014_ DoD_ China_ Report. pdf, accessed on July 20, 2014.

S-400等SAM系统，还开始加紧强化弹道导弹防御体制（BMD）。① 比如，作为正式开发BMD的一个环节，2010年1月和2013年1月，中国通过陆上（新疆）发射成功实现了对中间飞行区域的迎击。这表明中国构建正式（广域）的BMD系统的进程在逐步推进，但BMD正式投入使用尚需时日。②

三 ASAT攻击

1. ASAT攻击的战略论特征

通过卫星等干扰正常利用宇宙的手段，也是有破坏性的。比如，干扰即时传送正确影像、图片系统的雷达，瞄准卫星传感器的激光照射，瞄准地面卫星通信设备的电磁脉冲（EMP）攻击，还有对地面卫星通信设施及其基础设备的干扰与攻击，对太空系统的黑客攻击等。③ 采取非破坏性方式的优势首先在于，可以基本或者完全忽略宇宙尘的问题。其次，确认发起攻击对象的难度愈发增大。另外，相比于核武器，ASAT攻击的成本较低，也不会引起大规模的人员伤亡，实施起来比较容易。基于以上优势，即便对ASAT攻击能力及其威慑力存有疑问，也不影响各国对其进行戒备。④ 正是认识到ASAT攻击既不造成大规模人员伤亡又能给对手的经济、军事带来重大打击的特点，中国才和其他国家一样，认为ASAT攻击有可能发展为一种纷争形态。⑤

---

① Department of Defense, *Military and Security Developments Involving the People's Republic of China*, April, 2016, p. 61. http://www.defense.gov/Portals/1/Documents/pubs/2016%20China%20Military%20Power%20Report.pdf, accessed August 5, 2016.
② Anthony H. Cordesman, *Chinese Military Modernization and Force Development: Chinese and Outside Perspectives*, CSIS, July, 2014, p. 330. http://csis.org/files/publication/140702_Chinese_MilBal.pdf, accessed July 20, 2014.
③ Laura Grego, *A History of Anti-Satellite Programs*, Jan., 2012, The Union of Concerned Scientists, pp. 15-16. http://www.ucsusa.org/assets/documents/nwgs/a-history-of-ASAT-programs_lo-res.pdf, accessed July 20, 2014.
④ Karl Muller, "The Absolute Weapon and the Ultimate High Ground: Why Nuclear Deterrence Are Strikingly Similar - Yet Profoundly Different," Krepon, op. cit., p. 45-47.
⑤ Krepon, op. cit., p. 55.

2. ASAT 试验的历史

迄今，美俄中三国进行了 60 次以上的 ASAT 试验。最早的一次有目的性的 ASAT 试验应该是在 1985～1986 年，是为实现林肯总统的战略防御构想（Strategic Defense Initiative，SDI）而进行的。苏联最后一次进行 ASAT 试验是在 1982 年，近期只有美国和中国还在进行 ASAT 试验。特别是中国近十年来有十几次尝试。虽然在 2005 年 7 月和 2006 年 2 月进行的打击低轨道卫星的试验以失败告终（也有"故意没有迎击"一说），但在 2007 年 1 月获得成功。2007 年的这次试验是为打击退役气象卫星所进行的一次很明确的 ASAT 试验。这次试验中，中国使用了在地上发射 SC - 19 中程弹道导弹。[1]

之后为进行 MD 试验，中国分别于 2010 年 1 月和 2013 年 1 月实施了迎击中间飞行区域的导弹试验。2013 年 5 月，又进行了静止卫星的轨道高度也被称作在高高度轨道中的导弹防御试验的 ASAT 试验。[2] 2014 年 7 月，通过地上发射的 MD 试验也获得成功。但是因为这次试验使用了在 2007 年的 ASAT 试验中使用的 SC - 19 弹道导弹，因此美国认定它是 ASAT 试验。其实 SC - 19 弹道导弹也被用在其他的 MD 试验中。不管怎么说，虽然 MD 试验和 ASAT 试验的目的不同，但从技术上看基本是相同的，很难进行区分。[3]

2008 年 2 月，美国为打击退役侦察卫星，利用海上配备的 SM - 3 实施了 ASAT 攻击，前提是在将产生的宇宙尘控制在最小限度内。采取 ASAT 攻击的理由是避免打击对地面产生的危害。这次试验的关注点在于没有利用地上配备。为了实现 TMD（Theater Missile Defense），美国在 2001～2013 年共进行了 76 次 MA 试验。[4]

3. 对卫星的干扰和宇宙尘问题

宇宙尘产生于基于动能的 ASTA 试验，对宇宙空间中的民用（用于

---

[1] Zachary Keck "China Conducted Anti-Satellite Missile Test," *The Diplomat*, July 29, 2014. http://thediplomat.com/2014/07/china-conducted-anti-satellite-missile-test/2007, accessed August 5, 2016.
[2] Cordesman, op. cit., p. 330.
[3] Zachary Keck, op. cit.
[4] Michael Krepon and Sonya Schoenberger, "Annex: A Comparison of Nuclear and Anti-satellite Testing, 1945-2013," Krepon, op. cit., p. 131.

和平目的）设备有严重影响。宇宙尘对宇宙空间轨道上的卫星产生危害的首例应该是1962年7月美国实施的大气圈内核试验（Starfish Prime）。试验中产生的β粒子等形成了放射线区域，导致低高度轨道上的3个卫星发生故障。随后，包括最早的通信卫星Telstar在内，至少有6个卫星陆续发生故障。由此，宇宙尘的问题逐渐被认识清楚，在1985年9月美国实施的ASTA试验后渐受关注。这次试验中至少产生了250个（也有285个左右一说）可追踪到的宇宙尘（10厘米左右，比高尔夫球还大）。①

近来引起关注的是2007年1月中国实施的ASAT试验。为打击位于外太空865千米轨道上的退役气象卫星，中国发射了多段式固体燃料火箭。试验中产生了3000个以上可追踪的宇宙尘，比这更小的宇宙尘可能多达几千个、几万个（见图1）。因此，包括中国在内的各国卫星，都将可能长期面临发生冲撞的危险。② 2009年2月，美国的移动电话通信卫星（Iridium 33）和俄罗斯退役军事通信卫星Космос-2251（Kosmos 2251）在西伯利亚上空的低轨道上因发生冲撞而爆炸。这是卫星间首次也是至今最大一次冲撞事故，据估计这次事故产生了数百个宇宙尘。

如今，存在于地球轨道上的物体超过1.7万个。③ 图中自上往下的第二条线即是宇宙尘（直径在10厘米以上），即解体碎片（Fragmentation Debris）。2007年后宇宙尘的激增，是中国进行ASAT试验的结果，2009年的激增则是美俄卫星相撞的结果。

针对宇宙尘问题，现在能采取的对策只能是回避。因此，有必要构建宇宙尘监视系统。美国提倡空间态势感知（Space Situation Awareness，SSA），北美防空联合司令部（NORAD）发射了可监控轨道上包括宇宙尘在内的宇宙物体位置信息的卫星（Space Based Surveillance Satellites，SBSS）。此卫星具备监视10厘米大小的宇宙尘的能力，NASA的轨道信息团队使用双线元（Two Line Elements，TLE）将这些宇宙尘信息数据化，并免费提供给民间团

---

① Michael Krepon, "Space and Nuclear Deterrence," Krepon, op. cit., p. 27.
② Krepon, op. cit., pp. 27-28, Grego, op. cit., p. 13。
③ AFP, *Pentagon Fails to Anticipate Satellite Collision*, Feburary 12, 2009, http://www.space-library.com/090226MS.pdf.

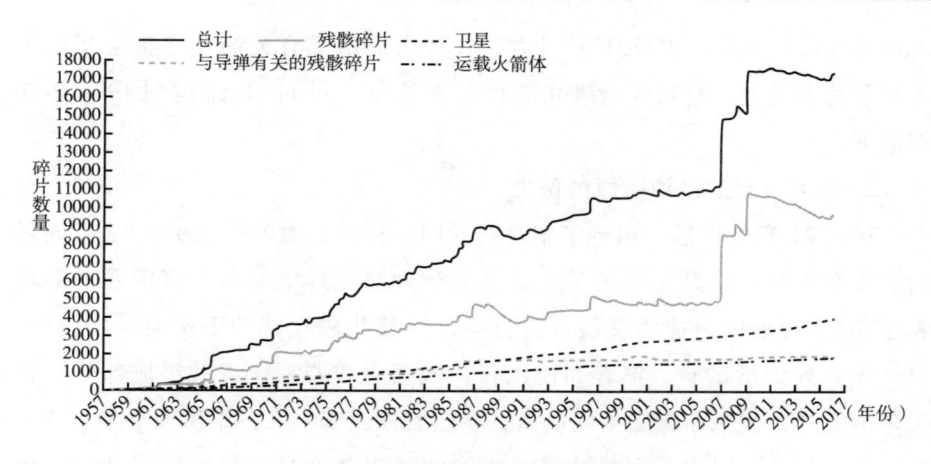

图1 每月绕地轨道运行的物体及数量

资料来源：NASA,"Orbital Debris Quarterly News," Volume 20, Issues 1 & 2, April 2016, p.14. http://orbitaldebris.jsc.nasa.gov/Quarterly-News/pdfs/ODQNv20i1-2.pdf。

队（包括美国以外的）。北美防空联合司令部也会在宇宙尘接近时，提供相关信息以供参考。

四 宇宙空间的非军事化

1. 非军事化争议的历史和立场分歧

由于宇宙尘的大量产生，各国危机意识大大增强，但是各国均优先考虑自身利益，在如何共同防止宇宙空间的军事化和军事竞争问题上分歧明显，主要是推行禁止宇宙空间军事利用条约的中俄和提倡规范国际行为准则的日美欧之间存在分歧，导致争论一直停留在原地，未有结果。

有关宇宙空间的非军事化争论可追溯到美国总统里根的战略防御构想，当时的这一构想，可能开启了宇宙空间军事利用的大门。不难想象，美国的战略防御体系，对当时的苏联特别是核弹头数极其有限且 ICBM 还没有正式投入使用的中国来说，构成了巨大威胁。于是，中国在十国裁军委员会[①]上主张，在 20 世纪 80 年代后实施防止外太空军备竞赛（Prevention of an Arms

---

① 现在的日内瓦裁军谈判会议（Conference on Disarmament, CD）的前身。

Race in Outer Space，PAROS）计划，并首次提出了有关制定宇宙空间非军事化条约的提案，然而就此成立的特别委员会（ad hoc）维持到1994年就解散了。

2. 中俄为制定条约所做的努力

进入21世纪以后，出现了很多新动向。首先，中国于2000年2月向日内瓦裁军谈判会议提交了《关于裁谈会处理防止外空军备竞赛问题的立场和建议》，要求作为首要议题进行讨论，并就此成立特别委员会。建议中、以"不在外太空试验、部署和使用任何武器、武器系统或其组成部分"作为基本义务，主张在缔结条约以前，各国暂停此基本义务中所要求禁止的一切行为（moratorium）。尽管被要求暂停的行为会因具体情况不尽相同，但此处关于条约正式缔结前禁止相关行为的做法与规范行为准则的主张，在主旨上是一致的。2001年6月，中国提交了《关于防止外太空武器化国际法律文书要点的设想》，明确提出"武器是指以各种破坏性手段对一般目标进行攻击和破坏，或者对一般目标产生直接危害的装置或者设备"，"外太空"指高度超过100千米的空间。这个定义将MD的一部分也涵盖进来，是对"宇宙武器"的一种极为宽泛的定义。由此可知，中国十分警惕美国对MD的开发。①

2002年6月，中国向裁军谈判会议提交了与俄罗斯、越南、印度尼西亚等国共同起草的《防止在外太空部署武器、对外太空使用或威胁使用武力的国际法律文书要点》，主张不在外空部署包括一般武器在内的武器，不对外空物体使用或威胁使用武力。提案内容被后来提出的《防止在外空放置武器、对外空物体使用或威胁使用武力条约》（Prevention of the Placement of Weapons in Outer Space, the Threat or Use of Force Against Outer Space Objects Treaty，PPWT）继承。它所提倡的基本义务是："①不在外太空或天体上放置任何形式的武器；②不对外太空物体使用或威胁使用武力；③不援助或鼓

---

① 鈴木一人「第5章グローバル・コモンズとしての宇宙におけるガバナンス構築と日米同盟」日本国际问题研究所『グローバル・コモンズ（サイバー空間、宇宙、北極海）における日米同盟の新しい課題』、2014年3月、36~37頁，http：//www2. jiia. or. jp/pdf/resarch/H25_ Global_ Commons/06 - suzuki. pdf，2014年7月20日查阅；日本国际问题研究所、軍縮・不拡散センター『宇宙空間における軍備管理問題』、2008年3月、47~85頁，http：//www. cpdnp. jp/pdf/003 -01 -004. pdf，2014年7月20日查阅。

励其他国家或国际机构开展违反此条约的行动。""相比于 2000 年和 2001 年的提案，此次提案中删除了禁止外太空武器试验的部分，增加了禁止对外太空物体使用武力的部分"，① 这正是它的特点所在。基于此提案，2008 年 2 月，俄罗斯对"宇宙武器""宇宙空间"等进行定义，提出了更加细致周密的 PPWT 案。

3. 对 PPWT 案的评价

虽然此提案更加细致周到，但对"宇宙武器"的定义仍很模糊。这是因为定义中不包括民用卫星，而民用和军用本就很难区分，有不少漏洞。对于这个问题目前没有很好的解决方案。虽然放置在外太空中的 MD 作为宇宙武器被禁止，但是利用在地面、海上和空中配备的 MD 迎击外太空中的弹道导弹这一行为并没有被禁止。另外，以行使自卫权为目的的 ASTA 也没有被否定。因此，ASAT 攻击如果是作为地面作战的一部分，那它也不在被禁范围之内。

进一步说，就算禁止宇宙空间中的武器配备，但提案中没有提及对它的保有、试验、生产、储存等问题。比如，中国在谈到核问题和 MD 时，经常会提及技术性穿透的可能性。条约也没有就此问题提出相应的对策措施。中国指出的技术性穿透有可能彻底破坏战略稳定性。此外，条约中并没有直接规定对被禁行为的查证措施，只是在追加协定书中有所体现，而且条约中也没有规定由哪个部门来负责查证工作，这些都是重要的问题和难点。如何确保有效的查证措施可以说是这类条约中最大的难题。② 在没有确立充分的信赖关系的情况下，尤其是在关系到国家安全保障这样的重要条约的交涉中，对方的不正当行为（cheating）将成为最大障碍。

---

① 『宇宙空間における軍備管理問題』、72～74 頁；佐藤雅彦、户崎洋史「第 5 章宇宙の軍備管理、透明性・信頼醸成向上に関する既存の提案」日本国際問題研究所、軍縮・不拡散促進センター『「新たな宇宙環境と軍備管理を含めた宇宙利用の規制」研究会報告書』、2010 年 3 月、84～86 頁，http：//www.cpdnp.jp/pdf/003 - 01 - 010 - 09.pdf, 2014 年 7 月 20 日查阅。

② 「宇宙空間における軍備管理問題」『「新たな宇宙環境と軍備管理を含めた宇宙利用の規制」研究会報告書』；青木节子「宇宙兵器配置防止等をめざす口中共同提案の検討」『国際情勢』80 号、2010 年 2 月、369～372 頁，http：//spacelaw.sfc.keio.ac.jp/sitedev/archive/100910 - 1.pdf, 2014 年 7 月 20 日查阅。

4. 欧盟对规范行为准则所做的努力

在中国和俄罗斯以明文规定相关条约为目标、走追求硬法道路的同时，欧盟以确立《行为准则》（*Code of Conduct*，COC）为目标，尝试走追求软法的道路。欧盟以联合国大会为舞台，在2007年联合国大会第一委员会上提出《外太空国际行为准则》（*International Code of Conduct for Outer Space Activities*，ICOC）并对其概要进行了说明。以此为依据，英国提交了《外太空活动行为准则的最佳实践方针》。2008年，经过欧盟内部的意见统合，年末欧盟理事会正式通过了这一提案。在持续与各国进行意见交换后，2010年9月和2012年6月欧盟发布了提案的改良版，最新的改良版是在2014年3月公开的。2012年的改良版是在美国于2010年1月发表支持"国际行为准则"声明的背景下公布的。另外，日本、澳大利亚和其他一些国家也明确表示支持欧盟的提案。欧盟以保护宇宙空间的安全、维持其可持续性为基本目标，在民生、安全保障领域推进行为的规范化。为此，欧盟努力寻求更多国家的理解和支持，以形成实质上的条约制度为目标。①

5. 联合国的近期动向

2012年1月，联合国设立了关于宇宙空间的透明性 – 构建信任措施（Transparency and Confidence – Building Measures，TCBM）的政府专家集会（Group of Government Experts，GGE）。此次集会就如何确保宇宙空间的可持续性展开了讨论，包括美中两国在内的15位专家提交了共识报告。报告强调了透明性和构建信任措施的重要性，提倡应以不具备法律效力的规范性措施来补充现有国际法框架的不足。② 这一提议的立场类似于规范行为准则的

---

① Robinson, Jana, "Advancing an International Space Code of Conduct," July, 2012, http://www.e-ir.info/2012/07/13/transparency-and-confidence-building-measures-as-practical-tools-for-advancing-an-international-space-code-of-conduct/; European External Action Service, "VERSION 31 March 2014 DRAFT International Code of Conduct for Outer Space Activities", http://eeas.europa.eu/non-proliferation-and-disarmament/pdf/space_code_conduct_draft_vers_31-march-2014_en.pdf; European External Action Service. HP., http://eeas.europa.eu/non-proliferation-and-disarmament/outer-space-activities/index_en.htm, accessed July 30, 2014.

② United Nations Office for Disarmament Affairs, "Transparency and Confidence-Building Measures in Outer Space Activities," 2013, p. 1. http://www.un.org/disarmament/publications/studyseries/en/SS-34.pdf, accessed July 30, 2014.

主张。值得关注的是，中国外交部派去的专家也对此立场表示赞同。如前所述，中国政府的基本观点是保持非透明性，一直以来主张制定具有法律效力的条约。

2015年7月，在欧盟的主导下，联合国首次举行了有关《外太空活动行为准则》的多方会谈（consultation）。此次会议明确了宇宙空间活动的方针和程序，以减少和防止宇宙尘为基本目标，在确立规范的同时寻求今后缔结相关条约的可能性。但会议在讨论协议之初就出现了问题。第一，由于联合国没有委任权限，因此争取对规范行为准则的理解和支持所开展的多国交涉，最终只能形成单纯陈述各自观点的协议。第二，就算联合国有委任权限，仅就欧盟的提案进行交涉不合理，也应对其他参加国的提案进行交涉。[①]

从内容上来看，首先俄罗斯和中国一直以来提倡制定条约，所以对协议持反对态度。美国奥巴马政权也因为"没有就中止伴随宇宙尘产生的ASAT试验开展交涉的计划"，[②] 对协议采取消极态度。众所周知，世界上最依赖宇宙数据通信的就是美军。包括多数的民间通信卫星在内，据估计，其正在轨道上的运行物体有1300个，[③] 当然它们也在经济活动中扮演着重要角色。显然，美国对协议采取消极态度的原因，也在于它可能不利于MD的开发。

小 结

如前所述，中国和俄罗斯以初步确立坚固的军备管理和裁军体制为目

[①] Michael J. Listner, "The International Code of Conduct: Comments on Changes in the Latest Draft and Post – mortem Thoughts," Oct., 26, 2015, http://www.thespacereview.com/article/2851/1; Joseph Rodgers, "Negotiating a Code of Conduct for Outer Space Activities", *Arms Control Now*, June 4, 2015, https://www.armscontrol.org/blog/ArmsControlNow/2015 – 06 – 04/Negotiating – a – Code – of – Conduct – for – Outer – Space – Activities, accessed August 15, 2016.

[②] Joseph Rodgers, "Negotiating a Code of Conduct for Outer Space Activities", *Arms Control Now*, June 4, 2015, https://www.armscontrol.org/blog/ArmsControlNow/2015 – 06 – 04/Negotiating – a – Code – of – Conduct – for – Outer – Space – Activities, accessed August 15, 2016.

[③] Lee Billings, "War in Space May Be Closer Than Ever", *Scientific American*, August 10, 2015, http://www.scientificamerican.com/article/war – in – space – may – be – closer – than – ever/#, accessed August 5, 2016.

标,一直推进制定禁止宇宙空间军事化的条约。与此同时,欧盟则是以优先确立国际行为准则、待时机成熟再制定条约为目标。本文认为,虽然制定条约是终极目标,但现阶段难度极大,应当优先确立行为准则。虽然确立行为准则需要时间,过程中也会产生对其效力的疑问,但是以行为准则为基础加强相互信赖,将会对今后制定条约起到积极的推动作用。现在连行为准则都很难确立,制定条约更是难上加难。追求理想的一方往往会在认识到实现理想的艰巨性以后,开始蓄意破坏现实,如同一边主张追求无核世界,一边却试图增强核战斗力。

制定条约的难点还体现在以下方面。第一,很难定义宇宙武器。特别是"用于和平目的"的民用武器和军用武器很难区别。比如,通信卫星就可以两用。网络和定位系统原本也是为军用开发的。从现行的《外层空间条约》对"用于和平目的"的解释来看,MD是以防御为目的的,因此放置在外太空的MD应不受条约限制。但是,如果严格定义宇宙武器的话,可能会因为强调其两用性而产生很多漏洞。相反,如果将定义的范围扩大,民用宇宙武器也可能会被禁止。目前对这个问题还没有有效的对策。

比定义更难办的是查证措施。首先,需要找到现实可行、有"足够"信赖度和信用度的查证技术和方法,并取得各方对将其应用于条约中所禁止的相关行为的认同。尤其是多国签订条约时,如果没有可信并现实可行的查证对策,在达成共识的过程中就会引起各方疑虑,最后遵守条约的一方反而会被看笑话。因此,如果没有有效的查证措施和技术,别说是遵守条约,各国甚至很可能犹豫是否加盟条约。以前美、苏两国就因查证问题产生各种矛盾。多国间的相互监视比两国间的相互监视更难实现,所以很多国家一开始就不参加有关条约的交涉。

另外,值得一提的是,如果最具影响力的美国没有加入这个条约,那么它的作用将大打折扣。提倡制定条约的中俄也不会甘于只约束自身。如此一来,只要美国不改变立场,中俄的主张就会陷于困境。另外,从前面提到的对moratorium的理解,可以看出中国对确立行为准则的重要性也是有认识的。

综上所述,现实可行的是,即使进程缓慢需要时间,首先还是要确立行为准则，对无秩序的现状做出一些严格的制约。在此期间，加深各国对宇宙武器的定义和对查证措施的理解，迈出建立共识的第一步。对于以上论述中的问题点包括查证问题在内，今后只有通过充分讨论才能得出解决方案。

（周妍 译）

当代中国行政改革的新局面
——关于大部制改革的分析

渡边直土[*]

导　言

本文的主要考察对象是中国当代行政改革，特别是政府机构改革的新局面。中国的行政改革是政治体制改革的主要课题之一，而且行政改革将有可能促使基本政治制度发生变化。2008年以后，在中国共产党（以下简称"中共"）领导下，国务院开始推行大部制（大部门制）改革。关于新的改革措施及其进展，日本的相关研究考察尚不多，迄今为止尚未出现系统性的分析。本文先总括改革开放以后中国行政改革的历史，然后对2008年以来集中开展的大部制改革加以分析，探讨中国行政改革的意义。

一　先行研究与理论框架

关于中国行政改革研究的课题与成果，首先有行政学视角的研究。例如，赵宏伟从中央－地方关系和党政关系的角度来分析行政改革，任晓对行政改革进行了综合分析，孔昭林主要分析的是地方的行政改革，而Brodsgaaed则分析了中国的编制体系，此外还有Burns对20世纪90年代以

---

[*] 渡边直土，日本熊本大学文学部准教授。

后人事制度的考察。① 总体而言，这些研究多将焦点置于五年一次的中共代表大会上提出的政策，集中分析改革的起点，并不重视政策本身的问题及原因。但中国的改革一般先从地方开始试点，然后中央再全面采用这些政策。因此，中央与地方的联动是非常重要的视点。除了作为政治体制改革的一环，行政改革还包括党政关系的调整，所以对党政关系的分析也是必要的。其次是从政治制度角度进行的研究。例如，唐亮分析了党政关系的结构，小林弘二分析了党－政府－企业关系的变化过程。② 但是上述研究对历史性原因的分析仍显不足。

关于2008年以后的大部制改革，主要有佐佐木智弘的研究。③ 另外，Tsai 和 Dean 以广东省大部制改革为例，对地方政府的改革进行了考察。④ 傅小随、张忠、赵闻生等中国学者的研究都强调大部制改革的目的在于决策权、执行权、监督权的相互制约和相互协调，⑤ 指出了大部制改革的另一重要侧面。

基于上述研究所展示的有关中国行政改革的成果及问题，本文的目的是在回顾行政改革历史沿革的基础上，从政治制度的角度来分析大部制改革。关于政治制度的概念，山口定概括为三点：（1）支撑制度的"合法性原理"；（2）"政治精英"的构成与选拔办法；（3）关于表达政治意见与形成政策的制度、机构；（4）军队、警察等角色与职能；（5）国家掌握社会的方式。⑥ 关于中国政治体制的概念，迟福林和田夫的定义为："政治体制是

---

① 赵宏伟「中国の行政改革」日本比较政治学会编『世界の行政改革』早稲田大学出版部、2000、153～174頁；任晓：《中国行政改革》，浙江人民出版社，1998；孔昭林：《机构革命——地方政府机构改革的对策性研究》，中国文史出版社，2001；Kjeld Erik Brodsgaaed, "Politics and Business Group Formation in China: The Party in Control?" *The China Quarterly* 211 (2012): 624 - 648; John P. Burns, "'Downsizing' the Chinese State: Government Retrenchment in the 1990s," *The China Quarterly* 175 (2003): 775 - 802.
② 唐亮『現代中国の党政関係』慶應義塾大学出版会、1997；小林弘二『ポスト社会主義の中国政治——構造と変容』東信堂、2002。
③ 佐々木智弘「2008年国務院機構改革と大部門制の分析」佐々木智弘編『転換期の中国』調査研究報告書第6章、アジア経済研究所、2009。
④ Wen-Hsuan Tsai and Nicola Dean, "Experimentation under Hierarchy in Local Conditions: Cases of Political Reform in Guangdong and Sichuan, China," *The China Quarterly* 218 (2014): 339 - 357.
⑤ 傅小随：《大部门制内决策与执行分开的机构设置形式选择研究》，《中国机构改革与管理》2013年第4期，第23～25页；张忠、赵闻生：《关于大部门制下权力运行机制的几点思考》，《中国机构改革与管理》2012年第2期。
⑥ 山口定『現代政治学叢書3 政治体制』東京大学出版会、1989、9～10頁。

基本政治制度（人民民主专制）的实现形式。"即"人民代表大会制度和共产党领导的多党合作与政治协商制度"，包括组织系统和运行规则。① 政治制度与政治体制之间是存在差异的，本文的分析中将同时使用这两个概念。那么在当代中国，政治制度的变化何以发生？笔者认为，中国的政治制度可理解为萨托利（Giovanni Satori）所说的"政党国家体制"，② 其合法性原理是社会主义，核心是党政关系。

本文的另一关注点是大部制改革提出的决策权、执行权、监督权的相互制约与相互协调。

二 大部制改革之前的历史沿革

改革开放以后，中国行政改革按照改革进展，可分为三个阶段。

1. 第一阶段（20 世纪 80 年代前半期）

改革开放初期，中国行政中存在的普遍问题是，工作量的增加、行政规模的不断扩大，导致效率低下、财政负担增加。主要原因在于，随工作量增加而产生的政府临时机构及干部人数的扩充。对此，中共推行了废除临时机构、完备退休制度等改革。但此阶段的改革尚未考虑政府职能转换问题。因此，在工作量并未减少的情况下，干部人数和政府机构不减反增，这一阶段的改革成效并不佳。

2. 第二阶段（20 世纪 80 年代后半期）

在 80 年代后半期，随着市场经济的深化，政府有必要转换职能，于是出现了一种适应市场经济的改革模式。新模式的特征是把政府的专业部门改组为经济实体，与政府部门分开（即政企分开），政府不直接干涉生产活动，只负责宏观调控，由经济实体主导生产活动。政企分开的目的是强化生产活动、减轻政府的财政负担。

1986 年 8 月，国家经济体制改革委员会把 16 个城市选为全国第一批机

---

① 迟福林、田夫主编《中华人民共和国政治体制史》，中共中央党校出版社，1998，第 39～47 页。
② 关于"政党国家体制"的概念，参照 G. サルトーリ著（Satori，〔意大利〕萨托利）、（冈沢憲芙・川野秀之訳『現代政党学』早稲田大学出版部、1992）。

构改革试点城市（《人民日报》1986 年 8 月 29 日）。① 此次试点改革的重点是进行党政分工。唐亮认为，党政分工是从制度上划分党与政府机构的职能，而党政分开是为了避免党对政府机构的工作进行直接干涉。各级政府党政关系的核心是党组和对口部门。若要实现党政分开，必将撤销这些组织。②

1987 年 5 月，在上述 16 个试点城市中，13 个城市已经制订总体计划，8 个城市已开始实施改革（《人民日报》1987 年 5 月 29 日）。这里值得注意的是，最初提出的"党政分工"在此时已被转换为"党政分开"。1987 年 9 月，国家经济体制改革委员会和劳动人事部对试点工作进行了阶段性总结，中共中央及国务院向各级部门发出了进一步推进改革的通知。③ 在试点工作报告与十三大所提议的政治体制改革方案的基础上，1988 年以后国务院机构开始步入改革阶段。国家经济体制改革委员会副主任贺光辉强调应该吸收地方政府机构改革的经验。关于地方政府机构改革，他主张在党政分开的原则下推进，强化综合经济管理部门的职能。

第二阶段行政改革的特征是精简经济专业部门，改组为经济实体，相关人员也分配到经济实体，以减轻财政负担、强化宏观调控、实现党政分开。这是为适应市场经济的发展而形成的改革模式。但是 1989 年 6 月北京政治风波以后，中共取消了改革计划。唐亮认为此前撤销的党组又都恢复了。关于对口部门，中共中央保留了政法、外交等重要对口部门。

3. 第三阶段（20 世纪 90 年代到 21 世纪前十年前半期）

1990 年 7 月，全国机构编制工作会议召开以后，地方政府机构改革重启。会议总结了 1988 年以来的国务院机构改革，提议继续推进地方政府机构改革，强调了地方试点工作的重要性，并决定扩大试点。④ 1990 年的试点是河北省、哈尔滨、青岛、武汉、计划单列市深圳，以及湖南华容县、广东

---

① 16 个试点城市分别为江门、丹东、潍坊、苏州、无锡、常州、马鞍山、厦门、绍兴、安阳、洛阳、黄石、衡阳、自贡、宝鸡、天水。
② 根据唐亮的研究，党组设在所有非党组织的领导机关内部，负责起草行政决策案并提交党委，同时还有管理干部的职能。对口部门为各行政机关设在各级党委内部的组织，负责政策指导、部门调整、干部管理等工作。参见唐亮『現代中国の党政関係』第一章和第二章。
③ 《人民日报》1987 年 9 月 1 日。
④ 《人民日报》1990 年 7 月 5 日。

宝安县等九个县。1991年以后又进一步扩大了省、市、县的试点以推进改革，其目标是转换政府职能、实现政企分开。①

在1992年5月的全国县级综合改革经验交流会上，中共及政府强调了推进县级政府机构改革的试点工作，转换政府职能，要把专业部门改组为经济实体，并提议建立小政府、大服务的县级经济管理体制。此后，各省选定了试点县，总数大约为350个。② 在1993年7月的全国机构改革工作会议上，山东省副省长、陕西省省长等报告了改革情况。③ 1997年，江泽民总书记在总结各地方试点工作时指出，在转换职能、精简机构、提高效率等方面已取得一定成果，强调要继续推进专业部门向经济实体的改组工作，实现职能转换、政企分开。④ 在中共十五大和1998年国务院机构改革之后，1999年地方政府机构改革再次启动。

第三阶段机构改革的特征可概括为小政府、大社会方针之下的政企分开，这与第二阶段的改革基本雷同。但关于党政分开的政策及措施却消失了，所以第三阶段的改革模式可理解为第二阶段改革模式（为适应市场经济而形成的改革模式）的变形。

三　大部制改革

1. 大部制改革的准备时期

在2008年大部制改革开始之前，各地方已经展开试点工作。比如，上海市浦东新区从1990年实施开发以后，就实行了大部制改革，在将各部门合并的同时，按照英国的改革模式，使决策、执行、仲裁、监督四个部门相互独立。决策部门是经济发展局、城乡建设管理局、教育科技文化卫生局、劳动社会服务局。决策部门之下设置了作为执行部门的经济执法局、城乡建设执法局、教科文卫执法局、劳动社会服务执法局。另外，财政税务局和公安局拥有决策和执行双重职能。政务服务局是综合执行部门，仲裁机构是纠

---

① 《人民日报》1990年12月24日。
② 《人民日报》1992年9月22日。
③ 《人民日报》1993年7月24日。
④ 《人民日报》1997年5月8日。

纷调解裁决中心，监督机构是监察审计局。①

另一个改革的先进案例是浙江富阳市。2007年，富阳市政府着手构建"5+15"运行机制。"5"是由四套班子参加的工业化战略推进领导小组、城市化战略推进小组、作风建设领导小组、决策咨询委员会、监督管理委员会。② 其中，决策咨询委员会是重大事项的决策咨询机构，由人大、政协以及专家组成；监督管理委员会是统合全市各种监督职能的机构。"15"指专门委员会（专委会）、体制改革委员会、社会保障委员会等15个委员会。专委会是政府的协调执行机构，类似于合并了各个部门的职能机构，以便于统筹各部门的职能，但不是有形组织。由此可见，富阳的改革模式并不是精简或合并机构，而是在维持原有机构的同时设置具有统筹职能的部门，所以不是从前的"加减法"，而是"乘除法"。③

2. 大部制改革的提出与国务院机构改革

召开于2007年的中共十七大吸取了上述经验，在大会报告中建议实行大部门制。2008年2月，中共十七届二中全会通过了《关于深化行政管理体制改革的意见》，表示要在今后5年内加速政府职能转化、深化政府机构改革，大部制改革正式开始。此次政府机构改革的目标是：按照精简和统一职能以及决策权、执行权、监督权相互制约和相互协调的要求，推进职能转换、梳理职责、改善政府组织结构、规范机构设置、建设有机统一的大部门体制。2008年3月，全国人大通过《国务院机构改革方案》。

3. 广东省佛山市的顺德模式

此后，地方各级政府也逐渐展开大部制改革，其中广东省佛山市顺德区的改革颇具特色（见表1）。④

---

① 国家行政学院研究室、上海浦东新区人民政府编《转型中的政府——上海浦东新区政府体制创新报告》，国家行政学院出版社，2002，第19~45页。
② 决策权归属于市委常委、常委扩大会议、四套班子联席会议。
③ 《中国改革报》2010年10月29日，http://www.crd.net.cn/2010-10/29/content_5146056.htm。
④ 顺德区委组织部网站，http://zzb.shunde.gov.cn/sdqwzzb/page.php?tId=6&sId=110295；《佛山市顺德区党政机构改革方案》，http://wenku.baidu.com/view/32900d7002768e9951e738a5.html。

表 1　广东省佛山市顺德区大部制改革具体计划

- 合并政务监察审计局（政府）与纪律检查委员会（党）
- 合并政府办公室、区党委办公室、组建政策咨询研究室
- 合并机构编制委员会办公室（政府）与组织部（党）
- 合并文体旅游局（政府）与宣传部（党）
- 合并司法局（政府）与政法委员会（党）
- 合并民政宗教外事侨务局（政府）与社会工作部（党）

顺德区自 1992 年开始便按照上述计划实行改革，① 其经验后来作为顺德模式引起普遍关注。顺德模式除了同类机构的合并，还有以下更为重要的特征。

第一，合并区政府部门和区党委的有关部门，并新设了 6 个部门。原来的 41 个党政机构减少为 16 个。合并党政机构的做法被称为"党政同体"或者"党政联动"。原来在党组织内部所设的对口部门都被撤销。在行政改革的第二阶段，曾为实现党政分开，也实行过取消对口部门。但顺德模式中的撤销对口部门，是为了实现党政联动。

第二，从决策权、执行权、监督权的相互制约和相互协调来看，顺德区的决策权在党委、人大、政府、政协以及由局级部门负责人参加的联席会议，执行权被归于政府的内设部门以及镇政府，监督权由纪委与政务监察审计局合并而成的部门、人大以及社会各方面行使。② 为适应这些新的改革举措，其下级政府也相应地进行了机构精简。③ 上述改革获得了广东省领导干部的认可。2011 年 7 月，广东省委书记汪洋表示，要在吸取顺德成功经验的基础之上在全省推广顺德模式。④

由于改革步伐过大，也产生了一些负面影响。比如顺德区是省管县的试点，其上级政府是广东省政府。实行改革以后，顺德区的机构虽实现了合

---

① 《顺德大部制改革"石破天惊" 书记称将官员推向火线》，人民网，2009 年 11 月 5 日，http://politics.people.com.cn/GB/14562/10321368.html。
② 国家行政学院课题组：《顺德政府机构改革的新思路》，《行政管理改革》2010 年第 8 期。
③ 《佛山顺德：简政强镇迈出一大步　9 镇街　机构挂牌》，人民网，2010 年 8 月 2 日，http://politics.people.com.cn/GB/14562/12318752.html。
④ 《广东顺德：政府向社会放权大部制小政府大社会》人民网，2012 年 8 月 25 日，http://politics.people.com.cn/n/2012/0825/c1001-18831414.html。

并，但是省政府机构仍维持现状。比如知识产权的管理，在区政府由市场安全监管局主管，而省政府的主管部门是工商局、质监局、版权局，所以当省政府的三个部门分别召开会议时，区政府的相关负责人需要出席三个部门的会议。对于区政府的市场安全监管局而言，省政府的对应部门有 8 个，所以区政府一般需要准备 8 份报告文件。当然，省政府也意识到了这些情况，适当地采取了合并会议等措施。①

此外，在大部制改革之前，顺德区的信访局是区委办公室的内设部门，改革以后却变成纪律检查委员会的内设部门。其目的是便于纪委通过信访局吸收群众意见，以助于解决问题。但信访局主要负责的是民生问题，所以在工作上经常需要与各相关部门协调配合。而其上一级政府佛山市政府的信访局是由市党委办公室管理，其下属的各个街道、镇政府的信访部门则是归民政部门管理。因此，上下部门之间的协调非常困难。②

2011 年以后，顺德区又提出新的改革方案。第一项为行政审批制度改革。中国在 2001 年加入世贸组织后，中央政府就已逐步展开此项改革。顺德区的改革同样基于此背景。2011 年 8 月，顺德区的行政审批事项一共有 1579 项，比改革前增加了 600 多项。因此，顺德区提出精简 548 个事项，目的是减少行政对社会活动的干预，增强社会团体的自主性。第二项是精简社会团体的登记手续。过去社会团体向政府申请登记时，必须同时向民政部门和主管单位提出申请。而且登记手续非常复杂，尤其是主管单位的登记耗时颇长，经常会导致事情被耽误。因此，顺德区决定以后只在民政部门登记即可。于是，顺德区的社会团体从 2011 年 10 月的 629 个增加到 2012 年 5 月的 704 个。③

顺德区改革的特征是不仅合并行政机构、构建大部门，还通过合并党政机构来实现决策权、执行权、监督权的相互制约和相互协调。该模式引起了全国的关注。国家行政学院许耀桐认为，顺德模式是政治体制改革的

---

① 《广东顺德"大部制"一年调查：全区局长减少大半》人民网，2011 年 1 月 17 日，http：//politics. people. com. cn/GB/14562/13744077. html。
② 《广东顺德"大部制"一年调查：全区局长减少大半》人民网，2011 年 1 月 17 日，http：//politics. people. com. cn/GB/14562/13744077. html。
③ 《广东顺德：政府向社会放权大部制小政府大社会》人民网，2012 年 8 月 25 日，http：//politics. people. com. cn/n/2012/0825/c1001 - 18831414. html；《香港文汇报》2012 年 9 月 7 日，http：//paper. wenweipo. com/2012/09/07/CB1209070005. htm。

新突破口，① 国家行政学院汪玉凯则指出："如果在全国 2000 多个县、县级市、区推广该模式，我们能从根本上改变我国基层党政管理方式。"② 广东省领导干部同样重视该模式，决定从 2010 年 11 月以后选择 25 个试点县，推广顺德模式。③ 广东省珠海市也推行了同样的改革。④ 可以说，顺德模式在上述各地的大部制改革实践中具有开创性意义。

4. 广东省的深圳模式

广东省深圳的改革是大部制改革的另一模范案例。2009 年 8 月，深圳市政府在科技、工业、环境卫生等十大领域实行了大部制改革，将 46 个政府机构精简为 31 个。在决策权、执行权、监督权的相互制约和相互协调方面，政策、计划、标准的制定皆由"委员会"负责，"委员会"同时也具有监督执行的职能。而主要负责监督和执行工作的机构为"局"。协助市长办理专门事项、不具有独立行政管理职能的机构，称作"办"。委员会和局对市政府负责，局的重要事项由委员会进行协调，并由其领导、监督具体执行情况。局有向委员会提出政策建议的权利。这种做法被称为"行政权三分"，汪玉凯认为此种做法能提高决策和执行的效率。汪洋也表示，深圳的改革在地方行政体制改革中具有代表性意义。⑤

比如在交通运输领域，改革前交通部门负责公路管理，城市管理部门承担市政道路管理职责，实行的是二元化管理。道路管理与交通设施管理也是脱节的，路灯、绿化等附属设施由城管部门负责，但交通信号灯、交通标牌等交通设施则由交通部门负责。改革以后，特区内外有关交通的计划、建设、管理等职能皆统筹于新成立的交通运输管理委员会。食品安全管理同样

---

① 许耀桐：《顺德大部制改革"石破天惊"记：我先干，三年后见分晓》，人民网，2011 年 8 月 24 日，http：//cpc.people.com.cn/GB/64093/64102/10321955.html。
② 汪玉凯：《大部制改革的顺德模式》，人民网，2010 年 5 月 27 日，http：//theory.people.com.cn/GB/11710185.html。
③ 顺德区行政服务中心：《关于推广顺德经验在全省部分县（市、区）深化行政管理体制改革的指导意见》，http：//xzfwzx.shunde.gov.cn/data/2011/08/19/1313738487.pdf。
④ 《珠海政府改革精简幅度超八成一般不设专职书记》，人民网，2009 年 11 月 5 日，http：//politics.people.com.cn/GB/14562/10321479.html；《广东蓬江：党政部门 6 月底前将"瘦身"至 22 个》，人民网，2011 年 5 月 29 日 http：//cpc.people.com.cn/GB/64093/64387/14766093.html。
⑤ 《人民日报》2009 年 8 月 1 日，http：//paper.people.com.cn/rmrb/html/2009-08/01/content_309698.htm；《香港文汇报》2009 年 8 月 6 日。

如此。改革前,质监部门负责生产环节,工商部门负责流通环节。改革以后,新成立的市场监管局统筹了工商局、质监局、知识产权局的职能,以及卫生局的食品安全管理职能。因此,原本承担食品安全管理的 5 个部门(即农业、质监工商、卫生、食品药品)在改革后减少为 3 个(卫生、农业、市场监管)。①

同时,深圳市政府还推行了公务员制度改革。以前的公务员分为综合管理类、行政执法类、专业技术类三种,后两者晋升渠道独立,待遇与行政职务级别脱钩。行政执法类属于执法单位,主要承担监督管理、处罚、稽查等职责。专业技术类承担气象预报、信息网络等专业技术工作。行政执法类和专业技术类建立了与行政职务级别脱钩的独立职务序列。通过改革实现分类管理后,行政执法类和专业技术类公务员占到整个行政机关公务人员总人数的 70%。②

但是深圳的改革也产生了负面影响。经过一年的改革,2010 年 7 月科工贸信委出现了"1 正 20 副"的现象。科工贸信委是由以前的贸易工业局、科技信息局、保税区管理局、信息化领导小组办公室合并而来。其内设的原有 55 个处级部门也合并为 29 个,所以各处负责人的分流十分困难,于是副职干部增加。原有的 98 名局级干部中,完成分流的只有 52 人。③

总而言之,顺德和深圳的大胆改革,成果和问题并存。2012 年 1 月,广东省领导干部在总结改革的经验时,认为从 2010 年开始实行顺德模式的 25 个试点颇有成效,并决定根据顺德、深圳的经验,在每市选择一个试点县(市区),将试点范围扩大到全省各县市区。此外,还认可了深圳公务员制度改革的成果,决定制定在全省扩大改革的方案。④ 关于改革带来的问

---

① 《深圳大部制改革再动刀 核心是"放权"》,人民网,2012 年 4 月 23 日,http://politics.people.com.cn/GB/14562/17718116.html。
② http://politics.people.com.cn/GB/14562/10924476.html。
③ 《"一正 20 副"还不代表大部制改革的失败》,人民网,2010 年 7 月 14 日,http://politics.people.com.cn/GB/30178/12141372.html;《深圳:98 名精简的"局座"已分流 52 人》,人民网,2010 年 7 月 21 日,http://cpc.people.com.cn/GB/64093/64387/12209760.html;《大部制改革一年 深政府机构仍"臃肿"》,《香港文汇报》2010 年 7 月 14 日,http://paper.wenweipo.com/2010/07/14/CH1007140009.htm。
④ 《广东政府瘦身 全省试点"大部制"》,2012 年 1 月 6 日,http://city.sina.com.cn/focus/t/2012-01-06/101226282.html。

题,汪玉凯指出:"广东走在全国经济社会发展的前列,所以改革带来的一些深层次的问题在广东出现,是必然结果。因为在其他地方尚无先例。这些问题为我们提示出一定的方向性。"① 换言之,广东的顺德、深圳经验给其他改革起步较晚的地方提供了一种新模式。

四 大部制改革的特征

2008年开始的大部制改革的特征可概括为以下几方面。

第一,这次改革标志着中国行政改革进入了第四阶段,因为同此前的改革相比,这一次改革的目的是通过同类机构合并、精简机构,以求实现效率化办公。此外,顺德等地区还实行了党政联动改革,这代表着一种新趋势。从行政改革的整体发展脉络来看,第二阶段的改革曾试图实现党政分开,但在第三阶段却刻意避免了对党政关系进行调整。而这一次所实行的党政联动,可视作为实现行政效率化而摸索出的新型改革方式。

第二,2008年2月中共十七届二中全会以后,"决策权、执行权、监督权的相互制约与相互协调"成为改革的基本点,顺德、深圳等地的改革充分体现出这一点。

第三,此次改革与日本桥本行政改革有类似之处,关于这一点佐佐木的分析中也有所提及。② 任进也通过将大部制改革与英国、法国、日本等国的行政改革进行对比分析,证明了中日行政改革的类似性。③ 在顺德和深圳的改革中,当地干部表示参考了香港和新加坡的行政改革。比如,香港行政机构的情况大致如下:在行政长官之下设置拥有决策权的12个局与61个执行部门。例如,食物卫生局下有渔农自然护理署、卫生署、政府化验所等。④ 这种模式与深圳的"行政权三分"有类似之处。在新加坡,政府的1个府和15个部之下设有人民协会、社会开发协议会、街道协议会。人民协会通

---

① 《国家行政学院专家:广东改革可为全国探路》,人民网,2012年5月29日,http://politics.people.com.cn/GB/18007863.html。
② 佐々木智弘「2008年国務院機構改革と大部門制の分析」。
③ 任进:《大部制视阈下的中外政府机构:比较与启示》,《行政管理改革》2001年第3期。
④ 《香港特别行政府组织图》,http://www.gov.hk/tc/about/govdirectory/govchart/。

过组织文化和体育活动为居民提供服务。社会开发协议会承担社会保障业务。街道协议会负责公团公寓的管理和运行，以及居民的娱乐活动。① 这种模式与顺德模式之间存在相似点。因此，从某种程度上来说，中国行政改革具有"新自由主义"的特征。

从中国近代史的发展历程来看，初期的中华民国相继试行过以临时约法为基本精神的议会专制、总统制以及议会内阁制，但终究未能实现立法权和行政权的平衡。② 之后的南京国民政府构建了党国体制，该体制后来在1949年后中共执政时期改为人民代表大会制。中共坚持否定西方的三权分立，坚持实行议行合一制。近代以来中国一直在探索分配国家权力的最佳模式，目前的人民代表大会制，是历史发展的结果。那么，现在某些地方政府推行的"行政权分立"，从政治制度变化的角度来看，具有什么样的意义呢？

如前所述，改革的第二阶段涉及党政关系的调整。党政关系是其体制的核心部分，因此这次改革算是初次走到了深化政治制度改革的入口。然而，到第三阶段时，改革内容中关于党政关系的部分消失，又回到了政治体制改革。在改革的第四阶段，顺德区政府以合并党政机构、实行党政联动的方式再次对党政关系进行调整，又一次抵达了政治制度改革的入口。

深圳市的改革虽未涉及党政关系，但其所实行的"行政权三分"对推进行政权的分立具有非常重要的意义。顺德和深圳的改革，从行政权的角度实行权力分立。这些改革与欧美的三权分立不同，是具有中国特色的权力分立，这或许在将来能够成为中国政治制度合法性原理的一部分。政治制度的根基是合法性原理，所以这次改革抵达了政治制度变化的另一个入口。③ 综上可见，中国大部制改革两次抵达了改变政治制度的入口。

---

① 『シンガポールの政策 2005 年改訂版（概要）行政・公務員制度』自治体国際化協会，http://www.clair.or.jp/j/forum/pub/series/pdf/j44.pdf。
② 金子肇「権力の均衡と角逐——民国前期における体制の模索」深町英夫編『中国政治体制 100 年：何が求められてきたのか』中央大学出版部、2009、31~43 頁。
③ 根据山口定的研究，在 20 世纪末欧美自由民主主义国家中，"自由主义"和"民主主义"是政治制度的合法性原理，当这些概念受到威胁的时候，自由和民主的理念就被重构，这也导致政党制度重构，进而与政治制度变化相连接。参照山口定『現代政治学叢書 3 政治体制・終章』東京大学出版会、1989。

结　语

从 20 世纪 80 年代以后开始的中国行政改革可分为四个阶段。第一阶段的主要课题是精简临时机构和完备退休制度。第二阶段和第三阶段主要是通过政企分开使政府职能转换为以宏观调控为重。在第四阶段的改革中，进行了同类机构的合并和大部门的组建。那么，今后会出现怎样的可能性呢？2013 年，全国人大通过了《国务院机构改革和职能转换方案》。① 这次改革的重点是精简行政审批制度。行政审批制度改革是从 2001 年以后展开的，顺德区也已经在进行这方面的改革。而全国人大的此次决定预示着今后各地方政府也将积极推进行政审批制度改革。此外，中央政府还决定，以后社会组织的登记只需到民政部门登记，无需主管单位审批。这一改革在顺德区也早已实行过，因此中央政府的决定是吸收了广东省改革的成果与经验。

然而，上述改革措施只是政治体制改革的一环，并不是关于政治制度的改革。因此，政治制度的变化只是在广东省内部，还未影响到全国。在改革开放以后到大部制改革之前的 30 多年间，到达政治制度变化入口的只有 80 年代后半期的一次，北京政治风波导致了严重的"合法性危机"。所以，此次地方的政治制度变化向全国扩大的可能性目前还不大。但必须指出的是，国家行政学院等权威机构公开称赞广东省的改革经验，使其在全国范围内获得好评，这有可能会给其他地方改革带来积极影响。

到目前为止，中国的行政改革无论在哪一阶段，都是先从地方政府开始试点，然后中央政府在吸取地方经验的基础上展开改革。关于地方政府的大部制改革，李克强总理也赞成进行推广。② Tsai 和 Dean 曾指出，只有当中央和地方领导关于改革方针达成一致的时候，地方政府才能大胆推进改革。③ 所以，探索今后大部制改革的效果，将是中国行政改革研究的重要焦点。

---

① 《国务院机构改革和职能转变方案》，中国政府网，2013 年 3 月 15 日，http：//www.gov.cn/2013lh/content_ 2354443. htm。
② 李克强：《在地方政府职能转变和机构改革工作电视电话会议上的讲话》，《中国机构改革与管理》2013 年第 12 期，第 6～9 页。
③ Wen-Hsuan Tsai and Nicola Dean, "Experimentation under Hierarchy in Local Conditions: Cases of *Political Reform in Guangdong and Sichuan*, China," *The China Quarterly* 218 (2014): 339 - 357。

"进城"与"还乡":1955年农民"盲目"进津与政府应对[*]

王凛然[**]

新中国成立初期,曾出现大量农村人口自发进城现象。从稳定经济、社会秩序的需要出发,城市有关部门多次进行了动员农村人口还乡的工作。这一工作的开展深刻地改变了城市、乡村及其人口流动的状况并影响至今。无论从学术性还是现实性上看,对此的研究都具有较大的价值。从学术界已有的成果来看,主要集中于宏观、中观或较长时段政策层面的梳理,[①] 或着重于还乡政策的制定与实施。[②] 毫无疑问,上述研究具有重大的学术价值,对我们了解这一问题也有启发意义。但是,新中国初期大量农村人口进城是多重因素促推的结果,1955年动员还乡工作作为第一次大规模的城市动员,更因极具典型性,成为日后数次还乡工作模式的基础。如果不对"进城"与"还乡"的前因后果、诸多特征以及制度安排详加考察,不从新中国成立初期城乡关系大背景以及农民、政府及两者互动角度进行探讨,我们很难

---

[*] 该文原载于《史林》2016年第4期,收入本书时有改动。
[**] 王凛然,南开大学历史学院讲师。
[①] 参见邱国盛《现代化与中国大城市外来人口管理研究——以上海市为例(1840~2000)》,华东师范大学博士后研究工作报告,2005;宋学勤《1949~1965年农民进城与社会管理——兼及城乡二元管理体系的形成》,《毛泽东邓小平理论研究》2014年第8期;齐凯君《现代化视野下的"农民进城"——以天津为中心的考察(1949~1985)》,南开大学博士学位论文,2014;等等。
[②] 参见阮清华《新中国成立初期上海动员职工家属离沪运动探析》,《中共党史研究》2011年第8期;曹伟《挥别大上海:上海动员人口回乡工作研究(1955~1957)》,上海师范大学硕士学位论文,2011;等等。

对这一非常复杂的历史情况获得更为透彻的认知。有鉴于此，本文以1955年天津市第一次动员还乡工作为例，从时间原点与微观层面对这一事件的来龙去脉进行还原，对进城农民、城市政府、基层单位之间的互动与博弈进行剖析，以期对中华人民共和国成立初期国家力量建设、城乡关系演变的复杂历史进程有所说明。

一 农民进津：“理性”抑或"盲目"

自1860年开埠以来，天津对劳力的需求便不断增加。① 由于优越的地理位置与交通条件，加之周边乡村的生活艰辛，农村人口逐渐形成了进津讨活的传统。中华人民共和国成立后，农民自发流入天津的现象并没有减少。1951年上半年涌入天津市的"外县灾难民，约计一万人"；② 1953年3月上旬7天之内，即有1450余人"盲目"流入市区；③ 在从1954年1月至1955年2月的一年时间里，从农村迁入天津的人口达到了119923人，"迁入的农村人口中，大部分均系自行来津谋求职业的农民"。④ 从趋势上看，自发流入天津的农村人口在增加。

政府对农民自发流入城市的情况比较担心。天津市人民委员会认为："这些人流入之后，绝大多数找不到工作，成为城市中的消费人口，加重了国家的负担。"⑤ 但这一说法并不完全符合当时的实情，也无以使人了解农村人口进城的真实原因。据1955年初天津市劳动局"很不完全的统计"，这些外流人口中已经找到工作的至少在七千人以上，"因为入城的

---

① 张景岳：《北洋政府时期的人口变动与社会经济》，《近代中国》第3辑，上海社会科学院出版社，1993，第95~96页；方显廷：《天津地毯工业》（1930年8月），李文海主编《民国时期社会调查丛编·近代工业卷》（中），福建教育出版社，2010，第284、286页。
② 《天津市外县灾难民动员工作总结》（1951年5月8日），天津市民政局档案，档案号：X0065－Y－000209－15，天津市档案馆藏。以下未注明馆藏地者，皆出自天津市档案馆。
③ 《各地大批农民盲目流入城市各省县人民政府和党委应采取妥善办法加以劝阻》，《人民日报》1953年4月17日，第1版。
④ 《为本市的农民流入情况严重希各单位严加注意由》（1955年5月19日），天津市人民委员会档案，档案号：X0065－Y－000431－03。
⑤ 《天津市动员盲目流津人口回乡工作总结报告》（1956年4月14日），天津市人民委员会政法办公室档案，档案号：X0053－C－001002－18。

农民一部分已找到了职业，所以更加助长了农民盲目流入的趋势"。① 但由于统计"很不完全"，劳动局的数据依然存在严重的低估。以天津市公安局第三分局法政桥派出所1954年2月、4月与10月三个月人口流入统计看，"这些人来城市后已有21%找到固定职业，有23%找到不固定职业"。② 也就是说，该派出所辖区内至少有44%的外流农民找到了工作。"法政桥派出所人口流入情况是能代表一般的"，而且从法政桥派出所所辖地方尚不能算作繁华地区看，放眼全市，除去技术工种，就纯体力劳动而言，"流入的灾民和农民找到临时工或长工的占很大一部分"。③

当年农民进津谋生的一个途径是以城市亲友关系或七区万德庄"人市"（自发的劳动力市场）为媒介，进入厂矿、企业、商店等做临时工或学徒工。如果说"亲友介绍"与"人市"找寻工作都只是"媒介"，那么一些单位"私招私雇"农村劳动力则为农村人口能够在城市落脚提供了保障。据天津市劳动部门和工会的报告，1954年全年天津市1500余户小型私营厂店私自雇用了749名农民。已经深受新中国阶级教育的城市管理者们将其原因归结为资产阶级的落后性。他们认为："资本家雇佣农民的企图，有的是为了安插亲信，排挤原有的职工，以打击积极分子，逃避工人监督。"④ 但是，国营企业⑤同样存在类似的行为，而且这一时期私招私雇人数较多的也是国营企业。1955年3月，天津市纪委对"市公用局副局长蒲某某利用职

---

① 《天津市劳动局关于农民盲目流入本市问题的内部通报》（1955年4月25日），天津市人民政府档案，档案号：X0053 - C - 001002 - 02。
② 《外地人口流入本市的情况报告》（1955年5月5日），天津市公安局一处档案，档案号：X0053 - C - 001002 - 03。
③ 《报送流入津市灾民调查情况由》（1955年5月21日），天津市民政局档案，档案号：X0053 - C - 001002 - 04。
④ 《关于动员盲目流入津市人口回乡参加生产的指示》（1955年7月27日），天津市人民委员会档案，档案号：X0053 - C - 001034 - 01。
⑤ 因各级政府所经营的企业名称叫法混乱，政务院于1952年做出规定："凡中央及大行政区各部门投资经营的企业（包括大行政区委托省市代管的），称'国营企业'；凡省以下地方政府投资经营的企业，称'地方国营企业'；政府与私人资本合资，政府参加经营管理的企业，称'公私合营企业'。"参见《政务院对"国营企业"等名称用法的规定》（1952年9月2日），张培田编《新中国法制研究史料通鉴》第6卷，中国政法大学出版社，2003，第6239页。为行文方便，本文将该规定中的第一类与第二类企业一律称为"国营企业"。

权把某同乡安插到汽车修理厂工作"的违纪行为提出了批评。① 虽然这一方面没有找到更完整的统计材料，但仅以天津市铁路局在 1954 年 12 月修筑路基土方时就私自雇用 1300 名农民看，"问题也是很严重的"。总之，这一时期，不分私营、国营，不分工业、手工业，天津市相当一部分的厂矿企业都出现了私招私雇的行为。事实上，1949 年以后政府也曾数次发出劳动力统一调配、禁止"私招"的指示，但效果不明显。② "私招"之所以会屡禁不止，农村劳动力的高性价比、劳动调配政策的不足以及国营企业的"软预算约束"都是其重要原因。首先，劳动力调配政策要求优先在城市失业工人中招雇，但农民工相较于城市工人具有劳动力价格低、老实、肯干活、要求少等相对优势，这使得"工厂企业不愿雇佣失业工人，想在灾民方面使便宜的劳动力";③ 其次，劳动力调配政策要求企业招雇须上报劳动部门登记甚至批准，这些行政手续的周转时间与企业临时性、紧急性的用工需求间存有矛盾。城市居民和一些企、事业单位经常需要零散工做房屋修缮、搬运、摇煤球等零杂活，外地和郊区农民（特别是有些技术的瓦工、技工等）满足了城市单位的急活、零活、散活的需求；最后，由于"一五"计划的刺激，中国工业投资扩张极快（虽然间或有"冒进—反冒进—反反冒进"的反复），相应地劳动力需求也迅速增长。但"由于没有真正的风险，所以企业、非营利机构、底层和中层的管理人员以及部门领导人对投资资源的需求都没有自己施加的限制",④ 社会主义企业中存在的"软预算约束"⑤ 刺激了企业以储备劳动力为目的"私招"。不难想象，由于这些原因的共同作

---

① 《中共天津市委纪律检查委员会检查处公用局副局长蒲某某所犯错误的检查报告》（1955 年 3 月 24 日），中共天津市公用局党委档案，档案号：X0029 - Y - 000094 - 08。
② 《转发北京市救济失业员工决定试行细则》（1950 年 2 月 7 日），劳动部档案，档案号：84 - 2 - 4 - 1，黑龙江省档案馆藏；《为企业单位招收搬运工人时应由劳动就业委员会按照中央规定办理由》（1953 年 2 月 12 日），天津市人民政府档案，档案号：X0104 - C - 002519 - 02；《中央人民政府政务院关于劝止农民盲目流入城市的指示》（1953 年 4 月 17 日），天津市人民政府档案，档案号：X0053 - C - 000845 - 01。
③ 《关于流入津市灾民重点调查和今后意见的报告》（1955 年 5 月），天津市民政局档案，档案号：X0065 - Y - 000431 - 02，天津市档案馆藏；《本府向华北行政委员会关于本市基本建设工作情况报告》（1953 年 5 月），天津市人民政府档案，档案号：X0053 - C - 002357 - 02。
④ 亚诺什·科尔奈：《增长、短缺与效率》，潘英丽译，商务印书馆，2013，第 46 页。
⑤ 林毅夫、李志赟：《中国的国有企业与金融体制改革》，林毅夫、姚洋编《中国奇迹：回顾与展望》，北京大学出版社，2006，第 131 页。

用，欲让各单位减少"私招"并不容易。而只要"私招"不止，想完全阻止农村人口"盲目"进城就难以轻易实现。

农民进津谋生的第二条途径是自带简易工具走街串巷找寻机会或自谋职业。天津市西南门等三个街道发现流入农民中在街巷中做小买卖的有118人。这些人来津后，靠卖什物、卖果仁、卖糖块等维持生活。如万德庄宝兴店冯某某，① 23岁，定兴人，于1955年3月来津，从农村运花生仁到津炒熟，每天卖七八斤，可赚1元5角；西门南泉福店贾某某，盐山县人，于1954年12月来津卖糖块，每日所赚，除去生活费外还剩四五角钱。② 又如陈某某，青县人，1955年1月来津，住在万德庄街荣盛店，在"人市"找到工作，每天可以赚到1元2角。③ 据统计，1956年调整后的天津全市职工工资总额为40727万元，平均每人每年727元，每月60.5元，一般须负担3.5人（包括本人）的生活。④ 以此数据计算，天津市民日人均收入差不多为0.576元（60.5÷30÷3.5≈0.576），而营生不错的进城农民一天即可赚1元以上，这不仅完全可以解决自己生活，还有富余接济农村的家人。冯某某们在天津市的生活必然为自己村中亲友所知，示范带动作用不可小觑。

在生活上，进城农民住小店或亲友家中者较多。住小店的以进城打工挣钱的青、壮劳力为主，目的较为单纯。住亲友家的情况则稍微有些复杂。这其中既有青壮年，也有老人或带小孩的妇女，有的以赚钱为目的，有的以亲友团聚为目的，更多的是两者兼而有之。投靠的亲友或为子女，或为女婿、兄弟，或为外甥、表侄，不一而同。"这些人（在天津）的亲属都有正当的职业，因而在食宿上都不成问题。"⑤ 据对中山门、王串场、西南楼、丁字沽四个工人新村的调查，自1954年1月至1955年2月，这几个工人社区即

---

① 依照相关学术伦理，凡未刊档案提到或材料中出现的人名，本文均以某某代替。
② 《关于流入津市灾民重点调查和今后意见的报告》（1955年5月），天津市民政局档案，档案号：X0065 - Y - 000431 - 02。
③ 《关于流入津市灾民重点调查和今后意见的报告》（1955年5月），天津市民政局档案，档案号：X0065 - Y - 000431 - 02。
④ 《日益壮大的天津市职工队伍》，《天津市政周报》1957年第263期。
⑤ 《关于流入津市灾民重点调查和今后意见的报告》（1955年5月），天津市民政局档案，档案号：X0065 - Y - 000431 - 02。

有6558名农村人口迁入（临时户口尚不在内）。如此多的农村人口之所以能够住进工人新村，有以下几个原因。首先，中华人民共和国成立后，城市职工生活条件大为改善。仅1952年天津市就建筑了1125087平方米的居民住房，在接近工业区的中山门、王串场、唐家口、丁字沽、关家窑、西南楼等处修建了有5万余间住房的7个工人新村。① 天津市新建的大量的职工宿舍，既缓解了住房紧张，也便利了农村亲属进城落脚。其次，由于尚未实行城市粮食定量供应制度，职工工资又较高，具有供应家属口粮的能力。"如东牲里街张刘氏，51岁，武清县人，来津投奔其女婿张某某"，其女儿反映，"我们多添一口人多添1斤玉米面还可以"。② 最后，在职工的呼吁下，一些单位为照顾家属制定了内部政策，"其中也有不少人已由企业或机关作了照顾，准其参加本单位或所属单位工作"。③ 这些因素的存在助推城市职工把农村的亲属接来城市，也便利了进城农民落脚。

经济学家多德罗认为，农民迁移至城市"必须在承担城市中一定失业或打零工的可能性和风险同有利的城市工资差别二者之间权衡轻重"。④ 中华人民共和国成立初期，由于城乡、工农收入差距的存在，⑤ 农民即使只在城市做临时性工作，其收益一般也高于预期的乡村收入。更重要的是，找亲属的可以住下，做临时工的有人招雇，当小贩的能够经营，"就连要饭也较灾区的农村好要"，于是"这些实际问题的影响，就招致灾民流入"。⑥

从农民角度言之，进城自是一番理性算计的结果，不过，从政府角度视之，则大为不同了。首先，"重工业优先"发展战略导致城市吸纳的劳动力

---

① 《解放前后天津人民住房状况的一组照片档案》，《天津档案史料》1998年第2期。
② 《关于流入津市灾民重点调查和今后意见的报告》（1955年5月），天津市民政局档案，档案号：X0065－Y－000431－02。
③ 《天津市劳动局关于农民盲目流入本市问题的内部通报》（1955年4月25日），天津市人民政府档案，档案号：X0053－C－001002－02。
④ 迈克尔·P. 多德罗：《发展中国家的劳动力迁移模式和城市失业问题》，江金惠译，《现代国外经济学论文选》第8辑，商务印书馆，1984，第167页。
⑤ 《关于我国农民收入情况和生活水平的初步研究》，《人民日报》1957年5月5日，第3版。
⑥ 《关于流入津市灾民重点调查和今后意见的报告》（1955年5月），天津市民政局档案，档案号：X0065－Y－000431－02。

有限，城市就业紧张，难以消化大量自发流入的农村劳动力。新中国选择的是有计划的重工业优先的超赶型发展战略，① 工业产值比重高，需要劳动力少。据统计，"每亿元投资，用在轻工业能容纳劳动力1.6万人，用在重工业只能容纳5000人，轻工业容纳劳动力的能力是重工业的3.2倍"。② 就天津市而言，解放初期天津建设一个工厂，尚需要考虑到能养活多少人，需要发展多少相关服务性行业。随着"一五"计划重工业建设开始，商业、服务业的投资逐年减少。其结果是，天津市从事商业、饮食、修配服务的人员占全部就业人数的比例亦不断下降，这造成城市生活便利度减弱，就业岗位减少，"一方面是人民生活极不方便，普遍存在着吃饭难，做衣难，修配难；一方面是有几万、几十万待业人员等待分配"。③ 天津市"不但不可能容纳很多来自农村的劳动力，而且还必须有计划有步骤地输送一部分人去支援内地的建设事业"。④ 农村人口入城虽可凭各种临时性活计生存，但由于找不到正式固定工作，不利于城市秩序维护。此外，随着生育率的提高，农村的劳动力剩余问题也逐渐凸显。⑤ 但农村活少人多只是一种隐性失业，按照时任劳动部部长马文瑞的说法，"因为农民在农村中，任何时候都可以从事农副业生产，创造财富，而城市中的剩余劳动力没有工作，就是人力的浪费"。⑥

其次，农村人口大量自发进城会减少农村劳动力，影响农业稳定，最终破坏国家经济建设发展的大局。中国工业化所需的"高积累"与相对价格较低的农副产品供给密不可分。而为了"保证行政型纵向筹资机制的运行"，"降低农业供给对价格的弹性"，⑦ 保持农业与农民的稳定至关重要。一方面，农村人口大量向城市迁移，必然导致农业人口减少。正如当时的宣

---

① 《为动员一切力量把我国建设成为一个伟大的社会主义国家而奋斗》（1953年12月），中共中央文献研究室编《建国以来重要文献选编》第4册，中央文献出版社，1993，第705页。
② 范恒山、陶良虎编《中国城市化进程》，人民出版社，2009，第58页。
③ 《社会服务业前途无量》，《天津日报》1981年3月27日，第1版。
④ 《动员盲目流入城市的人口回到农村去》，《天津日报》1955年11月28日，第1版。
⑤ 《中央人民政府政务院关于劳动就业问题的决定》（1952年7月25日），天津市人民政府档案，档案号：X0053-C-000427-01。
⑥ 《关于"国务院关于各单位从农村中招用临时工的暂行规定"的说明》，《人民日报》1957年12月14日，第3版。
⑦ 金碚：《中国工业化经济分析》，中国人民大学出版社，1994，第254页。

传所言:"我们的工业化离不开农业的发展,如果农业的发展赶不上工业发展的需要,就会使工业得不到粮食和原料的充足供应,社会主义工业化就不可能实现。"① 另一方面,由于城乡居民生活水平的差距,② 进津农民往往感到"住在城市比在农村生活舒服,来到天津后就不愿意再回家参加农业生产了"。③ 自不难想,自发流入城市行为会给依然耕作于农田的其他农民带来巨大的心理冲击,造成农村人心浮动,不安心农业生产,从而影响国家工业化战略的实现。

总而言之,从政府角度而言,农民的"盲目"进城破坏了国家的计划经济秩序,加重了城市的就业压力,也减少了农村生产力,影响了农业生产,因此政府必然对其进行劝阻与动员还乡。值得注意的是,1953年与1954年天津市进行过两次劝阻农民进津的工作,④ 但由于只是作为常规工作予以部署,未取得太大成效。鉴于愈发严峻的农民自发进城问题,1955年7月,天津市人民委员会决定在全市范围内,开展一次由党委、政府牵头,各部门予以配合的"动员盲目流入津市人口回乡生产"的集中行动。这项工作要求全市各单位"采取切实有效的办法,有计划有步骤地动员盲目流入本市的人口回乡参加生产,并限制外地人口今后继续盲目流入本市"。⑤ 作为被赋予"一项有历史意义的社会主义改造工作",⑥ 同时也是中华人民共和国成立以来天津市第一次以运动式治理的方式进行的动员还乡工作,对其成效,天津市的决策者充满期待。

---

① 《为什么要动员盲目流入城市的人口回乡参加农业生产?》,《天津日报》1955年11月29日,第2版。
② 董志凯、武力编《中华人民共和国经济史(1953~1957)》,社会科学文献出版社,2011,第874~877页。
③ 《各区展开动员农民回乡的宣传许多农民决定回乡投入农业合作化运动》,《天津日报》1955年12月2日,第2版。
④ 《关于迅速制止农村劳动力盲目流入城市的通知》(1953年4月23日),天津市人民政府档案,档案号:X0053-Y-000214-62;《关于劝阻灾民盲目流入城市的通知》(1954年9月18日),天津市人民政府档案,档案号:X0053-C-000845-10。
⑤ 《关于动员盲目流入津市人口回乡参加生产的指示》(1955年7月27日),天津市人民委员会档案,档案号:X0053-C-001034-01。
⑥ 《天津市和平区动员盲目流入津市农民还乡生产工作总结》(1956年3月31日),天津市人民政府档案,档案号:X0053-C-002465-23。

二 "动员盲目流入城市的人口回到农村去"

但动员工作并非一帆风顺，起步就遇到了波折。在中共的运动式治理模式下，"领导重视"是工作开展好坏的关键因素，但"领导重视"并不稳定。由于运动过于频繁，一个运动紧随着一个运动，甚至几个运动同时压向基层，一个运动高潮刚过，下个运动就会接替上一个运动成为"中心工作"。领导干部若从自身政绩的利益考虑，极易产生为应付新的运动而懈怠"高潮"已过的上一场运动的工作情绪。恰好在动员还乡工作起步的此一段时间中，机关肃反、粮食工作、反浪费运动等"中心工作"接踵而至，干扰了动员工作的进行，"很多地方抓得不紧"，领导重视不足。同时，由于宣传不够深入，不少被动员干部和家属有抵触情绪，身心不安，社会上"空气十分紧张"。有鉴于此，天津市提出"为避免过分紧张，动员流入津市人口回乡工作只小搞不大搞"的思路，① 因此从是年8月至10月，全市动员还乡人数较少，"总的情况是工作推进不大，内部动员劲头较前放松了很多"。② 直至当年11月中旬，在各区粮食工作、市级机关及学校肃反运动已经或将近结束时，天津市方才重新开始号召动员。1955年11月17日，市人口办公室向各单位下发了《关于"动员盲目流入津市人口还乡参加农业生产"计划》；11月25日，经请示国务院批准，天津市人民委员会发出《关于动员盲目流入津市人口回乡参加生产的指示》；③ 11月28日，《天津日报》发表社论《动员盲目流入城市的人口回到农村去》，④ 全市范围内的动员工作才算是正式开展起来。

工作启动前，各级党组织均按要求建立了"人口工作领导小组"。美国

---

① 《为报告动员盲目流入津市人口回乡工作情况由》（1955年8月20日），天津市动员盲目流入津市人口回乡办公室档案，档案号：X0053-C-001002-12。
② 但也不能说这一阶段工作完全中止，各区针对灾民、乞丐、无正当职业者三类也进行了清理，并结合粮食工作动员了一部分群体回乡。参见《关于动员盲目流入津市人口回乡参加生产的指示》（1955年11月25日），天津市人民委员会档案，档案号：X0065-Y-000431-12。
③ 《关于动员盲目流入津市人口回乡参加生产的指示》（1955年11月25日），天津市人民委员会档案，档案号：X0065-Y-000431-12。
④ 《动员盲目流入城市的人口回到农村去》，《天津日报》1955年11月28日，第1版。

学者李侃如认为,"尽管'领导小组'制度基本隐蔽在公众视野之外,但它却极其重要",① 因为"关于权力结构的主要概念是系统(由领导小组领导),以及条/块关系的张力","这些组织安排和张力超越了体制中的党政划分",② 从而可以为运动的开展提供组织保障。但领导小组的建设不是一蹴而就的。1949年9月,天津市各界人民代表会议通过了市长黄敬的报告,决定成立疏散非生产人口委员会。9月19日,由市民政局局长韩子毅、市公安局副局长万晓塘牵头的疏散非生产人口委员会成立,并召开了首次会议。③ 从法理上说,天津市疏散非生产人口委员会是下设于各界人民代表大会下的一个专门委员会,④ 还不是典型意义上中共的工作领导小组,但从各部门围绕疏散工作分工配合的行政运作看,已经算是初具雏形了。1955年,天津市设立了市级的以动员盲目流入城市人口回乡生产为主要工作任务的人口办公室,负责领导全市还乡工作的开展。各区在区人民委员会领导下,设立了区一级的人口办公室,由区长、副区长、公安分局局长、民政科科长担任正、副主任。所需干部力量,在全区内统一抽调,其作用是保障每一个居民区能有一独立进行此项工作的干部。⑤ 如东郊区设立了由民政科科长担任办公室主任,由17名干部组成的人口办公室,下设3个工作组,每组配备4~6名干部。⑥ 第二区在人口办公室下设立了秘书组、宣传组、人口动员组以及工商业队、手工业队、市民队三个工作队。⑦ 各街道一般也设立了人口工作组,由街主任、公安派出所所长分别担任正、副组长,并设内勤一人、外勤若干人。在机关、

---

① 李侃如:《治理中国——从革命到改革》,胡国成、赵梅译,中国社会科学出版社,2010,第221页。
② 李侃如:《治理中国——从革命到改革》,第218页。
③ 《疏散人口暂时有困难明春再大批动员疏散非生产人口委员会昨开首次会议》,《天津日报》1949年9月20日,第2版。
④ 《天津市人民代表大会志》,天津人大网,http://www.tjrd.gov.cn/rdzlk/system/2010/01/12/000009085.shtml,访问时间:2015年5月13日。
⑤ 《关于动员盲目流入津市人口回乡参加生产工作的计划》(1955年10月14日),天津市动员盲目流入城市人口回乡生产办公室档案,档案号:X0053-C-001034-03。
⑥ 《东郊区动员盲目流津人口返乡生产工作计划》(1955年11月30日),天津市人民政府档案,档案号:X0053-C-002465-10。
⑦ 《天津市第二区关于动员盲目流入津市人口回乡参加生产的工作计划》(1955年11月18日),天津市人民政府档案,档案号:X0053-C-002465-02。

厂矿等单位，则成立工作组，由单位主要领导、党总支委员、青年团委员、工会主席等组成。如天津市公用局"根据党委指示精神，建立了以党、政、工为核心组织，抽调了专职干部组成动员人口回乡小组。具体领导、推动此项工作的开展"。① 由于单位的家属区很多在街道管辖范围内，有些单位还吸收了居民委员会、家属委员会、街工作队干部参加。从市、区到街道、单位，这是天津市动员还乡工作中第一次自上而下设置了完整的领导小组建制。

  领导小组成立后，组织上层层传达了天津市关于还乡工作的文件精神。从1955年天津市公布的文件来看，还乡对象大致可分为六类：从农村临时出来谋求职业者；有劳动力，在农村有土地或有其他生活依靠，而来城市投靠亲友居住的无正当职业者；因水灾来津的灾民；私营工厂、商店不经过劳动调配而私自招雇的农民；流入的游民分子、逃亡地主；城市中原籍农村有生产条件的失业工人。② 对照文件，各单位对本单位人员开展了调查摸底和分类排队。为保证工作的细致，很多单位都联系了派出所，依户口册、人事档案、职工劳保卡等材料组织调查。对干部职工家属、亲友中合乎动员范围者，各单位还进行了分类排队，从而做到领导心中有数。随后再通过大规模宣传教育与动员，确定对象名单，欢送回乡。以天津市国营第六纺织厂的做法为例，可以管窥其中之法。首先，根据本厂职工宿舍较为集中的特点，由工作组分管干部与该管地区派出所联系，从派出所经常掌握的户口材料了解情况、提出名单；其次，由核心组干部深入家属宿舍，通过居民家属委员会及居民组的街坊邻里的了解，进行侧面调查；再次，通过对职工的宣传教育、座谈讨论，在已经对动员人口工作有了较为明确认识的基础上让群众"自行提名"。显然，"自行提名"者很多已经是打了招呼的。对被动员对象来说，不主动提名组织以后还是会找到你，会上自行报名却可以算作"政治积极"；对于单位来说，在会前做好动员的前提下，让群众"自行提名"，则体现了整个工作的"自愿""非强迫"，贯彻了"动员精神"。通过以上

---

① 《关于人口回乡工作的情况报告》（1955年12月26日），中共天津市公用局党组档案，档案号：X0029-Y-000119-07。
② 《关于动员盲目流入津市人口回乡参加生产的指示》（1955年7月27日），天津市人民委员会档案，档案号：X0053-C-001034-01；《关于动员盲目流入津市人口回乡参加生产的指示》（1955年11月25日），天津市人民委员会档案，档案号：X0065-Y-000431-12。

做法，全厂最后确定了应予动员回乡者 123 名。① 包括六纺厂在内的各单位按动员对象原籍县分类进行汇总，将结果报交市办公室，最后生成全市动员回乡的总人口数。

由上可知，"宣传教育"对动员工作非常重要。相较于苏联共产党，中国共产党更擅长、运用最多的就是"说服教育"的方法。② 既然"优先发展重工业"与"有计划按比例的发展国民经济"已经成为不可动摇的既定方针，政府只能转而对农民进行教育说服，进行"过渡时期总路线"宣传，劝其还乡。对于还未进城的，各省、市人民政府"立即通知各县、区、乡政府、农会向准备或要求进城的农民耐心解释，劝止其进城"。③ 对于已经进城的，天津市通过召开群众大会、片会、院会展开宣传。工厂、企业、机关、学校，由本单位负责干部向职工做报告。④ 到动员工作结束，包括动员对象在内，天津市 70% 左右的市民接受了动员还乡的宣传教育。但这还远远不够，因为仅有面上的宣传，没有"打通思想"，反倒会引起一些人单方面的抵触情绪，显得"工作做得不够成熟"。例如，天津市港务局开完全体会议后，轮驳队干部认为自己说不过老婆，带不了头。将"老婆"置于"组织"前面，只是一种挡箭牌，与其说是"自己说不过老婆"，不如说是"组织没有说服了自己"的委婉的托词。并非每个人都如此委婉，六区一个法院炊事员不愿意动员妻子回乡，就威胁道："叫我动员我就跳河去！"五区甚至有人直截了当地说："谁出的主意，谁也别过礼拜六了，真叫回去的话，有两条道可走，一是离婚一是死。"⑤ 因为"还乡"毕竟牵涉很多人的切身利益，毕竟每个人的"觉悟水平"也不会完全一样，开一两次大会就解决所有人的"困惑"并不现实。

---

① 《动员盲目流入津市人口回乡工作简报（第9期）》（1955年12月19日），天津市人口办公室档案，档案号：X0032 - C - 000519 - 04。

② 查尔斯·林德布洛姆：《政治与市场：世界的政治—经济制度》，王逸舟译，上海三联书店，1992，第416页。

③ 《中央人民政府政务院关于劝止农民盲目流入城市的指示》（1953年4月17日），天津市人民政府档案，档案号：X0053 - C - 000845 - 01。

④ 《动员盲目流入津市的人口还乡 已有七万多人回乡参加生产》，《天津日报》1955年12月25日，第2版。

⑤ 《为报告动员盲目流入津市人口回乡工作情况由》（1955年8月20日），天津市动员盲目流入津市人口回乡办公室档案，档案号：X0053 - C - 002462 - 07。

于是，在宣传过程中，天津市委宣传部开始强调"耐心说服，讲明道理，打通思想，消除顾虑"，称其为"宣传动员工作中的基本方法"。① 上级组织反复要求："只有耐心深入地反复进行说服动员，才能使被动员者愉快返乡。"② 也就是说，高强度、大规模的宣传要与"不断地对单位的和家庭的成员做工作"相结合，将大会外的小会作为"宣传深入"的保证，方才可能有更好的效果。③ 以天津棉纺六厂为例，该厂在宣传中除了召开全厂、车间大会进行传达、报告外，还由核心组干部配合街道干部组织了深入家属区的小片会、座谈会。"大""小"结合，"该厂通过以上宣传，已基本上把厂内职工及其家属发动起来，很多职工提出保证动员自己家属或符合动员条件的邻居回乡生产"。④

这种小型宣传的诀窍在于"一把钥匙开一把锁"，即根据不同对象，具体分析，分别对待。对农民来津的各种企图、回乡生产的各种具体的思想顾虑和实际困难，都要进行深入的调查和了解。⑤ 只有针对不同人群采取不同策略，"才能做到对症下药，使其积极回乡生产"。对于这一手段，美国耶鲁大学学者林德布洛姆有一个很精辟的概括："只有高强度的和渗透式的教育能够完成社会转变""运用不断的小组会议和家庭会议，对单位的和家庭的成员做工作，通过家访形式学习政治理论，进行自我批评，培养公民的社会责任感。"⑥ 但林氏"公民责任感"的说法并不确切，从这次动员工作看，内容与导向仍然是利益型的，正如上级组织所言，教育要"说明盲目流入城市对国家和自己的不利，具体交代回乡生产对国家和自己的好处"。⑦ 因此，在教育方法上，对于羡慕城市生活的，着重指出农业的发展前途，告诉

---

① 《关于进一步做好动员盲目流津人口回乡生产的宣传工作的指示（草稿）》（1955 年 11 月 14 日），中共天津市委宣传部档案，档案号：X0053 - C - 001034 - 01。
② 《关于结合粮食整顿动员流津人口回乡生产工作总结》（1955 年），天津市人民政府档案，档案号：X0053 - C - 002460 - 03。
③ 《东郊区动员盲目流津人口返乡生产工作计划》（1955 年 11 月 30 日），天津市人民政府档案，档案号：X0053 - C - 002465 - 10。
④ 《动员盲目流入津市人口回乡工作简报（第 9 期）》（1955 年 12 月 19 日），天津市人口办公室档案，X0029 - Y - 000119 - 01。
⑤ 《关于进一步做好动员盲目流津人口回乡生产的宣传工作的指示（草稿）》（1955 年 11 月 14 日），中共天津市委宣传部档案，档案号：X0053 - C - 001034 - 01。
⑥ 查尔斯·林德布洛姆：《政治与市场：世界的政治—经济制度》，第 80 页。
⑦ 《关于进一步做好动员盲目流津人口回乡生产的宣传工作的指示（草稿）》（1955 年 11 月 14 日），中共天津市委宣传部档案，档案号：X0053 - C - 001034 - 01。

动员对象"随着农业生产的发展,农村的物质和文化生活水平是会逐步提高的";对来津时间已久,怀疑农村合作化新气象的,则以"周围群众亲友所接触到的鲜活事例"进行启发;对观望等待或顾虑回乡后生活困难的,多谈及早回乡的好处;对三轮工人、摊贩、卖破烂、打八盆、临时工等,则以行业前景与农业发展前途进行对比。① 针对一些"被投靠者本不愿投靠者长期留住,但奈于情面,不好意思直接动员"的情况,组织上召集投靠者和被投靠者共同座谈。上级组织在座谈中既以国家、人民利益的道德优势破除被投靠者的亲情伦理束缚,也向投靠者计算离津回乡的"好处",这"不仅能使被投靠者积极动员自己的亲友,而且促使了投靠者自动回乡"。② 运用利益分析的方法,"对单位的和家庭的成员做工作"很快成为深入开展宣传教育的一个"法宝",使动员对象"受到了教育启发,搞通了思想"。③

此外,"树典型""由重点到一般"也是动员还乡工作中的一个重要方法。这次动员工作中大部分区均培养了典型人物。④ 市里面要求,"选择典型人物的条件应该是同乡、同院、同行业以及在街道群众中有一定威信或能够起到影响号召作用的人物"。⑤ 而在实际工作中,选择典型人物则较为复杂,单位和街道并不相同。在单位中,典型人物一般都是政治表现好、工作积极的人。例如,天津市房屋工程修建处工人任某某因是共产党员、工作积极而被单位定为典型,"要其在会上带头报名"。普通人对"还乡"与"积极"的关系并不容易迅速领悟,任某某找到工区主任问:"怎么单找到我在会上发言呢?是我犯了错误吗?"主任回答说:"不是的,因为你积极才让

---

① 《天津市动员盲目流津人口回乡工作总结报告》(1956年),天津市人民政府档案,档案号:X0053 - C - 002460 - 05。
② 《关于结合粮食整顿动员流津人口回乡生产工作总结》(1955年),天津市人民政府档案,档案号:X0053 - C - 002460 - 03。
③ 《关于动员盲目流入津市人口回乡生产工作进行情况和今后意见》(1955年12月24日),中共天津市内贸委员会档案,X0032 - Y - 000055 - 11。
④ 《天津市动员盲目流津人口回乡工作总结报告》(1956年),天津市人民政府档案,档案号:X0053 - C - 002460 - 05。
⑤ 《天津市动员盲目流津人口回乡工作总结报告》(1956年),天津市人民政府档案,档案号:X0053 - C - 002460 - 05。

你带头。"① 单位社会中，大家彼此了解，共产党员和工作积极的人一般情况下要比普通群众更有"政治觉悟"，更容易服从组织安排，于是也就成为典型人物的来源。但在街道上，典型人物的选择则更多以有回乡意愿的人员为主。天津某区首先利用街道基层组织掌握的情况对所辖人口进行摸底，将有还乡条件的失业工人分成"已确定还乡者""尚在考虑还乡者""坚决不还乡者"。对"已确定还乡者"采取"挂钩"②的办法，说服其积极配合组织工作，"使他们的实际行动带动和他接近的人，也积极地还乡生产"。③ 在这次动员还乡工作中，全市涌现出很多典型人物，仅《天津日报》这一时间段就集中报道了静海县农民岳树荣、武清县农民张国深、牟平县农民孙尚诚等典型。在报道中或用第一人称让其在报纸上现身说法，或用记者采访形式讲述他们积极回乡、参加农业生产的先进事迹。④ 因为农民更愿意相信真人真事，以典型人、典型事进行宣传教育，上级组织认为"收效最大"。⑤

为巩固动员的阶段性成果，在各单位最终确定回乡人数后，组织上还召开了各种欢送会，推动其早日回乡，以带动更多人报名。如南开区在一个多月内共举行了大、小欢送会50场，欢送回乡农民9895人。在这些大会上，一些犹豫摇摆者看到自己的亲戚朋友纷纷挂红花，敲锣打鼓地

---

① 《动员盲目流入津市人口还乡工作简报（第11期）》（1955年12月26日），天津市人口办公室档案，档案号：X0032 - C - 000046 - 49。
② 所谓"挂钩""串联"，就是利用还乡对象在城市的亲友、邻居、同乡、同行等相互熟悉的人，通过其在社会关系上千丝万缕的联系帮助政府做工作。和平区成功动员慎益街还乡对象兰某某（卖针线小贩）后，又通过他动员了30多个卖针线的小贩回乡；南门外街五金厂工人郑某某（青年团员）正在积极入党，街道发现后引导其动员家属，不仅将其家属动员回乡，还带动其他职工家属一起回乡。参见《天津市和平区动员盲目流入津市农民还乡生产工作总结》（1956年3月31日），天津市人民政府档案，档案号：X0053 - C - 002465 - 23。
③ 《关于动员失业工人还乡生产采取的办法》（1955年12月18日），天津市人民政府档案，档案号：X0053 - C - 002462 - 02。
④ 《在人民政府的动员和协助下已有五万多来津农民回乡生产》，《天津日报》1955年11月28日，第1版；《我回乡参加了农业生产由津回乡的静海县农民岳树荣自述》，《天津日报》1955年11月29日，第2版；《用事实教育来津农民》，《天津日报》1956年1月3日，第2版；等等。
⑤ 《天津市动员盲目流津人口回乡工作总结报告》（1956年），天津人民政府档案，档案号：X0053 - C - 002460 - 05。

光荣回乡,"当场报名的就有 805 人"。① 此外,针对在房屋、债务、税款、路费等问题上有实际困难的还乡对象,天津市一方面发动市民帮助他们解决困难,另一方面联系有关部门减免其房租、税款和补助回乡路费。至 1955 年底,各区街道都组织了互助组(帮助还乡农民变卖家具、拆洗衣被以及处理债务),同时发放补助款 28228.04 元,共补助了 7246 人。

三 加强各项行政管理工作

这次动员工作,力度很强,声势很大。这与天津市首次动员全市力量,并使用中共强有力的运动式治理模式密不可分。但如果仅有动员手段的改善,1955 年动员还乡工作的成绩可能还不会太显著。在工作开展前,一些经历过 1953 年、1954 年两次"劝止"工作的干部提议:"要使被动员对象回乡生产,必须掐掉他们的粮食,他们没有粮食吃才能回去,光说服动员是不会走的。"有的主张"先给他们退了户口,再动员他们走。"② 天津市人口办明确提出要"加强各项行政管理工作,防止外地人口今后继续盲目流入本市"。③ 这是中华人民共和国成立后政府第一次在城市人口工作中提出"行政管理工作"的配合。在实践操作中,天津市也正是通过劳动力、户口、粮食等行政手段的初步运用巩固并扩大了动员成果。

(一) 户口管理

1949~1954 年,政府对城市户口的管理较为宽松。以天津市法政桥派出所为例,该辖区内投亲居住的 189 人"都是常住户口",探亲的 589 人"都是暂住户口",甚至连因灾进津的 137 人中也有 49 人领了"常住户口",80 人领了"暂住户口"。在天津安顿下来后,"部分家庭妇女及儿童已把户

---

① 《天津市动员盲目流津人口回乡工作总结报告》(1956 年),天津市人民政府档案,档案号:X0053 - C - 002460 - 05。
② 《动员盲目流入津市人口回乡工作简报(第 7 期)》(1955 年 12 月 2 日),天津市人民政府档案,档案号:X0053 - C - 000046 - 48。
③ 《关于动员盲目流入津市人口回乡参加生产的指示》(1955 年 11 月 25 日),天津市人民委员会档案,档案号:X0065 - Y - 000431 - 12。

口由原籍迁入本市"。① 这一时期，由于《共同纲领》对人民"迁徙自由"的权利做了规定，② 天津市对户口迁移也基本不做限制，外来人口只要有迁移证即可办理城市户口。不过在农村人口进城压力以及 1955 年全市动员还乡工作的氛围下，这样的政策性宽松就显得有些不合时宜了。为加强户口管理，1955 年 5 月，天津市成立了户籍管理处，序列为治一处，设置了处办公室、政治协理员办公室、户籍科、管制科、口卡科、警务科、治安科、水上科 8 个科室。③ 1955 年 7 月，天津市委提出在户口方面"对农村和外地盲目流入津市的人口作必要的限制"。旋即，天津市公安局公布了《从户口方面限制外地人口盲目流入津市的办法》。该办法规定，对于"从农村或其他城市盲目来津谋求职业者、在农村或其他城市有土地、有劳动力或有其他生活依靠而来津投靠亲友者、不愿就地生产自救而来津的灾民"，都需要"限制户口登记"；对农村探亲者，"一年之中一般的只准在津市的暂住期限最多不超过一个月"。④ 为掌握申请人是否属于"限制范围"以及更好地执行具体的"限制"规定，除"掌握凭原住地正式迁移证件登记正式户口外"，派出所⑤对被申请人的"职业"、"迁入原因"、"原籍"、"迁往地址"、"在原籍或迁往地的职业"及"经济情况"、"投靠何人"等一改过去"可问可不问"的放任态度，而要求事无巨细，均进行"认真审查"。审查后，派出所如若认定该申请人属于前述的"限制范围"，无论该人是否有迁移证，均不予登记户口（包括暂住户口），并动员其返回原籍。在旅店人口管理上，公安局提出："加强对旅店内外积极分子的培养使用；严格店簿登记报告及

---

① 《外地人口流入本市的情况报告》（1955 年 5 月 5 日），天津市公安局一处档案，档案号：X0053 - C - 001002 - 03。
② 《中国人民政治协商会议共同纲领》，王培英编《中国宪法文献通编》，中国民主法制出版社，2007，第 266 页。
③ 天津市地方志编修委员会编《天津通志·公安志》，天津人民出版社，2001，第 542 页。
④ 《从户口方面限制外地人口盲目流入津市的办法》（1955 年 7 月 20 日），天津市公安局一处档案，档案号：X0053 - C - 001002 - 07。
⑤ 从 1955 年 6 月开始，天津市统一由公安派出所负责户口登记，改变了过去由民政局与公安局共同管理户口的局面。"一、全国户口登记行政，由内务部和县级以上人民委员会的民政部门主管。办理户口登记的机关，在城市、集镇是公安派出所，在乡和未设公安派出所的集镇是乡、镇人民委员会。"参见《中华人民共和国国务院关于建立经常户口登记制度的指示》（1955 年 6 月 9 日），天津市人民政府档案，档案号：X0053 - C - 001004 - 01。

审查制度；并经常有计划、有重点地加强对旅客的盘查。"① 作为天津市第一份具有迁移控制功能的户籍管理文件，《从户口方面限制外地人口盲目流入津市的办法》突破了《共同纲领》对人民"迁徙自由"权的相关规定，在限制农村人口进津方面构筑了一道户籍门槛，影响深远。不过，户籍制度的迁移控制功能如若没有粮食供应、劳动就业等相关粘连性附着功能相配套，威力还不会太显著。在制定新的户口办法后，天津市公安局逐渐认识到这一问题，进而指出："派出所执行此项工作应善于同其他方面的各种限制办法相结合，如同粮食供应、劳动就业、工商管理、民政工作、教育行政等方面的限制相结合，只有如此才能更有效的发挥限制作用。"②

（二）粮食供应

在这次动员农村人口还乡工作期间，天津市二区干部入户向居民做调查，发现其属于动员范围时即说"走！不走不行！"，"如果要不走可没你的粮食吃！"，结果"一天内所动员之三户，有两户哭了起来，一户追着骂大街"。③ 为何粮食能成为动员的"利器"呢？这是因为"粮食是有关国计民生最重要的物资，任何人都不能一天离开粮食而生存"，④ 加强粮食管理自然"对乡村流入城市居住群众"影响巨大。⑤ 第一个五年计划开始实行后，从粮食公司到粮食管理局的建立，从面粉计划供应到粮食统销，天津市开始逐步实施对粮食的管控。但由于草创阶段的粮食管理尚未严格制度化，"城市粮食供应管理松懈，供应标准偏宽，因此影响到城市粮食倒流回农村，农村人口盲目流入城市"。⑥ 针对这一问题，1955 年 8 月，国务

---

① 《从户口方面限制外地人口盲目流入津市的办法》（1955 年 7 月 20 日），天津市公安局一处档案，档案号：X0053 - C - 001002 - 07。
② 《从户口方面限制外地人口盲目流入津市的办法（修订本）》（1955 年 8 月 11 日），天津市公安局一处档案，档案号：X0053 - C - 001002 - 10。
③ 《关于结合粮食整顿动员流津人口回乡生产工作总结》（1955 年），天津市人民政府档案，档案号：X0053 - C - 002460 - 03。
④ 《几个有关粮食政策问题的讲话》（1955 年），天津市人民政府档案，档案号：X0095 - C - 000355 - 10。
⑤ 《转发城市粮食供应办法资料之二供参考由》（1955 年 4 月 2 日），中华人民共和国粮食部供应司档案，档案号：X0095 - C - 000355 - 20。
⑥ 《关于建立粮食统购统销制度的宣传提纲》（1955 年 9 月 2 日），中共天津市委宣传部档案，档案号：X0095 - Y - 000286 - 07。

院和天津市先后公布了《市镇粮食定量供应暂行办法》和《天津市粮食定量供应实施细则》，宣布开始实行城市粮食"定量供应"。所谓"定量供应"，就是对所有的天津市居民，按照劳动轻重、年龄大小，确定数十个具体供应等别和每月口粮定量标准，以户为单位，发给购粮凭证，粮食按人凭证限量供应。实行粮食定量供应办法，将粮食消费者通过人为方式划分为市镇居民与非市镇居民，实现了"粮食统销政策的制度化"。①

粮食定量工作告一段落后，还乡工作成为全市"中心工作"。天津市人民委员会要求将"粮食供应"作为"行政方面的限制"以推动还乡工作的开展。② 由于前期粮食工作打下的制度基础，围绕动员还乡的粮食举措主要就是抓紧制度的落实，"从严审查"、"严格加以控制"，使其对农村进津人口产生影响。首先是凭证购粮，按照新颁布的《天津市粮食定量供应实施细则》，"凡实行定量供应的城镇居民和实行粮食统购统销地区的农村居民，迁居本市者，应凭粮食供应转移证件和本市常住户口证件，按本办法之规定办理粮食供应手续"。③ 也就是说，如果没有天津市常住户口，就办不了粮食供应手续，从而也就买不上粮食。其次是限制购买量，1955年首次核实定量后，天津市区2408835人，计划拨给粮食6978万斤，人均定量仅为26.51市斤，比原计划少了2.81斤，④ 很多市民感到就是招待亲友吃饭、过节包饺子、做年糕等都很紧张。⑤ 因粮食被限定为只能满足（甚至不能完全满足）个人需求，市民仅凭定量粮难以对投靠亲友的农村人口实施接济。由是之故，通过凭证购粮、限制购买量，粮食定量对动员还乡工作起到了重要的助力作用。

---

① 《天津市实行粮食定量供应第一阶段工作报告》（1955年），天津市人民委员会财粮贸办公室档案，档案号：X0053-C-001084-01。
② 《关于动员盲目流入津市人口回乡参加生产的指示》（1955年11月25日），天津市人民委员会，档案号：X0065-Y-000431-12。
③ 《天津市粮食定量供应实施细则》（1955年8月），天津市人民政府档案，档案号：X0053-Y-000406-02。
④ 《天津市粮食定量供应基本情况汇总表》，1956年1月25日，天津市粮食局档案，档案号：X0095-Y-000506-23。
⑤ 《粮食定量供应工作检查报告》（1956年4月24日），天津市人民政府档案，档案号：X0095-Y-000506-24。

(三) 劳动就业

　　针对符合还乡条件的失业工人，在动员宣传阶段过后，不管是有意还乡者还是坚决不回者，天津市"为有力的配合动员工作顺利的开展"，市各级劳动介绍所"一律不再介绍"，对救济户也停发或缓发了救济。政府认为，这种政策强制"取得了良好的效果，有力的支持了动员工作"。① 针对企业单位私招，1955年5月劳动部召开了第二次全国劳动局长会议，会议确立了劳动力招收的"统一管理，分工负责"的基本原则。按照这一原则，在招工方面，企业招用工人须"统一经过劳动部门进行"，机关、事业单位"招用人员应报当地劳动部门备案"。② 1955年7月制发的《中华人民共和国发展国民经济的第一个五年计划（1953—1957）》对这次会议的精神予以了强调。③ 此后，天津市做出了停止招工、整顿劳动组织（定员、定编）、建立劳动力调配制度的决定。④ 天津市严厉要求企业一律"不准擅自介绍或由外地招雇长工或临时工，违者以违反纪律论处；禁止私营工商业户私自从外地招雇职工，违者以违法论处。同时还须教育干部、职工不得从外地介绍职工来津"。⑤ 从违纪到违法，处分愈发严厉，"因之下半年招用职工人数很少，基本上制止了企业增添人员的现象"，⑥ "由于控制严格，1955年下半年各单位基本上没有增加人"。⑦

---

① 《关于动员失业工人还乡生产采取的办法》（1955年12月18日），天津市人民政府档案，档案号：X0053-C-002462-02。
② 袁伦渠编《中国劳动经济史》，北京经济学院出版社，1990，第96页。
③ "加强劳动力的调配工作，逐步地建立劳动力的调配制度。各企业部门必须根据劳动计划，每年作出劳动力补充计划。各部门所属单位需要补充的劳动力，应该首先从本部门本行业（包括私营企业）的多余人员中抽调；在本部门或本行业不能调剂解决的时候，应该由中央和地方的劳动管理部门负责调剂抽调，不得自行盲目招工。"参见《中华人民共和国发展国民经济的第一个五年计划（1953—1957）》，中共中央文献研究室编《建国以来重要文献选编》第6册，中央文献出版社，1993，第538页。
④ 《贯彻国务院控制各企业事业单位人员增长和加强劳动力管理问题的指示》（1956年2月），天津市人民委员会档案，档案号：X0053-Y-000577-04。
⑤ 《关于动员盲目流入津市人口回乡参加生产的指示》（1955年7月27日），天津市人民委员会档案，档案号：X0053-C-001034-01。
⑥ 《一九五五年劳动力调配管理工作总结报告》（1956年2月22日），天津市劳动局档案，档案号：X0084-C-000341-05。
⑦ 《一九五七年劳动力调配工作总结》（1958年1月31日），天津市劳动局调配处档案，档案号：X0084-C-000451-01。该则史料题目虽为1957年，但"在总结今年工作的同时，对3年来的主要工作情况也进行了回顾"，因此涉及了1955年、1956年的情况。

（四）摊贩清理

中华人民共和国成立后，天津市虽然针对农民摊贩有过一些治理，但总体而言，"审查不严，未能将国务院命令贯彻到具体工作中去"。① 针对很多农民在津以经营摊贩维生的"生存缝隙"，天津市工商局于 1955 年 5 月开展了取缔无照摊贩的专项工作，结合取缔工作动员经营摊贩的农民回乡。② 1955 年 7 月天津市动员还乡对象范围划定后，工商局开始限制摊贩执照的核发，对凡属于还乡人口范围内者，"不得轻易发给营业执照，无照者禁止营业"。③ 1955 年 8 月后，清理范围进一步扩大到属于动员范围的有照摊贩，"由工商分局结合街道办事处、公安派出所进行清理"。经动员回乡无效后，工商部门与公安、粮食部门通力合作，"国营公司应停止供货，公安派出所在粮票发放上可予以适当限制，以促其返乡生产"。④ 从取缔无照摊贩到清理有照摊贩，再到对摊贩货源的掐断，对象范围层层扩大，清理力度不断加强。面对这一新的工商管理形势，至少在 1955 年下半年，在津经营摊贩的农民只能返乡。

余　论

中华人民共和国成立前，中国共产党曾设想："农民——这是中国工人的前身。将来还要有几千万农民进入城市，进入工厂。如果中国需要建设强大的民族工业，建设很多的近代的大城市，就要有一个变农村人口为城市人口的长过程。"⑤ 中华人民共和国成立后，随着国民经济的恢复与一批新建、

---

① 《关于继续深入动员盲目流入津市人口还乡参加农业生产的指示》（1955 年 12 月 22 日），中共天津市人民委员会机关委员会宣传部档案，档案号：X0053 - C - 000894 - 72。
② 《关于流入津市灾民重点调查和今后意见的报告》（1955 年 5 月），天津市民政局档案，档案号：X0065 - Y - 000431 - 02。
③ 《关于动员盲目流入津市人口回乡参加生产的指示》（1955 年 7 月 27 日），天津市人民委员会档案，档案号：X0053 - C - 001034 - 01。
④ 《天津市人民委员会批复》（1955 年 8 月 19 日），天津市人民政府档案，档案号：X0053 - C - 002459 - 08。
⑤ 毛泽东：《论联合政府》（1945 年 4 月），《毛泽东选集》第 3 卷，人民出版社，1991，第 1077 页。

扩建工业项目在城市的实施，土地、劳动力需求旺盛，城市获得快速发展。① 但发展所需的劳动力是在其计划与组织下进行的，国家对自发流入城市的农村人口并不欢迎，"国家的建设事业是有计划有组织地进行的，绝不能盲目地吸引农民到城市里来"。② "盲目"与否，反映的是国家偏好。城乡差距、工农差距的存在，以及城市单位的私招私雇等，却促推着一波波农民自发进城。据统计，从1949年至1955年上半年，约20万农村人口流入天津，这其中相当部分为自发流入者。对天津市的管理者而言，这些"盲目流入城市的人口"既不利于城市秩序，也不利于工农业生产，理当"回到农村去"。因此，在经历了两次不甚成功的常规化的还乡工作后，天津市在1955年开展了一次号称"有历史意义的社会主义改造工作"的动员农村人口还乡工作，以应对愈发严峻的农民进津问题。

经过"组织建设—排查摸底—宣传教育—动员还乡"的运动式治理，在整个城市中造成了巨大的农民还乡的舆论与声势。与此同时，政府第一次将"粮食限制、户口管理、摊贩清理、劳动就业、社会救济等项工作结合，以各方面的限制，促使其早日还乡"。③ 截至1956年2月中旬，动员工作结束，天津市共动员126324名进津农民回乡参加生产，流入津市人口大为减少。④ 根据天津市公安局户籍统计资料，从1955年3月开始，一直延续到1956年3月，11个月中，出入相抵后津市净输出人口达到104035人，基本抑制了外来人口持续增加的势头。⑤

但这项工作的成效并没有保持太久。首先，运动式治理容易随着政府"中心工作"与"领导重视"的变化而懈怠，高压态势的结束给还乡农民回津的企盼。其次，户口、粮食、劳动力等限制性措施刚刚起步，互相配合不足，有些更只是一些配合运动的临时性措施，随着1955年还乡工作的结束

---

① 国家统计局城市社会经济调查总队编《新中国城市50年》，新华出版社，1999，第53页。
② 《动员盲目流入城市的人口回到农村去》，《天津日报》1955年11月28日，第1版。
③ 《关于动员人口回乡工作的报告》（1955年11月24日），天津市人口办公室档案，档案号：X0053-C-002462-11。
④ 《天津市动员盲目流津人口回乡工作总结报告》（1956年），天津市人民政府档案，档案号：X0053-C-002460-05。
⑤ 《天津市人口规划（初稿）》，1957年4月30日，天津计划委员会档案，档案号：X0078-Y-00637-04。

也多被束之高阁，这给企业私招与农民回津以可能。由于多种因素的作用，此后不久天津市又出现了数次农村人口进津的高潮。政府最终彻底阻止农村人口"盲目"进城还有待时日。不过，不管日后工作如何改进与完善，大体上都没有脱离1955年工作的方式与方法。换言之，之后的工作也都只是在1955年工作模式上的继续强化与深化而已。

图书在版编目(CIP)数据

现代中国变动与东亚新格局.第二辑/(日)田中仁,江沛,陈鸿图主编.--北京:社会科学文献出版社,2020.4
 ISBN 978-7-5201-5414-7

Ⅰ.①现… Ⅱ.①田… ②江… ③陈… Ⅲ.①政治-研究-中国-现代 ②政治-研究-东亚-现代 Ⅳ.①D6 ②D731

中国版本图书馆 CIP 数据核字(2019)第 180120 号

现代中国变动与东亚新格局(第二辑)

主　　编 / [日] 田中仁　江　沛　陈鸿图

出 版 人 / 谢寿光
组稿编辑 / 宋荣欣
责任编辑 / 李期耀　陈肖寒
文稿编辑 / 肖世伟

出　　版 / 社会科学文献出版社·历史学分社 (010) 59367256
　　　　　　地址:北京市北三环中路甲29号院华龙大厦　邮编:100029
　　　　　　网址:www.ssap.com.cn

发　　行 / 市场营销中心 (010) 59367081　59367083
印　　装 / 三河市龙林印务有限公司

规　　格 / 开　本:787mm×1092mm　1/16
　　　　　　印　张:41　字　数:655千字

版　　次 / 2020年4月第1版　2020年4月第1次印刷

书　　号 / ISBN 978-7-5201-5414-7
定　　价 / 238.00元

本书如有印装质量问题,请与读者服务中心(010-59367028)联系

版权所有 翻印必究